Reichs- und Staatsangehörigkeitsgesetz

vom 22. Juli 1913

erläutert

mit Benutzung amtlicher Quellen und unter vergleichender Berücksichtigung der ausländischen Gesetzgebung

von

Dr. Wilhelm Cahn,

Kaiserl. Geh. Legationsrat z. D.,

Associé de l'Institut de droit international.

Vierte, völlig neubearbeitete Auflage.

Berlin 1914.

J. Guttentag, Verlagsbuchhandlung,

G. m. b. H.

Roßberg'sche Buchdruckerei, Leipzig

Vorwort zur 4. Auflage.

Das neue Gesetz vom 22. Juli 1913 ist nunmehr in Kraft getreten; eigentlich ist es kein neues, sondern die abgeänderte Fassung des früheren Gesetzes, aus dem die am meisten schädigende Bestimmung des stillschweigenden Verlustes der Staatsangehörigkeit durch Zeitablauf — § 21 — gestrichen worden ist.

Im Jahre 1898 war die Aufmerksamkeit S. M. des Kaisers durch den damaligen Gesandten in Kopenhagen v. Kiderlen-Wächter darauf hingelenkt worden, daß diese Gesetzesbestimmung die im Auslande lebenden Deutschen schwer benachteilige. Der Kaiser hatte durch eine Randbemerkung seine Abneigung gegen den Fortbestand dieses Gesetzesparagraphen zu erkennen gegeben. Noch in demselben Jahre wurde vom Reichskanzler Fürsten Hohenlohe eine Kommission mit der Aufgabe betraut, die als notwendig erachteten Veränderungen in einem Entwurf zusammenzufassen und diesen den gesetzgebenden Körperschaften vorzulegen. Zur Kenntnis des Reichstages kam der Entwurf erst am 7. Februar 1912. Der § 21 ist daraus verschwunden; noch besser wäre, wenn der ganze Abschnitt der Entlassung, der das Ansehen des Deutschtums im Auslande nur herabzumindern geeignet ist, ein gleiches Schicksal erfahren hätte. Meine Ansicht über diese Reihe ganz zweckloser gesetzlicher Bestimmungen (§§ 18 bis 24) habe ich besonders in Anm. 2 zu § 17 des näheren dargelegt. Nur dies sei hier noch bemerkt: Das Vaterland bedeutet doch im großen, was für den Einzelnen der bonus pater familias darstellt. Wie dieser für das Wohl seiner Angehörigen Sorge trägt, so muß auch das Vaterland auf das Wohl seiner Landeskinder bedacht sein. Die Entlassung aber, die meist aus Unkenntnis der einschlägigen Verhältnisse beantragt wird, dürfte überhaupt nicht staatlich zuerkannt werden; denn der Entlassene kann erst nach Ablauf der im Auslande bestehenden Niederlassungsfrist naturalisiert werden.

Was ist er in der Zwischenzeit? Ein heimatlos Umherirrender mit dem Namen eines Deutschen, ohne es zu sein.

Hat nun gar nach § 19 ein Minderjähriger die Entlassung erhalten, so kann derselbe erst nach einem fast zehnjährigen Zeitraum in die Lage kommen, eine ausländische Staatsangehörigkeit zu erwerben.

Auch für die Aufnahme eines Deutschen in einen anderen Bundesstaat wäre die Entlassung nicht erforderlich, wenn de lege ferenda mit dem Erwerb einer neuen die frühere Staatsangehörigkeit stillschweigend verloren ginge.

Auch § 22, der demjenigen, welcher seiner Dienstpflicht genügt hat, gleichsam als Belohnung die Erteilung einer Entlassungsurkunde zuerkennt, scheint mir ein gesetzliches Unding.

Aus allen diesen Gründen bleibe ich bei meinem schon seit mehr als dreißig Jahren vertretenen Grundsatz:

expatriatio est delenda!

Was nun die Verbesserungen betrifft, die das neue Gesetz aufweist, so ist vor allem der von der Reichstagskommission eingefügte § 1 zu erwähnen. Während das frühere Gesetz gleichsam mit einer Erläuterung der „Reichsangehörigkeit" begann und das Wort „deutsch" ängstlich zu meiden schien, beginnt die neue Fassung mit den Worten: „Deutscher ist ..."

Zu den wesentlichen Verbesserungen gehört auch, daß im § 4 des Erwerbs der Staatsangehörigkeit seitens der Findelkinder gedacht ist; daß ein neuer Paragraph (10) den Wiedererwerb seitens der von Geburt deutschen Witwe oder geschiedenen Ehefrau eines Ausländers vorsieht; ferner daß auch auf Entlassene und Staatlose die Möglichkeit des Wiedererwerbs ausgedehnt worden ist — allerdings in etwas engherziger Weise (§§ 11 u. 13).

Uneingeschränktes Lob verdienen aber die durch das veränderte Militärgesetz in Verbindung mit dem Reichs- und Staatsangehörigkeitsgesetz erweiterten Erleichterungen für die Gestellung und den Militärdienst der im Ausland lebenden Deutschen. S. Anh. Anl. 36 S. 335.

Hinsichtlich des Teiles II (ausländische Gesetzgebung) habe ich alle bis Mitte März d. J. veröffentlichten Neuerungen berücksichtigt.

Bei diesem Anlaß möchte ich nicht verfehlen, unseren gesandtschaftlichen und konsularischen Vertretern im Auslande, die mit freundlichstem Entgegenkommen mir jede erbetene Auskunft erteilt haben, meinen verbindlichsten Dank auszusprechen.

Besonderen Dank aber schulde ich Herrn Gerichtsassessor Brahn, der mit großem Fleiß und Verständnis bei der wegen meines Augenleidens so sehr erschwerten Arbeit mich jederzeit bereitwillig unterstützt hat.

Charlottenburg, den 10. Mai 1914.

Der Verfasser.

Inhaltsverzeichnis.

I. Teil.

Anhang.

Anlagen.

II. Teil.

Ausländische Gesetzgebung.

Nachtrag.

Literaturverzeichnis.

Bar, von, Lehrbuch des internationalen Privat- und Strafrechts. Stuttgart 1892.

Batbie, Législations étrangères. Rapport du conseil d'Etat. Paris 1884.

Bazille u. **Köstlin,** Das Recht der Staatsangehörigkeit mit besonderer Berücksichtigung Württembergs. Stuttgart 1902.

Bendix, Fahnenflucht und Verletzung der Wehrpflicht durch Auswanderung. Leipzig 1906.

Bodmann, von und zu, Die Rechtsverhältnisse der sogenannten sujets mixtes (im Archiv für öffentliches Recht). 1897.

Bornhak, Preußisches Staatsrecht. 2. Aufl. Berlin 1911/1912.

Brinz, A., Lehrbuch der Pandekten. Erlangen 1873—1886.

Brocher, Ch., Droit international privé. Paris 1882.

Cogordan, G., La nationalité au point de vue des rapports internationaux. Paris 1879.

Calvo, Ch., Le droit international théorique et pratique. 5. édition. Paris 1896.

Delius, Dr. jur., Reichs- und Staatsangehörigkeitsgesetz. Mannheim 1913.

Delvincourt, Cours de code civil. Paris 1824.

Falcke, Über die gleichzeitige Staatsangehörigkeit in mehreren deutschen Bundesstaaten. Leipzig 1886.

Fiore, P., Droit international privé. Paris 1885/86.

Fleiner, F., Schweizerische Rechtsgesetzgebung des Jahres 1903 (aus der Zeitschrift für schweizerisches Recht, Neue Folge XXIII).

Folleville, D. de, Traité théorique et pratique de la naturalisation. Paris 1880.

Garnier, A., Internationales Eheschließungsrecht. Bern 1884.

Gaupp, Das Staatsrecht des Königreichs Württemberg in Marquardsens Handbuch des öffentlichen Rechts.

Grill, L. A., Reichsgesetz über die Erwerbung und den Verlust der Bundes- und Staatsangehörigkeit. 3. Auflage. München 1906.

Grotefend, Preußisches Verwaltungsrecht. Berlin 1890.

Hauschild, Dr. jur. Herbert, Die Staatsangehörigkeit in den Kolonien (in den Abhandlungen aus dem Staats-, Verwaltungs- und Völkerrecht, Band II Heft 3). 1906.

Hinschius, P., Die preußischen Kirchengesetze. Berlin 1887.

Illing-Kautz, Handbuch für preußische Verwaltungsbeamte. 10. Aufl. Berlin 1912.

Isay, Dr. jur. Ernst, Die Staatsangehörigkeit der juristischen Personen (in Abhandlungen des Staats-, Verwaltungs- und Völkerrechts, Band III Heft 2). 1907.

Kahn, Franz, Die Haager Scheidungs-Konvention (in der Zeitschrift für internationales Privat- und öffentliches Recht von Niemeyer, Band XV).

Kanngießer, H., Das Recht der deutschen Reichsbeamten. 9. Aufl. Berlin 1905/06.

Keller, L. von, Pandekten. Berlin 1866—1869.

Koch, C. F., Allgemeines Landrecht. Berlin 1884—1886.

König, B. W. von, Handbuch des deutschen Konsularwesens. 7. Ausgabe. Berlin 1908.

Laband, P., Das Staatsrecht des Deutschen Reichs. 5. Auflage. Freiburg 1911.

Lehmann, Bodo, Die deutsche Reichsangehörigkeit vom nationalen und internationalen Standpunkt (in Hirths Annalen). 1899.

Lehr, E., Eléments de droit civil espagnol. Paris 1880.

— Eléments de droit civil russe. Paris 1877.

Leoni, Öffentliches Recht für Elsaß-Lothringen. Freiburg i. B. 1892.

Marcadé, V., Explication théorique et pratique du code civil. Paris 1807—1877.

Matzen, Dr. jur. Henning, Die Nordschleswigsche Optantenfrage. 1904.

— Das Indigenatrecht im Wiener Frieden. 1906.

Meyer, Reichs- und Staatsangehörigkeitsgesetz. Berlin 1913.

Meyer, G., Lehrbuch des deutschen Staatsrechts. 6. Auflage. Leipzig 1905.

— u. **Dochow,** Lehrbuch des deutschen Verwaltungsrechts. 4. Auflage. Leipzig 1913.

Mohl, R. von, Das deutsche Reichsstaatsrecht. Tübingen 1873.

Mourlon, Fr., Répétitions écrites sur le Code Napoléon. Paris 1864—1866.

Müller, von, Riedels Kommentar zum bayerischen Gesetze über Heimat usw. Nördlingen 1881.

Paulsen, P. D. Chr., Lehrbuch des Privatrechts der Herzogtümer Schleswig und Holstein. Kiel 1842.

Perels, F., Das internationale öffentliche Seerecht der Gegenwart. Berlin 1882.

Rauchalles, H., Das Reichsgesetz über die Erwerbung und den Verlust der Bundes- und Staatsangehörigkeit. Ansbach 1901.

Regulations prescribed for the use of Consular service. Washington 1881.

Report of the royal commission for inquiring into the laws of naturalisation. London 1869.

Riedel, E., Die Verfassungsurkunde vom 16. April 1871. Nördlingen 1871.

Rönne, L. von, Das Staatsrecht des Deutschen Reichs. Leipzig 1876—1877.

— Das Staatsrecht der preußischen Monarchie. 5. Auflage. Leipzig 1898 bis 1906.

Romen, A., Reichs- und Staatsangehörigkeitsgesetz. Berlin 1913.

Roth, P., Bayerisches Civilrecht. 2. Aufl. Tübingen 1881—1899.

Rüdorff u. **Stenglein,** Strafgesetzbuch für das Deutsche Reich. 4. Aufl. Berlin.

Sarwey, A. von, Das Staatsrecht des Königreiches Württemberg. Tübingen 1883.

Schmitz-Wichmann, Die Eheerfordernisse der Ausländer im Deutschen Reich, insbesondere in Preußen. 1905. Selbstverlag.

Schulze, H., Lehrbuch des deutschen Staatsrechts. Leipzig 1881, 1886.

— Das preußische Staatsrecht. Leipzig 1872—1877.

Seydel, M. von, Bayerisches Staatsrecht. 2. Aufl. München 1896.

Sicherer, H. von, Reichsgesetz über die Beurkundung des Personenstands und die Eheschließung. Erlangen 1879.

Sieber, Dr. J., Das Staatsbürgerrecht im internationalen Verkehr. 2 Bände. 1907.

Stoerck, Dr. Felix, Staatsuntertanen und Fremde (in Holtzendorffs Handbuch des Völkerrechts, II. Band. Seite 583—655).

Streich, K., Das württembergische Beamtengesetz. Stuttgart 1876.

Thudichum, F., Verfassungsrecht des Norddeutschen Bundes. Tübingen 1870.

Weck, Hermann, Das Reichs- und Staatsangehörigkeitsgesetz. Berlin 1913.

Weiss, A., Traité élémentaire de droit international privé. Paris 1885.

Westlake, J., A treatise on private international law. London 1858.

Wharton, F., A digest of the international law of the United States. Washington 1886.

Windscheid, B., Lehrbuch des Pandektenrechts. 9. Auflage. Düsseldorf 1906.

Zorn, Ph., Das Staatsrecht des Deutschen Reichs. 2. Auflage. Berlin 1895.

Zeitschriften, Sammlungen, richterliche Entscheidungen, Verordnungen und ministerielle Verfügungen.

(Die Gesetzessammlungen des Norddeutschen Bundes, des Reichs und der Bundesstaaten sind nicht aufgeführt.)

Amtsblatt des bayerischen Staatsministeriums des Innern.

Amtsblatt des württembergischen Ministeriums des Innern.

Annalen des Deutschen Reichs, herausgegeben von Hirth.

Jahrgang 1870:

Landgraff, Ausführung zu dem Reichs- und Staatsangehörigkeitsgesetz, S. 624—650.

Jahrgang 1875:

v. Martitz, Das Recht der Staatsangehörigkeit im internationalen Verkehr, S. 793—836 u. 1113—1170.

Jahrgang 1876:

v. Seydel, Die deutsche Reichs- und Staatsangehörigkeit, S. 135 bis 179.

Jahrgang 1883:

v. Seydel, Zum Gesetze über die Reichs- und Staatsangehörigkeit, S. 577—586.

Annuaire de l'institut du droit international. Gand et Bruxelles.

Archiv für preußisches Strafrecht, herausgegeben von Goltdammer.

Archiv für Rechtsfälle, herausgegeben von Striethorst.

Entscheidungen des Bundesamts für das Heimatwesen, bearbeitet von Wohlers.
Entscheidungen der Gerichte und Verwaltungsbehörden auf dem Gebiete des Verwaltungs- und Polizeistrafrechts, herausgegeben von A. Reger.
Entscheidungen des Reichsgerichts, herausgegeben von Mitgliedern des Gerichtshofs.
Entscheidungen des Reichsmilitärgerichts.
Juristische Zeitschrift für Elsaß-Lothringen.
Rechtsprechung des Königl. preußischen Obertribunals, herausgegeben von Oppenhoff.
Preußisches Justizministerialblatt.
Preußisches Ministerialblatt für die gesamte innere Verwaltung.
Standesamt, Das, herausgegeben von C. Schmitz.
Standesbeamte, Der.
Stenographische Berichte über die Verhandlungen des Reichstags des Norddeutschen Bundes und des Reichstags, Jahrgänge 1867, 1868, 1870, 1875 und 1878.
Zentralblatt für das Deutsche Reich.

Abkürzungen.

A. = Anmerkung.
a. a. O. = am angeführten Ort.
Abs. = Absatz.
Anh. = Anhang.
Anl. = Anlage.
Art. = Artikel.
Ausl. Gesetzgeb. = Ausländische Gesetzgebung im II. Teil.
BGB. = Bürgerliches Gesetzbuch.
BGBl. = Bundesgesetzblatt.
d. G. = dieses Gesetzes, das heißt des Reichsgesetzes vom 22. Juli 1913.
EG. zum BGB. = Einführungsgesetz zum Bürgerlichen Gesetzbuch.
Erl. = Erlaß.
JMBl. = Justizministerialblatt.
KolBl. = Deutsches Kolonialblatt.
MBl. i. V. = Ministerialblatt für die gesamte innere Verwaltung der königlich preußischen Staaten.
OVG. = Oberverwaltungsgericht.
PGS. = Preußische Gesetzsammlung.
RG. = Reichsgesetz.
RGBl. = Reichsgesetzblatt.
RMG. = Reichsmilitärgesetz.
RV. = Reichsverfassung.
RZBl. = Zentralblatt für das Deutsche Reich.
s. = siehe.
StenBer. = Stenographische Berichte des Reichstags.
StGB. = Strafgesetzbuch für das Deutsche Reich.
StPO. = Strafprozeßordnung.
Verf. = Verfügung.
vgl. = vergleiche.
ZBlUnterrVerw. = Zentralblatt für die gesamte Unterrichtsverwaltung in Preußen.
Zentralbl. f. d. D. R. = Zentralblatt für das Deutsche Reich.
ZPO. = Zivilprozeßordnung.

Reichs- und Staatsangehörigkeitsgesetz.

Vom 22. Juli 1913.

(RGBl. 1913 S. 583—593.)

Wir Wilhelm, von Gottes Gnaden Deutscher Kaiser, König von Preußen usw. verordnen im Namen des Reichs, nach erfolgter Zustimmung des Bundesrats und des Reichstags, was folgt:

Erster Abschnitt.
Allgemeine Vorschriften.

§ 1.

Deutscher ist, wer die Staatsangehörigkeit in einem Bundesstaat (§§ 3 bis 32) oder die unmittelbare Reichsangehörigkeit (§§ 33 bis 35) besitzt.

§ 2.

Elsaß-Lothringen gilt im Sinne dieses Gesetzes als Bundesstaat. Die Schutzgebiete gelten im Sinne dieses Gesetzes als Inland.

Zweiter Abschnitt.
Staatsangehörigkeit in einem Bundesstaate.

§ 3.

Die Staatsangehörigkeit in einem Bundesstaate wird erworben

1. durch Geburt (§ 4),
2. durch Legitimation (§ 5),
3. durch Eheschließung (§ 6),
4. für einen Deutschen durch Aufnahme (§§ 7, 14, 16),
5. für einen Ausländer durch Einbürgerung (§§ 8 bis 16).

§ 4.

Durch die Geburt erwirbt das eheliche Kind eines Deutschen die Staatsangehörigkeit des Vaters, das uneheliche Kind einer Deutschen die Staatsangehörigkeit der Mutter.

Ein Kind, das in dem Gebiet eines Bundesstaats aufgefunden wird (Findelkind), gilt bis zum Beweise des Gegenteils als Kind eines Angehörigen dieses Bundesstaats.

§ 5.

Eine nach den deutschen Gesetzen wirksame Legitimation durch einen Deutschen begründet für das Kind die Staatsangehörigkeit des Vaters.

§ 6.

Durch die Eheschließung mit einem Deutschen erwirbt die Frau die Staatsangehörigkeit des Mannes.

§ 7.

Die Aufnahme muß einem Deutschen von jedem Bundesstaat, in dessen Gebiet er sich niedergelassen hat, auf seinen Antrag erteilt werden, falls kein Grund vorliegt, der nach den §§ 3 bis 5 des Gesetzes über die Freizügigkeit vom 1. November 1867 (Bundes-Gesetzbl. S. 55) die Abweisung eines Neuanziehenden oder die Versagung der Fortsetzung des Aufenthalts rechtfertigt.

Der Antrag einer Ehefrau bedarf der Zustimmung des Mannes; die fehlende Zustimmung kann durch die Vormundschaftsbehörde ersetzt werden. Für eine unter elterlicher Gewalt oder unter Vormundschaft stehende Person wird, wenn sie das sechzehnte Lebensjahr noch nicht vollendet hat, der Antrag von dem gesetzlichen Vertreter gestellt; hat sie das sechzehnte Lebensjahr vollendet, so bedarf ihr Antrag der Zustimmung des gesetzlichen Vertreters.

§ 8.

Ein Ausländer, der sich im Inland niedergelassen hat, kann von dem Bundesstaat, in dessen Gebiete die Niederlassung erfolgt ist, auf seinen Antrag eingebürgert werden, wenn er

1. nach den Gesetzen seiner bisherigen Heimat unbeschränkt geschäftsfähig ist oder nach den deutschen Gesetzen unbeschränkt geschäftsfähig sein würde oder der Antrag in entsprechender Anwendung des § 7 Abs. 2 Satz 2 von seinem gesetzlichen Vertreter oder mit dessen Zustimmung gestellt wird,
2. einen unbescholtenen Lebenswandel geführt hat,
3. an dem Orte seiner Niederlassung eine eigene Wohnung oder ein Unterkommen gefunden hat und

4. an diesem Orte sich und seine Angehörigen zu ernähren imstande ist.

Vor der Einbürgerung ist über die Erfordernisse unter Nr. 2 bis 4 die Gemeinde des Niederlassungsorts und, sofern diese keinen selbständigen Armenverband bildet, auch der Armenverband zu hören.

§ 9.

Die Einbürgerung in einen Bundesstaat darf erst erfolgen, nachdem durch den Reichskanzler festgestellt worden ist, daß keiner der übrigen Bundesstaaten Bedenken dagegen erhoben hat; erhebt ein Bundesstaat Bedenken, so entscheidet der Bundesrat. Die Bedenken können nur auf Tatsachen gestützt werden, welche die Besorgnis rechtfertigen, daß die Einbürgerung des Antragstellers das Wohl des Reichs oder eines Bundesstaats gefährden würde.

Die Vorschriften des Abs. 1 finden keine Anwendung

1. auf ehemalige Angehörige des Bundesstaats, bei dem der Antrag gestellt wird, auf deren Kinder oder Enkel sowie auf Personen, die von einem Angehörigen des Staates an Kindes Statt angenommen sind, es sei denn, daß der Antragsteller einem ausländischen Staate angehört,
2. auf Ausländer, die im Deutschen Reiche geboren sind, wenn sie sich in dem Bundesstaate, bei dem der Antrag gestellt wird, bis zur Vollendung des einundzwanzigsten Lebensjahrs dauernd aufgehalten haben und die Einbürgerung innerhalb zweier Jahre nach diesem Zeitpunkt beantragen.

§ 10.

Die Witwe oder geschiedene Ehefrau eines Ausländers, die zur Zeit ihrer Eheschließung eine Deutsche war, muß auf ihren Antrag von dem Bundesstaat, in dessen Gebiete sie sich niedergelassen hat, eingebürgert werden, wenn sie den Erfordernissen des § 8 Abs. 1 Nr. 1, 2 entspricht. Über das Erfordernis unter Nr. 2 ist vor der Einbürgerung die Gemeinde des Niederlassungsorts zu hören.

§ 11.

Ein ehemaliger Deutscher, der als Minderjähriger die Reichsangehörigkeit durch Entlassung verloren hat, muß auf seinen Antrag von dem Bundesstaat, in dessen Gebiet er sich niedergelassen hat, eingebürgert werden, wenn er den Erfordernissen des § 8 Abs. 1

entspricht und den Antrag innerhalb zweier Jahre nach der Volljährigkeit stellt. Die Vorschrift des § 8 Abs. 2 findet Anwendung.

§ 12.

Ein Ausländer, der mindestens ein Jahr wie ein Deutscher im Heere oder in der Marine aktiv gedient hat, muß auf seinen Antrag von dem Bundesstaat, in dessen Gebiet er sich niedergelassen hat, eingebürgert werden, wenn er den Erfordernissen des § 8 Abs. 1 entspricht und die Einbürgerung nicht das Wohl des Reichs oder eines Bundesstaats gefährden würde. Die Vorschriften des § 8 Abs. 2 und des § 9 Abs. 1 finden Anwendung.

§ 13.

Ein ehemaliger Deutscher, der sich nicht im Inland niedergelassen hat, kann von dem Bundesstaate, dem er früher angehört hat, auf seinen Antrag eingebürgert werden, wenn er den Erfordernissen des § 8 Abs. 1 Nr. 1, 2 entspricht; dem ehemaligen Deutschen steht gleich, wer von einem solchen abstammt oder an Kindes Statt angenommen ist. Vor der Einbürgerung ist dem Reichskanzler Mitteilung zu machen; die Einbürgerung unterbleibt, wenn der Reichskanzler Bedenken erhebt.

§ 14.

Die von der Regierung oder der Zentral- oder höheren Verwaltungsbehörde eines Bundesstaats vollzogene oder bestätigte Anstellung im unmittelbaren oder mittelbaren Staatsdienst, im Dienste einer Gemeinde oder eines Gemeindeverbandes, im öffentlichen Schuldienst oder im Dienste einer von dem Bundesstaat anerkannten Religionsgesellschaft gilt für einen Deutschen als Aufnahme, für einen Ausländer als Einbürgerung, sofern nicht in der Anstellungs- oder Bestätigungsurkunde ein Vorbehalt gemacht wird.

Diese Vorschrift findet keine Anwendung auf die Anstellung als Offizier oder Beamter des Beurlaubtenstandes.

§ 15.

Die im Reichsdienst erfolgte Anstellung eines Ausländers, der seinen dienstlichen Wohnsitz in einem Bundesstaate hat, gilt als Einbürgerung in diesen Bundesstaat, sofern nicht in der Anstellungsurkunde ein Vorbehalt gemacht wird.

Hat der Angestellte seinen dienstlichen Wohnsitz im Ausland und bezieht er ein Diensteinkommen aus der Reichskasse, so muß er von dem Bundesstaate, bei dem er den Antrag stellt, eingebürgert werden; bezieht er kein Diensteinkommen aus der Reichskasse, so kann er mit Zustimmung des Reichskanzlers eingebürgert werden.

§ 16.

Die Aufnahme oder Einbürgerung wird wirksam mit der Aushändigung der von der höheren Verwaltungsbehörde hierüber ausgefertigten Urkunde oder der Urkunde über die unter den Voraussetzungen des § 14 oder des § 15 Abs. 1 erfolgte Anstellung.

Die Aufnahme oder Einbürgerung erstreckt sich, insofern nicht in der Urkunde ein Vorbehalt gemacht wird, zugleich auf die Ehefrau und auf diejenigen Kinder, deren gesetzliche Vertretung dem Aufgenommenen oder Eingebürgerten kraft elterlicher Gewalt zusteht. Ausgenommen sind Töchter, die verheiratet sind oder verheiratet gewesen sind.

§ 17.

Die Staatsangehörigkeit geht verloren

1. durch Entlassung (§§ 18 bis 24),
2. durch den Erwerb einer ausländischen Staatsangehörigkeit (§ 25),
3. durch Nichterfüllung der Wehrpflicht (§§ 26, 29),
4. durch Ausspruch der Behörde (§§ 27 bis 29),
5. für ein uneheliches Kind durch eine von dem Angehörigen eines anderen Bundesstaats oder von einem Ausländer bewirkte und nach den deutschen Gesetzen wirksame Legitimation,
6. für eine Deutsche durch Eheschließung mit dem Angehörigen eines anderen Bundesstaats oder mit einem Ausländer.

§ 18.

Die Entlassung einer Ehefrau kann nur von dem Manne und, sofern dieser ein Deutscher ist, nur zugleich mit seiner Entlassung beantragt werden. Der Antrag bedarf der Zustimmung der Frau.

§ 19.

Die Entlassung einer Person, die unter elterlicher Gewalt oder unter Vormundschaft steht, kann nur von dem gesetzlichen Vertreter und nur mit Genehmigung des deutschen Vormundschaftsgerichts beantragt werden. Gegen die Entscheidung des Vormundschaftsgerichts steht auch der Staatsanwaltschaft die Beschwerde zu; gegen den Beschluß des Beschwerdegerichts ist die weitere Beschwerde unbeschränkt zulässig.

Die Genehmigung des Vormundschaftsgerichts ist nicht erforderlich, wenn der Vater oder die Mutter die Entlassung für sich und zugleich kraft elterlicher Gewalt für ein Kind beantragt und dem Antragsteller die Sorge für die Person dieses Kindes zusteht. Erstreckt sich der Wirkungskreis eines der Mutter bestellten Beistandes auf die Sorge für die Person des Kindes, so bedarf die Mutter zu dem Antrag auf Entlassung des Kindes der Genehmigung des Beistandes.

§ 20.

Die Entlassung aus der Staatsangehörigkeit in einem Bundesstaate bewirkt gleichzeitig die Entlassung aus der Staatsangehörigkeit in jedem anderen Bundesstaate, soweit sich der Entlassene nicht die Staatsangehörigkeit in einem anderen Bundesstaate durch eine Erklärung gegenüber der zuständigen Behörde des entlassenden Staates vorbehält. Dieser Vorbehalt muß in der Entlassungsurkunde vermerkt werden.

§ 21.

Die Entlassung muß jedem Staatsangehörigen auf seinen Antrag erteilt werden, wenn er die Staatsangehörigkeit in einem anderen Bundesstaate besitzt und sich diese gemäß § 20 vorbehält.

§ 22.

Fehlt es an den Voraussetzungen des § 21, so wird die Entlassung nicht erteilt

1. Wehrpflichtigen, über deren Dienstverpflichtung noch nicht endgültig entschieden ist, sofern sie nicht ein Zeugnis der Ersatzkommission darüber beibringen, daß nach der Überzeugung der Kommission die Entlassung nicht in der Absicht nachgesucht wird, die Erfüllung der aktiven Dienstpflicht zu umgehen,
2. Mannschaften des aktiven Heeres, der aktiven Marine oder der aktiven Schutztruppen,
3. Mannschaften des Beurlaubtenstandes der im § 56 Nr. 2 bis 4 des Reichsmilitärgesetzes bezeichneten Art, sofern sie nicht die Genehmigung der Militärbehörde erhalten haben,

4. sonstigen Mannschaften des Beurlaubtenstandes, nachdem sie eine Einberufung zum aktiven Dienste erhalten haben,
5. Beamten und Offizieren, mit Einschluß derer des Beurlaubtenstandes, bevor sie aus dem Dienste entlassen sind.

Aus anderen als den in Abs. 1 bezeichneten Gründen darf in Friedenszeiten die Entlassung nicht versagt werden. Für die Zeit eines Krieges oder einer Kriegsgefahr bleibt dem Kaiser der Erlaß besonderer Anordnungen vorbehalten.

§ 23.

Die Entlassung wird wirksam mit der Aushändigung einer von der höheren Verwaltungsbehörde des Heimatstaats ausgefertigten Entlassungsurkunde. Die Urkunde wird nicht ausgehändigt an Personen, die verhaftet sind oder deren Verhaftung oder Festnahme von einer Gerichts- oder Polizeibehörde angeordnet ist.

Soll sich die Entlassung zugleich auf die Ehefrau oder die Kinder des Antragstellers beziehen, so müssen auch diese Personen in der Entlassungsurkunde mit Namen aufgeführt werden.

§ 24.

Die Entlassung gilt als nicht erfolgt, wenn der Entlassene beim Ablauf eines Jahres nach der Aushändigung der Entlassungsurkunde seinen Wohnsitz oder seinen dauernden Aufenthalt im Inland hat.

Diese Vorschrift findet keine Anwendung, wenn der Entlassene sich die Staatsangehörigkeit in einem anderen Bundesstaate gemäß § 20 vorbehalten hat.

§ 25.

Ein Deutscher, der im Inland weder seinen Wohnsitz noch seinen dauernden Aufenthalt hat, verliert seine Staatsangehörigkeit mit dem Erwerb einer ausländischen Staatsangehörigkeit, wenn dieser Erwerb auf seinen Antrag oder auf den Antrag des Ehemanns oder des gesetzlichen Vertreters erfolgt, die Ehefrau und der Vertretene jedoch nur, wenn die Voraussetzungen vorliegen, unter denen nach den §§ 18, 19 die Entlassung beantragt werden könnte.

Die Staatsangehörigkeit verliert nicht, wer vor dem Erwerbe der ausländischen Staatsangehörigkeit auf seinen Antrag die schriftliche Genehmigung der zuständigen Behörde seines Heimatstaats zur

Beibehaltung seiner Staatsangehörigkeit erhalten hat. Vor der Erteilung der Genehmigung ist der deutsche Konsul zu hören.

Unter Zustimmung des Bundesrats kann von dem Reichskanzler angeordnet werden, daß Personen, welche die Staatsangehörigkeit in einem bestimmten ausländischen Staate erwerben wollen, die im Abs. 2 vorgesehene Genehmigung nicht erteilt werden darf.

§ 26.

Ein militärpflichtiger Deutscher, der im Inland weder seinen Wohnsitz noch seinen dauernden Aufenthalt hat, verliert seine Staatsangehörigkeit mit der Vollendung des einunddreißigsten Lebensjahrs, sofern er bis zu diesem Zeitpunkt noch keine endgültige Entscheidung über seine Dienstverpflichtung herbeigeführt hat, auch eine Zurückstellung über diesen Zeitpunkt hinaus nicht erfolgt ist.

Ein fahnenflüchtiger Deutscher, der im Inland weder seinen Wohnsitz noch seinen dauernden Aufenthalt hat, verliert seine Staatsangehörigkeit mit dem Ablauf von zwei Jahren nach Bekanntmachung des Beschlusses, durch den er für fahnenflüchtig erklärt worden ist (§ 360 der Militärstrafgerichtsordnung). Diese Vorschrift findet keine Anwendung auf Mannschaften der Reserve, der Land- oder Seewehr und der Ersatzreserve, die für fahnenflüchtig erklärt worden sind, weil sie einer Einberufung zum Dienste keine Folge geleistet haben, es sei denn, daß die Einberufung nach Bekanntmachung der Kriegsbereitschaft oder nach Anordnung der Mobilmachung erfolgt ist.

Wer auf Grund der Vorschriften des Abs. 1 oder 2 seine Staatsangehörigkeit verloren hat, kann von einem Bundesstaate nur nach Anhörung der Militärbehörde eingebürgert werden. Weist er nach, daß ihm ein Verschulden nicht zur Last fällt, so darf ihm die Einbürgerung von dem Bundesstaate, dem er früher angehörte, nicht versagt werden.

§ 27.

Ein Deutscher, der sich im Ausland aufhält, kann seiner Staatsangehörigkeit durch Beschluß der Zentralbehörde seines Heimatstaats verlustig erklärt werden, wenn er im Falle eines Krieges oder einer Kriegsgefahr einer vom Kaiser angeordneten Aufforderung zur Rückkehr keine Folge leistet.

Gehört er mehreren Bundesstaaten an, so verliert er durch den Beschluß die Staatsangehörigkeit in allen Bundesstaaten.

§ 28.

Ein Deutscher, der ohne Erlaubnis seiner Regierung in ausländische Staatsdienste getreten ist, kann seiner Staatsangehörigkeit durch Beschluß der Zentralbehörde seines Heimatstaats verlustig erklärt werden, wenn er einer Aufforderung zum Austritt nicht Folge leistet.

Gehört er mehreren Bundesstaaten an, so verliert er durch den Beschluß die Staatsangehörigkeit in allen Bundesstaaten.

§ 29.

Der Verlust der Staatsangehörigkeit in den Fällen des § 26 Abs. 1, 2 und der §§ 27, 28 sowie der Wiedererwerb der Staatsangehörigkeit in den Fällen des § 26 Abs. 3 Satz 2 erstreckt sich zugleich auf die Ehefrau und auf diejenigen Kinder, deren gesetzliche Vertretung dem Ausgeschiedenen oder dem Wiedereingebürgerten kraft elterlicher Gewalt zusteht, soweit sich die Ehefrau oder die Kinder mit ihm in häuslicher Gemeinschaft befinden. Ausgenommen sind Töchter, die verheiratet sind oder verheiratet gewesen sind.

§ 30.

Ein ehemaliger Deutscher, der vor dem Inkrafttreten dieses Gesetzes die Reichsangehörigkeit durch Entlassung verloren hat, aber bei Anwendung der Vorschrift des § 24 Abs. 1 als nicht entlassen gelten würde, muß auf seinen Antrag von dem Bundesstaat, in dessen Gebiet er sich niedergelassen hat, eingebürgert werden, wenn er seit dem im § 24 Abs. 1 bezeichneten Zeitpunkt seinen Wohnsitz im Inland behalten hat und den Erfordernissen des § 8 Abs. 1 entspricht, auch den Antrag innerhalb eines Jahres nach dem Inkrafttreten dieses Gesetzes stellt. Die Vorschrift des § 8 Abs. 2 findet Anwendung.

§ 31.

Ein ehemaliger Deutscher, der vor dem Inkrafttreten dieses Gesetzes die Reichsangehörigkeit nach § 21 des Gesetzes über die Erwerbung und den Verlust der Bundes- und Staatsangehörigkeit vom 1. Juni 1870 (Bundes-Gesetzbl. S. 355) durch zehnjährigen Aufenthalt im Ausland verloren hat, muß von dem Bundesstaat, in dessen Gebiet er sich niedergelassen hat, eingebürgert werden, wenn er keinem Staate angehört.

Das gleiche gilt von dem ehemaligen Angehörigen eines Bundesstaats oder eines in einen solchen einverleibten Staates, der bereits vor dem Inkrafttreten des Gesetzes vom 1. Juni 1870 nach Landesrecht seine Staatsangehörigkeit durch Aufenthalt außerhalb seines Heimatstaats verloren hat.

§ 32.

Ein militärpflichtiger Deutscher, der zur Zeit des Inkrafttretens dieses Gesetzes im Inland weder seinen Wohnsitz noch seinen dauernden Aufenthalt hat und vor diesem Zeitpunkt das neunundzwanzigste, aber noch nicht das dreiundvierzigste Lebensjahr vollendet hat, verliert seine Staatsangehörigkeit mit dem Ablauf zweier Jahre, sofern er innerhalb dieser Frist keine endgültige Entscheidung über seine Dienstverpflichtung herbeigeführt hat.

Ein fahnenflüchtiger Deutscher der im § 26 Abs. 2 bezeichneten Art, der zur Zeit des Inkrafttretens dieses Gesetzes im Inland weder seinen Wohnsitz noch seinen dauernden Aufenthalt hat und vor diesem Zeitpunkt das dreiundvierzigste Lebensjahr noch nicht vollendet hat, verliert seine Staatsangehörigkeit mit dem Ablauf zweier Jahre, sofern er sich nicht innerhalb dieser Frist vor den Militärbehörden gestellt.

Die Vorschriften des § 26 Abs. 3 und des § 29 finden entsprechende Anwendung.

Dritter Abschnitt.

Unmittelbare Reichsangehörigkeit.

§ 33.

Die unmittelbare Reichsangehörigkeit kann verliehen werden

1. einem Ausländer, der sich in einem Schutzgebiete niedergelassen hat, oder einem Eingeborenen in einem Schutzgebiete;
2. einem ehemaligen Deutschen, der sich nicht im Inland niedergelassen hat; dem ehemaligen Deutschen steht gleich, wer von ihm abstammt oder an Kindes Statt angenommen ist.

§ 34.

Einem Ausländer, der im Reichsdienst angestellt ist und seinen dienstlichen Wohnsitz im Ausland hat, muß auf seinen Antrag die unmittelbare Reichsangehörigkeit verliehen werden, wenn er ein Diensteinkommen aus der Reichskasse bezieht; sie kann ihm verliehen werden, wenn er ein solches Einkommen nicht bezieht.

§ 35.

Auf die unmittelbare Reichsangehörigkeit finden die Vorschriften dieses Gesetzes über die Staatsangehörigkeit in einem Bundesstaate mit Ausnahme der Vorschriften des § 4 Abs. 2, des § 8 Abs. 2, des § 10 Satz 2, des § 11 Satz 2, des § 12 Satz 2 und der §§ 14, 21 mit der Maßgabe entsprechende Anwendung, daß an die Stelle der Zentralbehörde des Bundesstaats der Reichskanzler und an die Stelle der höheren Verwaltungsbehörde der Reichskanzler oder die von ihm bezeichnete Behörde treten.

Vierter Abschnitt.

Schlußbestimmungen.

§ 36.

Unberührt bleiben die Staatsverträge, die von Bundesstaaten mit ausländischen Staaten vor dem Inkrafttreten dieses Gesetzes geschlossen sind.

§ 37.

Soweit in Reichsgesetzen oder in Landesgesetzen auf Vorschriften des Gesetzes über die Erwerbung und den Verlust der Bundes- und Staatsangehörigkeit vom 1. Juni 1870 oder des Gesetzes, betreffend die Naturalisation von Ausländern, welche im Reichsdienst angestellt sind, vom 20. Dezember 1875 verwiesen ist, treten an deren Stelle die entsprechenden Vorschriften dieses Gesetzes.

§ 38.

In den Fällen des § 7, der §§ 10, 11, 12, 30, 31 und des § 34 erster Halbsatz werden die Aufnahme- oder Einbürgerungsurkunden kostenfrei erteilt. Das gleiche gilt für die Erteilung von Entlassungsurkunden in den Fällen des § 21.

Für die Erteilung von Entlassungsurkunden in anderen als den im § 21 bezeichneten Fällen dürfen an Stempelabgaben und Ausfertigungsgebühren zusammen nicht mehr als drei Mark erhoben werden.

§ 39.

Der Bundesrat erläßt Bestimmungen über die Aufnahme-, Einbürgerungs- und Entlassungsurkunden sowie über die Urkunden, die zur Bescheinigung der Staatsangehörigkeit dienen.

Die Landeszentralbehörden bestimmen, welche Behörden im Sinne dieses Gesetzes als höhere Verwaltungsbehörden und als Militärbehörden anzusehen sind.

§ 40.

Gegen die Ablehnung des Antrags auf Aufnahme gemäß § 7, auf Einbürgerung in den Fällen der §§ 10, 11, 15, des § 26 Abs. 3, der §§ 30, 31, des § 32 Abs. 3 oder des Antrags auf Entlassung in den Fällen der §§ 21, 22 ist der Rekurs zulässig.

Die Zuständigkeit der Behörden und das Verfahren bestimmen sich nach den Landesgesetzen und, soweit landesgesetzliche Vorschriften nicht vorhanden sind, nach den §§ 20, 21 der Gewerbeordnung.

§ 41.

Dieses Gesetz tritt am 1. Januar 1914 gleichzeitig mit einem Gesetze zur Abänderung des Reichsmilitärgesetzes sowie des Gesetzes, betreffend Änderungen der Wehrpflicht, vom 11. Februar 1888 in Kraft.

Urkundlich unter Unserer Höchsteigenhändigen Unterschrift und beigedrucktem Kaiserlichen Insiegel.

Gegeben Balholm, an Bord M. Y. „Hohenzollern", den 22. Juli 1913.

(L. S.) **Wilhelm.**

Delbrück.

I. Teil.

Reichs- und Staatsangehörigkeitsgesetz.

Erster Abschnitt.

Allgemeine Vorschriften.

§ 1.

Deutscher[1] ist, wer die Staatsangehörigkeit in einem Bundesstaat[2] (§§ 3 bis 32) oder die unmittelbare Reichsangehörigkeit (§§ 33 bis 35) besitzt.

1. Deutscher.

a) Der § 1 in seiner jetzigen Fassung ist das Werk der Reichstagskommission. Der Regierungsentwurf hatte den § 1 d. G. vom 1. Juni 1870 nach Inhalt und Form nicht abgeändert. Er lautete:

„Die Reichsangehörigkeit wird durch die Staatsangehörigkeit in einem Bundesstaate erworben und erlischt mit deren Verlust."

Wortgetreu hat ihn der Regierungsentwurf bestehen lassen. Daß der Bindesatz in dem § 1 des alten G. im Hinblick auf die §§ 11 d. RMilG. vom 2. Mai 1874 alter Fassung, § 22 der WehrO. vom 22. Nov. 1888, sowie des § 21 Abs. 4 u. 5 des alten G. nicht zutreffend war, ist von maßgebender juristischer und administrativer Seite anerkannt worden. Jedenfalls ist die Fassung, wie sie jetzt vorliegt, eine wesentliche Verbesserung. Indem das neue „Reichs- und Staatsangehörigkeitsgesetz" mit den Worten beginnt: „Deutscher ist", erhält das Wort „Deutscher" für In- und Ausland erst eine das ganze Deutsche Reich umfassende amtliche Bedeutung, die ihm bisher gemangelt hat und die an die Spitze des Gesetzes zu stellen durchaus geboten erschien. Dementsprechend hat man in den Formularen für Einbürgerungsurkunden und Heimatscheine der Bestätigung der Staatsangehörigkeit hinzugefügt: „und ist somit Deutscher geworden" bzw.: „und ist somit Deutscher" (s. Anhang, Anl. Nr. 1).

b) Jeder Deutsche besitzt die Eigenschaft als Reichsangehöriger, gleichviel ob er diese durch die Staatsangehörigkeit in einem Bundesstaate oder unmittelbar erworben hat. Über die Rechte jedoch, die jedem „Deutschen" gewährleistet sind, gibt der Art. 3 der Reichsverfassung vom 16. April 1871 folgende Erklärung:

„Für ganz Deutschland besteht ein gemeinsames Indigenat mit der Wirkung, daß der Angehörige (Untertan, Staatsbürger) eines jeden Bundesstaates in jedem anderen Bundesstaate als Inländer zu behandeln und demgemäß zum festen Wohnsitz, zum Gewerbebetriebe, zu öffentlichen Ämtern, zur Erwerbung von Grundstücken, zur Erlangung des Staatsbürgerrechtes und zum Genusse aller sonstigen bürgerlichen Rechte unter denselben Voraussetzungen wie der Einheimische zuzulassen, auch in betreff der Rechtsverfolgung und des Rechtsschutzes demselben gleich zu behandeln ist.

Kein Deutscher darf in der Ausübung dieser Befugnis durch die Obrigkeit seiner Heimat oder durch die Obrigkeit eines anderen Bundesstaates beschränkt werden.

Diejenigen Bestimmungen, welche die Armenversorgung und die Aufnahme in den lokalen Gemeindeverband betreffen, werden durch den im ersten Absatz ausgesprochenen Grundsatz nicht berührt.

Ebenso bleiben bis auf weiteres die Verträge in Kraft, welche zwischen den einzelnen Bundesstaaten in Beziehung auf die Übernahme von Auszuweisenden, die Verpflegung erkrankter und die Beerdigung verstorbener Staatsangehörigen bestehen.

Hinsichtlich der Erfüllung der Militärpflicht im Verhältnis zu dem Heimatslande wird im Wege der Reichsgesetzgebung das Nötige angeordnet werden.

Dem Auslande gegenüber haben alle Deutschen gleichmäßig Anspruch auf den Schutz des Reichs."

Die Reichsangehörigkeit gewährleistet also ihrem Besitzer unter den in den bezüglichen Reichs- und Landesgesetzen gegebenen Voraussetzungen:

A. nach innen:

das Recht der sozialen, politischen und militärischen Freizügigkeit, und zwar ist bedingt:

1. die soziale Freizügigkeit, durch § 1 d. RG. über die Freizügigkeit vom 1. Nov. 1867 (BGBl. S. 55), (s. Anhang, Anlage Nr. 2);
2. die politische Freizügigkeit durch § 7 d. G.,
3. die militärische Freizügigkeit durch § 17 d. RG., betr. die Verpflichtung zum Kriegsdienste, vom 9. Nov. 1867 (BGBl. S. 131).

Er lautet:

„Jeder Deutsche wird in demjenigen Bundesstaate zur Erfüllung seiner Militärpflicht herangezogen, in welchem er zur Zeit des Eintritts in das militärpflichtige Alter seinen Wohnsitz hat, oder in welchen er vor erfolgter endgültiger Entscheidung über seine aktive Dienstpflicht verzieht.

Den Freiwilligen (§§ 10 u. 11) steht die Wahl des Truppenteils, bei welchem sie ihrer aktiven Dienstpflicht genügen wollen, innerhalb des Reiches frei.

Reserve- und Landwehrmannschaften treten beim Verziehen von einem Staate in den anderen zur Reserve bzw. Landwehr des letzteren über."

Vgl. auch das „Wehrgesetz für die Schutzgebiete" vom 22. Juli 1913 (RGBl. S. 610 ff.).

§ 1.

B. nach außen:
das Recht auf den Schutz
a) im Auslande, durch die daselbst bestehenden diplomatischen und konsularischen deutschen Vertretungen,
b) dem Auslande gegenüber, durch die deutscherseits mit dem Auslande abgeschlossenen Freundschafts-, Handels-, Schiffahrts-, Konsulats- und anderen internationalen Verträge und Vereinbarungen, wie Auslieferungsverträge, Weltpostvertrag, Verträge zum Schutze des literarischen und gewerblichen Eigentums usw.

Außerdem besteht neben diesem positiven Schutze auch
c) ein negativer Schutz, insofern als nach § 9 StGB. (RGBl. 1876 S. 39 ff.) ein Deutscher einer ausländischen Regierung zur Verfolgung oder Bestrafung nicht überliefert werden darf.

Letzterer Rechtssatz ist in allen mit ausländischen Staaten vereinbarten deutschen Auslieferungsverträgen ausdrücklich hervorgehoben.

2. Bundesstaat.

Zu den Bundesstaaten gehören nach Art. 1 der Reichsverfassung vom 16. April 1871 (RGBl. S. 64):

1. Preußen,
2. Bayern,
3. Sachsen,
4. Württemberg,
5. Baden,
6. Hessen,
7. Mecklenburg-Schwerin,
8. Sachsen-Weimar,
9. Mecklenburg-Strelitz,
10. Oldenburg,
11. Braunschweig,
12. Sachsen-Meiningen,
13. Sachsen-Altenburg,
14. Sachsen-Koburg-Gotha,
15. Anhalt,
16. Schwarzburg-Rudolstadt,
17. Schwarzburg-Sondershausen,
18. Waldeck,
19. Reuß ältere Linie,
20. Reuß jüngere Linie,
21. Schaumburg-Lippe,
22. Lippe,
23. Lübeck,
24. Bremen,
25. Hamburg.

Daß das Reichsland Elsaß-Lothringen im Sinne dieses Gesetzes den Bundesstaaten gleichgeachtet wird, bildet den Inhalt des § 2 Abs. 1 d. G.

§ 1.

§ 2.

Elsaß-Lothringen[1] gilt im Sinne dieses Gesetzes als Bundesstaat. Die Schutzgebiete[2] gelten im Sinne dieses Gesetzes als Inland.[3]

1. Elsaß-Lothringen.

Das in Gemäßheit des § 1 d. RG. vom 9. Juni 1871 (RGBl. S. 212) mit dem Deutschen Reiche für immer staatsrechtlich vereinigte Elsaß-Lothringen ist erst auf Grund des Art. 2 d. RG. vom 25. Juni 1873 (RGBl. S. 161) dem Bundesgebiete zugetreten. Elsaß-Lothringen ist jedoch kein mit eigener Staatshoheit bekleideter selbständiger Bundesstaat, sondern unmittelbares Reichsland. „Die Staatsgewalt in Elsaß-Lothringen übt der Kaiser aus" (§ 1 d. G. über die Verfassung Elsaß-Lothringens vom 31. März 1911, RGBl. S. 225). Die Angehörigkeit zu Elsaß-Lothringen heißt nicht „Staatsangehörigkeit", sondern „Landesangehörigkeit". Die Bestimmung, daß Elsaß-Lothringen im Sinne dieses Gesetzes als Bundesstaat gilt, entspricht übrigens dem § 6a Abs. 3 des erwähnten Gesetzes über die Verfassung Elsaß-Lothringens, Art. I.

2. Die Schutzgebiete.

Die zum Deutschen Reich gehörigen Schutzgebiete sind folgende: Deutsch-Ostafrika, Deutsch-Südwestafrika, Deutsch-Neuguinea nebst den Karolinen, Palau, Marianen, Marshall-, Brown- und Providence-Inseln, ferner Kamerun, Togo, Samoa, Kiautschou. Neuerdings sind noch Gebiete von Äquatorialafrika durch Vertrag zwischen dem Reich und Frankreich vom 4. November 1911 hinzugekommen, die laut Verordnung vom 3. Okt. 1912 (RGBl. S. 512) dem Schutzgebiete Kamerun einverleibt worden sind (s. auch Anhang, Anlage 3).

3. Inland.

Das Schutzgebietsgesetz vom 10. September 1900 (RGBl. S. 815) bestimmte schon in § 9 Abs. 3: „Im Sinne des § 21 des bezeichneten Gesetzes (d. i. vom 1. Juni 1870) sowie bei Anwendung des Gesetzes wegen Beseitigung der Doppelbesteuerung vom 13. Mai 1870 (jetzt 22. März 1909) gelten die Schutzgebiete als Inland." Dieses ist im neuen Gesetz dahin erweitert worden, daß die Schutzgebiete in betreff der Anwendbarkeit des ganzen Gesetzes als Inland gelten.

Zweiter Abschnitt.

Staatsangehörigkeit in einem Bundesstaate.

§ 3.

Die Staatsangehörigkeit in einem Bundesstaate wird erworben:[1]

1. durch Geburt (§ 4),
2. durch Legitimation (§ 5),

3. durch Eheschließung (§ 6),
4. für einen Deutschen durch Aufnahme[2] (§§ 7, 14, 16),
5. für einen Ausländer durch Einbürgerung[2] (§§ 8 bis 16).[3]

1. wird erworben.

Der § 3 entspricht im wesentlichen dem § 2 d. G. vom 1. Juni 1870. Der § 2 des alten Gesetzes wurde durch die Worte eingeleitet: „Die Staatsangehörigkeit in einem Bundesstaat wird fortan nur begründet." Ich hatte in den früheren Auflagen meines Kommentars an das Wort „nur" die Bemerkung geknüpft, daß außer den in dem Paragraphen aufgezählten Erwerbsgründen noch zweier anderer gedacht werden müßte, nämlich:

a) der Gebietsabtretungen von Staat zu Staat,
b) der Option.

a) Gebietsabtretungen.

Durch den infolge eines völkerrechtlichen Vertrages stattfindenden Übergang eines Gebietes von einem Staate an den anderen erlangen die Bewohner dieses Gebietes stillschweigend die Angehörigkeit zu dem erwerbenden Staate. Seit dem Inkrafttreten d. G. vom 1. Juni 1870 ist die Reichsangehörigkeit erworben worden:

1. von den Elsaß-Lothringern
   durch den deutsch-französischen Friedensvertrag vom 10. Mai 1871 (RGBl. S. 223);
2. von den Helgoländern
   durch das RG., betr. die Vereinigung von Helgoland mit dem Deutschen Reich, vom 15. Dez. 1890 (RGBl. S. 207).

Bei derartigen Abtretungen von Staatsgebieten wird aber stets deren Bewohnern, sowie den daselbst geborenen, aber auswärts wohnenden Personen die Wahl gelassen, auf Grund einer innerhalb eines begrenzten Zeitraums vor der zuständigen Behörde abzugebenden Erklärung sich für die Beibehaltung der bisherigen Staatsangehörigkeit zu entscheiden. Da eine solche Erklärung somit den Verlust der vertragsmäßig erlangten Staatsangehörigkeit bedeutet, so gehört ihre weitere Besprechung in das Kapitel „über den Verlust der Staatsangehörigkeit".

Abweichend von dieser Regel war die durch den zwischen Österreich und Preußen einerseits und Dänemark andrerseits am 30. Okt. 1864 im Wiener Frieden vereinbarte Gebietsabtretung von Schleswig-Holstein. Der Art. 19 dieses Friedensvertrages lautete:

„Les sujets domiciliés sur les territoires cédés par le présent Traité jouiront pendant l'espace de six ans, à partir du jour de l'échange des ratifications, et moyennant une déclaration préalable à l'autorité compétente, de la faculté pleine et entière d'exporter leurs biens meubles en franchise de droits, et de se retirer avec leurs familles dans les États de sa Majesté Danoise, auquel cas la qualité de sujets Danois leur sera maintenue. Ils seront libres de conserver leurs immeubles situés sur les territoires cédés.

La même faculté est accordée réciproquement aux sujets Danois et aux individus originaires des territoires cédés et établies dans les États de Sa Majesté le Roi de Danemarc.

Les sujets qui profiteront des présentes dispositions ne pourront être, du fait de leur option, inquiétés de part ni d'autre dans leurs personnes ou dans leurs propriétés situées dans les États respectifs.

Le délai susdit de six ans s'applique aussi aux sujets originaires soit du Royaume de Danemarc, soit des territoires cédés qui, à l'époque de l'échange des ratifications du présent Traité, se trouveront hors du territoire du Royaume de Danemarc ou des Duchés. Leur déclaration pourra être reçue par la Mission Danoise la plus voisine, ou par l'autorité supérieure d'une province quelconque du Royaume ou des Duchés.

Le droit d'indigénat, tant dans le Royaume de Danemarc que dans les Duchés est conservé à tout les individus qui le possèdent à l'époque de l'échange des ratifications du présent Traité."

Nach den Abs. 1 u. 2 dieses Artikels war also nicht nur den aus den Herzogtümern gebürtigen und in den dänischen Staaten seßhaften Personen, sondern auch den dänischen Untertanen innerhalb der sechsjährigen Frist vom Tage der Ratifikation ab zugestanden worden, daß sie gleichzeitig mit der Einwanderung in Dänemark, resp. in die Herzogtümer die Staatsangehörigkeit erlangen sollten, sobald sie die hierzu erforderliche Erklärung vor der zuständigen Behörde vorher abgegeben hatten.

Es war dies ein seltsames Zugeständnis, das der Verwaltung des schleswigschen Amtsbezirks viele Schwierigkeiten hätte bereiten können durch massenhafte Einwanderung dänischer Untertanen in Nordschleswig. Man scheint jedoch diesem Passus des Art. 19 wenig Beachtung geschenkt zu haben, denn als schon gegen Ende der sechsjährigen Frist ein aus Jütland gebürtiger Däne die Niederlassung in Schleswig-Holstein beantragte und die damit verbundene preußische Staatsangehörigkeit beanspruchte, war man preußischer- und dänischerseits überrascht, daß ein derartiger Antrag gestellt wurde, und noch mehr, daß er auf Grund des erwähnten Artikels nicht abgelehnt werden konnte.

Noch größere Schwierigkeiten bereitete der Abs. 5 des Art. XIX. Die Anfangsworte „Le droit d'indigénat" — Indigenatsrecht — wurden nämlich von der deutschen Behörde anders ausgelegt als von der dänischen. Während erstere glaubte, daß mit der Auswanderung der Schleswiger und der hiermit verbundenen Optionserklärung für sie das schleswigsche Staatsbürgerrecht verloren gegangen sei, behauptete die dänische Behörde, daß man mit dem Ausdrucke „droit d'indigénat" das Recht der Eingeborenen habe bezeichnen wollen, und daß ein solches nach dänischem Rechte unverlierbar sei; daß also troß der Optionserklärung es den Schleswigern immer unbenommen blieb, nach Schleswig zurückzuwandern, ohne daß sie im Besitz und in der Verwaltung ihres dort befindlichen beweglichen und unbeweglichen Vermögens gestört werden konnten (Art. 19 Abs. 3).

Die Folge davon war, daß die preußische Verwaltung sich für befugt hielt, die Zurückwandernden, die ihre Kinder der Militärpflicht entzogen, auszuweisen und daß diese Maßregel von der dänischen Behörde für unberechtigt erachtet wurde. Die hierdurch hüben und drüben entstandenen Mißstimmungen sollten durch den Vertrag vom 11. Jan. 1907 ihr Ende finden.

Dieser Vertrag lautet:

„Nachdem durch den Wiener Friedensvertrag vom 30. Oktober 1864 und durch die Dispositionen, die Seine Majestät der König von Preußen und Seine Majestät der Kaiser von Österreich im Verfolg des genannten Vertrages getroffen haben, die Grenzen zwischen Preußen und Dänemark festgestellt worden sind, haben Seine Majestät der Deutsche Kaiser, König von Preußen, im Namen des Deutschen Reichs, das hierbei Preußen auf dessen Antrag vertritt, und Seine Majestät der König von Dänemark, von dem übereinstimmenden Wunsche beseelt, die in gewissen Bevölkerungskreisen, insonderheit in bezug auf ihre Staatsangehörigkeitsverhältnisse, bestehende Beunruhigung beseitigt zu sehen, sowie in der Erwartung, daß durch diesen Vertrag diese von beiden Teilen beabsichtigte Wirkung völlig erreicht werden wird, indem jede der beiden Regierungen in ihrem Staatsgebiete im Rahmen der Gesetze ihres Landes zu diesem Ziele in jeder Weise zu wirken sich anheischig macht, zu ihren Bevollmächtigten für den Abschluß eines Vertrages hierüber ernannt: Seine Majestät der Deutsche Kaiser, König von Preußen: Allerhöchstihren Staatssekretär des Auswärtigen Amts, Wirklichen Geheimen Rat Heinrich Leonhard von Tschirschky und Bögendorff, Seine Majestät der König von Dänemark: Allerhöchstihren außerordentlichen Gesandten und bevollmächtigten Minister, Kammerherrn Johan Henrik von Hegermann-Lindencrone, welche, nachdem die beiderseitigen Vollmachten in guter und gehöriger Form befunden worden sind, sich über die nachfolgenden Artikel geeinigt haben. Artikel I. Die preußische Regierung wird den im preußischen Staatsgebiete wohnhaften staatenlosen Optantenkindern, d. h. den nach der Optionserklärung des Vaters aber vor dem Inkrafttreten des dänischen Staatsangehörigkeitsgesetzes vom 19. März 1898 außerhalb Dänemarks geborenen Kindern auf ihren Antrag bei dem Vorhandensein der allgemeinen gesetzlichen Voraussetzungen die preußische Staatsangehörigkeit verleihen. Artikel II. Durch die Bestimmungen des vorstehenden Artikels wird das Recht eines jeden der vertragschließenden Teile, Angehörigen des anderen Teiles entweder infolge gerichtlichen Urteils oder aus Gründen der inneren und äußeren Sicherheit des Staates, oder aus Gründen der Armen- und Sittenpolizei den Aufenthalt zu versagen, nicht berührt. Diese Befugnis besteht für die königlich preußische Regierung auch hinsichtlich der Optantenkinder, welche von dem ihnen im Artikel I gewährten Rechte, preußische Staatsangehörige zu werden, keinen Gebrauch gemacht haben oder deren Anträge mangels der gesetzlichen Voraussetzungen abgelehnt werden mußten. Diesen Optantenkindern wird die dänische Regierung den Aufenthalt in Dänemark, insoweit nicht andere Gründe des dänischen Rechts dafür vorliegen, nicht verschränken. Artikel III. Die beiden Regierungen sind darüber einverstanden, daß unter Optantenkindern im Sinne der Artikel I und II dieses Vertrages nicht bloß Nachkommen im ersten Grade, sondern auch deren Nachkommen zu verstehen sind. Artikel IV. Die Ratifikation dieses Vertrages wird so bald als möglich erfolgen und der Austausch der Ratifikationsurkunden in Berlin stattfinden. Zu Urkund dessen haben die beiderseitigen Bevollmächtigten diesen Vertrag in doppelter Ausfertigung unterschrieben und besiegelt. So geschehen zu Berlin am 11. Januar 1907. (gez.) v. Tschirschky. (gez.) Hegermann-Lindencrone."

Die Auswechslung der Ratifikationen des Vertrages ist am 21. Januar 1907 in Berlin erfolgt.

Wenn ich indessen in der 3. Auflage meines Kommentars der Erwartung Raum gab, daß den Mißstimmungen zwischen der preußischen und der dänischen Regierung auf Grund des obenerwähnten Vertrages ein Ziel gesetzt würde, so hat sich diese Hoffnung nicht vollständig erfüllt. Der Vertrag hatte nämlich nur die Abschaffung der Staatlosigkeit der nach Schleswig-Holstein zurückgekehrten Optantenkinder zum Zwecke. Aber zu den in Schleswig-Holstein sich aufhaltenden Staatlosen zählen nicht nur die Optantenkinder, sondern auch die von Dänen abstammenden Kinder, die in Schleswig-Holstein als im Ausland geboren nach der vor dem Jahre 1898 geltenden dänischen Gesetzgebung als dänische Staatsangehörige nicht anerkannt wurden. Nun ist durch § 1 des dänischen Staatsangehörigkeitsgesetzes vom 19. März 1898 (s. Anhang, II. Teil, Dänemark) auch den im Ausland geborenen Kindern eines Dänen die dänische Staatsangehörigkeit zuerkannt. Diese gesetzliche Bestimmung entbehrt aber der rückwirkenden Kraft (§ 11 Abs. II a. a. O.). Es sind somit alle vor 1898 in Schleswig-Holstein geborenen Kinder dänischer Untertanen staatlos. Daß aber staatlose Individuen, deren Verhalten der Regierung gegenüber nicht anfechtungsfrei ist, sich der Gefahr der Ausweisung aussetzen, wird im internationalen Rechtsverkehr als eine dem ausweisenden Staate zustehende Maßregel durchweg anerkannt.

b) Option.

Nach Art. 11 des zwischen dem Deutschen Reich und Kostarika abgeschlossenen Vertrages vom 18. Mai 1875 konnte der in Deutschland geborene eheliche Sohn eines Kostarikaners und der in Kostarika ehelich geborene Sohn eines Deutschen zu der Zeit, wo er nach vaterländischen Gesetzen die Volljährigkeit erlangt hatte, mittels einer im Laufe des betreffenden Jahres bei dem Konsulate der Nation, welcher sein Vater angehörte, abgegebenen Erklärung für die Nationalität seines Geburtslandes sich entscheiden, und er wurde dann als Bürger dieses Landes von Geburt an betrachtet. Dieser Vertrag mit Kostarika ist am 30. Nov. 1897 gekündigt worden (RGBl. 1897 S. 785).

Dagegen ist laut dem deutsch-bolivianischen Freundschafts- und Handelsvertrag vom 22. Juli 1908 (vgl. Anhang II. Teil, Bolivia) Art. VI Abs. 3 vereinbart worden:

„Die in Bolivien geborenen Kinder von Deutschen und die in Deutschland geborenen Kinder von Bolivianern haben, wenn sie bei der Vollendung des 21. Lebensjahres die Staatsangehörigkeit in beiden Ländern besitzen, innerhalb eines Jahres das Recht, für sich die eine oder die andere Nationalität zu wählen."

Da hier nur von solchen Bolivianern die Rede ist, welche sowohl die bolivianische wie die deutsche Staatsangehörigkeit besitzen und ihnen die Wahl für die eine oder die andere freigegeben wird, so kommt ein Neuerwerb der deutschen Staatsangehörigkeit durch Option in dem bolivianischen Vertrag nicht zur Erörterung.

2. durch Aufnahme — durch Einbürgerung.

a) Der Entwurf zum G. vom 1. Juni 1870 hatte für die beiden Arten der Gewährung der Staatsangehörigkeit die einheitliche Bezeichnung „durch Verleihung" vorgeschlagen.

Die Abänderung „durch Aufnahme bzw. Naturalisation" ist auf Antrag der Abgeordneten Dr. Prosch und Gumbrecht in der dritten Beratung des Gesetzes erfolgt.

In gleicher Weise ist von dem Regierungsentwurf zum vorliegenden Gesetz beantragt worden, daß für beide Erwerbsarten die einheitliche Bezeichnung „durch Aufnahme" genüge. Der Regierungsentwurf hat diesen Vorschlag damit begründet, daß die Naturalisierung sich „in ihrem Wesen und in ihren rechtlichen Wirkungen von der Aufnahme nicht unterscheidet und weil das Nebeneinanderbestehen der beiden Begriffe das Verständnis nur erschwert" (zu § 2 S. 21).

Diese Begründung kann als eine stichhaltige nicht erachtet werden. Die beiden Erwerbsarten sind in der ganzen Aufeinanderfolge von dem Gesuch an bis zu dessen Gewährung oder Nichtgewährung so verschieden, daß dies am besten durch gesonderte Benennung gekennzeichnet wird. Die Aufnahme für einen Deutschen ist obligatorisch, die für einen Ausländer fakultativ. Bei ersterer hängt die Gewährung des Gesuches nur von dem ersuchten Bundesstaate ab, bei letzterer nicht allein von diesem, sondern auch von der Gemeinde, dem Armenverband, dem Reichskanzler und ev. sogar von dem Bundesrat.

Die Reichstagskommission hat die Unterscheidung zwischen Aufnahme eines Deutschen oder eines Ausländers bestehen lassen, indem sie für die erstere das Wort „Aufnahme" beibehalten, für die letztere das Wort „Einbürgerung" gewählt hat. Nach meinem Dafürhalten wäre es besser gewesen, statt des letzteren Wortes das alte „Naturalisation" oder, wenn es verdeutscht sein soll, „Naturalisierung" zu setzen. Die Reichstagskommission wollte entschieden dem Fremdwort „Naturalisation" den Garaus machen. Sie hat allerdings in demselben Paragraphen das Fremdwort „Legitimation" bestehen lassen. Was nun das Wort „Naturalisierung" betrifft, so ist dasselbe in allen zivilisierten Staaten für den Begriff der Umwandlung einer Staatsangehörigkeit aufgenommen. Mit Recht. Naturalisierung bedeutet nichts anderes als das Sicheinleben des Fremden in die Natur des ihm zur Heimat werdenden Staates. Ebensowenig wie „Natur" oder „natürlich" als Fremdwörter erachtet werden können, ist auch das abgeleitete Wort „Naturalisierung" als ein solches zu betrachten. Dagegen bedeutet das Wort „Einbürgerung" nach dem früheren und zum Teil noch jetzt herrschenden Gebrauch den Erwerb des Bürgertums in einer Stadt und damit auch des vollen kommunalpolitischen Bürgerrechts. Dem ganzen Gesetze ist das Wort „Staatsbürger" übrigens völlig fremd.

b) Es dürfte hier die geeignetste Stelle sein, über die Regelung der Staatsangehörigkeit der juristischen Personen das Nachstehende zu bemerken:

Als feststehende Regel ist zu erachten, daß das Deutsche Reich den juristischen Personen, die im Inland ihren Sitz haben, seinen Schutz gewährt (vgl. § 24 BGB.; vgl. auch Staudinger, Kommentar zum EG. z. BGB., 5./6. Aufl., Art. 10 Note III.; Rechtspr. d. OLG. Bd. 5 S. 101). Aber auch denjenigen juristischen Personen, Handelsgesellschaften und nichtrechtsfähigen Vereinen, die im Auslande ihren Sitz haben und ausschließlich oder doch fast ausschließlich aus Deutschen bestehen und deren finanzielle Unterlage großenteils aus deutschem Kapital zusammengesetzt ist, wird, wie dies in § 2*) und § 32**) d. G. über die Konsulargerichtsbarkeit vom 7. April 1900 (RGBl. S. 213) und § 11***) des Schutzgebietsgesetzes (RGBl. 1900 S. 813) ausdrücklich für

*) § 2. Der Konsulargerichtsbarkeit sind unterworfen:
1. Deutsche, soweit sie nicht in dem Lande, in dem die Konsulargerichtsbarkeit ausgeübt wird, nach allgemeinen völkerrechtlichen Grundsätzen das Recht der Exterritorialität genießen;
2. Ausländer, soweit sie für ihre Rechtsverhältnisse durch Anordnung des Reichskanzlers oder auf Grund einer solchen dem deutschen Schutze unterstellt sind (Schutzgenossen).

Den Deutschen (Abs. 1 Nr. 1) werden gleichgeachtet Handelsgesellschaften, eingetragene Genossenschaften und juristische Personen, wenn sie im Reichsgebiet oder in einem deutschen Schutzgebiet ihren Sitz haben, juristische Personen auch dann, wenn ihnen durch den Bundesrat oder nach den bisherigen Vorschriften durch einen Bundesstaat die Rechtsfähigkeit verliehen worden ist. Das gleiche gilt von offenen Handelsgesellschaften und Kommanditgesellschaften, die in einem Konsulargerichtsbezirk ihren Sitz haben, wenn die persönlich haftenden Gesellschafter sämtlich Deutsche sind. Andere als die bezeichneten Handelsgesellschaften, eingetragenen Genossenschaften und juristischen Personen werden den Ausländern (Abs. 1 Nr. 2) gleichgeachtet.

Durch Anordnung des Reichskanzlers oder auf Grund einer solchen kann bestimmt werden, daß die im Abs. 2 Satz 1 bezeichneten Handelsgesellschaften, eingetragenen Genossenschaften und juristischen Personen, wenn Ausländer daran beteiligt sind, der Konsulargerichtsbarkeit nicht unterstehen.

**) § 32. Die in den §§ 8 bis 10 des Gesetzes, betreffend die Rechtsverhältnisse der deutschen Schutzgebiete (RGBl. 1888 S. 75, RGBl. 1899 S. 365), für die Errichtung deutscher Kolonialgesellschaften erlassenen Vorschriften finden entsprechende Anwendung auf deutsche Gesellschaften, die den Betrieb eines Unternehmens der im § 8 Abs. 1 des Gesetzes bezeichneten Art in einem Konsulargerichtsbezirke zum Gegenstand und ihren Sitz entweder im Reichsgebiet oder in einem deutschen Schutzgebiet oder in einem Konsulargerichtsbezirke haben.

***) § 11. Deutschen Kolonialgesellschaften, welche die Kolonisation der deutschen Schutzgebiete, insbesondere den Erwerb und die Verwertung von Grundbesitz, den Betrieb von Land- oder Plantagenwirtschaft, den Betrieb von Bergbau, gewerblichen Unternehmungen und Handelsgeschäften in denselben zum ausschließlichen Gegenstand ihres Unternehmens und ihren Sitz entweder im Reichsgebiet oder in einem Schutzgebiet oder in einem Konsulargerichts-

juristische Personen usw. in den Konsulargerichtsbezirken und den Schutzgebieten betont wird, der deutsche Schutz in gleicher Weise gewährt werden müssen, wie den im Ausland lebenden Deutschen.

3. §§ 8—16.

Außer diesen Bestimmungen kommen für die Einbürgerung die §§ 26 Abs. 3, 30, 31 u. 32 Abs. 3 d. G. in Betracht.

§ 4.

Durch die Geburt[1] erwirbt das eheliche Kind[2] eines Deutschen die Staatsangehörigkeit des Vaters, das uneheliche Kind[3] einer Deutschen die Staatsangehörigkeit der Mutter.[4]

Ein Kind, das in dem Gebiet eines Bundesstaats aufgefunden wird (Findelkind),[5] gilt bis zum Beweise des Gegenteils als Kind eines Angehörigen dieses Bundesstaats.

Vorbemerkung.

Der Regierungsentwurf hatte in § 4 den Text des § 3 d. G. vom 1. Juni 1870 wiedergegeben. Die Reichstagskommission hat jedoch die Worte: „auch wenn diese (d. i. die Geburt) im Ausland erfolgt" gestrichen. Der Regierungsvertreter in der Reichstagskommission äußerte sich dahin (KommBer. S. 7), „daß die Streichung jener Worte keine sachliche Änderung bedeuten würde. Auch wenn diese Worte nicht im Gesetze ständen, wäre in der Tat kein Zweifel darüber möglich, daß der Erwerb der Staatsangehörigkeit durch Geburt unabhängig davon eintritt, ob die Geburt im Inland oder im Ausland erfolgt sei. Die Beibehaltung dieser Worte im Gesetze sei jedoch für angezeigt erachtet worden, weil es erwünscht geschienen habe, gerade diesen obersten Grundsatz, den Grundsatz des Erwerbes der Staatsangehörigkeit durch Abstammung ohne Rücksicht auf den Ort der Geburt, auch für den Laien zweifelsfrei zum Ausdruck zu bringen."

---

bezirke haben oder denen durch Kaiserliche Schutzbriefe die Ausübung von Hoheitsrechten in den deutschen Schutzgebieten übertragen ist, kann auf Grund eines vom Reichskanzler genehmigten Gesellschaftsvertrags (Statuts) durch Beschluß des Bundesrats die Fähigkeit beigelegt werden, unter ihrem Namen Rechte, insbesondere Eigentum und andere dingliche Rechte an Grundstücken zu erwerben, Verbindlichkeiten einzugehen, vor Gericht zu klagen und verklagt zu werden. In solchem Falle haftet den Gläubigern für alle Verbindlichkeiten der Kolonialgesellschaft nur das Vermögen derselben.

Das gleiche gilt für deutsche Gesellschaften, welche den Betrieb eines Unternehmens der im Abs. 1 bezeichneten Art in dem Hinterland eines deutschen Schutzgebiets oder in sonstigen dem Schutzgebiete benachbarten Bezirken zum Gegenstand und ihren Sitz entweder im Reichsgebiet oder in einem Schutzgebiet oder in einem Konsulargerichtsbezirke haben.

Der Beschluß des Bundesrats und im Auszuge der Gesellschaftsvertrag sind durch den Reichsanzeiger zu veröffentlichen.

§ 4.

1. Geburt.

Mit Ausnahme der südamerikanischen Freistaaten*) und der Dominikanischen Republik erkennen alle Staaten die von ihren Untertanen im Auslande geborenen Kinder als ihre Staatsangehörigen an.

Die südamerikanischen Staaten und die Dominikanische Republik betrachten nämlich die im Auslande geborenen Kinder ihrer Staatsangehörigen als Ausländer, solange sie im Auslande bleiben; sie erlangen die Staatsangehörigkeit ihrer Eltern nur dann, wenn sie in deren Heimatstaat zurückgekehrt sind und sich bei der zuständigen Behörde behufs Niederlassung angemeldet haben.

Stellt sich sonach die Frage der Staatsangehörigkeit der im Auslande geborenen Kinder von Ausländern als eine sehr einfache dar, so gestaltet sich die Lösung der Frage, ob und in welchem Umfange die verschiedenen Staaten dem in ihrem Gebiete geborenen Kinde eines Ausländers die Erwerbung der Staatsangehörigkeit erleichtern, als eine sehr mannigfaltige.

Es lassen sich hierfür vier Gruppen aufstellen:

Gruppe I.

Das Kind eines Ausländers bleibt Ausländer, und die Tatsache der Geburt im Lande erleichtert ihm in keiner Weise die spätere Erwerbung der Staatsangehörigkeit daselbst.

Zu dieser Gruppe gehören die Staaten:

1. China.
2. Deutschland (vgl. § 9 Abs. 2 Ziff. 2 d. G. — schüchterner Anlauf zu der seit 1804 im französischen Rechtsgebiet bestehenden Option.)

---

*) Südamerikanische Freistaaten.

Die im Auslande geborenen Kinder von Argentiniern werden als Argentinier nur dann anerkannt, wenn sie für die argentinische Staatsangehörigkeit optieren (Art. 1 Ziff. 2 des Bundesges. vom 1. Okt. 1869).

Die im Auslande geborenen Kinder von Bolivianern erlangen die bolivianische Staatsangehörigkeit erst dann, wenn sie sich in Bolivia niedergelassen haben (Art. 32 Ziff. 1 der Verfassung vom 15. Febr. 1878). Ebenso in Brasilien (Art. 1 § 2 des Dekrets vom 12. Nov. 1902); in Chile (Art. 5 Ziff. 2 der am 10. Aug. 1888 neuredigierten Verfassung vom 25. Mai 1833); in Kolumbien (Art. 8 Ziff. 1 Abs. 2 und Ziff. 2 der Verfassung vom 4. Aug. 1886); in Ekuador (Art. 11 der Verfassung vom 20. Dez. 1906); in Paraguay (Art. 35 Ziff. 2 der Verfassung vom 18. Nov. 1870); in Uruguay (Art. 8 der Verfassung vom 13. Juli 1830; Art. 3 d. G. vom 13. Juli 1874); in Venezuela (Art. 5 Ziff. 2 der Verfassung vom 12. Juni 1893); in San Domingo (Art. 7 Ziff. 2 der Verfassung vom Jahre 1895). In Peru werden die im Auslande geborenen Kinder von Peruanern als Peruaner nur dann anerkannt, wenn sie während ihrer Minderjährigkeit auf Wunsch ihrer Eltern in das peruanische Bürgerregister eingetragen werden, oder wenn sie nach erlangter Emanzipation oder erreichter Großjährigkeit für die peruanische Staatsangehörigkeit optieren (Art. 34 Ziff. 2 der peruanischen Verfassung vom 10. Nov. 1860).

Die in Deutschland geborenen und daselbst wohnhaften Kinder von Angehörigen der südamerikanischen Staaten sind mithin so lange staatlos, als sie nicht den vorerwähnten Voraussetzungen entsprechen. Bewahrt vor dem Verluste der väterlichen Staatsangehörigkeit bleiben jedoch: die im Auslande geborenen Kinder der im Auslande in amtlicher Stellung residierenden Eltern.

§ 4.

3. Haiti (vgl. Art. 2 Ziff. 3 d. G. vom 12. Okt. 1907).
4. Japan.
5. Monako.
6. Niederlande.
7. Norwegen.
8. a) Österreich.
   b) Ungarn.*)
9. Rumänien.
10. Serbien.

Gruppe II.

a) Die nachbezeichneten Staaten verleihen allen in ihrem Staatsgebiete geborenen Personen die Staatsangehörigkeit; ausgenommen sind die Kinder derjenigen Ausländer, die in Ausführung einer diplomatischen oder konsularischen Mission in diesen Staaten sich aufhalten.

Es sind dies:

1. Argentinische Republik (s. Bundesgesetz vom 1. Okt. 1869, Art. 1 Ziff. 1).
2. Bolivia (s. Verfassung vom 15. Febr. 1880 Art. 31 Ziff. 1); Ausnahme: Art. VI des Freundschafts- und Handelsvertrags zwischen dem Deutschen Reich und der Republik Bolivia vom 22. Juli 1908.
3. Brasilien (s. Dekret vom 12. Nov. 1902 Art. 1 § 1).
4. Chile (s. Verfassung vom 25. Mai 1833, neuredigiert vom 10. Aug. 1888, Art. 5 Ziff. 1).
5. Ekuador (s. Verfassung vom 20. Dez. 1906 Art. 10).
6. Guatemala (s. Verfassung vom 11. Dez. 1879 Art. 5 Ziff. 1).
7. Honduras (s. Art. 7 Ziff. 2 der Verfassung vom 14. Okt. 1894); Ausnahme: Art. 10 des Handelsvertrags usw. zwischen dem Deutschen Reich und Honduras vom 20. Sept. 1887.
8. Kolumbien (s. Verfassung vom 4. Aug. 1886 Art. 8 Ziff. 1).
9. Nicaragua (s. Art. 7 Ziff. 2 der Verfassung vom 10. Dez. 1893); Ausnahme: Art. 10 des Handelsvertrags usw. zwischen dem Deutschen Reich und Nicaragua vom 6. Febr. 1896.
10. Paraguay (s. Art. 35 Ziff. 1 der Verfassung vom 18. Nov. 1870).
11. Peru (s. Art. 34 Ziff. 1 der Verfassung vom 10. Nov. 1860).
12. San Domingo (s. Art. 7 Ziff. 1 der Verfassung von 1896).
13. Uruguay (s. Art. 7 der Verfassung vom 13. Juli 1830).
14. Venezuela (s. Art. 6 Ziff. 1 der Verfassung vom 12. Juni 1893).

---

*) Für die Staatsangehörigkeitsverhältnisse in Österreich und Ungarn sind ganz gesonderte gesetzliche Bestimmungen maßgebend. Die Bezeichnung: Österreich-ungarischer Staatsangehöriger, der man zuweilen in amtlichen Schriftstücken begegnet, ist mithin eine irrtümliche; österreichische Untertanen sind diejenigen, die den im österreichischen Reichsrate vertretenen Königreichen und Ländern angehören, während ungarische Staatsangehörige die Untertanen der ungarischen Krone und der mit ihr vereinigten Länder Kroatien, Slavonien und Siebenbürgen sind.

15. Vereinigte Staaten von Amerika (s. das XIV. amendement zur Verfassung und section 1992 Revised Statutes).

b) Die nachbezeichneten Staaten verleihen den in ihrem Staatsgebiete geborenen Kindern von Ausländern, die selbst schon in diesem Staate geboren sind (2. Generation), die Staatsangehörigkeit.

Es sind dies:

1. Dänemark (s. § 2 des Gesetzes vom 19. März 1898); vgl. auch Gruppe III Nr. 4.
2. Frankreich (s. Art. 8 Ziff. 3 des Staatsangehörigkeitsgesetzes vom 26. Juni 1889); vgl. auch Gruppe III Nr. 5 und Gruppe IV Nr. 4.
3. San Salvador (s. Art. 42 Ziff. 4 der Verfassung vom 13. Aug. 1886); vgl. auch Gruppe III Nr. 11.
4. Schweden (s. § 2 Abs. 1 Satz 2 des Staatsangehörigkeitsgesetzes vom 1. Okt. 1894); vgl. auch Gruppe III Nr. 12.

Gruppe III.

Die nachbezeichneten Staaten betrachten die in ihrem Staatsgebiet geborenen Kinder eines Ausländers als ihre Staatsangehörigen, mit der Maßgabe jedoch, daß sie in dem Jahre nach erlangter Volljährigkeit erklären können, die Staatsangehörigkeit des Vaters bewahren zu wollen.

Es sind dies:

1. Belgien (s. Art. 7 des Staatsangehörigkeitsgesetzes vom 8. Juni 1909); vgl. auch Gruppe IV Nr. 1.
2. Belgisch-Kongo (s. Art. 5 Satz 2 des Dekrets vom 27. Dez. 1892); vgl. auch Gruppe IV Nr. 2.
3. Bulgarien (s. Art. 5 Ziff. 3 des Staatsangehörigkeitsgesetzes vom 19. Dez. 1903).
4. Dänemark (s. § 2 des Staatsangehörigkeitsgesetzes vom 19. März 1898); vgl. auch Gruppe IIb Nr. 1.
5. Frankreich (s. Art. 8 des Staatsangehörigkeitsgesetzes vom 26. Juni 1889); vgl. auch Gruppe IIb Nr. 2 und Gruppe IV Nr. 4.
6. Großbritannien (s. Sektion IV der Naturalisationsakte vom 12. Mai 1870. Diese Bestimmung findet auch in sämtlichen Kolonien und auswärtigen Besitzungen Großbritanniens Anwendung).
7. Italien (s. Art. 3 Ziff. 3 des Gesetzes vom 13. Juni 1912); vgl. auch Gruppe IV Nr. 6.
8. Luxemburg (s. Art. 2 der Zusatzbestimmungen vom 27. Jan. 1878).
9. Mexiko (s. Art. 2 Ziff. 2 des Gesetzes über die Fremden und die Naturalisation vom 28. Mai 1886).
10. Portugal (s. Art. 18 des Bürgerlichen Gesetzbuches vom 1. Juli 1867).
11. San Salvador (s. Art. 42 Ziff. 2 der Verfassung vom 13. Aug. 1886); vgl. auch Gruppe IIb Nr. 3.
12. Schweden (s. § 2 Abs. 1 Satz 1 des Staatsangehörigkeitsgesetzes vom 1. Okt. 1894); vgl. auch Gruppe IIb Nr. 4.

§ 4.

13. Schweiz (s. Art. 5 des Bundesgesetzes, betr. die Erwerbung des Schweizer Bürgerrechts und den Verzicht auf dasselbe, vom 25. Juni 1903).

Gruppe IV.

Die nachbezeichneten Staaten betrachten die in ihrem Staatsgebiete geborenen Kinder eines Ausländers als Ausländer, mit der Maßgabe jedoch, daß sie in dem Jahre nach erlangter Großjährigkeit für die Staatsangehörigkeit ihres Geburtslandes optieren können.

Es sind dies:

1. Belgien (s. Art. 9 des Gesetzes vom 8. Juni 1909).
2. Belgisch-Kongo (s. Art. 5 Satz 1 des Dekrets vom 27. Dez. 1892); vgl. auch Gruppe III Nr. 2.
3. Frankreich (s. Art. 9 des Staatsangehörigkeitsgesetzes vom 26. Juni 1889); vgl. auch Gruppe IIb Nr. 2 und Gruppe III Nr. 5.
4. Griechenland (s. Art. 19 des Bürgerlichen Gesetzbuches vom 29. Okt. 1856).
5. Italien (s. Art. 3 Ziff. 2 des Gesetzes vom 13. Juni 1912); vgl. auch Gruppe III Nr. 7.
6. Kostarika (s. Art. 1 Ziff. 6 des Gesetzes über die Ausländer und die Naturalisation vom 21. Dez. 1886).
7. Luxemburg (s. Art. 9 des Bürgerlichen Gesetzbuches); vgl. auch Gruppe III Nr. 7.
8. Persien (s. Art. 1 u. 2 des Staatsangehörigkeitsgesetzes vom 7. Aug. 1894).
9. Rußland (s. 850 des Gesetzes von 1899).
10. Spanien (s. Art. 18 u. 19 des Bürgerlichen Gesetzbuches vom 24. Juli 1889).
11. Türkei (s. Art. 2 des Naturalisationsgesetzes vom 19. Jan. 1869).

Wenn hiernach alle europäischen und die meisten außereuropäischen Staaten darin einig sind, daß das im Auslande geborene Kind eines ihrer Staatsangehörigen die Staatsangehörigkeit des Elternteils beibehält, das Ausland aber, wo das Kind seinen Wohnsitz hat, diesem auf die eine oder andere Weise die ausländische Staatsangehörigkeit verleiht oder deren Erwerb nach erreichter Großjährigkeit erleichtert, so werden hierdurch Fälle doppelter Staatsangehörigkeit geschaffen, die im internationalen Rechtsverkehr zu erheblichen Kollisionen führen können.

Die zwischen dem vormaligen Norddeutschen Bunde, Bayern, Württemberg, Baden und Hessen einerseits und den Vereinigten Staaten von Amerika anderseits im Jahre 1868 vereinbarten Staatsverträge sind vornehmlich aus dem Bedürfnisse entstanden, solchen Kollisionen vorzubeugen. (Wegen dieser Verträge s. § 36 d. G. nebst den Anmerkungen.)

Die meisten Staaten sind übrigens bestrebt, den aus der Doppelstaatsangehörigkeit sich etwa ergebenden Konflikten durch entsprechende Instruktionen zu begegnen.

So werden Deutsche, welche im Auslande wohnen und gleichzeitig

Angehörige des ausländischen Staates sind, von den daselbst residierenden Reichskonsuln nicht in Schutz genommen, falls sie mit den Behörden ihres Wohnortes in Konflikt kommen, oder von ihnen die Erfüllung derjenigen staatsbürgerlichen Pflichten, als Ableistung der Militärdienstpflicht, Entrichtung von Zwangssteuern usw. verlangt wird, welche den Einheimischen auferlegt werden. Eine ganz ähnliche Instruktion ist den nordamerikanischen Konsuln erteilt in den Regulations prescribed for the use of Consular service, Washington 1881 S. 55.*) Die Schweiz, Großbritannien, Spanien, Brasilien und Kostarika haben sogar behufs Vermeidung der in Rede stehenden Konflikte gesetzliche Bestimmungen getroffen, und zwar die Schweiz im Art. 6 des Bundesgesetzes, betr. die Erwerbung des Schweizer Bürgerrechts und den Verzicht auf dasselbe, vom 25. Juni 1903, s. Teil II Ausl. Gesetzgeb. Schweiz; Großbritannien in der „Naturalisation acte“ vom 12. Mai 1870, Sektion VII Abs. 3, s. Teil II Ausl. Gesetzgeb. Großbritannien; Spanien im Art. 45 des Fremdendekrets vom 17. Nov. 1852; Brasilien im Art. 3 des Gesetzes vom 12. Nov. 1902, s. Teil II Ausl. Gesetzgeb.

2. Eheliches Kind.

„Nach allgemeinen Grundsätzen und laut Art. 203 EG. z. BGB. ist die Ehelichkeit eines Kindes regelmäßig nach dem zur Zeit seiner Geburt geltenden Recht zu beurteilen. Daher entscheiden in Ansehung der vor 1900 geborenen Kinder die früheren Gesetze darüber, ob das Kind ehelich ist“ (Dernburg, Deutsches Familienrecht, 3. Aufl. 1907, S. 239 Anm. 2).

Hinsichtlich der Frage, ob die eheliche Abstammung eines im Auslande geborenen Kindes nach inländischem oder ausländischem Recht zu beurteilen ist, bestimmt Art. 18 EG. z. BGB., daß die eheliche Abstammung eines Kindes nach den deutschen Gesetzen beurteilt wird, wenn der Ehemann der Mutter zur Zeit der Geburt des Kindes Deutscher ist oder, falls er vor der Geburt des Kindes gestorben ist, zuletzt Deutscher war.

Die Bestimmungen über die eheliche Abstammung sind in den §§ 1591 ff. BGB., und diejenigen über die rechtliche Stellung der Kinder aus nichtigen Ehen in den §§ 1699 ff. BGB. enthalten (vgl. Entsch. d. bayer. VGH. vom 13. Nov. 1913 im „Recht“ 1914 Sp. 147).

Inwieweit die Kinder aus einer vor dem Inkrafttreten des Bürgerlichen Gesetzbuches geschlossenen nichtigen oder ungültigen Ehe als eheliche Kinder anzusehen sind, bestimmt sich gemäß Art. 207 EG. z. BGB. nach den bisherigen Gesetzen.

3. Uneheliches Kind.

Über den Begriff des unehelichen Kindes nach deutschem Recht vgl. BGB. §§ 1591 ff., 1699 ff., 1705 ff.

*) Die oben angeführte Stelle heißt:
Wenn Kinder von amerikanischen Bürgern in einem andern Land geboren und nach den Gesetzen dieses Landes Untertanen der Regierung desselben sind, so sollen die Gesetze der Vereinigten Staaten nicht so ausgelegt werden, daß sie der Treue Eintrag tun, die solche Personen ihrem Geburtslande schulden, solange sie daselbst wohnen.

§ 4.

Kinder aus einer im Widerspruch mit den Bayerischen Heimatgesetzen vom 16. April 1868 / 23. Febr. 1872 geschlossenen Ehe eines rechtsrheinischen Bayern galten in Bayern als unehelich; diese gesetzliche Bestimmung ist durch die dem Bayerischen Heimatgesetz gegebene neue Fassung vom 30. Juli 1899 mit rückwirkender Kraft aufgehoben worden (s. Anhang, Anl. 4).

Der Mangel des Verehelichungszeugnisses schränkt nur noch den Heimaterwerb der Ehefrau und deren Kinder ein. Ist die Ehefrau von Geburt Bayerin, also nicht erst durch die Ehe Bayerin geworden, so behält sie ihre bisherige Heimat in der bayerischen Gemeinde und die Kinder folgen der Heimat der Mutter. Hat aber die Ehefrau erst durch die Verheiratung die bayerische Staatsangehörigkeit erlangt, so besitzen sie und ihre aus dieser Ehe entsprossenen oder durch dieselbe legitimierten Kinder die vorläufige Heimat in der Heimatgemeinde des Mannes, und die Unterstützungen, die denselben während der Dauer der vorläufigen Heimat nach Maßgabe des Gesetzes über die Armenpflege gewährt werden, fallen dem bayerischen Staate in dem Umfange zur Last, in dem sie sonst von der Heimatgemeinde zu tragen wären (Art. 31, 19 d. bayr. Heimatges.; Anhang, Anl. Nr. 4).

Hier sei außerdem erwähnt, daß die Kgl. Bayerische Regierung auf das Reservat verzichtet hat (bayer. G. vom 26. Okt. 1912), das ihr in betreff eines eigenen Heimatgesetzes mittels des im November 1870 zwischen ihr und dem Norddeutschen Bund vereinbarten Abkommens zugebilligt worden war. Durch Reichsgesetz vom 30. Juni 1913 (RGBl. S. 495) wird das Gesetz über den Unterstützungswohnsitz vom 30. Mai 1908, RGBl. S. 381 (vgl. Anhang, Anlage Nr. 5), im Königreich Bayern eingeführt. Der Tag, an dem das Gesetz in Bayern in Kraft tritt, wird durch Kaiserliche Verordnung mit Zustimmung des Bundesrats bestimmt. Diese Verordnung ist bisher nicht ergangen. Daß solches tunlichst bald geschehe, würde als ein neuer markanter Fortschritt zur Vereinheitlichung des Reiches zu begrüßen sein. Nach Inkrafttreten des Unterstützungswohnsitzgesetzes in Elsaß-Lothringen am 1. April 1910 ist Bayern der einzige Staat, der bei Handhabung dieses Gesetzes von den Bundesstaaten noch als Ausland angesehen wird. Ein bayerisches Ausführungsgesetz zu den Gesetzen vom 30. Juni 1913 und 30. Mai 1908 ist bereits in Vorbereitung.

Im französischen Rechtsgebiete (Art. 334 des code civil français, belge, Art. 335 u. 336 des niederländischen Bürgerlichen Gesetzbuches usw.) besteht kein gesetzlich anerkanntes Verhältnis zwischen der Mutter und dem unehelichen Kinde, solange erstere nicht ihre Mutterschaft in einer öffentlichen Urkunde oder in dem Geburtsakte ausdrücklich anerkannt hat. Der von dem Standesbeamten ohne Zuziehung der Mutter aufgenommene Geburtsakt, selbst wenn die Mutter darin bezeichnet wird, genügt demnach nicht zum Nachweise der Mutterschaft. Uneheliche Kinder, die also weder von dem Vater noch von der Mutter rechtmäßig anerkannt sind, werden nach dem französischen Recht und den damit übereinstimmenden Gesetzen von Belgien, Bulgarien, Griechenland, Italien, Monako, den Niederlanden, Portugal, Kostarika, Ekuador, Japan, China und Mexiko (s. Teil II Ausl. Gesetzgeb.) als Kinder unbekannter Eltern bezeichnet und als Staatsangehörige desjenigen Landes anerkannt, in dem sie geboren sind. Mit Rücksicht hierauf ist vom Kgl. Preuß. Ministerium des Innern durch die Runderlasse vom 30. Sept. und 23. Okt. 1903, sowie vom 27. Sept. 1906 (MBl. i. V. 1906 S. 275) verfügt worden, daß bei Geburten unehelicher Kinder von einer dem französischen Rechtsgebiet angehörigen Ausländerin (Belgien, Frankreich, Italien, Luxemburg, Niederlande) die Ortspolizeibehörde — nötigenfalls unter Androhung von Ausweisungsmaßregeln — beizeiten darauf hinzuwirken habe, daß die unehelichen Kinder durch die Mutter gerichtlich oder notariell anerkannt werden (s. Anhang Anl. Nr. 6).

In allen diesen Fällen besitzt ein von einer Deutschen in den vorbezeichneten Ländern außerehelich geborenes und daselbst nicht ausdrücklich anerkanntes Kind nach dem Reichsgesetze vom 1. Juni 1870 die Staatsangehörigkeit der Mutter, ist also nach deutschem Recht Deutscher, während ihm nach dem ausländischen Gesetze die ausländische Staatsangehörigkeit zuerkannt wird, so daß hier ein Fall unfreiwilliger Doppelstaatsangehörigkeit vorliegt.

4. Der Mutter.

Hat die Mutter auf Grund des § 17 Ziff. 6 dieses Gesetzes durch Verheiratung mit dem Angehörigen eines anderen Bundesstaates oder mit einem Ausländer ihre bisherige Staatsangehörigkeit verloren, so verbleibt dem unehelichen Kinde die durch Geburt erlangte Staatsangehörigkeit, vorausgesetzt, daß es nicht in Gemäßheit des § 17 Ziff. 5 legitimiert wird. Ebenso wird durch die Entlassung der Mutter aus der bisherigen Staatsangehörigkeit diejenige des unehelichen minderjährigen Kindes nicht berührt (s. Erl. des preuß. Min. d. J. vom 5. Juli 1850, MBl. S. 210), es sei denn, daß seine Entlassung durch den gesetzlichen Vertreter mit Genehmigung des Vormundschaftsgerichts besonders nachgesucht wird.

In einigen Ländern wird das uneheliche Kind einer Ausländerin durch die bloße Anerkennung des inländischen Vaters Inländer; so in Belgien, Bulgarien, Frankreich, Griechenland, Italien, den Niederlanden, der Schweiz, Japan, China und Kostarika (vgl. Teil II Ausland). Also auch in diesen Fällen besitzt das uneheliche Kind, wenn die Mutter eine Deutsche ist, eine doppelte Staatsangehörigkeit.

Besonders zu erwähnen ist noch, daß ein außerhalb des britischen Gebietes von einer britischen Untertanin unehelich geborenes Kind nicht die Eigenschaft eines britischen Untertanen besitzt. „According to the law of England a child having been born out of the British dominions and being illegitimate, is not a British subject.“ (Amtliche Mitteilung.)

5. Findelkinder.

a) In der 3. Auflage meines Kommentars hatte ich bereits darauf hingewiesen, daß bei der demnächstigen Abänderung des Reichs- und Staatsangehörigkeitsgesetzes auch eine gesetzliche Bestimmung über die Staatsangehörigkeit der auf deutschem Boden aufgefundenen Kinder unbekannten Familienstandes geschaffen werden müßte. In dem Regierungsentwurf ist eine entsprechende Bestimmung nicht enthalten gewesen. So hat denn die Reichstagskommission die Initiative ergriffen und durch Schaffung des Abs. 2 zu § 4 die in dieser Beziehung bisher bestehende Lücke ausgefüllt. Der bei diesem Anlaß erhobene Widerspruch des Regierungsvertreters, daß die Einfügung dieser gesetzlichen Bestimmung „eine Durchbrechung des im Entwurf rein durchgeführten ius sanguinis zugunsten des ius soli" bedeute (KommBer. S. 8), hat bei der Reichstagskommission keine Anerkennung gefunden, und so ist ein Grundsatz, der bei fast allen zivilisierten Staaten Rechtens ist, in das vorliegende Gesetz aufgenommen worden.

Wenn übrigens im Plenum bei der zweiten Beratung gesagt worden ist, daß die Durchführung des ius sanguinis in hervorragender Weise dazu diene, „den völkischen Charakter und die deutsche Eigenart zu erhalten und zu bewahren" (Protokoll 5282 B), und daß man allen Anträgen, das ius soli in irgendeiner Weise einzuführen, entgegentreten müsse, so dürfte eine solche Abschließungstheorie im Hinblick auf das von den vorgeschrittenen, zivilisierten Staaten Europas befolgte System nicht als eine richtige erachtet werden können. In diesen wird den im Inland geborenen Kindern von Ausländern bei Erreichung der Volljährigkeit eine Optionsfähigkeit zuerkannt. Durch eine solche Option müßte auch bei uns die Möglichkeit gegeben werden, sich für die Staatsangehörigkeit des Geburtslandes zu entscheiden. Tatsache ist, daß nach geltendem deutschen Recht Ausländer ihre Staatsangehörigkeit an dem Orte ihres Wohnsitzes von Geschlecht zu Geschlecht vererben können, sich gleich dem Inländer im Genuß der bürgerlichen Rechte befinden, von der wichtigsten Pflicht des Staatsbürgers aber — der Militärdienstpflicht — und auch von vielen anderen das Gemeinwohl betreffenden Verpflichtungen zum Nachteile der Inländer befreit sind.

b) Die gesetzliche Bestimmung über die Kinder unbekannten Familienstandes findet in den Schutzgebieten keine Anwendung (vgl. § 35 d. G.).

§ 5.

Eine nach den deutschen Gesetzen wirksame[1] Legitimation[2] durch einen Deutschen[3] begründet[4] für das Kind[5] die Staatsangehörigkeit des Vaters.

Vorbemerkung.

Bevor der Inhalt des Paragraphen einer näheren Erörterung unterzogen wird, bietet das Bestehenlassen des Fremdwortes „Legitimation" zu einigen Bemerkungen Anlaß. Wie schon zu § 3 gesagt wurde, ist das Wort „Naturalisation" als ein Fremdwort aus dem früheren Gesetze nicht übernommen, sondern durch das Wort „Einbürgerung" ersetzt worden. Ich hatte bei dieser Gelegenheit schon gesagt, daß man in demselben Paragraphen das Fremdwort „Legitimation" bestehen ließ. Da das BGB. die „legitimatio per rescriptum" mit dem ganz geeigneten Wort „Ehelichkeitserklärung" bezeichnet, so lag es doch nahe, das Wort „Legitimation" in dem neuen Gesetz durch das Wort „Einehelichung" zu ersetzen.

§ 5.

1. nach den deutschen Gesetzen wirksam.

a) In dem Gesetze vom 1. Juni 1870 hieß es: „durch eine den gesetzlichen Bestimmungen gemäß erfolgte Legitimation". In der neuen Fassung wird klar ausgedrückt, daß die Legitimation den deutschen Gesetzen gemäß bewirkt sein muß. Dies ist als eine wesentliche Verbesserung zu erachten. Allerdings wird die Gültigkeit der Legitimation nicht bestritten werden können, wenn dieselbe im Auslande durch nachfolgende Ehe begründet und letztere in der am Ort ihrer Vollziehung gültigen Form geschlossen ist (Art. 22, 11 EG. z. BGB.).

b) Da jedoch bei allen vor dem Jahr 1900, also vor Einführung d. BGB., erfolgten Legitimationen die verschiedenartigen Gesetze der einzelnen Bundesstaaten auch jetzt noch zugrunde zu legen sind, wird es angezeigt erscheinen, hier zum Ausdruck zu bringen, daß auch schon vor dem Inkrafttreten des Bürgerlichen Gesetzbuches die Worte des Reichsgesetzes vom 1. Juni 1870 „den gesetzlichen Bestimmungen gemäß" dahin aufzufassen waren, daß hiermit nur die gesetzlichen Bestimmungen des Staates gemeint sein können, dem der legitimiernde deutsche Vater angehört.

Aus den Motiven zu § 4 des Gesetzes vom 1. Juni 1870 geht auch hervor, daß man für die Erwerbung der Staatsangehörigkeit durch Legitimation nur die in Deutschland bestehenden Gesetzgebungen im Sinne hatte; denn in den Motiven heißt es ausdrücklich:

„Die Frage, ob eine Legitimation rechtlich erfolgt sei, wird nach den Landesgesetzen zu beurteilen sein." Also nach den Gesetzen des Landes, dem der legitimierende Vater angehört. „Allerdings", heißt es in den Motiven weiter, „bleibt hiernach eine gewisse Rechtsungleichheit insofern bestehen, als die Gesetzgebungen der einzelnen Bundesstaaten über die Legitimation sowohl in materieller als auch in formeller Beziehung voneinander abweichen."

So ist zum Beispiel, wie Bazille und Köstlin (a. a. O. zu § 4 Anm. 5 S. 201) erwähnen, die Legitimation eines in Württemberg wohnhaften Badeners aus dem Grunde nicht anerkannt worden, weil derselben dem § 331 des Badischen Landrechts gemäß die Anerkennung des legitimierenden Vaters nicht vorausgegangen war. Laband hat seine frühere Ansicht (3. Aufl. Bd. I S. 147 Nr. 2), daß für die Legitimation die Gesetze des Ortes entscheidend seien, wo der Vater zur Zeit der Legitimation seinen Wohnsitz hat, dahin modifiziert (5. Aufl. I S. 165), daß nur im Zweifel die Gesetze des Wohnsitzes des Vaters zur Zeit der Legitimation entscheiden.

In einem bei dem Auswärtigen Amt zur Sprache gebrachten Sonderfalle ist die Gesetzmäßigkeit einer Legitimation, welche durch die nachfolgende in Rußland vollzogene Ehe einer Russin mit einem Preußen bewirkt worden ist, preußischerseits anerkannt worden. Allerdings hat der russische Staat, nach dessen damaliger Gesetzgebung die Legitimation durch nachfolgende Ehe nicht zulässig war, die Gesetzmäßigkeit der Legitimation bestritten und das in Rede stehende Kind fortdauernd als russischen Staatsangehörigen betrachtet. Das Kind befand sich mithin im Besitze einer Doppelstaatsangehörigkeit. Derartige

Kollisionen lassen sich nicht vermeiden, da jeder Staat die Bedingungen, unter welchen die Zugehörigkeit erworben bzw. verloren wird, nach seinem eigenen Rechte aufstellt.

2. Legitimation.

Die Staatsangehörigkeit des legitimierenden Vaters wird von dem unehelichen Kinde ohne weiteres erworben, sofern die Legitimation dem BGB. gemäß erfolgen kann. Nach diesem findet sie statt:

a) durch nachfolgende Ehe, §§ 1719 ff. BGB.;

b) durch Ehelichkeitserklärung, §§ 1723 ff. BGB.

„Inwieweit ein vor dem Inkrafttreten des Bürgerlichen Gesetzbuches legitimiertes Kind ... die rechtliche Stellung eines ehelichen Kindes hat ..., bestimmt sich nach den bisherigen Gesetzen" (Art. 209 EG. z. BGB.).

Die in den verschiedenen Rechtsgebieten Deutschlands in Geltung gewesenen Arten der Legitimation waren folgende:

a) Die Legitimation durch nachfolgende Ehe, welche sowohl in allen deutschen Bundesstaaten als auch im Reichsland zu Recht bestand;

b) die Legitimation durch Verfügung der Staatsgewalt, sei es des Trägers derselben oder eines delegierten Organs. Diese Legitimationsart bestand, mit Ausnahme der Gebiete des französischen Rechts und des badischen Landrechts, in ganz Deutschland, Rheinpreußen (Kabinettsorder vom 6. Nov. 1827) inbegriffen;

c) die Legitimation:

1. durch richterlichen Ausspruch, welcher der Mutter die Rechte einer wirklichen Ehefrau des Schwängerers beilegte,
2. durch gerichtliche Erklärung des Vaters bei Brautkindern.

Beide Arten bestanden im Geltungsgebiete des preußischen Landrechts in Bayern, endlich

d) die nur noch in den vormals dänischen Gebieten Schleswigs erhaltene Legitimation, welche in der Ehelichkeitserklärung des Kindes durch den Vater vor Gericht bestand (Echtigung zu Dinge).

Die bei Eintragung der Legitimation zu beobachtenden Förmlichkeiten sind durch den § 26 d. RG. vom 6. Febr. 1875 über die Beurkundung des Personenstandes und die Eheschließung und durch die hierauf bezüglichen in verschiedenen Bundesstaaten erlassenen Ausführungsbestimmungen geregelt.

3. durch einen Deutschen.

Die Mutter kann entweder einem anderen Bundesstaate angehören oder Ausländerin sein.

Wenn aber der Vater, ein Deutscher, auf Grund des § 17 Ziff. 1, 2, 3 u. 4 d. G. oder nach § 21 d. G. vom 1. Juni 1870 seine Reichsangehörigkeit bereits verloren hatte, als er sich verehelichte, so treten durch die Ehe weder seine Frau (s. Anm. 4 zu § 6) noch sein legitimiertes Kind in irgendein Verhältnis zur Reichsangehörigkeit. Ist ein solches Kind im Auslande der öffentlichen Armenpflege anheimgefallen und verlangt der ausländische Staat die Übernahme desselben nach Deutschland, so ist der Antrag abzulehnen, sogar auch denjenigen Staaten gegenüber, mit welchen das Reich einen Übernahmevertrag abgeschlossen hat (s. Anm. 1b zu § 17); denn da die betreffende Verpflichtung in Gemäßheit dieser Verträge nur für diejenigen Personen besteht, welche zu irgendeiner Zeit Angehörige des kontrahierenden Staates gewesen sind, die Legitimation aber zu einer Zeit stattfand, zu welcher der Vater die Staatsangehörigkeit nicht mehr besaß, so ist das Kind zu keiner Zeit in den Besitz der ehemaligen Staatsangehörigkeit des Vaters gelangt, es fällt also auch nicht, wie dieser, unter die Kategorie der ehemaligen Reichsangehörigen.

4. begründet.

Die Legitimation hat keine rückwirkende Kraft. Das Kind besitzt von dem Tage der Legitimation ab die Staatsangehörigkeit des legitimierenden Vaters, wie die Ehefrau mit der Eheschließung die Staatsangehörigkeit des Mannes erwirbt. In dieser Beziehung bestimmt der § 1719 BGB. ausdrücklich, daß ein uneheliches Kind dadurch, daß sich der Vater mit der Mutter verheiratet, mit der Eheschließung die rechtliche Stellung eines ehelichen Kindes erlangt.

Ebenso erlangt ein uneheliches Kind nach § 1736 BGB. die rechtliche Stellung eines ehelichen Kindes „durch die Ehelichkeitserklärung", d. h. mit deren Wirksamkeit.

In betreff der Wirkung der Legitimation vor dem Inkrafttreten des BGB. war v. Bar (Lehrbuch des internationalen Privat- und Strafrechts S. 37) der Ansicht, daß die Legitimation rückwirkende Kraft besitze, da sie die rechtliche Anerkennung eines natürlich bereits bestehenden Verhältnisses sei. v. Bar beruft sich dabei auf Weiß (Traité théorique et pratique de droit international privé, Tome 1 p. 61 ff.); dieser bespricht indes an der erwähnten Stelle nur die Anerkennung des unehelichen Kindes, nicht dessen Legitimation. Zwischen beiden Rechtshandlungen besteht aber ein wesentlicher Unterschied. Die Anerkennung ist nämlich die beurkundete Feststellung des gesetzlichen Verhältnisses zwischen der Mutter und ihrem außerehelichen Kinde oder zwischen diesem und seinem Erzeuger; es ist natürlich, daß ein solcher Akt bis zum Zeitpunkte der Geburt rückwirkt, da er der Geburt des Kindes eine rechtlich soziale Unterlage verleiht. Die Legitimation dagegen ist ein Akt, der für das von dem Erzeuger zumeist schon anerkannte Kind ein neues Recht begründet, nämlich das, als eheliches Kind zu gelten und als solches der Rechte und Pflichten ehelicher Kinder teilhaftig zu werden. Wollte man annehmen, daß die Legitimation in betreff der Staatsangehörigkeit auf den Tag der Geburt rückwirke, so würde bei der Legitimation durch nachfolgende Ehe auf Grund eines und desselben Aktes, der Eheschließung nämlich, der ausländischen Mutter mit der vollzogenen Ehe die deutsche Staatsangehörigkeit verliehen werden, ihr durch die Ehe legitimiertes Kind aber schon von Geburt an als deutsches gelten. Ein solches Verhältnis würde zu manchen Rechtskollisionen Veranlassung geben. (Gleicher Meinung: Seydel-Piloty, Bayerisches Staatsrecht, 2. Aufl. 1913, Bd. I S. 145; Nadelhofer, Über die Wirkung einer Unehelichkeitserklärung usw. Annalen 1906 S. 303 ff.)

§ 5.

Im übrigen bot der strenge Wortlaut der verschiedenen früher in Geltung gewesenen gesetzlichen Bestimmungen zu einem Zweifel hinsichtlich der zeitlichen Wirkung der Legitimation kaum einen Anlaß.

Das Allg. Landrecht II 2 § 598 bestimmte darüber:

„Wenn die Legitimation eines unehelich erzeugten Kindes durch wirkliche Verheiratung mit der Mutter erfolgt, so bestimmt die (Trauung) Eheschließung den Zeitpunkt, wo die Rechte und Pflichten des Kindes, als eines ehelichen ihren Anfang nehmen."

Daß dieser allgemein gehaltene Satz nur auf das Erbrecht Anwendung finde, wie v. Bar a. a. O. Anm. 8 S. 32 meint, erscheint weder durch den Wortlaut der Bestimmung, noch dadurch gerechtfertigt, daß den Paragraphen über die Legitimation unehelicher Kinder diejenigen Bestimmungen folgen, die das Erbrecht derselben zum Gegenstande haben.

Auch im rechtsrheinischen Bayern erhielten die durch nachfolgende Ehe legitimierten Kinder erst vom Zeitpunkte der Legitimation an die Rechte ehelicher Kinder (s. Roth, Bayerisches Zivilrecht Bd. 1 S. 422 ff.).

Ebenso bestimmte das Kgl. sächsische Bürgerliche Gesetzbuch vom 2. Jan. 1863:

„§ 1780. Außereheliche Kinder erwerben durch die nachfolgende Ehe ihrer Eltern, von Eingehung der Ehe an, alle Rechte ehelicher Kinder."

Auch der Art. 333 des französischen bürgerlichen Gesetzbuches:

„Die durch nachfolgende Ehe legitimierten Kinder haben dieselben Rechte, als ob sie aus dieser Ehe geboren wären"

wird dahin ausgelegt, daß die Legitimation in betreff aller Rechte und Pflichten der durch Ehe legitimierten Kinder nicht rückwirkt. So sagt Mourlon in seinem Buche: Répétitions écrites sur le Code Napoléon vol. I p. 478:

„La légitimation ne rétroagit quant aux droits qu'elle confère, ni au jour de la conception, ni même au jour de la naissance de l'enfant. Son effet se borne à faire considérer comme conçus et nés le jour même du mariage les enfants qui, dans la réalité sont nés antérieurement à la célébration."

(Ebenso Zachariae-Crome, Handb. d. franz. Ziv.-R. 1895 Bd. 3 S. 466; Sirey-Gilbert, Code civile, 1901, Bd. I S. 282 Anm. zu Art. 333.)

Wird eine Ehefrau legitimiert, so wird man annehmen, daß die Wirkung des § 5 nicht eintritt, daß die Ehefrau also die nach § 6 erworbene Staatsangehörigkeit des Ehemanns behält (ebenso Seydel-Piloty a. a. O. S. 153 § 37 Anm. 102).

5. Kind.

Das bürgerliche Gesetzbuch unterscheidet bezüglich der Frage, ob die Einwilligung des unehelichen Kindes bei dessen Legitimation erforderlich ist, zwischen der Legitimation durch nachfolgende Ehe und derjenigen durch Ehelichkeitserklärung. Im ersteren Falle ist der Eintritt der Legitimation von der Zustimmung des Kindes nicht abhängig (vgl. Motive zur ersten Lesung des Entwurfs Bd. IV zu § 1579 S. 922 ff.); im zweiten Falle ist die Einwilligung des Kindes erforderlich (vgl. §§ 1726 ff. BGB.).

§ 5.

Die Frage, ob die Legitimation durch nachfolgende Ehe Zustimmung oder Nichtwiderspruch von seiten des Kindes voraussetzt, oder von Rechts wegen selbst gegen den Willen des Kindes eintritt, war vor dem Inkrafttreten des Bürgerlichen Gesetzbuches im Rechtsgebiete des gemeinen Rechts streitig. Nach Windscheid (Pandekten, 9. Aufl. 1906, III § 522 Anm. 3b u. 5 S. 90, 91) war Zustimmung des Kindes erforderlich, während nach anderen (Keller, Pandekten § 411 Anm. 7, Brinz, Pandekten, 2. Aufl., § 47 Anm. 19, Dernburg, Pandekten II, 8. Aufl., § 423 S. 886) die Legitimation durch nachfolgende Ehe eine absolute war.

Das bayer. Landrecht I 5, 8 Nr. 2 setzte Einwilligung des Kindes voraus, welche so lange als erfolgt erachtet wurde, als nicht von seiten des Kindes ausdrücklich Widerspruch erhoben worden war (Roth I § 72 Anm. 3).

Auch nach dem sächsischen BGB. § 1780 bedurfte es zur Legitimation nicht der Zustimmung des unehelichen Kindes, ebenso im französischen Rechtsgebiet (Zachariae-Crome a. a. O. Bd. 3 S. 463 Anm. 1; Sirey-Gilbert, Code civile, 1901, Bd. I S. 282 Anm. zu Art. 333).

§ 6.

Durch die Eheschließung[1] mit einem Deutschen[2] erwirbt die Frau[3] die Staatsangehörigkeit[4] des Mannes.

1. Eheschließung.

Für die Eheschließung eines Deutschen finden in betreff des internationalen Privatrechts seit dem 1. Jan. 1900 die Bestimmungen des EG. z. BGB. Anwendung; es kommt in dieser Beziehung besonders Art. 13 in Betracht. Er lautet:

„Die Eingehung der Ehe wird, sofern auch nur einer der Verlobten ein Deutscher ist, in Ansehung eines jeden der Verlobten nach den Gesetzen des Staates beurteilt, dem er angehört. Das gleiche gilt für Ausländer, die im Inland eine Ehe eingehen.

In Ansehung der Ehefrau eines nach Art. 9 Abs. 3 für tot erklärten Ausländers wird die Eingehung der Ehe nach den deutschen Gesetzen beurteilt.

Die Form einer Ehe, die im Inlande geschlossen wird, bestimmt sich ausschließlich nach den deutschen Gesetzen."

Die materiellen und formellen Erfordernisse zur Eingehung einer Ehe sind in den §§ 1303 ff. BGB. enthalten.

Vor dem Inkrafttreten des BGB. war in betreff der Eheschließung eines Deutschen im Inlande der § 41 d. RG. über die Beurkundung des Personenstandes und der Eheschließung vom 6. Febr. 1875 maßgebend.

Nach letzterem Paragraphen konnte innerhalb des Gebietes des Deutschen Reiches eine Ehe rechtsgültig nur vor dem Standesbeamten geschlossen werden. Über die Eheschließung eines Deutschen außerhalb des Reichsgebietes hatte das Reichsgesetz keine Bestimmungen getroffen. Im allgemeinen wurde die Verheiratung eines Deutschen im Auslande als gesetzmäßig anerkannt, wenn sie unter Berücksichtigung der Nationalgesetze der Eheschließenden und in der durch die Gesetze des Aufenthaltsorts der Eheschließenden vorgeschriebenen Form, gleichviel ob diese Form in dem bürgerlichen oder kirchlichen Akt bestand, in gültiger Weise abgeschlossen war.

Für diejenigen Länder des Auslandes jedoch, in welchen eine gesetzlich und gleichmäßig geordnete Form der Eheschließung bzw. der Beurkundung des Personenstandes für In- und Ausländer aller Konfessionen zu Recht nicht besteht, sind auf Grund d. RG. vom 4. Mai 1870 (s. Anhang, Anl. 18)*) und des § 85 d. RG. vom 6. Febr. 1875 (RGBl. S. 23) die Kais. Konsuln bzw. Vizekonsuln zur Vornahme gültiger Eheschließungen ermächtigt**) worden; so in Abessinien, Argentinien, Bolivia, Brasilien, China, Ekuador, Griechenland, Japan, Kolumbien, Liberia, Marokko, Persien, Peru, Portugal, Rumänien, Serbien, Siam, Spanien, Tunis, Türkei nebst Ägypten, Sansibar.

Zwischen dem Deutschen Reich und Italien ist am 4. Mai 1891 eine Vereinbarung dahin getroffen worden, daß die beiderseitigen Generalkonsuln, Konsuln und Vizekonsuln, soweit sie nach den Gesetzen des vertragenden Teiles, der sie ernannt hat, dazu befugt sind, das Recht haben, Eheschließungen zwischen den Angehörigen dieses Teiles vorzunehmen und solche Eheschließungen zu beurkunden (RGBl. S. 113).

Ähnliche Vereinbarungen bestehen in Art. 3 des deutsch-paraguayischen Freundschaftsvertrags vom 21. Juni 1887 (vgl. RGBl. 1888 S. 178), sowie in Art. 16 des deutsch-bulgarischen Konsularvertrages vom 29. Sept. 1911.

Den Kais. Konsuln in Italien ist jedoch die Ermächtigung zur Eheschließung durch Erlaß des Ausw. Amts vom 14. Juli 1891 ausdrücklich nur für solche Fälle erteilt worden, in denen beide Verlobte Reichsangehörige sind.

Ist vor einem Kais. Konsul in Italien eine Ehe abgeschlossen worden, bei der die vorausgehende Bedingung nicht zutrifft, so muß vom Standpunkte des deutschen Rechts eine solche Ehe als nichtig angesehen werden, und den beiden Beteiligten wird dann anheimzugeben sein, die Eheschließung vor dem zuständigen inländischen Standesbeamten zu wiederholen und eventuell die Legitimation der Kinder zu bewirken.

2. Deutschen.

Das Königreich Bayern nahm in bezug auf die Eheschließung seiner rechtsrheinischen Staatsangehörigen eine Sonderstellung im Deutschen Reiche ein, und zwar derart, daß die rechtlichen Erfordernisse zur Eheschließung sich in zivilrechtlicher Beziehung ausschließlich nach Maßgabe d. RG. vom 6. Febr. 1875, in administrativ-polizeilicher Hinsicht aber nach Maßgabe des bayerischen Heimatgesetzes in der Fassung der Gesetzesnovelle vom 17. März 1892 beurteilte.

---

*) Zu diesem Gesetz hat der Reichskanzler unter dem 1. März 1871, 11. Dez. 1885, 14. April 1890 und dem 28. März 1894 Instruktionen erlassen.

**) Die Namen der zur Vornahme von Eheschließungen im Auslande ermächtigten Konsuln werden in dem alljährlich erscheinenden Verzeichnis der Kais. deutschen Konsularbeamten (v. Deckerscher Verlag) durch den Reichsanzeiger veröffentlicht.

§ 6.

Dieses Gesetz ist jedoch in betreff der Rechtsgültigkeit der Ehe durch die Fassung vom 30. Juli 1899 (s. Anh. Anl. 16) abgeändert worden. (Art. 31.) Hiernach ist auch die Ehe eines rechtsrheinischen Bayern, die ohne Beibringung eines distriktspolizeilichen Verehelichungszeugnisses abgeschlossen wurde, mit rückwirkender Kraft bürgerlich gültig, so daß die Ehefrau eines rechtsrheinischen Bayern dessen Staatsangehörigkeit erwirbt. Vgl. im übrigen Anm. 3 zu § 4 d. G.

3. Frau.

Die auf Grund dieses Gesetzes durch Verheiratung erworbene Staatsangehörigkeit verbleibt der Ehefrau auch nach dem Tode des Ehemannes.

In vielen Staaten erlangt jedoch die Witwe, welche durch Verehelichung mit einem Ausländer die ausländische Staatsangehörigkeit erworben hatte, ihre ursprüngliche Staatsangehörigkeit wieder, wenn sie in ihrem Geburtslande wohnt, oder mit Genehmigung des Staatsoberhauptes nach ihrem Geburtslande zurückkehrt und erklärt, daselbst wohnen zu bleiben. Diese gesetzliche Bestimmung ist in verschiedenen europäischen und außereuropäischen Staaten in Geltung, nämlich:

in Belgien (Art. 13 Abs. 2 d. G. vom 2. Juni 1909);*)
in Rumänien und Luxemburg (Art. 19 d. BGB.);*)
in Monako (Art. 20 BGB.);*)
in Frankreich (Art. 19 d. BGB., modifiziert durch Art. 1 d. Nationalitätsgesetzes vom 26. Juni 1889);*)
in den Niederlanden (Art. 8 d. Niederl. G. vom 12. Dez. 1892);*)
in Spanien (Art. 22 d. BGB. vom 24. Juli 1889);*)
in Ungarn (Art. 41 d. Naturalisationsgesetzes vom 20. Dez. 1879);*)
in Griechenland (Art. 25 u. 27 d. BGB.);*)
in Kostarika (Art. 5 Ziff. 5 d. Fremdengesetzes vom 21. Dez. 1886);*)
in Guatemala (Art. 17 d. Fremdengesetzes vom 5. Mai 1894);*)
in Honduras (Art. 1 Ziff. 3 d. Fremdengesetzes vom 10. April 1895);*)
in Nikaragua (Art. 2 d. Fremdengesetzes vom 3. Okt. 1894);*)
in San Salvador (Art. 2 Ziff. 3 d. Fremdengesetzes vom 29. Sept. 1886);*)
in Haiti (Art. 11 d. G. vom 12. Okt. 1907);*)
in Mexiko (Art. 2 IV d. Naturalisationsgesetzes vom 28. Mai 1886);*)

und in den meisten südamerikanischen Staaten, so in

Brasilien (Art. 2 d. G. vom 10. Sept. 1860),
Bolivia (Art. 11 d. BGB.),*)
Peru (Art. 41 d. BGB.).

In Ekuador*) behält sogar die Ekuadoranerin, die einen Ausländer geheiratet hat, ihre ekuadoranische Staatsangehörigkeit bei, solange sie in Ekuador bleibt (s. Art. 21 d. Fremdengesetzes vom 25. Aug. 1892).

Die Witwe eines Deutschen, welche nach dem Reichsgesetze Deutsche bleibt, nach den vorerwähnten ausländischen Gesetzesbestimmungen aber in ihre

*) S. Anh. Teil II Ausl. Gesetzgeb. unter den betreffenden Staaten.

ursprüngliche Staatsangehörigkeit ohne ihr Zutun wieder eintritt, gelangt so in den Besitz doppelter Staatsangehörigkeit, während ihre in der Ehe erzeugten oder durch die Ehe legitimierten Kinder nur die deutsche Reichsangehörigkeit besitzen.**)

In Großbritannien kann nach Art. 10 Ziff. 2 der Naturalisationsakte vom 12. Mai 1870*) die Witwe eines Ausländers auf ihr Ersuchen zur ursprünglichen Staatsangehörigkeit wieder zugelassen werden; ihre in Großbritannien wohnhaften minderjährigen Kinder erlangen sodann gleichfalls die britische Staatsangehörigkeit.

Ebenso in der Schweiz (Art. 10b des Schweizerischen Bundesgesetzes, betr. die Erwerbung des Schweizer Bürgerrechts usw.);*) ferner auch in China (§§ 17, 19, 10 d. Staatsangehörigkeitsgesetzes vom 18. Nov. 1912).*)

In Italien (Art. 10 Abs. 3 d. G. vom 13. Juni 1912),*) in Portugal (Art. 22 Ziff. 4 BGB.),*) in Rußland (Art. 15 d. G. vom 10./22. Febr. 1864, Art. 853 d. G. von 1899)*) und in Persien (Art. 11 d. G. vom 7. Aug. 1894),*) steht es der Witwe eines Ausländers frei, sich für ihre ursprüngliche Staatsangehörigkeit zu entscheiden.

In Bulgarien (Art. 16 d. Staatsangehörigkeitsgesetzes vom 19. Dez. 1903)*) und in Japan (Art. 25 d. G. vom 15. März 1899)*) erlangt die durch Eheschließung Ausländerin Gewordene ihre Geburtsstaatsangehörigkeit durch erneute Verleihung wieder, wenn sie nach Auflösung der Ehe in ihrem Geburtsland wohnt oder dahin zurückkehrt.

In der Türkei (Art. 7 d. G. über die ottomanische Staatsangehörigkeit vom 19. Jan. 1869)*) kann die Witwe eines Ausländers ihre ursprüngliche ottomanische Staatsangehörigkeit wiedererlangen, falls sie innerhalb dreier Jahre nach dem Tode ihres Ehemannes eine desfallsige Erklärung abgibt; die Kinder der Witwe bleiben von diesem Nationalitätswechsel unberührt. In betreff der deutschen Witwe vgl. § 10 d. G.

Es ist im Gesetze nicht vorgesehen, wie es sich mit der Staatsangehörigkeit derjenigen Ehefrau verhält, deren Ehe geschieden oder nichtig erklärt worden ist. Allgemein wird angenommen, daß die Scheidung der Ehe ohne Einfluß auf die durch Verheiratung erworbene Staatsangehörigkeit der Ehefrau ist, daß aber, wenn die Ehe für nichtig erklärt wird, auch die durch dieselbe erworbene Staatsangehörigkeit verloren geht. (Vgl. Landgraff, Reichs- und Staatsangehörigkeit in Hirths Annalen Jahrgang 1870 S. 633; Seydel, ebendaselbst Jahrgang 1876 S. 138; Nadelhofer, Über die Wirkung einer Unehelichkeitserklärung, ebenda 1906 S. 303; Seydel-Piloty, Bayerisches Staatsrecht, 1913, S. 145; Rauchalles, Das Gesetz vom 1. Juni 1870, 1901, S. 14; vgl. auch Entsch. d. bayer. VGH. Bd. 12 S. 1 ff.; derselbe zum neuen Gesetz, Entsch. vom 13. Nov. 1913, Recht 1914 Spalte 147).

---

*) S. Anh. Teil II Ausl. Gesetzgeb. unter den betreffenden Staaten.

**) Nach dem durch das Nationalitätsgesetz vom 26. Juni 1889 modifizierten Art. 19 des franz. BGB. kann auch den minderjährigen Kindern der von Geburt französischen Witwe eines Ausländers auf Ersuchen der Mutter oder des Vormundes die französische Staatsangehörigkeit zuerkannt werden.*)

§ 6.

Die von der Ehefrau erworbene Staatsangehörigkeit geht nicht auf deren Kinder aus einer früheren Ehe über, ebensowenig auf deren uneheliche Kinder, wenn dieselben nicht gleichzeitig bei Abschließung der Ehe legitimiert werden (vgl. oben Motive zu § 5 d. G.).

4. Staatsangehörigkeit.

Ein Deutscher, welcher seine Staatsangehörigkeit verloren hat, ohne eine andere ausländische Staatsangehörigkeit erworben zu haben, also staatlos ist, bewirkt durch die Verheiratung, daß auch seine Ehefrau und die ev. in der Ehe erzeugten oder durch die Heirat legitimierten Kinder zu staatlosen Personen werden. Daß bei Übernahmefällen der von einem ausländischen Staate gestellte Antrag auf Übernahme solcher staatlosen Personen nach Deutschland ungeachtet der bestehenden Übernahmeverträge (s. Anm. 1b zu § 17) abgelehnt wird, ist bereits in der Anm. 3 zu § 5 erörtert.

Dagegen wird ein Deutscher, der eine mehrfache Staatsangehörigkeit besitzt, diese durch Verheiratung auch auf seine Ehefrau und seine Kinder übertragen.

Wegen Eheschließung eines Ausländers mit einer Deutschen vgl. § 17 Ziff. 6 d. G. nebst d. Anm.

§ 7.

Die Aufnahme[1] muß[2] einem Deutschen[3] von jedem Bundesstaat,[4] in dessen Gebiet er sich niedergelassen hat,[5] auf seinen Antrag[6] erteilt werden, falls kein Grund vorliegt,[7] der nach den §§ 3 bis 5 des Gesetzes über die Freizügigkeit[8] vom 1. November 1867 (Bundes-Gesetzbl. S. 55) die Abweisung eines Neuanziehenden[9] oder die Versagung der Fortsetzung des Aufenthalts[10] rechtfertigt.[11]

Der Antrag[12] einer Ehefrau[13] bedarf der Zustimmung[14] des Mannes; die fehlende Zustimmung kann durch die Vormundschaftsbehörde[15] ersetzt werden. Für eine unter elterlicher Gewalt[16] oder unter Vormundschaft[16] stehende Person wird, wenn sie das sechzehnte Lebensjahr noch nicht vollendet hat, der Antrag von dem gesetzlichen Vertreter gestellt; hat sie das sechzehnte Lebensjahr vollendet, so bedarf ihr Antrag der Zustimmung des gesetzlichen Vertreters.

1. Aufnahme.

Die gesetzliche Bestimmung der Aufnahme, wonach jedem Deutschen, der sich in einem anderen Bundesstaate niedergelassen und sein Gesuch um Aufnahme in denselben eingereicht hat, diese unter den in § 7 aufgeführten Bedingungen nicht verweigert werden darf, stellt sich als eine Verwirklichung des in § 3 der Reichsverfassung im Zusammenhang mit dem Freizügigkeitsgesetz gekennzeichneten Reichsindigenats dar (vgl. § 1 Anm. 1). Mit dem § 7 ist nunmehr nicht nur die soziale, sondern auch die politische Freizügigkeit jedes Deutschen gewährleistet.

2. muß.

Nach § 2 der kgl. sächsischen Verordnung vom 24. Dez. 1870 (s. GVBl. für das Königreich Sachsen, 1870 Stück 25 Nr. 150) darf die Aushändigung der Aufnahme- und Naturalisationsurkunde nicht eher erfolgen, als bis der Aufzunehmende oder zu Naturalisierende den im § 139 der Verfassungsurkunde vorgeschriebenen Eid geleistet hat. Gegen diese Anforderung des Landesrechts an die zu Naturalisierenden läßt sich nichts einwenden, aber sofern sie gegen aufzunehmende Deutsche in Anwendung kommen soll, erscheint sie mit der Bestimmung des § 7 d. G. nicht vereinbar. (Vgl. Leuthold, Das Staatsrecht des Königreichs Sachsen in Marquardsen, Handbuch des öffentlichen Rechts, Bd. 2 II S. 187, Otto Mayer, Staatsrecht des Königreichs Sachsen, 1909, S. 80 Anm. 6). Der § 7 verlangt nämlich von dem Deutschen nur, daß er die Aufnahme in einen anderen Bundesstaat nachsucht, und nachweist, daß er sich dort niedergelassen habe, und die höhere Verwaltungsbehörde muß diesem Gesuche entsprechen, sofern nicht der im § 7 aufgeführte Grund der Ablehnung vorliegt. (Vgl. auch Anm. 5 zu diesem Paragraphen.)

Aus den Militärverhältnissen kann ein Grund zur Verweigerung der Aufnahme nicht hergeleitet werden. Es ist jedoch Sache der Polizeibehörde, die Neuanziehenden bezüglich der Erfüllung ihrer militärischen Pflichten zu kontrollieren.

Gegen die Ablehnung eines Aufnahmegesuches ist der Rekurs gegeben (§ 40 d. G.).

3. einem Deutschen.

a) Auch demjenigen, der noch nicht so lange an einem Orte wohnhaft ist, um daselbst den Unterstützungswohnsitz erworben zu haben. Die Erwerbung der Staatsangehörigkeit ist überhaupt von dem Besitze des Unterstützungswohnsitzes nicht abhängig gemacht.

Sowohl Aufnahme als auch Einbürgerung können sofort verliehen, sogar auch von Minderjährigen unter den in den §§ 7 u. 8 d. G. gegebenen Voraussetzungen erworben werden. Der Unterstützungswohnsitz dagegen steht dem Aufgenommenen oder Naturalisierten nur dann zu, wenn er im Geltungsgebiete des Unterstützungswohnsitzgesetzes vom 6. Juni 1870 — also vorläufig noch mit Ausnahme von Bayern (vgl. § 4 Anm. 3) — innerhalb eines Ortsarmenverbandes nach zurückgelegtem 16. Lebensjahre ein Jahr lang ununterbrochen seinen gewöhnlichen Aufenthalt gehabt hat (§ 10 d. UWG., Anhang, Anl. Nr. 5).

Auf diese Weise kann es vorkommen, daß im Geltungsgebiete des Unterstützungswohnsitzgesetzes jemand in der Gemeinde eines Bundesstaates, welchem er nicht angehört, den Unterstützungswohnsitz erwirbt und im Falle eintretender Hilfsbedürftigkeit aus diesem Staate in seinen eigenen Heimatstaat nicht zurückgewiesen werden kann, auch letzterer für die Verpflegungskosten seines Staatsangehörigen nicht aufzukommen hat. Ebenso kann auch der Fall eintreten, daß ein Deutscher die Aufnahme in einen anderen Bundesstaat erworben und die Entlassung aus seiner bisherigen Staatsangehörigkeit erwirkt hat, vor Ablauf des Jahres jedoch, welches zum Erwerbe des Unterstützungswohnsitzes erforderlich ist, öffentlich unterstützt werden muß; es fällt alsdann die Verpflegung des Betreffenden demjenigen Staate anheim, in welchem er zuletzt seinen Unterstützungswohnsitz besessen hat.

In Bayern, wo das Unterstützungswohnsitzgesetz noch nicht gilt, wird der in den bayerischen Staatsverband aufgenommene Deutsche, der nach einjährigem Aufenthalt in Bayern seinen Unterstützungswohnsitz in seiner früheren Heimat verloren, in der bayerischen Gemeinde seines neuen Aufenthalts aber ein Heimatrecht noch nicht erworben hat (§ 6 d. Heimatges.), sich also nicht im Besitze einer wirklichen, sondern nur vorläufigen Heimat befindet, im Verarmungsfalle nicht von der Gemeinde, wo er sich gegenwärtig aufhält, sondern vom Staate unterstützt (s. Art. 16 Abs. 3 d. bayer. Heimatges., Anhang, Anl. 4).

b) Der um die Aufnahme Nachsuchende hat durch Vorlage eines auf seinen Namen ausgestellten Staatsangehörigkeitsausweises (vgl. Anm. 7 zu diesem Paragraphen) nachzuweisen, daß er Angehöriger eines Bundesstaates ist.

Erst nachdem der Betreffende in den neuen Staatsverband aufgenommen ist, kann er um Entlassung aus seiner bisherigen Angehörigkeit zu dem anderen Bundesstaate nachsuchen. Diese Entlassung muß ihm dann erteilt werden (§ 21 d. G.). Es ist jedoch nicht notwendig, daß er um die Entlassung aus seiner bisherigen Staatsangehörigkeit einkomme; denn durch die Tatsache der Aufnahme eines Deutschen in die Staatsangehörigkeit eines anderen Bundesstaates erlischt nicht die frühere Staatsangehörigkeit; es ist somit die Möglichkeit nicht ausgeschlossen, daß der Aufgenommene in zwei oder mehreren Staaten des Deutschen Reiches die Staatsangehörigkeit besitzt. (Vgl. Erlaß des preuß. Min. d. J. vom 3. Okt. 1872, MBl. S. 249.)

In meiner im Jahre 1908 veröffentlichten „Reform"*) hatte ich in § 2, der als allgemeiner Teil gleich im Anfang des Gesetzes an Stelle des § 7 d. G. vom 1. Juni 1870 kommen sollte, vorgeschlagen, daß mit der Erteilung einer neuen Bundesstaatsangehörigkeit ohne weiteres die bisherige erlösche. Ich habe diesen Vorschlag damit begründet, daß durch diese Bestimmung, die eine besondere Entlassung aus der bisherigen Staatsangehörigkeit überflüssig macht, ferner die ganz nutzlose Angehörigkeit zu mehreren Bundesstaaten ausschließt, Kollisionen besonders in Armenrechtssachen verhütet werden würden.

Dem gleichen Gedanken hatte der Regierungsentwurf durch seine §§ 20 u. 27 Ausdruck verliehen. Diese Paragraphen sind jedoch von der Reichstagskommission mit der Begründung abgelehnt worden, daß „die Zusammengehörigkeit und der Einheitsgedanke die Beibehaltung innerstaatlicher doppelter Staatsangehörigkeit verlange, die staatsrechtlichen Schwierigkeiten aber durch den neu eingefügten § 20 beseitigt wurden" (Komm.-Ber. S. 54). Der Verfasser kann sich dieser Ansicht, daß durch die Anhäufung von Staatsangehörigkeiten auf eine Person die Zusammengehörigkeit und der Einheitsgedanke gestärkt werden, nicht anschließen. Es dürfte als sicher anzunehmen sein, daß der Deutsche im Auslande sich seiner mehrfachen Landesangehörigkeiten nicht rühmen, sondern einfach sagen wird: „Ich bin Deutscher." Daß mit dieser allgemeinen Bezeichnung das Reichsgesetz beginnen müsse, hat der Verfasser in seiner oben-

*) Cahn, Zur Reform des Reichs- und Staatsangehörigkeitsgesetzes, Berlin, Guttentag, 1908.

genannten Broschüre für durchaus geboten erachtet. Der Reichstag ist diesem Gedanken näher getreten, und das Gesetz beginnt mit den Worten: „Deutscher ist". Dies dürfte als die beste Stärkung des Reichsgedankens im deutschen Volk zu erachten sein.

c) In dem Regierungsentwurf lautete die Fassung dieses Paragraphen dem Inhalte d. G. vom 1. Juni 1870 entsprechend, und zwar: „Die Aufnahme wird dem Angehörigen eines Bundesstaats von jedem anderen Bundesstaat erteilt." Die Reichstagskommission hat mit Recht diese Fassung dahin abgeändert, daß die Worte „Angehörigen eines Bundesstaates" durch die Worte „einem Deutschen" ersetzt wurden.

4. von jedem Bundesstaat.

Demzufolge kann auch dem unmittelbaren Reichsangehörigen, wenn er in einem Bundesstaate sich niederläßt, die Aufnahme daselbst nicht versagt, sie muß ihm sogar gewährt werden, auch wenn nach den §§ 3—5 d. G. über die Freizügigkeit vom 1. Nov. 1867 ein Grund vorliegen sollte, der für Angehörige eines Bundesstaates die Ablehnung des Aufnahmegesuchs rechtfertigen würde. Der unmittelbare Reichsangehörige kann aus Deutschland nicht ausgewiesen werden; ein Rücktransport nach den Schutzgebieten ist auch nicht ausführbar, weil ein Gesetz zur Unterstützung der in den Schutzgebieten oder im Ausland hilfsbedürftig gewordenen Deutschen nicht besteht. Ein solcher unmittelbarer Reichsangehöriger besitzt mithin keine Heimat und würde nach den §§ 28—30 d. UWG. oder nach § 6 des Gothaer Vertrages vom 15. Juli 1851 (Bayern; s. § 17 Anm. 1b) von demjenigen Bundesstaate unterstützt und behalten werden müssen, in dem er als Heimatloser Wohnsitz genommen hat, und wenn er in diesem Bundesstaat die Aufnahme nachsucht, so kann sie ihm nicht verweigert werden.

5. niedergelassen hat.

Die Niederlassung in demjenigen Bundesstaate, in welchem der Deutsche seine Aufnahme nachsucht, gibt ihm ein Recht auf Gewährung des Gesuches, es sei denn, daß ihm die Aufnahme aus den Gründen, aus welchen nach §§ 3—5 des Freizügigkeitsgesetzes vom 1. Nov. 1867 die Ausweisung zulässig ist, versagt werden kann.

Riedel a. a. O. S. 258 folgert daraus, daß die Tatsache der Niederlassung eine Voraussetzung der Aufnahme bildet und daß Einzelregierungen, auch wenn sie wollen, auswärts wohnenden Reichsangehörigen anderer Bundesstaaten die Aufnahme nicht erteilen können, was nach der bayerischen Gesetzgebung möglich war.

Die Folgerung Riedels ist nicht gerechtfertigt. In dem § 7 d. G. ist nur bestimmt, unter welchen Voraussetzungen die Aufnahme eines Reichsangehörigen in einen anderen Bundesstaat nicht verweigert werden darf; der höheren Verwaltungsbehörde eines anderen Bundesstaates steht es aber frei, einem Deutschen die Aufnahme zu gewähren, wenn auch die in dem gedachten Paragraphen aufgeführten Voraussetzungen bei ihm nicht zutreffen. Würde z. B. die Niederlassung als unerläßliche Bedingung für die Gewährung der Aufnahme angenommen, so würde ein ehemaliger Deutscher, der seiner Reichsangehörigkeit verlustig gegangen ist, diese aber nach § 33 Ziff. 2 auch ohne Niederlassung in Deutschland wiedererlangen kann, günstiger gestellt sein als ein Deutscher, der ohne Niederlassung in einem anderen Bundesstaate Angehöriger werden möchte. Gerade darin unterscheiden sich aber die in dem § 7 d. G. für die Aufnahme vorgesehenen Voraussetzungen von den Bedingungen, deren Erfüllung nach § 8 d. G. der Einbürgerung vorausgehen muß; in § 7 d. G. ist nämlich das Plus der Bedingungen gegeben, welche die höhere Verwaltungsbehörde von dem Aufzunehmenden zu fordern berechtigt ist, im § 8 d. G. dagegen nur das Minimum der Bedingungen, von welchen die Einbürgerung abhängig gemacht wird. Während es sonach jedem Bundesstaate freisteht, an die im § 8 d. G. enthaltenen Bedingungen noch andere schwerere zu knüpfen, was auch von einigen Bundesstaaten geschieht, können die Bedingungen des § 7 d. G. von keinem Bundesstaate erschwert, wohl aber erleichtert werden. Die höhere Verwaltungsbehörde eines Bundesstaates kann also ebensowohl Deutsche aufnehmen, welche Aufenthaltsbeschränkungen unterliegen, als auch solche, welche ihre Niederlassung noch nicht bewirkt haben.

Unter „Niederlassung" ist im Hinblick auf den § 1 Ziff. 1 des Freizügigkeitsgesetzes vom 1. Nov. 1867 (Anhang, Anl. Nr. 2) nichts anderes zu verstehen, als der Besitz einer eigenen Wohnung oder eines Unterkommens in der betreffenden Gemeinde in Verbindung mit der erklärten Absicht, seinen Aufenthalt daselbst zu nehmen (vgl. StenBer. des Deutschen Reichstages 1870 Bd. 1 S. 260, Entsch. d. Preuß. OVG. Bd. 22 S. 394; 30 S. 403; 54 S. 185; über den Begriff „Niederlassung" vgl. auch BGB. § 7).

Die Tatsache, sich eine Wohnung oder ein Unterkommen verschafft zu haben, bildet die Voraussetzung des Aufenthaltsrechts und folgeweise auch der Aufnahme.

„Die Polizeibehörde ist jedoch", wie ein Erlaß des preuß. Min. d. J. vom 31. Aug. 1868 (MBl. S. 266) verfügt, „weder verpflichtet noch befugt, die Art und Weise des Unterkommens zu prüfen und darüber zu befinden, ob dasselbe ein reelles und für den Unterhalt des Betreffenden ausreichendes sei. Vielmehr kommt es lediglich darauf an, ob der Anziehende neben der Erwerbsfähigkeit eine Wohnung oder ein Unterkommen besitzt. Der Umstand, daß in dem Freizügigkeitsgesetze neben dem Worte „Wohnung" auch der Ausdruck „Unterkommen" gebraucht ist, läßt sich also nicht dahin auslegen, daß unter letzterem ein besonders nachzuweisendes Erwerbsverhältnis gemeint ist, vielmehr hat dadurch nur der Mißdeutung des Wortes „Wohnung" entgegengetreten und ausgesprochen werden sollen, daß schon ein Unterkommen, beispielsweise eine Schlafstelle, welche als eigene Wohnung nicht angesehen werden könnte, genügen soll, um den Anziehenden gegen Ausweisung zu schützen. Solange daher der Anziehende durch sein Verhalten keinen Anlaß gibt, gegen ihn einzuschreiten, ist die Polizeibehörde nicht befugt, ihn zum Nachweise seiner Subsistenzmittel oder seines reellen Erwerbs zu nötigen, und noch weniger, ihn wegen Mangels dieses Nachweises von dem gewählten Aufenthaltsort auszuschließen."

In ähnlicher Weise ist der Ausdruck „Unterkommen" in Ziff. 3 der bayerischen Ministerial-Entschließung vom 11. Mai 1871, den Vollzug des Gesetzes über die Freizügigkeit vom 1. Nov. 1867 betreffend, erläutert.

Aus dem Vorausgehenden folgt, daß der Besitz eines eigenen Haushalts oder Geschäfts nicht erforderlich ist, um die Aufnahme in einen anderen Bundesstaat zu erwirken; vielmehr können auch Gewerbsgehilfen, Dienstboten usw., welche in der Gemeinde ein Unterkommen gefunden haben, die Aufnahme beanspruchen. Es besteht sonach ein Unterschied zwischen Aufnahme und Einbürgerung auch darin, daß bei letzterer die Gemeinde bzw. der Armenverband vor der Einbürgerung gehört werden muß, was vor der Aufnahme nicht der Fall ist.

6. Antrag.

Was die Einreichung des Gesuches um Aufnahme betrifft, so ist es nicht erforderlich, daß dasselbe an die höhere Verwaltungsbehörde gerichtet werde, auch die unteren Lokalbehörden haben Aufnahmegesuche entgegenzunehmen. Überhaupt wird die Prüfung der Gesuche, die protokollarische Vernehmung des Petenten zumeist von den unteren Lokalbehörden zu erfolgen haben, da nur diese zu prüfen in der Lage sind, ob keine der in den §§ 3—5 des Freizügigkeitsgesetzes vom 1. Nov. 1867 bezeichneten Verweigerungsgründe vorliegen (vgl. Erlaß des preuß. Min. d. J. vom 4. Mai 1883, MBl. S. 118).

Hinsichtlich der Wirksamkeit der ausgehändigten Aufnahmeurkunde s. § 16 und der Gebührenfreiheit § 38 Abs. 1 d. G.

7. falls kein Grund vorliegt.

Auch wenn ein in diesem Paragraphen vorgesehener Grund vorliegt, wird es der höheren Verwaltungsbehörde freistehen müssen, die Aufnahme eines Reichsangehörigen in Ausnahmefällen zu bewilligen.

Überhaupt können die Aufnahmebedingungen erleichtert, nicht aber durch lästigere Bedingungen, wie die Bezahlung besonderer Gebühren, den Nachweis vorheriger Entlassung aus der bisherigen Staatsangehörigkeit, den vorherigen Erwerb des Gemeindebürgerrechts usw. erschwert werden. Siehe auch Anm. 5a zu diesem Paragraphen.

8. Gesetz über die Freizügigkeit.

Dieses Norddeutsche Bundesgesetz ist gleichzeitig mit dem Staatsangehörigkeitsgesetze in den süddeutschen Staaten in Kraft getreten (in Bayern und Elsaß-Lothringen also durch die Gesetze vom 22. April 1871 bzw. 8. Jan. 1873) und hierdurch Reichsgesetz geworden (s. Anh. Anl. Nr. 2).

9. Abweisung eines Neu-Anziehenden.

Dieselbe kann erfolgen:

a) Wenn der Betreffende nicht imstande ist, sich an dem Orte seiner Niederlassung eine eigene Wohnung oder ein Unterkommen zu verschaffen.

(Vgl. Anm. 5b u. 91 zu diesem Paragraphen.)

b) Wenn die Voraussetzungen des § 7 Abs. 2 d. G. nicht gegeben sind (vgl. Anm. 12—17 zu diesem Paragraphen).

c) Wenn der um die Aufnahme Nachsuchende Aufenthaltsbeschränkungen unterliegt (§ 3 Abs. 1 d. Freizügigkeitsgesetzes).

Derartige Aufenthaltsbeschränkungen können auferlegt werden:

I. Auf Grund richterlicher Erkenntnisse.

Nach § 38 StGB. kann in den durch das Gesetz vorgesehenen Fällen auf die Zulässigkeit der Polizeiaufsicht erkannt werden. Die höhere Landespolizeibehörde (Verwaltungsbehörde) erhält durch ein solches Erkenntnis die Befugnis, nach Anhörung der Gefängnisverwaltung den Verurteilten auf die Zeit von höchstens 5 Jahren unter Polizeiaufsicht zu stellen. Diese Zeit wird von dem Tage berechnet, an welchem die Freiheitsstrafe verbüßt, verjährt oder erlassen ist. Die Polizeiaufsicht hat nach § 39 StGB. hinsichtlich der Reichsangehörigen die Wirkung, daß dem Verurteilten der Aufenthalt an einzelnen bestimmten Orten — nicht an dem Heimatorte — untersagt werden kann.

Hinsichtlich der unter Polizeiaufsicht gestellten Reichsangehörigen, welche sich in einen anderen Bundesstaat begeben, ist durch Bundesratsbeschluß vom 10. Juni 1872 (vgl. MBl. 1872 S. 193) folgendes verfügt worden:

„1. Bezüglich solcher Personen, gegen welche in einem Bundesstaate auf Zulässigkeit von Polizeiaufsicht erkannt worden ist, kann, falls sie sich in einen anderen Bundesstaat begeben, die Stellung unter Polizeiaufsicht auch von derjenigen Landespolizeibehörde ausgesprochen werden, in deren Bezirke sie Aufenthalt nehmen.

Jede Landespolizeibehörde, von welcher die Stellung eines Verurteilten unter Polizeiaufsicht angeordnet wird, hat hiervon, sofern derselbe in einem anderen Bundesstaate verurteilt worden, oder heimatangehörig ist oder seinen Aufenthalt hat, jeder der hierbei beteiligten Landespolizeibehörden des anderen Staates Mitteilung zu machen.

2. Die in § 362 Abs. 2 u. 3 StGB. erwähnten Befugnisse werden in allen Fällen durch die Landespolizeibehörde desjenigen Bundesstaates ausgeübt, in welchem die Verurteilung erfolgt ist."

Vgl. auch Verfügung des preuß. Min. d. J. vom 30. Nov. 1902 (MBl. i. V. 1903 S. 8) über die Frage, ob auch auf Grund von reichsgesetzlichen Vorschriften der Aufenthalt nach § 3 des Freizügigkeitsgesetzes untersagt werden kann, obwohl hier nur die landesgesetzlichen Bestimmungen über Aufenthaltsbeschränkungen erwähnt sind.

II. Vorläufig entlassenen Strafgefangenen.

Nach den §§ 23—25 StGB. können die zu einer längeren Zuchthaus- oder Gefängnisstrafe Verurteilten, wenn sie drei Vierteile, mindestens aber ein Jahr der ihnen auferlegten Strafe verbüßt, sich auch während dieser Zeit gut geführt haben, mit ihrer Zustimmung vorläufig entlassen werden; der Beschluß über die vorläufige Entlassung, sowie ev. über einen Widerruf ergeht von der obersten Justizaufsichtsbehörde.

Die vorläufig entlassenen Strafgefangenen unterliegen der besonderen

Beschränkung,*) daß sie ohne ortspolizeiliche Erlaubnis den Entlassungs- oder späteren Aufenthaltsort auf länger als 48 Stunden nicht verlassen und an einem anderen Orte nicht ohne Erlaubnis der Ortspolizeibehörde dieses letzteren auf länger als 48 Stunden Aufenthalt nehmen dürfen.

(Vgl. § 13 der Zirkular-Verfügung der preuß. Min. d. J. und der Justiz vom 21. Jan. 1871, JMBl. S. 35 ff.).**)

III. **Bestraften Personen, insoweit es nach den Landesgesetzen, welche zur Zeit des Inkrafttretens des Freizügigkeitsgesetzes in Geltung gewesen sind, zulässig ist.**

Der § 3 Abs. 1 des Freizügigkeitsgesetzes vom 1. Nov. 1867 bestimmt, daß, insoweit bestrafte Personen nach den Landesgesetzen Aufenthaltsbeschränkungen unterworfen werden können, es dabei sein Bewenden behält.

Es sind sonach nur diejenigen Beschränkungen der Aufenthaltsfreiheit aufrechterhalten worden, welche in den zur Zeit des Inkrafttretens des gedachten Gesetzes geltenden Landesgesetzen begründet sind.***)

Als solche Landesgesetze, welche zur Zeit des Inkrafttretens des Freizügigkeitsgesetzes in Geltung waren, sind zu erwähnen:

1. **Das preußische Gesetz vom 31. Dez. 1842 über die Aufnahme neuanziehender Personen.** (Pr. GS. 1843 S. 5.)

Nach § 2 dieses Geses kann der Aufenthalt verweigert oder durch lästige Bedingungen erschwert werden:

„1. Wenn jemand durch ein Strafurteil in der freien Wahl seines Aufenthalts beschränkt ist;

2. Wenn die Landespolizeibehörde nötig findet, einen entlassenen Sträfling von dem Aufenthalte an gewissen Orten auszuschließen. Hierzu

---

*) Es findet bei den vorläufig entlassenen Strafgefangenen nicht eine polizeiliche Aufsicht im Sinne der §§ 38 u. 39 StGB., sondern nur eine polizeiliche Überwachung statt, welche mit dem Ablaufe der festgesetzten Strafzeit ihr Ende nimmt, es sei denn, daß ein Widerruf der vorläufigen Entlassung erfolgt sei (vgl. § 24 Abs. 2 StGB.).

**) Analog der von der preußischen Regierung in betreff der Aufenthaltsbeschränkung vorläufig entlassener Strafgefangenen ergangenen Zirkularverfügung vom 21. Jan. 1871 sind auch seitens aller übrigen Bundesregierungen Verfügungen erlassen worden, welche besonders hinsichtlich der obenerwähnten im § 13 vorgesehenen 48stündigen Aufenthaltsbeschränkung mit der Verfügung der preußischen Regierung wörtlich übereinstimmen.

***) **Neue Beschränkungen der Aufenthaltsfreiheit können durch das Landesrecht nicht eingeführt werden.** Es erhellt dieses letztere nicht nur aus dem § 3 Abs. 1 des Freizügigkeitsgesetzes, sondern auch daraus, daß die in dem § 5 des Entwurfs zum Einführungsgesetze zum deutschen Strafgesetzbuche enthaltene Bestimmung:

„es dürfe in landesgesetzlichen Vorschriften über Materien, welche nicht Gegenstand des Strafgesetzbuches sind, die Zulässigkeit von Polizeiaufsicht angedroht werden"

aus dem Grunde gestrichen worden ist, weil mit der Zulässigkeit der Polizeiaufsicht die Ausweisung zusammenhänge und somit den einzelnen Staaten eine **Modifikation des Freizügigkeitsgesetzes** gestattet werden würde (s. StenBer. d. Nordd. Reichstages 1870 Bd. IV Aktenst. Nr. 132 S. 505 und Bd. II S. 776).

§ 7.

ist die Landespolizeibehörde jedoch nur in Ansehung solcher Sträflinge befugt, welche zu Zuchthaus oder wegen eines Verbrechens, wodurch der Täter sich als einen für die öffentliche Sicherheit oder Moralität gefährlichen Menschen darstellt, zu irgendeiner anderen Strafe verurteilt worden oder in einer Korrektionsanstalt eingesperrt gewesen sind.

Über die Gründe einer solchen Maßregel ist die Landespolizeibehörde nur dem vorgesetzten Ministerium, nicht aber der Partei Rechenschaft zu geben schuldig."

Was die Bestimmung unter Nr. 1 dieses Paragraphen betrifft, so ist dieselbe durch die an deren Stelle getretene Nr. 1 § 39 StGB. aufgehoben.

Dagegen ist es streitig gewesen, ob die Bestimmung in Nr. 2 des § 2 d. G. vom 31. Dez. 1842 noch gegenwärtig Geltung hat. Nach Ansicht der preuß. Verwaltungsbehörden war die fortwährende Gültigkeit dieser Bestimmung zweifellos, während dies seitens der Doktrin bestritten wurde.

Erst mittels Erkenntnisses des Oberverwaltungsgerichtes vom 25. Jan. 1883 ist endgültig entschieden worden, daß die Nr. 2 des mehrgedachten Paragraphen fortwährend in Geltung ist, daß aber der Schlußsatz, wonach die Landespolizeibehörde nur dem vorgesetzten Ministerium, nicht aber der Partei über die Gründe ihrer Maßnahmen Rechenschaft schuldig sein soll, insofern außer Kraft gesetzt worden ist, als der § 66 des Organisationsgesetzes vom 26. Juli 1880 (jetzt §§ 130, 127 d. G. üb. d. allgem. Landesverwaltung vom 30. Juli 1883, GS. S. 195) auch die landespolizeilichen Verfügungen der Regierungspräsidenten bzw. des Polizeipräsidenten zu Berlin der Rechtskontrolle im Verwaltungsstreitverfahren unterwirft (§§ 16, 17 u. 35 ebendaselbst); s. Anhang, Anl. Nr. 8. Vgl. Entsch. d. OVG. Bd. 9 S. 415; Bd. 10 S. 336.

Hinsichtlich des bei Anwendung des § 2 Ziff. 2 d. G. vom 31. Dez. 1842 zu beobachtenden Verfahrens sind seitens des Min. d. J. verschiedene Erlasse ergangen: so unter dem 25. Febr. 1860 (MBl. S. 70) die Verfügung, daß die vorerwähnte gesetzliche Bestimmung die Landesbehörde nicht verpflichtet, sondern nur dem Ermessen derselben anheimstellt, gewisse Kategorien bestrafter Individuen von dem Aufenthalte an bestimmten Orten auszuschließen, und daß, wenn die Landespolizeibehörde von dieser Befugnis keinen Gebrauch macht, frühere Bestrafungen keinen Grund bilden sollen, einem Neuanziehenden den Aufenthalt zu versagen;

ferner Erlaß vom 14. Dez. 1860 (MBl. 1861 S. 11 ff.), welcher verfügt:

„a) daß der im § 2 Nr. 2 a. a. O. nach der Terminologie des damals gültigen landrechtlichen Strafrechts gebrauchte Ausdruck „Verbrechen" auch auf solche strafbare Handlungen zu beziehen ist, welche nach dem neuen Strafgesetzbuche (jetzt nach dem Strafgesetzbuche f. d. D. R.) in die Kategorie der Vergehen gehören, beispielsweise auf Diebstahl;

b) daß die Landespolizeibehörde bei Anwendung des § 2 Nr. 2 sorgfältig zu erwägen hat, ob die bestrafte Person gerade an dem Ort, von wo sie entfernt werden soll, für die öffentliche Sicherheit und Moralität gefährlicher ist als anderswo, desgleichen, ob ein anderer Ort zu ihrer Aufnahme verpflichtet ist, da stets gebührende Rücksicht darauf genommen werden muß, daß es Pflicht der Behörde ist, dem Bestraften die Rückkehr zum redlichen Erwerb möglichst zu erleichtern."*)

Die der preuß. Landespolizeibehörde (höheren Verwaltungsbehörde) durch § 2 Ziff. 2 eingeräumte Befugnis auf Ausweisung einer bestraften Person aus gewissen Ortschaften ist eine zeitlich unbegrenzte, so daß die gegen ein solches Individuum verhängte Maßregel für dessen ganze Lebensdauer aufrechterhalten werden kann. Diese Befugnis geht sonach viel weiter, als sie durch das StGB. in § 38 Abs. 2 der Landespolizeibehörde zugestanden ist, da nach demselben letztere nur befugt ist, den Verurteilten in den im Strafgesetzbuche vorgesehenen Fällen auf die Dauer von längstens 5 Jahren unter Polizeiaufsicht zu stellen.

2. Das kgl. bayer. Gesetz, betr. Heimat, Verehelichung und Aufenthalt vom 16. April 1868 (jetzige Fassung vom 30. Juli 1899).

Dieses Gesetz ist durch die Gesetzesnovelle vom 23. Febr. 1872 mit dem am 13. Mai 1871 in Bayern in Kraft getretenen Freizügigkeitsgesetze in Einklang gebracht worden (s. Anhang, Anl. Nr. 4 Art. 37 u. 39 Ziff. 5 u. 6).

3. Das kgl. sächs. Heimatsges. vom 26. Nov. 1834.

Der § 17 Abs. 2 dieses Gesetzes lautet:

„Unbedingt kann die Aufnahme verweigert werden, wenn sich der polizeiliche Grund zur Ausweisung auf die Verübung eines Verbrechens, oder ein unredliches, oder ein unzüchtiges Gewerbe des Ausgewiesenen bezieht."

Nachdem in den folgenden Absätzen dieses Paragraphen des weiteren verordnet ist, daß die Ausweisung dienstlosen Gesindes und arbeitsloser Diener oder Gesellen den Grund zur Verweigerung der Aufnahme an einem anderen Orte zum Behufe bleibender Niederlassung nicht abgeben dürfe, auch eine schwangere Frauensperson, die an einem Orte für die Zeit ihrer Entbindung ein Unterkommen sich ermittelt hat, von da nicht ausgewiesen werden dürfe, heißt es im Abs. 4 desselben Paragraphen:

„Inwieweit in anderen als den vorstehend gedachten Fällen erfolgte polizeiliche Ausweisungen als Grund der Aufnahmeverweigerung an einem anderen Orte gelten können, hängt von dem Ermessen der Polizeibehörde im einzelnen Falle ab."

In betreff der Fortdauer der Geltung dieses § 17 s. die Verfügung des kgl. sächs. Min. d. J. vom 11. März 1882.

4. Das kgl. württembergische Gesetz, betr. die Gemeindeangehörigkeit vom 16. Juni 1885 §§ 57, 58 (RegBl. S. 257) nebst Verfügung des kgl. württemb. Min. d. J., betr. die Vollziehung dieses Gesetzes, vom 7. Okt. 1885 § 27 (vgl. Anhang, Anl. Nr. 9).

---

*) Neuerdings sind unter dem 4. Febr. und 21. März 1907 (MBl. f. d. i. V. S. 105 u. 148) Erlasse ähnlichen Inhalts von dem kgl. preuß. Min. d. J. ergangen.

d) Wenn der um die Aufnahme nachsuchenden Person innerhalb der letzten 12 Monate wegen wiederholten Bettelns oder wegen wiederholter Landstreicherei der Aufenthalt in einem Bundesstaate versagt worden ist (§ 3 Abs. 2 des Freizügigkeitsgesetzes).

Der Abs. 2 des § 3 des Freizügigkeitsgesetzes lautet:

„Solchen Personen, welche derartigen Aufenthaltsbeschränkungen in einem Bundesstaate unterliegen, oder welche in einem Bundesstaate innerhalb der letzten 12 Monate wegen wiederholten Bettelns oder wegen wiederholter Landstreicherei bestraft worden sind, kann der Aufenthalt in jedem anderen Bundesstaate von der Landespolizeibehörde verweigert werden."

Die unbestimmte Fassung dieses Paragraphen hat sowohl in der Theorie wie in der von den Landesregierungen geübten Verwaltungspraxis zu verschiedenartiger Interpretation Anlaß gegeben. Es ist dies auch nicht wunderbar. Die Worte „in jedem andern Bundesstaate" ließen bloß die Deutung zu, wie dies auch in den Motiven zu dem Freizügigkeitsgesetz gesagt ist, daß das wegen wiederholten Bettelns oder Landstreichens bestrafte Individuum mit Ausnahme des Bundesstaates, in dem die Bestrafung erfolgt ist, aus jedem anderen Bundesstaate ausgewiesen werden dürfe. In der Theorie war man sogar lange Zeit der Ansicht, daß die Ausweisung eines derartig Bestraften sogar aus dessen Heimatstaate erfolgen könne. Laband, der anfangs auch dieser Ansicht huldigte, hat sie in späteren Auflagen seines Werkes (Staatsrecht des Deutschen Reichs) aufgegeben. In betreff dieses Punktes ist anfangs der achtziger Jahre bei den Bundesregierungen eine Einigung dahin erzielt worden, daß der in einem Bundesstaate Bestrafte bei etwaiger Rückkehr in seinen Heimatsstaat aus diesem nicht ausgewiesen werden dürfe.

Das Reichsamt des Innern versuchte dann durch ein Schreiben an die Bundesregierungen vom 19. Juli 1883, ob nicht auch eine einheitliche Auslegung darüber erzielt werden könnte, daß die Ausweisung des bestraften Individuums aus dem Bundesstaate, in dem die Bestrafung stattgefunden hat, unter keinen Umständen innerhalb der zwölfmonatigen Frist erfolgen dürfe. Dieses Schreiben blieb ergebnislos.

Preußen stellte darauf im Jahre 1885 den Antrag im Bundesrate, daß der Bestimmung des zweiten Absatzes des § 3 des Freizügigkeitsgesetzes die in dem vorgedachten Schreiben enthaltene Auslegung und Anwendung gegeben werde. Nachdem eine Einigung über den Antrag im Bundesrate nicht erzielt worden war, legte Preußen im Juli 1892 seinen Antrag in folgender abgeänderter Fassung vor:

„Reichsangehörigen, welche im Inlande Aufenthaltsbeschränkungen der in Abs. 1 des § 3 a. a. O. bezeichneten Art unterliegen oder innerhalb der letzten zwölf Monate wegen wiederholten Bettelns oder wiederholter Landstreicherei bestraft worden sind, kann der Aufenthalt in einem Bundesstaate nur verweigert werden, wenn sie in diesem Staate weder die Staatsangehörigkeit noch einen Unterstützungswohnsitz (Heimatrecht) besitzen und die Aufenthaltsbeschränkung oder die Bestrafung wegen wiederholten Bettelns oder wiederholter Landstreicherei außerhalb dieses Staates verhängt worden ist."

„Die Ausweisung kann in diesem Falle nicht für länger als die Dauer der Aufenthaltsbeschränkungen bzw. der von der Verbüßung der letzten Strafe wegen Bettelns oder Landstreicherei ab zu berechnenden zwölf Monate verfügt werden."

Dieser Antrag Preußens fand keine allseitige Anerkennung, ebensowenig der Antrag Bayerns, Württembergs, Badens und Hamburgs, am Schlusse des ersten Absatzes des preußischen Antrags die Worte „und die Aufenthaltsbeschränkung" bis „verhängt worden ist" zu streichen. Der Bundesrat verfügte darauf, eine weitere Beschlußfassung zu vertagen. Die preußische Regierung erklärte nunmehr: „daß sie Wert darauf legen müsse, daß der Bundesrat über die streitige Frage gemäß Art. 7 Nr. 3 und Art. 76 Abs. 1 der Reichsverfassung Beschluß fasse; denn wenn auch der Bundesrat nicht in der Lage sei, auf dem Wege authentischer Auslegung eine mit gesetzlicher Kraft ausgestattete, auch für die Gerichte verbindliche Norm aufzustellen, so sei er doch auf Grund des erwähnten Artikels der Verfassung zuständig, über Mängel, welche bei der Auslegung einer reichsgesetzlichen Vorschrift hervortreten, in der Weise Beschluß zu fassen, daß die Einzelstaaten verpflichtet werden, ihre Verwaltungsbehörden zu einer dem Inhalt des Beschlusses entsprechenden Handhabung der Vorschrift anzuhalten."

Es erfolgte nunmehr — 26. Juni 1894 — der Antrag des mit der Prüfung der Frage zuständigen Bundesausschusses. Der Antrag lautete:

„Der Bundesrat wolle beschließen, die Bundesregierungen zu ersuchen, bei Ausführung der Bestimmung in § 3 Abs. 2 d. G. über die Freizügigkeit vom 1. Nov. 1867 (BGBl. S. 55) nachstehende Grundsätze zur Anwendung zu bringen:

„1. Reichsangehörigen, welche Aufenthaltsbeschränkungen der im § 3 Abs. 1 des Freizügigkeitsgesetzes vom 1. Nov. 1867 bezeichneten Art unterliegen oder innerhalb der letzten zwölf Monate wegen wiederholten Bettelns oder wiederholter Landstreicherei bestraft worden sind, wird der Aufenthalt in einem Bundesstaate nicht verweigert werden, wenn sie in diesem Staate die Staatsangehörigkeit oder einen Unterstützungswohnsitz (Heimatrecht) besitzen. Zur Verweigerung des Aufenthalts genügt eine einmalige Bestrafung innerhalb der zwölfmonatigen Frist, sofern nur vor Beginn derselben bereits eine Bestrafung stattgefunden hat.

2. Die Ausweisung darf in den Fällen des § 3 Abs. 2 des Freizügigkeitsgesetzes nicht für länger als die Dauer der Aufenthaltsbeschränkungen bzw. der von der Verbüßung der letzten Strafe wegen Bettelns oder Landstreicherei zu berechnenden zwölf Monate verfügt werden.

3. Aus Bundesstaaten, in welchen auf Grund landesrechtlicher Bestimmungen bereits nach einmaliger Bestrafung wegen Bettelns oder Landstreicherei eine Aufenthaltsbeschränkung polizeilich verfügt werden kann, wird wegen einer derartigen Aufenthaltsbeschränkung eine Ausweisung nicht erfolgen.

4. Bei Ausweisung auf Grund des § 3 Abs. 2 des Freizügigkeitsgesetzes sind bezüglich des Verfahrens die Bestimmungen des Gothaer Vertrags vom 15. Juli 1851 (§§ 8—12) und die zur Ausführung derselben später getroffenen Vereinbarungen zur Anwendung zu bringen." —

In der Sitzung vom 9. Juli 1894 beschloß darauf der Bundesrat:

„Die Bundesregierungen zu ersuchen, bei Ausführung der Bestimmung im § 3 Abs. 2 des Freizügigkeitsgesetzes die im Ausschußantrag vom 26. Juni 1894 bezeichneten Grundsätze zur Anwendung zu bringen."

Der Referent bemerkte zu Ziff. 4 der Grundsätze, „daß nach einstimmiger Auffassung der Ausschüsse bei Anwendung dieser Bestimmung die Übernahme eines auf Grund des § 3 cit. Ausgewiesenen von den Behörden eines Bundesstaates nicht verweigert werden darf, wenn der Ausgewiesene in diesem Staate die Staatsangehörigkeit oder einen Unterstützungswohnsitz (Heimatrecht) besitzt, oder wenn derselbe diese Rechte in einem dritten Bundesstaate besitzt, welchem er nicht wohl anders als durch das Gebiet des erstgedachten Staates zugeführt werden kann."

Dieser Antrag des Bundesausschusses, der von den süddeutschen Bundesregierungen ausging und sich von dem preußischen Antrag darin unterschied, daß die Worte „und die Aufenthaltsbeschränkung oder die Bestrafung wegen wiederholten Bettelns oder wiederholter Landstreicherei außerhalb dieses Staates verhängt worden ist" gestrichen waren, hat auch zu keiner einheitlichen Beschlußfassung geführt.

Es besteht somit noch heutigen Tages eine verschiedene Verwaltungspraxis zwischen Preußen und den ihm zustimmenden Staaten des früheren Norddeutschen Bundes einerseits und Bayern, Württemberg, Baden, Hamburg und Lübeck andrerseits.

Das Großherzogtum Hessen teilt nach dem Ministerialamtsblatt Nr. 9 vom 25. Okt. 1894 hinsichtlich des § 3 Abs. 2 des Gesetzes über die Freizügigkeit die Auffassung der kgl. preußischen Regierung. Hiernach wird von Hessen daran festgehalten, daß die Aufenthaltsbeschränkung oder die Verhängung der Strafe in einem anderen als dem die Aufenthaltsverweigerung aussprechenden Staate stattgefunden haben muß. Den Regierungen von Bayern, Württemberg und Baden gegenüber soll jedoch nach dem genannten Amtsblatte zwecks Vermeidung von Nachteilen in der Praxis nach dem Grundsatze der Reziprozität verfahren werden.

Die Grundsätze, die die preußische Regierung für die Auslegung des § 3 Abs. 2 des Freizügigkeitsgesetzes den süddeutschen Regierungen sowie Hamburg und Lübeck gegenüber angewendet wissen will, ist in den Zirkularen des preuß. Min. d. J. vom 28. Juni 1894, 24. Jan. 1895 und 7. Febr. 1895 (s. Anhang, Anl. Nr. 10—10b) enthalten, während die Praxis der süddeutschen Regierungen aus der bayerischen Ministerialentschließung vom 9. März 1895 (s. Anhang, Anl. Nr. 11) ersichtlich ist.

Nach der Ansicht des Verfassers dürfte nach über vierzigjährigem Bestehen des Freizügigkeitsgesetzes es doch an der Zeit sein, daß für das ganze Deutsche Reich eine einheitliche Verwaltungspraxis endlich durchgeführt werde.

§ 7.

Auch bei Schaffung des vorliegenden Gesetzes hat eine dahin zielende Änderung nicht stattgefunden. Der Verfasser kann sich allerdings nicht verhehlen, daß gegen den preußischen Antrag, wonach über den Bettler oder Landstreicher eine Ausweisung aus dem Staat nicht verfügt werden darf, in welchem er zuletzt bestraft worden ist, insofern Bedenken obwalten, als ein solches Individuum es vollständig in seiner Macht hat, durch abermaliges Betteln oder Landstreichen seinen künftigen Aufenthaltsort für 12 Monate frei zu bestimmen. Durch die süddeutsche Auslegung wird einer derartigen Aufenthaltswahl ein Riegel vorgeschoben, indem ein solches Individuum sofort nach Verbüßung der Strafe nach seinem Heimatstaate abgeschoben werden kann.

e) Wenn der um die Aufnahme Nachsuchende nicht hinreichende Kräfte*) besitzt, um sich und seinen nicht arbeitsfähigen**) Angehörigen den notdürftigen Lebensunterhalt zu verschaffen und solchen weder aus eigenem Vermögen bestreiten, noch von einem

---

*) Da nach dem § 4 Abs. 2 des Freizügigkeitsgesetzes die Besorgnis vor künftiger Verarmung den Gemeindevorstand zur Zurückweisung neu anziehender Personen nicht berechtigt, so werden die Kräfte einer neu anziehenden Person als hinreichend und bei deren Erwerbsunfähigkeit das eigene Vermögen oder die Unterstützung seitens der alimentationspflichtigen Verwandten als genügend zu erachten sein, wenn Arbeitskräfte, eigenes Vermögen oder Unterstützung seitens der Verwandten für die nächste Zeit zur Bestreitung des notdürftigen Lebensunterhalts, also derjenigen Ausgaben, welche für Obdach, Ernährung und Pflege in Krankheitsfällen (§ 1 Abs. 1 des preuß. Ausführungsges. vom 8. März 1871) erforderlich sind, genügen. Sache der höheren Verwaltungsbehörden ist es, der ausschließlichen Geltendmachung des fiskalischen Interesses seitens der Gemeindeverwaltung bei Abweisung neu anziehender Personen entgegenzuwirken; dahin zielen auch verschiedene Verfügungen des kgl. preuß. Ministers des Innern; dieselben beziehen sich zwar zumeist auf das preußische Gesetz über die Aufnahme neu anziehender Personen vom 31. Dez. 1842 (GS. 1843 S. 5 ff.), sie haben aber gegenwärtig noch Geltung, da die wesentlichen Bestimmungen des gedachten preußischen Gesetzes sich in dem Freizügigkeitsgesetze wiederfinden. Nach diesen Verfügungen vom 30. April 1845 und vom 31. Aug. 1869 (MBl. S. 119 bzw. 267) sollen die Gemeinden nicht befugt sein, einen neu Angezogenen, welcher z. B. nicht hinreichende Mittel besitzt, um für seine Kinder das Schulgeld zu bezahlen oder mit der Berichtigung öffentlicher Abgaben oder Gemeindesteuern im Rückstand bleibt, abzuweisen, „da die Unfähigkeit, der aus dem öffentlichen Rechte entspringenden Verpflichtung zur Zahlung einer Geldsumme zu genügen, als ein Mangel an dem notwendigsten Lebensbedürfnisse nicht aufgefaßt werden kann". Auch kann die Aufnahme einer Person um deswillen nicht versagt werden, weil ihr die moralische Kraft nicht zuzutrauen ist, von ihren physischen Kräften Gebrauch zu machen, oder weil sie der Trunksucht ergeben ist (vgl. Erlaß des preuß. Min. d. J. vom 9. Juli 1843 und 25. Febr. 1860, MBl. S. 216 bzw. 70), oder Unterstützung aus Staatsfonds — nicht aber aus öffentlichen Armenmitteln — empfängt (Erlaß des preuß. Min. d. J. vom 16. Febr. 1859).

**) Hinsichtlich der armenrechtlichen Familiengemeinschaft sind im Zentralbl. f. d. Deutsche Reich 1883 S. 87 die Grundsätze des Bundesamts für das Heimatswesen veröffentlicht worden.

Nach dem Grundsatze I gehören zur Familie im armenrechtlichen Sinne alle diejenigen, welche an den Unterstützungswohnsitzverhältnissen des Familienhauptes teilnehmen, mag letzteres einen Unterstützungswohnsitz haben oder land-

dazu verpflichteten Verwandten*) erhalten kann (§ 4 des Freizügigkeitsgesetzes).

10. Versagung der Fortsetzung des Aufenthalts.

Die Aufnahme in einen anderen Bundesstaat kann einem Reichsangehörigen auch dann versagt werden, wenn die Voraussetzungen vorliegen, welche nach § 5 des Freizügigkeitsgesetzes die Versagung der Fortsetzung des Aufenthalts begründen.

Nach dem Wortlaute dieses Paragraphen muß sich nach dem Anzuge die Notwendigkeit einer öffentlichen Unterstützung offenbaren, bevor der neu Anziehende an dem Aufenthaltsorte einen Unterstützungswohnsitz (Heimatrecht) erworben hat, und die Gemeinde nachweisen, daß die Unterstützung aus anderen Gründen als wegen einer nur vorübergehenden Arbeitsunfähigkeit notwendig geworden ist.

Hinsichtlich der bei Anwendung dieses Paragraphen in Preußen zu beobachtenden Grundsätze sind seitens des preuß. Ministeriums des Innern verschiedene Verfügungen ergangen, z. B.:

a) Die Bitte um Gewährung einer Beihilfe aus dem zur Versorgung von Lehrerswitwen bestimmten Pensionsfonds ist nicht als ein Anrufen der öffentlichen Armenpflege anzusehen und die Bewilligung einer derartigen Unterstützung

---

arm sein (Entsch. des Bundesamts, herausgegeben von Wohlers, Heft II S. 18, Heft VI S. 13, Heft XII S. 17, Heft XIV S. 25).

1. Familienglieder sind danach:
   a) die Ehefrau während der Dauer der ehelichen Gemeinschaft (UWG. § 15),
   b) die ehelichen und den ehelichen gesetzlich gleichstehenden Kinder bis zum zurückgelegten 16. Lebensjahre (UWG. §§ 18, 19, 20) nebst Ehefrau und Kindern (Entsch. X S. 35),
   c) die in die Ehe gebrachten ehelichen (UWG. § 18 Abs. 1) und außerehelichen (UWG. § 21) Vorkinder der Ehefrau nebst den ihre Unterstützungswohnsitzverhältnisse teilenden Personen (Ehefrauen, eheliche, Stief- usw. Kinder) (Entsch. VI S. 14).
2. Nicht zur Familie gehören:
   a) die rechtskräftig geschiedene Ehefrau und die von ihr bezüglich der Unterstützungswohnsitzverhältnisse abhängigen Personen (Entsch. XIV S. 26, 43),
   b) eheliche Kinder nach zurückgelegtem 16. Lebensjahre und die von ihnen abhängigen Personen (Entsch. X S. 35 und XIV S. 26).

*) Hierzu gehören alle Verwandten in gerader Linie, der Ehegatte und der uneheliche Vater (BGB. §§ 1601, 1360 f., 1578 ff., 1708). Vgl. dazu § 65 des preuß. AG. z. UWG. vom 8. März 1871/11. Juli 1891 GS. 130 u. 300; Entsch. des Bundesamts f. d. Heimatwesen XXV 64, 66, XXXVIII 59.

Es muß hier jedoch mit Rücksicht auf das Vorausgehende bemerkt werden, daß aus der milderen Praxis, welche seitens der höheren Verwaltungsbehörden bei Entscheidungen von Ausweisungsfällen beobachtet wird, nicht der Schluß zu ziehen ist, daß dieses mildere Verfahren auch hinsichtlich der Aufnahmegesuche vorzuwalten habe; vielmehr hängt das Recht, die Aufnahme abzulehnen, nur von der gesetzlichen Befugnis zur Ausweisung ab; ist jene vorhanden, so kann die Aufnahme ohne weiteres verweigert werden.

§ 7.

nicht als ein Akt der Armenpflege zu betrachten (vgl. Erlaß des preuß. Min. d. J. vom 21. April 1868, MBl. S. 209).

b) Ein für die Familie eines neu Angezogenen eintretendes Bedürfnis der Armenpflege, wenn dasselbe nicht durch die körperliche Arbeitsunfähigkeit des Familienhauptes, sondern durch eine auf längere oder kürzere Zeit verhängte Strafhaft hervorgerufen worden ist, reicht nicht aus, um den Begriff des Zustandes der Verarmung zu konstatieren, welchen das Gesetz als Vorbedingung der Befugnis der Gemeinde zur Wiederausweisung hinstellt, da die Wiederausweisungsbefugnis nur an den durch dauernde qualitative Arbeitsunfähigkeit des Familienhauptes veranlaßten Eintritt der Armenpflege geknüpft, über solche Fälle aber, in denen weder eine dauernde noch eine vorübergehende Arbeitsunfähigkeit vorliegt, gar nicht disponiert worden ist (s. Erlaß des preuß. Min. d. J. vom 29. Juli 1869, MBl. S. 268).

c) Aus dem Umstande, daß einer Frauensperson, welcher die nachgesuchte Niederlassung gestattet worden, eine Extraunterstützung gewährt und die Unterbringung behufs Abhaltung ihrer Niederkunft in ein Hospital erfolgt ist, kann die Zulässigkeit ihrer Wiederausweisung nicht gefolgert werden, sondern es ist in einem solchen Falle nur eine vorübergehende Arbeitsunfähigkeit anzunehmen (s. Erlaß des preuß. Min. d. J. vom 27. Juli 1871, MBl. S. 249).

Die Befugnis der Gemeinden zur Abweisung neu Anziehender hat ferner durch den § 56 des Gesetzes über den Unterstützungswohnsitz vom 30. Mai 1908 (Anhang, Anl. Nr. 5) in folgenden Punkten eine Beschränkung erfahren.

Nach dem Wortlaute dieses Paragraphen kann auch bei nicht erreichter Einigung — der zur Entscheidung in der Sache berufenen Armenverbände — das Verbleiben der auszuweisenden Person oder Familie in dem Aufenthaltsorte gegen Festsetzung eines von dem verpflichteten Armenverbande zu zahlenden Unterstützungsbetrages durch die zur Entscheidung in erster Instanz zuständige Behörde des Ortsarmenverbandes des Aufenthaltsortes angeordnet werden:

1. wenn mit der Ausweisung Gefahr für Leben oder Gesundheit des Auszuweisenden oder seiner Angehörigen verbunden sein würde, oder

2. wenn die Ursache der Erwerbs- oder Arbeitsunfähigkeit des Auszuweisenden durch eine im Bundeskriegsdienste oder bei Gelegenheit einer Tat persönlicher Selbstaufopferung erlittene Verwundung oder Krankheit herbeigeführt ist, oder endlich

3. wenn sonst die Wegweisung vom Aufenthaltsorte mit erheblichen Härten oder Nachteilen für den Auszuweisenden verbunden sein sollte.

In allen den vorerwähnten Fällen gilt jedoch für die Entscheidung der Frage der Aufnahme in einen anderen Bundesstaat das am Schluß der vorhergehenden Anmerkung 10e Gesagte, nämlich: sind die Kriterien vorhanden, aus welchen die Berechtigung zur Ausweisung einer neu angezogenen Person oder Familie hergeleitet zu werden vermag, so kann deren Aufnahme verweigert werden, wenn auch die Ausweisung aus Humanitätsrücksichten zu unterbleiben hat.

§ 7.

11. rechtfertigt.

Über Rechtsmittel gegen die Ablehnung des Antrags vgl. § 40 d. G.

12. Antrag.

Wenn in den Anm. 5a u. 7 zu diesem Paragraphen gesagt worden ist, daß bei Handhabung des Abs. 1 des § 7 den Landesbehörden gestattet ist, bei Gewährung der Aufnahme ein milderes Verfahren eintreten zu lassen, als in den §§ 3—5 des Freizügigkeitsgesetzes sowie hinsichtlich der Niederlassung vorgesehen ist, so sind die Bestimmungen des Abs. 2 dieses Paragraphen als zwingendes Recht anzusehen, auf deren Einhaltung die Landesbehörden in keiner Weise verzichten können.

13. Ehefrau.

Obwohl im allgemeinen das Gesetz an dem Grundsatze festgehalten hat, daß Eheleute die gleiche Staatsangehörigkeit besitzen, so ist hier doch die Möglichkeit ins Auge gefaßt worden, daß die Ehefrau eine Bundesstaatsangehörigkeit beantragt, die von dem Ehemann nicht geteilt wird (vgl. § 16 Abs. 2 d. G.).

14. Zustimmung.

Es dürfte als eine Lücke in dem Gesetz empfunden werden, daß in betreff der äußeren Form nicht ausdrücklich bestimmt wird, ob eine derartige Zustimmung vor einer Verwaltungsbehörde mündlich oder, wenn schriftlich, durch eine hierzu befugte Behörde beglaubigt, abgegeben werden muß. Da dies nicht geschehen ist, wird jede Art der Zustimmungserklärung, die der mit der Sache befaßten Behörde glaubwürdig erscheint, als ausreichend erachtet werden müssen.

15. Vormundschaftsbehörde.

Wegen der sachlichen und örtlichen Zuständigkeit vgl. EG. z. BGB. Art. 147; Reichsges. üb. d. freiwill. Gerichtsbark. vom 17. Mai 1898 (RGBl. S. 771) §§ 35, 36, 43, 45. In der Mehrzahl der Bundesstaaten ist übrigens das Amtsgericht die Vormundschaftsbehörde.

16. Unter elterlicher Gewalt oder unter Vormundschaft.

Über elterliche Gewalt vgl. §§ 2 ff., 1626 ff., 1707 (der unehelichen Mutter steht sie nicht zu), 1757 BGB., über Vormundschaft vgl. §§ 1773 ff., 1896 ff. BGB. Daß man bei der Bestimmung nicht an die wegen Geisteskrankheit Entmündigten von über 16 Jahren gedacht hat, die doch wie in bürgerlichrechtlichen Angelegenheiten, so auch hier Rechtshandlungen nicht werden vornehmen können, ist schon von Paul Lenel (Zeitschr. f. bad. Verw. usw. 1913) und von Weck (Kommentar S. 63) gerügt worden. Auch für solche Geschäftsunfähige wird dem Sinne d. G. entsprechend der gesetzliche Vertreter den Antrag zu stellen haben.

§ 8.[1]

Ein Ausländer,[2] der sich im Inland niedergelassen hat, kann[3] von dem Bundesstaat, in dessen Gebiete die Niederlassung erfolgt ist, auf seinen Antrag eingebürgert werden, wenn er[4]

§ 8.

1. nach den Gesetzen seiner bisherigen Heimat unbeschränkt geschäftsfähig[5] ist oder nach den deutschen Gesetzen unbeschränkt geschäftsfähig[6] sein würde oder der Antrag in entsprechender Anwendung des § 7 Abs. 2 Satz 2[7] von seinem gesetzlichen Vertreter[8] oder mit dessen Zustimmung[9] gestellt wird,[10]
2. einen unbescholtenen Lebenswandel[11] geführt hat,
3. an dem Orte seiner Niederlassung eine eigene Wohnung oder ein Unterkommen[12] gefunden hat und
4. an diesem Orte[13] sich und seine Angehörigen[14] zu ernähren imstande ist.[15]

Vor der Einbürgerung[16] ist über die Erfordernisse unter Nr. 2 bis 4 die Gemeinde[17] des Niederlassungsorts und, sofern diese keinen selbständigen Armenverband[18] bildet, auch der Armenverband zu hören.[19]

1. Vorbemerkung.

In der 3. Auflage seines Kommentars (S. 77, 80) hat d. V. schon darauf hingewiesen, daß in fast allen Staaten der Welt die Verleihung der Naturalisation an Ausländer einer vorherigen mehrjährigen Niederlassungsfrist bedürfe. Das Deutsche Reich ist das einzige Land gewesen, das eine solche vorherige Niederlassungsfrist nicht kannte, ja noch mehr, der um die Naturalisation ersuchte Bundesstaat konnte, wenn in seinem Ausführungsgesetz nichts anderes bestimmt war, von einer vorherigen Niederlassung überhaupt absehen. Das Reichsgesetz vom 1. Juni 1870 begnügte sich sogar, wenn der um die Naturalisation Nachsuchende die Absicht kundgab, sich später niederlassen zu wollen. Das vorliegende Gesetz hat nunmehr eine erschwerende Bedingung dadurch eintreten lassen, daß der um die Einbürgerung Nachsuchende sich wirklich in dem Bundesstaate seiner Wahl niedergelassen haben muß, ehe seinem Gesuch nähergetreten werden kann. Daß das Deutsche Reich die Einbürgerung von Ausländern, dem Beispiel aller zivilisierten Staaten folgend, von einer vorherigen Niederlassungsfrist abhängig mache, glaubt der Verfasser einer künftigen Kommission zur Veränderung des jetzigen Gesetzes unterbreiten zu dürfen.

2. Ausländer.

Als Ausländer werden betrachtet:

I. Fremde Staatsangehörige,

II. Ehemalige Deutsche, welche ihre Reichsangehörigkeit verloren haben
  a) nach § 17 d. G.
  b) nach § 13 des Gesetzes vom 1. Juni 1870 oder den vor dessen Inkrafttreten in den Bundesstaaten herrschenden Gesetzen, insbesondere durch zehn- bzw. fünfjährigen Aufenthalt im Ausland.

III. Staatlose.

§ 8.

ad I.

In betreff der fremden Staatsangehörigen ist zu bemerken:

Die Einbürgerung in Deutschland soll ohne vorherige Entlassung*) aus dem bisherigen Untertanenverbande nicht erteilt werden:

a) den persischen Untertanen.

Der hierauf bezügliche Art. 17 des deutsch-persischen Freundschafts-, Handels- und Schiffahrtsvertrages vom 11. Juni 1873 (RGBl. S. 351 ff.) lautet, wie folgt:

„Art. 17. Die Kaiserlich Deutsche Regierung verpflichtet sich, persischen Untertanen Naturalisationsurkunden nur unter der ausdrücklichen Bedingung der vorgängigen Zustimmung der persischen Regierung zu erteilen; ebenso verpflichtet sich die persische Regierung ihrerseits, keinem Angehörigen des Deutschen Reichs ohne vorgängige Zustimmung**) der Regierung desselben eine Naturalisationsurkunde zu erteilen."

b) den türkischen Untertanen.

Auf Grund eines Zirkularschreibens des Reichsamt des Innern an die deutschen Bundesregierungen und an den Kais. Statthalter in Elsaß-Lothringen vom 11. Juli 1884 soll den türkischen Untertanen die Naturalisation in Deutschland erst dann erteilt werden, wenn sie zuvor den Nachweis ihrer Entlassung aus dem türkischen Untertanenverband beigebracht haben.

c) den marokkanischen Untertanen.

Der Art. 15 der Konvention über Ausübung des Schutzrechts in Marokko vom 3. Juli 1880 (RGBl. 1881 S. 103 ff.) bestimmt hierüber:

„Jeder im Auslande naturalisierte marokkanische Untertan, welcher nach Marokko zurückkehrt, soll nach einer ebenso langen Zeit des Aufenthalts wie diejenige ist, deren er gesetzmäßig bedurfte***), um die betreffende Naturalisation zu erlangen, zwischen der gänzlichen Unterwerfung unter die Gesetze Marokkos und der Verpflichtung, Marokko zu verlassen, zu wählen haben; es sei denn, daß nachweislich die Naturalisation im Auslande mit Zustimmung der marokkanischen Regierung erlangt worden ist.

---

*) Bei den Angehörigen der österreichisch-ungarischen Monarchie war früher vor Erwerbung der Naturalisation in Deutschland die Entlassung aus dem bisherigen Untertanenverband notwendig. Diese Beschränkung ist durch Verfügung des kgl. preuß. Min. d. J. vom 20. Sept. 1903 (MBl. i. V. S. 214) aufgehoben worden. Eine gleiche Verfügung ist auch von den übrigen Bundesstaaten, wo die gedachte Beschränkung bestand, erlassen worden (kgl. württemb. Min.-V. vom 19. Aug. 1903, kgl. sächs. Min.-V. vom 12. Aug. 1903).

**) Es ist selbstverständlich, daß diese Zustimmung den Verlust der Reichsangehörigkeit nicht im Gefolge hat; die Bedingung, daß es für einen Deutschen behufs Erwerbung einer ausländischen Nationalität der Zustimmung der heimatlichen Regierung bedarf, ist überhaupt nur eine singuläre und ist in andere derartige internationale Verträge seitdem nicht wieder aufgenommen worden.

***) Da es in Deutschland behufs Erlangung der Naturalisation einer bestimmten Aufenthaltsdauer gesetzmäßig nicht bedarf, so würde der ohne Einwilligung der marokkanischen Regierung in Deutschland naturalisierte Marokkaner bei seiner Rückkehr in Marokko sofort wieder Marokkaner werden oder Marokko zu verlassen haben.

§ 8.

Die bis jetzt durch marokkanische Untertanen den Gesetzen des betreffenden fremden Landes gemäß erlangte Naturalisation im Auslande bleibt in voller Wirkung ohne irgendwelche Einschränkung bestehen."

ad II.

Für die ehemaligen Deutschen sind Bevorzugungen in den folgenden Paragraphen vorgesehen:

a) für sämtliche ehemalige Deutsche, deren Abkömmlinge und Adoptivkinder: §§ 9 Abs. 2 Ziff. 1; 13; 33 Ziff. 2;

b) für diejenigen, welche durch Verehelichung mit einem Ausländer Ausländerinnen geworden sind, deren Ehe aber durch den Tod des Ehemanns oder die Scheidung aufgelöst worden ist: § 10;

c) für gewisse Kategorien der ehemaligen Deutschen, die ihre Reichsangehörigkeit durch Entlassung verloren haben: §§ 11, 30;

d) für gewisse Kategorien derjenigen, welche die Reichsangehörigkeit durch Nichterfüllung der Wehrpflicht verloren haben: §§ 26 Abs. 3 Satz 2; 32 Abs. 3;

e) für diejenigen, die nach den früheren Gesetzen ihre Staatsangehörigkeit durch Aufenthalt im Ausland bzw. Auswanderung verloren haben: § 31.

Zu §§ 9 Abs. 2 Ziff. 1 und 31 ist zu bemerken, daß sie nur auf solche ehemalige Deutsche Anwendung finden, die keine fremde Staatsangehörigkeit besitzen.

ad III.

In betreff der Staatlosen ist zu bemerken, daß sie meist in die Rubrik der ehemaligen Deutschen fallen und bereits in dem Vorausgehenden behandelt worden sind. § 12 d. G. in Verbindung mit § 11 d. RMilGes. neuer Fassung spricht aber bezüglich der zu gewährenden Vergünstigung auch noch von Ausländern bzw. von Personen, die keinem Staate angehören, gleichviel ob sie ehemalige Deutsche oder vordem Ausländer waren. Diesen Personen wird ein Rechtsanspruch auf Einbürgerung gewährt, wenn sie ein Jahr wie ein Deutscher im Heer oder in der Marine gedient haben.

3. kann.

a) Das frühere in verschiedenen deutschen Bundesstaaten in Geltung gewesene Recht der forensischen Standesherren, durch die bloße von der landesherrlichen Akzeptation begleitete Subjektionserklärung (Huldigung) das Indigenat zu erwerben, besteht nicht mehr zu Recht; es regelt sich vielmehr die Aufnahme, Einbürgerung, Wiedereinbürgerung und Wiederaufnahme der Standesherren lediglich nach den für jeden Deutschen ohne Ausnahme maßgebenden Bestimmungen dieses Gesetzes.

Wegen Verlustes der Staatsangehörigkeit der Standesherren s. Anm. 5 zu § 31 d. G.

b) Es bleibt den Einzelstaaten anheimgegeben, Ausländern die Einbürgerung zu verweigern, auch wenn sie den Voraussetzungen des § 8 genügen, oder die Einbürgerung von noch weiteren, im § 8 nicht aufgeführten Bedingungen abhängig zu machen.

§ 8.

Da bis jetzt zu dem neuen Gesetz erschwerende Bedingungen, die der einzelne Bundesstaat an die Einbürgerung von Ausländern knüpfte und die in den Ausführungsbestimmungen niedergelegt werden konnten, noch nicht veröffentlicht sind, so kann über diesen Punkt nichts Näheres mitgeteilt werden. Es erscheint indessen angezeigt, daß hier die Bestimmungen wiedergegeben werden, die zum Gesetz vom 1. Juni 1870 erlassen sind.

So ist in der Entschließung des kgl. bayer. Staatsmin. d. J. vom 9. Mai 1871 unter 5a mit Rücksicht auf die bayer. Heimatgesetzgebung verfügt, daß Ausländern die Naturalisation in der Regel nur dann zu erteilen ist, wenn sie nachweisen, daß sie für den Fall der Naturalisation sofort die Heimat in einer bayer. Gemeinde erhalten. Eine Ausnahme von dieser Regel ist nur mit Genehmigung des kgl. bayer. Staatsminist. des Innern zulässig.

Die kgl. württembergische Regierung hat in einem Erlaß vom 31. Jan. 1881 die Erteilung der Naturalisation von verschiedenen Vorbedingungen abhängig gemacht, und zwar muß der zu Naturalisierende seinen nicht bloß vorübergehenden Aufenthalt in Württemberg bereits genommen, sodann in Gemäßheit des § 19 der württemb. Verfassungsurkunde von einer bestimmten württembergischen Gemeinde die vorläufige Zusicherung des Gemeindebürgerrechts erhalten haben; auch muß der Nachweis dafür erbracht sein, daß der zu Naturalisierende aus seiner früheren Staatsangehörigkeit bereits entlassen ist, oder im Falle seiner Naturalisierung sofort entlassen werden wird, oder nach der Gesetzgebung seines bisherigen Heimatstaates durch die Naturalisation in Württemberg seine bisherige Staatsangehörigkeit verliert.

Eine Verordnung des kgl. sächsischen Min. d. J. vom 24. Dez. 1870 bestimmt unter anderm in § 2, daß Ausländern die Naturalisationsurkunde nicht eher ausgefolgt wird, als bis sie den im § 139 der Verfassungsurkunde vorgeschriebenen Eid geleistet haben, und in § 4 Abs. 3, daß Ausländern, welche sich innerhalb der Schönburgschen Rezeßherrschaften niederlassen wollen, die Naturalisationsurkunde nicht eher ausgestellt wird, als bis sie, nebst den übrigen Naturalisationserfordernissen die nach dem Abschnitt VIII § 14 des Erläuterungsrezesses vom 9. Okt. 1835 erforderliche Aufnahmebewilligung des betreffenden Rezeßherrschaftsbesitzers beigebracht haben.

Nach der Lübeckschen Verordnung vom 30. Nov. 1870 müssen Ausländer, welche im Lübeckschen Freistaate naturalisiert werden wollen, vor der Erteilung der Naturalisationsurkunde nachweisen, daß sie aus dem Staatsverbande, dem sie bisher angehört haben, entlassen sind.

In Hamburg können Ausländer die Staatsangehörigkeit nur erwerben, wenn sie — abgesehen von den in § 8 d. G. aufgestellten Erfordernissen — den Nachweis liefern, daß sie

1. das 21. Lebensjahr vollendet haben,
2. aus dem Staatsverbande, dem sie angehörten, entlassen sind, oder die Sicherheit haben, daß ihnen diese Entlassung für den Fall der Aufnahme in den hamburgischen Staatsverband erteilt wird.

§ 8.

c) Die in dem § 16 aufgeführten höheren Verwaltungsbehörden können nur unter den im § 8 gegebenen Voraussetzungen Ausländer einbürgern. Die im § 8 aufgeführten Bedingungen sind „zwingendes Recht", wie dies bereits in Anm. 5a zu § 7 d. G. des näheren erörtert worden ist.

4. wenn er.

Der um die Einbürgerung Nachsuchende hat die Nachweise über seine Geschäftsfähigkeit und in deren Ermangelung die dieselbe in rechtlich gültiger Weise ergänzenden Urkunden, ferner die Nachweise über Unbescholtenheit, Niederlassung und Vermögens- bzw. Erwerbsverhältnisse mit dem Gesuche um Erteilung der Staatsangehörigkeit einzureichen.

5. nach den Gesetzen seiner bisherigen Heimat unbeschränkt geschäftsfähig.

a) Was die Entscheidung über die Frage der Gültigkeit des Zeugnisses betrifft, welches der Einzubürgernde über seine unbeschränkte Geschäftsfähigkeit nach seinen Heimatgesetzen vorlegt, so steht dieselbe der einbürgernden Behörde zu. Es kann indessen der Verwaltungsbehörde des einbürgernden Staates nicht zugemutet werden, vorerst bei der Heimatbehörde des Einzubürgernden Erkundigungen über die gesetzliche Wirksamkeit des von demselben in Vorlage gebrachten Zeugnisses einzuziehen, sondern ihre Aufgabe besteht lediglich darin, die mit dem Gesuche eingereichten Zeugnisse unter Zugrundelegung der einheimischen gesetzlichen Bestimmungen unbefangen zu prüfen.

b) Das Alter der Volljährigkeit beginnt in den meisten ausländischen Staaten ebenso wie im Deutschen Reich (§ 2 BGB.; vgl. Art. 7 EG. z. BGB.) mit dem vollendeten einundzwanzigsten Lebensjahre; so in

A. Europa.

Frankreich, Belgien, Luxemburg und Monako (Art. 488 des BGB.);

Bulgarien (§ 1 des Vormundschaftsgesetzes vom 24. März [a. St.] 1890);

Griechenland (Gesetz vom 15./27. Okt. 1836);

Großbritannien und den meisten britischen Kolonien;

Italien (Art. 240 des BGB.);

Montenegro (Art. 636 des Gesetzes vom 23. April 1855);

den Niederlanden (Art. 385 des BGB.);

Norwegen (Gesetz vom 27. März 1869);

Portugal (Art. 97 des BGB.);

Rumänien (Art. 434 des BGB.);

Rußland (Art. 160 der Allg. Gesetze, Art. 345 des poln. BGB. und Art. 269 des baltischen Gesetzb.);

Schweden (Kap. 19, § 1 des schwedischen Reichsgesetzes vom 23. Jan. 1736);

Serbien (§ 37 des BGB.).

B. außerhalb Europas.

in den Vereinigten Staaten von Amerika (vgl. Zusammenstellung*) in den Regulations prescribed for the use of the consular service of the United States, Washington 1881 S. 459);

in Brasilien (Art. 8 des BGB.); Ekuador (Art. 21 des BGB.); Guatemala (Art. 28 des BGB.); Haiti (Art. 398 des BGB.); Kolumbien, Kostarika (Art. 22 des BGB.); Mexiko (Art. 694 des BGB.); Peru (Art. 12 des BGB.); Uruguay (Art. 257 Ziff. 2 des BGB.) und Venezuela (Art. 274 des BGB.).

Dagegen beginnt das Alter der Großjährigkeit:

in Persien mit dem vollendeten 15. Lebensjahre;

in der Türkei mit dem vollendeten 16. Lebensjahre für Mohammedaner und mit dem 21. Lebensjahr für Nichtmohammedaner (vgl. Gatteschi, manuale di diritto pubblico e privato ottomano, Allessandria 1865, S. 403);

in der Schweiz mit dem vollendeten 20. Lebensjahre (Art. 14 des Zivilgesetzbuchs vom 10. Dez. 1907); ebenso in Japan;

in Argentinien mit dem vollendeten 22. Lebensjahre (Art. 126 des BGB.); ebenso in Paraguay (Art. 126 des BGB.);

in Spanien mit dem 23. Lebensjahr (Art. 320 des BGB.);

in Österreich-Ungarn mit dem vollendeten 24. Lebensjahre (Art. 21 des österr. Allg. BGB. und Art. 1 des ungarischen Gesetzes XX vom Jahre 1877);

mit dem vollendeten 25. Lebensjahre:

in Bolivien (Art. 192 des BGB.);

in Chile (Art. 26 des BGB.);

in Dänemark;

in San Salvador (Art. 270 Ziff. 3 des BGB.). In einigen Ländern, wie Ungarn und den Niederlanden, macht übrigens auch die Eheschließung mündig.

Ich habe der Vollständigkeit wegen hier auch diejenigen Länder namhaft gemacht, in denen die Volljährigkeit nicht früher als nach den deutschen Gesetzen eintritt.

6. nach den deutschen Gesetzen unbeschränkt geschäftsfähig.

Die Frage, wer geschäftsfähig ist, regelt das BGB. in folgenden Bestimmungen:

„§ 104. Geschäftsunfähig ist:

1. wer nicht das siebente Lebensjahr vollendet hat;
2. wer sich in einem die freie Willensbestimmung ausschließenden Zu-

---

*) Nach dieser Zusammenstellung werden die männlichen Personen durchweg zu 21 Jahren großjährig, die weiblichen Personen dagegen schon zu 18 Jahren in den Staaten Arkansas, California, Illinois, Jowa, Kansas, Kentucky, Louisiana, Maryland, Minnesota, Missouri, New-Hampshire, Nebraska, Nevada, Ohio, Oregon, Vermont, Wisconsin, ferner in den Gebieten (territories) von Colorado, Dakotah, Idaho, Montana, New-Mexico, Utah und Washington; in allen übrigen Staaten Nordamerikas werden auch die weiblichen Personen erst zu 21 Jahren großjährig.

stande krankhafter Störung der Geistestätigkeit befindet, sofern nicht der Zustand seiner Natur nach ein vorübergehender ist;

3. wer wegen Geisteskrankheit entmündigt ist.

§ 106. Ein Minderjähriger, der das siebente Lebensjahr vollendet hat, ist nach Maßgabe der §§ 107 bis 113 in der Geschäftsfähigkeit beschränkt.

§ 114. Wer wegen Geistesschwäche, wegen Verschwendung oder wegen Trunksucht entmündigt oder wer nach § 1906 unter vorläufige Vormundschaft gestellt ist, steht in Ansehung der Geschäftsfähigkeit einem Minderjährigen gleich, der das siebente Lebensjahr vollendet hat."

7. § 7 Abs. 2 Satz 2.

Vgl. Anm. 16 zu § 7 d. G.

8. von seinem gesetzlichen Vertreter.

a) Der nicht Geschäftsfähige kann eingebürgert werden, auch ohne daß sein gesetzlicher Vertreter für sich selbst die Einbürgerung beantragt hat. Erforderlich ist nur, daß der im Ausland wohnhafte gesetzliche Vertreter sich mit dem nicht Geschäftsfähigen in demjenigen Bundesstaate, in welchem die Einbürgerung beantragt ist, bereits niedergelassen hat oder der Vertretene seinen Wohnsitz mit ausdrücklicher Genehmigung des Vertreters im Inland begründet hat (vgl. kgl. württemb. Min.-Erl. vom 3. Aug. 1901; ABl. 1903 S. 5 ff.).

In einem Sonderfall ist das preuß. Ministerium des Innern noch weiter gegangen. Es hat nämlich einen in Rußland wohnhaften russischen Untertan, welcher für seine beiden minderjährigen, aus der russischen Untertanenschaft bereits entlassenen Söhne um die preußische Naturalisation nachgesucht hatte, mit folgendem Bescheide versehen:

„Wenn auch die Naturalisation Minderjähriger ohne ihre Eltern an sich für zulässig zu erachten ist, so kann dieselbe doch nur unter denjenigen Voraussetzungen erfolgen, welche im § 8 des Reichsgesetzes vom 1. Juni 1870 für den Erwerb der Staatsangehörigkeit vorgeschrieben sind.

Hierzu gehört aber insbesondere die Niederlassung im Inlande, und da dieser Bedingung im vorliegenden Falle nicht entsprochen ist, so kann dem Antrage des Bittstellers zurzeit jedenfalls nicht näher getreten werden.

Eine Entscheidung über das Gesuch wird überhaupt erst dann möglich sein, wenn der Bittsteller, wie er beabsichtigt, seinen Wohnsitz bezw. seinen dauernden Aufenthalt nach Deutschland verlegt haben wird, und zwar wird diese Entscheidung der Beurteilung derjenigen höheren Verwaltungsbehörde anheimfallen, in deren Bezirk der Bittsteller sich niederlassen und an die er sich daher auch event. mit seinem Gesuche wegen der Naturalisation seiner Kinder zu wenden haben wird."

Inwieweit diese Entscheidung sich vereinen läßt mit § 8 BGB., der dem nicht Geschäftsfähigen die Möglichkeit gibt, einen von dem seines gesetzlichen Vertreters verschiedenen Wohnsitz mit dessen Zustimmung zu begründen, muß dahingestellt bleiben. In Anbetracht dessen jedoch, daß die Einbürgerung fakultativ ist und erschwerende Bedingungen jederzeit dem Gesuch um Einbürgerung auferlegt werden können, wird gegen die ablehnende Bescheidung im vorliegenden Falle kein Einspruch erhoben werden können.

b) Wenn es nach den Gesetzen der bisherigen Heimat des Geschäftsunfähigen zur Einbürgerung außer der Einwilligung des Vormunds auch noch der Zustimmung einer gerichtlichen Behörde oder eines gerichtlich eingesetzten Instituts, z. B. des Familienrats bedarf, so ist bisher die Meinung vertreten worden, daß die Einbürgerung von der Vorlage der die Erfüllung dieser Formalität bestätigenden Urkunde abhängig zu machen ist.

Dem entgegen ist in der Reichstagskommission (KommBer. S. 23) gesagt worden, es

„werde noch bestimmt, daß für Personen, die nicht geschäftsfähig sind, der gesetzliche Vertreter den Antrag stellen kann. Damit solle insbesondere festgestellt werden, daß die mancherlei Vorschriften ausländischer Rechte, wonach behördliche Genehmigung oder dergleichen erforderlich sei, nicht beachtet zu werden brauchen. Aus solchen Vorschriften seien uns nämlich schon wiederholt in Fällen, wo uns die Aufnahme von Ausländern wünschenswert erschienen sei, Schwierigkeiten entstanden."

Diesen in der Reichstagskommission vorgebrachten Sätzen des Regierungsvertreters kann nicht ohne weiteres beigepflichtet werden, zumal der Regierungsvertreter bei Beginn seiner Auseinandersetzung erklärt hat:

„Ein Verfahren, wobei diese Rücksicht nicht geübt werde, müsse in der Tat zu internationalen Verwicklungen führen. Das Reich habe es sich grundsätzlich nicht gefallen lassen, wenn fremde Staaten Deutsche aufnahmen, die weder geschäftsfähig noch im Besitze der Zustimmung ihrer gesetzlichen Vertreter waren. Dieser Grundsatz müsse auch bei uns gegenüber Ausländern anerkannt werden."

Es wird also nach meinem Dafürhalten bei Einbürgerung eines nicht geschäftsfähigen Ausländers darauf geachtet werden müssen, daß dem Gesuch außer der Zustimmung des gesetzlichen Vertreters auch noch diejenige der durch das ausländische Recht etwa bestimmten, hier in Betracht kommenden Behörden beigefügt wird. Es dürfte zu den sehr vereinzelten Ausnahmefällen gehören, daß durch Ablehnungen seitens der ausländischen Behörde Schwierigkeiten gegen die Einbürgerung nicht geschäftsfähiger Personen entstanden wären.

9. Zustimmung.

Die Einbürgerung einer Ehefrau ist ohne die gleichzeitige Einbürgerung ihres Ehemanns und ohne dessen Zustimmung zulässig.

a) Aus den in §§ 16, 18, 23 Abs. II, 25, 29 vorgesehenen Fällen ist zu entnehmen, daß Eheleute eine verschiedene Staatsangehörigkeit besitzen können. § 16 läßt bei der Einbürgerung des Ehemanns einen Vorbehalt zu, kraft dessen die Frau nicht miteingebürgert wird; dementgegen fordern §§ 18 u. 23 Abs. II die Zustimmung der Ehefrau und ihre Aufnahme in die Entlassungsurkunde, falls die Entlassung sich nicht auf den Mann beschränken soll. §§ 18, 25 sprechen ausdrücklich von Fällen, in denen nur die Frau, nicht der Mann die Reichsangehörigkeit besitzt, und nach § 29 kann der Ehemann im Auslande seine Staatsangehörigkeit verlieren, während die in der Heimat zurückgebliebene Ehefrau dieselbe nach wie vor beibehält.

Kann sonach das Verharren der Ehefrau in der Staatsangehörigkeit, aus welcher ihr Ehemann ausscheidet, gesetzlich stattfinden, so muß auch die durch das Gesetz nicht verbotene Einbürgerung einer Ehefrau, ohne daß der Ehemann sich mit einbürgern läßt, als statthaft erachtet werden (ebenso für das neue Gesetz Seydel-Piloty, Bd. I S. 898 Anm. 41—43; Meyer-Anschütz, Deutsches Staatsrecht, 6. Aufl., S. 221 Anm. 20; Zorn, 2. Aufl., Bd. I S. 359; a. M. für das alte Gesetz: Seydel-Piloty, Bd. I S. 147 Anm. 37).

b) Was die Zustimmung des Ehemanns betrifft, so ist in § 7 bei der Frage, ob die Frau ohne Zustimmung ihres Ehemanns in einen anderen Bundesstaat aufgenommen werden kann, ausdrücklich bemerkt worden:

„Der Antrag einer Ehefrau bedarf der Zustimmung des Mannes; die fehlende Zustimmung kann durch die Vormundschaftsbehörde ersetzt werden."

In § 8 aber — wo die armenrechtlichen Gesichtspunkte des § 7 nicht zutreffen — wird der erforderlichen Zustimmung des Ehemanns bei eventueller Einbürgerung seiner Frau gar nicht gedacht. Es muß daraus gefolgert werden, daß es einer derartigen vorherigen Zustimmung nicht bedarf, daß vielmehr der Einbürgerung der Ehefrau, wenn sie nach deutschem Recht oder dem ihrer Heimat geschäftsfähig ist, der Abs. 1 des § 8 nicht im Wege steht. Der Umstand, daß eine Frau Ehefrau ist, begründet nach deutschem Recht keine Beschränkung ihrer Geschäftsfähigkeit.

10. gestellt wird.

„Vorausgesetzt," sagt Seydel a. a. O. S. 150 Anm. 62, „daß das ausländische Recht für diesen Fall der Zustimmung des Gewalthabers ergänzende Kraft zuerkennt" (a. M. Laband a. a. O., Bd. I S. 157 Anm. 1).

Nach der französischen Rechtsanschauung ist der für die Naturalisation erforderliche Willensakt eine durchaus persönliche Handlung, welche nur von einer handlungsfähigen Person vorgenommen werden kann, nicht aber durch Willensakte der gesetzlichen Vertreter derselben (vgl. Urteil des Reichsoberhandelsgerichts vom 16. Mai 1876, in Jur. Zeitschr. für Elsaß-Lothringen Bd. I S. 345). Die Naturalisation in einem fremden Lande kann also nach der französischen Doktrin und Praxis (Laurent, droit civil tome I Nr. 323; Demolombe, droit civil tome I No. 174 et 184, Urteil des Appellhofes zu Metz vom 10. Juli 1849, des Appellhofes zu Paris vom 23. Juni 1859 usw. usw.) weder von einem Minderjährigen noch für denselben erwirkt werden. Die französische Gesetzgebung ist allerdings diesem Grundsatze insofern nicht treu geblieben, als das Gesetz vom 26. Juni 1889 Art. 1 Ausnahmen für die Reklamation der französischen Staatsangehörigkeit zugunsten von in Frankreich geborenen minderjährigen Kindern von Ausländern zuläßt (vgl. v. Bar, Lehrbuch des internat. Privat- und Strafrechts S. 38; vgl. auch jetzt Art. 9 des franz. Gesetzentwurfes vom 11. Nov. 1913, Anhang II Teil Ausland).

In einem Sonderfalle, in welchem der minderjährige Sohn eines Franzosen mit dessen Zustimmung die badische Staatsangehörigkeit erworben hatte, ist diese Naturalisation französischerseits nicht anerkannt und dem Antrage, den Betreffenden aus den französischen Militärlisten zu streichen, nicht entsprochen worden, weil das französische Recht in dem vorliegenden Falle der Zustimmung des Gewalthabers ergänzende Kraft nicht zuerkennt. Dies hindert jedoch nicht, daß die badischerseits erteilte Naturalisation in Deutschland gültig ist. Der Betreffende befindet sich also im Besitze doppelter Staatsangehörigkeit.

11. unbescholtener Lebenswandel.

Auch nach dem preußischen Indigenatsgesetze vom 31. Dez. 1842 § 7 Ziff. 2 mußte der um die Naturalisation Nachsuchende sich durch ein Zeugnis ausweisen, daß er bisher einen unbescholtenen Lebenswandel geführt habe. Einem auf diese gesetzliche Bestimmung bezüglichen Erlasse des preuß. Min. d. J. vom 20. Juli 1843 (MBl. S. 219) zufolge, ist die Vorlage von Wander- oder Dienstbüchern nur dann genügend, wenn in denselben die Unbescholtenheit des um die Naturalisation Nachsuchenden bezeugt wird oder aus denselben mit Sicherheit auf die bisherige moralische Führung des Petenten geschlossen werden kann.

12. Unterkommen.

Über die Bedeutung dieses Wortes s. § 7 Anm. 5b.

13. an diesem Orte.

Die Worte „an diesem Orte" bedeuten, daß insbesondere die Verhältnisse gerade des Ortes in Betracht gezogen werden sollen, an welchem der Ausländer sich niedergelassen hat.

Hierin liegt ein wesentliches Unterscheidungsmerkmal zwischen Aufnahme und Einbürgerung. Während der um die Aufnahme Nachsuchende nach § 4 des Freizügigkeitsgesetzes (s. § 7 d. G. Anm. 9d) nur nachzuweisen hat, daß er imstande ist, sich und seinen nicht arbeitsfähigen Angehörigen den notdürftigen Lebensunterhalt zu verschaffen, und zwar ohne Rücksicht auf die Handels- und Gewerbsverhältnisse des Ortes, an welchem der Deutsche sich niedergelassen hat, soll bei dem die Einbürgerung nachsuchenden Ausländer in besondere Erwägung gezogen werden, ob es für die Handels- und Gewerbsverhältnisse des Ortes zum Vorteil gereicht, den betreffenden Ausländer einzubürgern (vgl. die Anm. 19 zu diesem Paragraphen; Seydel a. a. O. S. 150).

14. Angehörigen.

Unter Angehörigen sind diejenigen Verwandten des um die Einbürgerung Nachsuchenden zu begreifen, die zu ihm in einem gesetzlichen Verhältnisse gegenseitiger Unterstützungspflicht stehen (vgl. § 7 Anm. 9e Anm. * und **).

15. zu ernähren imstande ist.

Aus dem fakultativen Charakter der Einbürgerung ergibt sich von selbst, daß an Ausländer, welche eingebürgert werden wollen, strengere Anforderungen in betreff des Nachweises ihrer Subsistenzfähigkeit zu stellen sind, als an Deutsche, welche um die Aufnahme nachsuchen.

§ 8.

16. Vor der Einbürgerung.

Der preußischen Verwaltungspraxis zufolge (vgl. Erlaß des preuß. Min. d. J. vom 4. Mai 1853, MBl. S. 118) soll jeder Naturalisation eine protokollarische Vernehmung des Antragstellers vorangehen, welche auf die persönlichen Verhältnisse desselben und den Nachweis der gesetzlichen Bedingungen der Naturalisation, insbesondere aber auch darauf zu richten ist,

a) ob der Extrahent bereits in einer Untersuchung befangen gewesen ist und Strafe erlitten hat,

b) ob derselbe früher bereits bei einer preußischen Behörde einen Antrag auf Naturalisation oder Bewilligung der Niederlassung gestellt hat und welcher Bescheid ihm darauf erteilt worden ist,

wobei ihm ausdrücklich zu Protokoll zu eröffnen ist, daß, falls er unrichtige Angaben machen sollte, seine Naturalisation für nichtig erklärt und die ihm erteilte Naturalisationsurkunde als erschlichen wieder abgenommen werden würde.

v. Rönne-Zorn Bd. 1 S. 615 Anm. 1 bemerkt hierzu: „Diese letzterwähnte Bestimmung ist übrigens mit dem Grundsatze des § 10 d. RG. vom 1. Juni 1870 nicht zu vereinigen. Eine Befugnis zur Entziehung der Naturalisation steht den Landespolizeibehörden nur in dem Falle des § 20 d. RG. zu; jede andere Nichtigkeitserklärung einer einmal erteilten Naturalisation würde daher rechtlich ohne Wirksamkeit sein. Es ist einfach die Pflicht der betreffenden Behörde, vor Erteilung der Naturalisation festzustellen, ob alle Voraussetzungen derselben erfüllt sind; ist aber die betreffende Urkunde ausgehändigt worden, so können die dadurch nach § 10 d. G. begründeten Staatsbürgerrechte nicht durch einen Beschluß der Verwaltungsbehörde, der sich nicht auf eine gesetzliche Vorschrift gründet, wieder entzogen werden."

Gleicher Meinung war Seydel in der früheren Auflage seines Werkes § 37 Nr. 21.*) Derselbe bemerkte, daß eine Naturalisationsurkunde, wenn sie auch mangels einer gesetzlichen Vorbedingung erteilt ist, nicht ungültig sei, da das Gesetz eine solche Folge nicht ausspreche, wie es auch kein Verfahren auf Unwirksamkeitserklärung kenne. —

Ebenso G. Meyer, Lehrbuch des deutschen Verwaltungsrechts I § 43 Anm. 9; Laband a. a. O. S. 52 Anm. 1.

Dagegen glaubt Landgraff — s. Hirths Annalen Jahrgang 1876 S. 1023 — daß, wenn auch das Reichsgesetz über die Gründe schweige, welche die Nichtigkeit des Naturalisationsverfahrens nach sich ziehen, damit doch nicht ausgesprochen sei, daß die einmal erteilte Naturalisationsurkunde unanfechtbar, die Naturalisation eine unwiderrufliche Handlung sei und ihre Erschleichung keine aufhebenden Folgen habe.

Das preuß. Oberverwaltungsgericht hat indes den Ansichten v. Rönnes,

*) In der neuesten, von Piloty besorgten Auflage dieses Werkes, S. 275, sagt der Verfasser: „Eine Nichtigkeit nehme ich auch nicht an, wohl aber eine Anfechtbarkeit, und auch diese nur, wenn nicht inzwischen der Grund der Unzulässigkeit der Verleihung weggefallen ist."

Seydels und Meyers entsprechend, mittels Erkenntnisses vom 23. Juni 1886 Entscheidung getroffen (Bd. 13 S. 402; vgl. auch Bd. 27 S. 410).

(Wegen des Wortlautes des erstgenannten Erkenntnisses s. Anhang, Anl. Nr. 12.)

Mittels Runderlasses vom 3. Febr. 1895 hat der preuß. Min. d. J. die zur Erteilung der Naturalisationsurkunden usw. zuständigen Regierungspräsidenten (Polizeipräsident in Berlin) gerade im Hinblick auf das vorerwähnte Erkenntnis des preuß. Oberverwaltungsgerichts vom 23. Juni 1886 angewiesen, Anträge auf Naturalisation erst dann zu gewähren, wenn zuvor die Zustimmung des Ministers des Innern erlangt worden ist (s. Anhang, Anl. Nr. 13); vgl. auch den einschränkenden Runderlaß des Min. d. J. vom 17. Febr. 1896 (Anl. 13a).

Aus dem Erlaß des preuß. Ministeriums d. J. vom 3. Febr. 1895 geht hervor, daß dasselbe seiner früheren Ansicht entgegen, nunmehr eine Nichtigkeitserklärung der einmal erteilten Aufnahme- oder Naturalisationsurkunde für untunlich erachtet. Es werden ja allerdings nicht selten Fälle vorkommen, daß die Verleihung der Staatsangehörigkeit auf Grund falscher Dokumente, unrichtiger Angaben oder Verschweigens gravierender Tatsachen aus dem Vorleben des Gesuchstellers erschlichen wird. Dies wird auch bei aller Sorgfalt, die der oben erwähnte Erlaß vom 3. Febr. 1895 den Verwaltungsbehörden zur Pflicht macht, und ungeachtet der Prüfung des Ministers des Innern nicht durchweg zu verhüten sein.

Dagegen hat das kgl. württembergische Ministerium unter dem 28. Nov. 1896 (ABl. 1897 S. 19 ff.; Reger 17, 218) Entscheidung dahin getroffen, daß die Aushändigung der Entlassungsurkunde die Entlassung in wirksamer Weise nicht begründet, wenn dabei so wesentliche Voraussetzungen, wie die Zustimmung des gesetzlichen Vertreters und des Vormundschaftsgerichts fehlen. Das gleiche dürfte auch von der Aufnahme- und Einbürgerungsurkunde gelten.

Am sichersten dürfte nach Meinung des Verfassers einer Täuschung der Verwaltungsbehörden dadurch entgegengetreten werden können, wenn nach dem Beispiel aller Staaten in Europa und in Amerika die Einbürgerung im Deutschen Reich an die Bedingung einer vorherigen mehrjährigen Niederlassung geknüpft würde.

Die folgende Tabelle gibt die Niederlassungsdauer*) an, welche der Einbürgerung in diesen Staaten vorausgehen muß. So in:

Belgien 15 oder 10 oder 5 Jahre;
Bulgarien 10 oder 5 Jahre;
Dänemark 5 Jahre;
Frankreich 10 Jahre;
Griechenland 3 Jahre;
Großbritannien 5 Jahre;
Italien 5 Jahre;
Luxemburg 5 Jahre;

*) Die hier angegebenen Fristen können in den meisten Staaten abgekürzt werden, wenn der Gesuchsteller z. B. dem Staate wichtige Dienste geleistet oder sich daselbst mit einer Inländerin verheiratet hat.

Monako 10 Jahre;
Niederlande 5 Jahre;
Norwegen 3 Jahre;
Österreich 10 Jahre;
Portugal 1 Jahr;
Rumänien 10 Jahre;
Rußland 5 Jahre (Finnland 3 Jahre);
Schweden 3 Jahre;
Schweiz 2 Jahre;
Serbien 7 Jahre;
Spanien 3 Jahre (domiciliados);
Türkei 5 Jahre.

In den Vereinigten Staaten von Nordamerika beträgt die Niederlassungsdauer 5 Jahre, in den südamerikanischen Staaten 2 bis 3 Jahre.

Es ist nicht ersichtlich, warum das Deutsche Reich unter allen oben angeführten Staaten eine Ausnahmestellung einnimmt, da es keinem derselben, was wissenschaftlichen, technischen, industriellen oder merkantilen Fortschritt betrifft, nachsteht, und es daher berechtigt erscheint, die Naturalisation Ausländern nur unter gleichen erschwerenden Bedingungen zu gewähren.

Würde nun das Deutsche Reich diese Ausnahmestellung aufgeben und einen Ausländer erst dann einbürgern, wenn er während eines Zeitraums von 5 Jahren sich in dem Bundesstaat aufgehalten hat, in den er aufgenommen zu werden wünscht, so würde es auch für die zur Entscheidung über die Naturalisation berufene Behörde ein leichtes sein, zu prüfen, ob der Gesuchsteller die an ihn im § 8 d. G. gestellten Bedingungen erfüllt.

17. Gemeinde.

Die Erklärung der Gemeinde ist von dem Magistrat bzw. Gemeindevorsteher, welcher die Gemeinde nach außen zu vertreten hat, abzugeben. Ob dieser vorher die Gemeindevertretungen hören will, ist Sache seines Ermessens (vgl. Vf. des kgl. preuß. Min. d. J. vom 4. März 1911, MBl. S. 93 f.; Anhang, Anl. Nr. 14).

18. Armenverband.

Über die Frage, wer den Armenverband bildet, vgl. § 8 d. RG. über den Unterstützungswohnsitz (s. Anhang, Anl. 5), §§ 2, 3, 7 u. 9 ff. des preuß. AusfGes. hierzu vom 8. März 1871/11. Juli 1891 (GS. S. 130 u. 300) Art. 14 u. 19 des bayer. Heimatgesetzes (Anhang, Anl. 4).

19. hören.

Die Beurteilung der Frage, ob die Einbürgerung eines Ausländers im Interesse des Ortes, wo die Niederlassung stattgefunden hat, für rätlich zu erachten ist oder nicht, wird zunächst der Ortsobrigkeit überlassen und deren Gutachten so lange als maßgebend angesehen werden müssen, als unter den obwaltenden Umständen nicht klar erhellt, daß dasselbe auf unrichtigen Voraussetzungen beruht. Beispielsweise muß es als hinreichender Grund der Verweigerung angesehen werden, wenn das Gewerbe, welches der die Einbürgerung Nachsuchende betreibt, am Orte der Niederlassung bereits zu stark vertreten ist; es dürfen daher die Nachteile, welche die Einbürgerung von Ausländern für andere Gewerbetreibende des betreffenden Ortes zur Folge haben würde, bei der Entscheidung über die Einbürgerung oder Nichteinbürgerung nicht unberücksichtigt bleiben (vgl. Erlaß des preuß. Min. d. J. vom 28. Aug. 1845, MBl. S. 256; s. auch oben Anm. 13 zu § 8).

§ 9.[1]

Die Einbürgerung in einen Bundesstaat darf erst erfolgen, nachdem durch den Reichskanzler festgestellt worden ist,[2] daß keiner der übrigen Bundesstaaten Bedenken dagegen erhoben hat; erhebt ein Bundesstaat Bedenken, so entscheidet der Bundesrat. Die Bedenken können nur auf Tatsachen gestützt werden, welche die Besorgnis rechtfertigen, daß die Einbürgerung des Antragstellers das Wohl des Reichs oder eines Bundesstaats gefährden würde.

Die Vorschriften des Abs. 1 finden keine Anwendung[3]

1. auf ehemalige Angehörige[4] des Bundesstaats, bei dem der Antrag gestellt wird, auf deren Kinder oder Enkel sowie auf Personen, die von einem Angehörigen des Staates an Kindes Statt angenommen sind[5], es sei denn, daß der Antragsteller einem ausländischen Staate angehört,[6]
2. auf Ausländer, die im Deutschen Reiche[7] geboren sind, wenn sie sich in dem Bundesstaate, bei dem der Antrag gestellt wird, bis zur Vollendung des einundzwanzigsten Lebensjahrs dauernd aufgehalten haben[8] und die Einbürgerung innerhalb zweier Jahre nach diesem Zeitpunkt beantragen.

1. Vorbemerkung.

Zunächst möchte ich zu den §§ 8 und 9 folgendes bemerken: der § 8 zählt in den Ziff. 1—4 die Schriftstücke auf, die der Gesuchsteller der zuständigen Behörde einzureichen hat. Am Schlusse wird gesagt, daß vor der Einbürgerung auch noch die Gemeinde des Niederlassungsortes, bzw. der Armenverband zu hören ist. Wäre es nicht folgerichtig gewesen, hier den Anfangssatz des § 9 als Schluß zu setzen, da doch die Einbürgerung in den meisten Fällen schließlich von der Zustimmung der Bundesstaaten abhängt?

Was nun diese Zustimmung betrifft, so habe ich schon in der ersten Auflage dieses Kommentars (§ 8 Anm. 1) darauf aufmerksam gemacht, daß es einem um die Naturalisation in einem Bundesstaate nachsuchenden Ausländer unbenommen bleibe, sich den Bundesstaat auszuwählen, der dem Gesuchsteller im Vergleich zu anderen Bundesstaaten die geringsten Anforderungen auferlegt. Ist dies geschehen, so muß ihm auch in jenem Bundesstaate die Aufnahme bewilligt werden, der erschwerende Bedingungen auferlegt. Insbesondere konnte die Abweisung des in einem Bundesstaate um die Einbürgerung nachsuchenden Ausländers illusorisch gemacht werden, wenn derselbe sein Gesuch in einem anderen Bundesstaate wiederholte und Erhörung fand. Der Aufnahme des Eingebürgerten in denjenigen Bundesstaat, der ihn früher abgewiesen hatte, konnte dann gemäß § 7 des alten Gesetzes nicht mehr entgegengetreten werden. Um solches zu verhindern, hat die preußische Regierung am 18. Juni 1890 beim Bundesrat beantragt, dahin Beschluß zu fassen: „die Bundesregierungen zu ersuchen, auf Naturalisationsgesuche früherer Reichsangehöriger und solcher Reichsausländer, welche sich in einem anderen Bundesstaate aufgehalten haben oder noch aufhalten, nicht eher Entscheidung zu treffen, als bis Gelegenheit zur Äußerung den Behörden derjenigen Bundesstaaten gegeben worden ist, welche entweder als Heimatstaat des Antragstellers oder weil dieser auf ihrem Gebiete sich aufgehalten hat oder noch aufhält, im Hinblick auf § 1 Nr. 1 des Gesetzes über die Freizügigkeit vom 1. Nov. 1867 oder § 7 des Gesetzes vom 1. Juni 1870 ein Interesse zur Sache haben." In seiner Sitzung vom 22. Jan. 1891 hat der Bundesrat den vorstehenden Antrag zum Beschlusse erhoben. Durch diesen Beschluß wurde aber die Erkundigung über den Einzubürgernden nur auf denjenigen Bundesstaat beschränkt, zu dem der Antragsteller vorher in irgendwelcher Beziehung, sei es durch früheres Heimatrecht oder durch vorhergehenden Aufenthalt, gestanden hat.

Zu bemerken ist, daß dem Wortlaute des Regierungsentwurfs, welchem der erste Satz des § 9 wesentlich entspricht, von der Reichstagskommission der zweite Satz des § 9 Abs. 1 hinzugefügt worden ist. — Lenel a. a. O. sagt hierzu:

„Diese Einschränkung dürfte jeder praktischen Bedeutung entbehren. Auf der einen Seite werden Bedenken der vom Reichstag gemeinten Art nie der Entscheidung des Bundesrats unterliegen, solange das Reich einigermaßen bei Gesundheit ist. Bestehen solche Bedenken, so ist vielmehr nur zweierlei möglich. Sind sie dem Bundesstaat, bei dem die Einbürgerung nachgesucht wird, bekannt, so weist er den Antrag von vornherein zurück. Erfährt er von ihnen in dem Verfahren nach § 9 Abs. 1 durch Mitteilung von seiten eines anderen Bundesstaats, so wird er nun von sich aus sofort erklären, daß er den Antrag ablehnen werde, und schon mit Rücksicht auf die bundesfreundlichen Beziehungen und die Gegenseitigkeitsverhältnisse es nicht erst auf die Entscheidung des Bundesrats ankommen lassen. Ich glaube, daß es eine politisch im höchsten Maße bedenkliche Erscheinung sein würde, wenn der Bundesrat jemals in die Lage käme, eine Entscheidung nach § 9 fällen zu müssen. Auf der anderen Seite hindert der vom Reichstag beschlossene Zusatz keinen Bundesstaat, jedes beliebige Bedenken außerhalb des Verfahrens nach § 9 Abs. 1 ganz in derselben Weise wie bisher mit Erfolg geltend zu machen. Kein Bundesstaat wird eine Einbürgerung vornehmen, wenn ein anderer irgendein ernsthaftes Bedenken dagegen erhebt. Insbesondere dürfte sich an den durch den Bundesratsbeschluß vom 22. Januar 1891 geschaffenen tatsächlichen Verhältnissen nichts ändern, mit der einzigen Ausnahme, daß der neue § 9 Abs. 1 den Bundesstaaten die Möglichkeit gibt, die Durchführung dieses Beschlusses wirksamer als bisher zu sichern. Abgesehen von diesem letzten Punkt wird § 9 Abs. 1 nur eine, freilich ganz unbeabsichtigte Folge haben. Hatte bisher ein Bundesstaat ein Naturalisationsgesuch zu behandeln, an dem nach dem Bundesratsbeschluß vom 22. Januar 1891 ein anderer Bundesstaat interessiert war, so traten die beiden beteiligten Staaten wegen der Erledigung des Gesuchs in direkten Verkehr. Über alle sonstigen Naturalisationsgesuche wurde von den Behörden des Bundesstaats, bei dem sie eingereicht waren, allein entschieden. In Zukunft muß, abgesehen von den alsbald zu besprechenden Ausnahmefällen, jedes Einbürgerungsgesuch, mag der Antragsteller auch eine absolut einwandfreie Persönlichkeit sein und die schließliche Genehmigung des Gesuchs außer allem Zweifel stehen, das umständliche Verfahren nach § 9 Abs. 1 durchmachen. Das bedeutet für alle Gesuche, auch für die von dem mehrfach erwähnten Bundesratsbeschluß betroffenen, eine Verzögerung, die im günstigsten Fall wohl immer mehrere Monate betragen wird. Bemerkt sei übrigens, daß die Außerachtlassung des § 9 Abs. 1 eine geschehene Einbürgerung nicht unwirksam macht."

Lenels Bedenken gegen die bei künftigen Einbürgerungen von Ausländern einzuschlagende Verwaltungspraxis entbehren nicht einer gewissen Berechtigung.

Da jedes Gesuch des Ausländers um Einbürgerung von dem beteiligten Bundesstaat ohne weiteres abgewiesen werden kann und dem Ausländer kein Mittel geboten wird, sich über diese Abweisung zu beklagen, daher auch eine Umfrage bei den übrigen Bundesstaaten gar nicht in Betracht kommt, so kann der ganze durch § 9 Abs. 1 vorgeschriebene Apparat einfach umgangen werden. Andererseits kann man aber nicht bestreiten, daß die dem § 9 Abs. 1 zugrunde liegende Idee, das Reich in seiner Gesamtheit an der Einbürgerung eines Ausländers zu beteiligen, als eine Förderung des Reichsgedankens betrachtet werden muß. Daß durch die vorgeschriebene Umfrage bei den Bundesstaaten die Entscheidung über das Einbürgerungsgesuch, wie Lenel sagt, eine monatelange Verzögerung erleidet, wird im Hinblick darauf, daß alle übrigen Staaten eine der Naturalisation vorausgehende Niederlassungsfrist verlangen, nicht sehr ins Gewicht fallen. Im ganzen genommen wird abgewartet werden müssen, wie sich diese gesetzliche Bestimmung in der zukünftigen Handhabung bewähren wird.

2. festgestellt worden ist.

Über die Form der an die verschiedenen Bundesstaaten zu richtenden Anfragen s. die Ausführungsbestimmungen des Bundesrats vom 27. Nov. 1913 (Anhang, Anl. Nr. 1; vgl. auch Vfg. d. kgl. preuß. Min. d. J. vom 31. Okt. 1897, Anhang, Anl. Nr. 15).

3. finden keine Anwendung.

Die hier aufgeführten Fälle, in welchen das Befragen der Bundesstaaten nicht erfolgen soll, sind nicht erschöpfend aufgezählt. Auch in den §§ 10, 11, 15

Abs. 2, 26 Abs. 3 Satz 2, 30, 31, 32 Abs. 3, wo eine Verpflichtung des Bundesstaats zur Einbürgerung gegeben ist, kann von einem Befragen der übrigen Bundesstaaten nicht die Rede sein. Der Abs. 1 des § 9 kommt also in den vorerwähnten Paragraphen nicht zur Anwendung. Denn wo dem Bundesstaat die Pflicht auferlegt wird, die Einbürgerung zu vollziehen, kann es unmöglich der Wille des Gesetzes sein, den Bundesstaat zu veranlassen, bei den übrigen Bundesstaaten eine Rundfrage zu halten, ob er sich auf dem Wege des Rechts und der Gesetzmäßigkeit befinde. Auch betont § 12 d. G., in dem ein Rechtsanspruch auf Einbürgerung gegeben wird, ausdrücklich, daß in diesem Falle die Anfrage an die Bundesstaaten bestehen bleibt, weil die etwaige Gefährdung des Reichs oder eines Bundesstaats verhütet werden soll. Auch hieraus kann schon gefolgert werden, daß für die übrigen oben erwähnten Paragraphen der § 9 Abs. 1 nicht in Frage kommen kann. Ich möchte zum Grunde der Nichtbefragung der übrigen Bundesstaaten in den oben erwähnten Paragraphen noch folgendes bemerken: Angenommen, ein Bundesstaat hätte den gesetzlichen Bestimmungen gemäß die Pflicht, eine Einbürgerung vorzunehmen, und wäre der Meinung, daß auch zu solchen Einbürgerungen das Befragen der Bundesstaaten notwendig sei. Bei dieser Befragung hätte nun ein Bundesstaat Bedenken geäußert, und der Bundesrat, zur Entscheidung berufen, hätte dieses Bedenken geteilt. Die Person, die einen gesetzmäßigen Einbürgerungsanspruch zu haben glaubt, ist aber mit dem abschlägigen Bescheid des ersuchten Bundesstaats nicht zufrieden, und, da nach § 40 d. G. ein Rekurs zulässig ist, so stehen wir vor der Frage, ob eine bundesstaatliche Verwaltungsbehörde über die höchste Behörde des Reichs, den Bundesrat, eine letztinstanzliche Entscheidung abgeben kann. Eine solche Folge kann doch von dem Gesetze nicht gewollt sein (vgl. auch die Rede des Staatssekretärs Dr. Delbrück im Reichstage, 3. Lesung, Prot. 5764). Für den Fall des § 12, der zwar einen Einbürgerungsanspruch gibt, aber § 9 für anwendbar erklärt, ist deshalb auch das Rekursverfahren nicht gegeben (gleicher Meinung Lenel a. a. O.; Meyer § 10 Anm. 15, § 11 Anm. 14; a. M. Weck § 9 Anm. 8; vgl. auch KommBer. S. 82).

Auch in den Fällen der §§ 13 u. 15 Abs. 2 Halbsatz 2 wird ein Befragen der Bundesstaaten als vom Gesetz erfordert nicht zu erachten sein, da hier dem Reichskanzler allein die Entscheidung gegeben ist.

4. ehemalige Angehörige.

Ehe ich des näheren auf den Inhalt des zweiten Absatzes eingehe, möchte ich vorausschicken, daß es sich sowohl hier wie in §§ 10, 11, 13 um den Wiedererwerb der Staatsangehörigkeit durch ehemalige Deutsche handelt und daß über die Bedingungen eines solchen Wiedererwerbs auch in dem Abschnitt über den Verlust der Staatsangehörigkeit, und zwar in den §§ 26 Abs. 3, 30, 31, 32 Abs. 3, 33 Satz 2, gesprochen wird. Anstatt die Bedingungen des Wiedererwerbs auf diese Art auseinanderzureißen, hätte nach meinem Dafürhalten das neue Gesetz an Klarheit gewonnen, wenn den beiden Abschnitten über den Erwerb und den Verlust der Staats- bzw. Reichsangehörigkeit ein dritter Abschnitt angefügt worden wäre, der lediglich den Wiedererwerb zum Inhalt gehabt hätte. So wird in § 9 Abs. 2 von ehemaligen Staatsangehörigen, in

§ 10 von einer Witwe, die durch Verehelichung Ausländerin geworden ist, in §§ 11 u. 13 von ehemaligen Deutschen gesprochen, ohne daß vorher im Gesetz über die Art des Verlustes Aufklärung gegeben worden ist.

5. an Kindes Statt angenommen sind.

Das alte Gesetz vom 1. Juni 1870 hatte bei Aufzählung der Erwerbsgründe geglaubt ausdrücklich erwähnen zu müssen, daß durch die Annahme an Kindes Statt die Staatsangehörigkeit nicht erworben wird. Es kann jedoch nicht als ein Widerspruch mit dem alten Gesetz betrachtet werden, wenn im Abs. 2 des § 9 der an Kindes Statt Angenommenen hinsichtlich der Einbürgerung Erwähnung geschieht. Der Erwerb der Staatsangehörigkeit durch Adoption erfolgt nicht ohne weiteres, wie durch Geburt, Legitimation und Eheschließung; es wird nur bei dem Gesuch um Einbürgerung eine Erleichterung der letzteren zugestanden. Über die bürgerlich-rechtlichen Vorbedingungen der Annahme an Kindes Statt (Adoption) s. Art. 22 EG. z. BGB., §§ 1741 ff. BGB.

6. einem ausländischen Staate angehört.

Vgl. Anm. 10 zu § 31.

7. im Deutschen Reich.

Die Worte „im Deutschen Reich" finden auf die Schutzgebiete keine Anwendung, weil die daselbst geborenen Kinder die Einbürgerung nur auf Grund der für die unmittelbare Reichsangehörigkeit maßgebenden gesetzlichen Bestimmungen erlangen können; über diese vgl. § 35 d. G.

8. sich dauernd aufgehalten haben.

Wenn auch das im Deutschen Reich geborene Kind eines Ausländers seinen Aufenthalt im Reich unterbricht und einige Zeit im Auslande bleibt, um sich auf technischem, industriellem oder wissenschaftlichem Gebiet zu vervollkommnen, so kann dies als eine Unterbrechung des Aufenthalts nicht angesehen werden, sofern es nur vor dem 21. Lebensjahr nach Deutschland zurückkehrt und innerhalb des im Gesetz vorgeschriebenen Zeitraums seine Einbürgerung beantragt.

§ 10.[1]

Die Witwe[2] oder geschiedene Ehefrau[3] eines Ausländers, die zur Zeit ihrer Eheschließung eine Deutsche war, muß[4] auf ihren Antrag von dem Bundesstaat, in dessen Gebiete sie sich niedergelassen hat,[5] eingebürgert werden, wenn sie den Erfordernissen[6] des § 8 Abs. 1 Nr. 1, 2 entspricht. Über das Erfordernis unter Nr. 2 ist vor der Einbürgerung die Gemeinde des Niederlassungsorts zu hören.

1. Vorbemerkung.

Für eine Inländerin, die durch Verehelichung mit einem Ausländer Ausländerin geworden ist, haben die meisten ausländischen Staaten Sorge getragen, daß ihr, wenn die Ehe aufgelöst ist, die frühere Staatsangehörigkeit auf ihr Gesuch wieder verliehen werde, falls sie auch nach der Heirat immer in ihrem Geburtslande geblieben ist, oder nach Auflösung der Ehe dorthin zurückkehrt. Von allen Staaten war Frankreich der erste, welcher im Code civil eine dahingehende Bestimmung traf (vgl. Anhang, II. Teil, Ausland; Frankreich Art. 19 Abs. 1 u. 2 in der Fassung d. G. vom 26. Juni 1898). Das französische Gesetz vom 26. Juni 1889 bestimmt auch, daß zugleich mit der Witwe deren minderjährige Kinder die Staatsangehörigkeit erlangen (vgl. ebenda Art. 19 Abs. 3).

In seiner Naturalisationsakte vom 12. Mai 1870 Sektion 10 Abs. 2 u. 4 hat Großbritannien eine der französischen ähnliche gesetzliche Bestimmung erlassen (vgl. wie oben, Großbritannien).

In den Vereinigten Staaten, sowie auch in Südamerika sind in den bezüglichen Verfassungen gleiche Bestimmungen enthalten. In dem Reichsgesetz vom 1. Juni 1870 fehlte eine ähnliche Bestimmung.

Ich habe bereits in der dritten Auflage meines Kommentars, S. 114 f., sowie der darauffolgenden Broschüre „Zur Reform usw.", S. 25 f., auf diesen Mangel hingewiesen und vorgeschlagen, daß ihm bei der in Aussicht gestellten Veränderung des Reichs- und Staatsangehörigkeitsgesetzes abgeholfen werde. Eine dahinzielende gesetzliche Bestimmung wurde auch von dem Regierungsentwurf vorgesehen. Sie ist sodann von dem Reichstag mit einer Veränderung angenommen worden: Der Regierungsentwurf verlangte, daß die Einbürgerung der Witwe nur durch den früheren Heimatsstaat erfolge; die Reichstagskommission erweiterte diese Bestimmung dahin, daß die Einbürgerung auch ohne weiteres von dem Bundesstaate gewährt werde, in dessen Gebiet die Witwe sich niedergelassen hat.

Es ist sonderbar, daß in diesem Paragraphen gar nicht der viel zahlreicheren Fälle gedacht wird, in denen die Deutsche einen in ihrem Geburtsland wohnhaften Ausländer ehelicht und bei der Auflösung der Ehe daselbst noch wohnhaft ist, so daß es also im wahren Sinne des Wortes gar keiner „Niederlassung" bedarf.

In seinem im Jahre 1804 veröffentlichten Code civil hat Frankreich die verschiedenen Fälle des Wiedererwerbs der Staatsangehörigkeit seitens einer Witwe klar und präzis in vier Zeilen festgelegt. Die hier angeregte Stelle heißt:

> „Si son mariage est dissous par la mort du mari ou le divorce elle recouvre la qualité de Française avec l'autorisation du gouvernement pourvu qu'elle réside en France ou qu'elle y rentre en déclarant qu'elle veut s'y fixer."

(Vgl. auch die Anm. zu § 17 Ziff. 6 d. G.)

2. Witwe.

Als Witwe im Sinne des § 10 ist auch die Frau eines für tot erklärten Ausländers anzusehen, wenn die Todeserklärung nach den deutschen Gesetzen wirksam ist. Eine als nichtig erklärte Ehe ist für die Staatsangehörigkeit der Frau ohne Wirkung,*) so daß hier ein Wiedererwerb der Staatsangehörigkeit

*) So auch Seydel a. a. O. S. 145; a. M bayr. VGH. 12 S. 1 ff.; vgl. § 6 Anm. 3.

überhaupt nicht in Frage kommt. Besondere Vorschriften für diese beiden Fälle waren daher in das Gesetz nicht aufzunehmen (vgl. Reg.-Entw. zu § 8 S. 23).

Über die Todeserklärung eines Verschollenen vgl. Art. 9 EG. z. BGB.; §§ 13 ff. BGB.; §§ 960—976 ZPO.; § 19 Ziff. 1 Konf.-Gerichtsb.-Ges.; § 3 Schutzgeb.-Ges. Wegen der minderjährigen Kinder der Witwe vgl. § 16 Abs. 2 d. G.

3. geschiedene Ehefrau.

Über die Ehescheidung vgl. Art. 17 EG. z. BGB.; §§ 1565 ff. BGB.; §§ 606 ff. ZPO.; Haager Abkommen vom 12. Juni 1902 (RGBl. 1904 S. 231 ff.).

4. muß.

Gegen die Ablehnung des Antrages auf Wiederaufnahme ist der Rekurs zulässig (§ 40 d. G.). Auch sind nach dem Wortlaut dieser gesetzlichen Bestimmung die Polizeibehörden nicht befugt, die Niederlassung der zur Zeit der Eheschließung deutschen Witwe oder geschiedenen Ehefrau eines Ausländers in einem Bundesstaate zu verhindern. Wie in § 21 Abs. 5 des alten Gesetzes dem Deutschen, der durch zehnjährigen Aufenthalt im Ausland seiner Staatsangehörigkeit verlustig gegangen war, die Wiederaufnahme in denjenigen Bundesstaat, in dem er sich niederließ, gewährt werden mußte, sogar wenn die in § 7 des alten Gesetzes für die Aufnahme gegebenen Voraussetzungen nicht erfüllt wurden, so muß auch hier der Witwe oder geschiedenen Ehefrau der Wiedererwerb der Staatsangehörigkeit ohne weiteres zugestanden werden. Die Polizeibehörde ist nicht befugt, Deutschen, denen solche Vergünstigungen zustehen, diese dadurch zu erschweren, daß sie die Niederlassung durch Ausweisung unmöglich macht und dadurch der Erfüllung der gesetzlichen Voraussetzung ein Hindernis bereitet.

Über die Kostenfreiheit vgl. § 38 d. G.

5. niedergelassen hat.

Den Begriff der Niederlassung betreffend s. Anm. 5b zu § 7 d. G.

Selbstverständlich findet dieser Paragraph auch Anwendung auf diejenigen deutschen Witwen oder geschiedenen Frauen, die während der ganzen Zeit ihrer Ehe ihren Wohnsitz in Deutschland gehabt haben.

6. den Erfordernissen.

Bei der obligatorischen Wiederaufnahme der Witwe oder geschiedenen Ehefrau kommt natürlich das vorherige Befragen der Bundesstaaten in Wegfall (vgl. Anm. 3 zu § 9 d. G.).

§ 11.

Ein ehemaliger Deutscher, der als Minderjähriger die Reichsangehörigkeit durch Entlassung verloren hat, muß auf seinen Antrag von dem Bundesstaat, in dessen Gebiet er sich niedergelassen hat, eingebürgert werden, wenn er den Erfordernissen des § 8 Abs. 1 entspricht und den Antrag innerhalb zweier Jahre nach der Volljährigkeit stellt. Die Vorschrift des § 8 Abs. 2 findet Anwendung.

§ 11.

Auch der § 11 spricht, wie ich dies schon bei § 9 Abs. 2 bemerkt habe (Anm. 4), von dem Wiedererwerb der Staatsangehörigkeit für einen ehemaligen Deutschen, ohne daß vorher über den Grund des Verlustes etwas erwähnt worden ist. Das Gesetz vom 1. Juni 1870 hatte die Renaturalisation bzw. die Wiederaufnahme eines Deutschen (§ 21 Abs. 4 u. 5) nur für den alleinigen Fall vorgesehen, daß dieser Deutsche seiner Staatsangehörigkeit durch zehnjährigen ununterbrochenen Aufenthalt im Ausland stillschweigend verlustig gegangen ist. Wenn das neue Gesetz in seinem § 11 eine Vergünstigung eintreten läßt für diejenigen ehemaligen Deutschen, die während ihrer Minderjährigkeit entweder durch die Entlassung ihrer Eltern (§§ 19 Abs. 2, 23 Abs. 2 d. G.) oder unter Mitwirkung ihres sonstigen gesetzlichen Vertreters und des Vormundschaftsgerichts (§ 19 Abs. 1 d. G.) ihre Reichsangehörigkeit verloren haben, so ist dies ein Zugeständnis, dem ich die Anerkennung nicht versagen kann. Die Bestimmung scheint mir jedoch von einem so einengenden Rahmen umschlossen, daß die Fälle, auf die sie anwendbar ist, nur sehr wenig zahlreich sein werden. Ich bin durchaus damit einverstanden, daß in dem § 11 die jungen Leute, die im 21. Lebensjahre nach Deutschland zurückkehren, angehalten werden, innerhalb des zweijährigen Zeitraums vom 21. bis zum 23. Lebensjahr ihren Rechtsanspruch auf den Wiedererwerb geltend zu machen, damit sie ihrer Militärpflicht genügen können. Aber warum sind auch diejenigen jungen Leute, die sicher sind, daß sie doch nicht für den Militärdienst tauglich befunden werden, vielleicht gar schon ein Zeugnis ihrer Untauglichkeit in der Tasche haben und erst in späterem Lebensalter nach Deutschland zurückkehren, von der Vergünstigung des Rechtsanspruchs auf den Wiedererwerb ausgeschlossen? Warum werden die Deutschen weiblichen Geschlechts, die als minderjährige Kinder mit ihren Eltern zugleich ihre Staatsangehörigkeit verloren haben, auch in späterem Alter dieser Vergünstigung nicht teilhaftig? Wenn man glaubt, daß alle diejenigen, die vor dem 17. Lebensjahr unter Mitwirkung des gesetzlichen Vertreters ihre Entlassung genommen haben, nur um der Militärpflicht zu entgehen (KommBer. S. 75), so scheint mir das ein beklagenswerter Irrtum. Meine Amtstätigkeit in Paris während der kritischen Jahre 1864, 1866 und 1870 und später im Auswärtigen Amt hat mir genugsam Gelegenheit geboten, wahrzunehmen, mit welch treuer Hingebung selbst die im Auslande lebenden entlassenen ehemaligen Deutschen freiwillig dem Rufe folgten, obwohl sie annehmen durften, daß er nicht ihnen galt. Wie ich über den Verlustgrund der Entlassung denke, habe ich schon in der dritten Auflage meines Kommentars (S. 108 f.) und in meiner mehrgedachten Broschüre erörtert, und ich werde nicht verfehlen, an geeigneter Stelle nochmals meine Stimme gegen diesen Krebsschaden des Gesetzes zu erheben.

Im übrigen wird auf die Anmerkungen 4, 5 u. 6 zu § 10 verwiesen.

§ 12.

Ein Ausländer,[1] der mindestens ein Jahr[2] wie ein Deutscher im Heere oder in der Marine aktiv gedient hat,[3] muß[4] auf seinen Antrag von dem Bundesstaat, in dessen Gebiet er sich niedergelassen

§ 12.

hat,[5] eingebürgert werden, wenn er den Erfordernissen des § 8 Abs. 1 entspricht und die Einbürgerung nicht das Wohl des Reichs oder eines Bundesstaats gefährden würde. Die Vorschriften des § 8 Abs. 2 und des § 9 Abs. 1 finden Anwendung.[4]

1. Ausländer.

Es kommen hierbei zwei Fälle in Betracht, und zwar solche Personen, die eine fremde Staatsangehörigkeit besitzen, und solche, die staatlos sind. Hinsichtlich der ersten Klasse der Ausländer ist praktisch eigentlich nur der Fall denkbar, daß es sich um ein in Deutschland geborenes Kind eines Ausländers handelt, das irrtümlich in die Stammrolle eingeschrieben und zur Gestellung von der Ersatzbehörde aufgefordert ist, ohne dagegen Einspruch zu erheben. Unter den Begriff „Staatlose" fallen alle diejenigen Personen, die ihrer Reichsangehörigkeit auf irgendeine Art verlustig gegangen sind, sowie die von fremden Staatsangehörigen stammenden Personen, die als solche von ihrem Heimatsstaat nicht mehr anerkannt werden. Nach § 11 des Reichsmilitärgesetzes neuer Fassung (vgl. Anhang, Anl. Nr. 16) können alle diese Personen in das Heer oder die Marine eingestellt und wie Deutsche zum Militärdienst herangezogen werden. Sie erlangen dann in Gemäßheit des § 12 d. G., wenn sie mindestens ein Jahr gedient haben, unter den darin gegebenen Voraussetzungen einen Anspruch auf Einbürgerung. Wegen der besonderen Bestimmungen für die Söhne Angehöriger der südamerikanischen Freistaaten Bolivien, Guatemala, Honduras, Nikaragua vgl. Anhang, II. Teil, Ausland, bei den betreffenden Ländern ihre Freundschafts- usw. Verträge mit dem Reich.

Zu erwähnen ist schließlich noch, daß § 12 von der Reichstagskommission eingefügt und in zweiter Lesung vom Plenum angenommen worden ist.

2. mindestens ein Jahr.

Um Mißverständnissen vorzubeugen, muß erwähnt werden, daß, wenn der Rechtsanspruch auf Einbürgerung schon nach Ablauf eines einjährigen Dienstes zugesichert wird, hiermit nicht gesagt werden soll, daß der Dienst solcher Personen im Heer oder in der Flotte mit einem Jahr sein Ende erreicht habe. Vielmehr soll hier nur die Zusicherung gegeben sein, daß schon nach einjährigem Dienst der Anspruch wirksam wird, die Dienstzeit selbst aber in der vorgeschriebenen Weise eingehalten werden muß.

3. gedient hat.

Jeder bei den Schutztruppen abgeleistete Dienst steht einem entsprechenden Dienste im Heer oder in der Marine gleich (§ 18 des Wehrges. f. d. Schutzgeb. vom 22. Juli 1913, RGBl. S. 614).

4. muß — § 9 Abs. 1 findet Anwendung.

Wie in §§ 10, 11, 15 Abs. 2 Satz 1, 30, 31 die obligatorische Einbürgerung enthalten ist, welche ein Befragen der Bundesstaaten ausschließt, so sollte man annehmen, daß das Befragen der Bundesstaaten auch bei § 12, der ebenfalls die obligatorische Einbürgerung vorschreibt, in gleichem Maße ausgeschlossen ist. Dem ist aber nicht so. Der § 12 bestimmt das Gegenteil, daß nämlich bei dem von einem Ausländer oder Staatlosen nach einjähriger Dienstzeit eingereichten Gesuch um Einbürgerung zunächst nach Maßgabe des § 9 Abs. 1 d. G. die sämtlichen Bundesstaaten befragt werden müssen, ob nicht die Einbürgerung das Wohl des Reichs oder eines Bundesstaats gefährde. Wenn nun einer der befragten Bundesstaaten in Wirklichkeit ein solches Bedenken erhebt, so wird einem, der schon ein Jahr Militärdienst geleistet hat, die ihm gegebene Zusage nicht erfüllt. Ich halte den Zusatz zu dieser gesetzlichen Bestimmung für schlecht, ja noch mehr, ich halte ihn für lächerlich. Wenn ein Bundesstaat einen Ausländer oder Staatlosen in das Heer einstellt, so ist anzunehmen, daß nichts Nachteiliges vorliegt; hat der Betreffende dann während eines Jahres die ihm auferlegte Verpflichtung geleistet, so muß der Staat seinerseits der gegebenen Zusage der Einbürgerung gerecht werden.

Der ganze Paragraph ist schließlich auch um deswillen anfechtbar, weil dem um seine Einbürgerung Weggetäuschten nicht einmal ein Rekurs gegeben ist (vgl. § 40 d. G.). Solche kleinliche Beschränkungen, in denen die Befürchtung zum Ausdruck kommt, daß eine einzelne Person die Sicherheit eines über sechzig Millionen Menschen zählenden Reiches gefährden könnte, sind, wie gesagt, des großen, einigen Deutschlands unwürdig.

5. niedergelassen hat.

Vgl. Anm. 5b zu § 7, Anm. 5 zu § 10 d. G.

§ 13.

Ein ehemaliger Deutscher, der sich nicht im Inland niedergelassen hat, kann von dem Bundesstaate, dem er früher angehört hat, auf seinen Antrag eingebürgert werden, wenn er den Erfordernissen des § 8 Abs. 1 Nr. 1, 2 entspricht; dem ehemaligen Deutschen steht gleich, wer von einem solchen abstammt oder an Kindes Statt angenommen ist. Vor der Einbürgerung ist dem Reichskanzler Mitteilung zu machen; die Einbürgerung unterbleibt, wenn der Reichskanzler Bedenken erhebt.

Wenn der § 12 für die Einbürgerung von Ausländern nur ein enges Pförtchen geöffnet hat, so hat § 13 für die Renaturalisation oder, nach dem neugewählten Ausdruck, die Wiedereinbürgerung der ehemaligen Deutschen, gleichviel aus welchen Gründen sie ihrer Reichsangehörigkeit verlustig gegangen sind, die Pforten weit geöffnet, und zwar nicht nur für jene, sondern auch für ihre Abkömmlinge und Adoptivkinder.

Der § 13 hat im wesentlichen den Abs. 4 des § 21 d. G. vom 1. Juni 1870 zum Vorbild genommen. Er dehnt jedoch die Vergünstigung dahin aus, daß nicht nur diejenigen Deutschen, die ihrer Staatsangehörigkeit durch zehnjährigen Aufenthalt im Ausland verlustig gegangen sind, sondern alle ehemaligen Deutschen auch ohne Niederlassung im Reich von ihrem Heimatstaat wieder eingebürgert werden können, allerdings unter der Bedingung, daß den Erfordernissen in Abs. 1 Nr. 1 u. 2 des § 8 genügt wird und der Reichskanzler seine Einwilligung hierzu gegeben hat.

Den ehemaligen Deutschen, unter denen sehr viele, wie der Regierungsentwurf in seiner Begründung S. 19 ausdrücklich betont, ihre Entlassung in Unkenntnis der Folgen beantragt hatten, wird durch diesen Paragraphen die Wiedereinbürgerung ermöglicht, auch ohne daß sie sich in ihrem früheren Heimatstaate niedergelassen haben. Nach dem Wortlaut des alten Gesetzes wurden die aus der Reichsangehörigkeit Entlassenen als Ausländer betrachtet, und ihre Renaturalisation konnte nur unter den in § 8 gegebenen Bedingungen eingeräumt werden.

Daß es nicht als Hinderungsgrund für die Wiedereinbürgerung betrachtet wird, wenn der im Ausland wohnhafte ehemalige Deutsche nebenher auch eine ausländische Staatsangehörigkeit besitzt, wird daraus zu entnehmen sein, daß dies nicht ausdrücklich vorgesehen ist. Es ist zwar im allgemeinen nicht erwünscht, daß ein Deutscher im Ausland doppelte Staatsangehörigkeit besitze. Indessen sind die Konsuln angewiesen, wenn der Deutsche nebenher noch die ausländische Staatsangehörigkeit besitzt, ihm ihren Schutz nur in den Fällen zu gewähren, in denen eine Kollision mit den ausländischen Behörden nicht zu befürchten ist. Aus diesem Grunde ist besonders auch in solchem Falle die Entscheidung des Reichskanzlers für erforderlich erachtet worden. Eine Befragung der Bundesstaaten nach § 9 Abs. 1 d. G. dagegen findet nicht statt (vgl. Anm. 8 am Schluß zu § 9 d. G.).

§ 14.[1]

Die von der Regierung[2] oder der Zentral-[3] oder höheren Verwaltungsbehörde[4] eines Bundesstaats vollzogene[5] oder bestätigte[6] Anstellung[7] im unmittelbaren oder mittelbaren[8] Staatsdienst,[9] im Dienste einer Gemeinde oder eines Gemeindeverbandes,[10] im öffentlichen Schuldienst,[11] oder im Dienste einer von dem Bundesstaat anerkannten Religionsgesellschaft[12] gilt[13] für einen[14] Deutschen[15] als Aufnahme,[16] für einen Ausländer[17] als Einbürgerung,[16] sofern nicht in der Anstellungs- oder Bestätigungsurkunde ein Vorbehalt[18] gemacht wird.[19]

Diese Vorschrift findet keine Anwendung auf die Anstellung als Offizier oder Beamter des Beurlaubtenstandes.[20]

1. Vorbemerkung.

Der § 14 — früher § 9 d. G. vom 1. Juni 1870 — hat nur insofern eine Erweiterung erfahren, als von dem Reichstag bei der dritten Lesung statt der Worte „im Kirchendienste" „im Dienste einer von dem Bundesstaat anerkannten Religionsgesellschaft" gesetzt worden ist. Ferner heißt es statt „Schuldienst" „öffentlicher Schuldienst" und der Vorbehalt kann jetzt nicht nur in die Anstellungs-, sondern auch in die Bestätigungsurkunde aufgenommen werden. Dagegen ist die Anwendbarkeit des Paragraphen auf Beamte und Offiziere des Beurlaubtenstandes ausgeschlossen.

2. Regierung.

Unter einer von der Regierung vollzogenen Anstellungsurkunde ist ein von dem Staatsoberhaupte unterzeichnetes und dem ressortmäßigen Minister gegengezeichnetes Anstellungsdekret zu verstehen.

3. Zentralbehörde.

Eine von dem ressortmäßigen Ministerium oder der ressortmäßigen obersten Verwaltungsbehörde eines Bundesstaates oder des Reichslandes vollzogene oder bestätigte Anstellungsurkunde.

4. Höhere Verwaltungsbehörde.

Vgl. das Verzeichnis der höheren Verwaltungsbehörden im Anhang, Anl. 17. Dabei ist zu bemerken, daß der Ausdruck „höhere Verwaltungsbehörde" sich nicht nur auf die im § 16 erwähnten Behörden bezieht, sondern daß derselbe auch auf alle höheren Staatsbehörden, welche zu Anstellungen in ihrem Ressort befugt sind, Anwendung findet; so z. B. auf die höheren Justizverwaltungsbehörden, Generaldirektionen im Eisenbahn-, Post- und Steuerfache, Provinzialschulkollegien usw. (vgl. auch § 39 Abs. 2 d. G.).

5. vollzogene oder bestätigte.

Das erste Zeitwort bezieht sich im allgemeinen auf den unmittelbaren, das letzte auf den mittelbaren Staatsdienst.

6. bestätigte.

Die Bestätigung der Anstellung muß, wenn anders sie von der im Gesetze vorgesehenen Wirkung der Verleihung der Aufnahme oder Naturalisation begleitet sein soll, ein *aktives* Mitwirken der zur Oberaufsicht befugten höheren Staatsbehörde in sich schließen und den bestehenden Vorschriften gemäß *an sich* erforderlich sein. Die Bestätigung, welche lediglich zum Zwecke hat, zu kontrollieren, ob der zu einem Amte Gewählte die vorschriftsmäßigen Eigenschaften besitzt oder ob die Wahl rite erfolgt ist, wird als eine aktive Einwirkung der Staatsbehörde nicht angesehen und ist demgemäß von der in diesem Gesetze vorgesehenen Wirkung nicht begleitet. In demselben Sinne äußert sich auch die Begründung des Regierungsentwurfs S. 24. Eine diesbezügliche Entscheidung ist in dem Erkenntnisse des Senats für Strafsachen des preuß. Obertribunals vom 28. Juni 1866 (Oppenh. Rechtspr. Bd. VII S. 384) enthalten. Es handelt sich in diesem Erkenntnisse um die Entscheidung der Frage, ob ein Ausländer dadurch die Eigenschaft eines preußischen Staatsangehörigen erlangt, daß er eine Zeitlang das von der höheren Justizverwaltungsbehörde zu bestätigende Amt eines Schiedsmannes bekleidet hat. Diese Frage wird verneint (s. Anhang, Anl. 18 und Anm. 8 zu diesem Paragraphen).

7. Anstellung.

Indem das Gesetz mit der Anstellung für einen unmittelbaren oder mittelbaren Staatsdienst die Erwerbung der Staatsangehörigkeit verbindet, gibt es zu erkennen, daß es den zu Anstellungen berechtigten höheren Behörden mit der Befugnis, ein Staatsamt zu verleihen, auch die Befugnis zu der als Folge hieran sich knüpfenden Verleihung der Staatsangehörigkeit gewährt, auch wenn diesen Behörden sonst diese letztere Befugnis nicht zusteht. Es liegt daher in jeder in Gemäßheit des § 14 erfolgten Anstellung das stillschweigende Anerkenntnis der Angehörigkeit zu demjenigen Staate, von welchem die Anstellung zu dem unmittelbaren oder mittelbaren Staatsdienste ausgeht, sofern nicht in der Anstellungs- oder Bestätigungsurkunde durch den im Schlußsatze des Abs. 1 dieses Paragraphen vorgesehenen Vorbehalt der Staatsangehörigkeitserwerb ausdrücklich ausgeschlossen ist.

Als Regel ist festzuhalten, daß die Anstellung nur von der Regierung oder von einer Zentralbehörde oder von der einer höheren vollständig koordinierten, für Anstellungen zuständigen Verwaltungsbehörde vollzogen oder bestätigt sein muß, wenn sie für den Ausländer oder den Angehörigen eines anderen Bundesstaats die Stelle der Einbürgerung bzw. Aufnahme vertreten soll, und daß es auf die Bedingungen nicht ankommt, unter welchen die Anstellung erteilt ist. Gleichwie das deutsche Strafgesetzbuch (§ 359) unter Beamten versteht: „alle im Dienste des Reichs oder in unmittelbarem oder mittelbarem Dienste eines Bundesstaats auf Lebenszeit, auf Zeit oder nur vorläufig angestellte Personen, ohne Unterschied, ob sie einen Diensteid geleistet haben oder nicht", so ist auch unter dem Worte „Anstellung" jede unter den obigen Voraussetzungen erteilte Anstellung zu verstehen, gleichviel, ob sie eine dauernde oder auf Widerruf oder Kündigung*) erfolgte und ob sie mit Gehaltsbezug verbunden ist oder nicht (Referendar, Assessor, Stadtrat usw.); so Reichsger. i. Zivils. Bd. 6 S. 105.

Die Anstellung kann nur auf schriftlichem Wege stattfinden; dies geht sowohl aus den Beiwörtern „vollzogene oder bestätigte", als auch aus dem Schlußsatze des Abs. 1 dieses Paragraphen hervor, „sofern nicht in der Anstellungs- oder Bestätigungsurkunde ein Vorbehalt gemacht wird". In den Motiven zu § 4 des Reichsbeamtengesetzes vom 31. März 1873 — die geltende, übereinstimmende Fassung ist die vom 18. Mai 1907, RGBl. S. 245 — (vgl. StenBer. Bd. 3 Jahrg. 1872 Aktenst. Nr. 9 S. 70) ist übrigens ausdrücklich bemerkt:

> „daß nur eine schriftliche Eröffnung der zuständigen Behörde an den betreffenden Beamten in bezug auf das demselben übertragene Amt als Anstellungsurkunde dient, eine mündliche Bestallung aber ausgeschlossen ist".

Auf die Form oder die Fassung, in welcher die Bestallung erteilt ist,

---

*) Die Anstellung auf Widerruf oder Kündigung ist für die Beamteneigenschaft gleichgültig (Urteil des RG. vom 24. März 1882; s. Annalen des RG. Bd. 5 S. 359; Entsch. des RG. in Zivils. Bd. 6 S. 105); s. auch Anm. 11 zu diesem Paragraphen.

kommt es nicht an; dieselbe kann als Urkunde, Patent, Zuschrift oder selbst als Marginalverfügung erteilt sein; sie übt ihre Wirkung aus, sobald sie, von der zur Anstellung befugten höheren Behörde unterfertigt, in die Verfügungsgewalt des betreffenden Angestellten gelangt ist.

Mittels Schreibens des Reichskanzlers vom 16. Nov. 1887 war N. N. auf seinen Antrag zur probeweisen Beschäftigung im Ausw. Amte behufs Vorbereitung für den Konsulardienst mit dem Bemerken angenommen worden, daß diese Beschäftigung vorläufig unentgeltlich zu erfolgen habe. Nachdem N. N. dann seit dem 1. März 1888 in den Genuß einer fixierten monatlichen Remuneration getreten war, wurde er von dem Magistrat zu Berlin nach seinem gesamten Einkommen zur Gemeindesteuer veranlagt. N. N. erhob gegen diese Heranziehung Klage und verlangte, daß die Hälfte seines Diensteinkommens steuerfrei gelassen werde, da er als Beamter auf die Steuerprivilegien nach dem Gesetze vom 11. Juli 1822 Anspruch habe. Der Magistrat bestritt die Beamtenqualität des Klägers, da derselbe weder eine Anstellungsurkunde erhalten habe, noch vereidigt sei. Der Bezirksausschuß zu Berlin erkannte darauf am 4. Sept. 1888 nach dem Klageantrage, indem er begründend ausführte: Unbedenklich seien den Beamten des Ausw. Amtes die Gemeindesteuerprivilegien der preußischen Staatsdiener zuzusprechen. Der Kläger aber müsse als ein solcher Beamter angesehen werden, da er von der zuständigen Stelle zur Beschäftigung in eine Dienststelle dieser Behörde einberufen sei. Daß ihm eine förmliche Anstellungsurkunde nicht zugefertigt worden, sei unerheblich; das Einberufungsschreiben vertrete die Stelle einer solchen. Ebensowenig sei der Umstand von entscheidender Bedeutung, daß der Kläger in seiner neuen Stellung nicht vereidigt worden sei. Die von dem beklagten Magistrat gegen diese Entscheidung eingelegte Revision wurde vom II. Senat des Oberverwaltungsgerichts am 8. Febr. 1889 zurückgewiesen, indem es im Anschlusse an die Begründung des Vorderrichters die Entscheidung des Bezirksausschusses bestätigte.

Will eine Landesregierung mit der Verleihung des Amts diejenige der Staatsangehörigkeit nicht verbunden wissen, so ist sie in der Lage, dieses durch den Vorbehalt speziell oder generell zu verfügen. Einen derartigen generellen Vorbehalt hat die großh. hessische Regierung in dem Art. 15 Abs. 1 der zwischen Preußen und Hessen vereinbarten Militärkonvention vom 13. Juni 1871 geschaffen (vgl. Anm. 18 zu diesem Paragraphen).

Die Minderjährigkeit hindert die Anstellungsfähigkeit nicht, ebensowenig wird dieselbe durch die väterliche Gewalt ausgeschlossen, welcher der Anzustellende unterworfen ist (vgl. Kanngießer, Das Recht der deutschen Reichsbeamten, Berlin 1874, S. 24; vgl. auch § 48 Abs. 1 des Reichsbeamtenges.). Auch das bayerische Beamtengesetz vom 16. August 1908 (GVBl. S. 581) verbietet nicht die Anstellung, sondern nur die etatsmäßige Anstellung eines unter 21 Jahre alten Beamten (vgl. Seydel-Piloty I S. 682 § 127 Anm. 16).

Über die Fragen, ob im Gebiete der preuß. Kreisordnung vom 19. März 1881 die gesetzlichen Organe der Amtsverbände zur Bestallung von Beamten befugt sind, und ob der von dem Amtsvorsteher berufene, von dem Kreislandrate bestätigte und beeidigte Vorsteher des Amtsbureaus, welcher seine Besoldung aus dem dem Amtsvorsteher als Amtsunkostenentschädigung gewährten Pauschquantum erhält, als mittelbarer Staatsbeamter anzusehen ist, hat das Reichsgericht in dem Urteil vom 4. Dez. 1896 eine bejahende Entscheidung getroffen (s. Entsch. des RG. in Straff. Bd. 29 S. 2).

Beamte, die zwar von unteren Behörden angestellt werden, aber später durch allgemeine Anordnung in Klassen aufrücken, für die das Anstellungsrecht höheren Stellen zusteht, erwerben durch die Einweisung in die höhere Klasse von selbst die Staatsangehörigkeit des Staates, der sie angestellt hat (vgl. Entsch. d. bayr. VGH. vom 23. März 1906 i. d. Bl. f. admin. Prax. Bd. 56 S. 129, 141; Seydel-Piloty a. a. O. S. 155).

Das wird besonders für die nach dem Mannschafts-Versorgungsgesetz vom 31. Mai 1906 (RGBl. S. 593) §§ 15 ff. angestellten Militäranwärter mit dem Zivilversorgungsschein praktisch.

8. unmittelbaren oder mittelbaren.

Der Unterschied zwischen unmittelbarem und mittelbarem Staatsdienst ist dem § 69 Titel X T. II des Allgem. Landrechts entnommen. Nach demselben stehen die Zivilbeamten entweder in unmittelbaren Diensten des Staates (unmittelbare Staatsdiener) oder gewisser demselben untergeordneter Kollegien, Korporationen und Gemeinen (mittelbare Staatsdiener). Eine weitere Erörterung des Unterschieds ist in dem Allgem. Landrecht nicht enthalten.

Es läßt sich überhaupt für die Begriffe „unmittelbarer und mittelbarer Staatsbeamter" eine präzise, auf alle Fälle passende Erklärung nicht aufstellen (vgl. Goltdammer, Materialien zum Strafgesetzbuch, Bd. I S. 517 ff.). Als wesentliches Unterscheidungsmerkmal dient:

a) von wem die Anstellung ausgeht,

b) ob der Angestellte seine Tätigkeit dem Staate widmet oder einer demselben untergeordneten Korporation, wobei zu bemerken ist, daß nur von einer solchen Korporation die Rede sein kann, welche als Behörde organisch in die Verfassung des Staates eingreift.

Hiernach stehen Beamte, welche ihr Amt vom staatlichen Oberhaupt oder von einer staatlichen für Anstellungen zuständigen Behörde erhalten und deren Hauptberuf sich auf die Wahrnehmung von Rechten und Interessen des Staates bezieht, in unmittelbarem Staatsdienste; während Beamte, die von einer Korporation oder von sonstigen Inhabern einer öffentlichen Gewalt oder gewisser Regierungsrechte angestellt sind und den Rechten und Interessen derselben ihre Tätigkeit widmen, in mittelbarem Staatsdienste stehen.

Mit der Anstellung ist jedoch die Einbürgerung und Aufnahme nur dann verbunden, wenn von den im § 14 bezeichneten Staatsorganen oder von den denselben koordinierten Anstellungsfaktoren die Anstellungsurkunde für den unmittelbaren Staatsdienst vollzogen und für den mittelbaren Staatsdienst bestätigt ist.

Bei Gelegenheit der Übernahme von Unterbeamten einer Privat-Eisenbahngesellschaft in den Staatseisenbahndienst ist die Frage zur Entscheidung gekommen, ob durch eine von dem Eisenbahnbetriebsamt erteilte Bestallungsurkunde in Gemäßheit des alten § 9, jetzigen § 14 die preußische Staatsangehörigkeit erworben ist. Die von dem Eisenbahnbetriebsamt ausgefertigte Anstellungsurkunde hätte eigentlich schon um deswillen einer Naturalisationsurkunde nicht gleich geachtet werden können, weil das betreffende Amt einer höheren Verwaltungsbehörde nicht koordiniert ist. Das Eisenbahnbetriebsamt hatte jedoch geglaubt, daß die Bestallung, wenngleich sie nur von ihm vollzogen war, mit Rücksicht darauf als eine von der Eisenbahndirektion bestätigte Anstellung zu betrachten sei, daß letztere Behörde dem Eisenbahnbetriebsamt mittels besonderer Verfügung den Auftrag zur Anstellung der Unterbeamten erteilt habe.

Der preuß. Minister des Innern ist in Übereinstimmung mit dem preuß. Minister der öffentlichen Arbeiten dieser Anschauung entgegengetreten; denn „wenn auch dahingestellt bleiben könne, ob eine Bestätigung im Sinne des § 9 des Gesetzes über die Erwerbung usw. vom 1. Juni 1870 auch in einem der Bestallung vorhergehenden Auftrag gefunden werden könne, so würde jedenfalls nur einem speziellen, für eine bestimmte Person ergangenen Auftrage, nicht aber einer allgemeinen Ermächtigung zur Übernahme der bisher einer Privat-Eisenbahngesellschaft angehörig gewesenen Unterbeamten in den Staatseisenbahndienst, wie solche in der seitens der Eisenbahndirektion an das Eisenbahnbetriebsamt ergangenen Verfügung erteilt ist, eine derartige Bedeutung beigelegt werden können, da durch eine allgemeine Ermächtigung die vor der Bestallung erforderliche, lediglich dem Betriebsamte überlassene Prüfung, ob im einzelnen Falle die Übernahme stattgefunden habe, nicht erübrigt werde."

Nach § 4 der Verordnung des großh. mecklenburgischen Staatsministeriums vom 28. Dez. 1872 ist die Anstellung im landständischen Dienst als eine Anstellung im mittelbaren Staatsdienst anzusehen.

9. Staatsdienst.

Der Offizierdienst ist Staatsdienst. Die Erteilung des Patents als aktiver Offizier, Sanitätsoffizier, Veterinäroffizier ist eine Anstellung im Sinne des § 14 und begründet den Erwerb der Staatsangehörigkeit in demjenigen Bundesstaate, in dessen Kontingent der Patentierte zur Dienstleistung berufen ist (vgl. Militärgesetze des Deutschen Reichs, Berlin 1890, Bd. 1 Abt. II S. 144 ff.).

Durch die Zulassung zum Militärdienste wird ein Ausländer, auch wenn er in Gemäßheit des § 21 Ziff. 4 der WO. vom 22. Nov. 1888 zum Eintritt in das Heer die Genehmigung des Kontingentsherrn erhalten hat, oder gemäß § 11 RMilG. neuer Fassung (s. Anhang, Anl. Nr. 16), oder irrtümlicherweise in das Heer eingestellt worden ist,*) nicht Angehöriger des Deutschen Reichs, da die Ableistung des Militärdienstes nicht zu den im § 3 d. G. aufgeführten

*) Hinsichtlich der irrtümlich zum Militärdienste ausgehobenen Ausländer bestimmt der § 21 Ziff. 5 d. WO. vom 22. Nov. 1888: „Sind Angehörige fremder Staaten irrtümlich zum Militärdienste eingestellt, so hat sofort ihre Entlassung aus jedem Militärverhältnis und Streichung in den militärischen Listen zu erfolgen, es sei denn, daß dieselben ihre Naturalisation beantragen und diesem Antrage stattgegeben wird."

Erwerbsarten der Staatsangehörigkeit gerechnet wird (vgl. aber § 12 d. G.); so Entsch. d. preuß. OVG. Bd. 35 S. 423; 38 S. 404; 41 S. 396.

Auch die im Offiziersrang stehenden Militärbeamten (Justizbeamte, Intendanturbeamte, Apotheker usw.) erlangen gleich den aktiven Offizieren durch die von einem Bundesstaate erfolgte Anstellung die Aufnahme oder Einbürgerung in denselben; sie fallen unter denselben staatsrechtlichen Gesichtspunkt, wie die Zivilbeamten.

10. einer Gemeinde oder eines Gemeindeverbands.

Nach § 33 der Städteordnung für die sechs östlichen Provinzen der preußischen Monarchie vom 30. Mai 1853 (Preußen [Ost- und Westpreußen], Brandenburg, Pommern, Schlesien, Posen und Sachsen), GS. S. 261 ff.; für die Provinz Westfalen vom 19. März 1856 (GS. S. 237 ff.) und für die Rheinprovinz vom 15. Mai 1856 (GS. S. 406 ff.) bedürfen die gewählten Bürgermeister, Beigeordneten, Schöffen und besoldeten Magistratsmitglieder der Bestätigung, und zwar steht die Bestätigung zu:

1. dem König

hinsichtlich der Bürgermeister und Beigeordneten in Städten von mehr als 10000 Einwohnern;

2. den Regierungspräsidenten gemäß § 13 des Zuständigkeitsgesetzes von 1883 (höhere Verwaltungsbehörde)

hinsichtlich der Bürgermeister und Beigeordneten in Städten, welche nicht über 10000 Einwohner haben, sowie hinsichtlich der Schöffen und der besoldeten Magistratsmitglieder in allen Städten ohne Unterschied ihrer Größe.

In allen Fällen, in welchen es einer derartigen Bestätigung nicht bedarf, ist eine stillschweigende Erwerbung der Staatsangehörigkeit durch die Anstellungsurkunde ausgeschlossen.

So heißt es in einer Entscheidung des kgl. Oberverwaltungsgerichts vom 30. Juni 1886 (Preuß. MBl. i. V. 1886 S. 207):

„Die Ernennung des Anton S. zum Gemeindevorsteher in M. im Jahre 1865 kann die Naturalisation nicht zur Folge gehabt haben, da erstere nicht von der Provinzialbehörde der kgl. Regierung zu M. auszugehen hatte, auch tatsächlich nicht ausgegangen, eine Bestallung also im Sinne des § 6 des preuß. Indigenatsgesetzes vom 31. Dez. 1842 nicht erteilt ist."

11. öffentlichen Schuldienst.

Lehrer an öffentlichen Schulen gehören zur Kategorie der Verwaltungsbeamten und sind, je nachdem sie an Staats- oder öffentlichen Kommunalschulen angestellt sind, unmittelbare oder mittelbare Staatsdiener.

Durch die vorbehaltlose, von der hierfür zuständigen höheren Verwaltungsbehörde vollzogene oder bestätigte Ernennung zum Schullehrer an einer öffentlichen Volksschule in einem Bundesstaate erwirbt der Angestellte, falls er einem anderen Bundesstaate angehören oder Ausländer sein sollte, die Staatsangehörigkeit (vgl. Entsch. des bayer. Verwaltungsger. 2. Sen. vom 10. Juli 1885 in Regers Entsch. Bd. VII S. 87).

§ 14.

Nach einer Verfügung des preuß. Ministers der geistlichen Angelegenheiten vom 9. März 1880 (ZBlUnterrV. S. 262) wird bei Berufung von Lehrerinnen in die Anstellungsurkunde eine Klausel aufgenommen, durch welche die Anstellung nur so lange als zu Recht bestehend bezeichnet wird, als die Berufenen unverheiratet bleiben. Diese Klausel hindert jedoch nicht, daß die Betreffende, falls sie Ausländerin ist oder einem anderen Bundesstaate als dem anstellenden angehört, sofort mit der Aushändigung der Anstellungsurkunde eingebürgert oder in den anderen Bundesstaat aufgenommen wird. Allerdings geht die Betreffende der durch die Anstellung erworbenen Staatsangehörigkeit durch die Verehelichung verlustig (§ 17 Ziff. 6), wenn der Ehemann eine andere Staatsangehörigkeit besitzt (ebenso: Seydel-Piloty a. a. O. S. 153 § 37 Anm. 102). Keinesfalls aber kann dem Umstande, daß die von der höheren Verwaltungsbehörde vollzogene oder bestätigte Bestallung nur *auf eine gewisse Zeitdauer oder mit dem Vorbehalte des Widerrufs* erteilt ist, für den Erwerb der Staatsangehörigkeit irgendwelche Bedeutung beigemessen werden. In Bayern endigt die Beamteneigenschaft einer Frau durch die Verheiratung nicht von selbst; die Ernennung der Beamtin kann nur in diesem Falle widerrufen werden. Bleibt sie nach ihrer Verheiratung im Staatsdienst, so wird sie neben der etwa durch die Verehelichung erworbenen auch die durch Anstellung erlangte Staatsangehörigkeit behalten (bayer. Beamtengesetz vom 16. Aug. 1908, GVBl. S. 581, Art. 206 Ziff. 1 u. 8 Abs. 2; vgl. Seydel-Piloty I S. 682 § 127 Anm. 15).

In einem Spezialfalle ist die von der Landdrostei (Regierungspräsidium) zu Hildesheim unterm 17. Juni 1876 bestätigte Anstellungsurkunde eines Lehrers an der jüdischen öffentlichen Elementarschule zu Bodenfelde (Prov. Hannover), *obwohl die Anstellung nur auf die Dauer von drei Jahren unter dem Vorbehalte sechsmonatlicher Kündigungsfrist* lautete, von den preuß. Minist. des Innern und der auswärtigen Angelegenheiten als eine den Bestimmungen des damaligen § 9, jetzigen § 14 d. G. entsprechende Anstellungsurkunde anerkannt worden. Die Anstellungsurkunde vertrat in diesem speziellen Falle die Stelle einer Naturalisationsurkunde, da der Betreffende vordem russischer Untertan war.

12. anerkannte Religionsgesellschaft.

Sobald bei Besetzung von geistlichen Ämtern eine *Mitwirkung des Staates* stattfindet, ist der mit einem solchen Amt Betraute, gleichviel ob er einer der Landeskirchen *oder einer* staatlich *anerkannten Religionsgesellschaft* angehört, *mittelbarer Staatsdiener* und es findet auf denselben der § 14 d. G. Anwendung.

Von *Preußen anerkannte Religionsgesellschaften* sind nach von Bitter (Handwörterbuch der Preußischen Verwaltung Bd. 1 S. 68): die evangelische und die katholische Kirche, ferner die Herrnhuter, die böhmischen Brüdergemeinden, die Reformierten niederländischer Konfession, die Altlutheraner und die niedersächsischen Konföderierten, endlich die Mennoniten, Quäker, Baptisten, unierten Griechen, Anglikaner und die Juden. In sämtlichen Bundesstaaten sind die Landeskirchen und die Juden anerkannte Religionsgesellschaften, in Württemberg, Sachsen, Baden auch die Deutschkatholiken, in Württemberg außerdem noch die Herrnhuter (vgl. Zorn in Stengels Wörterbuch d. deutsch. Verw.-R. „Religionsgesellschaften" §§ 3 u. 4).

13. gilt.

Die durch die Anstellung erworbene Staatsangehörigkeit erstreckt sich, wie dies bei der Aufnahme bzw. Einbürgerung der Fall ist, zugleich auf die Ehefrau und auf diejenigen minderjährigen Kinder, deren gesetzliche Vertretung dem Angestellten kraft elterlicher Gewalt zusteht (§ 16 d. G.).

14. einen.

Der männlichen Form des unbestimmten Artikels kann nicht die Bedeutung zugemessen werden, daß der § 14 ausschließlich auf Personen männlichen Geschlechts Anwendung finden soll, da dieselbe Form auch in zahlreichen Paragraphen des Gesetzes sich unbestritten auf Personen männlichen und weiblichen Geschlechts gleichmäßig bezieht (vgl. auch Begr. d. Reg.-Entw. S. 24). Nach dem württembergischen Beamtengesetze gelten Frauenspersonen, wenn und insoweit sie zu öffentlichen Ämtern (Post- und Telegraphendienst) zugelassen werden, als Beamte im Sinne des Gesetzes (vgl. Streich, Das württembergische Beamtengesetz, Stuttgart 1876, S. 3). Als Reichsbeamte gelten auch die Telegraphengehilfinnen im Großherzogtum Baden (vgl. Verzeichnis der Beamten, RGBl. 1873 S. 179). Ebenso sind Lehrerinnen an öffentlichen Schulen, je nach der Behörde, von welcher die Anstellung ausgegangen ist (landesherrlich oder kommunal), unmittelbare oder mittelbare Staatsbeamte.

Ist eine Person weiblichen Geschlechts im unmittelbaren oder mittelbaren Staatsdienste angestellt worden, so wird sie auch Angehörige desjenigen Staates, in welchem die Anstellung erfolgt ist. Es würde sonach eine Ehefrau, welche z. B. durch Verehelichung die preußische Staatsangehörigkeit besitzt, durch Anstellung im württembergischen Staatsdienste württembergische Staatsangehörige werden, daneben allerdings ihre preußische Staatsangehörigkeit beibehalten (für das alte Gesetz a. M.: Seydel-Piloty a. a. O. S. 153 § 37 Anm. 102; für dieses Gesetz gleicher Meinung: S. 904 Nr. 102a. Vgl. auch Anm. 11 zu § 14 d. G., ferner § 17 Ziff. 6 d. G. und die Anm. dazu).

15. Deutschen.

Es besteht hinsichtlich des Erwerbes der Staatsangehörigkeit durch Anstellung kein Unterschied zwischen Ausländern und Deutschen.

16. als Aufnahme — als Einbürgerung.

Wie bei der Aufnahme und Einbürgerung der Erwerb der Staatsangehörigkeit nicht mit dem Erwerbe des Heimatrechts (Unterstützungswohnsitz) zusammenfällt (vgl. Anm. 3 zu § 7 d. G.), so auch bei dem Erwerbe der Staatsangehörigkeit durch Bestallung.

In Bayern hängt es von der Art der Anstellung ab, ob das Heimatrecht sofort definitiv oder nur provisorisch erworben wird.

Ist nämlich die Anstellung eine definitive, so wird das Heimatrecht nach § 2 des bayer. Heimatgesetzes sofort erworben; im entgegengesetzten Falle sollen nach Art. 16 Abs. IV des bayer. Heimatgesetzes die Beamten und öffentlichen Diener, welche gemäß § 9 d. RG. vom 1. Juni 1870 die bayer. Staatsangehörigkeit erlangen, solange sie nicht eine wirkliche Heimat nach Maßgabe des Gesetzes vom 30. Juli 1899 erworben haben, die vorläufige Heimat in der Gemeinde ihrer Anstellung besitzen, und, wenn der Ort der Anstellung nicht in Bayern gelegen ist, in derjenigen Gemeinde, in welcher die nächsthöhere, in Bayern befindliche Dienstbehörde des Angestellten ihren Sitz hat (s. Anhang, Anl. Nr. 4).

17. Ausländer.

Die elsaß-lothringische Landesverwaltung (Bekanntmachung vom 22. Febr. 1879) und das königl. preuß. Staatsministerium (MBl. 1880 S. 106) haben hinsichtlich der Anstellung bzw. Beschäftigung luxemburgischer Untertanen im unmittelbaren elsaß-lothringischen bzw. preußischen Staatsdienst folgende Bestimmungen getroffen:

1. Die zurzeit kommissarisch bzw. diätarisch in der Landesverwaltung von Elsaß-Lothringen bzw. im preußischen Staatsdienste beschäftigten Beamten luxemburgischer Nationalität haben, soweit dies nicht schon geschehen sein sollte, den Nachweis über die Erwerbung der Staatsangehörigkeit in Preußen auf Grund des § 8 d. G. vom 1. Juni 1870 zu führen. Von künftig zur kommissarischen bzw. diätarischen Anstellung gelangenden luxemburgischen Untertanen ist dieser Nachweis als Vorbedingung der Anstellung zu verlangen.

2. Die schon jetzt definitiv angestellten oder künftig anzustellenden Beamten luxemburgischer Nationalität haben eine Erklärung des Inhalts zu unterzeichnen:

„daß sie, belehrt über die Bedeutung des § 9 d. G. vom 1. Juni 1870, ausdrücklich anerkennen, daß es ihre Willensmeinung sei, unter Aufgebung der luxemburgischen Nationalität die Landes- bzw. Staatsangehörigkeit in Elsaß-Lothringen bzw. Preußen zu erwerben."*)

---

*) Den Anlaß zu der Verfügung gab folgender Vorfall:

Ein luxemburgisches Gesetz, die Naturalisation betreffend, vom 27. Jan. 1878 hatte die Nr. 2 des Art. 17 und den Art. 21 des Code civil — Verlust der Staatsangehörigkeit durch Annahme eines fremden Staatsdienstes — aufgehoben und im Art. III bestimmt:

„Les individus qui auront perdu la qualité de Luxembourgeois en vertu des dispositions précitées la recouvreront de plein droit à partir de la mise en vigueur de la présente loi, mais ils ne pourront s'en prévaloir que pour l'exercise des droits ouverts à leur profit depuis cette époque."

Es gewannen sonach luxemburgische Staatsangehörige, die nach dem bisher geltenden Gesetze durch Anstellung im fremden Staatsdienste ihre luxemburgische Staatsangehörigkeit verloren hatten, dieselbe ipso jure wieder.

Infolge dieser gesetzlichen Bestimmung konnte einem deutscherseits gestellten Antrage auf Auslieferung eines wegen Betrugs verfolgten ehemaligen Luxemburgers, welcher durch definitive Anstellung in der Landesverwaltung von Elsaß-Lothringen Deutscher geworden und nun von neuem in Luxemburg, wohin er sich geflüchtet hatte, als luxemburgischer Untertan anerkannt wurde, luxemburgischerseits nicht entsprochen werden.

Da indessen nach dem neuen luxemburgischen Naturalisationsgesetze Nr. 1 des Art. 17 des Code civil, wonach ein luxemburgischer Untertan durch Na-

18. Vorbehalt.

a) Der Vorbehalt kann sowohl von der Anstellungsbehörde als auch von dem Angestellten ausgehen.

Durch den Vorbehalt, welchen die Anstellungsbehörde der Bestallung hinzufügt, erklärt sie, daß mit dieser Anstellungsurkunde der Erwerb der Angehörigkeit zu dem anstellenden Staate nicht verbunden ist.

In dem Vorbehalte, den der Anzustellende seiner Bestallung hinzufügen läßt, kann derselbe erklären, daß er weder für sich noch für seine Familienmitglieder der Angehörigkeit zu dem anstellenden Staate teilhaftig werden will, oder er kann in Gemäßheit des § 16 d. G. diejenigen Familienmitglieder bezeichnen, welche vom Erwerbe der mit seiner Anstellung verbundenen Staatsangehörigkeit ausgeschlossen sein sollen.

In beiden Fällen, sowohl wenn die Behörde beabsichtigt, mit der zu verleihenden Anstellung die Staatsangehörigkeit nicht zu verbinden, als auch, wenn der Anzustellende mit der Anstellung seiner früheren Staatsangehörigkeit nicht verlustig gehen will, wird der Vorbehalt dem Anzustellenden oder der Anstellungsbehörde vor Ausfertigung der Anstellungsurkunde in rechtsverbindlicher Weise bekannt zu geben sein.

Was hier von der Anstellung gesagt ist, gilt in gleicher Weise von der Bestätigung.

b) Besonders wichtig ist der im § 14 eingeräumte Vorbehalt für die Staatsangehörigkeitsverhältnisse der im preußischen Heere*) als Offiziere oder im Offizierrang stehenden Militärbeamten eines anderen Bundesstaats.

Die Regelung dieser Verhältnisse ist in den zwischen Preußen und einzelnen Bundesregierungen vereinbarten Militärkonventionen vorgesehen worden.

Nach Art. 15 Abs. 1 der zwischen Sr. Majestät dem Deutschen Kaiser, König von Preußen einerseits und Sr. Königl. Hoheit dem Großherzog von Hessen und bei Rhein andererseits unter dem 13. Juni 1871 vereinbarten Militärkonvention:

> „richtet sich die Staatsangehörigkeit der im Großherzogtum garnisonierenden Militärpersonen unter Anwendung des im § 9 des Gesetzes über die Erwerbung und den Verlust der Bundes- und Staatsangehörigkeit vom 1. Juni 1870 bezeichneten Vorbehalts nach den Bestimmungen dieses Gesetzes",

---

turalisation im Auslande seine bisherige Nationalität verliert, zu Recht bestehen geblieben war und man luxemburgischerseits Zweifel nur darüber hatte, ob die auf Grund des § 9 d. RG. vom 1. Juni 1870 erworbene stillschweigende Naturalisation, bei welcher eine auf die Naturalisation hinzielende Willensäußerung der betreffenden Person fehle, einer förmlichen Naturalisation gleichkomme, so wurde nach beiderseitigen Verhandlungen bestimmt, daß die im Reichsdienste angestellten und fernerhin anzustellenden Beamten luxemburgischer Herkunft diese Willensäußerung durch die obenerwähnte Erklärung zu ergänzen haben würden.

*) Nicht in der Marine, da der Dienst in derselben Reichsdienst ist und die Anstellung von Reichsangehörigen in derselben eine Veränderung in deren Staatsangehörigkeit nicht bewirkt. Hinsichtlich der Anstellung von Ausländern in der Marine vgl. Anm. 2 zu § 15.

§ 14.

und zwar soll nach Art. 3*) des mit dieser Konvention verbundenen Schlußprotokolls:

„die Ausfertigung der Patente und Bestallungen für die in diesem Artikel erwähnten Militärpersonen jedesmal als unter dem im § 9 des Gesetzes vom 1. Juni 1870 bezeichneten Vorbehalt erfolgt, angesehen werden."

Ebenso treten hessische Staatsangehörige, wenn sie als Offiziere usw. in der preußischen Armee außerhalb des Kontingents angestellt werden, infolgedessen nicht in den preußischen Staatsangehörigenverband ein (s. Militärgesetze des Deutschen Reichs II. Abschn. S. 144 Anm. 2).

Nach Art. 2 Abs. 4 der zwischen Sr. Majestät dem König von Preußen einerseits und J. K. H. H. den Großherzögen von Mecklenburg-Schwerin und Mecklenburg-Strelitz unter dem 24. Juli 1868 bzw. 9. Nov. 1868 abgeschlossenen Konventionen

„dürfen die infolge dieser Konventionen in den Verband der königlichen Armee aufgenommenen Offiziere, insofern sie es wünschen, außerdem (d. h. außer im preußischen) auch in dem mecklenburgischen Untertanenverhältnis verbleiben und wird der von ihnen dem Bundesfeldherrn mittels Revers gelobte Gehorsam als geleisteter Fahneneid angesehen".

Nach Art. 8 der zwischen Sr. Majestät dem Deutschen Kaiser, König von Preußen einerseits und J. K. H. H. den Großherzögen von Mecklenburg-Schwerin und Mecklenburg-Strelitz andererseits unter dem 19. Dez. 1872, bzw. 22. Dez. 1872 abgeschlossenen Konventionen richtet sich dagegen die Staatsangehörigkeit der in den Großherzogtümern Mecklenburg garnisonierenden Beamten der Militärverwaltung unter Anwendung des im § 9 des Gesetzes vom 1. Juni 1870 bezeichneten Vorbehaltes nach den Bestimmungen dieses Gesetzes.

Der Art. 15 der am 25. Nov. 1870 zwischen Sr. Majestät dem König von Preußen als Bundesfeldherrn und S. K. H. dem Großherzog von Baden abgeschlossenen Militärkonvention bestimmt:

„Die persönlichen Verhältnisse der dem Großherzogtum nicht angehörigen Personen, welche bei den im Großherzogtum garnisonierenden Truppen dienen, samt deren Familien, werden durch die Verlegung ihres Domizils in das Großherzogtum nicht verändert, vielmehr bleiben jene Personen in ihrem bisherigen Untertanenverhältnisse.

Das gleiche gilt für die dem Großherzogtum Baden angehörigen Personen, welche bei einem außerhalb des Großherzogtums garnisonierenden Truppenteile dienen."

Hierdurch ist bestimmt, daß die persönlichen Verhältnisse und namentlich die Staatsangehörigkeit der beiderseitigen Untertanen durch den Wohnsitz an einem Garnisonorte des anderen Bundesstaates nicht berührt werden sollen.

---

*) Der Art. 3 des Schlußprotokolls der preußisch-hessischen Militärkonvention vom 13. Juni 1871 ist nicht nur auf die preußischen, sondern auf alle Offiziere des hessischen Kontingents, gleichviel welcher Staatsangehörigkeit, anwendbar.

§ 14.

Dieser Satz, welcher sich auf alle in der Truppe dienenden Militärpersonen und deren Angehörige, nicht bloß auf die Offiziere und die im Offiziersrange stehenden Militärbeamten bezieht, entspricht dem § 12 des Gesetzes vom 1. Juni 1870, und so wenig der § 12 dem § 9 jenes Gesetzes entgegenstand, ebensowenig steht die Vertragsbestimmung des Art. 15 der Anwendung des § 14 d. G. entgegen. Es ist also keineswegs ausgeschlossen, daß badische Untertanen, welche als Offiziere in die preußische Armee aufgenommen werden, unter Beibehaltung ihrer ursprünglichen Staatsangehörigkeit zugleich die preußische hinzuerwerben, falls nicht der in dem § 14 d. G. vorgesehene Vorbehalt in der Bestallung ausdrücklich enthalten ist (s. die Militärgesetze des Deutschen Reichs a. a. O. Anm. 2 Abs. 4).

Der Art. 18 der am 15. Juli 1867 zwischen Sr. Majestät dem König von Preußen und S. K. H. dem Großherzog von Oldenburg abgeschlossenen Konvention enthält wörtlich dieselbe Bestimmung wie der erste Absatz des Art. 15 der preußisch-badischen Konvention.

Der Art. 17 der zwischen der kgl. preußischen Regierung einerseits und dem Senat der freien Hansestadt Lübeck andererseits unterm 27. Juni 1867 abgeschlossenen Konvention bestimmt:

> „Die gegenwärtig dem lübeckschen Kontingent angehörenden aktiven felddiensttauglichen Offiziere, Portepeefähnriche und Militärbeamten von Offiziersrang werden, sofern sie es wünschen und soweit sie preußischerseits für geeignet befunden werden, unter Beibehaltung ihres Ranges und ihrer Anciennität in die königl. preußische Armee ...... eingereiht.“ ......
>
> „In betreff ihrer persönlichen Verhältnisse, insbesondere der ehelichen Güterrechte der verheirateten, dem lübeckschen Staate angehörenden Offiziere usw. behalten letztere trotz ihres Übertritts in den preußischen Untertanenverband die ihnen resp. ihrer Familie aus der Verheiratung in Lübeck erwachsenen Rechte und Pflichten.“

Der Art. 35 Abs. 2 der preußisch-bremischen Militärkonvention vom 27. Juni 1867 und der Art. 27 Abs. 2 der preußisch-hamburgischen Militärkonvention vom 23. Juli 1867 entsprechen genau dem Wortlaute des vorstehenden Abs. 2 des Art. 17 der preußisch-lübeckschen Konvention.

Nach § 10 der mit den thüringischen Staaten (15. Sept. 1873) und mit Anhalt (16. Sept. 1873) abgeschlossenen Militärkonventionen wird die Besetzung der Stellen als Offiziere oder Militärbeamte im Offiziersrang von Sr. Majestät dem Deutschen Kaiser, König von Preußen verfügt. Eine besondere Bestimmung über die Staatsangehörigkeit der mit einer derartigen Bestallung bedachten Offiziere usw. ist in diesen Verträgen nicht enthalten, es kann jedoch nur als zweifellos angenommen werden, daß die betreffenden Offiziere mit der Aushändigung der Bestallung unter Beibehaltung ihres bisherigen Untertanenverhältnisses auch preußische Staatsangehörige werden. Ein gleiches Verhältnis besteht für die den Fürstentümern Schwarzburg-Sondershausen, Lippe, Lippe-Detmold und Waldeck angehörigen, zu Offizieren usw. in dem preußischen Heere ernannten Personen.

§ 14.

19. gemacht wird.

Aus dem Wortlaute dieser gesetzlichen Bestimmung erhellt, daß der Vorbehalt in der Anstellungs- oder Bestätigungsurkunde selbst enthalten sein muß und daß ein nachträglicher Vorbehalt wirkungslos ist.

Der besonderen Eintragung dieses Vorbehalts bedarf es nicht, wenn z. B., wie in der Anm. 18 zu diesem Paragraphen erwähnt ist (preußisch-hessische Militärkonvention), zwischen zwei Bundesstaaten vereinbart ist, daß die Anstellungsurkunden von Angehörigen des anderen der kontrahierenden Teile stets, als unter dem Vorbehalte erfolgt, zu betrachten sind.

20. Beurlaubtenstandes.

Nach dem früheren Gesetze wurde die Ernennung zum Offizier oder Beamten des Beurlaubtenstandes als eine die Staatsangehörigkeit in sich schließende Anstellung betrachtet (vgl. Entsch. d. Reichsger. in Strafs. 23 S. 17 ff.; d. preuß. OVG. 35, 423; 38, 404; 48, 396). Das jetzige Gesetz hat diesen Grundsatz, der von allen Bundesstaaten angenommen war, nicht aufrechterhalten, und zwar unter folgender Begründung:

„Es liegt auf der Hand, daß die Anstellung als Offizier oder Beamter des Beurlaubtenstandes, die nur vorübergehende Beziehungen zwischen dem Angestellten und dem anstellenden Staate herstellt, nicht ohne weiteres geeignet ist, ein dauerndes Verhältnis, wie es die Staatsangehörigkeit bildet, für ihn und seine Nachkommen herbeizuführen; anderseits hat die aus der Anstellung sich ergebende doppelte Staatsangehörigkeit vielfach Unzuträglichkeiten, namentlich auch auf steuerlichem Gebiete, zur Folge gehabt. Es empfiehlt sich daher, zu bestimmen, daß die Anstellung als Offizier oder Beamter des Beurlaubtenstandes nicht als Grund für den Erwerb der Staatsangehörigkeit gelten soll. Unter den Ausdruck ‚Offizier' fallen auch die Sanitäts- und Veterinäroffiziere" (RegEntw. S. 24 zu § 10).

§ 15.[1]

Die im Reichsdienst[2] erfolgte Anstellung[3] eines Ausländers, der seinen dienstlichen Wohnsitz[4] in einem Bundesstaate[5] hat, gilt als Einbürgerung[6] in diesen Bundesstaat, sofern nicht in der Anstellungsurkunde ein Vorbehalt[7] gemacht wird.

Hat der Angestellte seinen dienstlichen Wohnsitz[4] im Ausland und bezieht er ein Diensteinkommen[8] aus der Reichskasse, so muß[9] er von dem Bundesstaate, bei dem er den Antrag stellt,[10] eingebürgert werden; bezieht er kein Diensteinkommen[8] aus der Reichskasse, so kann er mit Zustimmung des Reichskanzlers[11] eingebürgert[12] werden.

1. Vorbemerkung.

Der § 15 unterscheidet hinsichtlich der im Reichsdienste angestellten Ausländer zwischen solchen, die in einem Bundesstaate ihren dienstlichen Wohnsitz haben, und denen, die im Ausland, z. B. im Dienste einer kaiserlich deutschen

Mission oder eines deutschen Konsulats etatmäßig oder auch diätarisch angestellt sind. Die auf die ersteren bezügliche gesetzliche Bestimmung (§ 15 Abs. 1) entspricht dem Abs. 2 des § 9 des Gesetzes vom 1. Juni 1870. Es wäre nach meinem Dafürhalten übersichtlicher gewesen, wenn, wie im § 9 des alten Gesetzes, auch im § 14 Abs. 3 der im Reichsdienst angestellten, im Inland wohnenden Ausländer gedacht worden wäre und der § 15 sich nur mit den im Ausland wohnenden, im Reichsdienst angestellten Ausländern befaßt hätte.

Daß man im Abs. 2 des § 15 noch auf die Einbürgerung im Bundesstaate hinweist, ist ein Weg, der, als die Novelle vom 20. Dez. 1875 geschaffen wurde, notwendig war, weil es damals noch keine unmittelbare Reichsangehörigkeit gab. Da diesem Mangel jetzt abgeholfen ist und es sich bei den in Betracht kommenden Angestellten doch zumeist um Personen handelt, die dem Ressort des Auswärtigen Amtes angehören, so wäre das einfachste gewesen, die Einbürgerung lediglich durch den Reichskanzler bzw. dessen Vertreter geschehen zu lassen. In § 34 d. G. ist allerdings für den letzteren Fall auch die Gewährung der unmittelbaren Reichsangehörigkeit vorgesehen.

2. Reichsdienst.

Zum Reichsdienst gehört auch der Dienst in der Marine; zum Eintritt in dieselbe bedarf es für Ausländer der kaiserl. Genehmigung (s. § 21 Ziff. 4 der WehrO. vom 22. Nov. 1888), die Einbürgerung erwerben jedoch nur diejenigen in der Marine dienenden Ausländer, welchen ein Patent als Offizier, Marinearzt oder im Offiziersrang stehender Marinebeamter verliehen ist.

Vgl. auch unten Anm. 5.

3. Anstellung.

Die Anstellung im Reichsdienste erfolgt in Gemäßheit der Verordnung vom 23. Nov. 1874 (RGBl. S. 135) entweder durch kaiserliche Bestallung*) (§ 2) oder durch Anstellungsurkunde, welche im Namen des Kaisers vom Reichskanzler oder von den durch denselben dazu ermächtigten Behörden erteilt wird. (§ 3.) Zum unmittelbaren Reichsdienste gehört auch der Dienst in der Marine (s. Anm. 2 zu diesem Paragraphen).

4. dienstlicher Wohnsitz.

Hierzu bemerkt Riedel a. a. O. S. 261 Anm. 6:

„Wird ein Bundesangehöriger im Reichsdienste angestellt, so verbleibt ihm seine bisherige Staatsangehörigkeit, sofern nicht zugleich eine Verlegung des dienstlichen Wohnsitzes in einen anderen Bundesstaat erfolgt."

Diese Bemerkung ist nicht zutreffend.

Da der Wohnsitz für sich allein die Staatsangehörigkeit nicht begründet, so kann auch die Verlegung des Wohnsitzes einen Wechsel der Staatsangehörigkeit nicht herbeiführen. Im übrigen bezieht sich der Abs. 1 des § 15 d. G.

---

*) Eine kaiserliche Bestallung erhalten nur:

1. die Mitglieder der höheren Reichsbehörden, sowie diejenigen Reichsbeamten, welche nach ihrer dienstlichen Stellung denselben vorgehen oder gleichstehen;
2. die Konsuln.

§ 15.

(ebenso § 9 Abs. 2 d. G. vom 1. Juni 1870) nicht auf Reichsangehörige, sondern nur auf Ausländer, welche im Reichsdienste angestellt werden und in einem Bundesstaate ihren dienstlichen Wohnsitz haben.

Zu bemerken ist noch, daß infolge der Doppelstellung des Auswärtigen Amts als Reichsbehörde und als preußische Staatsbehörde (preußisches Ministerium der auswärtigen Angelegenheiten) es zuweilen vorkommt, daß nichtpreußische Reichsangehörige, welche im Reichsdienst im Auslande beschäftigt waren, bei einer der kgl. preußischen Gesandtschaften an dem Hofe eines deutschen Bundesstaates angestellt werden. Eine derartige Anstellung hat selbstverständlich den Erwerb der preußischen Staatsangehörigkeit zur Folge, und letztere geht auch nicht verloren, wenn der Betreffende späterhin wieder in den Reichsdienst versetzt wird.

5. in einem Bundesstaate.

Ein Ausländer, welchem die Bestallung als Offizier, Marinearzt oder im Offiziersrang stehender Beamter in der Kaiserlichen Marine erteilt wird, und welcher sofort auf einem deutschen Kriegsschiffe in Stellung tritt, hat seinen dienstlichen Wohnsitz eigentlich nur im Reiche. Da aber

1. nach § 53 der Reichsverfassung vom 16. April 1871 (Gesetz vom 19. Juni 1883, betr. die Reichskriegshäfen usw., RGBl. S. 105) der Kieler Hafen und der Jadehafen Reichskriegshäfen sind und diese als Heimathäfen der Kriegsflotte in Preußen belegen sind,
2. der persönliche Gerichtsstand des Angestellten nach § 21 des Reichsbeamtengesetzes vom 31. März 1873 in der Fassung vom 18. Mai 1907 (RGBl. S. 245) zu Berlin begründet ist,

so hat der Betreffende seinen dienstlichen Wohnsitz in Preußen und ist demgemäß preußischer Staatsangehöriger.

6. gilt als Einbürgerung.

Die Anstellungsurkunde begründet, wie die Aufnahme- oder Einbürgerungsurkunde, mit dem Zeitpunkt der Aushändigung alle mit der durch die Anstellung erworbenen Staatsangehörigkeit verbundenen Rechte und Pflichten (§ 16 d. G.) nicht nur für den Angestellten selbst, sondern auch für dessen Ehefrau und für die noch unter elterlicher Gewalt stehenden minderjährigen Kinder des Angestellten. Der im § 16 Abs. 2 vorgesehene Ausnahmevorbehalt in betreff der Ehefrau und der minderjährigen Kinder des Aufgenommenen bzw. Eingebürgerten findet auch auf die Familienmitglieder des im Reichsdienste Angestellten Anwendung, sofern derselbe vor Aushändigung der Bestallung bei der zuständigen Behörde eine diesbezügliche Erklärung abgegeben hat und diese in die Urkunde selbst hat aufnehmen lassen.

7. Vorbehalt.

Vgl. Anm. 18 u. 19 zu § 14 d. G.

8. Diensteinkommen.

In dem Gesetze wird hinsichtlich des aus der Reichskasse zu beziehenden Diensteinkommens nicht unterschieden, ob dasselbe ein etatmäßiges oder remuneratorisches ist, ob also der im Reichsdienst im Auslande angestellte Ausländer eine Stellung auf Lebenszeit mit festem Gehalte bekleidet oder nur unter dem Vorbehalte des Widerrufs oder der Kündigung beschäftigt wird. Es kommt vielmehr nur darauf an, wie schon die Motive zur Gesetzesnovelle vom 20. Dez. 1875 (RGBl. S. 324) erläuternd bemerkt haben, daß er seine ganze Tätigkeit dem Reichsdienste widmet und nicht die ihm übertragene Funktion als ein Ehren- oder Nebenamt versieht. Es wird also der an einer kaiserl. Mission oder an einem kaiserl. Konsulate angestellte mittlere oder Unterbeamte (Kanzleigehilfe, Kanzleidiener, Portier) auf Grund des Gesetzes die Einbürgerung beantragen können, und zwar besonders in dem Falle, wo es sich bei dem Betreffenden um die Anwartschaft auf Pensionsbezug handelt (vgl. §§ 34, 57 Nr. 1 des Reichsbeamtengesetzes vom 18. Mai 1907).

9. muß eingebürgert werden.

Da nach dem Wortlaute des Gesetzes ein im Reichsdienst im Auslande angestellter Ausländer eingebürgert werden muß, so kann die Einbürgerung von der vorherigen Erfüllung irgendwelcher erschwerender Bedingungen, an welche einzelne Bundesregierungen die Verleihung der Staatsangehörigkeit für den Ausländer geknüpft haben, nicht abhängig gemacht werden. Die Berichtigung von besonderen Taxen (Bayern, Württemberg, Baden, Hessen usw.) kann also von dem im Auslande wohnhaften, im Reichsdienste angestellten Ausländer, welcher die Einbürgerung in Deutschland nachsucht, nicht verlangt werden. Ebenso selbstverständlich ist es, daß die für den Ausländer gegebenen Voraussetzungen der §§ 8 u. 9 d. G. außer Betracht bleiben (vgl. Anm. 3 zu § 9 d. G.). Wohl aber wird es zweckmäßig sein, den Betreffenden, welcher die Einbürgerung in Deutschland nachsucht, zu veranlassen, daß er die Entlassung aus seiner bisherigen Staatsangehörigkeit erwirke, wenn dieselbe nicht ipso jure durch den Erwerb der fremden Staatsangehörigkeit oder infolge des Eintritts in den fremdländischen Dienst (Frankreich, Belgien, Italien usw.) verloren geht. Die vorherige Entlassung aus der bisherigen Staatsangehörigkeit ist geboten, wenn der Anzustellende türkischer, persischer oder marokkanischer Untertan ist (vgl. Anm. 2 zu § 8 d. G.).

10. Antrag stellt.

Die Anstellungsurkunde, mittels deren ein im Auslande wohnhafter Ausländer im Reichsdienste angestellt wird, bürgert sonach denselben nicht stillschweigend ein, wie dies bei den im Inlande Angestellten der Fall ist, sondern es bedarf zur Erwerbung der Reichsangehörigkeit der ausdrücklichen schriftlichen Willensäußerung des Betreffenden, die Einbürgerung zu erwirken.

Ist der Betreffende Deutscher geworden, so wird er auch nach Maßgabe seines Lebensalters wehrpflichtig (vgl. § 21 Ziff. 1 der WehrO. von 1888).

11. kann mit Zustimmung des Reichskanzlers.

In betreff der fakultativen Einbürgerung der im Ausland ernannten deutschen Wahlkonsuln, die Ausländer sind, heißt es in der Begründung zu diesem Gesetz (Reg.-Entw. S. 25), daß auch diesen die Berechtigung gegeben wird, um die Einbürgerung nachzusuchen. Letztere hängt aber nicht von der

Erfüllung der in den §§ 8 u. 9 d. G. gegebenen Voraussetzungen ab, sondern es liegt allein im Ermessen des Reichskanzlers — abgesehen von der Entschließung des angegangenen Staates —, ob dem Gesuche Folge zu geben sei (vgl. Anm. 3 zu § 9 d. G.).

12. eingebürgert.

In § 40 d. G. ist aufgezählt, für welche Paragraphen der Rekurs stattfinden kann. Unter diesen findet sich auch § 15. Ein Rekurs ist aber nur gegeben, wo ein Anspruch des Gesuchstellers vorhanden ist. Das ist in § 15 Abs. 2 Satz 1 der Fall, nicht aber in Satz 2, der nur die Möglichkeit einer Einbürgerung zugesteht. Das Gesetz hätte also zwischen Satz 1 und Satz 2 unterscheiden müssen.

Das gleiche Versehen ist bezüglich § 26 Abs. 3 d. G. unterlaufen.

§ 16.[1]

Die Aufnahme oder Einbürgerung[2] wird wirksam[3] mit der Aushändigung[4] der von der höheren Verwaltungsbehörde[5] hierüber ausgefertigten Urkunde[6] oder der Urkunde über die unter den Voraussetzungen des § 14[7] oder des § 15 Abs. 1[7] erfolgte Anstellung.

Die Aufnahme[8] oder Einbürgerung[8] erstreckt sich,[9] insofern nicht in der Urkunde ein Vorbehalt[10] gemacht wird, zugleich auf die Ehefrau[11] und auf diejenigen Kinder,[12] deren gesetzliche Vertretung[13] dem Aufgenommenen oder Eingebürgerten kraft elterlicher Gewalt[13] zusteht. Ausgenommen sind Töchter, die verheiratet sind oder verheiratet gewesen sind.

1. Vorbemerkung.

Der Inhalt des § 16 ist im wesentlichen dem der §§ 6, 10 u. 11 des Gesetzes vom 1. Juni 1870 entnommen.

2. Aufnahme oder Einbürgerung.

Auch die (obligatorische) Wiederaufnahme (§§ 10, 11, 26 Abs. 3 Satz 2, 30, 31, 32 Abs. 3 d. G.) und die (fakultative) Wiedereinbürgerung (§§ 9 Abs. 2 Satz 1, 13, 26 Abs. 3 Satz 1, 32 Abs. 3, 33 Ziff. 2).

3. wird wirksam.

Mit der Wirksamkeit der Einbürgerung unterliegt der Eingebürgerte auch allen Pflichten eines Deutschen. Unter diesen steht obenan die Wehrpflicht.

Der § 21 der WehrO. vom 22. Nov. 1888 bestimmt hinsichtlich der Wehrpflicht von in Deutschland eingebürgerten Ausländern folgendes:

„1. Ausländer, welche die Reichsangehörigkeit erwerben,*) werden nach Maßgabe ihres Lebensalters wehrpflichtig.

*) Gleichviel ob die Staatsangehörigkeit durch Einbürgerung oder infolge Anstellung im unmittelbaren oder mittelbaren Staats- oder Reichsdienste erworben ist.

Die Regelung der Dienstpflicht solcher Personen erfolgt nach denselben Grundsätzen wie bei allen übrigen Wehrpflichtigen."*)

Bei der Heranziehung der nach ihrem 22. Lebensjahre in einem Bundesstaate eingebürgerten Ausländer zum Militärdienste ist bisher von den Ersatzbehörden verschieden verfahren worden. Einzelne Ersatzbehörden sind der Ansicht gewesen, daß derartige Ausländer, weil sie nicht in der Lage waren, in ihrem 22. Lebensjahre (dem dritten Militärpflichtjahre) eine endgültige Regelung ihrer Militärverhältnisse herbeizuführen, zum aktiven Dienste nicht mehr auszuheben, sondern der Ersatzreserve zu überweisen seien. Andere Ersatzbehörden nehmen an, daß die genannten Wehrpflichtigen den Militärpflichtigen gleich zu behandeln seien, die mit oder ohne Entschuldigung sich nicht gestellt hatten und daher bis zum Erlöschen ihrer Wehrpflicht zum aktiven Dienst ausgehoben werden können. Letzterer Ansicht sind der Kriegsminister und der Minister des Innern in einer gemeinsamen Verfügung nach Benehmen mit dem Reichskanzler beigetreten, indem sie die nachträgliche Einstellung der nach ihrem 22. Lebensjahre naturalisierten Personen grundsätzlich für zulässig erachten. Es soll dabei aber den Ersatzbehörden überlassen bleiben, solche Personen, die ihres Alters wegen sich zur Einstellung als Rekruten nicht mehr eignen, wegen bedingter Tauglichkeit oder wegen körperlicher Fehler der Ersatzreserve oder dem Landsturme zuzuweisen. Es würde auch aus besonderen Billigkeitsgründen (§ 39 Ziff. 2 und § 40 Ziff. 4 der WehrO.) die ausnahmsweise Überweisung zum Landsturm oder zur Ersatzreserve erfolgen können.

In Fällen, in welchen der in Deutschland eingebürgerte Ausländer aus seiner bisherigen Staatsangehörigkeit nicht entlassen ist und ihm aus dem Besitze der doppelten Staatsangehörigkeit hinsichtlich der ihm obliegenden Militärdienstpflichten Schwierigkeiten erwachsen, hat sich die preußische Verwaltungspraxis (vgl. Erlaß des kgl. preuß. Min. d. J. vom 18. Juni 1860, MBl. S. 194) stets an das Prinzip des Wohnsitzes gehalten, und zwar sollen diejenigen Personen, welche ohne Aufgabe ihres früheren Untertanenverhältnisses in Preußen eingebürgert sind, bzw. ihre Kinder, sofern sie beim Eintritt in das militärpflichtige Alter oder im Laufe desselben in Preußen ihren Wohnsitz haben, zur Ableistung ihrer Militärpflicht im preußischen Heere herangezogen, andernfalls aber davon freigelassen werden, wenn sie im Auslande bereits ihrer Militärpflicht genügt haben.

4. Aushändigung.

Die Rechtswirkung der Aufnahme- bzw. Einbürgerungsurkunde tritt erst mit dem Zeitpunkte ein, in welchem die Urkunde dem Aufgenommenen bzw. Eingebürgerten oder dem rechtmäßigen Vertreter desselben (vgl. Erl. d. kgl.

*) Einer kgl. preuß. Kabinettsorder vom 17. Okt. 1847 zufolge (MBl. i. V. S. 305) ist der in Preußen naturalisierte Ausländer, welcher der Militärpflicht durch persönlichen Dienst in seiner früheren Heimat schon genügt hat, von einer weiteren Militärdienstpflicht entbunden.

In betreff der Wehrpflicht Staatloser vgl. § 11 d. RMilG. neue Fassung, Anhang Anl. Nr. 16 (vgl. auch § 12 Anm. 1).

württemb. Min. d. J. vom 7. Febr. 1883, Reger III 333) ausgehändigt worden ist, nicht mit dem Zeitpunkte der Absendung der Urkunde durch die Behörde (vgl. Seydel a. a. O. S. 146). Es würde aus diesem Grunde zweckmäßig sein, wenn der Zeitpunkt der Übermittelung der Urkunde an den Betreffenden von der aushändigenden Behörde stets protokollarisch festgestellt würde.

Die einer nicht geschäftsfähigen Person erteilte Einbürgerungsurkunde (§ 8 Ziff. 1 d. G.) muß, um Rechtswirkung zu erlangen, an den gesetzlichen Vertreter ausgehändigt werden.

Die bloße Kenntnis vom Dasein und Inhalt der Urkunde entspricht nicht der Voraussetzung der Aushändigung (kgl. bayr. VGH. VI 90; Reger VI 97). Andererseits kann aus der Tatsache, daß ein Polizeibeamter in irrtümlicher Auslegung des ihm gewordenen Auftrags dem Antragsteller mit der Geburts- und Eheschließungsurkunde zusammen auch die Naturalisationsurkunde aushändigt, die Richtigkeit des Naturalisationsaktes nicht hergeleitet werden (kgl. preuß. VOG. 55, 235; vgl. auch das. 56, 279).

5. Höhere Verwaltungsbehörde.

Es muß also eine Behörde sein, welche noch andere Staatsverwaltungsbehörden unter sich hat; und der Bestimmung des Reichsgesetzes wird nur dann genügt sein, wenn nicht die untersten Verwaltungsbehörden mit Ausstellung der Aufnahme- oder Naturalisationsurkunden betraut werden. Eine Zusammenstellung der höheren Verwaltungsbehörden enthält das vom Reichsamt des Innern am 1. Juli 1897 veröffentlichte Verzeichnis (s. Anhang, Anl. Nr. 17; vgl. auch § 39 Abs. 2 d. G.).

6. Urkunde.

a) Eine einheitliche Form der Aufnahme- und Einbürgerungsurkunden ist durch § 39 Abs. 1 d. G. in Verbindung mit dem Bundesratsbeschluß vom 29. Nov. 1913 (ZBl. f. d. DR. S. 1201 ff.) vorgeschrieben; vgl. Anhang, Anl. Nr. 1.

b) Die Nichtigkeitserklärung einer Aufnahme- oder Einbürgerungsurkunde ist ausgeschlossen, auch wenn der Beweis erbracht ist, daß sie der Aufgenommene oder Eingebürgerte auf Grund falscher Angaben, irriger Urkunden oder in Ermangelung der nach §§ 7, 8 u. 9 d. G. sowie anderer nach dem Gesetz zu erfüllenden Bedingungen erlangt hat; s. Anm. 16 zu § 8 d. G. Jedoch ist die von einer unzuständigen Behörde angefertigte Urkunde von vornherein nichtig (vgl. Entsch. d. preuß. OVG. 13, 408; 27, 410; 55, 234).

7. unter den Voraussetzungen des § 14 oder des § 15 Abs. 1.

In Fällen, wo über die Anstellung und die Bestätigung verschiedene Urkunden ausgestellt werden, ist der Zeitpunkt der Aushändigung der Bestätigungsurkunde maßgebend (Begr. d. Reg.-Entw. S. 25).

8. Aufnahme oder Einbürgerung.

Es ist dabei bedeutungslos, ob es sich bei dem Erwerb der Staatsangehörigkeit um Aufnahme, Einbürgerung, Anstellung im Staats- oder Reichsdienst, Wiederaufnahme oder Wiedereinbürgerung handelt.

§ 16.

9. erstreckt sich.

Nach Maßgabe dieser gesetzlichen Bestimmung ist es zwar zweckmäßig, aber der Erwerb des materiellen Rechts ist nicht davon abhängig, daß die Namens- und Zivilstandsangaben der Ehefrau und der zur Zeit des Erwerbs der Staatsangehörigkeit des Vaters noch im minderjährigen Alter befindlichen Kinder des Aufgenommenen oder Eingebürgerten in der Aufnahme- bzw. Einbürgerungsurkunde besonders erwähnt seien (vgl. dagegen § 23 Abs. 2 d. G.).

10. Vorbehalt.

Vgl. hierzu § 14 Anm. 18a.

Selbstverständlich steht es sowohl dem Antragsteller bzw. dem Anzustellenden als auch der Behörde frei, den Antrag zurückzuziehen bzw. auf die Anstellung zu verzichten, oder die Verleihung zu versagen, sofern in den etwa zur Bedingung gestellten Vorbehalt nicht gewilligt wird.

Die hamburgische Regierung versagte bisher stets die Einbürgerung bzw. Wiedereinbürgerung, wenn der Antragsteller seine Söhne von der Verleihung der Staatsangehörigkeit ausgeschlossen wissen wollte.

Seitens der die Aufnahme oder Einbürgerung erteilenden Behörde kann auch die Ausschließung eines der Angehörigen des Antragstellers von der Verleihung der Staatsangehörigkeit erfolgen, wenn z. B. bei einem der Angehörigen des Antragstellers (der Ehefrau oder einem der minderjährigen Kinder) die gesetzlich erforderliche Unbescholtenheit (§ 7 und § 8 Ziff. 2 d. G.) nicht außer Zweifel steht.

11. Ehefrau.

Ist die Ehefrau von der Verleihung der Staatsangehörigkeit ausgeschlossen, so übt diese Ausnahmestellung der Ehefrau keinen Einfluß aus auf die Staatsangehörigkeit ihrer ehelichen Kinder, da diese stets der Staatsangehörigkeit des Vaters folgen.

Die Gesetzgebung verschiedener ausländischer Staaten hat diese Frage anders geregelt.

So ist namentlich in den Ländern des französischen Rechtsgebiets die Naturalisation persönlich und erstreckt sich weder auf die Ehefrau, noch auf die minderjährigen Kinder des Naturalisierten, so daß z. B. die Ehefrau und die minderjährigen Kinder eines Franzosen, der im Deutschen Reich eingebürgert worden ist, nach wie vor ihre französische Staatsangehörigkeit bewahren und mithin im Besitze einer doppelten Staatsangehörigkeit sich befinden (s. Anm. 10 zu § 8 d. G. und Teil II Ausl. Gesetzgeb.: Frankreich).

12. Kinder.

Es wird hier die Frage aufgeworfen werden müssen, ob an dieser Stelle unter „Kinder" auch die Adoptivkinder inbegriffen sind. In den §§ 9, 13, 33 wird ausdrücklich bestimmt, daß bei der Wiedereinbürgerung von ehemaligen Deutschen das Adoptivkind dem Adoptierenden völlig gleichgestellt ist. In § 16 ist einer solchen Vergünstigung des Adoptivkindes nicht gedacht, und es dürfte daraus zu schließen sein, daß das Gesetz im § 16 die Adoption der natürlichen Abstammung nicht gleichstellen wollte (a. A. Weck, § 16 Anm. 9).

§ 16.

13. gesetzliche Vertretung kraft elterlicher Gewalt.

Wegen der Volljährigkeit s. Anm. 5 zu § 8 d. G.

Rönne-Zorn a. a. O. S. 619 Anm. 3 sagt: „für Nichtdeutsche ist in dieser Beziehung das Recht des Heimatstaates entscheidend". Hierzu ist zu bemerken, daß das Recht des Heimatstaates hinsichtlich der Frage der Minder- oder Volljährigkeit nur dann in Betracht kommt, wenn der Ausländer um die Einbürgerung in Deutschland nachsucht, da ihm dieselbe nach § 8 d. G. nur dann verliehen werden kann, wenn er nach seinem heimatlichen oder dem deutschen Rechte geschäftsfähig ist. In dem § 16 dagegen handelt es sich nicht um die Erwerbung der Einbürgerung, sondern um die von dem Ausländer erworbene Einbürgerung, welche sich nach dem deutschen Rechte auf die Ehefrau und die minderjährigen Kinder erstreckt, gleichviel, ob dies nach dem ehemaligen Heimatrechte des Eingebürgerten gesetzlich zulässig ist oder nicht. Die Einbürgerung erstreckt sich demgemäß nicht auf die nach deutschem Rechte bereits volljährigen Kinder des Eingebürgerten, wenn dieselben auch nach dem ehemaligen Heimatsrechte des Eingebürgerten noch minderjährig sein sollten (vgl. Entsch. d. Ausw. Amts vom 28. Aug. 1908; Nr. IIIb 13489/60222). In gleicher Weise ist auch die Frage zu entscheiden, ob die elterliche Gewalt über die Kinder dem Eingebürgerten zusteht; auch hier wird nur das deutsche Recht maßgebend sein (vgl. Komm.-Ber. S. 41).

Das uneheliche minderjährige Kind erwirbt dadurch, daß seine Mutter im Deutschen Reich eingebürgert worden ist, nicht ohne weiteres die deutsche Staatsangehörigkeit. Die uneheliche Mutter besitzt nach bürgerlichem Recht nicht die elterliche Gewalt; mithin findet die stillschweigende Ausdehnung der Staatsangehörigkeit nur auf die ehelichen minderjährigen Kinder Anwendung, und wenn die Mutter ihr uneheliches Kind eingebürgert wissen will, so muß dessen besondere Einbürgerung unter den im § 8 d. G. vorgesehenen Bedingungen beantragt werden.

Im übrigen vgl. § 7 Anm. 16; wegen der Kinder aus nichtigen Ehen BGB. §§ 1699, 1701, 1702, 1704; auch Nadelhofer, „Über die Wirkung einer Unehelichkeitserklärung und einer Ehenichtigkeitserklärung", in Hirths Annalen 1906, 303.

§ 17.

Die Staatsangehörigkeit geht verloren:[1]

1. durch Entlassung (§§ 18 bis 24),[2]
2. durch den Erwerb einer ausländischen Staatsangehörigkeit (§ 25),[3]
3. durch Nichterfüllung der Wehrpflicht (§§ 26, 29),[4]
4. durch Ausspruch der Behörde (§§ 27 bis 29),[5]
5. für ein uneheliches Kind[6] durch eine von dem Angehörigen eines anderen Bundesstaats oder von einem Ausländer bewirkte[7] und nach den deutschen Gesetzen wirksame[8] Legitimation,

6. für eine Deutsche durch Eheschließung[9] mit dem Angehörigen eines anderen Bundesstaats[10] oder mit einem Ausländer.[11]

1. verloren.

a) Die Verlustgründe sind hier nicht sämtlich aufgeführt.

Der Verlust der Staatsangehörigkeit kann auch auf Grund besonderer Friedens- oder Staatsverträge, in welchen Gebietsabtretungen von einem Staate an den anderen vereinbart werden, erfolgen, falls die in dem abgetretenen Gebiete wohnenden oder von da gebürtigten Personen nicht Angehörige des erwerbenden Staates werden wollen, sondern sich für die Nationalität des abtretenden Staates entscheiden. Solche Entscheidung (Option) bewirkt den Verlust der mit der Gebietsabtretung stillschweigend erlangten Staatsangehörigkeit derart, daß angenommen wird, der Optierende habe zu keiner Zeit aufgehört, Untertan des abtretenden Staates zu sein. Infolgedessen werden auch Strafen, welche etwa in der Zwischenzeit gegen denjenigen, welcher optiert hat, wegen Verabsäumung einer staatsbürgerlichen Pflicht — Verletzung der Wehrpflicht — von dem erwerbenden Staate erkannt worden sind, auf dem Wege der Gnade erlassen.

Es kommen hier in Betracht:

1. die durch den Frankfurter Friedensvertrag vom 10. Mai 1871 von Frankreich erfolgte Abtretung Elsaß-Lothringens an das Deutsche Reich.

Die auf diese Gebietsabtretung bezüglichen Artikel lauten:

a) Art. 2 des Friedensvertrages vom 10. Mai 1871:

„Den aus den abgetretenen Gebieten herstammenden, gegenwärtig in diesem Gebiete wohnhaften französischen Untertanen, welche beabsichtigen, die französische Nationalität zu behalten, steht bis zum 1. Okt. 1872 und vermöge einer vorgängigen Erklärung an die zuständige Behörde die Befugnis zu, ihren Wohnsitz nach Frankreich zu verlegen und sich dort niederzulassen, ohne daß dieser Befugnis durch die Gesetze über den Militärdienst Eintrag geschehen könnte, in welchem Falle ihnen die Eigenschaft als französische Bürger erhalten bleiben wird. Es steht ihnen frei, ihren auf den mit Deutschland vereinigten Gebieten belegenen Grundbesitz zu behalten."

b) Art. 1 der Zusatzkonvention vom 11. Dez. 1871:

„Für diejenigen Personen, welche aus den abgetretenen Gebietsteilen herstammen und sich außerhalb Europas aufhalten, wird die durch den Art. 2 des Friedensvertrages für die Wahl zwischen der deutschen und französischen Nationalität festgesetzte Frist bis zum 1. Oktober 1873 verlängert.

Die Entscheidung für die französische Nationalität seitens der aus den abgetretenen Gebieten herstammenden Personen, welche sich außerhalb Deutschlands aufhalten, erfolgt durch eine, sei es vor der Mairie des Wohnortes in Frankreich, sei es vor einer französischen Gesandtschafts- oder Konsulatskanzlei abgegebene Erklärung oder durch Immatrikulation bei einer solchen Kanzlei.*)

---

*) Aus der Verbindung dieser beiden Artikel mit Art. 1 der Friedenspräliminarien erhellt, daß nach dem Willen der beiden Kontrahenten auch die-

Die französische Regierung wird der deutschen vierteljährlich auf diplomatischem Wege namentliche Verzeichnisse über diese Erklärungen mitteilen." —

Bezüglich der in anderen Teilen Frankreichs geborenen, aber zur Zeit der Gebietsabtretung in Elsaß-Lothringen wohnhaften Personen hat der völkerrechtliche Grundsatz Platz gegriffen, daß durch Abtretung eines Landesteils alle darin domizilierten Staatsbürger ihre bisherige Staatsangehörigkeit verlieren. Es gehörten daher zu den Angehörigen des abgetretenen Gebiets alle Franzosen, welche in Elsaß-Lothringen geboren waren oder am 2. März 1871 (Datum des Ratifikationsaustausches der Friedenspräliminarien vom 26. Febr. 1871) dort wohnten.

Hinsichtlich des bei der Option zu beobachtenden Verfahrens sind seitens des damaligen Oberpräsidenten von Elsaß-Lothringen Bekanntmachungen ergangen, welche in dem Anhang, Anl. 19, abgedruckt sind. —

2. Durch den Art. XII des deutsch-englischen Vertrages vom 1. Juli 1890 (Anhang, Anl. 20) hat die Königin von Großbritannien und Irland die Souveränetät über die Insel Helgoland nebst deren Zubehörungen an Seine Majestät den Deutschen Kaiser abgetreten. Nachdem die in dem Vertrage vorbehaltene Zustimmung des Parlaments zu dieser Abtretung erteilt worden war, hat am 9. Aug. 1890 der britische Gouverneur die Insel dem Kaiserl. Bevollmächtigten förmlich übergeben; am folgenden Tage ist durch S. M. den Kaiser die feierliche Besitzergreifung vollzogen worden.

Nachdem sodann durch Reichsgesetz vom 15. Dez. 1890 (RGBl. S. 207, s. Anhang, Anl. 21) die Insel Helgoland nebst Zubehörungen dem Bundesgebiete hinzugetreten ist und das Reich seine Zustimmung dazu erteilt hat, daß die Insel dem preußischen Staate einverleibt werde, ist durch die am 1. April 1891 in Kraft getretene Verordnung vom 22. März 1891 (RGBl. S. 21) bestimmt worden:

„Art. I. Die nachstehenden Reichsgesetze nebst den zu ihrer Ergänzung, Abänderung und Ausführung erlassenen gesetzlichen und sonstigen Bestimmungen treten auf der Insel Helgoland in Kraft:

I. Das Gesetz über die Erwerbung und den Verlust der Bundes- und Staatsangehörigkeit vom 1. Juni 1870 v o r b e h a l t l i c h d e s R e c h t s d e r v o n d e r I n s e l h e r s t a m m e n d e n P e r s o n e n v e r m ö g e e i n e r v o r d e m 1. J a n. 1892 v o n i h n e n s e l b s t o d e r b e i m i n d e r j ä h r i g e n K i n d e r n v o n d e r e n E l t e r n o d e r V o r m ü n d e r n a b z u g e b e n d e n E r k l ä r u n g, d i e b r i t i s c h e S t a a t s a n g e h ö r i g k e i t z u w ä h l e n."

Besondere Vorschriften über die Art und Fassung der Optionserklärungen, die sich im ganzen auf acht Fälle beschränkt haben, sind nicht ergangen.

---

jenigen in Elsaß-Lothringen geborenen Franzosen, welche zur Zeit des Friedensschlusses dort nicht ihren Wohnsitz hatten, durch die Abtretung Deutsche geworden sind. Dieser Vertragsbestimmung gegenüber ist ein Zurückgehen auf allgemeine Sätze des Völkerrechts ausgeschlossen (s. GS. für Elsaß-Lothringen Straßburg 1881, Bd. 3 S. 18).

§ 17.

3. Zwischen dem Deutschen Reich und dem Bolivianischen Freistaat besteht ein Freundschafts- und Handelsvertrag, der in seinem Art. VI bestimmt, daß das in Bolivia geborene Kind eines Deutschen bei Vollendung des 21. Lebensjahres auf die durch Abstammung erworbene Eigenschaft eines Deutschen verzichten kann und dann ohne weiteres als Bolivianer anerkannt wird (s. Anhang, II. Teil, Ausland, Bolivia). Selbstverständlich wird es sich in diesem Artikel nur um die in Bolivia ansässigen Kinder eines Deutschen handeln.

b) Der Verlust der Staatsangehörigkeit erfolgt unter den in § 17 d. G. aufgezählten Bedingungen.

Wer seine Staatsangehörigkeit in einem Bundesstaate verloren hat, ist also nicht mehr Deutscher, sondern Ausländer und kann demgemäß, wenn er sich im Reichsgebiete aufhält, von da ausgewiesen werden. Ist derselbe jedoch nicht Angehöriger eines fremden Staates geworden, nach welchem die Ausweisung erfolgen könnte, was nur unter den Voraussetzungen der Ziff. 2, 5 u. 6 des § 17 der Fall ist, und geschieht die Ausweisung durch zwangsweise Abschiebung nach einem fremden Staate, so kann eine derartige Ausweisung insofern auf Schwierigkeiten stoßen, als der fremde Staat nicht verpflichtet ist, Ausländer bei sich aufzunehmen und er diese Maßregel durch Zurückweisung des Betreffenden nach seinem früheren Heimatstaate unwirksam machen kann.

Eine derartige Rückübernahme von Deutschen, welche ihrer Staatsangehörigkeit verlustig gegangen sind, ohne im Auslande eine andere Staatsangehörigkeit erworben zu haben, hat deutscherseits stets stattzufinden, wenn die Betreffenden in einem der nachbezeichneten ausländischen Staaten sich aufhalten, welche mit Deutschland einen Übernahmevertrag abgeschlossen haben.

Es sind dies:

a) Italien (s. Übernahmevertrag vom 8. Aug. 1873; Anhang, Anl. Nr. 22).

b) Dänemark (s. Übernahmevertrag vom 11. Dez. 1873 und Zusatzprotokolle zu demselben vom 25. Aug. 1881 und 17. Juli 1884; Anhang, Anl. Nr. 23 u. 23 a—c).

c) Österreich-Ungarn (s. Übernahmeerklärung vom 4./26. Juli 1875; Anhang, Anl. Nr. 24).

d) die Schweiz (s. Niederlassungsvertrag vom 13. Nov. 1909 [RGBl. 1911 S. 887] sowie Vertrag vom 31. Okt. 1910 [RGBl. 1911 S. 892], Ausführungsanweisung des preuß. Min. d. J. vom 19. Sept. 1911 [MBl. f. d. i. V. S. 278] sowie die Min.-Vfg. vom 14. Dez. 1911 [MBl. 1912 S. 12] und vom 9. Febr. 1913 [MBl. S. 53]; Anhang, Anl. Nr. 25).

e) Belgien (s. Übernahmevertrag vom 7. Juli 1877; Anhang, Anl. Nr. 26).

f) Rußland (s. Übernahmeübereinkommen vom 10. Febr./29. Jan. 1894; Anhang, Anl. Nr. 27).

g) die Niederlande (s. Niederlassungsvertrag zwischen dem Deutschen Reiche und den Niederlanden vom 17. Dez. 1904; preuß. Ausf.-Anw. vom 31. Jan. 1907; Min.-Vfg. vom 2. Juli 1911 und 11. Sept. 1912; Anhang, Anl. Nr. 28).

§ 17.

h) Norwegen (s. Verfügung d. Min. d. J. vom 14. Nov. 1908, betr. den Übernahmeverkehr mit Norwegen; preuß. MBl. f. d. i. Verw. Nr. 12 vom 31. Dez. 1908; Anhang, Anl. Nr. 29).

Auf Grund dieser Verträge haben sich die vertragschließenden Teile verpflichtet, ihre ehemaligen, hilfsbedürftig gewordenen, polizeilich zurückgeschafften oder ausgewiesenen Staatsangehörigen wieder zu übernehmen, auch wenn dieselben ihre Staatsangehörigkeit nach der inländischen Gesetzgebung bereits verloren haben, sofern sie nicht etwa dem anderen Lande nach dessen eigener Gesetzgebung oder einem dritten Staate angehörig geworden sind.

Eine gleiche Vereinbarung besteht auf Grund des Gothaer Vertrags vom 15. Juli 1851 zwischen den einzelnen deutschen Bundesstaaten und dem Großherzogtum Luxemburg, das diesem Vertrage im Jahre 1855 beigetreten ist (s. Vertrag wegen gegenseitiger Verpflichtung zur Übernahme des Auszuweisenden; d. d. Gotha, den 15. Juli 1851*); Anhang, Anl. 30 u. 30a). Ein Ver-

*) Der Gothaer Vertrag, welcher auch das Übernahmeverfahren zwischen den Bundesstaaten regelte, ist in Gemäßheit des § 1 Abs. 2 d. G. über den Unterstützungswohnsitz vom 6. Juni 1870 in der Fassung vom 30. Mai 1908 (Anhang, Anl. Nr. 5) auf die Angehörigen des Norddeutschen Bundes, des Königreichs Württemberg, der Großherzogtümer Baden und Hessen und des Reichslandes Elsaß-Lothringen nicht mehr anwendbar. Er hat nur noch Geltung für die Bundesstaaten einerseits und Bayern andererseits, da in diesem Staate das Unterstützungswohnsitzgesetz vom 6. Juni 1870 nicht eingeführt ist (vgl. aber Anm. 3 zu § 4).

Was Bayern anbelangt, so ist in Nr. III des Schlußprotokolls des Vertrags, betr. den Beitritt Bayerns zur Verfassung des Deutschen Reichs vom 23. Nov. 1870 vereinbart worden, daß in Anbetracht der bezüglich der Heimat- und Niederlassungsverhältnisse statuierten Ausnahme von der Bundeslegislative der Gothaer Vertrag vom 15. Juli 1851 wegen gegenseitiger Übernahme der Ausgewiesenen und Heimatlosen, dann die sogenannte Eisenacher Konvention vom 11. Juli 1853 wegen Verpflegung erkrankter und Beerdigung verstorbener Untertanen (s. Anhang, Anl. 32) für das Verhältnis Bayerns zu dem übrigen Bundesgebiete fortdauernde Geltung haben soll. Dies ist auch in dem für Bayern in Geltung gebliebenen § 7 des Freizügigkeitsgesetzes vom 1. Nov. 1867 (s. Anhang, Anl. Nr. 2) ausgesprochen.

Aus dem Umstande, daß mit dem Inkrafttreten des Freizügigkeitsgesetzes in Bayern auch die unter Ziff. III des Schlußprotokolls vom 23. Nov. 1870 bezüglich der ferneren Gültigkeit des Gothaer Vertrages getroffene Bestimmung aufrechterhalten worden ist, kann indes nicht gefolgert werden, daß das erstgenannte Gesetz nur unbeschadet der Vorschriften des Gothaer Vertrags auf Bayern Anwendung findet, denn durch das Freizügigkeitsgesetz (§ 1) steht jedem Reichsangehörigen auch innerhalb Bayerns das Recht des Aufenthalts und der Niederlassung zu. Mit diesem, jedem Reichsangehörigen gesetzlich gewährleisteten Rechte ist aber diejenige Bestimmung des Gothaer Vertrages hinfällig geworden, welche, indem sie die vertragschließenden Teile verpflichtet, ihre Angehörigen auf Verlangen des Aufenthaltsstaates ohne weiteres zu übernehmen, dem letzteren eine unbeschränkte Ausweisungsbefugnis gegenüber lästigen Nicht-Staatsangehörigen einräumt; die Ausweisung von Reichsangehörigen aus einem anderen Bundesstaate kann vielmehr gegenwärtig nur unter den in den §§ 3—5 des Freizügigkeitsgesetzes gegebenen Voraussetzungen erfolgen.

Der Gothaer Vertrag kommt mithin nur noch insoweit zur Anwendung,

zeichnis der Behörden, welche befugt sind, gegenüber den deutschen Bundesstaaten das Anerkenntnis der Verpflichtung zur Übernahme eines auszuweisenden Staatsangehörigen abzugeben, enthält Anhang, Anl. 31 Rubrik 4.

Auch Frankreich gegenüber wird von allen Bundesstaaten an dem auf Gegenseitigkeit beruhenden Grundsatze festgehalten, die Übernahme ehemaliger Staatsangehöriger nicht zu versagen, sofern sie nicht inzwischen die französische oder eine andere Staatsangehörigkeit erworben haben (s. Zirkularerlaß des kgl. preuß. Min. d. J. vom 31. Okt. 1880; Anhang, Anl. 33). Vgl. auch d. preuß. Min.-Vfg. vom 24. Sept. 1913, betr. Großbritannien (Anhang, Anl. Nr. 34).

Zu bemerken ist noch, daß bei den auf Grund von Übernahmevereinbarungen nach Deutschland übernommenen ehemaligen Deutschen nur diejenigen in Betracht kommen, die

a) durch Entlassung (§ 17 Ziff. 1),
b) durch Nichterfüllung der Wehrpflicht (§ 17 Ziff. 3),
c) durch Ausspruch der Behörde (§ 17 Ziff. 4),
d) durch zehnjährigen*) Aufenthalt (§§ 13 Ziff. 3, 21 d. G. vom 1. Juni 1870; vgl. § 31 d. G.)

ihre Reichsangehörigkeit verloren haben. Auf diejenigen Deutschen also, die durch Erwerb einer ausländischen Staatsangehörigkeit, Legitimation oder Eheschließung (§ 17 Ziff. 2, 5, 6) ihrer Staatsangehörigkeit verlustig gegangen sind, finden die Übernahmeverträge keine Anwendung, da in beiden Fällen gleichzeitig mit dem Verluste der bisherigen eine andere Staatsangehörigkeit, nämlich die ausländische, bzw. die des Ehemannes, bzw. des legitimierenden Vaters erworben wird.

Die unter a, b, c, d aufgeführten ehemaligen Staatsangehörigen, die auf Grund der Übernahmeverträge nach Deutschland übernommen werden müssen, werden durch diese Rückübernahme nicht ipso facto Deutsche (vgl. Entsch. d. preuß. OVG. 30, 411; 35, 422), sondern je nach der Verschiedenartigkeit der Fälle wird die Behörde nach Stellung des Antrages des ehemaligen Deutschen über den obligatorischen oder fakultativen Wiedererwerb zu entscheiden haben (vgl. §§ 9 Abs. 2 Ziff. 1, 10, 11, 13, 26 Abs. 3, 31, 32, 33).

Wegen Ablehnung der Übernahme der Ehefrau oder der Kinder eines Staatlosen s. § 5 Anm. 3 und § 6 Anm. 4 d. G.

2. durch Entlassung.

Die gesetzgebende Behörde eines mächtigen Reiches dürfte dem Gedanken niemals Raum geben, daß ein diesem Reiche Angehöriger es nicht als höchsten

---

als er das bei derartigen Ausweisungsfällen zu beobachtende formelle Verfahren regelt, welches in dem Verhältnisse Bayerns zu den übrigen Bundesstaaten, die durch das Unterstützungswohnsitzgesetz regiert werden, zu beobachten ist.

*) Nicht auch durch fünfjährigen Aufenthalt (§ 21 Abs. 3 d. G. vom 1. Juni 1870); denn der Verlust der Reichsangehörigkeit in diesem abgekürzten Zeitraum tritt nur gleichzeitig mit dem Erwerbe einer fremden Staatsangehörigkeit ein. Auf ehemalige Reichsangehörige, welche eine andere Staatsangehörigkeit erworben haben, finden aber die Übernahmevereinbarungen keine Anwendung.

Stolz empfinde, zu dessen Bürgern gerechnet zu werden. Dementsprechend kennt mit Ausnahme von Ungarn, das sein Staatsangehörigkeitsgesetz vom 20. Dez. 1879 dem deutschen Reichsgesetz vom 1. Juni 1870 fast wörtlich entnommen hat, kein größerer Staat in Europa einen Gesetzesparagraphen, durch den seinen Angehörigen der Weg zur Lossagung aus dem Staatsverbande geebnet wird, es sei denn, daß die Betreffenden bereits von einem ausländischen Staate naturalisiert worden sind oder wenigstens die Zusicherung der Naturalisation erhalten haben.

Nur der Norddeutsche Bund hat in seinem Gesetze vom 1. Juni 1870 die in Preußen seit dem 31. Dez. 1842 eingeführte gesetzliche Bestimmung übernommen, laut welcher der Staatsbürger um Entlassung aus seiner bisherigen „Untertanenschaft" einkommen kann. Das norddeutsche Bundesgesetz ist deutsches Reichsgesetz geworden, und heute haben wir ein neues Reichsgesetz mit derselben Bestimmung, daß ein Deutscher durch Entlassung und die innerhalb eines Jahres darauf folgende Auswanderung aus dem Reichsgebiet Ausländer wird.

„Es erben sich Gesetz und Rechte wie eine ewige Krankheit fort." Die Entlassung, die schon seit mehr als 70 Jahren dem Vaterlande Tausende von Söhnen entrissen hat, hätte bei der Veränderung d. G. ebenso wie der § 21 ausgemerzt werden müssen.

Im Auslande, wo es eine Naturalisation ohne vorherige mehrjährige Niederlassungsfrist nicht gibt (vgl. § 8 d. G. Anm. 16), ist ein daselbst sich aufhaltender Deutscher in der Zeit von der Niederlassung an bis zum Erwerb einer neuen Staatsangehörigkeit heimat-, staat- und schutzlos. Wenn ein solcher Deutscher im Ausland hilfsbedürftig wird und auf Grund der mit den fremden Staaten vereinbarten Übernahmeverträge nach Deutschland übernommen werden muß, so ist der Betreffende bei der Rückkehr in sein früheres Vaterland staatlos und kann nur unter sehr erschwerenden Bedingungen aufgenommen werden. Wir haben also hier den Fall, daß ein von Deutschland als Ausländer erachtetes Individuum, das aber dem Auslande als Deutscher gilt, nach Deutschland zurückgeschoben wird, ohne daß ihm ein Recht auf Wiedererwerb der Staatsangehörigkeit oder Erlangung des Unterstützungswohnsitzes zusteht.

Aus den vorerwähnten Gründen und in Anbetracht dessen, daß die Entlassung den Wehr- und Militärpflichtigen sowie den Beamten nicht erteilt wird, ferner nach Erfüllung der Militärpflicht oder Außerdienststellung den Auswanderungslustigen überhaupt keinen Nutzen gewährt, dürfte meines Erachtens der ganze Abschnitt der Entlassung aus dem Gesetze zu streichen sein.

Die ganze Mangelhaftigkeit dieser gesetzlichen Bestimmung scheint endlich der preuß. Minist. des Innern erkannt zu haben, als er die folgende Verfügung vom 20. Nov. 1904 (MBl. i. V. S. 277) erließ:

„Wie bei mir zur Sprache gebracht worden, soll es häufiger vorkommen, daß Personen, welche sich in das Ausland begeben und sich zu diesem Zwecke mit Reise- oder Heimatspapieren versehen wollen, seitens der Lokalbehörden — namentlich von deren Bureaupersonal — geraten oder nahe gelegt wird, um allen Unbequemlichkeiten — insbesondere in bezug auf den inländischen

Militärdienst — aus dem Wege zu gehen, ihre Entlassung aus dem diesseitigen Staatsverbande zu beantragen.

Da es im Interesse des Deutschtums im Auslande erwünscht erscheint, daß die sich dort aufhaltenden Deutschen ihre Staatsangehörigkeit beibehalten, ersuche ich Euer Hochwohlgeboren ergebenst, gefälligst dafür Sorge zu tragen, daß die fragl. Behörden und ihr Personal sich nach der erwähnten Richtung jeder Einwirkung enthalten.

Berlin, den 20. November 1904.

Der Minister des Inneren.
Im Auftrag: von Kitzing."

Auch der preußische Justizminister hat für die Fälle, in denen es sich um die Entlassung von Minderjährigen handelt, durch Erlaß vom 24. Okt. 1905 die Beamten auf die schwerwiegenden Bedenken, die eine solche Entlassung mit sich bringt, ganz besonders hingewiesen (vgl. Anhang, Anl. Nr. 35).

Wenn außerdem die Herren, die den Entwurf zum neuen Gesetz bearbeiteten, der Meinung waren, daß viele ehemalige Deutsche ihre Entlassung in Unkenntnis der Folgen beantragt hätten und daß häufig aus demselben Grunde auch die Entlassung für Minderjährige seitens der gesetzlichen Vertreter herbeigeführt worden sei (Reg.-Entw. S. 19), so fragt es sich: Warum hat die Regierungskommission nicht Sorge getragen, daß diese Entlassungsurkunde, ein Patent für politisches Vagabundentum, aus dem Gesetz verschwand.

Engländer und Franzosen sowie alle übrigen dem britischen oder französischen Rechtsgebiet angehörigen Landeskinder begeben sich ins Ausland, machen sich daselbst ansässig, bleiben dort, solange es ihnen beliebt, und, wenn sie eines nationalen Schutzes bedürfen, wird ihnen dieser von den betreffenden Missionen oder Konsulaten ohne weiteres gewährt.

Einer derartigen Behandlungsweise sollte sich auch der Deutsche im Auslande zu erfreuen haben. So lange wir aber noch an den vielen Verlustgründen kranken, kann dieses Gesetz füglich als ein gutes, das Ansehen der Deutschen im Ausland förderndes nicht erachtet werden. Der Verfasser stellt mit Genugtuung fest, daß er in dem Kampfe gegen die Entlassung nicht mehr allein steht (vgl. Weck a. a. O. S. 92 Anm. 3 zu § 17; Delius a. a. O. Anm. 3 zu § 17).

3. durch den Erwerb einer ausländischen Staatsangehörigkeit.

Nach dem Abs. 3 des § 21 d. G. vom 1. Juni 1870 konnte allerdings schon durch den Erwerb einer anderen Staatsangehörigkeit verbunden mit einem fünfjährigen Aufenthalt im Ausland der Deutsche seine Staatsangehörigkeit verlieren. Dieser dritte Absatz ist von vornherein nicht als eine allgemeine gesetzliche Bestimmung angesehen worden, sondern man hatte sie bloß im Hinblick auf die deutsch-amerikanischen Bancroft-Verträge (vgl. § 36 d. G.) geschaffen, weil auf diese Weise den Deutschen, die nach fünfjährigem Aufenthalt in den Vereinigten Staaten ihre Naturalisierung daselbst erlangt hatten, eine unangefochtene Rückkehr nach Deutschland ermöglicht werden sollte. Aber diese

Ausnahmebestimmung berührte in keiner Weise die in Abs. 1 des § 21 bestehende Vorschrift, daß der Deutsche nach zehnjährigem, ununterbrochenem, unlegitimiertem Aufenthalt im Ausland seiner Staatsangehörigkeit verlustig gehe.

Diesen Verlustgrund hatte das Gesetz vom 1. Juni 1870 aus dem preußischen Indigenatsgesetz entnommen. Er ist nur in dem Reichsgesetz insofern gemildert gewesen, als der Reichstag des Norddeutschen Bundes dem § 21 einen Absatz 5 anschloß, wonach Deutsche, die ihre Staatsangehörigkeit durch zehnjährigen Aufenthalt im Ausland verloren hatten, wieder aufgenommen werden mußten, sofern sie in ihre Heimat zurückgekehrt waren und ein Gesuch um Aufnahme an die zuständige Behörde gerichtet hatten.

Erst im Jahre 1898, bei Anlaß eines Sonderfalles, hat der Reichskanzler Fürst von Hohenlohe eine Kommission mit der Abänderung des Gesetzes vom 1. Juni 1870 beauftragt. Ein in Kopenhagen ansässiger, sehr angesehener deutscher Kaufmann hatte bei seiner Heimatbehörde die Zusendung eines Reisedokuments erbeten, war von dieser aber beschieden worden, daß er durch zehnjährigen ununterbrochenen Aufenthalt im Ausland seine Staatsangehörigkeit verloren hätte. Diesen Deutschen, der stets für die Interessen der in Kopenhagen lebenden Landsleute eingetreten war, berührte der abschlägige Bescheid aufs peinlichste. S. M. der Kaiser wurde von diesem Vorfall durch den Gesandten von Kiderlen-Wächter in Kenntnis gesetzt, und eine in Form einer Marginalnotiz erlassene Allerhöchste Verfügung bestimmte — ich zitiere hier nur dem Sinne nach —, daß ein solcher Verlustgrund den Engländern und Franzosen nicht bekannt und auch in dem deutschen Gesetze nicht ferner aufrechtzuhalten sei.

Infolgedessen ist der ominöse § 21 mit seinem stillschweigenden Verlust geschwunden und an seine Stelle der § 25 getreten, der den Verlust der Staatsangehörigkeit durch den Erwerb einer fremdländischen für einen im Ausland ansässigen Deutschen festlegt. Vgl. des nähern über diese Bestimmung § 25.

4. durch Nichterfüllung der Wehrpflicht.

Als neuer Verlustgrund ist durch Ziff. 3 in das Gesetz eingefügt worden: „durch Nichterfüllung der Wehrpflicht". Die zur Begründung dieses Verlustgrundes von der Regierungskommission (Reg.-Entw. S. 11 ff.) angeführten Tatsachen sind so wenig stichhaltig, daß es zu ihrer Widerlegung einer viel weiteren Auseinandersetzung bedürfen würde, als mir in dem engen Rahmen dieses Kommentars möglich ist. Schon gleich der Anfang der Begründung beruht auf der mißverständlichen Wiedergabe eines Gesetzes der Vereinigten Staaten. Ich führe hier den Inhalt des Regierungsentwurfes wörtlich an:

> „Wenn ferner der Gesetzentwurf die Ausbürgerung wegen Nichterfüllung der Wehrpflicht vorsieht, so beruht diese Maßnahme auf dem ethischen Gedanken, daß staatsbürgerliche Rechte nicht ohne Erfüllung entsprechender staatsbürgerlicher Pflichten in Anspruch genommen werden dürfen, und daß, wer diese Pflichten nicht erfüllt, damit stillschweigend den Willen kundgibt, die staatsbürgerliche Gemeinschaft nicht weiter fortzusetzen. Diesem Gedanken gibt die Gesetzgebung der Vereinigten Staaten von Amerika,

die gleichfalls die Ausbürgerung wegen Verletzung der Wehrpflicht kennt, mit folgenden Worten Ausdruck: ‚All persons who deserted the military or naval service of the United States . . . . . ., are deemed to have voluntarily relinquished and forfeited their rights of citizenship . . . . . . *) (vgl. Sect. 1996 Title XXV Revised Statutes)."

Es ist in diesem Gesetz nicht gesagt, daß schon wegen Nichterfüllung der Wehrpflicht die Ausbürgerung aus dem Staate erfolge. Außerdem kann überhaupt der in den Vereinigten Staaten zu leistende, freiwillige und auf Anwerbung beruhende Militärdienst mit der obligatorischen Wehrpflicht in Deutschland nicht verglichen werden. Im übrigen ist in keinem anderen Staate der Erde die Nichterfüllung der Militärpflicht mit dem Verluste der Staatsangehörigkeit bedroht.

Frankreich, das seit dem Jahre 1867 die obligatorische Militärpflicht bei sich eingeführt hat, glaubte auch der Frage näher treten zu müssen, wie es sich gegenüber seinen im Ausland lebenden Militärpflichtigen zu verhalten habe. Es bestraft nicht die Verletzung der Militärpflicht (refractaire) mit dem Verlust der Staatsangehörigkeit; es erkennt vielmehr den Erwerb einer ausländischen Staatsangehörigkeit durch einen wehrpflichtigen Franzosen nicht als Verlustgrund an (vgl. Anhang, II. Teil, Ausland: Frankreich, Code civil Art. 17 Ziff. 1).

Noch eine andere Erwägung spricht übrigens gegen den Verlustgrund des § 17 Ziff. 3 und zwar, daß gerade jetzt ein Anlaß um so weniger gegeben war als für die im Ausland befindlichen deutschen Wehrpflichtigen sowohl zur Rückkehr nach dem Vaterland als auch zur Ausführung ihrer Gestellungspflicht sehr weitgehende Erleichterungen geschaffen worden sind (vgl. Gesetz zur Abänderung des Reichsmilitärgesetzes usw. vom 22. Juli 1913, Anhang, Anl. Nr. 16; sowie die Zusammenstellung des Reg.-Entw. S. 41 ff., Anhang, Anl. Nr. 36). Der deutschen Nation liegt mehr als jeder anderen das Soldatenwesen in Fleisch und Blut. Leider hat die Uneinigkeit der deutschen Fürsten während des Mittelalters und der Neuzeit und die damals den Deutschen innewohnende Lust, sich an jedem Kriegshandel zu beteiligen, dahin geführt, daß wir häufig Söldner und Landsknechte derjenigen fremden Nation wurden, die uns haben wollte. Das ist seit dem letzten Bruderkrieg 1866 anders geworden. Im Jahre 1870 konnte man mit Genugtuung wahrnehmen, daß von überall her aus dem Ausland Scharen militärpflichtiger junger Leute zu den Waffen herbeieilten, um das deutsche Vaterland gegen den Feind zu schützen.

Schließlich gilt für diesen Verlustgrund dasselbe, was ich bei dem Verlustgrund der Entlassung gesagt habe: Die Vertragsstaaten erkennen derartige Verlustgründe bei Übernahmefällen nicht an.

Im übrigen vgl. § 26.

---

*) Wer aus dem Heeres- oder Seedienst desertiert oder wer nach rechtmäßiger Anwerbung den Bezirk, wo er angeworben ist, oder die Vereinigten Staaten verläßt in der Absicht, sich irgendeiner Aushebung zum Heeres- oder Seedienst zu entziehen, wird so angesehen, als ob er das Bürgerrecht in den Vereinigten Staaten freiwillig aufgegeben und verwirkt habe.

§ 17.

5. durch Ausspruch der Behörde.

Vgl. §§ 27—29.

6. ein uneheliches Kind.

Verheiratet sich die Mutter eines unehelichen Kindes mit einem Ausländer, so verliert dasselbe nicht seine durch Abstammung erworbene Staatsangehörigkeit, wenngleich die Mutter durch die Eheschließung Ausländerin geworden ist, ausgenommen wenn das uneheliche Kind gesetzmäßig legitimiert ist.

7. von einem Ausländer bewirkte.

Ist der legitimierende Vater aber staatlos, so wird es auch das Kind (s. Anm. 3 zu § 5 d. G.).

8. nach den deutschen Gesetzen wirksam.

Während es sich im § 5 um die Erwerbung der Angehörigkeit zu einem deutschen Bundesstaate handelt, die Gesetzmäßigkeit der Legitimation sich also nach den deutschen Gesetzen bestimmt (s. Anm. 1 zu § 5), sind bezüglich der im § 17 Ziff. 5 vorgesehenen Legitimation zwei Fälle denkbar, entweder

a) der legitimierende Vater ist Reichsangehöriger, aber einem anderen deutschen Bundesstaate angehörig, als die Mutter, oder
b) der Vater ist Ausländer und die Mutter Deutsche.

Im ersten Fall kommen die in Deutschland bestehenden, in Anm. 2 zu § 5 d. G. aufgeführten gesetzlichen Bestimmungen in Anwendung, im zweiten Falle diejenigen gesetzlichen Bestimmungen, welche für den Ausländer bei Legitimation dessen unehelichen Kindes nach der heimatlichen Gesetzgebung maßgebend sind. Art. 22 Abs. 2 EG. z. BGB. bestimmt:

> „Gehört der Vater einem fremden Staate an, während das Kind die Reichsangehörigkeit besitzt, so ist die Legitimation unwirksam, wenn die nach den deutschen Gesetzen erforderliche Einwilligung des Kindes oder eines Dritten, zu dem das Kind in einem familienrechtlichen Verhältnisse steht, nicht erfolgt ist."

Die Einwilligung des Kindes oder eines Dritten ist nach den deutschen Gesetzen (§§ 1726—1731 BGB.) nur bei der Ehelichkeitserklärung, nicht bei der Legitimation durch nachfolgende Ehe erforderlich. In bezug auf die ausländische Gesetzgebung fragt es sich:

A. hinsichtlich der gesetzlichen Zulässigkeit oder Unzulässigkeit der Legitimation:

I. in welchen Staaten ist die Legitimation ausnahmslos zulässig?
II. in welchen Staaten ist die Legitimation nur unter gewissen Voraussetzungen gestattet, unter anderen aber verboten?
III. in welchen Staaten ist die Legitimation überhaupt gesetzlich nicht zulässig?

B. hinsichtlich der Arten der Legitimation:

1. in welchen Staaten kann die Legitimation des unehelichen Kindes nur durch die nachfolgende Ehe der Eltern desselben bewirkt werden?

2. in welchen Staaten gibt es außer der Legitimation durch nachfolgende Ehe auch andere Arten der Ehelichkeitserklärung (z. B. per rescriptum principis u. a.)?

A. I. Das außerehelich geborene Kind wird durch die nachfolgende Ehe seiner Eltern oder durch eine andere Art der Ehelichkeitserklärung legitimiert, ohne daß ein Unterschied gemacht wird, ob es sich bei Legitimation dieses Kindes um ein liberum naturalem, adulterinum oder incestuosum handelt.

Es kommt also nicht darauf an, ob die Eltern des außerehelichen Kindes gesetzlich in der Lage waren, eine Ehe einzugehen, sondern darauf, ob sie die Ehe, sei es auf Grund eines Dispenses, sei es ohne denselben, abgeschlossen haben. Ist dies der Fall, dann ist auch gleichzeitig mit der Eheschließung der Eltern die Legitimation des außerehelichen Kindes derselben wirksam geworden.

Diese Gesetzesbestimmung besteht in:

Österreich-Ungarn (§ 161 des österr. allg. BGB. und § 4 des ungarischen Gesetzes vom 24. Dez. 1879*);

Dänemark**) (§ 3 des dänischen Staatsangehörigkeitsgesetzes vom 19. März 1898);

Norwegen**) (V, 2, 31 des Gesetzb. vom Jahre 1687);

Rumänien (§ 304 des BGB.);

Schweden**) (V, 1 des Gesetzb. vom Jahre 1734);

der Schweiz (Art. 258—263 des Zivilgesetzb. vom 10. Dez. 1907);

Serbien (§§ 133 und 134 des BGB.);

den Vereinigten Staaten von Nordamerika:

Mit Bezug auf die Legitimation durch nachfolgende Ehe kann folgende Bestimmung der Revised Statutes als maßgebend betrachtet werden:

> Sect. 4704. „Bezüglich des Pensionswesens (In the administration of the pension laws) gelten die vor der Verheiratung ihrer Eltern geborenen Kinder als ehelich, falls dieselben vor oder nach Abschluß der Ehe vom Vater anerkannt worden sind" (s. Garnier a. a. O. S. 67).

Die Gesetze einzelner Staaten sehen übrigens eine Legitimation durch nachfolgende Ehe ausdrücklich vor, so: Alabama, Georgia, Illinois, Indiana, Kentucky, Maryland, Mississippi, Missouri, Nord-Karolina, Ohio, Vermont und Virginien (s. Garnier a. a. O. S. 137).

---

*) Es muß hier einer in Ungarn bestehenden besonderen Gesetzesbestimmung Erwähnung geschehen, daß nämlich, wenn ein von einer Ungarin geborenes außereheliches Kind trotz der nachfolgenden Ehe der Eltern desselben nicht legitimiert wird, weil der Heimatstaat des Vaters die Legitimation nicht kennt (England), das Kind ungarischer Staatsbürger bleibt, sofern es nach seiner Legitimierung auf dem Gebiete der Länder der ungarischen Krone wohnt (Art. 33 d. G. vom 24. Dez. 1879).

**) In Dänemark, Norwegen, Schweden findet die Legitimation eines unehelichen Kindes statt auf Grund einer vor dem Gerichte abgegebenen Anerkennungsurkunde des Vaters des unehelichen Kindes; in Schweden werden uneheliche Kinder durch die Verlobung der Eltern legitimiert.

§ 17.

Wegen Louisiana s. II.

Guatemala (Art. 259 des BGB.);

Japan (Art. 17, 18, 20 des japan. Zivilgesetzb. vom 16. Juli 1898).

A. II. Die in Ehebruch oder Blutschande*) erzeugten Kinder können nicht legitimiert werden.

Diese Gesetzesbestimmung besteht in:

Belgien
Frankreich*)
Luxemburg
Monako } (Art. 331 des BGB.);

Bulgarien (Ukas vom 17. Dez. 1889, Nr. 483, s. D. Westnik Nr. 9 vom 12. Jan. 1890);

Griechenland (s. Schmitz-Wichmann a. a. O. Bd. II S. 80);

Italien*) (Art. 180 und 195 des BGB.);

den Niederlanden (Art. 327 des BGB.);

den russischen Ostseeprovinzen (Art. 173 des baltischen Gesetzb.; s. Lehr, Droit civil russe S. 78);

Polen*) (Art. 291 des BGB.);

Portugal (Art. 119 und 122 des BGB.);

Rußland (Art. 144 Ziff. 1 des russischen Reichsgesetzb.: „Außer der Ehe geborene Kinder, mit Ausnahme der aus ehebrecherischem Verkehr hervorgegangenen, werden durch die Eheschließung der Eltern legitimiert");

---

*) Als in Blutschande erzeugt, gelten alle diejenigen Kinder, deren Eltern im Zeitpunkte der Erzeugung wegen Verwandtschaft oder Schwägerschaft sich nicht heiraten durften.

Hierbei ist jedoch zu bemerken, daß in Gemäßheit einer Entscheidung des französischen Kassationshofes vom 22. Jan. 1867 und eines vom erstinstanzlichen Gerichte von Melun am 18. März 1858 gefällten und durch den kais. Gerichtshof zu Paris in dessen Sitzung vom 14. Jan. 1859 bestätigten Urteils die von Schwager und Schwägerin, bzw. die von Onkel und Nichte erzeugten Kinder durch die auf Grund eines Dispenses gestattete nachfolgende Ehe legitimiert werden können (vgl. Garnier a. a. O. S. 19).

Ebenso findet in den Niederlanden (Art. 328 des BGB.), in Belgien (Dekret vom 5. Febr. 1817), Spanien (Lehr, Droit civil espagnol S. 135), Polen (Art. 296 des BGB.) die Legitimation des unehelichen Kindes statt, sobald zwischen dessen Eltern auf Grund eines Dispenses des Landesfürsten die Ehe geschlossen worden ist.

In Italien kann die Legitimation durch Dekret des Königs (Art. 195 und 198 ff. des BGB.) stattfinden, sobald der um die Legitimation des Kindes Nachsuchende keine anderen ehelichen oder durch nachfolgende Ehe legitimierten Kinder oder Nachkommen derselben besitzt, die nachfolgende Ehe der Eltern des Kindes unmöglich ist und, falls der Petent verheiratet sein sollte, seine Ehefrau in die Legitimation einwilligt.

Ein auf den Zivilstand bezüglicher Randvermerk, welcher auf dem Urteile eines ausländischen Gerichts beruht, kann in die französischen Zivilstandsregister nur dann eingetragen werden, wenn dieses Urteil in Frankreich als gerichtlich vollziehbar erklärt worden ist (franz. ZPO. Art. 546, Entscheidungen

Schottland (s. Garnier a. a. O. S. 29 IV);

Spanien*) (s. Lehr a. a. O. S. 133 ff.) und in folgenden zentral- und südamerikanischen Staaten:

Argentinien (Art. 311 und 338—342 des BGB.);

Bolivien (Art. 173 des BGB.);

Brasilien (Art. 119 u. 122 des in Brasilien noch geltenden portugiesischen BGB.);

Chile (Art. 202 und 204 des BGB.);

Ekuador (Art. 196 und 198 des BGB.);

Kolumbien (Art. 255 und 256 des BGB. 1878);

Kostarika (Art. 115 und 118 des BGB.);

Mexiko (s. Schmitz-Wichmann a. a. O. Bd. II S. 111);

Peru (Art. 264 und 236 des BGB.);

San Salvador (Art. 205, 207 und 208 des BGB.);

Uruguay (Art. 202 und 217—222 des BGB.);

Venezuela (Art. 213 und 214 des BGB.);

dem Staat Louisiana in den Vereinigten Staaten von Nordamerika.

In Louisiana können Eltern weißer Rasse ihre unehelichen Kinder mittels einer vor Notar und Zeugen errichteten Urkunde dann legitimieren, wenn sie zur Zeit der Geburt des Kindes fähig waren, eine Ehe miteinander zu schließen (s. Garnier a. a. O. S. 137).

In einigen der vorgenannten Staaten, nämlich: in Portugal, Spanien, Argentinien, Brasilien, Uruguay sind auch die in sacrilegio — in Verletzung des kirchlichen Keuschheitsgelübdes (Priester, Nonne, Mönch) — erzeugten Kinder legitimationsunfähig.

In Rußland, wo die Legitimation außerehelicher Kinder durch die nachfolgende Ehe der Eltern unbekannt war, ist durch Gesetz vom 12. März 1891 Wandel geschaffen worden. Der Art. III des letztgedachten Gesetzes bestimmt:

„Außer der Ehe geborene, nicht aber im Ehebruch erzeugte Kinder werden durch die nachfolgende Ehe der Eltern legitimiert."

Dabei ist jedoch zu bemerken, daß die Verehelichung der Eltern nicht von selbst die Legitimation bewirkt, sondern nur ein gesetzlicher Rechtsgrund ist, um sie gemäß Art. 1460^1—1460^7 der Zivilprozeßordnung durch Urteil des zuständigen russischen Bezirksgerichts zu erlangen. Ist das Urteil rechtskräftig geworden, so wird es, auf Befehl des Richters, auf dem Geburtsschein des Kindes und auf dem Taufregister vorgemerkt (Art. 1460^7 der russ. ZPO.); die Kinder sind dann vom Tage der Eheschließung ab als eheliche Kinder mit allen ihnen als solchen

der Gerichtshöfe zu Grenoble und Douai vom 3. Jan. 1829 und 3. Jan. 1845). Eine Ausnahme bildet die im Auslande aufgenommene Legitimations- und Anerkennungsurkunde, welche ohne weiteres als Randvermerk in das betreffende Zivilstandsregister eingetragen werden kann (Gutachten des kais. franz. Staatsanwalts zu Paris vom 26. März 1852); die im Auslande durch die Ehe zwischen einem Franzosen und einer Ausländerin erfolgte Legitimation wird also erst wirksam nach Eintragung in die Zivilstandsregister der Gemeinde, welcher der legitimierende Vater angehört.

*) Vgl. vorstehende Anmerkung.

zustehenden Rechten zu betrachten (Art. III des Gesetzes vom 12. März 1891). Vgl. Lehr, Legitimation und Adoption nach dem neuen russischen Gesetze von 1891 in Böhms Zeitschrift für internationales Privat- und Strafrecht Bd. IV S. 126 ff.; s. auch Schmitz-Wichmann a. a. O. Bd. II S. 163 ff.

A. III. Das uneheliche Kind wird durch die nachfolgende Ehe der Eltern nicht legitimiert.

Die Legitimation durch nachfolgende Ehe ist nicht vorgesehen in den Gesetzgebungen von England, Irland und den englischen Besitzungen mit Ausnahme jedoch derjenigen, in denen französisches oder holländisches Recht gilt, sowie ferner von Zypern, Queensland und Südaustralien.

Wegen Schottland s. II.

B. Arten der Legitimation.

Die Legitimation außerehelicher Kinder findet statt:

1. nur durch die nachfolgende Ehe der Eltern —

in Belgien, Frankreich, Luxemburg, Monako;

2. außer durch nachfolgende Ehe auch durch Ehelichkeitserklärung, sei es mittels Verfügung des Staatsoberhaupts, sei es mittels richterlichen Erkenntnisses oder in anderer Weise —

in allen übrigen Staaten.

9. Eheschließung.

Für Frauen, welche durch Eheschließung mit einem Ausländer ihrer bisherigen Staatsangehörigkeit verlustig gehen, bedarf es keiner Entlassungsurkunde.

Nach der Zirkularverfügung der preuß. Minister der geistlichen und usw. Angelegenheiten, des Innern und der Justiz vom 16. Febr. 1892 sollen die Standesbeamten bei Eheschließungen deutscher Frauen mit Ausländern die Bräute auf den durch ihre Verehelichung eintretenden Verlust ihrer Staatsangehörigkeit und die damit verbundenen Folgen aufmerksam machen (s. Anhang, Anl. Nr. 37).

Wegen der im Ausland vollzogenen Eheschließung einer Deutschen mit einem Ausländer vgl. Anm. 1 zu § 6 d. G.

10. Bundesstaats.

Die Eheschließung einer Deutschen mit dem Angehörigen eines anderen Bundesstaates ist in Gemäßheit des Bundesgesetzes vom 4. Mai 1868 polizeilichen Beschränkungen nicht unterworfen. Wegen der Ausnahmestellung im rechtsrheinischen Bayern s. Anm. 4 zu § 4 d. G.

11. Ausländer.

Über die Zulassung von Ausländern zur Eheschließung in Deutschland bestimmt § 1315 Abs. 2 BGB.:

„Ausländer, für die nach den Landesgesetzen zur Eingehung einer Ehe eine Erlaubnis oder ein Zeugnis erforderlich ist, dürfen nicht ohne diese Erlaubnis oder ohne dieses Zeugnis eine Ehe eingehen.“

Vornehmlicher Zweck der Bestimmung, einen Erlaubnisschein oder ein Zeugnis beizubringen, ist der, daß man die künftige Staatsangehörigkeit der Inländerin, welche durch die Ehe mit einem Ausländer ihrer Reichsangehörigkeit verlustig geht, sicher stellen wollte.

Was die beizubringenden Zeugnisse betrifft, so sind sie zweierlei Art:

1. Zeugnisse, daß den Behörden des Heimatstaates des Ausländers nach den Gesetzen seines Staates Ehehindernisse nicht bekannt sind;
2. Zeugnisse darüber, daß die Ausländer durch die Eheschließung ihre Staatsangehörigkeit nicht verlieren, sie vielmehr auf ihre Ehefrau und ihre ehelichen oder durch die nachfolgende Ehe legitimierten Kinder übertragen.

Von der Beibringung des Zeugnisses zu 2 sind in Deutschland die Angehörigen aller derjenigen Staaten befreit, welche das Haager Abkommen zur Regelung des Geltungsbereiches der Gesetze auf dem Gebiete der Eheschließung vom 12. Juni 1902 (s. Anhang, Anl. Nr. 38) abgeschlossen haben bzw. ihm beigetreten sind. Es sind dies folgende Staaten: Österreich-Ungarn, Belgien, Spanien, Frankreich*), Italien, Luxemburg, Niederlande, Portugal, Rumänien, Schweden, Schweiz.

Außerdem sind den Angehörigen anderer Staaten in sämtlichen Bundesstaaten Befreiungen von der Beibringung der Zeugnisse zu 1 und 2 durch die zu dem Bürgerlichen Gesetzbuch ergangenen Ausführungsgesetze gewährt worden. Für Preußen vgl. das Ausführungsgesetz zum BGB. Art. 43 und die (mehrfach abgeänderte und ergänzte) Verfügung vom 13. März 1903 (MBl. i. V. S. 28 ff.). Eine gute tabellarische Übersicht über die einzelnen landesrechtlichen Vorschriften, betr. die Eheschließung von Ausländern im Deutschen Reich, enthält Schmitz-Wichmann, Die Eheschließung im internationalen Verkehr 1. Bd. S. 14 ff.

Was die Eheschließung in den Schutzgebieten betrifft, so ist dieselbe gemäß § 7 des Schutzgebietsgesetzes vom 10. Sept. 1900 durch das Gesetz vom 4. Mai 1870 (s. Anhang, Anl. Nr. 7) geregelt.

Wegen der Wiederaufnahme der durch Eheschließung Ausländerin gewordenen aber verwitweten oder geschiedenen Deutschen vgl. § 10 d. G.

§ 18.

Die Entlassung einer Ehefrau kann nur von dem Manne und, sofern dieser ein Deutscher ist, nur zugleich mit seiner Entlassung beantragt werden. Der Antrag bedarf der Zustimmung der Frau.

Die gesetzliche Bestimmung spricht geradezu in Hieroglyphen, da sie durch den Konditionalsatz „sofern dieser ein Deutscher ist" höchst unklar wird. Man fragt sich unwillkürlich: „Und wenn er kein Deutscher ist, was dann?" Ist der Ehemann ausländischer Staatsangehöriger oder staatlos und folgt die Ehefrau,

---

*) Frankreich hat das Abkommen gekündigt (RGBl. 1914 S. 9), so daß es diesem Staate gegenüber am 1. Juni 1914 außer Kraft tritt.

wie dies zumeist der Fall ist, dem Personenstand ihres Ehemanns, dann ist für diese der Paragraph toter Buchstabe. Ist die Ehefrau dagegen Deutsche geblieben oder geworden, der Ehemann aber Ausländer oder staatlos, und glaubt das Deutsche Reich die Entlassung nicht anders genehmigen zu können, als wenn der Ehemann sie beantragt und die Frau ihr zustimmt: habeat sibi. Für derartige Jubeljahrsfälle eine gesetzliche Bestimmung zu schaffen, mag juristischen Haarspaltern eine besondere Genugtuung sein; der Wert des Gesetzes wird dadurch nicht erhöht. Gipfelt aber die gesetzliche Bestimmung in dem einfachen Tatbestand, daß beide Eheleute Deutsche sind, dann hätte meines Erachtens die uneingeschachtelte Fassung lauten müssen: „Die Entlassung einer Ehefrau kann nur von dem Manne und nur zugleich mit seiner Entlassung beantragt werden. Der Antrag bedarf der Zustimmung der Frau."

Die Frage, ob zur Entlassung einer minderjährigen Ehefrau außer dem Antrag des Ehemanns auch noch die Zustimmung des gesetzlichen Vertreters — neben derjenigen der Frau — erforderlich ist, dürfte zu bejahen sein (§ 19 d. G.).

§ 19.

Die Entlassung einer Person, die unter elterlicher Gewalt oder unter Vormundschaft steht, kann nur von dem gesetzlichen Vertreter und nur mit Genehmigung des deutschen Vormundschaftsgerichts beantragt werden. Gegen die Entscheidung des Vormundschaftsgerichts steht auch der Staatsanwaltschaft die Beschwerde zu; gegen den Beschluß des Beschwerdegerichts ist die weitere Beschwerde unbeschränkt zulässig.

Die Genehmigung des Vormundschaftsgerichts ist nicht erforderlich, wenn der Vater oder die Mutter die Entlassung für sich und zugleich kraft elterlicher Gewalt für ein Kind beantragt und dem Antragsteller die Sorge für die Person dieses Kindes zusteht. Erstreckt sich der Wirkungskreis eines der Mutter bestellten Beistandes auf die Sorge für die Person des Kindes, so bedarf die Mutter zu dem Antrag auf Entlassung des Kindes der Genehmigung des Beistandes.

Der § 19 ist aus dem früheren § 14a entnommen, welch letzterer auf Grund des EG. z. BGB. Art. 41 Ziff. II dem Gesetz vom 1. Juni 1870 eingefügt worden ist. Die Regierungskommission hat diesem § 14a nur den obenerwähnten Satz 2 des Abs. 1 angeschlossen und vor das Wort „Vormundschaftsgericht" das Wort „deutsches" eingefügt. Der Reichstag glaubte in zweiter Lesung, unter Anführung eines Sonderfalles, noch einschieben zu müssen: „und dem Antragsteller die Sorge für die Person des Kindes zusteht" (Protokolle 5330 C, D; 5331 A; 5767 B). Daß der ganze zivilrechtliche Apparat, Vormund, Vormundschaftsgericht bzw. Vormundschaftsbehörde, Staatsanwalt, Beschwerdegericht, Gericht der weiteren Beschwerde, event. sogar das Reichsgericht dazu herhalten muß, damit dem Minderjährigen die staatliche Erlaubnis erteilt werde, sich aus dem Reichsgebiete zu entfernen und seiner Eigenschaft als Deutscher zu entsagen, ist, wenn man die Sache mit nüchternen Augen betrachtet und sie mit den Gesetzgebungen anderer großer Staaten vergleicht, doch, gelinde gesagt, überaus seltsam. Jedenfalls steht ein solches unter der Bürgschaft des Reiches von den Staatsregierungen betriebenes Hinauswerfen aus dem Reichsgebiet einzig da unter allen Gesetzgebungen der ganzen zivilisierten Welt.

Wenn wir übrigens in § 17 Anm. 2 den Erlaß des kgl. preuß. Justizministeriums vom 24. Okt. 1905 (s. Anhang, Anl. Nr. 35) erwähnt haben, so wird es hier nicht ohne Interesse sein, auch die nachstehenden Entscheidungen des Kammergerichts (KGJ. 33 A 49; Recht 1907 S. 894 Nr. 2094) zu bringen:

„a) Für die Erteilung der vormundschaftsgerichtlichen Genehmigung des Antrags auf Entlassung eines Minderjährigen aus dem Staatsverband kann die Erwägung ausschlaggebend sein, daß dem Minderjährigen durch die Erfüllung der Wehrpflicht im Inland die Ausbildung und die Tätigkeit in seinem erwählten Beruf im Ausland unmöglich gemacht oder wesentlich erschwert wird.

b) Das Vormundschaftsgericht darf die Genehmigung nicht um deswillen versagen, weil die Befreiung des Minderjährigen von der Militärpflicht dem öffentlichen Interesse an der Erhaltung der Wehrkraft des Staats widerspricht. Die Wahrung des öffentlichen Interesses ist ausschließlich Sache der Verwaltungsbehörde, welche die Entlassung zu erteilen hat."

Mit Rücksicht auf diese Entscheidungen möchte ich auf einen Aufsatz von Josef im Archiv des öffentlichen Rechts (31. Bd. S. 450 ff.) hinweisen, der auch das Beschwerderecht der Staatsanwaltschaft bei der Frage der Entlassung von nicht unbeschränkt Geschäftsfähigen behandelt. Josef kommt zu folgendem Ergebnis: „Die Mitwirkung der Staatsanwaltschaft sei vom Gesetze lediglich dazu eingeführt, um eine Geltendmachung der öffentlichrechtlichen Interessen zu sichern (Reg.-Entw. S. 26 zu § 15; Komm.-Ber. S. 49). Nach geltendem Rechte könne aber für die Entschließung des Vormundschaftsgerichts nur das Interesse des Mündels, nicht das öffentliche Interesse in Betracht kommen. Auch die Staatsanwaltschaft könne demnach eine etwaige Beschwerde nur darauf stützen, daß die Genehmigung dem Besten des Mündels widerspreche, nicht aber darauf, daß das öffentliche Interesse — etwa an der Erhaltung der deutschen Wehrmacht — die Versagung der Genehmigung erfordere."

Aus den vorausgehenden Beispielen, die ich um zahlreiche Fälle vermehren könnte, kann man ersehen, wie wenig nutzbringend die gesetzliche Bestimmung der Entlassung für das Reich ist.

Über elterliche Gewalt, Vormundschaft, gesetzliche Vertretung, Vormundschaftsgericht, vgl. § 7 Anm. 15 u. 16; Staatsanwaltschaft insbesondere §§ 143, 146 Gerichtsverfassungsges.; über das Verfahren vor dem Vormundschaftsgericht und die Beschwerdeverfahren § 1827 BGB.; §§ 16, 19, 20, 21, 23, 27, 28, 29, 57 Ziff. 9, 59 d. RG. über die freiwillige Gerichtsbarkeit; über die Sorge für die Person vgl. §§ 1627—1637, 1666, 1685 BGB.; über Beistandschaft §§ 1687—1695 BGB.

§ 19.

§ 20.

Die Entlassung aus der Staatsangehörigkeit in einem Bundesstaate bewirkt gleichzeitig die Entlassung aus der Staatsangehörigkeit in jedem anderen Bundesstaate, soweit sich der Entlassene nicht die Staatsangehörigkeit in einem anderen Bundesstaate durch eine Erklärung gegenüber der zuständigen Behörde des entlassenden Staates vorbehält. Dieser Vorbehalt muß in der Entlassungsurkunde vermerkt werden.

Hinsichtlich dieses Paragraphen beziehe ich mich auf das zu § 7 Anm. 3b Gesagte. Durch die Aufnahme eines Deutschen in einen anderen Bundesstaat müßte eigentlich die frühere Staatsangehörigkeit stillschweigend verloren gehen, es sei denn, daß der Aufzunehmende ausdrücklich in dem Aufnahmeprotokoll die Beibehaltung der früheren, aber auch nur dieser einen, sich vorbehielt.

Der Vorbehalt erfolgt in Preußen grundsätzlich gegenüber der nach § 39 Abs. 2 d. G. zuständigen höheren Verwaltungsbehörde, kann aber auch schriftlich zu Protokoll bei den nachgeordneten Behörden erklärt werden (preuß. MinVfg. v. 13. Febr. 1914, MBl. S. 112).

§ 21.

Die Entlassung[1] muß[2] jedem[3] Staatsangehörigen auf seinen Antrag erteilt werden, wenn er die Staatsangehörigkeit in einem anderen Bundesstaate besitzt und sich diese gemäß § 20 vorbehält.[4]

1. Entlassung.

Wie bei dem Erwerb der Staatsangehörigkeit zwischen Deutschen und Ausländern (Aufnahme und Einbürgerung) unterschieden wird, so besteht auch für Entlassung aus der Staatsangehörigkeit ein Unterschied, ob der um die Entlassung Nachsuchende Deutscher bleibt und nur Angehöriger eines anderen Bundesstaates wird, oder Ausländer werden bzw. nach dem Auslande sich begeben will.

In dem ersteren Falle ist die Erteilung der Entlassung obligatorisch, sie muß erfolgen, sobald der Antragsteller einen authentischen Nachweis über den Besitz der Staatsangehörigkeit in einem anderen Bundesstaate erbracht hat.

Im zweiten Falle ist die Erteilung der Entlassung durch die in § 22 aufgeführten Voraussetzungen bedingt.

Der oben erwähnte authentische Nachweis geschieht durch Vorlage einer von der zuständigen Behörde ausgestellten Urkunde, aus welcher hervorgeht, daß der um die Entlassung Nachsuchende sich bereits im Besitze der Staatsangehörigkeit in einem anderen Bundesstaate befindet, also durch Vorlage eines Heimatscheines, einer Aufnahmeurkunde oder Bestallung.

2. muß.

D. h. die Entlassung muß unbedingt und kostenfrei (§ 38 Abs. 1 Satz 2 d. G.) dem in einen anderen Bundesstaat Aufgenommenen erteilt werden, wenn er darum nachsucht. Gegen die Ablehnung des Gesuches gibt § 40 den Rekurs. Es ist aber nicht erforderlich, nach dem Erwerbe der Staatsangehörigkeit in einem anderen Bundesstaate um die Entlassung aus der früheren Staatsangehörigkeit nachzusuchen; denn, wie bereits erwähnt, ist es jedem Deutschen unbenommen, Angehöriger mehrerer Bundesstaaten zu sein.

Die Frage, wo ein solcher in mehreren Bundesstaaten seine Angehörigkeit wahrender Deutscher sein Heimatrecht besitzt, entscheidet sich nach dem Unterstützungswohnsitzgesetze. (Ausnahme: Bayern.)

In Bayern geht das Heimatrecht in einer bayerischen Gemeinde durch Erwerbung der Staatsangehörigkeit in einem anderen Bundesstaate nicht verloren (Entsch. des bayer. Verwaltungsgerichtshofes 2. Senat vom 11. März 1881, s. Reger, Entsch. Bd. II S. 60).

3. jedem,

auch wenn der um die Entlassung Nachsuchende noch im wehrpflichtigen Alter steht; denn da das deutsche Heer ein einheitliches Ganzes bildet und der § 17 des Gesetzes vom 9. Nov. 1867*), betr. die Verpflichtung zum Kriegsdienste, jedem Deutschen das Recht einräumt, seiner Militärpflicht in demjenigen Bundesstaate zu genügen, in welchem er zur Zeit des Eintritts in das militärpflichtige Alter seinen Wohnsitz hat, oder in welchen er vor erfolgter endgültiger Entscheidung über seine aktive Dienstpflicht verzieht, so kann dem in einen anderen Bundesstaat Überwandernden die Entlassung aus Gründen noch nicht vollzogener oder beendeter Militärpflicht nicht versagt werden.

4. vorbehält.

Wegen der zur Entgegennahme des Vorbehalts zuständigen Behörde vgl. § 20 Anm. Abs. 2.

§ 22.[1]

Fehlt es an den Voraussetzungen des § 21, so wird die Entlassung nicht erteilt[2]

1. Wehrpflichtigen,[3] über deren Dienstverpflichtung noch nicht endgültig entschieden ist, sofern sie nicht ein Zeugnis[4] der Ersatzkommission[5] darüber beibringen, daß nach der Überzeugung der Kommission die Entlassung nicht in der Absicht[6] nachgesucht wird, die Erfüllung der aktiven Dienstpflicht zu umgehen,
2. Mannschaften des aktiven Heeres,[7] der aktiven Marine[8] oder der aktiven Schutztruppen,
3. Mannschaften des Beurlaubtenstandes der im § 56 Nr. 2 bis 4 des Reichsmilitärgesetzes[9] bezeichneten Art, sofern sie nicht die Genehmigung der Militärbehörde[9a] erhalten haben,
4. sonstigen Mannschaften des Beurlaubtenstandes,[10] nachdem sie eine Einberufung zum aktiven Dienste erhalten[11] haben,

*) Dieses Gesetz ist durch § 2 d. G. vom 16. April 1871, betr. die Verfassuug des Deutschen Reiches, zum Reichsgesetz erklärt und in Gemäßheit des Reichsgesetzes vom 24. Nov. 1871 (s. RGBl. S. 398) auf Bayern nach näheren Bestimmungen des Bündnisvertrages anzuwenden.

5. Beamten[12] und Offizieren, mit Einschluß derer des Beurlaubtenstandes,[13] bevor sie aus dem Dienste entlassen sind.

Aus anderen als den in Abs. 1 bezeichneten Gründen darf in Friedenszeiten die Entlassung nicht versagt werden.[14] Für die Zeit eines Krieges oder einer Kriegsgefahr bleibt dem Kaiser der Erlaß besonderer Anordnungen[15] vorbehalten.

1. Vorbemerkung.

Der § 22 zählt auf, unter welchen Voraussetzungen die Entlassung nicht erteilt werden darf. Aus dem Vorausgehenden wird der Leser dieses Kommentars schon genugsam erkannt haben, daß ich für das neue Reichsgesetz nur einen Wunsch hatte: die Entlassung ebenso beseitigt zu sehen, wie den stillschweigenden Verlust durch zehnjährigen ununterbrochenen Aufenthalt im Ausland. Daß die letztgedachte Gesetzesvorschrift nach der mißbilligenden Äußerung Sr. Majestät des Kaisers fallen würde, war von vornherein jedem Mitglied der Regierungskommission klar, die zur Abänderung des Gesetzes berufen worden war.

Vielleicht wird demnächst in gleicher Weise der Gesetzesvorschrift der Entlassung das Sterbeglöcklein läuten.

Allerdings hat bis jetzt nur ein Mitglied der Reichstagskommission gleich dem Prediger in der Wüste seine Stimme gegen die Entlassung laut werden lassen (KommBer. S. 51); die Stelle lautet:

„Von einem Mitglied wurde jedoch ein grundsätzlich ablehnender Standpunkt gegenüber der Entlassung überhaupt eingenommen; wie keinem Ausländer ein Recht auf Aufnahme gegeben werden könne, so dürfe auch keinem Deutschen ein Recht auf Entlassung gewährt werden. Es genüge der Verlust durch Erwerb einer neuen Staatsangehörigkeit. So sei es auch in England und Frankreich. Keiner habe das Recht, sich der Gemeinschaft zu entziehen. Seine Zugehörigkeit sei ein character indelebilis."

Es ist höchst anerkennenswert, daß sich vor kurzem ein Verein gebildet hat, der dafür Sorge trägt, daß dem Deutschen im Ausland der ihm zukommende Schutz zuteil werde. Mindestens ebenso wichtig aber erscheint es mir, den Deutschen im Inland Schutz zu gewähren, indem der ganze Abschnitt der Entlassung aus dem Gesetze gestrichen wird. Ceterum censeo expatriationem esse delendam.

2. nicht erteilt.

Wenn Seydel-Piloty a. a. O. S. 158 § 38 Anm. 29 die Ansicht aufstellt, daß eine trotz dieses Verbotes erteilte Entlassung nicht ungültig sei, da das Gesetz diese Folge nicht ausspreche und sein Verbot zunächst nur an die Behörde richte, so kann dieser Meinung nur beigepflichtet werden; wenn er aber hieran die weitere Bemerkung knüpft, daß der auf diese Art Entlassene sich durch seine Auswanderung trotzdem strafbar mache, so kann dieser Behauptung nicht ohne weiteres zugestimmt werden. Die von der höheren Verwaltungsbehörde erteilte Entlassungsurkunde wird wirksam, sobald der Entlassene nach § 24 d. G. beim Ablauf eines Jahres nach ihrer Aushändigung das Reichsgebiet verlassen hat; er ist dann Ausländer und macht sich nicht durch unerlaubte Auswanderung wegen Verletzung der Wehrpflicht strafbar. Er kann jedoch bei Rückkehr nach Deutschland als lästiger Ausländer jederzeit ausgewiesen und wegen jeder anderen vor der Entlassung im Inland begangenen strafbaren Handlung verfolgt werden.

3. Wehrpflichtigen.

Wenn in dem Gesetz vom 1. Juni 1870 die Rede ist von Wehrpflichtigen im Alter vom vollendeten 17. bis zum vollendeten 25. Lebensjahr, so ist dies ein Widerspruch mit dem bestehenden Militärgesetz. Der Reg.-Entw. hat dies verbessert, indem er den anzusetzenden Zeitpunkt der Wehrpflicht folgendermaßen begründet:

„Nach § 15 Nr. 1 des geltenden Gesetzes haben alle Wehrpflichtigen, die sich in dem Alter vom vollendeten siebzehnten bis zum vollendeten fünfundzwanzigsten Lebensjahre befinden, das daselbst vorgesehene Zeugnis der Ersatzkommission beizubringen. Diese Vorschrift geht einerseits insofern über die Absicht des Gesetzgebers hinaus, als auch solche Wehrpflichtige davon betroffen werden, über deren Dienstverpflichtung schon vor dem vollendeten fünfundzwanzigsten Lebensjahr endgültig entschieden worden ist. Anderseits ist die Verpflichtung zur Beibringung des Zeugnisses zu eng begrenzt, wenn sie mit der Vollendung des fünfundzwanzigsten Lebensjahrs allgemein aufhören soll. Zu diesem Zeitpunkt wird zwar über die Dienstverpflichtung der großen Mehrzahl der Wehrpflichtigen endgültig entschieden sein; immerhin kommen aber Ausnahmefälle vor, in denen die Regelung der Militärpflicht erst später erfolgt, und es liegt kein Grund vor, solche Fälle hier unberücksichtigt zu lassen. Auf diesen Erwägungen beruht die Fassung des Entwurfs, wonach der Zeitraum, innerhalb dessen die Beibringung des Zeugnisses erforderlich ist, zwar wie bisher mit dem Eintritt der Wehrpflicht, d. h. mit der Vollendung des siebzehnten Lebensjahrs, beginnen, fortan aber ohne Rücksicht auf das Lebensalter mit der endgültigen Entscheidung über die Dienstverpflichtung des Wehrpflichtigen aufhören soll."

Jeder Deutsche ist wehrpflichtig. Die Wehrpflicht beginnt mit dem vollendeten 17. Lebensjahre und dauert bis zum 45. Lebensjahre (§ 4 Ziff. 3 der WehrO. vom 22. Nov. 1888).

Ausgenommen von der Wehrpflicht sind:

a) die Mitglieder regierender Häuser,

b) die Mitglieder der mediatisierten, vormals reichsständischen und derjenigen Häuser, welchen die Befreiung von der Wehrpflicht durch besondere Verträge zugesichert ist oder auf Grund besonderer Rechtstitel zusteht (RV. Art. 57, § 4 Ziff. 2 der WehrO. und § 1 d. RG. vom 9. Nov. 1867, betr. die Verpflichtung zum Kriegsdienst),

c) nach § 3 des Gesetzes, betr. die Vereinigung von Helgoland mit dem Deutschen Reich, vom 15. Dez. 1890 (RGBl. S. 207, s. Anhang, Anl. Nr. 21) sind die von der Insel herstammenden Personen und ihre vor dem 11. Aug. 1890 (Besitzergreifung Helgolands durch den Kaiser) geborenen Kinder von der Wehrpflicht befreit.

§ 22.

Es kann also den Mitgliedern der unter a und b aufgeführten Häuser, ferner den unter c bezeichneten Personen die Erteilung der Entlassung aus dem in Ziff. 1 bezeichneten Grunde nicht vorenthalten werden, wohl aber, wenn die unter 2—5 aufgeführten Voraussetzungen für sie zutreffen.

Wehrpflichtigen, welche sich noch nicht im militärpflichtigen Alter befinden, dürfen Auslandspässe für eine über den Zeitpunkt des Eintritts in dieses Alter hinausliegende Zeit nur insoweit erteilt werden, als sie eine Bescheinigung des Zivilvorsitzenden der Ersatzkommission ihres Gestellungsortes darüber beibringen, daß ihrer Abwesenheit für die beabsichtigte Dauer gesetzliche Hindernisse nicht entgegenstehen.

Die Zulässigkeit der Anmusterung solcher Personen durch die Seemannsämter ist von der Beibringung einer gleichen Bescheinigung abhängig (vgl. WehrO. vom 22. Nov. 1888 § 107 Ziff. 1 u. 2).

Ein Wehrpflichtiger, über dessen Militärpflicht noch nicht endgültig entschieden werden konnte, weil er sich nicht rechtzeitig vor den Ersatzbehörden stellte, bleibt bis zu seinem persönlichen Erscheinen vor der Ersatzbehörde militärpflichtig, d. h. vor allem verpflichtet, sich der Aushebung zu unterwerfen (WehrO. vom 22. Nov. 1888 § 36 Ziff. 4).

Die Entlassung Wehrpflichtiger, auch wenn sie bereits in das militärpflichtige Alter eingetreten sind, ist mithin vor endgültiger Entscheidung über die Dienstpflicht nur dann zulässig, wenn der Nachweis erbracht ist, daß die Entlassung nicht in der Absicht, sich der Dienstpflicht zu entziehen, nachgesucht wird.

Der Entlassung junger Leute, welche das 17. Lebensjahr noch nicht erreicht haben, können Schwierigkeiten nicht entgegengestellt werden, sobald der nach § 19 d. G. erforderliche Antrag des gesetzlichen Vertreters bei der zuständigen Behörde eingereicht worden ist.

Die Bestimmung des § 22 hat wiederholt Familienväter zu dem Versuche veranlaßt, ihre noch nicht 17jährigen Söhne dadurch der Militärpflicht zu entziehen, daß sie die Entlassung für dieselben beantragten und sie sodann nach zeitweiligem Aufenthalte im Auslande und nach erlangter Naturalisation daselbst wieder nach Deutschland zurückkommen ließen.

In der Verwaltungspraxis wird bei derartigen Fällen gegen solche Personen, deren mala fides bei Erwirkung der Entlassung aus der Reichsangehörigkeit unzweifelhaft erwiesen ist, die Ausweisung aus dem betreffenden früheren Heimatstaate streng durchgeführt.

Dieses Recht zur Ausweisung ist in dem Art. 3 des deutsch-schweizerischen Niederlassungsvertrags vom 13. Nov. 1909 besonders vorgesehen (Anhang, Anl. Nr. 25 und 25a). Ebenso in Art. 3 des deutsch-niederländischen Niederlassungsvertrags vom 17. Dez. 1904 (s. Anhang, Anl. Nr. 28).

Hinsichtlich der im wehrpflichtigen Alter stehenden Söhne der in Elsaß-Lothringen wohnenden National-Franzosen oder Optanten ist seitens des Statthalters in Elsaß-Lothringen unterm 28. Aug. 1884 eine besondere Verfügung getroffen worden (s. Anhang, Anl. Nr. 39). Wegen Bolivia vgl. Art. VII des deutsch-bolivianischen Freundschaftsvertrages (s. Anhang, II. Teil, Ausland, Bolivia).

§ 22.

Das in dem § 22 Ziff. 1 des Gesetzes erwähnte Zeugnis der Ersatzkommission ist nur dann beizubringen, wenn der die Entlassung aus der Staatsangehörigkeit Nachsuchende bei Einreichung seines Gesuches bereits das 17. Lebensjahr vollendet hat; es ist jedoch nicht zu fordern, wenn der Gesuchsteller zwar bei Einreichung des Gesuches das 17. Lebensjahr noch nicht erreicht, dasselbe aber im Augenblicke der Entscheidung über das Gesuch bereits vollendet hat. Das Reichsamt des Innern hat in einem an die kgl. sächsische Regierung gerichteten Schreiben vom 20. Jan. 1883 (s. Reger, Entscheidungen der Gerichte und Verwaltungsbehörden III S. 424 ff. und preuß. MBl. 1883 S. 140) diese Frage eingehend erörtert und sich dahin ausgesprochen:

„daß für die Beurteilung und Entscheidung von Anträgen auf Entlassung aus der Staatsangehörigkeit in den Fällen des § 15 Abs. 2 Ziff. 1 (des Gesetzes vom 1. Juni 1870, jetzt § 22 Ziff. 1 d. G.) derjenige Zeitpunkt als maßgebend zu erachten sei, an welchem das entscheidungsreife, mit allen sonst erforderlichen Belegen (Einwilligung des Vaters bzw. Vormunds) versehene Entlassungsgesuch bei der zur Ausfertigung der Entlassungsurkunde zuständigen höheren Verwaltungsbehörde (§ 23 d. G.) eingegangen ist."

Nach § 27 Ziff. 3 der WehrO. vom 22. Nov. 1888 findet die Bestimmung unter § 22 Ziff. 1 d. G., sofern Familienväter für sich und ihre Familien die Entlassung nachsuchen, auf Söhne, welche das 17. Lebensjahr vollendet haben, dergestalt Anwendung, daß, wenn auch den Familienvätern die Entlassung gestattet werden muß, den Söhnen derselben die Entlassung so lange zu versagen ist, als das nach dem Gesetze erforderliche Zeugnis der Ersatzkommission nicht beigebracht ist.

Dagegen bedürfen dieses Zeugnisses nicht: Personen, welche für Ganzinvalide, also dauernd untauglich erklärt worden sind (vgl. Anl. 1 D und E zu § 9 der Wehrordnung vom 22. Nov. 1888).

4. Zeugnis.

Nach § 27 Ziff. 2 der WehrO. vom 22. Nov. 1888 haben die Ersatzkommissionen

„pflichtmäßig zu erwägen, ob der Nachsuchung der Auswanderungserlaubnis nicht bloß*) die Absicht zum Grunde liegt, sich der Dienstpflicht im Heere oder in der Marine zu entziehen.

Trifft diese Voraussetzung zu, so ist das vorerwähnte Zeugnis zu verweigern.

Die desfallsigen Entscheidungen der ständigen Mitglieder der Ersatzkommissionen sind als endgültig zu betrachten.

Bei Meinungsverschiedenheit der beiden ständigen Mitglieder der Ersatzkommission ist die Entscheidung der Oberersatzkommission einzuholen. Bis zum Eingang dieser Entscheidung ist von der Erteilung der Auswanderungserlaubnis Abstand zu nehmen."

Die Zeugnisse der Ersatzkommissionen unterliegen bezüglich ihrer sachlichen Begründung nach einem Endurteil des I. Senats des preuß. Ober-

*) Vgl. Anm. 6 zu diesem Paragraphen.

verwaltungsgerichts vom 29. Okt. 1887 nicht der Nachprüfung seitens des Richters im Verwaltungsstreitverfahren. Die zugunsten des die Entlassung aus der Staatsangehörigkeit nachsuchenden Wehrpflichtigen abgegebenen Zeugnisse können seitens der Ersatzkommission vor Aushändigung der Entlassungsurkunde zurückgezogen werden (OVG. 15, 410). Die Zeugnisse sind nicht stempelpflichtig (Tarifstelle 77 zum StempelStG. vom 31. Juli 1895/26. Juni 1909; Vf. vom 4. Aug. 1897 (ZBl. f. d. DR. S. 304) und 10. Sept. 1900 (das. S. 549).

5. Ersatzkommission,

s. RMilG. vom 2. Mai 1874 § 30 Ziff. 3a in der Fassung des Gesetzes vom 31. März 1885.

In betreff des bei Erteilung der Entlassungsurkunde in Bayern beobachteten Verfahrens s. Entschließung des bayer. Staatsministeriums des Innern vom 9. Mai 1871 Ziff. 7.

6. in der Absicht.

Gemäß § 15 Abs. 2 Ziff. 1 d. G. vom 1. Juni 1870, § 27 Ziff. 1 u. 2 der WehrO. hatte die Ersatzkommission

„bisher zu bescheinigen, daß der Wehrpflichtige die Entlassung nicht bloß in der Absicht nachgesucht, um sich der aktiven Dienstpflicht zu entziehen. Diese Vorschrift hat sich nicht bewährt. Sie läßt der weitgehenden Berücksichtigung irgendwelcher Nebenabsichten Raum, wie solche bei der Auswanderung Wehrpflichtiger selten fehlen werden. Die Behörden haben hier zu einer gleichmäßigen Praxis nicht gelangen können. Um die bestehende Unsicherheit zu beseitigen und einen wirksameren Schutz gegen Wehrpflichtverletzungen zu schaffen, ist das Wort ‚bloß‘ gestrichen. Die Entscheidung der Ersatzkommission über den Antrag auf Erteilung des Zeugnisses soll demgemäß davon abhängig gemacht werden, ob die Kommission zu der Überzeugung gelangt, daß für das Entlassungsgesuch die Absicht des Wehrpflichtigen, sich der Wehrpflicht zu entziehen, oder aber eine andere Absicht maßgebend ist“ (Reg.-Entw. S. 27; Begr. zu § 16 Nr. 2).

7. zum aktiven Heere.

Hierzu gehören nach § 38 des RMilG. vom 2. Mai 1874 (RGBl. S. 45):

„A. die Militärpersonen des Friedensstandes, und zwar:

1. die Offiziere, Ärzte und Militärbeamten des Friedensstandes vom Tage ihrer Anstellung bis zum Zeitpunkte ihrer Entlassung aus dem Dienste;

2. die Kapitulanten vom Beginn bis zum Ablauf oder bis zur Aufhebung der abgeschlossenen Kapitulation;

3. die Freiwilligen und die ausgehobenen Rekruten von dem Tage, mit welchem ihre Verpflegung durch die Militärverwaltung beginnt, Einjährig-Freiwillige von dem Zeitpunkte ihrer definitiven Einstellung in einen Truppenteil, sämtlich bis zum Ablaufe des Tages ihrer Entlassung aus dem aktiven Dienste.

B. 1. Die aus dem Beurlaubtenstande (V. Abschnitt) zum Dienst einberufenen Offiziere, Ärzte, Militärbeamten und Mannschaften von dem Tage, zu welchem sie einberufen sind, bis zum Ablauf des Tages der Wiederentlassung;

2. alle in Kriegszeiten zum Heeresdienst aufgebotenen oder freiwillig eingetretenen Offiziere, Ärzte, Militärbeamten und Mannschaften, welche zu einer der vorgenannten Kategorien gehören, von dem Tage, zu welchem sie einberufen sind, bzw. vom Zeitpunkte des freiwilligen Eintritts bis zum Ablauf des Tages der Entlassung.

C. Die Zivilbeamten der Militärverwaltung vom Tage ihrer Anstellung bis zum Zeitpunkte ihrer Entlassung aus dem Dienste."

8. aktiven Marine.

Hierzu gehören nach § 13 Ziff. 1a des Wehrgesetzes (Gesetz vom 9. Nov. 1867, betr. die Verpflichtung zum Kriegsdienste, BGBl. S. 131):

„die im aktiven Dienste befindlichen Seeleute, Maschinisten und Heizer, sowie die Schiffshandwerker und Seesoldaten".

9. § 56 Nr. 2—4 des Reichsmilitärgesetzes lautet:

Zum Beurlaubtenstande gehören:

2. die vorläufig in die Heimat beurlaubten Rekruten und Freiwilligen (§ 34);
3. die bis zur Entscheidung über ihr ferneres Militärverhältnis zur Disposition der Ersatzbehörden entlassenen Mannschaften (§ 54);
4. die vor erfüllter aktiver Dienstpflicht zur Disposition der Truppenteile beurlaubten Mannschaften.

§ 109 Ziff. 4b—d WehrO. hat den gleichen Inhalt.

9a. Militärbehörde.

Als solche sind für das preußische Kontingent die Generalkommandos für Offiziere, im übrigen die Bezirkskommandos bestellt; die örtliche Zuständigkeit richtet sich nach der Kontrollstelle des zu Entlassenden (MinVfg. v. 13. Feb. 1914; MinBl. f. d. i. V. S. 112).

10. Sonstige Mannschaften des Beurlaubtenstandes.

Zu ihnen gehören:

die Mannschaften der Reserve, Marinereserve, Landwehr und Seewehr, sowie die Mannschaften der Ersatzreserve und Marine-Ersatzreserve. § 109 Ziff. 4a der WehrO.

Nach Aufruf des Landsturmes gehören die vom Aufruf betroffenen oder nach freiwilliger Meldung in die Listen des Landsturms eingetragenen Personen ebenfalls zum Beurlaubtenstande (WehrO. §§ 100 Ziff. 2 und 121 Ziff. 4).

Die Dienstpflicht im stehenden Heere bez. in der stehenden Marine umfaßt die aktive Dienstpflicht und die Reservepflicht bez. Marinereservepflicht und dauert insgesamt sieben Jahre (s. § 6 Ziff. 1 u. 2 und § 14 Ziff. 1 u. 2 der WehrO. vom 22. Nov. 1888).

Nach § 12 der WehrO. vom 22. Nov. 1888 wird die Landwehr in zwei Aufgebote geteilt. Die Verpflichtung zum Dienst in der Landwehr ersten Aufgebots ist von fünfjähriger, für diejenigen, die drei Jahre bei der Fahne gedient haben, von dreijähriger Dauer; der Eintritt in dieselbe erfolgt nach abgeleisteter

Dienstpflicht im stehenden Heere. Die Verpflichtung zum Dienste in der Landwehr zweiten Aufgebots dauert bis zum 31. März desjenigen Kalenderjahres, in welchem das 39. Lebensjahr vollendet wird. Für Mannschaften, welche vor vollendetem 20. Lebensjahre in das Heer eingetreten sind, endigt diese Verpflichtung am 31. März desjenigen Kalenderjahres, in welchem sie 19 Jahre dem Heere angehört haben.

Nach § 17 der WehrO. vom 22. Nov. 1888 finden die Bestimmungen des § 12 der WehrO. sinngemäße Anwendung auf die Seewehr.

Die Ersatzreservepflicht dauert zwölf Jahre und rechnet vom 1. Oktober desjenigen Kalenderjahres ab, in welchem das 20. Lebensjahr vollendet wird (§ 13 Ziff. 2 der WehrO.). Diese Bestimmung findet auf die Marineersatzreservisten entsprechende Anwendung (§ 18 Ziff. 2 der WehrO.).

11. eine Einberufung zum aktiven Dienst erhalten.

Der § 111 Ziff. 16 der WehrO. vom 22. Nov. 1888 enthält folgende Bestimmungen:

a) „Mannschaften der Reserve und Marinereserve, der Land- und Seewehr ersten Aufgebots, sowie der Ersatzreserve und Marine-Ersatzreserve darf in der Zeit, in welcher sie nicht zum aktiven Dienst einberufen sind, die Erlaubnis zur Auswanderung (Entlassung aus der Reichsangehörigkeit) nicht verweigert werden.

Vor Erteilung der Entlassung aus der Reichsangehörigkeit ist durch die Polizeibehörde dem Bezirkskommando Mitteilung zu machen. Die Aushändigung der Entlassungsurkunde darf erst erfolgen, nachdem das Bezirkskommando bescheinigt hat, daß der Auswanderung eine Einberufung zum aktiven Dienst nicht entgegensteht.

b) Mannschaften der Land- und Seewehr zweiten Aufgebots bedürfen keiner Erlaubnis zur Auswanderung; dieselben sind vielmehr nur verpflichtet, von ihrer bevorstehenden Auswanderung der zuständigen Kontrollstelle Anzeige zu machen.

c) Wer ohne Erlaubnis auswandert (a) bzw. auswandert, ohne der zuständigen Kontrollstelle Anzeige gemacht zu haben (b), unterliegt der im § 360 des Strafgesetzbuches für das Deutsche Reich angedrohten Strafe."

Die Einberufung ist als erfolgt anzusehen, nachdem die Einberufungsorder ausgehändigt oder eine öffentliche Aufforderung ergangen ist. Gegen Reservisten, Land- und Seewehrleute und Ersatzreservisten, welche sich der erfolgten Einberufung zum aktiven Dienste im Frieden durch unerlaubte Auswanderung entziehen, ist das militärgerichtliche Verfahren wegen Ungehorsams zulässig (Militärstrafgesetzbuch § 113). Nach bekannt gemachter Kriegsbereitschaft oder nach angeordneter Mobilmachung trifft Personen der Reserve, der Landwehr ersten Aufgebots und der Ersatzreserve in dem gleichen Falle die Strafe der Fahnenflucht (Militärstrafgesetzbuch § 69). Vgl. auch Reg.-Entw. S. 27; Begr. zu § 16 Nr. 4.

Es erscheint zweckmäßig, hier auf § 59 des Reichsmilitärgesetzes in der Fassung des Gesetzes vom 22. Juli 1913 (Anhang, Anl. Nr. 16) hinzuweisen. Die nach dieser Bestimmung auszustellenden Konsulatsatteste müssen nach einem an die kaiserl. Konsulate ergangenen Zirkularerlasse des Ausw. Amts vom 12. April 1888, wenn der Urlaubnachsuchende kein eigenes Geschäft oder Gewerbe betreibt, der bisherigen Vorschrift gemäß neben der genauen Bezeichnung der Art und Stellung die Bescheinigung enthalten, daß die Eigenartigkeit der kaufmännischen usw. Verhältnisse des betreffenden Landes bzw. der betreffenden Stellung selbst die letztere, ungeachtet ihrer Abhängigkeit und der Unbestimmtheit ihrer Dauer, dennoch als feste Stellung kennzeichnet.

Für Mannschaften der Landwehr zweiten Aufgebots bedarf es eines Nachweises nur dahin, daß sie eine ihren Lebensunterhalt sichernde Stellung als Kaufmann usw. erworben haben. Auch gilt für dieselben die Beschränkung bezüglich der Küstenländer des Mittelländischen und Schwarzen Meeres nicht (§ 111 Ziff. 3 u. 4 der WehrO. vom 22. Nov. 1888).

Unter den gleichen Verhältnissen können Landsturmpflichtige für die Dauer ihres Aufenthalts außerhalb Europas von der Befolgung des Aufrufs entbunden werden (§ 100 Ziff. 3b—d der WehrO. vom 22. Nov. 1888). Für Schutzgebiete, in denen eine Schutztruppe besteht, entfällt die Befolgungspflicht (§ 19 d. Wehrges. f. d. Schutzgeb. vom 22. Juli 1913, RGBl. S. 610; § 28 Abs. 1 d. Wehrpflichtges. vom 11. Febr. 1888, RGBl. S. 11).

12. Beamten.

Diese Bestimmung findet nicht nur auf diejenigen Beamten Anwendung, welche noch im öffentlichen Dienste beschäftigt, sondern auch auf alle diejenigen, welche mit Wartegeld zur Disposition gestellt sind. Es findet hier das gleiche Verhältnis statt, wie bei den zur Disposition oder à la suite der Armee stehenden Offizieren, deren Entlassung aus der Staatsangehörigkeit ebenfalls von der vorherigen Verabschiedung abhängig gemacht wird.

13. Offiziere des Beurlaubtenstandes.

Die WehrO. § 111 Ziff. 7 vom 22. Nov. 1888 bestimmt:

„Den Offizieren und Sanitätsoffizieren (auch Veterinäroffizieren) der Reserve und Landwehr ersten Aufgebots sowie den im § 109, 4b bis d bezeichneten Mannschaften (s. Anm. 9) darf, — falls sie nicht nachweisen, daß sie in einem anderen Bundesstaate die Staatsangehörigkeit erworben haben, — die Entlassung aus der Staatsangehörigkeit nur mit Genehmigung der Militärbehörde erteilt werden.

Den Offizieren und Sanitätsoffizieren der Landwehr zweiten Aufgebots darf die Entlassung aus der Staatsangehörigkeit nur erteilt werden, nachdem sie auf die von ihrer bevorstehenden Auswanderung an die Militärbehörde gemachte Anzeige ihre Verabschiedung erhalten haben.

Bezügliche Gesuche usw. sind an das zuständige Bezirkskommando zu richten und werden betreffs der Mannschaften von diesem entschieden.

Gesuche der Offiziere und Sanitätsoffiziere werden behufs Herbeiführung der Verabschiedung weiter befördert."

14. darf nicht versagt werden.

Durch diese Bestimmung sind die in den Verfassungen verschiedener Bundesstaaten vorgesehenen gesetzlichen Vorschriften, daß im Falle der beabsichtigten Auswanderung nach einem außerdeutschen Staate der bezügliche Antrag öffentlich bekanntgemacht werden müsse und daß die Erteilung der Entlassungsurkunde oder der Auswanderungserlaubnis erst nach Ablauf einer gewissen, meistens zwischen vier und sechs Wochen variierenden Frist erfolgen dürfe, hinfällig geworden.

Auch ist die zur Erteilung der Entlassung befugte höhere Verwaltungsbehörde nicht berechtigt, die Entlassung aus der Staatsangehörigkeit bis zur Berichtigung etwaiger Steuerrückstände zu verweigern (s. Entscheidung des kgl. preuß. Oberverwaltungsgerichts vom 14. Sept. 1887, Anhang, Anl. Nr. 40; OVG. 15, 405).

Ob es ratsam sein dürfte, eine Beschlagnahme von Entlassungsurkunden als prozeßrechtliche Sicherungsmaßregel überhaupt zu verfügen (vgl. die erwähnte Entscheidung, auch OVG. 35, 407), erscheint mir schon um deswillen zweifelhaft, weil eine erkennende Behörde vermeiden muß, eine Verfügung zu treffen, die in Wirklichkeit einem Schlag ins Wasser gleichkommt.

Die Auswanderung ist frei. Kein Deutscher bedarf, um auszuwandern, der Entlassungsurkunde. Wehr- und Militärpflichtige oder noch nicht aus dem Dienst entlassene unmittelbare oder mittelbare Staatsbeamte bekommen die Entlassungsurkunde überhaupt nicht (§ 22 Abs. 1 d. G.). Ist aber ein Deutscher seinen Verpflichtungen gegen den Staat nachgekommen und wandert er aus, um vielleicht in einem anderen Staate die Staatsangehörigkeit zu erwerben, so kann ihm nur geraten werden, wie es auch in der Verfügung des preuß. Min. d. J. vom 20. Nov. 1904 (s. zu § 17 d. G. Anm. 2) geschehen ist, die Entlassung nicht nachzusuchen. Denn wie anderweit ausgeführt worden ist, bedeutet für den entlassenen Deutschen die Zwischenzeit von der Niederlassung bis zur Erwerbung der fremden Staatsangehörigkeit ein Stadium der Schutz- und Staatlosigkeit.

Wird nun der Fall angenommen, daß einem Deutschen die Entlassung bewilligt, die Urkunde aber ihm noch nicht ausgehändigt worden ist, so würde eine Behörde, die wegen prozeßrechtlicher Maßnahmen die Aushändigung der Entlassungsurkunde verhindert, dem Entlassenen dadurch nicht schaden, sondern ihm im Gegenteil nützen, und dies dürfte doch nicht in der Absicht der erkennenden Behörde liegen.

Im übrigen dürften die Entscheidungen des Oberverwaltungsgerichts auf das neue Gesetz nicht anwendbar sein, da dasselbe in § 23 Abs. 1 Satz 2 ausdrücklich die Fälle erwähnt, in welchen die Aushändigung der Entlassungsurkunde verweigert werden kann, unter diesen aber die Fälle der Steuerrückstände und der Beschlagnahme als prozeßrechtlicher Sicherungsmaßregel nicht aufgeführt sind.

Wegen des Rekurses bei Verweigerung der Entlassung vgl. § 40 d. G., wegen der Kosten der Entlassung § 38 d. G.

15. Anordnungen.

Bei eintretender allgemeiner Mobilmachung haben alle im Auslande befindlichen Personen des Beurlaubtenstandes sich unverzüglich in das Inland zurückzubegeben, sofern sie hiervon nicht ausdrücklich dispensiert werden (§ 58 RMilG.; § 111 Ziff. 2 WehrO.). Diese Vorschrift findet auf die Personen des Beurlaubtenstandes der Schutztruppe für Südwestafrika sowie auf Mannschaften des Beurlaubtenstandes des Heeres und der Marine, die sich in einem Schutzgebiete aufhalten, in dem eine Schutztruppe besteht, keine Anwendung (§ 19 Wehrges. f. d. Schutzgeb. vom 22. Juli 1913, RGBl. S. 610). Anstatt dieser Rückkehrpflicht treten die besonderen Bestimmungen des § 1 der Kaiserl. Verordnung zum Wehrgesetz für die Schutzgebiete vom 21. Febr. 1914 (RGBl. S. 19). Gefängnis oder Festungshaft von sechs Monaten bis zu fünf Jahren trifft eine Person des Beurlaubtenstandes, welche nach bekanntgemachter Kriegsbereitschaft oder nach angeordneter Mobilmachung ihrer Einberufung zum Dienste oder einer öffentlichen Aufforderung zur Stellung nicht binnen drei Tagen nach Ablauf der bestimmten Frist Folge leistet (§§ 68, 67, 17 MStGB.). Eine Überschreitung der Frist kann durch Meldung bei einer beliebigen in- oder ausländischen Zivil- oder Militärbehörde verhindert werden.

§ 23.

Die Entlassung wird wirksam[1] mit der Aushändigung[2] einer von der höheren Verwaltungsbehörde[3] des Heimatstaats ausgefertigten Entlassungsurkunde.[4] Die Urkunde wird nicht ausgehändigt[5] an Personen, die verhaftet sind oder deren Verhaftung oder Festnahme[6] von einer Gerichts- oder Polizeibehörde[7] angeordnet ist.

Soll sich die Entlassung zugleich auf die Ehefrau[8] oder die Kinder[8] des Antragstellers beziehen, so müssen auch diese Personen in der Entlassungsurkunde mit Namen aufgeführt werden.

1. wirksam.

Über die Wirksamkeit der Aushändigung der Entlassungsurkunde an einen Deutschen, der mehrere Staatsangehörigkeiten besitzt, vgl. § 20 d. G.

2. Aushändigung.

Es ist nicht erforderlich, daß die Entlassungsurkunde an den Entlassenen selbst ausgehändigt werde, sondern letzterer kann auch jemanden zur Empfangnahme der Urkunde ermächtigen. Solange aber die Entlassungsurkunde nicht in den Besitz des Petenten oder dessen Bevollmächtigten gelangt ist, bleibt sie ohne Wirkung.

Das kgl. württemb. Ministerium hat mittels Erlasses vom 7. Febr. 1883 (Amtsbl. S. 21) in dieser Beziehung folgendes verfügt:

„Die Aushändigung der Entlassungsurkunden mit der im § 18 des RG. vom 1. Juni 1870 (jetzt § 23 Abs. 1 Satz 1 d. G.) bezeichneten Wirkung kann nicht allein an die Entlassenen selbst, sondern auch an die von demselben zur Empfangnahme ermächtigten Personen und bzw. an die gesetzlichen Vertreter der Entlassenen erfolgen. Um den Unzuträglichkeiten vorzubeugen, welche aus einer Ungewißheit über die Ermächtigung der zurückgebliebenen

Angehörigen der Auswanderer zur Empfangnahme der Entlassungsurkunden entstehen können, werden die Bezirksstellen angewiesen, bei Stellung von Anträgen auf Entlassung aus der Staatsangehörigkeit die Antragsteller in allen Fällen, in welchen nicht mit Sicherheit anzunehmen ist, daß die Aushändigung der Entlassungsurkunden an dieselben persönlich ohne Weiterungen werde vollzogen werden können, zur Aufstellung eines im Lande wohnenden Bevollmächtigten zu veranlassen, welcher zur Empfangnahme der Entlassungsurkunde namens des Antragstellers und mit Rechtswirkung für diesen ermächtigt werden soll."

Befindet sich der zu Entlassende bereits im Auslande, so ist es zweckmäßig, wenn die ausstellende Behörde ihm die Entlassungsurkunde durch Vermittelung des zuständigen Kaiserl. Konsularbeamten zugehen läßt. Letzterer wird sodann die über bewirkte Aushändigung der Entlassungsurkunde aufgenommene Verhandlung der früheren Heimatbehörde des Entlassenen zu übermitteln haben.

Vgl. auch § 16 d. G. Anm. 4 u. 6b.

Einem Erlasse des kgl. preuß. Min. d. J. vom 17. Dez. 1882 zufolge (MBl. S. 317) soll bei der Entlassung preußischer, im Auslande verweilender Staatsangehöriger darauf geachtet werden, daß die Entlassenen die ihnen seinerzeit ausgestellten Heimatscheine oder Staatsangehörigkeitsausweise zurückerstatten.

Die Ausführbarkeit dieser Bestimmung erscheint um deswillen sehr zweifelhaft, weil im allgemeinen ein im Inland Wohnhafter sehr selten mit Staatsangehörigkeitsausweis oder Heimatschein versehen ist und weil ferner, wenn der Entlassene sich schon im Ausland aufhält, den deutschen Konsularbehörden keinerlei Recht zusteht, ihn zur Verabfolgung seiner deutschen Legitimationsurkunden zu nötigen.

Wird die Entlassung aus der Staatsangehörigkeit von Mannschaften des Beurlaubtenstandes vom Auslande aus nachgesucht und ihnen erteilt, so sind die mit den Anträgen vorgelegten Heimatscheine zurückzubehalten. Dagegen soll eine Abnahme der Militärpässe nicht stattfinden (Vfg. d. kgl. preuß. Min. d. J. vom 7. Nov. 1906, MBl. S. 357).

3. höheren Verwaltungsbehörde.

Vgl. § 16 Anm. 5.

4. Entlassungsurkunde.

Vgl. § 39 und Bundesratsverordnung vom 27. Nov. 1913 (Anhang, Anl. Nr. 1).

5. nicht ausgehändigt.

Vgl. § 22 Anm. 14.

6. Verhaftung oder Festnahme.

Über den Begriff der Verhaftung vgl. StPO. § 114, über den der Festnahme StPO. § 127.

7. Gerichts- oder Polizeibehörde.

Darunter ist natürlich auch die Staatsanwaltschaft einbegriffen.

§ 23.

8. Die Ehefrau oder die Kinder.

Eine wesentliche Änderung gegen § 19 d. G. vom 1. Juni 1870 bringt § 23 Abs. 2 d. G., indem bei der Entlassung, die sich gleichzeitig auf die Ehefrau (§ 18 d. G.) und die Kinder (§ 19 ev. § 22 d. G.) des Entlassenen beziehen soll, deren Namen vollständig aufgeführt werden müssen.

§ 24.

Die Entlassung gilt als nicht erfolgt,[1] wenn der Entlassene beim Ablauf[2] eines Jahres[3] nach der Aushändigung[4] der Entlassungsurkunde seinen Wohnsitz oder seinen dauernden Aufenthalt[5] im Inland[6] hat.[7]

Diese Vorschrift findet keine Anwendung, wenn der Entlassene sich die Staatsangehörigkeit in einem anderen Bundesstaate gemäß § 20 vorbehalten hat.

1. gilt als nicht erfolgt.

Der § 24 d. G. kann im Hinblick auf § 23 d. G. nur dahin ausgelegt werden, daß er eine auflösende, nicht eine aufschiebende Bedingung in sich schließt. Mit der Aushändigung der Entlassungsurkunde an den Antragsteller tritt für ihn der sofortige Verlust der Staatsangehörigkeit ein.

Gilt die Entlassung nach § 24 d. G. als nicht erfolgt, so lebt die Angehörigkeit des Entlassenen zu seinem Heimatstaat ipso facto wieder auf. Erst dann, d. h. nach Ablauf des einjährigen Zwischenraums, ist der Entlassene zur nachträglichen Erfüllung der während des Jahres verabsäumten staatsbürgerlichen Pflichten heranzuziehen. Der ungenutzte Ablauf der Frist hat mithin zur Folge, daß nach einem Jahre angenommen wird, es sei der mit der Entlassungsurkunde Versehene stets im Besitze seiner Staatsangehörigkeit verblieben (vgl. Laband a. a. O. S. 175).

Eine Umgehung der Militärpflicht in Zeiten des Krieges oder der Kriegsgefahr wird dadurch verhütet, daß der § 22 Abs. 2 d. G., für diesen Fall besondere Anordnungen getroffen hat.

2. beim Ablauf.

Eine besondere Unwirksamkeitserklärung der Entlassungsurkunde beim Ablauf des Jahres ist in dem Gesetze nicht vorgesehen.

Es ist selbstverständlich, daß die Entlassungsurkunde auch schon vor Ablauf des Jahres unwirksam werden kann, wenn der Entlassene inzwischen erklärt, daß er die Erwerbung der Staatsangehörigkeit in einem anderen Bundesstaate bzw. die Auswanderung nach dem Auslande aufgegeben hat.

Wie aber ist es mit solchen Personen, die ihre Entlassung aus der bisherigen Staatsangehörigkeit nachgesucht und erwirkt haben, bevor sie Staatsangehörige eines anderen Bundesstaates geworden sind und ihr Ersuchen um Aufnahme in diesen erst während der einjährigen Frist stellen? Sind diese Personen als Ausländer im Sinne des § 8 d. G. zu behandeln, oder wird ihnen auf Grund des § 7 d. G. die Aufnahme zu gewähren sein?*) Die wörtliche Auslegung des § 23 Abs. 1 würde dazu führen, die Frage im Sinne der ersteren Alternative, also des Erfordernisses der Einbürgerung, zu beantworten; denn da nach der vorgedachten gesetzlichen Bestimmung der Verlust der Staatsangehörigkeit mit dem Zeitpunkte der Aushändigung der Entlassungsurkunde eintritt, so wird der Entlassene, der nicht zuvor Angehöriger eines anderen Bundesstaates geworden ist, im rechtlichen Sinne Ausländer. Eine derartige wörtliche Auslegung ist aber von dem Gesetzgeber wohl kaum beabsichtigt worden. Nach der Begründung des Regierungsentwurfs zu diesem Paragraphen (S. 28), die mit den Motiven des Gesetzes vom 1. Juni 1870, § 18, völlig übereinstimmt, sollten durch den § 24 nur die fingierten Auswanderungen und die damit von dem Auswandernden oder seinen Familienmitgliedern bezweckte Umgehung der Militärpflicht getroffen werden. Ist eine solche nicht nachweisbar, hat vielmehr der Betreffende nur aus Unkenntnis der einschlägigen gesetzlichen Bestimmung die Entlassung erwirkt, ohne zuvor die Angehörigkeit zu demjenigen Bundesstaate erworben zu haben, in den er überwandern will oder schon übergewandert ist, so würde es eine mit dem Geiste des Gesetzes nicht vereinbarte Härte bedeuten, wenn der Betreffende binnen der einjährigen Frist als Ausländer betrachtet werden sollte und demgemäß nur auf Grund des § 8 die Einbürgerung unter erschwerenden Bedingungen erwerben könnte, während ihm, wenn die Entlassung nach Ablauf der einjährigen Frist unwirksam geworden ist, die Aufnahme in Gemäßheit des § 7 auf sein Ansuchen ohne weiteres erteilt werden muß. Es würde demnach nur als durchaus berechtigt anzuerkennen sein, wenn solchen Personen die Aufnahme auf Grund des § 7 gewährt würde; es ist dabei als selbstverständlich vorausgesetzt, daß die Betreffenden beim Ablauf des Jahres sich endgültig im Inland aufhalten.

Eine diese Frage entscheidende Verfügung ist seitdem von allen Bundesregierungen und dem kaiserlichen Statthalter in Elsaß-Lothringen ergangen, wie durch einen Runderlaß des preuß. Min. d. J. vom 8. Februar 1896 bekanntgemacht wird. Der Runderlaß (MBl. i. V. 1896 S. 22) lautet:

„In den deutschen Bundesstaaten hat bisher eine Verschiedenheit in der Behandlung der Aufnahme- und Entlassungsgesuche solcher Personen bestanden, die von der Staatsangehörigkeit eines Bundesstaats zu der einer anderen überzutreten beabsichtigen. Um in dieser Beziehung ein einheitliches Verfahren herbeizuführen, haben die Bundesregierungen und der Kaiserliche Statthalter in Elsaß-Lothringen nunmehr vereinbart, daß Personen, die aus der Staatsangehörigkeit eines Bundesstaates entlassen worden sind und vor Ablauf von 6 Monaten nach Aushändigung der Entlassungs-

*) Die die Entlassung erteilenden Verwaltungsbehörden müßten eigentlich die Antragsteller auf die Tragweite der im § 23 enthaltenen Bestimmungen aufmerksam machen und ihnen darlegen, daß es bei beabsichtigter Überwanderung in einen anderen Bundesstaat zweckmäßig ist, zuvörderst in diesem ihre Aufnahme zu erwirken und erst dann ihre Entlassung aus der bisherigen Staatsangehörigkeit nachzusuchen.

urkunde — ohne inzwischen den Wohnsitz in das Reichsausland verlegt zu haben — den Erwerb der Staatsangehörigkeit in einem anderen Bundesstaat nachsuchen, nicht als Ausländer im Sinne des § 8 des Staatsangehörigkeitsgesetzes vom 1. Juni 1870 zu behandeln sind.

Dies hat zur Folge, daß auf solche Gesuche der § 7 des genannten Gesetzes Anwendung findet."

3. eines Jahres.

Wegen der Fristbestimmung s. BGB. §§ 186—188. Die Berechnung der einjährigen Frist beginnt mit dem Tage der Aushändigung der Entlassungsurkunde.

4. Aushändigung.

Wie bereits in der Anm. 2 zu § 23 d. G. gesagt ist, muß die Behörde, welche die Entlassungsurkunde auszuhändigen hat, darauf achten, daß der Zeitpunkt der Übermittelung der Urkunde an den Betreffenden oder dessen Bevollmächtigten protokollarisch festgestellt wird.

Vgl. auch im übrigen Anm. 2 zu § 23 d. G.

5. dauernden Aufenthalt.

Es kommt also gar nicht darauf an, wo der mit der Entlassungsurkunde Versehene während der Jahresfrist seinen Wohnsitz oder Aufenthalt hat; nur der Zustand beim Ablauf des Jahres entscheidet. Die Polizeibehörde wird nicht als befugt erachtet werden können, den Betreffenden während des Jahres auszuweisen, sei es, daß er seinen Wohnsitz in dieser Zeit überhaupt nicht ändert, sei es, daß er während dieser Zeit Wohnsitz und Aufenthalt im In- oder Auslande wechselt; denn durch eine solche Ausweisung könnte die Polizei stets verhindern, daß der Fall des § 24 Abs. 1 eintrete.

Auch der Aufenthalt auf einem deutschen Schiff, etwa im Dienste der Handelsmarine, ist geeignet, die Voraussetzungen des § 24 Abs. 1 zu erfüllen. Denn deutsche Schiffe, welche das Reichsgebiet verlassen haben und sich auf offenem Meere befinden, werden nach allgemein anerkanntem internationalem Rechtsgrundsatz als wandelnde Gebietsteile des vaterländischen Territoriums betrachtet. Es besteht hierbei kein Unterschied, ob das Schiff ein Kauffahrtei- oder Kriegsschiff ist (vgl. Perels, Internationales Seerecht S. 47 u. 65).

Es kann nicht ungerügt bleiben, daß in § 40 d. G. bei Aufzählung der Paragraphen, die einen Rekurs zulassen, der § 24 unerwähnt geblieben ist. Es kann ja vorkommen, daß die bereits mit der Entlassungsurkunde versehene Person ihren bisherigen Wohnsitz verlassen, sich aber in Deutschland schlimmstenfalls sogar herumgetrieben hat und vor Ablauf des Jahres wieder in ihren alten Wohnsitz zurückgekehrt ist. In solchem Falle ist es möglich, daß die Behörde ein Recht zu haben glaubt, die betreffende Person auszuweisen und es auch wirklich tut. Dann ist dem mit Unrecht Ausgewiesenen kein Rekursmittel gegeben. Auch für den Streitfall zwischen der Behörde und dem angeblich Entlassenen, ob der Betreffende beim Ablauf des Jahres seinen Wohnsitz im Inland gehabt hat, hätte der Rekurs gegeben sein müssen.

§ 24.

6. im Inland.

Auch in den Schutzgebieten (vgl. § 2 Abs. 2 d. G.). In betreff der Niederlassung entlassener Deutscher in der Schweiz und der Rückkehr nach dem Inland s. Anm. 3 zu § 22.

7. hat.

„Wenn Personen des Beurlaubtenstandes, welche die Entlassung aus der Reichsangehörigkeit erhalten haben, nicht auswandern, oder wenn Ausgewanderte vor vollendetem 39. Lebensjahr wieder zurückkehren, so ist durch die Polizeibehörde dem nächsten Bezirkskommando hiervon Mitteilung zu machen" (s. WehrO. vom 22. Nov. 1888 § 111 Ziff. 18).

§ 25.[1]

Ein Deutscher, der im Inland weder seinen Wohnsitz noch seinen dauernden Aufenthalt[2] hat, verliert seine Staatsangehörigkeit mit dem Erwerb einer ausländischen Staatsangehörigkeit, wenn dieser Erwerb auf seinen Antrag oder auf den Antrag des Ehemanns oder des gesetzlichen Vertreters erfolgt, die Ehefrau und der Vertretene[3] jedoch nur, wenn die Voraussetzungen vorliegen, unter denen nach den §§ 18, 19[4] die Entlassung beantragt werden könnte.

Die Staatsangehörigkeit verliert nicht,[5] wer vor dem Erwerbe der ausländischen Staatsangehörigkeit auf seinen Antrag die schriftliche Genehmigung der zuständigen Behörde seines Heimatstaats zur Beibehaltung seiner Staatsangehörigkeit erhalten hat. Vor der Erteilung der Genehmigung ist der deutsche Konsul[6] zu hören.

Unter Zustimmung des Bundesrats kann von dem Reichskanzler angeordnet werden, daß Personen, welche die Staatsangehörigkeit in einem bestimmten ausländischen Staate erwerben wollen, die im Abs. 2 vorgesehene Genehmigung nicht erteilt werden darf.

1. Vorbemerkung.

Die in diesem Paragraphen enthaltene Bestimmung bedeutet eine Verbesserung, die um so freudiger zu begrüßen ist, als erstere auch bei den meisten anderen zivilisierten Völkern besteht. Vgl. in Anm. 3 zu § 17 d. G., was über den bereits in Übung gewesenen Verlust der Reichsangehörigkeit bei Naturalisation im Ausland (§ 21 Abs. 3 des alten Gesetzes) gesagt ist.

2. der im Inlande weder seinen Wohnsitz noch seinen dauernden Aufenthalt hat.

Diese Umschreibung statt der viel kürzeren „ein im Ausland lebender Deutscher" dürfte vor allem darin ihre Begründung finden, daß Scheinauswanderungen, möglicherweise auch behufs Umgehung der Militärpflicht, dadurch verhütet werden sollen. Man verlangt aus diesem Grunde von dem eine fremde Staatsangehörigkeit nachsuchenden Deutschen als unumgängliche Bedingung, daß er im Inland weder Wohnsitz noch dauernden Aufenthalt besitze.

3. der Vertretene.

Es ist also vorgesehen, daß eine Person, die der gesetzlichen Vertretung bedarf, die Eigenschaft eines Deutschen nur verliert, wenn die Naturalisation im Ausland in Gemäßheit des § 19 d. G. beantragt wird. Ist letzteres aus Unkenntnis nicht geschehen, so bleibt die betreffende Person im Besitze der Doppelstaatsangehörigkeit.

4. §§ 18, 19.

Teilen Ehefrau und minderjährige Kinder den Aufenthalt des Familienhauptes im Auslande und erwirbt der Ehemann bzw. Vater die Naturalisation daselbst, so erstreckt sich letztere auch auf die Familie, gleichviel ob dies schon durch das Naturalisationsgesuch bewirkt worden ist oder noch durch besonderen Antrag zu geschehen hat. In diesem Falle gilt einfach der Grundsatz: „locus regit actum". Es kann aber auch vorkommen, daß ein Deutscher mit Zurücklassung seiner Ehefrau und seiner minderjährigen Kinder sich ins Ausland begeben und dort auf seinen Antrag die fremde Staatsangehörigkeit für sich und seine ganze Familie erworben hat. Einem solchen Antrag dürfte von vielen Staaten ohne nähere Prüfung, weil selbstverständlich, willfahrt werden. Auf Grund dieses Paragraphen wird aber die Familie des Naturalisierten, die Deutschland nicht verlassen hat, ohne weiteres im Besitz ihrer Reichsangehörigkeit verbleiben; sogar in dem Falle, daß diese Familie der öffentlichen Armenpflege anheimfiele, würde der Armenverband, auch wenn ihm bekannt wäre, daß der Ehemann bzw. Vater Ausländer geworden ist, nicht die Ausweisung der Familie nach dem neuen Heimatstaate des Familienhauptes veranlassen können.

5. verliert nicht.

Zum Verständnis der Abs. 2 u. 3 dieses Paragraphen sei folgendes bemerkt: Ein Mitglied der Reichstagskommission wollte den von der Regierung vorgeschlagenen Abs. 2 gestrichen wissen, weil eine doppelte Staatsangehörigkeit grundsätzlich zu verhindern wäre. Darauf hat der Regierungsvertreter zur Beibehaltung der Vorschrift sich folgendermaßen geäußert:

> „Die verbündeten Regierungen ständen auf dem Standpunkt, daß die internationale mehrfache Staatsangehörigkeit grundsätzlich höchst unerwünscht sei. Ihre völlige Beseitigung sei jedoch praktisch nicht durchführbar. Zunächst trete sie nach dem Entwurf allgemein ein, sofern ein Deutscher eine fremde Staatsangehörigkeit ohne seinen Willen, also insbesondere auf Grund eines im Ausland bestehenden jus soli, erwerbe. Es wäre aber unbillig, einen Deutschen in diesem Falle ohne weiteres seiner Reichsangehörigkeit für verlustig zu erklären. Ferner könnten Umstände vorliegen, die einen Deutschen zwängen, zur Wahrung wesentlicher Interessen die Aufnahme in einem fremden Staate nachzusuchen, ohne daß er dadurch sein Deutschtum aufgebe. Es sei hier insbesondere daran zu denken, daß die Gesetzgebung mancher Staaten, z. B. auch Rußlands, Ausländern den Erwerb und Besitz von inländischen Grundstücken untersage. Erbe nun etwa ein Deutscher in

einem solchen Staate liegendes Besitztum, so könne unter Umständen der Wohlstand oder selbst die materielle Existenz seiner Familie davon abhängen, daß er nicht zur Veräußerung des Besitztums gezwungen werde. Denn der Veräußerungszwang sei ja natürlich in solchem Falle den Kaufinteressenten bekannt und so würden sie mit Angeboten zurückhalten, bis der Eigentümer genötigt sei, sich seines Eigentums zu einem Schleuderpreise zu begeben. In solchen Fällen sei es ein Gebot der Billigkeit, dem deutschen Erben die Beibehaltung der Reichsangehörigkeit zu gestatten. Selbstverständlich werde dies nur dann geschehen, wenn Verwicklungen nicht zu befürchten seien. Überdies gewähre der Absatz 3 die Möglichkeit, allgemein zu bestimmen, daß der Erwerb der Staatsangehörigkeit bestimmter Staaten mit der Reichsangehörigkeit unvereinbar sei. In erster Linie werde dies hinsichtlich solcher Staaten vorzuschreiben sein, die von dem Aufzunehmenden verlangten, daß er seine Treuverpflichtung gegenüber seinem bisherigen Heimatstaat abschwöre. Ferner werde hierbei wie bei der Prüfung von einzelnen Anträgen auch auf die Wehrpflichtverhältnisse Rücksicht zu nehmen sein."

Wenn die Worte des Regierungsvertreters hier angeführt werden, so geschieht es, weil sie den Grund und die Tragweite dieser gesetzlichen Bestimmungen am besten kennzeichnen.

Für die Erteilung der Genehmigung zur Beibehaltung der Staatsangehörigkeit sind in Preußen die in § 39 Abs. 2 d. G. erwähnten höheren Verwaltungsbehörden zuständig (MinVfg. v. 13. Feb. 1914, MinBl. S. 112).

6. Konsul.

Es ist nicht recht verständlich, warum das Gesetz vorschreibt, daß der deutsche Konsul zu hören sei, da gerade in Fällen von Doppelstaatsangehörigkeit, in denen Kollisionen zu befürchten sind, die Äußerung des in dem Staate residierenden deutschen Gesandten noch wichtiger sein dürfte.

§ 26.[1]

Ein militärpflichtiger[2] Deutscher, der im Inland weder seinen Wohnsitz noch seinen dauernden Aufenthalt hat, verliert seine Staatsangehörigkeit mit der Vollendung des einunddreißigsten Lebensjahrs,[3] sofern er bis zu diesem Zeitpunkt noch keine endgültige Entscheidung über seine Dienstverpflichtung herbeigeführt hat, auch eine Zurückstellung[5] über diesen Zeitpunkt hinaus nicht erfolgt ist.

Ein fahnenflüchtiger[6] Deutscher, der im Inland weder seinen Wohnsitz noch seinen dauernden Aufenthalt hat, verliert seine Staatsangehörigkeit mit dem Ablauf von zwei Jahren[3] nach Bekanntmachung des Beschlusses, durch den er für fahnenflüchtig erklärt worden ist (§ 360 der Militärstrafgerichtsordnung).[7] Diese Vorschrift findet keine Anwendung auf Mannschaften der Reserve, der Land- oder Seewehr und der Ersatzreserve,[8] die für fahnenflüchtig erklärt worden sind, weil sie einer Einberufung zum Dienste keine Folge geleistet haben, es sei denn, daß die Einberufung nach Bekanntmachung der Kriegsbereitschaft oder nach Anordnung der Mobilmachung[9] erfolgt ist.

Wer auf Grund der Vorschriften des Abs. 1 oder 2 seine Staatsangehörigkeit verloren hat,[10] kann von einem Bundesstaate nur nach Anhörung der Militärbehörde[11] eingebürgert werden. Weist er nach, daß ihm ein Verschulden nicht zur Last fällt, so darf ihm die Einbürgerung[12] von dem Bundesstaate, dem er früher angehörte, nicht versagt werden.[13]

1. **Vorbemerkung.**

Über diesen von dem Gesetz neu geschaffenen Verlustgrund vgl. Anm. 4 zu § 17 d. G.

2. **ein militärpflichtiger Deutscher.**

Über die Bedeutung der Militärpflicht sagt § 22 der WehrO.:

„1. die Militärpflicht ist die Pflicht, sich der Aushebung für das Heer oder die Marine zu unterwerfen;

2. die Militärpflicht beginnt mit dem 1. Januar des Kalenderjahres, in welchem der Wehrpflichtige das 20. Lebensjahr vollendet und dauert so lange, bis über die Dienstpflicht der Wehrpflichtigen endgültig entschieden ist (vgl. § 28 Ziff. 4 WehrO.; unten Anm. 4);

3. während der Dauer der Militärpflicht heißen die Wehrpflichtigen militärpflichtig (§ 10 des RMilG. vom 2. Mai 1874)."

Über die Wehrpflicht vgl. Anm. 3 zu § 22 d. G.

3. **mit der Vollendung des einunddreißigsten Lebensjahres — mit dem Ablauf von zwei Jahren.**

Wegen der Fristberechnung vgl. §§ 186 ff. BGB.; über die Übergangsbestimmungen vgl. § 32 d. G.

4. **endgültige Entscheidung.**

Diese kann nach § 28 Ziff. 4 der WehrO.

„bestehen in der

a) Ausschließung vom Dienst im Heere oder in der Marine,
b) Ausmusterung vom Dienste im Heer oder in der Marine,
c) Überweisung zum Landsturm ersten Aufgebots,
d) Überweisung zur Ersatzreserve bzw. Marine-Ersatzreserve,
e) Aushebung für einen Truppen- oder Marineteil."

5. **Zurückstellung.**

Über diese vgl. WehrO. §§ 29 ff.

6. **Ein fahnenflüchtiger Deutscher.**

Über Fahnenflucht bestimmt das Militärstrafgesetzbuch in

§ 69: Wer sich einer unerlaubten Entfernung (§§ 64, 65, 68) in der Absicht, sich seiner gesetzlichen oder von ihm übernommenen Verpflichtung zum Dienste dauernd zu entziehen, schuldig macht, ist wegen Fahnenflucht (Desertion) zu bestrafen.

§ 26.

7. § 360 der Militärstrafgerichtsordnung

lautet:

„Sind die Voraussetzungen vorhanden, wonach der Abwesende wegen eines Verbrechens oder Vergehens vor ein Kriegsgericht zu stellen wäre, so kann durch einen von dem Gerichtsherrn und dem Kriegsgerichtsrate zu unterzeichnenden Beschluß das im Reiche befindliche Vermögen des Abwesenden mit Beschlag belegt und, sofern die Voraussetzungen der Fahnenflucht vorliegen, der Abwesende für fahnenflüchtig erklärt werden.

Dieser Beschluß ist durch den Reichskanzler bekanntzumachen und kann auch noch durch andere Blätter veröffentlicht werden"

8. Reserve, Land-, Seewehr, Ersatzreserve.

Vgl. Anm. 3 zu § 22 d. G.

9. Mobilmachung.

Vgl. Anm. 15 zu § 22 d. G.

10. Wer verloren hat.

Darüber, daß der Verlust und der Wiedererwerb der Staatsangehörigkeit in den Fällen dieses Paragraphen sich unter Umständen auch auf die Angehörigen des Wehrpflichtigen erstreckt, vgl. § 29 d. G.

11. Militärbehörde.

Vgl. § 39 Abs. 2 d. G. Zuständig sind sachlich im preußischen Kontingent für Offiziere die Generalkommandos, im übrigen die Bezirkskommandos; die örtliche Zuständigkeit richtet sich nach der örtlichen Zugehörigkeit des Niederlassungsorts im Inlande, fehlt ein solcher, nach der des letzten inländischen Wohnsitzes (MinVfg. vom 13. Febr. 1914; MinBl. f. d. i. V. S. 112.)

12. Einbürgerung.

Für die durch § 26 Abs. 3 d. G. geregelten Fälle des Wiedererwerbs wird die Einbürgerungsurkunde nicht kostenfrei erteilt, selbst soweit auf den Wiedererwerb ein Rechtsanspruch gegeben ist (§ 38 Abs. 1 d. G.).

13. darf nicht versagt werden.

Wie bereits in Anm. 12 zu § 15 d. G. bemerkt worden ist, kommt nur für den Satz 1 von § 26 Abs. 3 die Umfrage bei den Bundesstaaten (§ 9 d. G.), nur für den Satz 2 der Rekurs (§ 40 d. G.) in Frage. Eine präzisere Fassung der gesetzlichen Bestimmungen wäre hier erwünscht gewesen.

§ 27.

Ein Deutscher, der sich im Ausland aufhält, kann[1] seiner Staatsangehörigkeit durch Beschluß der Zentralbehörde seines Heimatstaats[2] verlustig[3] erklärt werden, wenn er im Falle eines Krieges oder einer Kriegsgefahr[4] einer vom Kaiser angeordneten Aufforderung zur Rückkehr keine Folge leistet.

Gehört er mehreren Bundesstaaten an, so verliert er durch den Beschluß die Staatsangehörigkeit in allen Bundesstaaten.

§ 27.

1. kann.

Die Verhängung der Strafe ist also in das Ermessen der Zentralbehörde des Heimatstaates gelegt, welche allein berufen ist, den dem Avokatorium nicht Folge Leistenden der Staatsangehörigkeit verlustig zu erklären.

Das dabei zu beobachtende Verfahren seitens der Zentralbehörden der Bundesregierungen muß ein einheitliches sein. Es würde dem Geist dieser gesetzlichen Bestimmung durchaus widersprechen, wenn die Zentralbehörden der Bundesstaaten bei Verhängung der Strafe nicht von gleichen Grundsätzen geleitet würden; denn wie das Avokatorium vom Kaiser ausgeht, wie es nicht für die Angehörigen einzelner Bundesstaaten, sondern für das ganze Reich erlassen wird, wie die Frist, binnen welcher die Rückkehr zu erfolgen hat, und das Strafemaß gegen den Ungehorsamen — Verlust der Staatsangehörigkeit — einheitlich festgesetzt sind, so muß auch die Untersuchung und eventuelle Verurteilung der einzelnen Fälle des Ungehorsams von den Zentralbehörden nach einheitlichen Grundsätzen erfolgen.

2. Beschluß der Zentralbehörde seines Heimatstaates.

De lege ferenda ist folgendes in Erwägung zu ziehen:

Die in dem § 27 enthaltene Bestimmung hat ihren Grund in der Verpflichtung zur Treue und zum Gehorsam aller Reichsangehörigen in einer das allgemeine Reichsinteresse betreffenden Angelegenheit; das allgemeine Reichsinteresse erheischt aber, daß, wie bereits in Anm. 1 zu diesem Paragraphen dargelegt ist, hinsichtlich aller auf das Avokatorium bezüglichen Maßnahmen ein einheitliches Verfahren Platz greife und daß der Reichsangehörige, der sich gegen den § 27 vergangen hat, infolgedessen wenn er mehrere Indigenate in Deutschland besitzt, dieselben gleichzeitig verliere. Daß die im § 27 verzeichnete, gegen Kaiser und Reich begangene strafbare Handlung von den verschiedenen Bundesstaaten verschieden geahndet werde, erscheint undenkbar.

Aus diesen Gründen erachte ich es für durchaus geboten, daß die Aberkennung der Staatsangehörigkeit in Verlust der Reichsangehörigkeit umgewandelt werde, und daß der hierfür erforderliche Beschluß vom Reichskanzler oder von der damit beauftragten Reichsbehörde ausgehe.

3. verlustig.

Es ist in dem Gesetz nicht zur Kenntnis gebracht worden, ob die Verlusterklärung gegen den Widerspenstigen durch öffentliche Bekanntmachung oder durch Zustellung an den Schuldigen wirksam wird. Ich würde mich für die erstere Alternative entscheiden; denn wenn der Schuldige, wie ich zu Ehren des deutschen Namens annehme, von dem kaiserlichen Avokatorium nichts erfahren hat, so wird auch eine Zustellung an ihn durch den Konsul im allgemeinen nicht ermöglicht werden können.

In Anbetracht dessen, daß nach meiner Annahme der Widerspenstige zumeist infolge lokaler oder physischer Verhältnisse dem kaiserlichen Avokatorium nicht nachkommen konnte, hätte demselben ein Rekurs an die Hand gegeben werden können, um sich gegen die Ausbürgerung zu verteidigen; dies ist nicht geschehen (§ 40 d. G.). Es dürfte daher zu empfehlen sein, daß diesem Mangel im Gesetz durch landesrechtliche Einführung von Rechtsmitteln abgeholfen würde (vgl. Hartmann, Deutsche Juristenzeitung 1914 S. 369 f.).

4. Kriegsgefahr.

Wegen der Rückkehrpflicht der Personen des Beurlaubtenstandes vgl. Anm. 11 u. 15 zu § 22 d. G.

Wer an der pünktlichen Rückkehr verhindert sein sollte, hat sich hierüber durch Konsulatsatteste oder sonstige zuverlässige Bescheinigungen auszuweisen, widrigenfalls er Strafe nach Strenge der Gesetze zu gewärtigen hat (vgl. Ziff. 19 Abs. 2 der auf die Mannschaften des Beurlaubtenstandes bezüglichen militärischen Ergänzungsbestimmungen vom 11. März 1888).

Wegen der Strafandrohungen vgl. Anm. 15 zu § 22 d. G.

§ 28.

Ein Deutscher,[1] der ohne Erlaubnis seiner Regierung[2] in ausländische Staatsdienste[3] getreten ist, kann[4] seiner Staatsangehörigkeit durch Beschluß der Zentralbehörde[5] seines Heimatstaats verlustig erklärt werden, wenn er einer Aufforderung zum Austritt nicht Folge leistet.

Gehört er mehreren Bundesstaaten an, so verliert er durch den Beschluß die Staatsangehörigkeit in allen Bundesstaaten.

1. Deutscher.

Von dieser allgemeinen reichsgesetzlichen Bestimmung sind auch die Standesherren nicht ausgenommen, und wenn denselben durch landesgesetzliche Bestimmungen die Befugnis eingeräumt war, ohne Erlaubnis ihrer Regierung in auswärtige Dienste zu treten, so sind diese landesgesetzlichen Bestimmungen durch die allgemeine, die gesamte deutsche Nation umfassende Bestimmung des Reichsgesetzes hinfällig geworden (vgl. auch Göz, Das Staatsrecht des Königreichs Württemberg 1908 S. 60; a. M. Seydel-Piloty a. a. O. S. 202 § 43 Anm. 79).

2. Regierung.

Die Erlaubnis muß, wenn erteilt, von dem betreffenden Landesherrn oder dem Inhaber der landesherrlichen Gewalt ausgehen.

3. Staatsdienst.

Es handelt sich hier selbstverständlich nur um den Eintritt in den Dienst eines nicht zum Deutschen Reich gehörigen Staates.

Unter dem Ausdruck „Staatsdienst" ist auch der Militärdienst verstanden (s. Anm. 9 zu § 14 d. G.).

4. kann.

Durch den Eintritt in fremde Staatsdienste geht der Betreffende seiner Staatsangehörigkeit nicht verlustig. Die Aberkennung derselben ist fakultativ.

Es steht in dem Belieben der Zentralbehörde des Heimatstaates, die Aufforderung zum Austritte an den im fremden Staatsdienste sich Befindenden zu erlassen. Diese Aufforderung muß dem Adressaten persönlich gegen dessen Empfangsbestätigung zugestellt werden. Erst nachdem der Nachweis über die erfolgte Aushändigung der Aufforderung an den Adressaten erbracht ist, kann die Zentralbehörde des Heimatstaates zur Aberkennung der Staatsangehörigkeit schreiten.

Dem davon Betroffenen muß sodann von dem Beschlusse gleichfalls Mitteilung gemacht werden; am zweckmäßigsten geschieht dies, wie auch die Aushändigung der Aufforderung, auf dem Wege der diplomatischen Vermittlung, oder, wo eine solche nicht möglich ist, durch Vermittlung des zuständigen Konsularbeamten.

In diesem Fall tritt der Verlust erst mit der Zustellung des Beschlusses ein.

5. Zentralbehörde.

Wenn ich in § 27 Anm. 2 darauf hingewiesen habe, daß die Widerspenstigkeit gegen das Avokatorium das Deutsche Reich betreffe und daher die Sühne von dem Reichskanzler oder dessen Vertreter ausgehen müßte, so handelt es sich bei § 28 nur um eine Schuld, die von der Regierung des Heimatstaates des Betreffenden zu bestrafen ist.

§ 29.

Der Verlust der Staatsangehörigkeit in den Fällen des § 26 Abs. 1, 2 und der §§ 27, 28 sowie der Wiedererwerb der Staatsangehörigkeit in den Fällen des § 26 Abs. 3 Satz 2 erstreckt sich zugleich auf die Ehefrau und auf diejenigen Kinder, deren gesetzliche Vertretung dem Ausgeschiedenen oder dem Wiedereingebürgerten kraft elterlicher Gewalt zusteht, soweit sich die Ehefrau oder die Kinder mit ihm in häuslicher Gemeinschaft befinden. Ausgenommen sind Töchter, die verheiratet sind oder verheiratet gewesen sind.

Der neu eingefügte § 29 bespricht die Fälle, in denen der im Ausland lebende Deutsche wegen Nichterfüllung der Militärpflicht, wegen Widerspenstigkeit gegen das Avokatorium und wegen Eintritts in fremden Staatsdienst seine Eigenschaft als Deutscher verloren hat und dieser Verlust auf Ehefrau und minderjährige Kinder ausgedehnt wird. In der Praxis dürften derartige Fälle der Ausdehnung des Verlustes nicht allzu häufig vorkommen, zumal eine Milderung schon darin besteht, daß die Angehörigen des Betreffenden von dem Verlust ausgeschlossen sind, wenn sie sich nicht mit ihm in häuslicher Gemeinschaft befinden.

In § 26 Abs. 3 Satz 2 ist allerdings die obligatorische Wiederaufnahme im Falle der schuldlosen Verletzung der Wehrpflicht und die gleiche Vergünstigung für Weib und Kind vorgesehen. Fraglich aber ist es, wenn der vom Verlust Betroffene schon vor dem Beweise seiner Nichtschuld gestorben ist, ob die Witwe bzw. die Kinder das Recht haben, die Wiederaufnahme für sich zu verlangen. Die Lösung dieser Frage ist von dem Gesetz unberücksichtigt geblieben. Dieses Recht dürfte weder der Witwe noch den Kindern zu bestreiten sein.

§ 30.[1]

Ein ehemaliger Deutscher,[2] der vor dem Inkrafttreten dieses Gesetzes die Reichsangehörigkeit durch Entlassung verloren hat, aber bei Anwendung der Vorschrift des § 24 Abs. 1 als nicht entlassen gelten würde, muß[3] auf seinen Antrag von dem Bundesstaat, in dessen Gebiet er sich niedergelassen hat, eingebürgert werden, wenn er seit dem im § 24 Abs. 1 bezeichneten Zeitpunkt seinen Wohnsitz im Inland behalten hat und den Erfordernissen des § 8 Abs. 1 entspricht, auch den Antrag innerhalb eines Jahres nach dem Inkrafttreten dieses Gesetzes stellt. Die Vorschrift des § 8 Abs. 2 findet Anwendung.

1. **Vorbemerkung.**

Der erst von der Reichstagskommission in das Gesetz eingefügte § 30, dessen Fassung mir etwas schwerfällig erscheint, setzt folgendes fest: Nach § 18 Abs. 2 des früheren Gesetzes ging der Entlassene bei Austritt aus dem Reichsgebiet innerhalb eines halben Jahres nach Aushändigung der Entlassungsurkunde seiner Staatsangehörigkeit verlustig. Da gemäß § 24 Abs. 1 des neuen Gesetzes die Entlassung als nicht erfolgt gilt, wenn der Entlassene beim Ablauf eines Jahres nach der Aushändigung der Entlassungsurkunde seinen Wohnsitz oder dauernden Aufenthalt im Inland hat, so wird laut § 30 den vor dem 1. Januar 1914 Entlassenen, die innerhalb der Jahresfrist nach Deutschland zurückgekehrt sind, die Vergünstigung zuteil, daß ihnen das Recht auf den Wiedererwerb der Staatsangehörigkeit unter den Voraussetzungen des § 8 zugestanden wird. Diese Vergünstigung wird aber in dem Paragraphen dadurch erschwert, daß sie nur dann eintritt, wenn der Betreffende nach Ablauf der Jahresfrist nicht nochmals das Inland verlassen und wenn er den Antrag auf Einbürgerung innerhalb des Jahres 1914 gestellt hat.

2. **Ein ehemaliger Deutscher.**

Da in den §§ 13 u. 33 d. G. ausdrücklich erwähnt ist, daß Abkömmlinge und Adoptivkinder ehemaliger Deutscher das Recht auf Wiedererwerb der Reichsangehörigkeit haben, eine derartige Vergünstigung aber in § 30 d. G. den Kindern nicht eingeräumt wird, so wird daraus zu folgern sein, daß das Gesetz sie diesen letzteren nicht zugestehen wollte.

3. **muß.**

Gegen die Ablehnung der Wiederaufnahme ist der Rekurs gegeben (§ 40 d. G.); der Wiedererwerb ist kostenlos (§ 38 Abs. 1 d. G.).

§ 31.[1]

Ein ehemaliger Deutscher,[2] der vor dem Inkrafttreten[3] dieses Gesetzes die Reichsangehörigkeit nach § 21[4] des Gesetzes über die Erwerbung und den Verlust der Bundes- und Staatsangehörigkeit vom

1. Juni 1870 (Bundes-Gesetzbl. S. 355) durch zehnjährigen Aufenthalt[5] im Ausland verloren hat, muß[6] von dem Bundesstaat,[7] in dessen Gebiet er sich niedergelassen hat,[8] eingebürgert werden,[9] wenn er keinem Staate angehört.[10]

Das gleiche gilt von dem ehemaligen Angehörigen[2] eines Bundesstaats[11] oder eines in einen solchen einverleibten Staates,[12] der bereits vor dem Inkrafttreten[3] des Gesetzes vom 1. Juni 1870 nach Landesrecht seine Staatsangehörigkeit durch Aufenthalt außerhalb seines Heimatstaats verloren hat.

1. Vorbemerkung.

§ 31 Abs. 1 d. G. entspricht dem § 21 Abs. 5 des früheren Gesetzes mit dem Unterschied, daß in dem erstgenannten Paragraphen die Worte „wenn er keinem Staate angehört" hinzugefügt worden sind, Worte, die einfach in § 21 Abs. 5 vergessen worden waren. Dieses Versäumnis ist schon in der ersten Auflage meines Kommentars gerügt und die Richtigkeit meiner Ansicht durch höchstrichterliche Judikatur mehrfach anerkannt worden. Der Fassung des Abs. 2, in dem sich der Relativsatz „der seine Staatsangehörigkeit verloren hat" auf das letzte Hauptwort „eines Bundesstaats oder eines in einen solchen einverleibten Staates" bezieht, wäre eine umsichtigere Redaktion sehr zu statten gekommen.

2. Ein ehemaliger Deutscher — ehemaligen Angehörigen eines Bundesstaates.

Zu diesen gehören auch die Ehefrau, die mit ihrem Mann, und die Kinder, die mit ihrem Vater oder ihrer unehelichen Mutter die Staatsangehörigkeit durch Aufenthalt im Ausland verloren haben (vgl. preuß. OVG. 22, 388). Dagegen fallen nicht unter § 31 d. G. die Ehefrau, die einen Staatlosen geheiratet hat, und die Kinder, die erst geboren sind, nachdem ihr Vater oder ihre uneheliche Mutter schon staatlos waren. Jedoch erwerben Frau und minderjährige Kinder nach § 16 Abs. 2 d. G. zugleich mit dem wiederaufgenommenen Familienhaupte die Reichsangehörigkeit.

3. vor dem Inkrafttreten.

Das Gesetz vom 1. Juni 1870 trat in Kraft:

a) für Bayern mit dem 13. Mai 1871;
b) für Elsaß-Lothringen mit dem 28. Jan. 1873;
c) für Helgoland mit dem 1. April 1891;
d) für alle übrigen Bundesstaaten mit dem 1. Jan. 1871.

Für die beim Erlasse des Reichsgesetzes vom 1. Juni 1870 bereits im Auslande befindlich gewesenen Angehörigen jener Bundesstaaten, nach deren Gesetzen die Staatsangehörigkeit durch zehnjährigen oder längeren Aufenthalt im Auslande verloren ging, wurde der Lauf dieser Frist durch das Reichsgesetz nicht unterbrochen.

§ 31.

4. § 21 des Gesetzes vom 1. Juni 1870.

Den Wortlaut s. im Anhange.

In der Reichstagskommission wurde auf eine Anfrage, ob die Matrikel bestehen bleibe, regierungsseitig erklärt, die Einrichtung der Konsularmatrikel beruhe auf § 12 des Konsulargesetzes vom 8. Nov. 1867. Mit der Eintragung in diese Matrikel sei nach § 21 Abs. 1 des Staatsangehörigkeitsgesetzes vom 1. Juni 1870 die rechtliche Folge verbunden, daß dadurch die zehnjährige Verlustfrist unterbrochen werde. Diese rechtliche Folge komme mit dem Inkrafttreten des neuen Staatsangehörigkeitsgesetzes selbstverständlich in Wegfall, da durch dieses Gesetz die zehnjährige Verlustfrist aufgehoben werde. Gleichwohl werde die Konsulatsmatrikel als solche bestehen bleiben, da sie nach wie vor ihren Zweck als Informationsmittel für den Konsul sowie als Nachweis der Reichsangehörigkeit für die in dem Konsularbezirke lebenden Deutschen zu erfüllen habe. Wie bekannt, sei durch das neue Konsulatsgebührengesetz vom 17. Mai 1910 die Gebühr für die Eintragung in die Konsulatsmatrikel aufgehoben worden, so daß den Deutschen für die Benutzung dieser Einrichtung keinerlei Kosten entständen (KommBer. S. 95).

Im Geltungsbereiche der Konsularinstruktion vom 1. Mai 1872 (s. Anhang, Anl. Nr. 43) — also im türkischen Reiche mit Einschluß von Ägypten, in Marokko, China, Persien, Siam, Sansibar,*) Korea und auf den Inseln der Südsee — liegt es im Interesse der Reichsangehörigen, sich in die Konsulatsmatrikel eintragen zu lassen, weil ihnen dadurch besondere Privilegien, die in diesen Ländern den Fremden vertragsmäßig eingeräumt sind, zustehen. Doch kann auch in diesen vorerwähnten Ländern die Meldung des Reichsangehörigen zur Immatrikulierung nicht erzwungen werden, da, wie das Auswärtige Amt in einem Erlasse vom 5. Nov. 1872 und später wiederholt ausgesprochen hat, durch § 2 der Instruktion vom 1. Mai 1872 die Bestimmung im § 12 des Konsulargesetzes vom 8. Nov. 1867 (BGBl. S. 137) nicht hat geändert werden können.

5. durch zehnjährigen Aufenthalt.

Diesem Verlustgrunde unterlagen u. a. die Standesherren und die Wahlkonsuln, nicht aber deutsche Beamte, die in staatlichem Dienste oder in staatlicher Mission sich im Auslande aufhielten, ebensowenig die zur Disposition gestellten Offiziere. Ob die Verlustfrist gegen Minderjährige lief, war streitig. Der Verf. war stets der Meinung, daß sie nur auf unbeschränkt Geschäftsfähige Anwendung fände; der gleichen Ansicht war man vielfach in der Literatur und Praxis, so z. B. in den Entscheidungen des Auswärtigen Amts. In diesem Sinne ist auch von Bayern, Sachsen, Württemberg und Baden stets entschieden worden. Das Reichsgericht und ihm folgend das preuß. Oberverwaltungsgericht, sowie die preußische Verwaltungspraxis haben zuletzt den

---

*) Nach Art. VII des deutsch-englischen Vertrags vom 14. Nov. 1899 hat Deutschland auf die Konsulargerichtsbarkeit in Sansibar verzichtet, jedoch erst von dem Zeitpunkt ab, an welchem die anderen Nationen dort zustehenden Exterritorialitätsrechte ebenfalls aufgehoben sein werden.

entgegengesetzten Standpunkt eingenommen (vgl. RG. in Strafs. 26, 427; 28, 25; 30 S. 297, 326; OVG. 38, 393; Erl. des preuß. Min. d. J. vom 10. Mai 1898, MBl. S. 102). Ein auch nur ganz vorübergehender Aufenthalt im Reiche oder in den Schutzgebieten genügte zur Unterbrechung der Frist (vgl. OVG. 40, 417; Vf. des preuß. Min. d. J. vom 27. Sept. 1903).

6. muß.

Gegen die Versagung der Wiederaufnahme ist der Rekurs gegeben (§ 40 d. G.), die Wiederaufnahmeurkunde wird kostenfrei erteilt (§ 38 d. G.).

7. von dem Bundesstaat,

also nicht bloß in dem früheren Heimatstaate, wie bei der Wiedereinbürgerung nach § 13 d. G.

Der ehemalige Deutsche, der durch zehnjährigen Aufenthalt im Auslande seiner Staatsangehörigkeit verlustig gegangen ist und eine fremde nicht erworben hat, kann jedoch bei seiner Rückkehr nach Deutschland nicht günstiger gestellt sein, als der im Lande verbliebene Deutsche, und so wie bei diesem die Aufnahme in einen anderen Bundesstaat nur erfolgt, „falls kein Grund vorliegt, der nach den §§ 3—5 des Gesetzes über die Freizügigkeit vom 1. Nov. 1867 (BGBl. S. 55) die Abweisung eines Neuanziehenden oder die Versagung der Fortsetzung des Aufenthalts rechtfertigt" (§ 7 d. G.), so wird auch bei jenem die Wiederaufnahmeurkunde nur zu erteilen sein, wenn nicht der Niederlassung die in den §§ 3—5 aufgeführten Voraussetzungen des Freizügigkeitsgesetzes sich entgegenstellen. Die Wiederaufnahme in einen anderen Bundesstaat muß also nicht unter jeder Bedingung dem darum Ersuchenden erteilt werden. Dagegen wird dem Betreffenden die Aufnahme in seinen früheren Heimatstaat nicht versagt werden können.

8. niedergelassen hat.

Die Polizeibehörde ist nicht befugt, dem ehemaligen Deutschen, welchem die Vergünstigung des § 31 d. G. zusteht, diese dadurch zu erschweren, daß sie ihm die Niederlassung in seinem Heimatstaate, oder wenn sonst keine Bedenken entgegenstehen (s. Anm. 7), in einem anderen Bundesstaate durch Ausweisung unmöglich macht und ihm damit die Erfüllung der gesetzlichen Voraussetzung für die Nachsuchung der Wiederaufnahme benimmt (vgl. Erk. des Oberlandesger. Hamburg vom 27. März 1890 in Reger, Entsch. Bd. 11 S. 73; preuß. OVG. 30, 399; preuß. MinErl. vom 14. Juni 1899, MBl. S. 119).

Eine Ausweisung ist jedoch nicht ausgeschlossen, wenn nach der Niederlassung der Aufforderung zum Erwerb der Staatsangehörigkeit nicht entsprochen wird (preuß. Min. d. J., Vf. vom 14. Jan. 1899, MBl. S. 119).

9. eingebürgert werden.

Die Wiederaufnahme erfolgt nicht stillschweigend mit der Rückkehr des ehemaligen Deutschen, sondern sie muß ausdrücklich erbeten und der Eingabe ein Nachweis über bereits geschehene Niederlassung beigefügt werden.

§ 31.

10. wenn er keinem Staate angehört.

Der ehemalige Deutsche besitzt das Recht auf Wiederaufnahme, wenn er zur Zeit, da er den Antrag stellt, staatlos ist. Ob er vorher auch eine ausländische Staatsangehörigkeit besessen hat, ist belanglos.

11. Bundesstaats.

Der Verlust der Staatsangehörigkeit durch einen nach Ablauf der Reiselegitimation fortgesetzten zehnjährigen Aufenthalt im Auslande war vorgesehen in den Indigenatsgesetzgebungen:

1. des Königreichs Preußen*) (mit Ausnahme der Provinzen Hannover, Schleswig-Holstein und Hessen-Nassau, über diese vgl. Anm. 12) (§ 15 Ziff. 3 und § 23 d. G. vom 31. Dez. 1842, s. PGS. 1843 S. 15 ff.);
2. des Königreichs Sachsen (§ 16 Ziff. 2 und §§ 20 u. 21 d. G. vom 2. Juli 1852, s. kgl. sächs. GS. S. 240 ff.);
3. der Großherzogtümer Mecklenburg (§ 7 Ziff. 4 und § 9 d. G. vom 1. Juni 1853, s. RegBl. 1853 S. 155 ff.);
4. des Großherzogtums Sachsen-Weimar (§ 10 Ziff. 2 und § 14 d. G. vom 6. April 1859, s. RegBl. Nr. 12 S. 73 ff.);
5. des Großherzogtums Oldenburg (§ 20 d. G. vom 12. April 1855, s. GBl. S. 647 ff.);
6. des Herzogtums Anhalt (§ 19 d. G. vom 1. März 1852, s. GBl. f. d. Herz. Anhalt-Dessau S. 2121 ff.);
7. des Fürstentums Schwarzburg-Rudolstadt (§ 18 d. G. vom 3. April 1846, s. GS. S. 27);
8. des Fürstentums Waldeck (§ 15 d. G. vom 16. Aug. 1855, s. RegBl. S. 272 ff.);
9. des Fürstentums Reuß j. L. (§ 20 d. G. vom 21. Mai 1852, s. GS. Bd. 9 S. 1 ff.);
10. der freien und Hansestadt Lübeck (§ 3 Ziff. 6 d. G. vom 14. Nov. 1866, s. Samml. der Lübeckschen Verordn. S. 96 ff.).

In bezug auf die übrigen Bundesstaaten wird bemerkt:

---

*) Vor Inkrafttreten des preuß. G. vom 31. Dez. 1842 wurde das preuß. Indigenat — außer durch Abstammung von einem Preußen, durch Verheiratung einer Ausländerin mit einem Preußen und durch ausdrückliche Aufnahme — auch durch das Aufschlagen eines festen Wohnsitzes im Inlande unter Genehmigung der Polizeiobrigkeit begründet. War der feste Wohnsitz zehn Jahre hindurch fortgesetzt, so bedürfte es des Nachweises der obrigkeitlichen Genehmigung nicht. Die Tatsache der Geburt im Inlande allein ohne Rücksicht auf die Staatsangehörigkeit des Vaters begründete das Indigenat nicht (s. Erk. des Oberverwaltungsgerichts vom 30. Juni 1886, MBl. i. V. S. 202 ff.).

Auch galt vor Erlaß des preuß. G. vom 31. Dez. 1842 in betreff des Verlustes des preuß. Indigenats der Grundsatz, daß diejenigen Individuen als ausgeschieden aus dem preuß. Untertanenverbande angesehen wurden, welche ihr Domizil in den diesseitigen Staaten aufgegeben und sich unter Umständen im Auslande niedergelassen hatten, aus denen die nicht beabsichtigte Rückkehr in die Heimat zu folgern war (Verf. vom 24. Dez. 1841, MBl. i. V. S. 335)

1. Bayern.

In Bayern ging das Indigenat nach § 6 der I. Verfassungsbeilage vom 26. Mai 1818 verloren:

a) durch Erwerbung oder Beibehaltung eines fremden Indigenats ohne königliche Bewilligung;

b) durch Auswanderung.*)

2. Württemberg.

In den §§ 33, 34 und 35 der Verfassungsurkunde für das Königreich Württemberg vom 25. Sept. 1819 (s. Württ. Staats- und RegBl. S. 640) sind die gesetzlichen Bestimmungen über den Verlust des Staatsbürgerrechts enthalten.

§ 33. Durch den Wegzug**) verliert der Auswandernde sein Staatsbürgerrecht für sich und seine mit ihm wegziehenden Kinder.

§ 34. Wer ohne einen ihm zugestandenen Vorbehalt des Staatsbürgerrechts in auswärtige Staatsdienste***) tritt, wird desselben verlustig.

§ 35. Wer in einem fremden Staate seine bleibende Wohnung nimmt, kann sein württembergisches Staatsbürgerrecht nur mit königlicher Bewilligung und unter der Bedingung behalten, daß er den ihm obliegenden Staatspflichten in jeder Hinsicht Genüge leistet.

3. Baden.

Der Verlust des badischen Staatsbürgerrechts regelte sich nach § 17 des bad. Landrechts. Derselbe lautete:

§ 17. Man hört auf, Inländer zu sein:

1. durch das Staatsbürgerrecht, das man in einem fremden Staate erlangt;
2. durch eine von dem Staatsherrscher nicht genehmigte Annahme öffentlicher, von einer fremden Regierung übertragener Amtsverrichtungen;
3. endlich durch jede Niederlassung in einem fremden Lande ohne Absicht zurückzukehren.†)

Eine Handelsniederlassung gilt niemals für Absicht, nicht zurückzukehren.

---

*) Die Frage, inwieweit der bayerische Staatsangehörige zur Auswanderung berechtigt war, und wie die Auswanderung beschaffen sein mußte, um den Verlust des Indigenats herbeizuführen, hat v. Müller in v. Riedels Kommentar a. a. O. S. 129 dahin entschieden, daß der Verlust des Indigenats nur dann eintrat, wenn der Auswanderer sich anderwärts bleibend ansässig gemacht und ein fremdes Indigenat erworben hatte, und daß es hierbei als ganz gleichgültig erschien, ob die Auswanderung mit oder ohne förmliche Bewilligung erfolgt war.

**) War der Wegzug mit königlicher Bewilligung erfolgt, so konnte der württembergische Staatsangehörige, gleichviel wie lange er im Auslande verblieb, seiner Staatsangehörigkeit nicht verlustig gehen. (Amtliche Mitteilung.)

***) Zu § 34 der Verfassungsurkunde ist amtlicherseits in einem Sonderfalle bemerkt worden, „daß auch der Militärdienst bei einer fremden Macht und insbesondere der Dienst in der französischen Fremdenlegion als auswärtiger Staatsdienst im Sinne dieser Verfassungsvorschrift angesehen worden ist".

†) Nach dem vor Einführung des RG. vom 1. Juni 1870 geltenden badischen Rechte wurde durch die bloße Tatsache der Abwesenheit von bestimmter Dauer die Staatsangehörigkeit nicht verloren. (Amtliche Mitteilung.)

§ 31.

4. Hessen.

Nach Art. 17 der Verfassungsurkunde vom 17. Dez. 1820 ging das Recht des Inländers verloren:

1. durch Auswanderung.*)

5. Braunschweig.

Nach § 27 der neuen Landschaftsordnung für das Herzogtum Braunschweig vom 12. Okt. 1832 ging das Landeseinwohnerrecht verloren:

durch Auswanderung.

6. Sachsen-Meiningen.

Nach § 9 des Grundgesetzes vom 23. Aug. 1829 ging das Untertanenrecht verloren:

a) durch Auswanderung.

7. Sachsen-Altenburg.

Nach § 43 des Grundgesetzes vom 29. April 1831 gingen die Rechte eines Landesuntertanen verloren:

b) durch das Eintreten in einen fremden Staats-, Hof- oder Militärdienst, in ein fremdes Kirchen- und Schulamt;

c) durch Auswanderung.**)

§ 68. In beiden letzteren Fällen kann das Untertanenverhältnis fortbestehen, wenn um diese Vergünstigung beim Landesherrn ausdrücklich gebeten und sie erteilt worden ist.

§ 69. Zur Auswanderung ist ein Erlaubnisschein der Landesregierung erforderlich.

8. Sachsen-Koburg-Gotha.

Nach § 26 des Staatsgrundgesetzes vom 3. Mai 1852 wird das Heimatrecht in den Herzogtümern verloren:

a) durch Auswanderung von dem Augenblicke des Wegzuges an, für den Auswandernden sowohl als für die mit ihm wegziehenden Kinder;

c) durch den Eintritt in auswärtige Staats- und Militärdienste.

Beim Eintritt in andere deutsche Staats- und Militärdienste kann jedoch das Heimatrecht durch die Staatsregierung vorbehalten werden.

9. Schwarzburg-Sondershausen.

Nach § 11 d. G. über das Untertanen- und Heimatrecht vom 19. Febr. 1833 hört das einmal erworbene Untertanenrecht nicht eher wieder auf, als bis gehörig nachgewiesen worden ist, daß das betreffende Individuum später Angehöriger eines anderen Staates geworden ist.

---

*) Die hessische Staatsangehörigkeit ging durch eine ohne Konsens erfolgte Auswanderung nicht verloren, die Dauer des Aufenthalts im Auslande kam hierbei nicht in Betracht. (Amtliche Mitteilung.)

**) Durch bloßen Aufenthalt im Auslande, wenn derselbe auch noch so lange gewährt hat, ging die Staatsangehörigkeit nach der früheren altenburgischen Gesetzgebung nicht verloren. (Amtliche Mitteilung.)

10. Reuß ä. L.

In dem Fürstentum Reuß ä. L. bestand kein besonderes Gesetz über den Erwerb und Verlust der Untertanenschaft.

11. Schaumburg-Lippe.

Nach einer bei Anlaß des Beitritts zur Gothaer Konvention abgegebenen amtlichen Erklärung der fürstlich schaumburg-lippeschen Regierung vom 31. März 1852 bestand kein besonderes Gesetz über den Erwerb und Verlust der Untertanenschaft. Die desfallsigen Grundsätze beruhten weit mehr teils auf einzelnen Verordnungen, teils auf der Praxis. Die Untertanenschaft wurde verloren:

1. durch ausdrückliche Entlassung, welche durch eine Bescheinigung der Regierung beurkundet sein mußte;
3. durch den genehmigten Eintritt in auswärtige Hof-, Zivil- und Militärdienste, wobei die stillschweigende Aufgabe des Untertanenverhältnisses vorausgesetzt wurde.

12. Lippe.

Auch im Fürstentum Lippe bestand kein Indigenatsgesetz. Das Heimatgesetz vom 2. März 1841 bestimmte in § 22:

„Das Heimatrecht erlischt nicht eher, als bis der Berechtigte eine andere Heimat erworben hat, bis dahin steht ihm die Rückkehr frei und kann seine Aufnahme nicht verweigert werden."

13. Bremen.

Nach § 6 des bremischen Indigenatsgesetzes vom 1. Jan. 1863 ging das Gemeindebürgerrecht verloren:

a) durch Auswanderung aus dem bremischen Staate;
b) durch Verlegung des Wohnsitzes aus der Gemeinde in das Ausland, verbunden mit Einstellung der Zahlung der öffentlichen Abgaben während eines Jahres.

In den Fällen a und b konnte der Senat die unentgeltliche Wiederaufnahme gegen Zahlung einer jährlichen in die betreffende Gemeindekasse zu zahlenden Gebühr zusichern, welche 2½ Prozent der in § 3 bemerkten Aufnahmegebühren betrug.

14. Hamburg.

Nach § 3 des hamburgischen Gesetzes, betr. die Staatsangehörigkeit und das Bürgerrecht, vom 7. Nov. 1864 ging das Heimatrecht verloren:

c) durch den Erwerb des Heimatrechts in einem anderen Staat;
h) durch fünfzehnjährige Abwesenheit eines Heimatberechtigten von Hamburg, wenn derselbe in solchem Zeitraume daselbst weder eine Wohnung gehabt noch Steuern gezahlt hat.

15. Elsaß-Lothringen.

Im Reichslande konnte man die Staatsangehörigkeit nicht durch Aufenthalt außerhalb seines Heimatstaates verlieren.

§ 31.

12. eines in einen solchen einverleibten Staates.

Es kommen folgende Gesetzgebungen in Betracht:

In den preußischen Provinzen Hessen-Nassau und Hannover ging die Staatsangehörigkeit durch Auswanderung verloren; doch wurde die Auswanderung nur dann als eine definitive angenommen, wenn der Ausgewanderte durch konkludente Handlungen, namentlich durch Erwerb einer fremden Staatsangehörigkeit, seine Absicht, nicht mehr nach dem Heimatlande zurückzukehren, bekundet hatte.

Ein besonderes Indigenatsgesetz bestand weder im Königreich Hannover noch in dem Herzogtum Nassau, noch in der freien Stadt Frankfurt a. M. Jedoch war in Frankfurt bis 1866 ein Verlust der Staatsangehörigkeit durch Aufenthalt außerhalb Frankfurts unbekannt.

Nach § 16 der kurhessischen Verfassung vom Jahre 1852 (s. Verordnungsbl. S. 6) ging die Staatsangehörigkeit verloren: durch Auswanderung oder eine gleichartige Handlung.

Nach Art. 2 des landgräflich hessischen Gesetzes vom 28. Okt. 1849, betr. das Inländer- und Staatsbürgerrecht, erlosch das Recht eines Inländers:

1. durch die in einem anderen Lande erlangte Einbürgerung;
2. durch die von der Staatsregierung nicht bewilligte Annahme eines von einer fremden Regierung endgültig verliehenen öffentlichen Amts;
3. durch jede ohne die Absicht der Rückkehr geschehene Niederlassung im Auslande.

Eine Niederlassung zu Handelszwecken wurde nie so angesehen, als sei sie ohne die Absicht der Rückkehr geschehen, es sei denn, daß letzteres ausdrücklich erklärt worden oder sonst aus schlüssigen Handlungen hervorgegangen sei.

In Schleswig-Holstein ging nach dem auch jetzt noch in Dänemark gültigen Indigenatsgesetz vom 15. Jan. 1776 (s. Marquardsen IV 2, 3 S. 9) das Staatsbürgerrecht weder durch Auswanderung noch durch Naturalisierung in einem fremden Staate verloren. Auch das Herzogtum Lauenburg kannte keinen Verlust der Staatsangehörigkeit durch Aufenthalt außerhalb des Heimatstaates.

§ 32.

Ein militärpflichtiger Deutscher, der zur Zeit des Inkrafttretens dieses Gesetzes im Inland weder seinen Wohnsitz noch seinen dauernden Aufenthalt hat und vor diesem Zeitpunkt das neunundzwanzigste, aber noch nicht das dreiundvierzigste Lebensjahr vollendet hat, verliert seine Staatsangehörigkeit mit dem Ablauf zweier Jahre, sofern er innerhalb dieser Frist keine endgültige Entscheidung über seine Dienstverpflichtung herbeigeführt hat.

Ein fahnenflüchtiger Deutscher der im § 26 Abs. 2 bezeichneten Art, der zur Zeit des Inkrafttretens dieses Gesetzes im Inland weder seinen Wohnsitz noch seinen dauernden Aufenthalt hat und vor diesem Zeitpunkt das dreiundvierzigste Lebensjahr noch nicht vollendet hat, verliert seine Staatsangehörigkeit mit dem Ablauf zweier Jahre, sofern er sich nicht innerhalb dieser Frist vor den Militärbehörden gestellt.

Die Vorschriften des § 26 Abs. 3 und des § 29 finden entsprechende Anwendung.

§ 32 enthält die Übergangsbestimmungen zu § 26.

Abs. 1 bestimmt:

1. Wer vor dem 1. Januar 1914 das 43. Lebensjahr vollendet hat, kann die Staatsangehörigkeit nicht mehr durch Nichterfüllung der Wehrpflicht verlieren.
2. Wer vor dem 1. Januar 1914 das 29. Lebensjahr noch nicht vollendet hat, fällt nur unter § 26.
3. Wer vor dem 1. Januar 1914 das 29., aber nicht das 43. Lebensjahr vollendet hat, muß die versäumte militärische Pflicht bis zum 31. Dezember 1915 nachholen, um einen Verlust der Staatsangehörigkeit durch Nichterfüllung der Wehrpflicht zu verhüten. Die Vorschrift zu 3 bedeutet
   a) in bezug auf diejenigen, die vor dem 1. Januar 1912 das 29. Lebensjahr noch nicht vollendet haben, ein Hinausschieben des in § 26 bestimmten Termins für den Verlust der Staatsangehörigkeit;
   b) in bezug auf diejenigen, die vor dem 1. Januar 1912 das 29. Lebensjahr schon vollendet haben, die Beilegung einer rückwirkenden Kraft für § 26.

Abs. 2 bestimmt das gleiche wie Abs. 1, nur daß hier statt der Vollendung des 29. Lebensjahres die Bekanntmachung des nach § 360 MStGO. ergehenden Beschlusses tritt.

Im übrigen sind die Anmerkungen zu §§ 26, 29, 40 zu vergleichen.

Wegen der nach Abs. 1 und 3 in Verbindung mit § 26 Abs. 3 zuständigen Militärbehörde vgl. Anm. 11 zu § 26 d. G.

Für den Fall von § 32 Abs. 2 und 3 richtet sich die örtliche Zuständigkeit nach der örtlichen Zugehörigkeit der Militärbehörde, der sich der Betreffende stellt. (Vgl. preuß. MinVfg. v. 13. Febr. 1914, MBl. f. d. i. V. S. 112, II c.)

Dritter Abschnitt.

Unmittelbare Reichsangehörigkeit.

§ 33.

Die unmittelbare Reichsangehörigkeit kann verliehen werden

1. einem Ausländer, der sich in einem Schutzgebiete niedergelassen hat, oder einem Eingeborenen in einem Schutzgebiete;
2. einem ehemaligen Deutschen, der sich nicht im Inland niedergelassen hat; dem ehemaligen Deutschen steht gleich, wer von ihm abstammt oder an Kindes Statt angenommen ist.

Die §§ 33—35 betreffen die unmittelbare Reichsangehörigkeit und enthalten insbesondere die auf die Schutzgebiete anzuwendenden Bestimmungen.

§ 33.

Als Verbesserung in dem Gesetz ist hervorzuheben, daß der § 33 sich hinsichtlich der unmittelbaren Reichsangehörigkeit nicht nur auf die Schutzgebiete beschränkt; er hat sich vielmehr dahin erweitert, daß Deutschen im Ausland, denen bisher nur auf Grund des § 21 Abs. 4 d. G. vom 1. Juni 1870 die Renaturalisation in ihrem früheren Heimatstaate gewährt wurde, nunmehr die unmittelbare Reichsangehörigkeit verliehen werden kann. Diejenigen, denen das Ansehen des Deutschtums im Auslande am Herzen liegt, werden es nur freudig begrüßen, daß in der Reichstagskommission an diese Ausdehnung der unmittelbaren Reichsangehörigkeit gedacht worden ist. Mit Recht wurde zur Begründung des Antrags vorgebracht:

„es sei ein langgehegter Wunsch eines großen Teiles unseres Volkes, die unmittelbare Reichsangehörigkeit auszubauen. Gerade diejenigen ehemaligen Deutschen, die im Ausland verblieben, hätten bei einem Wiedererwerbe der Staatsangehörigkeit vielfach an dem einzelnen deutschen Bundesstaate nicht das geringste Interesse. Es sei daher richtig, ihnen den Erwerb unmittelbarer Reichsangehörigkeit zu ermöglichen" (KommBer. S. 42).

Es mag hier noch besonders zum Ausdruck kommen, daß die für das Schutzgebiet Deutsch-Ostafrika geschaffene „Landesangehörigkeit" mit der unmittelbaren Reichsangehörigkeit nichts gemein hat (s. das hierauf bezügliche Gesetz vom 24. Okt. 1903, Deutsch. Reichsanzeiger Nr. 258; KolBl. S. 514; vgl. auch das Kongoabkommen, Anhang, Anl. Nr. 3).

§ 34.

Einem Ausländer, der im Reichsdienst angestellt ist und seinen dienstlichen Wohnsitz im Ausland hat, muß auf seinen Antrag die unmittelbare Reichsangehörigkeit verliehen werden, wenn er ein Diensteinkommen aus der Reichskasse bezieht; sie kann ihm verliehen werden, wenn er ein solches Einkommen nicht bezieht.

Vgl. hierzu § 15 Abs. 2 d. G., sowie die Anm. 4, 8—12 zu § 15 d. G.

§ 35.

Auf die unmittelbare Reichsangehörigkeit finden die Vorschriften dieses Gesetzes über die Staatsangehörigkeit in einem Bundesstaate mit Ausnahme der Vorschriften des § 4 Abs. 2, des § 8 Abs. 2, des § 10 Satz 2, des § 11 Satz 2, des § 12 Satz 2 und der §§ 14, 21 mit der Maßgabe entsprechende Anwendung, daß an die Stelle der Zentralbehörde des Bundesstaats der Reichskanzler und an die Stelle der höheren Verwaltungsbehörde der Reichskanzler oder die von ihm bezeichnete Behörde treten.

In bezug auf die unmittelbare Reichsangehörigkeit ist der zweite Abschnitt des Gesetzes, §§ 3—32, für anwendbar erklärt mit den in § 35 aufgezählten Ausnahmen. Keiner besonderen Erläuterung bedarf die entsprechende Anwendung des § 3 Ziff. 1, 2, 3; § 4 Abs. 1; § 6; § 10 Satz 1; § 11 Satz 1; § 12 Satz 1;

§§ 17—19; §§ 22—24 Abs. 1; §§ 25—32. Wegen § 3 Ziff. 4 und § 7 vgl. Anm. 4 zu § 7; § 3 Ziff. 5, § 8 Abs. 1, §§ 13, 15 sind durch §§ 33, 34 ersetzt. Im übrigen ist zu bemerken:

Zu § 5. Für die Ehelichkeitserklärung ist nach § 1723 BGB. der Reichskanzler zuständig.

Zu § 9. Bei der Verleihung der unmittelbaren Reichsangehörigkeit kann die Anwendung von § 9 nicht in Frage kommen; diese Einbürgerung ist vielmehr einzig und allein Sache des Reichskanzlers, bzw. des von ihm Bevollmächtigten. Nachdem seit dem Inkrafttreten des Gesetzes vom 15. März 1888 [§ 6] (RGBl. S. 71) die Verleihung der unmittelbaren Reichsangehörigkeit vom Reichskanzler und von dem dazu befugten kaiserlichen Beamten gewährt werden konnte, und seit dieser Zeit eine Veränderung in dem Modus der Gewährung der unmittelbaren Reichsangehörigkeit nicht stattgefunden hat, ist es nicht erfindlich, warum urplötzlich der ganze bundesstaatliche Apparat für die Bewilligung der unmittelbaren Reichsangehörigkeit in Bewegung gesetzt werden soll. Meiner Ansicht nach haben die gesetzgebenden Faktoren vergessen, bei der Aufzählung der Paragraphen, die für die unmittelbare Reichsangehörigkeit nicht in Anwendung kommen, den § 9 mit anzuführen.

Zu § 16. Der § 33 Ziff. 2 ist teilweise dem § 21 Abs. 4 des alten Gesetzes entnommen. Wenn in diesem die Fälle der Renaturalisation nur auf diejenigen ehemaligen Deutschen beschränkt waren, die ihre Eigenschaft als Deutsche durch zehnjährigen ununterbrochenen, unlegitimierten Aufenthalt im Ausland verloren hatten, so erstreckt sich der § 33 Ziff. 2 auf alle ehemaligen Deutschen. Wie bei Anwendung des vorgedachten Paragraphen des alten Gesetzes wird man auch nach den neuen Bestimmungen die Wiedereinbürgerung im Auslande wohnhafter ehemaliger Deutscher ohne Niederlassung im Heimatstaat vor allem an die Voraussetzung knüpfen, daß der darum Nachsuchende sich voll bewußt ist, mit der Wiedereinbürgerung auch die ihm gegen das Vaterland obliegenden Verpflichtungen in ihrem ganzen Umfange wieder übernommen zu haben. Wer aber, nachdem er durch lange Abwesenheit die Reichsangehörigkeit verloren hat, in einem Alter, in welchem er selbst nicht mehr militärpflichtig ist, nur für seine Person die Reichsangehörigkeit erwerben, seine Kinder aber von der Wiedererwerbung ausschließen will, der hat die Vermutung gegen sich, daß es ihm nur um die Erlangung der mit der Reichsangehörigkeit verbundenen Rechte, nicht um die Erfüllung der dem Reichsangehörigen auferlegten Pflichten zu tun ist; derartigen Personen die Vergünstigung der Wiedereinbürgerung zuteil werden zu lassen, liegt nicht im Interesse des Reichs. Ebensowenig wird die Wiedereinbürgerung solchen im Auslande wohnenden ehemaligen Deutschen zu gewähren sein, deren Leumund ein ungünstiger ist oder deren Subsistenzfähigkeit nicht genügend gesichert erscheint, so daß von ihnen in der Folge eine Belastung des heimischen Armenverbandes zu befürchten ist. Es ist daher im Interesse der Sache geboten, daß die Wiedereinbürgerung seitens der die Reichsangehörigkeit verleihenden Behörde erst dann erteilt wird, wenn die betreffenden Gesuche von dem Kaiserlichen diplomatischen oder konsularischen Vertreter, in dessen Amtsbezirk der Petent wohnt, befürwortet werden.

§ 35.

Zu §§ 20, 24 Abs. 2. Es ist selbstverständlich, daß ein unmittelbarer Reichsangehöriger, der die Aufnahme in einen Bundesstaat erlangt hat, hierdurch nicht die unmittelbare Reichsangehörigkeit verliert. Letztere bleibt ihm somit auch gewahrt, wenn er aus der Staatsangehörigkeit seine Entlassung nimmt. Ein Bestehen der unmittelbaren Reichsangehörigkeit neben der Staatsangehörigkeit in einem Bundesstaat ist dem Geiste des neuen Gesetzes nicht zuwider.

Vierter Abschnitt.

Schlußbestimmungen.

§ 36.

Unberührt bleiben[1] die Staatsverträge,[2] die von Bundesstaaten mit ausländischen Staaten vor dem Inkrafttreten dieses Gesetzes geschlossen sind.

1. Unberührt bleiben.

Daß die vom Reiche mit ausländischen Staaten geschlossenen Staatsverträge und Übereinkommen unberührt bleiben, ist selbstverständlich. Hierunter fallen die in § 17 Anm. 1 aufgeführten Übernahmeverträge und Übernahmeabkommen, ferner die mit Bolivien, Guatemala, Honduras und Nikaragua abgeschlossenen Freundschafts- usw. Verträge (s. Anhang, II. Teil, Ausland, bei den betreffenden Staaten), der Friedensvertrag mit Frankreich vom 10. Mai 1871 (§ 17 Anm. 1a), die Verträge mit Persien, der Türkei, Marokko (§ 8 Anm. 3), das deutsch-britische Abkommen über Helgoland (s. Anhang, Anl. Nr. 20) und das Kongoabkommen (s. Anhang, Anl. Nr. 3), sowie zahlreiche Konsularverträge (§ 6 Anm. 1). Es sei hier noch ausdrücklich bemerkt, daß nur von denjenigen Staatsverträgen die Rede ist, die in irgendwelcher Beziehung zur Staatsangehörigkeit stehen.

2. Staatsverträge.

Derartige Verträge sind zwischen dem Norddeutschen Bunde, dem Königreich Bayern, dem Königreich Württemberg, dem Großherzogtum Baden, dem Großherzogtum Hessen für die nicht zum Norddeutschen Bunde gehörigen Gebietsteile einerseits und den Vereinigten Staaten Nordamerikas andererseits abgeschlossen worden.

Der Staatsvertrag ist auf das Reichsland Elsaß-Lothringen nicht ausgedehnt. Eine prinzipielle Anwendung des Vertrages auf die im Reichslande vorkommenden Fälle, in denen es sich um Begnadigung von aus Elsaß-Lothringen stammenden, wegen Verletzung der Wehrpflicht oder unerlaubter Auswanderung verurteilten und als naturalisierte Staatsangehörige der Vereinigten Staaten von Nordamerika nach Elsaß-Lothringen zurückkehrenden Refraktären handelt, ist ausgeschlossen. Es wird vielmehr je nach der Lage des Falles, nicht auf Grund des Vertrags, entschieden, ob zu einer Begnadigung Anlaß gegeben ist.

Der Text der zwischen

1. dem Norddeutschen Bunde unterm 22. Febr. 1868 (s. BGBl. S. 228 ff.),
2. dem Königreiche Bayern unterm 26. Mai 1868 (s. RegBl. 1868 Nr. 71 S. 2153 ff.),
3. dem Königreiche Württemberg unterm 27. Juni 1868 (s. RegBl. 1872 Nr. 18 S. 172 ff.),
4. dem Großherzogtum Baden unterm 19. Juli 1868 (s. RegBl. 1869 Nr. 39 S. 579 ff.),
5. dem Großherzogtum Hessen für die nicht zum Norddeutschen Bunde gehörigen Teile des Großherzogtums vom 1. Aug. 1868 (s. RegBl. 1869 Nr. 35 S. 597 ff.)

einerseits und

den Vereinigten Staaten von Nordamerika

andererseits geschlossenen Staatsverträge lautet, wie folgt:

Art. 1.

Angehörige [a]) 1. des Norddeutschen Bundes
2. des Königreichs Bayern
3. des Königreichs Württemberg
4. des Großherzogtums Baden
5. der nicht im Norddeutschen Bunde befindlichen Teile des Großherzogtums Hessen,

ad 1—3 u. 5 welche naturalisierte Staatsangehörige der Vereinigten Staaten von Amerika geworden sind und fünf Jahre lang [b]) ununterbrochen [c]) in den Vereinigten Staaten zugebracht haben,

---

a) Der Vertrag macht zwischen minderjährigen und volljährigen Personen keinen Unterschied; der Beginn der in dem Vertrage vorgesehenen fünfjährigen Frist wird also von dem Tage des ununterbrochenen Aufenthalts in Amerika bzw. in den deutschen Bundesstaaten berechnet, auch wenn die betreffende Person noch minderjährig ist.

b) Nach dem amerikanischen Gesetze ist die Naturalisation in den Vereinigten Staaten erst nach fünfjährigem Aufenthalt daselbst zulässig; eine Ausnahme besteht nur hinsichtlich derjenigen Fremden, welche in der amerikanischen Armee gedient haben und ehrenvoll entlassen worden sind; für diese ist die Frist auf ein Jahr herabgesetzt.

Der völkerrechtliche Grundsatz, nach welchem die Schiffe einen Teil des Staatsgebietes bilden, ist auch bei der Auslegung des deutsch-amerikanischen Vertrages maßgebend, indem der Dienst auf einem amerikanischen Schiffe als Aufenthalt in den Vereinigten Staaten angesehen wird. Ausländische Matrosen, die auf einem amerikanischen Kauffahrteischiff gedient und sich gut betragen haben, können, wenn sie ihre Absicht, Amerikaner zu werden, vor einem zuständigen amerikanischen Gerichtshofe kundgegeben haben, schon nach Ablauf von drei Jahren amerikanische Staatsbürger werden (Section 2174 Title XXX Naturalization s. Teil II Ausl. Gesetzgeb. Sektion 26 d. G. vom 29. Juni 1906).

Auf solche Personen, welche in einem kürzeren als fünfjährigen Zeitraum Amerikaner geworden sind, findet daher der Vertrag erst dann Anwendung, wenn die Zeit vor und nach der Naturalisation zusammen einen fünfjährigen Zeitraum umfaßt.

Die Bestimmung, daß die in Deutschland als Deutsche naturalisierten Amerikaner von der Regierung der Vereinigten Staaten erst nach fünfjährigem

ad 4 welche fünf Jahre b) ununterbrochen c) in den Vereinigten Staaten von Amerika zugebracht haben und vor, während oder nach dieser Zeit naturalisierte Staatsangehörige der Vereinigten Staaten geworden sind,

ad 1—5 sollen von seiten

ad 1. des Norddeutschen Bundes

ad 2. Bayerns

ad 3. Württembergs

ad 4. Badens

ad 5. der großh. hessischen Regierung

ad 1—5 als amerikanische Angehörige erachtet und als solche behandelt werden.

Ebenso sollen Staatsangehörige der Vereinigten Staaten von Amerika,

ad 1. welche naturalisierte Angehörige des Norddeutschen Bundes geworden sind und fünf Jahre lang b) in c) Norddeutschland zugebracht haben,

ad 2 und 3. welche naturalisierte Angehörige des Königreichs Bayern bzw. des Königreichs Württemberg geworden sind und fünf Jahre lang b) ununterbrochen c) in Bayern bzw. in Württemberg zugebracht haben,

ad 4. welche fünf Jahre b) ununterbrochen c) im Großherzogtum Baden zugebracht haben und vor, während oder nach dieser Zeit naturalisierte Angehörige des Großherzogtums Baden geworden sind,

ad 5. welche naturalisierte Angehörige des Großherzogtums Hessen innerhalb dessen vorhin bezeichneter Teile geworden sind und fünf Jahre b) ununterbrochen c) daselbst zugebracht haben,

ad 1—5 von den Vereinigten Staaten als Angehörige

ad 1. des Norddeutschen Bundes

ad 2. Bayerns

ad 3. Württembergs

ad 4. Badens

ad 5. des Großherzogtums Hessen

ad 1—5 erachtet und als solche behandelt werden.

Aufenthalte im Reiche als Deutsche erachtet werden sollen, hindert indessen nicht, daß dieselben auf Grund des § 10 d. G. vom 1. Juni 1870 mit dem Zeitpunkte der Aushändigung der Naturalisationsurkunde Deutsche sind und vom Reiche als solche erachtet und behandelt werden müssen, auch wenn ihr Aufenthalt im Reiche von kürzerer als fünfjähriger Dauer sein sollte. Auf Amerikaner, welche in Elsaß-Lothringen sich naturalisiert haben, findet der Vertrag überhaupt keine Anwendung.

c) Das Wort „ununterbrochen" fehlt im § 1 Abs. 2 des deutschen Textes des norddeutschen Vertrags. In der Reichstagssitzung vom 2. April 1868 hat der Bundeskanzler die Auslassung als einen Druck- oder Schreibfehler bezeichnet. In dem bayerischen, württembergischen und hessischen Protokoll zu diesem Vertrage wird hinsichtlich der Worte „ununterbrochen zugebracht" ausdrücklich bestimmt, daß diese Worte selbstverständlich nicht im körperlichen, sondern im juristischen Sinne zu nehmen sind und deshalb eine zeitweilige Abwesenheit, eine Reise oder dergleichen keineswegs die fünfjährige Frist unterbricht, welche der Art. 1 des Vertrages im Sinne hat.

§ 36.

Die bloße Erklärung der Absicht, Staatsangehöriger des einen oder anderen Teils werden zu wollen, soll in Beziehung auf keinen der beiden Teile die Wirkung der Naturalisation haben.

Art. 2.

Ein naturalisierter Angehöriger des einen Teils soll bei etwaiger Rückkehr in das Gebiet des anderen Teils wegen einer, nach den

ad 1. dortigen Gesetzen

ad 2—5. Gesetzen des letzteren

mit Strafe bedrohten Handlung, welche er vor[d]) seiner Auswanderung verübt

---

[d]) Der Art. 2 des Vertrages bezieht sich dem Wortlaut, sowie der bei Abschluß des Vertrages maßgebend gewesenen Absicht nach nur auf die vor der Auswanderung, nicht aber auf die durch letztere verübten strafbaren Handlungen. Es kann daher ein Deutscher, welcher sich fünf Jahre in Amerika aufgehalten und dort das Bürgerrecht erworben hat, im Falle seiner Rückkehr nach Deutschland wegen unerlaubter Auswanderung (§ 140 des StGB.) weder zur Untersuchung noch zur Strafe herangezogen werden (s. StenBer. des Nordd. Bundes 1886 Bd. 1 S. 43).

Ist jedoch bereits eine Strafe erkannt worden, so ist die Vollstreckung derselben nicht als durch den Vertrag von selbst aufgehoben zu erachten, sondern es ist die Begnadigung durch den Landesherrn nachzusuchen.

In dem Reichsanzeiger vom 24. Okt. 1888 ist ein Erlaß des großh. hessischen Staatsministeriums vom 10. Okt. 1888, betr. den zwischen dem Großherzogtum Hessen und den Vereinigten Staaten von Amerika abgeschlossenen Vertrag vom 1. Aug. 1868 und insbesondere die Auslegung des Art. 2 Ziffer II des Schlußprotokolls zu demselben veröffentlicht worden, welcher also lautet:

„Nachdem es in der letzten Zeit mehrfach vorgekommen ist, daß Strafurteile, welche auf Grund des § 140 Ziff. 1 d. StGB. und des § 470 ff. d. StPO. ergangen waren, gegen solche Verurteilte vollstreckt worden sind, welche nach Art. 1 des rubrizierten Vertrags die amerikanische Staatsangehörigkeit erlangt hatten, sehen wir uns veranlaßt, darauf hinzuweisen, daß nach dem Geiste dieses Vertrags und der Absicht, welche beim Abschluß desselben vorgewaltet, sowie nach der in den anderen deutschen Bundesstaaten, die gleiche Verträge mit den Vereinigten Staaten abgeschlossen haben, bestehenden Übung, Ziff. II des Schlußprotokolls dahin auszulegen ist, daß hierdurch nicht allein die Strafverfolgung amerikanischer Staatsangehöriger wegen der durch die Auswanderung oder nach der Auswanderung begangenen Verletzung der Wehrpflicht, sondern auch die Vollstreckung eines deshalb erlassenen Urteils ausgeschlossen erscheint. Dabei ist es gleichgültig, ob der Verurteilte zur Zeit des Urteilserlasses bereits naturalisierter Staatsangehöriger war, oder es erst nachträglich geworden ist."

Auf Deserteure oder Reservisten, welche der Einberufung zur Fahne nicht Folge geleistet haben, bezieht sich der Vertrag nicht.

Die bloße Fortreise eines beurlaubten, nicht bei der Fahne stehenden Reservisten oder Landwehrmanns ohne Auswanderungskonsens, bzw. ohne vorherige Anzeige, ist keine Desertion, sondern nur ein mit geringer Strafe bedrohtes Disziplinarvergehen. Erst wenn an den Reservisten oder Landwehrmann eine Gestellungsorder durch Zustellung an ihn selbst oder in seinem letzten Wohnorte, oder durch öffentliche Bekanntmachung ergangen ist und er diesem Befehle nicht Folge leistet, macht er sich der Desertion schuldig, und wenn dies innerhalb der ersten fünf Jahre seines Aufenthalts in Nordamerika geschieht, so schützt ihn der Vertrag nicht, indem die ohne Konsens erfolgte Auswanderung erst nach fünfjährigem Aufenthalt und Naturalisation zu einer rechtlich perfekten Auswanderung wird.

hat, zur Untersuchung und Strafe gezogen werden können, sofern nicht nach den bezüglichen Gesetzen seines ursprünglichen Vaterlandes

ad 1. Verjährung

ad 2—5. Verjährung oder sonstige Straflosigkeit

eingetreten ist.

ad 4. Namentlich soll ein nach Art. 1 als amerikanischer Staatsbürger zu erachtender früherer Badener nach den badischen Gesetzen wegen Nichterfüllung der Wehrpflicht zur Untersuchung und Strafe gezogen werden können:

1. wenn er ausgewandert ist, nachdem er bei der Aushebung der Wehrpflichtigen bereits als Rekrut zum Dienste im stehenden Heere herangezogen war,
2. wenn er ausgewandert ist, während er im Dienste bei den Fahnen stand, oder nur auf bestimmte Zeit beurlaubt war,
3. wenn er als auf unbestimmte Zeit Beurlaubter, oder als Reservist, oder als Landwehrmann ausgewandert ist, nachdem er bereits eine Einberufungsorder erhalten, oder nachdem bereits eine öffentliche Aufforderung zur Stellung erlassen, oder der Krieg ausgebrochen war.

Dagegen soll ein in den Vereinigten Staaten naturalisierter früherer Badener, welcher sich bei oder nach seiner Auswanderung durch andere als die in Ziffer 1—3 bezeichneten Handlungen oder Unterlassungen gegen die gesetzlichen Bestimmungen über die Wehrpflicht vergangen hat, bei seiner Rückkehr in sein ursprüngliches Vaterland weder nachträglich zum Kriegsdienst, noch wegen Nichterfüllung seiner Wehrpflicht zur Untersuchung und Strafe gezogen werden.

Auch soll der Beschlag, welcher in anderen als den in Ziffer 1—3 bezeichneten Fällen wegen Nichterfüllung der Wehrpflicht auf das Vermögen eines Ausgewanderten gelegt wurde, wieder aufgehoben werden, sobald derselbe die nach Art. 1 vollzogene Naturalisation in den Vereinigten Staaten von Amerika nachweist.

Art. 3.

ad 1—4. Der Vertrag

ad 1. zwischen den Vereinigten Staaten von Amerika einerseits und Preußen und andern deutschen Staaten andererseits,

ad 2. zwischen dem Königreich Bayern einerseits und den Vereinigten Staaten von Amerika andererseits,

ad 3. zwischen Württemberg und den Vereinigten Staaten von Amerika,

ad 4. zwischen dem Großherzogtum Baden einerseits und den Vereinigten Staaten von Amerika andererseits,

ad 1—4 wegen der in gewissen Fällen zu gewährenden Auslieferung der vor der Justiz flüchtigen Verbrecher, welcher am

ad 1. 16. Juni 1852

ad 2. 12. September 1853

ad 3. 16. Juni 1852/13. Oktober 1853

ad 4. 30. Januar 1857

ad 1—4 abgeschlossen worden ist,

§ 36.

ad 1. wird hiermit auf alle Staaten des Norddeutschen Bundes ausgedehnt.

ad 2—4 bleibt unverändert fortbestehen.

ad 5. Der zwischen dem Großherzogtum Hessen und den Vereinigten Staaten von Amerika wegen der in gewissen Fällen zu gewährenden Auslieferung der vor der Justiz flüchtigen Verbrecher bestehende Vertrag vom 16. Juni 1852 bleibt unverändert in Kraft.

Art. 4.

ad 1—3 u. 5. Wenn ein in Amerika naturalisierter
ad 1. Deutscher sich wieder in Norddeutschland e)
ad 2. Bayer sich wieder in Bayern e)
ad 3. Württemberger sich wieder in Württemberg e)
ad 5. ursprünglich dem nicht im Norddeutschen Bunde befindlichen Gebiete des Großherzogtums angehöriger Hesse sich wieder in diesem Gebiete
ad 1—3 u. 5. niederläßt f), ohne die Absicht g) nach Amerika zurückzukehren,

---

e) Wenn also ein Deutsch-Amerikaner sich bei seiner Rückkehr nach Deutschland in einem anderen deutschen Bundesstaate als dem Auswanderungslande niederläßt, so sind die Bestimmungen des Art. 4 nicht auf ihn anwendbar. Es würde mithin dem Wortlaut des Vertrags gemäß ein in Amerika naturalisierter früherer Preuße, bei seiner Rückkehr nach Deutschland, in Bayern, Württemberg, Baden und Südhessen, oder ein Bayer in Preußen usw. sich niederlassen können, ohne daß man ihn auf Grund dieses Vertrages als auf seine amerikanische Staatsangehörigkeit Verzicht leistend erachten könnte. Allerdings würde er als Ausländer der Ausweisungsmaßregel stets unterworfen sein.

f) In betreff des Verfahrens bei Abnahme der Legitimationspapiere der nach Preußen zurückgekehrten in Amerika naturalisierten ehemaligen preußischen Staatsangehörigen ist seitens des preuß. Justizmin. unterm 30. Dez. 1875 folgender Erlaß an die Justizbehörden ergangen (s. JMBl. 1876 S. 2):

„Von dem Gesandten der Vereinigten Staaten von Amerika ist der Wunsch ausgesprochen worden, daß Personen, welche naturalisierte Staatsangehörige der Vereinigten Staaten geworden sind, bei ihrer Rückkehr nach Deutschland die ihnen erteilten Legitimationspapiere (Bürgerbrief und Paß) nicht, wie bisher, namentlich infolge von Untersuchungen auf Grund des § 140 d. RStGB. geschehen ist, zur Prüfung ihrer Staatsangehörigkeit abgenommen werden möchten. Da durch die Vorenthaltung dieser Papiere den Inhabern derselben die Möglichkeit entzogen wird, sich über ihr in den Vereinigten Staaten erworbenes Bürgerrecht auszuweisen und die Vermittlung des Vertreters dieser Staaten in Anspruch zu nehmen, so ist die Abnahme jener Papiere, wo nicht Gründe zur Verhaftung der betreffenden Person vorliegen, tunlichst zu unterlassen.

Wenn die Einsichtnahme der Papiere durch andere Behörden als die betreffende Lokalbehörde erforderlich wird, ist eine beglaubigte Abschrift der erheblichen Urkunden, wozu meistens nur der Bürgerbrief gehören wird, zu den Akten zu nehmen, und sofern dies nicht geschehen kann, den Beteiligten bei der Abnahme eine Empfangsbescheinigung mit Angabe des wesentlichen Inhalts der Papiere und des Zweckes, zu welchem die Abforderung geschah, zu erteilen."

g) Nach einem zwischen dem Auswärtigen Amt, dem Reichskanzleramt, dem preuß. Minister des Innern und dem preuß. Kriegsminister stattgehabten

so soll er als auf seine Naturalisation in den Vereinigten Staaten Verzicht leistend erachtet werden.

ad 1—3 u. 5. Ebenso soll ein in

ad 1. dem Norddeutschen Bunde
ad 2. Bayern
ad 3. Württemberg
ad 5. Hessen (innerhalb der soeben gedachten Gebietsteile)

naturalisierter Amerikaner, wenn er sich wieder in den Vereinigten Staaten niederläßt, ohne die Absicht [g]) nach

ad 1. Norddeutschland
ad 2. Bayern
ad 3. Württemberg
ad 5. Hessen

zurückzukehren, als auf seine Naturalisation

ad 1. in Norddeutschland
ad 2. in Württemberg
ad 5. in Hessen

Verzicht leistend erachtet werden.

ad 1—3 u. 5. Der Verzicht auf die Rückkehr kann als vorhanden angesehen werden, wenn der Naturalisierte des einen Teils sich länger als zwei Jahre [h]) in dem Gebiete des anderen Teils aufhält.[i])

Schriftwechsel soll die bloße Erklärung des nach Deutschland Heimgekehrten, „er wolle amerikanischer Bürger bleiben", oder etwa der Besitz bzw. die Erneuerung eines amerikanischen Passes für sich allein nicht geeignet sein, die aus anderen tatsächlichen Umständen sich ergebende Annahme auszuschließen, daß der Betreffende nicht die Absicht hege, nach Amerika zurückzukehren.

h) Die Ausweisung kann aber auch sofort gegen Deutsch-Amerikaner verfügt werden, ohne daß die in dem Abs. 3 des Art. 4 des Vertrags vorgesehene zweijährige Aufenthaltsfrist in Betracht gezogen wird.

i) Als einer der Zwecke des Vertrags erscheint es, aus dem Bereiche derjenigen besonderen Gründe, welche für die Frage der Nichtgestattung des Aufenthalts in Deutschland entscheidend sind, die Würdigung der früheren Militärverhältnisse des Ausgewanderten während eines vorübergehenden Aufenthalts desselben in seiner Heimat im allgemeinen auszuschließen. Eine Ausweisungsmaßregel während der zweijährigen Aufenthaltsfrist erscheint mithin nur dann gerechtfertigt, wenn außerhalb der Militärverhältnisse des Betreffenden ein die Ausweisung erfordernder Anlaß gegeben ist, namentlich wenn zu der Nichterfüllung der Militärpflicht ein aufreizendes, besonderen Anstoß erregendes Benehmen etwa dadurch hinzutritt, daß der Betreffende durch herausfordernde oder höhnische Äußerungen Ärgernis unter denjenigen Ortsgenossen hervorruft, welche der Militärpflicht genügt haben.

Kehren in Amerika naturalisierte Deutsche nach einem ersten zweijährigen Aufenthalte in Deutschland zum zweiten Male dorthin zurück, so haben sie auf Gestattung eines nochmaligen, ungestörten zweijährigen Aufenthalts keinen Anspruch; sie werden vielmehr, wenn sie nach ihrer Naturalisation abermals

Art. 4.

ad 4. (Baden):

Derjenige, welcher aus dem einen Staate ausgewandert und nach Art. 1 als Angehöriger des anderen Staates zu erachten ist, soll bei etwaiger Rückkehr in sein früheres Vaterland nicht angehalten werden können, in die alte Staatsangehörigkeit zurückzutreten. Wenn er dieselbe mit seinem Willen jedoch wieder erwirbt und auf sein durch Naturalisation erworbenes Staatsbürgerrecht wieder verzichtet, so soll ein solcher Verzicht zulässig und soll für die Anerkennung der Wiedererwerbung des Staatsbürgerrechts im ursprünglichen Heimatstaate eine gewisse Dauer des Aufenthalts in diesem Staate nicht erforderlich sein.[k])

Art. 5. ad 1—5.

Der gegenwärtige Vertrag tritt sofort nach dem Austausch der Ratifikation in Kraft und hat für zehn Jahre Gültigkeit. Wenn kein Teil dem andern sechs Monate vor dem Ablauf dieser zehn Jahre Mitteilung von seiner Absicht macht, denselben dann aufzuheben, so soll er ferner in Kraft bleiben bis zum Ablauf von zwölf Monaten, nachdem einer der kontrahierenden Teile dem andern von einer solchen Absicht Kenntnis gegeben.

Art. 6.

(Ratifikationsbestimmungen und Unterschriften.)[l])

In betreff der Söhne derjenigen Deutschen, welche als naturalisierte Bürger der Vereinigten Staaten von Amerika während der Minderjährigkeit

---

zu einem dauernden Aufenthalte nach Deutschland zurückkehren, als auf ihre amerikanische Naturalisation Verzicht leistend angesehen und vor die Wahl zwischen dem Verlassen des Reichsgebiets oder der Nichtanerkennung ihrer amerikanischen Staatsangehörigkeit seitens der deutschen Behörden gestellt werden können. Mit dieser Nichtanerkennung der amerikanischen Staatsangehörigkeit ist jedoch nicht ohne weiteres die Zugehörigkeit zum früheren Heimatstaate gegeben. Solche Personen sind fürs erste staatlos, ein Recht auf Wiedererwerb der Reichsangehörigkeit auf Grund des § 31 d. G. steht ihnen nicht zu, sie können vielmehr nur unter den in § 8 d. G. gegebenen Voraussetzungen die Reichsangehörigkeit wieder erwerben.

k) Die Abweichung des Art. 4 des badisch-amerikanischen Vertrags von dem Art. 4 der Verträge der anderen Bundesstaaten war durch die im Jahre 1868 noch in Geltung gewesene badische Indigenatsgesetzgebung bedingt.

Durch die Erwerbung einer fremden Staatsangehörigkeit wurde nach badischem Rechte die badische Staatsangehörigkeit verloren, der ehemalige Badener war demnach, sobald er sich in Amerika hatte naturalisieren lassen, auch nach badischem Rechte seiner bisherigen Staatsangehörigkeit verlustig geworden und konnte bei seiner Rückkehr nach Baden nicht anders denn als Ausländer betrachtet werden; ein Verzicht auf die Ausländereigenschaft konnte daher nicht präsumiert werden.

l) Wegen der auf diese Verträge bezüglichen Verfügungen und Protokolle s. Anhang, Anl. Nr. 41—41 c.

§ 36.

ihrer in Amerika geborenen Söhne in deren Begleitung zu dauerndem Aufenthalt nach Deutschland zurückkehren, unterliegt es keinem Zweifel, daß die Bestimmungen der deutsch-amerikanischen Verträge auf die Söhne solcher Deutsch-Amerikaner sich nicht erstrecken und auf die Rechtslage dieser Kinder keine Anwendung finden. Diese Rechtslage wird vielmehr mit Rücksicht darauf, daß die Kinder in Amerika geboren sind, und hierdurch — abgesehen von der Naturalisation der Väter — selbständig das amerikanische Bürgerrecht erworben haben, nach den Grundsätzen des in den Vereinigten Staaten geltenden Rechts zu beurteilen sein. Das letztere enthält jedoch keine Bestimmung, welche den seitens des Vaters erfolgenden Verzicht auf die nordamerikanische Naturalisation auch für dessen minderjährige Söhne wirken läßt. Dieselben sind mithin als amerikanische Staatsangehörige anzuerkennen und können in dieser Eigenschaft zum Militärdienst nicht herangezogen werden. Aber es kann ihnen, als Ausländern, der Aufenthalt versagt werden, sobald dies im Interesse der öffentlichen Ordnung erforderlich erscheint. Letztere Voraussetzung wird deutscherseits als vorhanden angesehen, wenn die tatsächlichen Umstände dafür sprechen, daß die fraglichen Personen ihr amerikanisches Staatsbürgerrecht nur dazu benutzen, um sich, bzw. ihre Söhne, den der einheimischen Bevölkerung obliegenden Pflichten, insbesondere dem Militärdienste zu entziehen, ohne daß sie gesonnen sind, ihren dauernden Aufenthalt in Deutschland und die damit verbundenen Vorteile aufzugeben.

Das Gesetz vom 22. Juli 1913 (vgl. § 25) hat hinsichtlich der Anwendbarkeit der Bancroft-Verträge insofern keine Änderung herbeigeführt, als schon in dem Gesetz vom 1. Juni 1870, § 21 Abs. 3 der Verlust der Reichsangehörigkeit durch den Erwerb der Naturalisation in den Vereinigten Staaten vorgesehen war. Die Bancroft-Verträge sind daher ausführlich mitgeteilt worden. Nebenbei scheint es hier am Platze, zugleich darauf aufmerksam zu machen, daß, wenn im § 25 dem im Ausland lebenden Deutschen die Möglichkeit geboten wird, vor der Naturalisation im Ausland die Beibehaltung der früheren Staatsangehörigkeit nachzusuchen, dies in den Vereinigten Staaten nicht möglich ist. In den Vereinigten Staaten geht der Aushändigung der Naturalisationsurkunde voraus, daß der Betreffende der Verpflichtung der Treue und des Gehorsams gegen seinen früheren Staat eidlich entsage.

Als weitere Staatsverträge von Bundesstaaten sind noch der Gothaer Vertrag (s. Anhang, Anl. Nr. 30, 30a) und der preußisch-dänische Vertrag (§ 3 Anm. 1) zu erwähnen.

§ 37.

Soweit in Reichsgesetzen oder in Landesgesetzen auf Vorschriften des Gesetzes über die Erwerbung und den Verlust der Bundes- und Staatsangehörigkeit vom 1. Juni 1870 oder des Gesetzes, betreffend die Naturalisation von Ausländern, welche im Reichsdienst angestellt sind, vom 20. Dezember 1875 verwiesen ist, treten an deren Stelle die entsprechenden Vorschriften dieses Gesetzes.

§ 38.

In den Fällen des § 7, der §§ 10, 11, 12, 30, 31 und des § 34 erster Halbsatz werden die Aufnahme- oder Einbürgerungsurkunden kostenfrei erteilt. Das gleiche gilt für die Erteilung von Entlassungsurkunden in den Fällen des § 21.

Für die Erteilung von Entlassungsurkunden in anderen als den im § 21 bezeichneten Fällen dürfen an Stempelabgaben und Ausfertigungsgebühren zusammen nicht mehr als drei Mark erhoben werden.

Es erscheint auffallend, wenn in den §§ 38 u. 39 von den Kosten über Aufnahme-, Einbürgerungs- und Entlassungsurkunden, sowie über andere Urkunden gesprochen wird, und man bei diesem Anlaß nicht daran gedacht hat, eine für das ganze Reich gültige Taxe festzusetzen, die der Ausländer für die ihm gewährte Einbürgerung zu entrichten hat. Diese Taxe schwankt in den verschiedenen Bundesstaaten zwischen 1 ℳ und 300 ℳ (vgl. Cahn, 3. Aufl., S. 65). Warum muß immer im Deutschen Reich eine Buntscheckigkeit bestehen, der so leicht abgeholfen werden könnte?

Wegen der für Einbürgerungs- und Wiedereinbürgerungsurkunden zu erhebenden Gebühren und Taxen s. Anhang, Anl. Nr. 42.

Für die Entlassungsurkunde wird in Preußen ein Stempel von 3 ℳ erhoben (Pos. 77 des Stempeltarifs in der Fassung d. G. vom 26. Juni 1909, GS. S. 587).

§ 39.

Der Bundesrat erläßt Bestimmungen über die Aufnahme-, Einbürgerungs- und Entlassungsurkunden sowie über die Urkunden,[1] die zur Bescheinigung der Staatsangehörigkeit dienen.

Die Landeszentralbehörden bestimmen, welche Behörden[2] im Sinne dieses Gesetzes als höhere Verwaltungsbehörden und als Militärbehörden anzusehen sind.

1. Urkunden.

Bezüglich der in § 39 d. G. erwähnten Urkunden ist die Bundesratsverordnung vom 27. Nov. 1913 (s. Anhang, Anl. Nr. 1) ergangen.

Danach dienen als Ausweis für den Besitz der Staats- und der unmittelbaren Reichsangehörigkeit

a) Heimatscheine für den Gebrauch im Ausland. Sie haben eine Geltungsdauer von zehn Jahren. Doch sind nach § 108 Ziff. 3 der WehrO. zurückgestellten Militärpflichtigen Heimatscheine nur für die Dauer der ihnen bewilligten Zurückstellung (§ 29 WehrO.) zu gewähren.

Die Erteilung von Heimatscheinen an im Auslande sich aufhaltende preußische Staatsangehörige ist — nach den in Preußen geltenden Bestimmungen — dem diskretionären Ermessen der zuständigen Landespolizeibehörden überlassen und kann, sobald begründete Bedenken entgegenstehen, versagt werden.

Personen, welche ihrer Militärpflicht nicht genügt haben, sind Heimatscheine nicht zu verabfolgen, auch dann nicht, wenn die betreffende Person, zu einer Geldstrafe verurteilt, letztere berichtigt haben sollte; denn durch Entrichtung der Geldstrafe wird der Verurteilte der Erfüllung seiner Militärpflicht oder der sonstigen aus der Staatsangehörigkeit sich ergebenden Verpflichtungen nicht enthoben. Erst wenn er diesen letzteren Genüge geleistet hat, kann er auf Erteilung eines Heimatscheines bei der zuständigen Heimatbehörde Anspruch erheben.

Auch kann der Heimatschein versagt werden, um die Erfüllung der dem Gesuchsteller im Heimatlande noch obliegenden Verpflichtungen, beispielsweise die Berichtigung rückständiger Steuern, zu erzwingen (vgl. Erlaß des preuß. Min. d. J. vom 13. und 17. Juni 1860, MBl. S. 150 u. 192).

b) Staatsangehörigkeitsausweise für den Gebrauch im Inland einschließlich der Schutzgebiete.

Hierzu sind an landesrechtlichen Ausführungsvorschriften veröffentlicht von Preußen die Vorschriften wegen Erteilung von Heimatscheinen und Staatsangehörigkeitsausweisen durch einen Runderlaß des kgl. preuß. Min. d. J. vom 12. Jan. 1914 (s. Anhang, Anl. Nr. 44), vom Königreich Sachsen die Ausführungsverordnung vom 28. Dez. 1913 (Ges.- u. VerBl. 1914 S. 1 ff.).

Ähnliche Erlasse, wie die des preuß. Min. d. J., sind auch von den Zentralbehörden der übrigen Bundesstaaten, z. B. des kgl. bayer. Min. d. J. vom 28. Dez. 1899 (MABl. d. J. S. 803 ff.), des kgl. württemb. Min. d. J. vom 27. Jan. 1898 (ABl. S. 25 u. 29) zum alten Gesetze erteilt worden; zum neuen Gesetze sind ähnliche Bestimmungen noch nicht erschienen.

Wegen der Behörden, welche zur Ausstellung von Heimatscheinen und Staatsangehörigkeitsausweisen befugt sind, vgl. die Tabelle im Anhang, Anl. Nr. 31; eine Neuordnung dieser Bestimmungen ist bisher nicht veröffentlicht.

2. welche Behörden.

Auch hierzu sind neue Ausführungsvorschriften noch nicht von allen Bundesstaaten bekannt. Wegen der höheren Verwaltungsbehörden, die unter der Herrschaft des Gesetzes vom 1. Juni 1870 zur Ausfertigung der Aufnahme- und Naturalisationsurkunden zuständig waren, vgl. Anhang, Anl. Nr. 17, auch Anm. 5 zu § 16 d. G. In Preußen ist der Regierungspräsident, in Berlin der Polizeipräsident, nach außen hin die allein maßgebende Behörde (vgl. MinVfg. vom 13. Febr. 1914, MinBl. f. d. i. V. S. 112). Etwaige ministerielle Instruktionen (z. B. über die Vorbedingung der Militärtauglichkeit heben seine gesetzliche Zuständigkeit nicht auf (OVG. 55, 235).

§ 39.

§ 40.[1]

Gegen die Ablehnung des Antrags auf Aufnahme gemäß § 7, auf Einbürgerung in den Fällen der §§ 10, 11, 15, des § 26 Abs. 3, der §§ 30, 31, des § 32 Abs. 3 oder des Antrags auf Entlassung in den Fällen der §§ 21, 22 ist der Rekurs[2] zulässig.

Die Zuständigkeit der Behörden und das Verfahren bestimmen sich nach den Landesgesetzen[3] und, soweit landesgesetzliche Vorschriften nicht vorhanden sind, nach den §§ 20, 21 der Gewerbeordnung.[4]

1. Vorbemerkung.

Das neue Gesetz zeigt in § 40 gegen das frühere eine Verbesserung, indem es das Beschwerderecht gesetzlich festlegt und den zu beschreitenden Weg angibt.

2. Rekurs.

In dem Vorausgehenden ist an verschiedenen Stellen gerügt worden, daß die Anwendbarkeit des Rekurses nicht vorgesehen ist, wo es erforderlich gewesen wäre, wie z. B. bei §§ 12, 24, 27. Andererseits ist auf den Rekurs hingewiesen worden, wo er in Wirklichkeit als unzulässig erachtet werden muß (z. B. § 15 Abs. 2 Halbsatz 2, § 26 Abs. 3 Satz 1, § 32 Abs. 3).

Bei diesem Anlaß möchte ich noch auf folgendes hinweisen: In dem neuen Gesetz ist der unmittelbaren Reichsangehörigkeit ein viel breiterer Raum gewährt worden als in dem früheren. Ein Rekurs bei etwaiger Versagung, die in Fällen der Aufnahme, Wiederaufnahme oder Entlassung unmittelbarer Reichsangehöriger in Frage kommen könnte, scheitert daran, daß keine Behörde vorhanden ist, die in letzter Instanz Entscheidung treffen könnte. Würde hier als zuständige Rekursbehörde nicht etwa das Reichsgericht oder der neuzuschaffende Kolonialgerichtshof bezeichnet werden können?

3. nach den Landesgesetzen.

Bisher fand in Preußen die Klage vor dem Oberverwaltungsgericht statt, wenn die Aufnahme oder Entlassung versagt wurde, wo ein Rechtsanspruch auf sie behauptet war, also in den Fällen der §§ 7, 31 Abs. 1, 21, 22 d. G. (§ 155 Abs. 2 des Zuständigkeitsgesetzes vom 1. Aug. 1883, GS. S. 237). In ähnlicher Beschränkung ist das Verwaltungsstreitverfahren gegeben in Bayern (Art. 8 Ziff. 1, 9 Abs. 1 d. G. vom 8. Aug. 1878; vgl. Entsch. des VGH. 16, 116), Württemberg (Art. 13, 59 d. G. vom 16. Dez. 1876), Sachsen, Baden (VerwRPflG. § 3 Ziff. 26), Hessen, Oldenburg, Braunschweig, Sachsen-Meiningen, Sachsen-Koburg-Gotha, Anhalt und Lippe.

In Preußen liegt der Volksvertretung zurzeit ein Gesetzentwurf vor, nach dem die Zuständigkeit der Verwaltungsgerichtsbarkeit auf sämtliche in § 40 d. G. erwähnten Fälle ausgedehnt wird. Der Entwurf lautet:

Art. 1. Der § 155 des Gesetzes über die Zuständigkeit der Verwaltungs- und Verwaltungsgerichtsbehörden vom 1. August 1883 (GS. S. 237) erhält folgende Fassung:

Gegen den Bescheid der höheren Verwaltungsbehörde, durch den der Antrag auf Aufnahme, auf Einbürgerung und auf Entlassung in den im § 40 Abs. 1 des Reichs- und Staatsangehörigkeitsgesetzes vom 22. Juli 1913 (RGBl. S. 583) aufgeführten Fällen abgelehnt worden ist, findet innerhalb zwei Wochen die Klage bei dem Oberverwaltungsgericht statt.

Art. 2. Dieses Gesetz tritt mit dem Tage seiner Verkündung in Kraft.

Eine ähnliche Gestaltung des Rechtsweges wird wohl auch in den erwähnten Bundesstaaten sowie in den anderen sich einer Verwaltungsgerichtsbarkeit erfreuenden — ihrer entbehren zurzeit wohl nur noch die Großherzogtümer Mecklenburg — erfolgen (vgl. jedoch Schaumburg-Lippe, Verordnung vom 9. Aug. 1913, Verordnungen S. 519).

4. §§ 20, 21 der Gewerbeordnung

lauten:

§ 20. Gegen den Bescheid ist Rekurs an die nächstvorgesetzte Behörde zulässig, welcher bei Verlust desselben binnen vierzehn Tagen, vom Tage der Eröffnung des Bescheids an gerechnet, gerechtfertigt werden muß.

Der Rekursbescheid ist den Parteien schriftlich zu eröffnen und muß mit Gründen versehen sein.

§ 21. Die näheren Bestimmungen über die Behörden und das Verfahren, sowohl in der ersten als in der Rekursinstanz, bleiben den Landesgesetzen vorbehalten. Es sind jedoch folgende Grundsätze einzuhalten:

1. In erster oder in zweiter Instanz muß die Entscheidung durch eine kollegiale Behörde erfolgen. Diese Behörde ist befugt, Untersuchungen an Ort und Stelle zu veranlassen, Zeugen und Sachverständige zu laden und eidlich zu vernehmen, überhaupt den angetretenen Beweis in vollem Umfang zu erheben.
2. Bildet die kollegiale Behörde die erste Instanz, so erteilt sie ihre Entscheidung in öffentlicher Sitzung, nach erfolgter Ladung und Anhörung der Parteien, auch in dem Falle, wenn zwar Einwendungen nicht angebracht sind, die Behörde aber nicht ohne weiteres die Genehmigung erteilen will, und der Antragsteller innerhalb vierzehn Tagen nach Empfang des die Genehmigung versagenden oder nur unter Bedingungen erteilenden Bescheides der Behörde auf mündliche Verhandlung anträgt.
3. Bildet die kollegiale Behörde die zweite Instanz, so erteilt sie stets ihre Entscheidung in öffentlicher Sitzung, nach erfolgter Ladung und Anhörung der Parteien.
4. Als Parteien sind der Unternehmer (Antragsteller), sowie diejenigen Personen zu betrachten, welche Einwendungen erhoben haben.
5. Die Öffentlichkeit der Sitzungen kann unter entsprechender Anwendung der §§ 173—176 des Gerichtsverfassungsgesetzes ausgeschlossen oder beschränkt werden.

§ 40.

§ 41.

Dieses Gesetz tritt am 1. Januar 1914 gleichzeitig mit einem Gesetze zur Abänderung des Reichsmilitärgesetzes sowie des Gesetzes, betreffend Änderungen der Wehrpflicht, vom 11. Februar 1888 in Kraft.

Der Reichstag ersuchte nach der Annahme des Gesetzes durch eine Resolution den Reichskanzler, die Errichtung einer Stelle bei dem Auswärtigen Amt herbeizuführen, die insbesondere allen im Auslande lebenden ehemaligen Deutschen zur Wiedererlangung ihrer deutschen Staatsangehörigkeit Auskunft und Rat gewährt, sowie die deutschen Vertretungen im Auslande zur tätigen Beihilfe anzuweisen (Protokolle 5777).

Anhang.

Anlage Nr. 1.

Bundesratsbeschlüsse vom 29. November 1913 zur Ausführung des Reichs- und Staatsangehörigkeits-Gesetzes.

(Zentral-Blatt für das Deutsche Reich S. 1201.)

Der Bundesrat hat in seiner Sitzung am 27. November 1913 zur Ausführung des § 39 Abs. 1 des Reichs- und Staatsangehörigkeitsgesetzes vom 22. Juli 1913 (Reichs-Gesetzbl. S. 583) beschlossen:

1. Aufnahme-, Einbürgerungs- und Entlassungsurkunden sowie Urkunden, die zur Bescheinigung der Staatsangehörigkeit dienen, sind nach den in den Anlagen 1 bis 10 enthaltenen Mustern auszustellen,
2. in Zukunft darf die Gültigkeit eines Heimatscheins bis zu einem Zeitraum von zehn Jahren bemessen werden.

Berlin, den 29. November 1913.

Der Reichskanzler.
In Vertretung: Delbrück

Anlage 1.

Deutsches Reich.

(Königreich Preußen.)

(Landeswappen.)

Aufnahmeurkunde.

D.... (Namen, Stand und Wohnort), geboren am ....
in ....
(sowie seine Ehefrau .... geborene ....
und folgende von ihm kraft elterlicher Gewalt gesetzlich vertretene Kinder:
1. (Namen), geboren am .... in ....
2. " " " .... " ....
3. " " " .... " ....
..................)

ha...... mit dem Zeitpunkt der Aushändigung dieser Urkunde die Staatsangehörigkeit im (Königreich Preußen) durch Aufnahme erworben.

Die Aufnahme erstreckt sich nur auf die vorstehend aufgeführten Familienangehörigen.

.............., den .... 19....

(Der Königlich Preußische Regierungspräsident.)
(Unterschrift.)

Anlage 2.

Deutsches Reich.

(Königreich Preußen.)

(Landeswappen.)

Einbürgerungsurkunde.

D.... (Namen, Stand und Wohnort), geboren am .... in ....

(sowie seine Ehefrau .... geborene .... und folgende von ihm kraft elterlicher Gewalt (§ 1626 B.G.B.) gesetzlich vertretene Kinder:

1. (Namen), geboren am .... in ....
2. " " " .... " ....
3. " " " .... " ....

..................)

ha...... mit dem Zeitpunkt der Aushändigung dieser Urkunde die Staatsangehörigkeit im (Königreich Preußen) durch Einbürgerung erworben und .... damit Deutsche.... geworden.

Die Einbürgerung erstreckt sich nur auf die vorstehend aufgeführten Familienangehörigen.

..............., den .... 19....

(Der Königlich Preußische Regierungspräsident.)

(Unterschrift.)

Anlage 3.

Deutsches Reich.

(Reichsadler.)

Urkunde über die Verleihung der unmittelbaren Reichsangehörigkeit.

D.... (Namen, Stand und Wohnort), geboren am .... in ....

(sowie seiner Ehefrau ...., geborenen .... und folgenden von ihm kraft elterlicher Gewalt (§ 1626 B.G.B.) gesetzlich vertretenen Kindern:

1. (Namen), geboren am .... in ....

2. " " " .... " ....

3. " " " .... " ....

..................)

ist mit dem Zeitpunkt der Aushändigung dieser Urkunde die unmittelbare Reichsangehörigkeit verliehen worden; .... damit Deutsche.... geworden.

Die Verleihung der unmittelbaren Reichsangehörigkeit erstreckt sich nur auf die vorstehend aufgeführten Familienangehörigen.

.............., den .... 19....

(Der Reichskanzler).
(Unterschrift.)

Anlage 4.

Königreich Preußen.

(Landeswappen.)

Entlassungsurkunde.

D.... (Namen, Stand und Wohnort), geboren am .... in ....

(sowie seiner Ehefrau ...., geborenen .... und folgenden von ihm kraft elterlicher Gewalt gesetzlich vertretenen Kindern:

1. (Namen), geboren am .... in ....

2. " " " .... " ....

3. " " " .... " ....

..................)

ist mit dem Zeitpunkt der Aushändigung dieser Urkunde die Entlassung aus der Staatsangehörigkeit im (Königreich Preußen) erteilt worden unter Vorbehalt der Staatsangehörigkeit im (Königreich Bayern).

.............., den .... 19....

(Der Königlich Preußische Regierungspräsident.)
(Unterschrift.)

Anlage 5.

Deutsches Reich.
(Königreich Preußen.)
(Landeswappen.)

Entlassungsurkunde.

D.... (Namen, Stand und Wohnort), geboren am ....
in ....
(sowie seine Ehefrau .... geborene ....
und folgende von ihm kraft elterlicher Gewalt gesetzlich vertretene Kinder:

1. (Namen), geboren am .... in ....
2. " " " .... " ....
3. " " " .... " ....

..................)
ha...... mit dem Zeitpunkt der Aushändigung dieser Urkunde die Staatsangehörigkeit im (Königreich Preußen) und damit die Reichsangehörigkeit durch Entlassung verloren.

..............., den................. 19....

(Der Königlich Preußische Regierungspräsident.)
(Unterschrift.)

Anlage 6.

Deutsches Reich.
(Reichsadler.)

Entlassungsurkunde.

D.... (Namen, Stand und Wohnort), geboren am ....
in ....
(sowie seiner Ehefrau .... geborenen ....
und folgender von ihm kraft elterlicher Gewalt gesetzlich vertretenen Kindern:

1. (Namen), geboren am .... in ....
2. " " " .... " ....
3. " " " .... " ....

..................)
ist die Entlassung aus der unmittelbaren Reichsangehörigkeit mit dem Zeitpunkt der Aushändigung dieser Urkunde erteilt worden.

..............., den .... 19....

(Der Reichskanzler.)
(Unterschrift.)

Anlage 7.

Deutsches Reich.

(Königreich Preußen.)

(Landeswappen.)

Heimatschein.

(Für den Aufenthalt im Ausland.)

D.... (Namen, Stand und Wohnort), geboren am .... in ....

(sowie seine Ehefrau .... geborene .... und folgende von ihm kraft elterlicher Gewalt gesetzlich vertretene Kinder:

1. (Namen), geboren am .... in ....
2. " " " .... " ....
3. " " " .... " ....

..................)

besitz.... die Staatsangehörigkeit im (Königreich Preußen) und ...... somit Deutsche....

Diese Bescheinigung gilt bis zum .... 19....

.............., den .... 19....

(Der Königlich Preußische Regierungspräsident.)

(Unterschrift.)

....

(Unterschrift des Inhabers.)*)

*) Der Inhaber hat den Heimatschein, ehe er ihn einer ausländischen Behörde vorlegt, eigenhändig zu unterschreiben.

Anlage 8.

Deutsches Reich.

(Reichsadler.)

Heimatschein.

(Für den Aufenthalt im Ausland.)

D.... (Namen, Stand und Wohnort), geboren am .... in ....

(sowie seine Ehefrau .... geborene .... und folgende von ihm kraft elterlicher Gewalt gesetzlich vertretene Kinder:

1. (Namen), geboren am .... in ....
2. " " " .... " ....
3. " " " .... " ....
..................)

besitz.... die unmittelbare Reichsangehörigkeit und .... somit Deutsche.....

Diese Bescheinigung gilt bis zum .... 19....

..............., den .... 19.....

(Der Reichskanzler.)
(Unterschrift.)

....
(Unterschrift des Inhabers.)*)

*) Der Inhaber hat den Heimatschein, ehe er ihn einer ausländischen Behörde vorlegt, eigenhändig zu unterschreiben.

Anlage 9.

Königreich Preußen.

(Landeswappen.)

Staatsangehörigkeitsausweis.

(Zur Benutzung im Inland.)

D.... (Namen, Stand und Wohnort), geboren am .... in .... besitzt die Staatsangehörigkeit im (Königreich Preußen).

..............., den .... 19....

(Der Königlich Preußische Regierungspräsident.
(Unterschrift.)

Anlage 10.

Deutsches Reich.

(Reichsadler.)

Ausweis über die unmittelbare Staatsangehörigkeit.

(Zur Benutzung im Inland.)

D.... (Namen, Stand und Wohnort), geboren am .... in .... besitzt die unmittelbare Reichsangehörigkeit.

..............., den .... 19.....

(Der Reichskanzler.)
(Unterschrift.)

Der Bundesrat hat in seiner Sitzung am 27. November 1913 nachstehende Ausführungsvorschriften zu § 9 Abs. 1 des Reichs- und Staatsangehörigkeitsgesetzes vom 22. Juli 1913 (Reichs-Gesetzbl. S. 583) beschlossen.

Berlin, den 29. November 1913.

Der Reichskanzler.
In Vertretung: Delbrück.

Ausführungsvorschriften
zu § 9 Abs. 1 des Reichs- und Staatsangehörigkeitsgesetzes vom 22. Juli 1913.

---

1. Jeder Bundesstaat sendet zum 1. jedes Monats an den Reichskanzler (Reichsamt des Innern) unter Verwendung des in der Anlage beigefügten Musters in 28 Stücken ein Verzeichnis derjenigen Personen, deren Einbürgerung von ihm beabsichtigt wird und auf welche die Vorschrift des § 9 Abs. 1 Anwendung findet.

2. Die Verzeichnisse werden vom Reichskanzler zusammengestellt und den Bundesstaaten umgehend zugesandt. Die Zusammenstellung erfolgt derart, daß jeder Bundesstaat die von den übrigen Bundesstaaten eingesandten Verzeichnisse erhält.

3. Die Bundesstaaten prüfen die Verzeichnisse und bezeichnen bis zum 15. des nächstfolgenden Monats dem Reichskanzler (Reichsamt des Innern) die Personen, gegen deren Einbürgerung Bedenken bestehen. Sofern keine Mitteilung innerhalb dieser Frist eingegangen ist, wird angenommen, daß Bedenken nicht erhoben werden.

4. Von dem Ergebnis der Umfrage macht der Reichskanzler jedem Bundesstaate hinsichtlich der von ihm übermittelten Einbürgerungsanträge alsbald Mitteilung.

5. Über Einbürgerungsanträge, gegen die Bedenken erhoben sind, werden die beteiligten Bundesstaaten unmittelbar miteinander in Benehmen treten. Erkennt der Bundesstaat, bei dem der Einbürgerungsantrag gestellt ist, die Bedenken als begründet an, oder nimmt der Bundesstaat, der die Bedenken erhoben hat, diese zurück, so hat der Bundesstaat dem Reichskanzler (Reichsamt des Innern) eine entsprechende Erklärung abzugeben, die der Reichskanzler dem anderen Bundesstaate mitteilt. Vor Eingang der Mitteilung, daß die Bedenken zurückgenommen sind, darf die Einbürgerung nicht erfolgen. Kommt eine Einigung unter den beteiligten Bundesstaaten nicht zustande, so führt der Reichskanzler die Entscheidung des Bundesrats herbei.

(Absendende Behörde.) Ort und Datum.
(Geschäftsnummer.)

(Monats-) Verzeichnis 1913
der von (Bundesstaat) beabsichtigten Einbürgerungen.

An den
Herrn Reichskanzler (Reichsamt des Innern)
Berlin W 8,
Wilhelmstraße 74.

(Monats-) Verzeichnis; lfde. Nr.

Antrag gestellt in (Bundesstaat) bei (Behörde).

Heftrand.

Zuname:	....	
Vornamen: (sämtliche, Rufname unterstreichen)	....	
Geburtsangabe: (Tag, Monat, Jahr)	....	
Geburtsort: (auch Bezirk und Land)	....	
Glaubensbekenntnis:	....	
Beruf oder Gewerbe: (auch frühere Berufe)	....	
Staatsangehörigkeit: (auch frühere)	....	
Nationalität: (Pole, Tscheche, Ruthene usw.)	....	
Militärverhältnis im Heimatstaat und im Inland:	....	
Familienstand: (verheiratet oder ledig; Zahl der mit einzubürgernden Kinder)	....	
Name der Eltern des Antragstellers:	Vater:	Mutter: ....
Deren Wohn- oder Aufenthaltsort:	....	
Deren Glaubensbekenntnis.	....	....
Deren Staatsangehörigkeit:	....	....
Deren Nationalität:	....	....
Aufenthaltsorte des Antragstellers seit seiner Geburt:	....	
Besondere Bemerkungen:	....	

Anlage Nr. 2.

Gesetz über die Freizügigkeit vom 1. November 1867.

(BGBl. S. 55; ausgegeben den 6. Nov. 1867.)

Das Gesetz gilt im ganzen Deutschen Reich.

§ 1. Jeder Deutsche hat das Recht, innerhalb des Reichs:

1. an jedem Orte sich aufzuhalten oder niederzulassen, wo er eine eigene Wohnung oder ein Unterkommen sich zu verschaffen imstande ist;
2. an jedem Orte Grundeigentum aller Art zu erwerben;
3. umherziehend oder an dem Orte des Aufenthaltes, beziehungsweise der Niederlassung, Gewerbe aller Art zu betreiben, unter den für Einheimische geltenden gesetzlichen Bestimmungen.

In der Ausübung dieser Befugnisse darf der Deutsche, soweit nicht das gegenwärtige Gesetz Ausnahmen zuläßt, weder durch die Obrigkeit seiner Heimat, noch durch die Obrigkeit des Ortes, in welchem er sich aufhalten oder niederlassen will, gehindert oder durch lästige Bedingungen beschränkt werden.

Keinem Deutschen darf um des Glaubensbekenntnisses willen oder wegen fehlender Landes- oder Gemeindeangehörigkeit der Aufenthalt, die Niederlassung, der Gewerbebetrieb oder der Erwerb von Grundeigentum verweigert werden.

§ 2.*) Wer die aus der Reichsangehörigkeit folgenden Befugnisse in Anspruch nimmt, hat auf Verlangen den Nachweis seiner Reichsangehörigkeit und, sofern er unter elterlicher Gewalt oder unter Vormundschaft steht, den Nachweis der Genehmigung des gesetzlichen Vertreters zu erbringen.

Eine Ehefrau bedarf der Genehmigung des Ehemannes.

§ 3. Insoweit bestrafte Personen nach den Landesgesetzen Aufenthaltsbeschränkungen durch die Polizeibehörde unterworfen werden können, behält es dabei sein Bewenden.

Solchen Personen, welche derartigen Aufenthaltsbeschränkungen in einem Bundesstaate unterliegen, oder welche in einem Bundesstaate innerhalb der letzten zwölf Monate wegen wiederholten Bettelns oder wegen wiederholter Landstreicherei bestraft worden sind, kann der Aufenthalt in jedem anderen Bundesstaate von der Landespolizeibehörde verweigert werden.

---

*) In der Fassung des EG. zum BGB. Art. 37.

Die besonderen Gesetze und Privilegien einzelner Ortschaften und Bezirke, welche Aufenthaltsbeschränkungen gestatten, werden hiermit aufgehoben.

§ 4. Die Gemeinde ist zur Abweisung eines neu Anziehenden nur dann befugt, wenn sie nachweisen kann, daß derselbe nicht hinreichende Kräfte besitzt, um sich und seinen nicht arbeitsfähigen Angehörigen den notdürftigen Lebensunterhalt zu verschaffen, und wenn er solchen weder aus eigenem Vermögen bestreiten kann, noch von einem dazu verpflichteten Verwandten erhält. Den Landesgesetzen bleibt vorbehalten, diese Befugnis der Gemeinden zu beschränken.

Die Besorgnis vor künftiger Verarmung berechtigt den Gemeindevorstand nicht zur Zurückweisung.

§ 5. Offenbart sich nach dem Anzuge die Notwendigkeit einer öffentlichen Unterstützung, bevor der neu Anziehende an dem Aufenthaltsorte einen Unterstützungswohnsitz (Heimatrecht) erworben hat, und weist die Gemeinde nach, daß die Unterstützung aus anderen Gründen, als wegen einer nur vorübergehenden Arbeitsunfähigkeit notwendig geworden ist, so kann die Fortsetzung des Aufenthalts versagt werden.

§ 6. Ist in den Fällen, wo die Aufnahme oder die Fortsetzung des Aufenthalts versagt werden darf, die Pflicht zur Übernahme der Fürsorge zwischen verschiedenen Gemeinden eines und desselben Bundesstaates streitig, so erfolgt die Entscheidung nach den Landesgesetzen.

Die tatsächliche Ausweisung aus einem Orte darf niemals erfolgen, bevor nicht entweder die Annahmeerklärung der in Anspruch genommenen Gemeinde oder eine wenigstens einstweilen vollstreckbare Entscheidung über die Fürsorgepflicht erfolgt ist.

§ 7.*) Sind in den in § 5 bezeichneten Fällen verschiedene Bundesstaaten beteiligt, so regelt sich das Verfahren nach dem Vertrage wegen gegenseitiger Verpflichtung zur Übernahme des Auszuweisenden d. d. Gotha, den 15. Juli 1851, sowie nach den späteren, zur Ausführung dieses Vertrages getroffenen Verabredungen.

Bis zur Übernahme seitens des verpflichteten Staates ist der Aufenthaltsstaat zur Fürsorge für den Auszuweisenden am Aufenthaltsorte nach den für die öffentliche Armenpflege in seinem Gebiete gesetzlich bestehenden Grundsätzen verpflichtet. Ein Anspruch auf Ersatz der für diesen Zweck verwendeten Kosten findet gegen Staats-, Gemeinde- oder andere öffentliche Kassen desjenigen Staates, welchem der Hilfsbedürftige angehört, sofern nicht anderweitige Verabredungen bestehen, nur inso-

---

*) Der § 7 kommt nur Bayern (§ 1 Unterst.-Wohnsitzgesetz) gegenüber zur Anwendung. Für die übrigen Bundesstaaten vgl. §§ 37 Abs. 2 und 38—51 des Unterst.-Wohnsitzgesetzes.

weit statt, als die Fürsorge für den Auszuweisenden länger als drei Monate gedauert hat.

§ 8. Die Gemeinde ist nicht befugt, von neu Anziehenden wegen des Anzugs eine Abgabe zu erheben. Sie kann dieselben, gleich den übrigen Gemeindeeinwohnern, zu den Gemeindelasten heranziehen. Übersteigt die Dauer des Aufenthalts nicht den Zeitraum von drei Monaten, so sind die neu Anziehenden diesen Lasten nicht unterworfen.

§ 9. Was vorstehend von den Gemeinden bestimmt ist, gilt an denjenigen Orten, wo die Last der öffentlichen Armenpflege verfassungsmäßig nicht der örtlichen Gemeinde, sondern anderen gesetzlich anerkannten Verbänden (Armenkommunen) obliegt, auch von diesen, sowie von denjenigen Gutsherrschaften, deren Gutsbezirk sich nicht in einem Gemeindeverbande befindet.

§ 10. Die Vorschriften über die Anmeldung der neu Anziehenden bleiben den Landesgesetzen mit der Maßgabe vorbehalten, daß die unterlassene Meldung nur mit einer Polizeistrafe, niemals aber mit dem Verluste des Aufenthaltsrechts (§ 1) geahndet werden darf.

§ 11. Durch den bloßen Aufenthalt oder die bloße Niederlassung, wie sie das gegenwärtige Gesetz gestattet, werden andere Rechtsverhältnisse, namentlich die Gemeindeangehörigkeit, das Ortsbürgerrecht, die Teilnahme an den Gemeindenutzungen und der Armenpflege, nicht begründet.

Wenn jedoch nach den Landesgesetzen durch den Aufenthalt oder die Niederlassung, wenn solche eine bestimmte Zeit hindurch ununterbrochen fortgesetzt worden, das Heimatrecht (Gemeindeangehörigkeit, Unterstützungswohnsitz) erworben wird, behält es dabei sein Bewenden.

§ 12. Die polizeiliche Ausweisung Deutscher aus dem Orte ihres dauernden oder vorübergehenden Aufenthalts in anderen, als in den durch dieses Gesetz vorgesehenen Fällen ist unzulässig.

Im übrigen werden die Bestimmungen über die Fremdenpolizei durch dieses Gesetz nicht berührt.

§ 13. Dieses Gesetz tritt am 1. Januar 1868 in Kraft.

Urkundlich usw.

Gegeben Schloß Blankenburg, den 1. November 1867.

(L. S.) Wilhelm.

Gr. v. Bismarck-Schönhausen.

Anlage Nr. 3.

Übereinkunft zwischen dem Deutschen Reich und der Französischen Republik, betreffend die Staatsangehörigkeit derjenigen Personen, die sich in den am 4. November 1911 zwischen Deutschland und Frankreich ausgetauschten Gebieten in Äquatorial-Afrika befinden.

(RGBl. 1912 S. 495.)

Die Eingeborenen, die aus den ausgetauschten Gebieten stammen und am Tage der endgültigen Besitzergreifung in den von Deutschland an Frankreich abgetretenen Gebieten ihren Wohnsitz haben, hören auf, Eingeborene eines deutschen Schutzgebiets zu sein und werden französische Untertanen.

Umgekehrt scheiden die Eingeborenen, die aus den ausgetauschten Gebieten stammen und am Tage der endgültigen Besitzergreifung in den von Frankreich an Deutschland abgetretenen Gebieten ihren Wohnsitz haben, aus dem französischen Untertanenverbande aus und werden Eingeborene des deutschen Schutzgebiets.

Es steht jedoch den Eingeborenen innerhalb eines Jahres von der endgültigen Besitzergreifung an frei, unter Mitnahme ihrer Ernten aus dem von einem der beiden vertragschließenden Teile in Besitz genommenen Gebiete in das Gebiet des anderen Teiles überzusiedeln. In diesem Falle treten sie wieder in ihr früheres staatsrechtliches Verhältnis zurück.

Durch die Besitzergreifung bleiben die Staatsangehörigkeitsverhältnisse der europäischen oder sonstigen Reichsangehörigen sowie die staatsrechtlichen Verhältnisse der Eingeborenen eines deutschen Schutzgebiets, die nicht aus den ausgetauschten Gebieten stammen, auch dann unberührt, wenn sie weiter in den von Deutschland an Frankreich abgetretenen Gebieten ihren Wohnsitz behalten sollten. Sie können nicht gezwungen werden, innerhalb eines bestimmten Zeitraums auszuwandern.

Andererseits bleiben durch die Besitzergreifung die Staatsangehörigkeitsverhältnisse der europäischen oder anderen französischen Staatsangehörigen und der französischen Untertanen, die nicht aus den ausgetauschten Gebieten stammen, auch dann unberührt, wenn sie weiter in den von Frankreich an Deutschland abgetretenen Gebieten ihren Wohnsitz behalten sollten. Sie können nicht gezwungen werden, innerhalb eines bestimmten Zeitraums auszuwandern.

Durch die Bestimmungen der Absätze 4 und 5 wird das Recht der vertragschließenden Teile, die in den genannten Absätzen Erwähnten aus allgemeinen polizeilichen Gründen auszuweisen, nicht berührt.

So geschehen in Berlin am 2. Februar 1912 in doppelter Ausfertigung.

(L. S.) Zimmermann.

(L. S.) Cambon.

Das vorstehende Abkommen zwischen dem Deutschen Reich und der Französischen Republik ist ratifiziert worden. Die Ratifikationsurkunden wurden am 14. September in Berlin ausgetauscht.

Berlin, den 15. September 1912.

Der Reichskanzler.
von Bethmann Hollweg.

Anlage Nr. 4.

Gesetz über Heimat, Verehelichung und Aufenthalt in Bayern vom 16. April 1868, in der Fassung vom 30. Juli 1899.

(GVBl. f. d. Kgr. Bayern 1899 S. 469 ff.)

Titel I.
Von der Heimat.

Art. 1. Jeder Angehörige des bayerischen Staates hat seine ursprüngliche Heimat in jener politischen Gemeinde, in welcher seine Eltern heimatberechtigt sind oder zuletzt heimatberechtigt waren.

Bei ehelichen Kindern entscheidet die Heimat des Vaters, bei außerehelichen die Heimat der Mutter.

Den ehelichen Kindern werden die Kinder gleichgeachtet, welche nach dem bürgerlichen Rechte die rechtliche Stellung von ehelichen Kindern haben.

Art. 2. Definitiv angestellte Beamte und Diener des Staats, der Kirche, der Gemeinde, einer öffentlichen Korporation oder Stiftung erwerben die Heimat in der Gemeinde ihrer Anstellung, Schullehrer in der Gemeinde des Schulsitzes, Offiziere, Ärzte im Offiziersrange und obere Beamte der Militärverwaltung in der Gemeinde ihrer Garnison oder ihres Amtssitzes.

Zu den definitiv angestellten Beamten des Staats zählen auch die Notare.

Ist die Gemeinde der Anstellung, der Garnison oder des Amtssitzes nicht in Bayern gelegen, so behalten diejenigen Angestellten, welche eine Heimat bereits besitzen, diese bei und erwerben solche Angestellte, welche eine Heimat noch nicht besitzen, dieselbe in derjenigen Gemeinde, in welcher die nächsthöhere, in Bayern befindliche Dienstbehörde des Angestellten ihren Sitz hat. Ist ersterenfalls die Heimat des Angestellten noch seine ursprüngliche Heimat, so erwirbt er dieselbe durch die im Sinne des Abs. 1 erfolgte Anstellung als selbständige Heimat.

Art. 3. Männer, welche zur Zeit des Abschlusses einer bürgerlich gültigen Ehe noch ihre ursprüngliche Heimat besitzen, erwerben durch die Eheschließung jene Heimat als selbständige Heimat.

Frauenspersonen erwerben durch Schließung einer gültigen Ehe die Heimat des Mannes.

Art. 4. Die Ehefrau folgt der Heimat des Mannes, dessen letzte Heimat sie auch als Witwe behält.

Einer geschiedenen Frau bleibt die Heimat, welche der Mann zur Zeit der Scheidung hatte. Die Aufhebung der ehelichen Gemeinschaft nach § 1575 des Bürgerlichen Gesetzbuches wird der Scheidung gleichgeachtet.

Ist die Ehe nichtig, so behält die Frau die Heimat, die der Mann zur Zeit der Nichtigkeitserklärung oder der Auflösung der Ehe hat, wenn ihr die Nichtigkeit der Ehe bei der Eheschließung nicht bekannt war; die Vorschriften des § 1345 Abs. 2 und des § 1704 des Bürgerlichen Gesetzbuchs finden entsprechende Anwendung.

Art. 5. Mit dem Bürgerrecht wird das Heimatrecht in der Gemeinde erworben.

Wer das Bürgerrecht in einer anderen Gemeinde nur infolge Hausbesitzes oder unter Beibehaltung seines bisherigen Bürgerrechts erwirbt, erlangt das Heimatrecht in jener Gemeinde nur dann, wenn er durch eine an die Verwaltungen beider Gemeinden abgegebene Erklärung auf sein bisheriges Heimatrecht verzichtet und das Heimatrecht in der Gemeinde anspricht, in welcher er zuletzt Bürger wird.*)

Art. 6. Anspruch auf Verleihung des Heimatrechts in der Aufenthaltsgemeinde haben jene Angehörigen des bayerischen Staates, welche im Alter der Volljährigkeit ununterbrochen vier Jahre lang freiwillig und selbständig in der Gemeinde sich aufgehalten, während dieser Zeit direkte Steuern an den Staat bezahlt, ihre Verpflichtungen gegen die Gemeindekasse und Armenkasse erfüllt, Armenunterstützung aber weder beansprucht noch erhalten haben.

---

*) Abs. 2 gilt nur für das rechtsrheinische Bayern; bezüglich der Pfalz vgl. Art. 27.

Der in Abs. 1 bezeichnete Aufenthalt muß bis zur Geltendmachung des Anspruches fortdauern; der letztere wird jedoch dadurch nicht ausgeschlossen, daß die sonstigen Voraussetzungen des Abs. 1 nicht mehr gegeben sind.

Stirbt der Ehemann nach Anmeldung des Anspruches, so geht letzterer auf die Witwe und auf die ehelichen, noch keine selbständige Heimat besitzenden Kinder über. Die Vorschriften des Art. 1 Abs. 3 und des Art. 4 Abs. 2 Satz 2 finden Anwendung.

Als Unterbrechung des Aufenthalts gilt nicht eine vorübergehende Entfernung, bei welcher aus den begleitenden Umständen erhellt, daß nicht beabsichtigt war, den Aufenthalt aufzugeben; bei Beurteilung der Freiwilligkeit des Aufenthaltes ist die Verbüßung geringfügiger Freiheitsstrafen sowie solcher Freiheitsstrafen, welche an die Stelle uneinbringlicher Geldstrafen getreten sind, nicht in Betracht zu ziehen.

Als selbständig sind nicht zu erachten:

1. entmündigte Personen;
2. Dienstboten und Gewerbsgehilfen, die in die häusliche Gemeinschaft des Dienstherrn aufgenommen sind, sowie Kinder, die dem elterlichen Hausstand angehören und von dem Familienhaupt unterhalten werden.

Steuern der Ehefrau, sofern nicht die eheliche Gemeinschaft nach § 1575 des Bürgerlichen Gesetzbuchs aufgehoben ist, und der minderjährigen im elterlichen Unterhalte stehenden Kinder sind dem Familienhaupte zuzurechnen.

Art. 7. Anspruch auf Verleihung des Heimatrechtes in der Aufenthaltsgemeinde haben auch jene Angehörigen des bayerischen Staates, welche im Alter der Volljährigkeit ununterbrochen sieben Jahre lang freiwillig in der Gemeinde sich aufgehalten und während dieser Zeit Armenunterstützung weder beansprucht noch erhalten haben.

Der in Abs. 1 bezeichnete Aufenthalt muß bis zur Geltendmachung des Anspruches fortdauern; der letztere wird jedoch dadurch nicht ausgeschlossen, daß der Berechtigte nach Ablauf der siebenjährigen Frist Armenunterstützung beansprucht oder erhalten hat.

Die Bestimmungen des Art. 6 Abs. 3 und 4 finden hier gleichmäßige Anwendung.*)

Art. 8. Der in Art. 6 und 7 bezeichnete Anspruch kann auch von der bisherigen Heimatgemeinde des Berechtigten und in Beziehung auf Personen, welche eine vorläufige Heimat besitzen, vom k. Fiskus erhoben werden.

Hiergegen kann der Berechtigte Einspruch erheben; seinem Ein-

*) In betreff der Anwendbarkeit der Art. 6 und 7 auf die Pfalz s. Art. 27.

spruche muß stattgegeben werden, wenn die gesetzlichen Voraussetzungen des Anspruches nicht vorliegen oder wenn die Heimatänderung für ihn mit erheblichen Nachteilen verbunden wäre.

Von der erfolgten Erhebung des Anspruches hat die Aufenthaltsgemeinde den Berechtigten zu benachrichtigen und ihm zur Geltendmachung des Einspruchs eine ausschließende Frist von vierzehn Tagen vorzusetzen.

Wird Einspruch erhoben, so ist die Heimatgemeinde beziehungsweise der k. Fiskus hiervon in Kenntnis zu setzen; wird der Anspruch aufrechterhalten, so hat darüber die Gemeindeverwaltung der Aufenthaltsgemeinde Beschluß zu fassen.

Gegen den Beschluß der Aufenthaltsgemeinde kann binnen vierzehn Tagen nach der Eröffnung desselben die Entscheidung im Verwaltungsrechtswege (Art. 23 ff.) beantragt werden.

Art. 9. Die Gemeindeverwaltung kann jedem Angehörigen des bayerischen Staates das Heimatrecht auch dann, wenn ein gesetzlicher Anspruch nicht besteht, auf Ansuchen verleihen und hierbei mit dem Bewerber die Bedingungen vereinbaren, von deren Erfüllung die Verleihung des Heimatrechts abhängig gemacht wird.

In Gemeinden mit städtischer Verfassung ist zu einer solchen Verleihung die Zustimmung der Gemeindebevollmächtigten erforderlich.

Art. 10. Nichtbayern können auf Grund der vorstehenden Art. 6 und 7 den Anspruch auf Verleihung der Heimat in einer bayerischen Gemeinde erlangen; desgleichen sind die Gemeinden befugt, die Heimat nach Maßgabe des vorstehenden Art. 9 einem Nichtbayern zu verleihen; die Verleihung der Heimat wird jedoch in allen diesen Fällen erst wirksam, wenn die betreffende Person die bayerische Staatsangehörigkeit erworben hat.

Die Erwerbung des Heimatrechts erstreckt sich auch auf die Ehefrau und auf die noch unselbständigen — ehelichen oder denselben nach Art. 1 Abs. 3 des Gesetzes gleichgeachteten — Kinder, wenn dieselben die bayerische Staatsangehörigkeit erworben haben.

Die Kinder einer Nichtbayerin, welche durch Verehelichung die Heimat in Bayern erwirbt, folgen dieser Heimat nur dann, wenn sie durch jene Verehelichung legitimiert werden.

Bestehen in einem nicht zum Deutschen Reiche gehörigen Staate Bestimmungen, welche die Erwerbung des Heimatrechts dortselbst den Angehörigen des bayerischen Staates mehr erschweren, als es durch gegenwärtiges Gesetz Ausländern gegenüber geschieht, so können auf dem Wege der Verordnung die Angehörigen eines solchen Staates denselben Beschränkungen unterworfen werden.

Art. 11. Heimatlose Angehörige des bayerischen Staates, welche sich im Alter der Volljährigkeit vier Jahre ununterbrochen freiwillig und selbständig in einer bayerischen Gemeinde aufgehalten, während dieser Zeit direkte Steuern an den Staat bezahlt, ihre Verpflichtungen gegen die Gemeinde- und Armenkasse erfüllt, Armenunterstützungen aber weder beansprucht noch erhalten haben, erlangen in dieser Gemeinde kraft des Gesetzes die Heimat.

Heimatlose Angehörige des bayerischen Staates, welche den vorstehend erwähnten Bedingungen nicht vollständig genügten, erlangen, wenn sie sich im Alter der Volljährigkeit ununterbrochen sieben Jahre lang freiwillig in einer bayerischen Gemeinde aufgehalten und während dieser Zeit die Armenunterstützung weder beansprucht noch erhalten haben, kraft des Gesetzes die Heimat in dieser Gemeinde.

Die Bestimmungen des Art. 6 Abs. 4, 5 und 6 finden hier gleichmäßige Anwendung.

Die auf Grund der vorstehenden Bestimmungen erworbene Heimat erstreckt sich auch auf die Ehefrau und die ehelichen oder denselben nach Art. 1 Abs. 3 des Gesetzes gleichgeachteten Kinder, welche zwar die bayerische Staatsangehörigkeit, aber keine Heimat in einer bayerischen Gemeinde besitzen.

Heimatlose uneheliche Kinder einer Frauensperson, welche auf Grund des gegenwärtigen Artikels die Heimat erlangt, folgen der Heimat der Mutter, wenn sie die bayerische Staatsangehörigkeit besitzen.

Den Gemeinden bleibt es anheimgegeben, den auf dem Heimatrechte beruhenden Genuß an den örtlichen Stiftungen und Gemeindenutzungen für die auf Grund des gegenwärtigen Artikels Heimatberechtigten von der Bezahlung der Heimatgebühr abhängig zu machen.

Art. 12. Die Gemeinden sind in den Fällen der Art. 3 Abs. 1, Art. 6, 7 und 8 berechtigt, die Erwerbung des Heimatrechtes von Bezahlung einer Gebühr abhängig zu machen, welche im Falle des Art. 3 Abs. 1

in Gemeinden von mehr als 20000 Seelen . . . . . . 80 ℳ,
in Gemeinden von mehr als 5000 Seelen . . . . . . 60 ℳ,
in Gemeinden von mehr als 1500 Seelen . . . . . . 40 ℳ,
in kleineren Gemeinden . . . . 20 ℳ

in den Fällen der Art. 6, 7 und 8 die Hälfte dieser Beträge nicht übersteigen, für Ausländer aber, soweit nicht Staatsverträge entgegenstehen, bis zum Doppelten erhöht werden darf.

Im Falle des Art. 8 ist diese Gebühr, wenn nicht die Voraussetzungen des nachfolgenden Abs. 4 vorliegen, von der bisherigen Heimatgemeinde beziehungsweise vom k. Fiskus zu entrichten.

Wer in einer Gemeinde, an welche er selbst oder im Falle des

Abs. 2 seine frühere Heimatgemeinde beziehungsweise der k. Fiskus die Heimatgebühr bezahlt hat, später das Bürgerrecht erwirbt, darf den bezahlten Betrag an der Bürgeraufnahmsgebühr in Abzug bringen.

Angehörige des bayerischen Staates, welche auf Grund des Art. 7 oder Art. 7 mit 8 das Heimatrecht in der Aufenthaltsgemeinde erwerben, sind von der Entrichtung der Heimatgebühr befreit, wenn sie während des dort bezeichneten Zeitraums von sieben Jahren ununterbrochen in dieser Gemeinde als Dienstboten, Gewerbsgehilfen, Fabrikarbeiter oder Lohnarbeiter sich ernährt haben und zu einer Freiheitsstrafe richterlich nicht verurteilt worden sind.

Art. 13. Für Verhandlungen über den Vollzug des Art. 6 bis 8 wird eine andere als die Gebühr, welche für die Urkunde über die Verleihung des Heimatrechts zu entrichten ist, nicht erhoben.

Art. 14. Die Heimat in einer Gemeinde gewährt:

a) das Recht, im Gemeindebezirke sich aufzuhalten,

b) für den Fall eintretender Hilfsbedürftigkeit Anspruch auf Unterstützung durch die Gemeinde nach Maßgabe des Gesetzes über die Armenpflege.

Definitiv angestellte Beamte und Diener des Staates, der Kirche oder der Gemeinde, einer öffentlichen Korporation oder Stiftung, Offiziere, Ärzte im Offiziersrange und obere Beamte der Militärverwaltung sind, wenn sie den Pensionsanspruch durch freiwilligen Verzicht auf ihre dienstliche Stellung oder zur Strafe verloren haben, bei eintretender Hilfsbedürftigkeit gleich ihren Frauen oder Witwen und Kindern nach Maßgabe des Gesetzes über die Armenpflege aus derjenigen Kasse zu unterstützen, aus welcher sie unter anderen Umständen eine Pension zu beziehen gehabt hätten. Notare, welche ihre dienstliche Stellung durch freiwilligen Verzicht oder zur Strafe verloren haben, sind gleich ihren Frauen oder Witwen und Kindern bei eintretender Hilfsbedürftigkeit nach Maßgabe des Gesetzes über die Armenpflege aus der Staatskasse zu unterstützen.

Verehelicht sich eine der im vorstehenden Absatze benannten Personen erst nach dem Ausscheiden aus dem Dienstverbande, so haben die Ehefrau und die Kinder dieser Ehe sowie die durch die Ehe legitimierten Kinder lediglich den oben unter lit. b erwähnten Anspruch auf Unterstützung durch die Gemeinde.

Schullehrer, deren Frauen oder Witwen und Kinder, sind, solange die nach Art. 2 begründete Heimat besteht, bei eintretender Hilfsbedürftigkeit von der Schulgemeinde, in welcher der Schullehrer zuletzt angeellt war, zu unterstützen.

Verehelicht sich der Schullehrer erst nach dem Ausscheiden aus dem

Dienstesverbande, so haben die Ehefrau und die Kinder dieser Ehe sowie die durch die Ehe legitimierten Kinder den oben unter lit. b erwähnten Anspruch an jene politische Gemeinde, in welcher der Mann heimatberechtigt ist oder zuletzt heimatberechtigt war.

Art. 15. Die Heimat geht verloren:

1. durch Erwerbung der Heimat in einer anderen bayerischen Gemeinde;
2. mit dem Verluste des bayerischen Indigenats.

Art. 16. Kann die Heimat einer in Bayern betretenen Person nicht ermittelt werden, so ist diese Person durch die zuständige Behörde vorläufig einer Gemeinde zuzuweisen, welche dann so lange als Heimatbehörde gilt, bis die wirkliche Heimat festgestellt oder eine neue erworben worden ist.

Hierbei ist nach folgenden Grundsätzen zu verfahren:

a) Findelkinder sollen ihre vorläufige Heimat in jener Gemeinde haben, in deren Gemarkung sie gefunden wurden;

b) andere heimatlose Personen sind derjenigen Gemeinde zuzuweisen, in welcher sie sich während der den Heimatrecherchen unmittelbar vorausgehenden fünf Jahre zuletzt mindestens 6 Monate freiwillig und ununterbrochen aufgehalten haben;

c) wenn die unter a und b erwähnten Voraussetzungen nicht gegeben sind, insbesondere auch dann, wenn der Platz, wo ein Findelkind gefunden wurde, keiner Gemeindemarkung angehört, so ist eine Gemeinde des Verwaltungsbezirkes, in welchem das Kind gefunden oder der Heimatlose zuletzt betreten wurde, als vorläufige Heimat zu bestimmen.

Bundesangehörige, welche in den bayerischen Staatsverband aufgenommen worden sind, besitzen, so lange sie nicht eine wirkliche Heimat nach Maßgabe des Gesetzes erworben haben, die vorläufige Heimat in jener Gemeinde, in welcher sie sich zur Zeit ihrer Aufnahme niedergelassen hatten.

Beamte und öffentliche Diener, welche gemäß § 9 des Gesetzes über die Erwerbung und den Verlust der Bundes- und Staatsangehörigkeit vom 1. Juni 1870 (jetzt §§ 14, 15 des Reichs- und Staatsangehörigkeitsgesetzes vom 22. Juni 1913) die bayerische Staatsangehörigkeit erlangten, besitzen, so lange sie nicht eine wirkliche Heimat erworben haben, die vorläufige Heimat in der Gemeinde ihrer Anstellung und, wenn der Ort der Anstellung nicht in Bayern gelegen ist, in derjenigen Gemeinde, in welcher die nächsthöhere, in Bayern befindliche Dienstbehörde des Angestellten ihren Sitz hat.

Art. 17. Die Bestimmungen des Abs. 1 und 2 des vorstehenden Artikels finden auch auf Nichtbayern Anwendung, so lange deren Wegweisung aus dem Staatsgebiete nicht möglich ist.

Falls solche Personen früher in Bayern heimatberechtigt waren, sind sie jener Gemeinde zuzuweisen, in welcher sie zuletzt das Heimatrecht hatten.

Art. 18. Der auf Grund der Art. 16, 17 einem Manne angewiesenen vorläufigen Heimat folgt auch seine Ehefrau, es sei denn, daß die eheliche Gemeinschaft nach § 1575 des Bürgerlichen Gesetzbuches aufgehoben ist.

Kinder, die noch keinen eigenen Hausstand haben, teilen die ihren Eltern angewiesene Heimat.

Art. 19. Unterstützungen, welche den in Art. 16—18 erwähnten Personen nach Maßgabe des Gesetzes über die Armenpflege gewährt werden, fallen dem Staate in dem Umfange zur Last, in welchem sie sonst von der Heimatgemeinde zu tragen wären.

Die Staatsbehörden sind jedoch berechtigt, solche Personen auch außerhalb der vorläufigen Heimatgemeinde unterzubringen.

Art. 20. Die Ausmittelung der Heimat sowie die Anweisung einer vorläufigen Heimat ist Amtssache.

Zuständig ist jene Distriktsverwaltungsbehörde, in deren Bezirk die Person, über deren Heimat sich Zweifel ergeben haben, ihren Wohnsitz oder bei Ermangelung eines festen Wohnsitzes den Aufenthalt hat, oder in deren Bezirk die betreffende Person gefunden oder zuletzt betreten wurde und, wenn keine dieser Voraussetzungen zutrifft, jene Distriktsverwaltungsbehörde, in deren Bezirk die Heimat angesprochen wird; in München ist die k. Polizeidirektion zuständig.

Die Entscheidung ist nach Vernehmung sämtlicher Beteiligten zu erlassen.

Art. 21. Keine Polizeibehörde darf Personen, deren Heimat zweifelhaft oder streitig ist, aus dem Polizeibezirke ausweisen, ehe die Heimat solcher Personen ausgemittelt oder ihnen eine vorläufige Heimat angewiesen wurde.

Ebensowenig darf eine Polizeibehörde solche Personen, die ihr von einer anderen inländischen Polizeibehörde zugewiesen wurden, unter dem Vorwande des Mangels der Heimatberechtigung vor desfalls ergangener Entscheidung wegweisen.

Zuwiderhandelnde Beamte haften für alle durch die Zuwiderhandlung entstehenden Kosten und Schäden.

Art. 22. Die Verleihung von Heimatrechten nach den Bestimmungen des gegenwärtigen Gesetzes, sowie die Ausstellung der Heimatscheine, insofern nicht auf Grund von Staatsverträgen eine andere Vorschrift getroffen wird, ist Sache der Gemeindebehörden.

Die Ausstellung der Heimatscheine darf ohne Angabe von Gründen weder verweigert, noch verzögert werden.

Die Form der Heimatscheine wird durch Ministerialvorschrift geregelt.

Art. 23. Streitigkeiten:

1. über das Vorhandensein eines gesetzlichen Anspruchs auf Verleihung des Heimatrechts,
2. über das Vorhandensein eines im gegenwärtigen Gesetze begründeten Anspruchs gegen die Heimatgemeinde oder gegen die, deren Stelle bezüglich der Armenunterstützungspflicht vertretende Kasse

sind nach summarischer Verhandlung und nach Vernehmung aller Beteiligten durch die zuständige Verwaltungsbehörde zu entscheiden.

Art. 24. Zuständig in erster Instanz ist:

1. die Kreisregierung, Kammer des Innern, wenn ein derselben unmittelbar untergeordneter Magistrat einen auf Grund dieses Gesetzes verfolgten Anspruch anerkannt oder zurückgewiesen hat;
2. außerdem im Falle des Art. 23 Ziff. 1 die der Gemeinde, gegen welche der Anspruch erhoben wird, vorgesetzte Distriktsverwaltungsbehörde, im Fall des Art. 23 Ziff. 2 die vorgesetzte Distriktsverwaltungsbehörde jener Gemeinde, in welcher die betreffende Person ihre wirkliche oder vorläufige Heimat hat.

Art. 25. Gegen die Entscheidung der ersten Instanz kann jeder Beteiligte binnen einer Notfrist von vierzehn Tagen Beschwerde an die vorgesetzte Verwaltungsstelle ergreifen, welche in letzter Instanz entscheidet, — unbeschadet dessen, was das Gesetz vom 8. August 1878, betreffend die Errichtung eines Verwaltungsgerichtshofes und das Verfahren in Verwaltungsrechtssachen, bestimmt.

Art. 26. Als Beteiligte im Sinne der Art. 20 Abs. 3, Art. 23 und 25 erscheinen:

1. die Gemeinden, welchen eine Verpflichtung auf Grund gegenwärtigen Gesetzes auferlegt werden soll oder durch die Entscheidung erster Instanz aufgelegt worden ist, sowie diejenigen Gemeinden, welche den im Art. 8 bezeichneten Anspruch erhoben haben;
2. der k. Fiskus, wenn es sich um Anweisung einer vorläufigen Heimat, um einen von ihm gestellten Antrag im Sinne des Art. 8 oder um Ansprüche handelt, welche gegen die Staatskasse auf Grund gegenwärtigen Gesetzes erhoben werden;

3. die Vertreter der in Art. 14 Abs. 2 erwähnten Kassen, wenn auf Grund gegenwärtigen Gesetzes ein Anspruch gegen jene Kassen erhoben wird;
4. jene Personen, deren Heimat in Frage oder welchen eine vorläufige Heimat anzuweisen ist, dann jene Personen, welchen die Anerkennung ihrer im gegenwärtigen Gesetze begründeten Ansprüche versagt wird.

Die beteiligten Gemeinden werden durch die Gemeindeverwaltungen vertreten; hat jedoch auf Grund des Art. 20 Abs. 2 der Magistrat einer der Kreisregierung unmittelbar untergeordneten Stadt zu entscheiden, so steht die Vertretung der Interessen dieser Stadt den Gemeindebevollmächtigten zu.

Art. 27. Der Art. 5 Abs. 2 ist für die Pfalz nicht anwendbar; die Art. 6, 7 und 8 finden in der Pfalz nur dann Anwendung, wenn von einem Angehörigen der rechtsrheinischen Landesteile oder für denselben von seiner Heimatgemeinde beziehungsweise vom k. Fiskus die Verleihung der Heimat in einer pfälzischen Gemeinde beansprucht wird.

Art. 28. Jeder selbständige volljährige Angehörige der Pfalz ist berechtigt, in jeder pfälzischen Gemeinde, in welcher er sich niedergelassen hat, die Heimat zu erwerben.

Dieser Heimaterwerb ist bedingt durch die Abgabe einer hierauf bezüglichen Erklärung bei dem Bürgermeisteramte des bisherigen und der neuen Heimatgemeinde, sowie durch Entrichtung der Heimatgebühr, wenn eine solche in der Gemeinde eingeführt ist und sofern diese Gebühr nicht ausdrücklich nachgelassen wurde.

Nach Erfüllung dieser Bedingungen tritt die Erwerbung der neuen Heimat kraft des Gesetzes ein.

Binnen Jahresfrist nach dem Eintritte dieses Heimaterwerbs kann durch den Gemeinderat der neuen Heimatgemeinde die Wiederaufhebung des neuen Heimatrechts beschlossen werden, wenn der neue Heimatangehörige während jener Frist öffentliche Armenunterstützung angesprochen oder erhalten hat.

Gegen einen solchen Beschluß steht sowohl der betreffenden Person, als auch der früheren Heimatgemeinde innerhalb vierzehntägiger Frist die Beschwerde zu, welche unter Anwendung der Art. 23 Ziff. 1, Art. 24 Ziff. 2 und Art. 25 zu bescheiden ist. Mit dem Tage, an welchem der Beschluß rechtskräftig geworden ist, tritt das frühere Heimatrecht wieder in Wirksamkeit; in diesem Falle ist aber die Gemeinde zur Rückzahlung der empfangenen Heimatgebühren verpflichtet, soweit solche nicht zur Unterstützung der betreffenden Person verwendet worden sind.

Art. 29. Anstatt des Art. 12 gelten für die Pfalz folgende Bestimmungen:

Die Gemeinden der Pfalz sind berechtigt:

1. von Personen, welche auf Grund der Art. 5 Abs. 1 oder des Art. 28 eine neue Heimat selbständig erwerben,
2. von Personen, welche auf Grund des Art. 2 eine neue Heimat erworben haben, wenn dieselben die Teilnahme an den zum Privatvorteile der Gemeindeangehörigen verwendeten Nutzungen des Gemeindevermögens ansprechen, oder wenn sie seit zwei Jahren in der Gemeinde mit Haus-, Grund- oder Gewerbesteuer angelegt sind, eine Heimatgebühr bis zum Höchstbetrage von 170 M. und
3. von Personen, welche auf Grund der Art. 6, 7 oder 8 eine neue Heimat selbständig erwerben, eine Heimatgebühr im Höchstbetrage von 85 M. zu erheben.

Innerhalb dieses Maximalbetrages wird die Heimatgebühr nach den durchschnittlichen Jahreserträgnissen des Gemeinde- und Stiftungsvermögens, soweit dessen Renten oder Nutzungen für öffentliche Zwecke oder zum Privatvorteile der Gemeindeangehörigen verwendet werden, in der Art berechnet, daß die Heimatgebühr in keinem Falle das Zehnfache des Betrages übersteigen darf, welcher sich bei Teilung der Summe jener Erträgnisse durch die Zahl der zur Anteilnahme berechtigten Familien ergibt.

Für Ausländer können, soweit nicht Staatsverträge entgegenstehen, die für Inländer festgesetzten Beträge bis zum Doppelten erhöht werden.

Die Erhebung einer Heimatgebühr ist nur zulässig, wenn ein Tarif festgestellt und öffentlich bekanntgemacht worden ist.

Zuständig zur Feststellung dieses Tarifs ist der Gemeinderat, für dessen Beschluß die Genehmigung der vorgesetzten Distriktsverwaltungsbehörde erforderlich ist.

Ergeben sich an den Grundlagen der Berechnung wesentliche Änderungen, welche eine nachhaltige Minderung der Heimatgebühren zur Folge hätten, so kann die vorgesetzte Behörde eine Revision des Tarifs anordnen.

Dem Gemeinderate steht es frei, die tarifmäßigen Gebühren ganz oder teilweise zu erlassen oder Fristzahlungen zu gestatten, in welchem letzteren Falle das Heimatrecht mit Bezahlung der ersten Rate erworben wird.

Wenn in einer Gemeinde die eventuelle Anteilnahme an Stiftungen oder Wohltätigkeitsanstalten bei Feststellung des Tarifs in Anschlag gekommen ist, so hat ein verhältnismäßiger Teil der Heimatgebühr in die Kassen der betreffenden Stiftungen oder Anstalten zu fließen.

Angehörige des bayerischen Staates, welche nach siebenjährigem Aufenthalte in der Gemeinde das Heimatrecht erwerben, sind von Entrichtung der Heimatgebühr befreit, wenn sie während des bezeichneten Zeitraums ununterbrochen in dieser Gemeinde als Dienstboten, Gewerbsgehilfen, Fabrikarbeiter oder Lohnarbeiter sich ernährt haben und zu einer Freiheitsstrafe richterlich nicht verurteilt worden sind.

Im Falle des Art. 8 ist die Heimatgebühr, wenn nicht die Voraussetzungen des vorstehenden Abs. 10 vorliegen, von der bisherigen Heimatgemeinde beziehungsweise vom k. Fiskus zu entrichten.

Art. 30. Der aus dem Heimatrecht in einer pfälzischen Gemeinde fließende Anspruch auf den Mitgenuß an Gemeindeanstalten und auf die Teilnahme an den Nutzungen des Gemeinde- und lokalen Stiftungsvermögens bemißt sich nach den Bestimmungen der Gemeindeordnung.

Titel II.
Von der Verehelichung.

Art. 31. Ein in den Landesteilen rechts des Rheines heimatberechtigter Mann darf eine Ehe erst eingehen, wenn durch ein von der zuständigen Behörde ausgestelltes Zeugnis festgestellt ist, daß der Eheschließung das im Art. 32 bestimmte Einspruchsrecht nicht entgegensteht.

Auf die Rechtsgültigkeit der geschlossenen Ehe ist der Mangel dieses Zeugnisses ohne Einfluß; die Ehe hat aber so lange, als die Ausstellung des Zeugnisses nicht nachträglich erwirkt wurde, für die Ehefrau und die Kinder dieser Ehe sowie die durch die Ehe legitimierten Kinder in bezug auf die Heimat nicht die Wirkungen einer gültigen Ehe. Die Ehefrau behält ihre bisherige Heimat und die Kinder folgen der Heimat der Mutter. Erlangt die Ehefrau erst durch die Verheiratung die bayerische Staatsangehörigkeit, so besitzt sie mit den Kindern dieser Ehe sowie den durch die Ehe legitimierten Kindern die vorläufige Heimat in der Heimatgemeinde des Mannes. Auf Unterstützungen, welche denselben während der Dauer der vorläufigen Heimat nach Maßgabe des Gesetzes über die Armenpflege gewährt werden, findet Art. 19 Anwendung.

Vorstehende Bestimmungen sind unbeschadet erworbener Rechte Dritter auch auf diejenigen Ehen anzuwenden, welche nach den bisherigen Fassungen des Art. 31 Abs. 2 oder nach den entsprechenden älteren Vorschriften als ungültig zu behandeln waren.

Zuständig zur Ausstellung des Zeugnisses ist die Distriktsverwaltungsbehörde jener Gemeinde, in welcher der Mann seine Heimat hat.

Das Zeugnis verliert seine Kraft, wenn die Ehe nicht binnen sechs Monaten nach der Ausstellung des Zeugnisses geschlossen wird.

Art. 32. Die Gemeinde, in welcher der Mann seine Heimat hat, kann gegen die Ausstellung des Verehelichungszeugnisses Einspruch erheben:

1. wenn und so lange gegen den Mann oder die Braut wegen Verbrechens oder Vergehens öffentliche Klage erhoben ist;

2. wenn der Mann oder die Braut wegen Verbrechens oder Vergehens verurteilt worden ist und sich weder über Abbüßung noch Nachlaß der Strafe auszuweisen vermag;

3. wenn der Mann oder die Braut zu einer Zuchthausstrafe, oder wegen Verbrechens oder Vergehens gegen die Sittlichkeit oder wegen Raubes, Diebstahls, Unterschlagung, Betrugs, Hehlerei, Fälschung, Gaukelei zu einer Freiheitsstrafe von wenigstens vier Wochen verurteilt worden ist und seit Abbüßung oder Nachlaß der Strafe drei Jahre noch nicht verflossen sind, sowie wenn der Mann oder die Braut innerhalb der unmittelbar vorhergehenden drei Jahre mindestens dreimal wegen Arbeitsscheu, Landstreicherei oder Bettelns verurteilt worden ist;

4. wenn die Braut wegen gewerbsmäßiger Unzucht verurteilt worden ist und seit Abbüßung oder Nachlaß der Strafe drei Jahre noch nicht abgelaufen sind, sowie wenn die Braut innerhalb der unmittelbar vorhergehenden drei Jahre wegen gewerbsmäßiger Unzucht polizeilicher Aufsicht unterstellt war;

5. wenn der Mann innerhalb der unmittelbar vorhergehenden drei Jahre öffentliche Armenunterstützung beansprucht oder erhalten hat;

6. wenn und so lange der Mann oder die Braut sich mit den der Gemeinde- oder Armenkasse der Heimatgemeinde gegenüber obliegenden Leistungen im Rückstande befindet;

7. wenn und so lange der Mann unter Vormundschaft steht oder das Entmündigungsverfahren gegen ihn eingeleitet oder über sein Vermögen das Konkursverfahren eröffnet ist.

Die Geltendmachung des Einspruchsrechtes steht in Landgemeinden dem Gemeindeausschusse zu. In Gemeinden mit städtischer Verfassung ist der Magistrat befugt, das Nichtvorhandensein gesetzlicher Einspruchsgründe anzuerkennen, wenn dieses vollständig nachgewiesen oder amtsbekannt ist. In zweifelhaften Fällen sowie bei dem Vorhandensein eines unzweifelhaften Einspruchsgrundes haben die Gemeindebevollmächtigten zu beschließen, ob Einspruch erhoben werden soll.

Hat der Mann eine vorläufige Heimat, so steht die Erhebung des Einspruchs dem Fiskalate jenes Regierungsbezirkes zu, in welchem die vorläufige Heimatgemeinde liegt.

Art. 33. Wenn der Gesuchsteller nicht durch eine von der Verwaltung seiner Heimatgemeinde ausgefertigte schriftliche Erklärung sofort nachweist, daß ein im Art. 32 gegründetes Einspruchsrecht nicht besteht oder nicht geltend gemacht werden will, so hat die Distriktsverwaltungsbehörde an die Heimatgemeinde von dem Gesuche Mitteilung zu machen unter der Aufforderung, einen etwaigen Einspruch binnen ausschließender Frist von 14 Tagen zu erheben.

Ist der Magistrat der Heimatgemeinde zugleich die Distriktsverwaltungsbehörde und ist die Zuständigkeit der Gemeindebevollmächtigten nach Art. 32 Abs. 2 begründet, so wird das Gesuch mit obiger Aufforderung sofort den Gemeindebevollmächtigten zugestellt.

Die Mitteilung und Aufforderung ergeht von Amts wegen an das Kreisfiskalat, wenn der Gesuchsteller eine vorläufige Heimat hat.

Über die gesetzliche Zulässigkeit des erhobenen Einspruches entscheidet die Distriktsverwaltungsbehörde.

Von der getroffenen Entscheidung ist den Beteiligten Kenntnis zu geben.

Die Ausstellung des Verehelichungszeugnisses darf erst dann erfolgen, wenn der Beschluß, welcher einen auf Grund von Art. 32 erhobenen Einspruch zurückweist, die Rechtskraft beschritten hat.

Art. 34. Ausländer, welche auf bayerischem Gebiete, ohne nach Bayern förmlich eingewandert zu sein, eine Ehe schließen wollen, haben der Distriktsverwaltungsbehörde des Ortes, an welchem der das Aufgebot anordnende zuständige Standesbeamte seinen Sitz hat, den Nachweis vorzulegen, daß nach den im Heimatlande des Mannes geltenden Gesetzen diese Eheschließung zulässig ist und dieselben Wirkungen hat, wie wenn sie im Heimatlande selbst erfolgt wäre.

Ist dieser Nachweis geliefert, so hat die Distriktsverwaltungsbehörde ein Zeugnis auszustellen, daß der Eheschließung kein Hindernis im Wege stehe.

Art. 35. Hinsichtlich der Beschwerden gegen Beschlüsse der Distriktsverwaltungsbehörde, durch welche das nach Art. 31 auszustellende Verehelichungszeugnis verweigert oder gegen einen auf Grund des Art. 32 erhobenen Einspruch erteilt wird, bestimmt sich die Zuständigkeit und das Verfahren nach dem Gesetze vom 8. August 1878, betreffend die Errichtung eines Verwaltungsgerichtshofes und das Verfahren in Verwaltungsrechtssachen. Im übrigen können die Beteiligten gegen die Beschlüsse der Distriktsverwaltungsbehörde innerhalb einer Notfrist von 14 Tagen Beschwerde an die vorgesetzte Kreisregierung, Kammer des Innern, ergreifen, welche nach kollegialer Beratung in zweiter und letzter Instanz zu entscheiden hat.

Als Beteiligte sind zu erachten:

1. derjenige, dem die Ausstellung des Zeugnisses verweigert wird;

2. die gesetzlichen Vertreter der Gemeinden oder des Fiskus, wenn ein auf Grund des Art. 32 von ihnen erhobener Einspruch zurückgewiesen wurde.

Art. 36. Angehörige der rechtsrheinischen Landesteile werden, wenn sie außerhalb Bayerns eine Ehe schließen, ohne vorher das im Art. 31 vorgeschriebene Zeugnis erhalten zu haben, mit Geld bis zu einhundertfünfzig Mark oder mit Haft bis zu dreißig Tagen gestraft.

Die Verjährung dieser Strafe beginnt von dem Tage, an welchem die außerhalb Bayerns Getrauten ihren Wohnsitz in Bayern genommen haben.

Eine Strafverfolgung findet nicht statt, wenn vor Eröffnung eines Verfahrens das vorgeschriebene Zeugnis erwirkt oder die Ehe für nichtig erklärt oder aufgelöst worden ist.

Titel III.

Vom Aufenthalte.

Art. 37. Gegen Angehörige des bayerischen oder eines anderen deutschen Bundesstaates sind Aufenthaltsbeschränkungen auf Grund des § 3 Abs. 1 des Reichsgesetzes über die Freizügigkeit vom 1. November 1867 nur nach Maßgabe des Art. 39 Ziff. 5, 6, dann Art. 40—43 zulässig.

Auch Ausländern ist vorbehaltlich der in den nachfolgenden Artikeln zugelassenen Beschränkungen der Aufenthalt in jeder Gemeinde des Königreichs gestattet, wenn sie sich über ihre Staatsangehörigkeit und Heimat genügend ausweisen und ihrem Aufenthalte ein sonstiges gesetzliches Hindernis nicht im Wege steht.

Ausländer, welchen in Bayern eine vorläufige Heimat angewiesen ist, sind bezüglich des Aufenthaltes wie Inländer zu behandeln.

Art. 38. Wer sich in einer fremden Gemeinde aufhält, hat binnen acht Tagen nach der Ankunft hiervon der Ortspolizeibehörde, in München der k. Polizeidirektion, nach Maßgabe der oberpolizeilichen oder ortspolizeilichen Vorschriften Anzeige zu erstatten.

Nichtbeachtung dieser Vorschrift, welche auf die in Art. 42 bezeichneten Personen keine Anwendung findet, wird an Geld bis zu achtzehn Mark bestraft.

Über die erfolgte Anzeige hat die Ortspolizeibehörde gebührenfreie Bescheinigung zu erteilen, welche den zur Leistung von Krankenkassenbeiträgen gesetzlich verpflichteten Personen erst dann behändigt werden soll, wenn sie die erstmalige Bezahlung des treffenden Beitrags nachgewiesen haben.

Die k. Polizeidirektion München ist verpflichtet, von den nach Abs. I ihr erstatteten Anzeigen wenigstens einmal wöchentlich dem Magistrate vollständige Mitteilung zu machen.

Art. 39. Unter Vorbehalt der Vorschrift des Art. 21 kann durch die zuständige Polizeibehörde der Aufenthalt in einer fremden Gemeinde nach Maßgabe folgender Bestimmungen verboten werden:

1. Personen, welche nicht binnen 4 Wochen nach ergangener Aufforderung genügenden Nachweis über ihre Heimatberechtigung liefern, kann der Aufenthalt für so lange untersagt werden, als jener Nachweis nicht geliefert wird.

2. Personen, welche von der Gemeinde Armenunterstützung beanspruchen oder erhalten, können auf Antrag der Gemeindeverwaltung für die Dauer von drei Jahren aus der Gemeinde weggewiesen werden, wenn sie nicht während der zwei unmittelbar vorhergehenden Jahre in der Gemeinde Abgaben für Armenzwecke bezahlt oder Gemeindedienste geleistet haben und wenn seit dem Tage, an welchem sie zuletzt Armenunterstützung beansprucht oder erhalten haben, noch nicht volle 6 Monate verflossen sind.

Will die ausgewiesene Person vor Ablauf von drei Jahren ihren Aufenthalt wieder in der Gemeinde nehmen, so hat sie den Besitz zureichender Unterhaltsmittel darzutun.

Die gesetzliche Verbindlichkeit der Aufenthaltsgemeinde, in Krankheitsfällen oder in sonstigen Fällen dringender Not die unentbehrliche Hilfe zu leisten, wird durch gegenwärtige Bestimmung nicht aufgehoben.

3. Personen, welche mit ihren der Aufenthaltsgemeinde schuldigen Abgaben länger als ein Jahr, vom Verfalltermine an gerechnet, im Rückstande bleiben, können auf Antrag der Gemeindeverwaltung ausgewiesen werden, sind jedoch nach erfolgter Zahlung des schuldigen Betrags zur Rückkehr befugt.

4. Personen, welche sich in einer Gemeinde aufhalten um daselbst Dienst oder Arbeit zu suchen, können aus der Gemeinde, wenn sie innerhalb der ihnen gewährten angemessenen Frist weder ein ständiges Unterkommen oder eine ihren Unterhalt sichernde Beschäftigung finden, noch den Besitz hinreichender Unterhaltsmittel darzutun vermögen, für die Dauer von drei Monaten weggewiesen werden, sind jedoch schon früher zur Rückkehr befugt, wenn für sie ein solches Unterkommen oder eine solche Beschäftigung gefunden ist.

Auf Personen, welche in der Gemeinde einen selbständigen Gewerbsbetrieb angemeldet und innerhalb der ihnen gewährten angemessenen Frist wirklich begonnen haben, ist vorstehende Bestimmung nicht anwendbar.

5. Personen, welche wegen Raubes, Diebstahls, Unterschlagung, Betrugs, Hehlerei, Fälschung oder einer Zuwiderhandlung gegen die

Sittlichkeit zu einer Freiheitsstrafe von mehr als 6 Wochen oder wegen einer sonstigen strafbaren Handlung zu einer Zuchthausstrafe von mehr als fünf Jahren, desgleichen Personen, welche innerhalb Jahresfrist wiederholt wegen Entwendung von Feldfrüchten oder wegen Feld- oder Forstfrevels oder unberechtigten Jagens, endlich Personen, welche wegen Arbeitsscheue, Landstreicherei, Bettels, Gaukelei oder gewerbsmäßiger Unzucht zu einer Freiheitsstrafe verurteilt worden sind, können in der Zeit von der Rechtskraft des Urteils bis zum Ablaufe zweier Jahre nach Beendigung des Strafvollzugs für die Dauer von zwei Jahren, in welche jedoch die Zeit der Einsperrung nicht mitgerechnet wird, ausgewiesen werden.

6. Personen, welche wegen einer im Gemeindebezirke verübten strafbaren Handlung nach § 148 Abs. 1 Nr. 5 oder 7 oder § 149 Abs. 1 Nr. 1, 3 oder 5 der Gewerbeordnung oder nach §§ 284 bis 286 des Strafgesetzbuches für das Deutsche Reich oder als Veranstalter eines verbotenen Spiels nach § 360 Ziff. 14 dieses Strafgesetzbuches, desgleichen Personen, welche binnen Jahresfrist wiederholt wegen einer im Gemeindebezirke verübten Zuwiderhandlung gegen die Art. 106 oder 155 des Polizeistrafgesetzbuches oder § 153 der Gewerbeordnung verurteilt worden sind, können in der Zeit vor der Rechtskraft des Urteils bis zum Ablaufe eines Jahres nach Beendigung des Strafvollzuges für die Dauer von zwei Jahren, in welche jedoch die Zeit der Einsperrung nicht eingerechnet wird, ausgewiesen werden.

7. Weibspersonen, welche offenkundig mit ihrem Körper ein unzüchtiges Gewerbe treiben und die Gelegenheit hierzu auf öffentlicher Straße aufsuchen, dann jene Personen, welche offenkundig an dem Erträgnisse des unzüchtigen Gewerbes Anteil haben, können für die Dauer von zwei Jahren aus der Gemeinde weggewiesen werden.

8. Ist im Gemeindebezirke die öffentliche Sicherheit durch eine Handlung gestört worden, zu deren Unterdrückung das Aufgebot der bewaffneten Macht erfolgte oder gesetzlich zulässig war, so können Personen, welche an der Sicherheitsstörung oder an den Vorbereitungen hierzu Teil genommen oder hierzu aufgefordert haben — unbeschadet der Strafverfolgung — für die Dauer eines Jahres aus der Gemeinde weggewiesen werden.

Die Erlassung eines solchen Aufenthaltsverbots ist aber nur statthaft, so lange die Ruhestörung dauert oder deren Wiederholung zu befürchten ist.

Ebenso können Personen, welche einer Beteiligung an den Ruhestörungen dringend verdächtigt sind, innerhalb desselben Zeitraums und für die gleiche Zeitdauer ausgewiesen werden, wenn sie weder ständigen Arbeitsverdienst, noch ausreichende Unterhaltsmittel haben.

9. Studierende oder Zöglinge einer Unterrichtsanstalt, welche zur Strafe entlassen worden oder ohne Vorwissen ihrer Eltern oder Vormünder ausgetreten sind, dann entwichene oder entlassene Lehrlinge können binnen drei Monaten nach der Entfernung von der Anstalt oder Lehre für die Dauer eines Jahres aus der Gemeinde weggewiesen werden, wenn die Familie, welcher sie angehören, nicht in dieser Gemeinde ihren Wohnsitz hat.

10. Minderjährige Personen, welche sich ohne Bewilligung ihrer Eltern oder Vormünder in einer fremden Gemeinde aufhalten, können auf Antrag des Inhabers der elterlichen oder vormundschaftlichen Gewalt ausgewiesen werden. Blödsinnige oder Geisteskranke, welche sich der Obhut jener Personen, welchen ihre Bewachung obliegt, entzogen haben, können diesen Personen oder deren Bevollmächtigten übergeben oder an die Gemeindebehörde des Wohnsitzes der gedachten Personen abgeliefert werden.

Art. 40. Die Ausweisung erstreckt sich — vorbehaltlich ihrer zivilrechtlichen Folgen — nur auf diejenigen Personen, gegen welche ein gesetzlicher Ausweisungsgrund vorliegt.

Art. 41. Das Aufenthaltsverbot kann auch auf benachbarte Gemeindebezirke erstreckt werden, wenn ohne solche Ausdehnung eine Vereitelung des Zweckes der Ausweisung zu befürchten wäre.

Ist in einem Bezirke das Standrecht verkündet, so kann die auf Grund des Art. 39 verfügte Ausweisung einer Person, welche in keiner Gemeinde des Verwaltungsbezirks Bürgerrecht oder Heimatrecht besitzt, auf diesen ganzen Bezirk ausgedehnt werden.

Art. 42. Angehörige des bayerischen Staates, welche auf Grund ihrer Anstellung im Dienste des Staates, der Kirche, der Gemeinde, einer öffentlichen Körperschaft oder Stiftung, oder zur Erfüllung einer gesetzlichen Pflicht in einer Gemeinde sich aufzuhalten genötigt sind, oder welche in der Gemeinde das Bürgerrecht ohne Heimatrecht besitzen, können aus dieser Gemeinde nicht weggewiesen werden.

Art. 43. In den Fällen des Art. 39 Ziff. 2 und 3 kann eine Ausweisung nur auf Antrag der Gemeindeverwaltung erfolgen und muß dieselbe von der Polizeibehörde verfügt werden, wenn jener Antrag vorliegt.

In allen übrigen Fällen kann das Aufenthaltsverbot auf Antrag der Gemeindeverwaltung oder von Amts wegen erlassen werden, jedoch nur dann, wenn besondere Verhältnisse die Annahme begründen, daß die öffentliche Sicherheit oder Sittlichkeit durch die Anwesenheit der betreffenden Personen in der Gemeinde gefährdet wird.

Art. 44. Die zuständige Polizeibehörde ist befugt, gegen jeden Ausländer, dem auf Grund des Art. 39 der Aufenthalt in einer Gemeinde untersagt wird, für die Dauer des Aufenthaltsverbots auch die Wegweisung aus dem Königreiche zu verfügen, wenn es im öffentlichen Interesse geboten erscheint.

Außerdem ist das Staatsministerium des Innern berechtigt, Ausländern aus Rücksicht auf die öffentliche Wohlfahrt den Eintritt in das Königreich zu versagen oder dieselben aus dem Staatsgebiete zu verweisen.

Endlich hat die Staatsregierung das Recht, die Aufenthaltsbefugnis von Ausländern in Bayern durch Verordnung denselben weitergehenden Beschränkungen zu unterwerfen, welchen bayerische Staatsangehörige rücksichtlich ihres Aufenthalts im Heimatlande jener Ausländer unterworfen sind.

Art. 45. Zuständig zur Erlassung eines Aufenthaltsverbots auf Grund des Art. 39 und zur Wegweisung aus dem Königreiche auf Grund des Art. 44 Abs. 1 ist in erster Instanz die Distriktspolizeibehörde jener Gemeinde, aus welcher zunächst eine Person ausgewiesen werden soll, in München die k. Polizeidirektion.

Art. 46. Beschwerden gegen die Beschlüsse erster Instanz werden von der Kreisregierung, Kammer des Innern, nach kollegialer Beratung in zweiter und vom Staatsministerium des Innern in letzter Instanz entschieden, unbeschadet dessen, was das Gesetz vom 8. August 1878, betreffend die Errichtung eines Verwaltungsgerichtshofes und das Verfahren in Verwaltungsrechtssachen, bestimmt.

Zur Beschwerdeführung sind berechtigt:

1. die Personen, deren Aufenthalt in Frage ist;

2. die Gemeindeverwaltungen, deren Antrag auf Ausweisung einer Person abgelehnt wurde.

Die Beschwerden sind an eine Notfrist von vierzehn Tagen gebunden und haben, wenn ein sofortiger Vollzug des Ausweisungsbeschlusses im öffentlichen Interesse geboten erscheint, keine aufschiebende Wirkung.

Die Beschwerden können bei der ersten Instanz schriftlich eingereicht oder mündlich zu Protokoll gegeben werden.

Alle durch Erlassung eines Aufenthaltsverbots hervorgerufenen Verhandlungen sind gebührenfrei.

— Folgt Titel IV Art. 47 (53) „Schlußbestimmungen", dessen Inhalt ohne Interesse ist. —

Anlage Nr. 5.

Reichsgesetz über den Unterstützungswohnsitz. Vom 30. Mai 1908.

(RGBl. S. 381).*)**)

§ 1. Jeder Deutsche ist in jedem Bundesstaate in bezug

a) auf die Art und das Maß der im Falle der Hilfsbedürftigkeit zu gewährenden öffentlichen Unterstützung,

b) auf den Erwerb und Verlust des Unterstützungswohnsitzes,

als Inländer zu behandeln. Im Sinne dieses Gesetzes sind unter Deutschen die Personen zu verstehen, die dem Geltungsbereiche des Gesetzes angehören. Auf diese Personen finden die Bestimmungen im § 7 des Gesetzes über die Freizügigkeit vom 1. November 1867 (Bundesgesetzbl. S. 55) keine Anwendung.

§ 2. Die öffentliche Unterstützung hilfsbedürftiger Deutscher wird, nach näherer Vorschrift dieses Gesetzes, durch Ortsarmenverbände und durch Landarmenverbände geübt.

§ 3. Ortsarmenverbände können aus einer oder mehreren Gemeinden und, wo die Gutsbezirke außerhalb der Gemeinden stehen, aus einem oder mehreren Gutsbezirken, bezw. aus Gemeinden und Gutsbezirken zusammengesetzt sein. Alle zu einem Ortsarmenverbande vereinigten Gemeinden und Gutsbezirke gelten in Ansehung der durch dieses Gesetz geregelten Verhältnisse als eine Einheit.

§ 4. Wo räumlich abgegrenzte Ortsarmenverbände noch nicht bestehen, sind dieselben bis zum 1. Juli 1871 einzurichten. Bis zum gleichen Termin muß jedes Grundstück, welches noch zu keinem Ortsarmenverbande gehört, entweder einem angrenzenden Ortsarmenverbande nach Anhörung der Beteiligten durch die zuständige Behörde (§ 8) zugeschlagen, oder selbständig als Ortsarmenverband eingerichtet werden.

---

*) Der Text gibt das ursprüngliche Gesetz vom 6. Juni 1870 (BGBl. S. 360) in der durch die Gesetze vom 12. März 1894 (RGBl. S. 259) und vom 30. Mai 1908 (RGBl. S. 377) veränderten Fassung wieder. In dieser Fassung gilt es vom 1. April 1909 ab. Das Gesetz ist im Gebiete des Norddeutschen Bundes am 1. Juli 1871 in Kraft getreten (§ 65), ebenso in Hessen südlich des Mains (Verfassung des Deutschen Bundes vom 31. Dez. 1870 Art. 80 Nr. II Abs. 2, BGBl. 1870 S. 625 ff.); in Württemberg und Baden ist das Gesetz vom 1. Jan. 1873 an eingeführt (Gesetz vom 8. Nov. 1871 § 1, RGBl. S. 391), in Elsaß-Lothringen vom 1. April 1910 an; es gilt nicht in Bayern (vgl. aber Anm. 3 zu § 4 des Reichs- und Staats-Ang.Ges.).

**) In Preußen ist zur Ausführung des Bundesgesetzes über den Unterstützungswohnsitz das Gesetz vom 8. März 1871 (Pr. GS. S. 130), 11. Juli 1891 (GS. S. 300) erlassen. Dazu ist seitens des preuß. Min. d. J. unter dem 10. April 1871 eine Ausführungsinstruktion ergangen (MBl. S. 132).

§ 5. Die öffentliche Unterstützung hilfsbedürftiger Deutscher, welche endgültig zu tragen kein Ortsarmenverband verpflichtet ist (der Landarmen), liegt den Landarmenverbänden ob. Zur Erfüllung dieser Obliegenheit hat jeder Bundesstaat bis zum 1. Juli 1871 entweder unmittelbar die Funktionen des Landarmenverbandes zu übernehmen oder besondere, räumlich abgegrenzte Landarmenverbände, wo solche noch nicht bestehen, einzurichten.

Dieselben umfassen der Regel nach eine Mehrheit von Ortsarmenverbänden, können sich aber ausnahmsweise auf den Bezirk eines einzigen Ortsarmenverbandes beschränken.

§ 6. Armenverbände, deren Mitgliedschaft an ein bestimmtes Glaubensbekenntnis geknüpft ist, gelten nicht als Armenverbände im Sinne des Gesetzes.

§ 7. Die Orts- und Landarmenverbände stehen in bezug auf die Verfolgung ihrer Rechte einander gleich. Hat ein Bundesstaat unmittelbar die Funktionen des Landarmenverbandes übernommen (§ 5), so steht er in allen durch dieses Gesetz geregelten Verhältnissen den Landarmenverbänden gleich.

§ 8. Die Landesgesetze bestimmen über die Zusammensetzung und Einrichtung der Ortsarmenverbände und Landarmenverbände, über die Art und das Maß der im Falle der Hilfsbedürftigkeit zu gewährenden öffentlichen Unterstützung, über die Beschaffenheit der erforderlichen Mittel, darüber, in welchen Fällen und in welcher Weise den Ortsarmenverbänden von den Landarmenverbänden oder von anderen Stellen eine Beihilfe zu gewähren ist, und endlich darüber, ob und inwiefern sich die Landarmenverbände der Ortsarmenverbände als ihrer Organe behufs der öffentlichen Unterstützung Hilfsbedürftiger bedienen dürfen.

§ 9. Der Unterstützungswohnsitz wird erworben durch

a) Aufenthalt,
b) Verehelichung,
c) Abstammung.

§ 10. Wer innerhalb eines Ortsarmenverbandes nach zurückgelegtem sechzehnten Lebensjahre ein Jahr lang ununterbrochen seinen gewöhnlichen Aufenthalt gehabt hat, erwirbt dadurch in demselben den Unterstützungswohnsitz.

Sind in der örtlichen Abgrenzung der Ortsarmenverbände während des Laufes der einjährigen Frist Änderungen eingetreten, so wird deren Wirkung auf den Beginn der Frist zurückbezogen.

§ 11. Die einjährige Frist läuft von dem Tage, an welchem der Aufenthalt begonnen hat.

Durch den Eintritt in eine Kranken-, Bewahr- oder Heilanstalt wird jedoch der Aufenthalt nicht begonnen.

Wo für ländliches oder städtisches Gesinde, Arbeitsleute, Wirtschaftsbeamte, Pächter oder andere Mietsleute der Wechsel des Wohnortes zu bestimmten, durch Gesetz oder ortsübliches Herkommen festgesetzten Terminen stattfindet, gilt der übliche Umzugstermin als Anfang des Aufenthalts, sofern nicht zwischen diesem Termine und dem Tage, an welchem der Aufenthalt wirklich beginnt, ein mehr als siebentägiger Zeitraum gelegen hat.

§ 12. Wird der Aufenthalt unter Umständen begonnen, durch welche die Annahme der freien Selbstbestimmung bei der Wahl des Aufenthaltsortes ausgeschlossen wird, so beginnt der Lauf der einjährigen Frist erst mit dem Tage, an welchem diese Umstände aufgehört haben.

Treten solche Umstände erst nach Beginn des Aufenthalts ein, so ruht während ihrer Dauer der Lauf der einjährigen Frist.

§ 13. Als Unterbrechung des Aufenthalts wird eine freiwillige Entfernung nicht angesehen, wenn aus den Umständen, aus welchen sie erfolgt, die Absicht erhellt, den Aufenthalt beizubehalten.

§ 14. Der Lauf der einjährigen Frist (§ 10) ruht während der Dauer der von einem Armenverbande gewährten öffentlichen Unterstützung.

Er wird unterbrochen durch den von einem Armenverbande auf Grund der Bestimmung im § 5 des Gesetzes über die Freizügigkeit vom 1. November 1867 gestellten Antrag auf Anerkennung der Verpflichtung zur Übernahme eines Hilfsbedürftigen. Die Unterbrechung erfolgt mit dem Tage, an welchem der also gestellte Antrag an den betreffenden Armenverband oder an die vorgesetzte Behörde eines der beteiligten Armenverbände abgesandt ist.

Die Unterbrechung gilt als nicht erfolgt, wenn der Antrag nicht innerhalb zweier Monate weiter verfolgt oder wenn derselbe erfolglos geblieben ist.

§ 15. Die Ehefrau teilt vom Zeitpunkte der Eheschließung ab den Unterstützungswohnsitz des Mannes.

§ 16. Witwen und rechtskräftig geschiedene Ehefrauen behalten den bei Auflösung der Ehe gehabten Unterstützungswohnsitz so lange, bis sie denselben nach den Vorschriften der §§ 22 Nr. 2, 23—27 verloren oder einen anderweitigen Unterstützungswohnsitz nach Vorschrift der §§ 9—14 erworben haben.

§ 17. Als selbständig in Beziehung auf den Erwerb und Verlust des Unterstützungswohnsitzes gilt die Ehefrau auch während der Dauer der Ehe, wenn und solange der Ehemann sie böslich verlassen hat, ferner wenn und solange sie während der Dauer der Haft des Ehemannes oder infolge ausdrücklicher Einwilligung desselben oder kraft der nach den Landesgesetzen ihr zustehenden Befugnis vom Ehemanne getrennt lebt und ohne dessen Beihilfe ihre Ernährung findet.

§ 18. Eheliche und den ehelichen gesetzlich gleichstehende Kinder teilen, vorbehaltlich der Bestimmung des § 20, den Unterstützungswohnsitz des Vaters so lange, bis sie denselben nach Vorschrift der § 22 Nr. 2, 23—27 verloren, oder einen anderweitigen Unterstützungswohnsitz nach Vorschrift der §§ 9—14 erworben haben.

Sie behalten diesen Unterstützungswohnsitz auch nach dem Tode des Vaters bis zu dem vorstehend gedachten Zeitpunkte, vorbehaltlich der Bestimmung des § 19.

§ 19. Wenn die Mutter den Vater überlebt, so teilen nach Auflösung der Ehe durch den Tod des Vaters die ehelichen und den ehelichen gesetzlich gleichstehenden Kinder den Unterstützungswohnsitz der Mutter in dem Umfange des § 18.

Gleiches gilt im Falle des § 17, sofern die Kinder bei der Trennung vom Hausstande des Vaters der Mutter gefolgt sind.

§ 20. Bei der Scheidung der Ehe teilen die ehelichen und den ehelichen gesetzlich gleichstehenden Kinder in dem Umfange des § 18 den Unterstützungswohnsitz der Mutter, wenn dieser die Erziehung der Kinder zusteht.

§ 21. Uneheliche Kinder teilen in dem Umfange des § 18 den Unterstützungswohnsitz der Mutter.

§ 22. Der Verlust des Unterstützungswohnsitzes tritt ein durch

1. Erwerbung eines anderweitigen Unterstützungswohnsitzes,
2. einjährige ununterbrochene Abwesenheit nach zurückgelegtem sechzehnten Lebensjahre.

Die Vorschrift des § 10 Abs. 2 findet auch in den Fällen der Nr. 2 des vorstehenden Absatzes Anwendung.

§ 23. Die einjährige Frist läuft von dem Tage, an welchem die Abwesenheit begonnen hat.

Durch den Eintritt in eine Kranken-, Bewahr- und Heilanstalt wird jedoch die Abwesenheit nicht begonnen.

Wo für ländliches oder städtisches Gesinde, Arbeitsleute, Wirtschaftsbeamte, Pächter oder andere Mietsleute der Wechsel des Wohnortes zu bestimmten, durch Gesetz oder ortsübliches Herkommen festgesetzten Terminen stattfindet, gilt der übliche Umzugstermin als Anfang der Abwesenheit, sofern nicht zwischen diesem Termine und dem Tage, an welchem die Abwesenheit wirklich beginnt, ein mehr als siebentägiger Zeitraum gelegen hat.

§ 24. Ist die Abwesenheit durch Umstände veranlaßt, durch welche die Annahme der freien Selbstbestimmung bei der Wahl des Aufenthaltsortes ausgeschlossen wird, so beginnt der Lauf der einjährigen Frist erst mit dem Tage, an welchem diese Umstände aufgehört haben.

Treten solche Umstände erst nach dem Beginn der Abwesenheit ein, so ruht während ihrer Dauer der Lauf der einjährigen Frist.

§ 25. Als Unterbrechung der Abwesenheit wird die Rückkehr nicht angesehen, wenn aus den Umständen, unter welchen sie erfolgt, die Absicht erhellt, den Aufenthalt nicht dauernd fortzusetzen.

§ 26. Die Anstellung oder Versetzung eines Geistlichen, Lehrers, öffentlichen oder Privatbeamten, sowie einer nicht bloß zur Erfüllung der Militärpflicht im Bundesheere oder in der Bundes-Kriegsmarine dienenden Militärperson gilt nicht als ein die freie Selbstbestimmung bei der Wahl des Aufenthaltsortes ausschließender Umstand.

§ 27. Der Lauf der einjährigen Frist (§ 22) ruht während der Dauer der von einem Armenverbande gewährten öffentlichen Unterstützung.

Er wird unterbrochen durch den von einem Armenverbande auf Grund der Bestimmung im § 5 des Gesetzes über die Freizügigkeit vom 1. November 1867 gestellten Antrag auf Anerkennung der Verpflichtung zur Übernahme eines Hilfsbedürftigen. Die Unterbrechung erfolgt mit dem Tage, an welchem der also gestellte Antrag an den betreffenden Armenverband oder an die vorgesetzte Behörde eines der beteiligten Armenverbände abgesandt ist.

Die Unterbrechung gilt als nicht erfolgt, wenn der Antrag nicht innerhalb zweier Monate weiter verfolgt, oder wenn derselbe erfolglos geblieben ist.

§ 28. Jeder hilfsbedürftige Deutsche muß vorläufig von demjenigen Ortsarmenverbande unterstützt werden, in dessen Bezirk er sich bei dem Eintritte der Hilfsbedürftigkeit befindet. Die vorläufige Unterstützung erfolgt vorbehaltlich des Anspruches auf Erstattung der Kosten bzw. auf Übernahme des Hilfsbedürftigen gegen den hierzu verpflichteten Armenverband.

§ 29. Erkrankt eine Person, die an einem Orte mindestens eine Woche hindurch gegen Lohn oder Gehalt in ein und demselben Dienst- oder Arbeitsverhältnisse gestanden hat, während der Fortdauer dieses Dienst- oder Arbeitsverhältnisses oder innerhalb einer Woche nach seiner Beendigung, so hat der Ortsarmenverband des Dienst- oder Arbeitsorts die Kosten der erforderlichen Kur und Verpflegung für die ersten sechsundzwanzig Wochen nach dem Beginne der Krankenpflege endgültig zu tragen oder, wenn die Krankenpflege von einem anderen Armenverbande gewährt worden ist, diesem zu erstatten.

Die Verpflichtung des Ortsarmenverbandes des Dienst- oder Arbeitsortes erstreckt sich auch auf die Fälle der Erkrankung derjenigen Angehörigen des Dienstverpflichteten oder Arbeiters, welche sich bei ihm befinden und seinen Unterstützungswohnsitz teilen, sofern nicht nach Abs. 1 eine Verpflichtung eines anderen Ortsarmenverbandes dadurch begründet wird, daß die Angehörigen selbst im Dienst- oder Arbeitsverhältnisse gestanden haben.

Wird im Falle der Erkrankung einer der in den Abs. 1, 2 bezeichneten Personen Kur und Verpflegung auf Kosten einer Krankenkasse gewährt, und muß bei Beendigung der Leistungen der Kasse die Armenpflege eintreten, so sind die Kosten der letzteren von dem Ortsarmenverbande des Dienst- oder Arbeitsorts in derselben Weise zu tragen oder zu erstatten, wie wenn die Armenpflege schon in dem Zeitpunkte eingetreten wäre, in welchem die Leistungen der Krankenkasse begonnen haben.

Die Vorschriften der Abs. 1, 3 finden auf Lehrlinge entsprechende Anwendung.

Schwangerschaft an sich ist nicht als eine Krankheit im Sinne der vorstehenden Bestimmung anzusehen.

§ 30. Zur Erstattung der durch die Unterstützung eines hilfsbedürftigen Deutschen erwachsenen Kosten, soweit dieselben nicht in Gemäßheit des § 29 dem Ortsverbande des Dienstortes zur Last fallen, sind verpflichtet:

a) wenn der Unterstützte einen Unterstützungswohnsitz hat, der Ortsarmenverband seines Unterstützungswohnsitzes;

b) wenn ein Unterstützungswohnsitz des Unterstützten nicht zu ermitteln ist, derjenige Landarmenverband, in dessen Bezirk er sich bei dem Eintritte der Hilfsbedürftigkeit befand oder, falls er im hilfsbedürftigen Zustande aus einer Straf-, Kranken-, Bewahr- oder Heilanstalt entlassen wurde, derjenige Landarmenverband, aus welchem seine Einlieferung in die Anstalt erfolgt ist.

Der Beweis, daß ein Unterstützungswohnsitz des Unterstützten nicht zu ermitteln gewesen ist, gilt schon dann als erbracht, wenn der die Erstattung fordernde Armenverband dargelegt hat, daß er alle diejenigen Erhebungen vorgenommen hat, welche nach Lage der Verhältnisse als geeignet zur Ermittelung eines Unterstützungswohnsitzes anzusehen waren. Wird nach der Erstattung ein Unterstützungswohnsitz des Unterstützten nachträglich ermittelt, so ist der Armenverband, welcher die Erstattung vorgenommen hat, berechtigt, von dem Armenverbande des Unterstützungswohnsitzes für die gewährte Unterstützung und für die durch nachträgliche Ermittelungen entstandenen Kosten Ersatz zu beanspruchen.

Die Höhe der zu erstattenden Kosten richtet sich nach den am Orte der stattgehabten Unterstützung über das Maß der öffentlichen Unterstützung Hilfsbedürftiger geltenden Grundsätzen, ohne daß dabei die allgemeinen Verwaltungskosten der Armenanstalten, sowie besondere Gebühren für die Hilfeleistung fest remunerierter Armenärzte in Ansatz gebracht werden dürfen.

Für solche bei der öffentlichen Unterstützung häufiger vorkommenden Aufwendungen, deren täglicher oder wöchentlicher Betrag sich in Pauschquanten feststellen läßt (z. B. Verpflegungssätze in Kranken- oder Armenhäusern), kann in jedem Bundesstaate, entweder für das ganze Staatsgebiet gleichmäßig, oder bezirksweise verschieden, ein Tarif aufgestellt und öffentlich bekanntgemacht werden, dessen Sätze die Erstattungsforderung nicht übersteigen darf.

§ 30 a. Erstattungs- und Ersatzansprüche, welche auf Grund dieses Gesetzes erhoben werden, verjähren in zwei Jahren vom Ablauf desjenigen Jahres ab, in welchem der Anspruch entstanden ist.

§ 31. Der nach der Vorschrift des § 30 zur Kostenerstattung verpflichtete Armenverband ist zur Übernahme eines hilfsbedürftigen Deutschen verpflichtet, wenn die Unterstützung aus anderen Gründen als wegen einer nur vorübergehenden Arbeitsunfähigkeit notwendig geworden ist (§ 5 des Gesetzes über die Freizügigkeit vom 1. November 1867, Bundesgesetzbl. S. 55).

§ 32. Der zur Übernahme eines hilfsbedürftigen Deutschen verpflichtete Armenverband kann — soweit nicht auf Grund der §§ 55 und 56 etwas anderes festgestellt worden ist — die Überführung desselben in seine unmittelbare Fürsorge verlangen.

Die Kosten der Überführung hat der verpflichtete Armenverband zu tragen.

Beantragt hiernach der zur Übernahme eines Hilfsbedürftigen verpflichtete Armenverband dessen Überführung, und diese unterbleibt oder verzögert sich durch die Schuld des Armenverbandes, welcher zur vorläufigen Unterstützung desselben verpflichtet ist, so verwirkt der letztere dadurch für die Folgezeit, bezw. für die Zeit der Verzögerung, den Anspruch auf Erstattung der Kosten.

§ 32a. Soweit nach Bestimmung der Landesgesetze einzelne Zweige der öffentlichen Armenpflege den Landarmenverbänden übertragen sind, gehen auf diese die Rechte und Pflichten der Ortsarmenverbände über.

§ 33. Wird ein Deutscher, der keinen Unterstützungswohnsitz hat, auf Verlangen einer ausländischen Staatsbehörde oder auf Antrag eines Konsuls oder Gesandten des Reichs aus dem Auslande übernommen, so liegt, wenn bei der Übernahme der Fall der Hilfsbedürftigkeit vorhanden ist oder innerhalb sieben Tagen nachher eintritt, die Verpflichtung zur Erstattung der Kosten der Unterstützung, bzw. zur Übernahme des Hilfsbedürftigen, demjenigen Bundesstaate ob, innerhalb dessen der Hilfsbedürftige seinen letzten Unterstützungswohnsitz gehabt hat, mit der Maßgabe, daß es jedem Bundesstaate überlassen bleibt, im Wege der Landesgesetzgebung diese Verpflichtung auf seine Armenverbände zu übertragen.

§ 34. Muß ein Ortsarmenverband einen hilfsbedürftigen Deutschen, welcher innerhalb desselben seinen Unterstützungswohnsitz nicht hat, unterstützen, so hat der Ortsarmenverband zunächst eine vollständige Vernehmung des Unterstützten über seine Heimat-, Familien- und Aufenthaltsverhältnisse zu bewirken, und sodann den Anspruch auf Erstattung der aufgewendeten bezw. aufzuwendenden Kosten bei Vermeidung des Verlustes dieses Anspruchs binnen sechs Monaten nach begonnener Unterstützung bei dem vermeintlich verpflichteten Armenverbande mit der Anfrage anzumelden, ob der Anspruch anerkannt wird.

Ist der verpflichtete Armenverband nicht zu ermitteln, so hat die Anmeldung behufs Wahrung des erhobenen Erstattungsanspruchs innerhalb der oben normierten Frist von sechs Monaten bei der zuständigen vorgesetzten Behörde des beteiligten Armenverbandes zu erfolgen.

Ist nach der Ansicht des unterstützenden Ortsarmenverbandes der Fall dazu angetan, dem Unterstützten die Fortsetzung des Aufenthalts nach § 5 des Gesetzes über die Freizügigkeit vom 1. November 1867 (Bundesgesetzbl. S. 55 ff.) zu versagen und will der Ortsarmenverband von der bezüglichen Befugnis Gebrauch machen, so ist dies in der Benachrichtigung ausdrücklich zu bemerken.

§ 35. Geht auf die erlassene Anzeige innerhalb vierzehn Tagen nach dem Empfange derselben eine zustimmende Antwort des in Anspruch genommenen Armenverbandes nicht ein, so gilt dies einer Ablehnung des Anspruchs gleich.

§ 36. Jeder Armenverband ist berechtigt, seine Ansprüche gegen einen anderen Armenverband auf dem durch dieses Gesetz bezeichneten Wege selbständig und unmittelbar vor den zur Entscheidung, sowie zur Vollstreckung derselben berufenen Behörden zu verfolgen.

§ 37. Streitigkeiten zwischen verschiedenen Armenverbänden über die öffentliche Unterstützung Hilfsbedürftiger werden, wenn die streitenden Teile einem und demselben Bundesstaate angehören, auf dem durch die Landesgesetze vorgeschriebenen Wege entschieden.

Gehören die streitenden Armenverbände verschiedenen Bundesstaaten an, so finden die nachfolgenden Vorschriften der §§ 38—51 dieses Gesetzes Anwendung.

§ 38. Lehnt ein Armenverband den gegen ihn erhobenen Anspruch auf Erstattung der Kosten oder auf Übernahme eines Hilfsbedürftigen ab, so wird auf Antrag desjenigen Armenverbandes, welcher die öffentliche Unterstützung vorläufig zu gewähren genötigt ist, über den erhobenen Anspruch im Verwaltungswege durch diejenige Spruchbehörde entschieden, welche dem in Anspruch genommenen Armenverbande vorgesetzt ist.

Die Zuständigkeit, den Instanzenzug, sowie das Verfahren regelt innerhalb jeden Bundesstaates, vorbehaltlich der Vorschriften dieses Gesetzes die Landesgesetzgebung.

§ 39. Die zur Entscheidung zuständigen Landesbehörden sind befugt, Untersuchungen an Ort und Stelle zu veranlassen, Zeugen und Sachverständige zu laden und eidlich zu vernehmen, überhaupt den angetretenen Beweis in vollem Umfange zu erheben.

§ 40. Die Entscheidung erfolgt durch schriftlichen, mit Gründen versehenen Beschluß; sofern dabei für den in Anspruch genommenen Armenverband eine Verpflichtung zur Übernahme eines Hilfsbedürftigen (§ 31) begründet ist, muß dies in dem Beschlusse ausdrücklich ausgesprochen werden.

§ 41. Soweit die Organisation oder örtliche Abgrenzung der einzelnen Armenverbände Gegenstand des Streites ist, bewendet es endgültig bei der Entscheidung der höchsten landesgesetzlichen Instanz. Im übrigen findet gegen deren Entscheidung nur die Berufung an das Bundesamt für das Heimatwesen statt.

§ 42. Das Bundesamt für das Heimatwesen ist eine ständige und kollegiale Behörde, welche ihren Sitz in Berlin hat.

Es besteht aus einem Vorsitzenden und mindestens vier Mitgliedern. Der Vorsitzende, sowie die letzteren werden auf Vorschlag des Bundesrates vom Bundespräsidium auf Lebenszeit ernannt. Der Vorsitzende sowohl als auch mindestens die Hälfte der Mitglieder muß die Qualifikation zum höheren Richteramte im Staate ihrer Angehörigkeit besitzen.

§ 43. Bezüglich der Rechtsverhältnisse der Mitglieder des Bundesamtes gelten bis zum Erlaß besonderer bundesgesetzlicher Vorschriften die Bestimmungen der §§ 23—26 des Gesetzes, betreffend die Errichtung eines obersten Gerichtshofes für Handelssachen, vom 12. Juni 1869 mit der Maßgabe, daß

1. an Stelle des Plenum des Oberhandelsgerichts das Plenum des Bundesamts tritt, und daß im Falle des § 25 a. a. O. die Verrichtungen des Staatsanwalts und des Untersuchungsrichters von je einem Mitgliede des königlich preußischen Kammergerichts zu Berlin, welches der Bundeskanzler ernennt, wahrgenommen werden,

2. bezüglich der Höhe der Pensionen die Vorschriften in Anwendung kommen, welche darüber in demjenigen Bundesstaate gelten, aus dessen Dienste das Mitglied des Bundesamtes berufen ist.

§ 44. Zur Abfassung einer gültigen Entscheidung des Bundesamtes gehört die Anwesenheit von mindestens drei Mitgliedern, von denen mindestens eines die im § 42 vorgeschriebene richterliche Qualifikation haben muß.

Die Zahl der Mitglieder, welche bei der Fassung eines Beschlusses eine entscheidende Stimme führen, muß in allen Fällen eine ungerade sein. Ist die Zahl der bei der Erledigung einer Sache mitwirkenden Mitglieder eine gerade, so führt dasjenige Mitglied, welches zuletzt ernannt ist, und bei gleichem Dienstalter dasjenige, welches der Geburt nach das jüngere ist, nur eine beratende Stimme.

§ 45. Der Geschäftsgang bei dem Bundesamt wird durch ein Regulativ geordnet, welches das Bundesamt zu entwerfen und dem Bundesrate zur Bestätigung einzureichen hat.

In dem Geschäftsregulative sind insbesondere auch die Befugnisse des Vorsitzenden festzustellen.

§ 46. Die Berufung an das Bundesamt ist bei Verlust des Rechtsmittels binnen vierzehn Tagen, von der Behändigung der angefochtenen Entscheidung an gerechnet, bei derjenigen Behörde, gegen deren Entscheidung sie gerichtet ist, schriftlich anzumelden.

Die Angabe der Beschwerden, sowie die Rechtfertigung der Berufung kann entweder zugleich mit der Anmeldung der letzteren oder innerhalb vier Wochen nach diesem Termine derselben Behörde eingereicht werden.

Von sämtlichen Schriftsätzen, sowie von den etwaigen Anlagen derselben sind Duplikate beizufügen.

§ 47. Die eingegangenen Duplikate werden von der zuständigen Behörde der Gegenpartei zur schriftlichen, binnen vier Wochen nach der Behändigung in zwei Exemplaren einzureichenden Gegenerklärung zugefertigt.

§ 48. Nach Ablauf dieser Frist legt die nämliche Behörde die sämtlichen Verhandlungen nebst ihren Akten dem Bundesamte vor.

§ 49. Erachtet das Bundesamt vor Fällung der Entscheidung noch eine Aufklärung über das Sach- und Rechtsverhältnis für nötig, so ist dieselbe unter Vermittelung der zuständigen Landesbehörde vorzunehmen.

§ 50. Die Entscheidung des Bundesamts erfolgt gebührenfrei in öffentlicher Sitzung nach erfolgter Ladung und Anhörung der Parteien.

Das Erkenntnis wird schriftlich, mit Gründen versehen, den Parteien durch Vermittelung derjenigen Behörde (§ 46) zugefertigt, gegen deren Beschluß es ergangen ist.

§ 51. Gegen die Entscheidung des Bundesamts ist ein weiteres Rechtsmittel nicht zulässig.

§ 52. Bis zu anderweitiger, von Bundes wegen erfolgender Regelung der Kompetenz des Bundesamts für das Heimatwesen kann durch die Landesgesetzgebung eines Bundesstaates bestimmt werden, daß die Vorschriften der §§ 38—51, 56 Abs. 2 dieses Gesetzes für die Streitsachen zwischen Armenverbänden des betreffenden Bundesstaates in Wirksamkeit treten sollen.*)

§ 53. In den Streitsachen über die durch dieses Gesetz geregelte öffentliche Unterstützung Hilfsbedürftiger ist die Entscheidung der ersten Instanz, ausgenommen in dem Falle des § 57, sofort vollstreckbar.

Im übrigen findet die Exekution statt:

a) auf Grund und in den Grenzen eines von dem in Anspruch genommenen Armenverbande ausgestellten Anerkenntnisses (§ 55);

b) auf Grund der endgültigen Entscheidung.

Die Vollstreckung der Exekution liegt der zur Entscheidung in erster Instanz zuständigen Behörde des verpflichteten Armenverbandes ob, und ist bei derselben unter Beifügung der bezüglichen Urkunden zu beantragen.

§ 54. Wird die bereits vollstreckte Entscheidung der ersten landesgesetzlichen Instanz durch endgültige Entscheidungen höherer Landesinstanzen oder in Gemäßheit der §§ 38—51 dieses Gesetzes wieder aufgehoben, so hat die zur Entscheidung in erster Instanz zuständige Behörde desjenigen Armenverbandes, welcher die Vollstreckung der Exekution erwirkt hatte, die erforderlichen Anordnungen zu treffen, um die Exekution und deren Folgen wieder rückgängig zu machen.

§ 55. Den zur vorläufigen Unterstützung (§ 28) und bezw. zur Übernahme (§ 31) eines Hilfsbedürftigen verpflichteten Armenverbänden ist es unbenommen, die tatsächliche Vollstreckung der Ausweisung (§ 5 des Gesetzes über die Freizügigkeit vom 1. November 1867) durch eine unter sich zu treffende Einigung über das Verbleiben der auszuweisenden Person oder Familie in ihrem bisherigen Aufenthaltsorte gegen

---

*) Auf Grund des § 52 haben die Staaten Anhalt, Braunschweig, Hessen, Lübeck, Preußen mit Lauenburg, Reuß j. L., Sachsen-Altenburg, Sachsen-Koburg-Gotha, Sachsen-Weimar, Schwarzburg-Rudolstadt, Schwarzburg-Sondershausen, Waldeck dem Bundesamt für das Heimatwesen die Entscheidung in letzter Instanz auch für diejenigen Streitsachen übertragen, in denen beide streitende Teile dem betreffenden Staate angehören, während die übrigen deutschen Staaten noch ihre eigene höchste Landesinstanz für interne Streitigkeiten besitzen. Vgl. für Preußen § 59 d. G. vom 8. März 1871.

Gewährung eines bestimmten Unterstützungsbetrages von seiten des letztgedachten Armenverbandes, dauernd oder zeitweilig auszuschließen.

Die erstinstanzlichen Behörden (§§ 38, 39, 40) sind verpflichtet, auf Anrufen eines oder des anderen Beteiligten, zwecks tunlicher Herstellung einer solchen Einigung vermittelnd einzuschreiten.

Ist die Einigung urkundlich in Form eines Anerkenntnisses festgestellt, so findet auf Grund derselben die administrative Exekution statt (§ 53).

§ 56. Wenn mit der Ausweisung Gefahr für Leben oder Gesundheit des Auszuweisenden oder seiner Angehörigen verbunden sein würde, oder wenn die Ursache der Erwerbs- oder Arbeitsunfähigkeit des Auszuweisenden durch eine im Bundeskriegsdienste oder bei Gelegenheit einer Tat persönlicher Selbstaufopferung erlittene Verwundung oder Krankheit herbeigeführt ist, oder endlich, wenn sonst die Wegweisung vom Aufenthaltsorte mit erheblichen Härten oder Nachteilen für den Auszuweisenden verbunden sein sollte, kann auch bei nicht erreichter Einigung das Verbleiben der auszuweisenden Person oder Familie in dem Aufenthaltsorte, gegen Festsetzung eines von dem verpflichteten Armenverbande zu zahlenden Unterstützungsbetrages, durch die zur Entscheidung in erster Instanz zuständige Behörde des Ortsarmenverbandes des Aufenthaltsortes angeordnet werden.

Gegen diese Anordnung, welche, wenn die Voraussetzungen fortfallen, unter welchen sie erlassen ist, jederzeit zurückgenommen werden kann, steht innerhalb vierzehn Tagen nach der Zustellung beiden Teilen die Berufung zu. Dieselbe erfolgt, wenn die streitenden Armenverbände einem und demselben Bundesstaate angehören, an die nächst höchste landesgesetzliche Instanz, sofern die streitenden Teile verschiedenen Bundesstaaten angehören, an das Bundesamt für das Heimatwesen. Bei der hierauf ergehenden Entscheidung bewendet es endgültig.

Dasselbe findet statt, wenn der Antrag des verpflichteten Armenverbandes auf Erlaß einer solchen Anordnung zurückgewiesen ist.

§ 57. So lange das Verfahren, betreffend den Versuch einer Einigung nach § 55, oder betreffend den Erlaß der im § 56 bezeichneten Anordnung, schwebt, bleibt die Vollstreckbarkeit der Entscheidung erster Instanz ausgesetzt (§ 53).

§ 58. Ist die Ausweisung durch Transport zu bewerkstelligen, so fallen die Transportkosten als ein Teil der zu erstattenden Kosten der Unterstützung des Hilfsbedürftigen dem hierzu verpflichteten Armenverbande zur Last.

Entsteht über die Notwendigkeit des Transportes oder die Art der Ausführung desselben Streit, so erfolgt die Entscheidung hierüber endgültig durch die in erster Instanz in der Hauptsache zuständige Behörde des Armenverbandes des Aufenthaltsortes (§ 38 Abs. 2).

§ 59. Ist ein Armenverband zur Zahlung der ihm endgültig auferlegten Kosten, laut Bescheinigung der ihm vorgesetzten Behörde, ganz oder teilweise außerstande, so hat der Bundesstaat, welchem er angehört, entweder mittelbar oder unmittelbar für die Erstattung zu sorgen.

§ 60. Ausländer müssen vorläufig von demjenigen Ortsarmenverbande unterstützt werden, in dessen Bezirke sie sich bei dem Eintritt der Hilfsbedürftigkeit befinden. Zur Erstattung der Kosten bezw. zur Übernahme des hilfsbedürftigen Ausländers ist derjenige Bundesstaat verpflichtet, welchem der Ortsarmenverband der vorläufigen Unterstützung angehört, mit der Maßgabe, daß es jedem Bundesstaate überlassen bleibt, im Wege der Landesgesetzgebung diese Verpflichtung auf seine Armenverbände zu übertragen.

§ 61. Durch die Bestimmungen dieses Gesetzes werden Rechte und Verbindlichkeiten nur zwischen den zur Gewährung öffentlicher Unterstützung nach Vorschrift dieses Gesetzes verpflichteten Verbänden (Orts- Landarmenverbände, Bundesstaaten) begründet.

Daher werden die auf anderen Titeln (Familien- und Dienstverhältnis, Vertrag, Genossenschaft, Stiftung usw.) beruhenden Verpflichtungen, einen Hilfsbedürftigen zu unterstützen, von den Bestimmungen dieses Gesetzes nicht betroffen.

§ 62. Jeder Armenverband, welcher nach Vorschrift dieses Gesetzes einen Hilfsbedürftigen unterstützt hat, ist befugt, Ersatz derjenigen Leistungen, zu deren Gewährung ein Dritter aus anderen, als den durch dieses Gesetz begründeten Titeln verpflichtet ist, von dem Verpflichteten in demselben Maße und unter denselben Voraussetzungen zu fordern, als dem Unterstützten auf jene Leistungen ein Recht zusteht.

Der Einwand, daß der unterstützende Armenverband den Ersatz von einem anderen Armenverbande zu fordern berechtigt sei, darf demselben hierbei nicht entgegengestellt werden.

§ 63. Die Verwaltungs- und Polizeibehörden sind verpflichtet, innerhalb ihres Geschäftskreises den Armenverbänden behufs der Ermittelung der Heimat-, Familien- und Aufenthaltsverhältnisse eines Hilfsbedürftigen auf Verlangen behilflich zu sein.

§ 64. Das Eintreten der in den §§ 10 und 22 an den Ablauf einer bestimmten Frist geknüpften Wirkungen kann durch Vertrag oder Verzicht der beteiligten Behörden oder Personen nicht ausgeschlossen werden.

§ 65. Dieses Gesetz tritt mit dem 1. Juli 1871 in Kraft. Nach diesem Tage finden die bis dahin innerhalb des Bundesgebietes gültigen

Vorschriften über die durch das gegenwärtige Gesetz geregelten Rechtsverhältnisse nur insoweit noch Anwendung, als es sich um die Feststellung des Unterstützungswohnsitzes für die Zeit vor dem 1. Juli 1871 handelte.

Insbesondere kommen hierbei folgende Bestimmungen zur Anwendung.

1. Diejenigen Norddeutschen, welche am 30. Juni 1871 innerhalb des Bundesgebietes ein Heimatrecht besitzen, haben kraft desselben am 1. Juli 1871 den Unterstützungswohnsitz in demjenigen Ortsarmenverbande, welchem ihr Heimatort angehört.

2. Diejenigen Norddeutschen, welche am 30. Juni 1871 innerhalb des Bundesgebiets einen Unterstützungswohnsitz haben, besitzen denselben am 1. Juli 1871 mit den Folgen und Maßgaben dieses Gesetzes, gleichviel, ob die Voraussetzungen des Erwerbs andere waren, als die durch dieses Gesetz vorgeschriebenen.

3. Wo und insoweit bisher ein Heimatrecht oder Unterstützungswohnsitz durch bloßen Aufenthalt nicht erworben, durch bloße Abwesenheit nicht verloren werden konnte, beginnt der Lauf der durch dieses Gesetz vorgeschriebenen zweijährigen Frist für den Erwerb bzw. Verlust des Unterstützungswohnsitzes mit dem 1. Juli 1871.

4. Wo bisher für den Erwerb bzw. Verlust des Unterstützungswohnsitzes die nämliche oder eine längere, als die durch dieses Gesetz vorgeschriebene Frist galt, kommt bei Berechnung der letzteren die vor dem 1. Juli 1871 abgelaufene Zeitdauer in Ansatz.

5. Wo bisher für den Erwerb bzw. Verlust des Unterstützungswohnsitzes eine kürzere, als die durch dieses Gesetz vorgeschriebene Frist bestand, gilt, sofern die kürzere Frist vor dem 1. Juli 1871 abgelaufen war, die Wirkung des Ablaufs als eingetreten, auch wenn die Entscheidung hierüber erst nach dem 1. Juli 1871 erfolgt. War die kürzere Frist vor dem 1. Juli 1871 noch nicht abgelaufen, so bedarf es zum Eintritt der durch dieses Gesetz vorgeschriebenen Wirkungen des Ablaufs der durch dieses Gesetz vorgeschriebenen Frist, jedoch unter Anrechnung der vor dem 1. Juli 1871 abgelaufenen Zeitdauer.

6. Das durch dieses Gesetz für die Entscheidung der Streitsachen über die öffentliche Unterstützung Hilfsbedürftiger vorgeschriebene Verfahren kommt nach Maßgabe der Vorschrift des § 37 zur Anwendung bei denjenigen Streitsachen der Armenverbände (Armenkommunen, Armenbezirke, Heimatbezirke), welche nach dem 30. Juni 1871 anhängig gemacht werden.

Anlage Nr. 6.

Verfügung vom 27. September 1906, betreffend uneheliche Kinder belgischer, französischer, italienischer, luxemburgischer und niederländischer Mütter.

Der Herr Justizminister hat in Erweiterung der dem Runderlasse vom 23. Oktober 1903 (nachstehend abgedruckt) beigefügten Rundverfügung vom 30. September 1903 durch die Anlage die Vormundschaftsgerichte der Monarchie angewiesen, auch von jeder bei ihnen zur Anzeige gelangenden außerehelichen Geburt einer belgischen, französischen, italienischen und luxemburgischen Staatsangehörigen der zuständigen Polizeibehörde Mitteilung zu machen.

Es werden daher die durch den diesjährigen Runderlaß vom 23. Oktober 1903 hinsichtlich der Anerkennung unehelicher Kinder von Niederländerinnen getroffenen Anordnungen hiermit ebenfalls auf die außerehelichen Geburten von Angehörigen der Staaten Belgien, Frankreich, Italien und Luxemburg ausgedehnt.

Euer Hochwohlgeboren ersuche ich ergebenst, die Polizeibehörden und die Standesbeamten hiernach mit Weisung zu versehen.

Berlin, den 27. September 1906.

Der Minister des Innern.
Im Auftrage: v. Kitzing.

Wie hier bekannt geworden ist, sind die Unzuträglichkeiten, die zum Erlasse der Rundverfügung vom 30. September 1903 (S. 276) betr. die unehelichen Kinder niederländischer Mütter geführt haben, neuerdings auch hinsichtlich unehelicher Kinder hervorgetreten, deren Mütter anderen Staaten des französischen Rechtsgebiets angehören. Nach der Gesetzgebung der Staaten dieses Rechtsgebiets, zu dem außer den Niederlanden noch Belgien, Frankreich, Italien und Luxemburg gehören, erlangt das im Auslande geborene uneheliche Kind die Staatsangehörigkeit der Mutter erst, wenn diese das Kind in einer öffentlichen Urkunde ausdrücklich anerkannt hat.

Um den hieraus sich ergebenden, bereits im Erlasse vom 30. September 1903 hervorgehobenen Mißständen zu begegnen, bestimme ich daher in Erweiterung der in dem genannten Runderlasse getroffenen Anordnung, daß die Vormundschaftsgerichte die daselbst vorgeschriebenen Mitteilungen auch von jeder bei ihnen zur Anzeige gelangenden außerehelichen Geburt einer belgischen, französischen, italienischen und luxemburgischen Staatsangehörigen der zuständigen Polizeibehörde zu machen haben.

Ich ersuche, die Gerichte Ihres Bezirkes mit entsprechender Weisung zu versehen.

Berlin, den 16. September 1906.

Der Justizminister:
In Vertretung: Küntzel.

Der Herr Justizminister hat durch den abschriftlich beifolgenden Erlaß die Vormundschaftsgerichte der Monarchie anweisen lassen, künftig von jeder bei ihnen zur Anzeige gelangenden außerehelichen Geburt einer Niederländerin alsbald der zuständigen Ortspolizeibehörde Mitteilung zu machen. Auf Grund dieser Mitteilungen ist dann seitens der Ortspolizeibehörden — nötigenfalls unter Androhung von Ausweisungsmaßregeln — beizeiten darauf hinzuwirken, daß die unehelichen Kinder durch die Mütter gerichtlich oder notariell anerkannt werden.

Von der zunächst in Erwägung gezogenen allgemeinen Anordnung von nachträglichen polizeilichen Ermittelungen nach früher erfolgten Geburten unehelicher Kinder von Müttern, welche bei der Geburt der Kinder die niederländische Staatsangehörigkeit besaßen und nicht etwa inzwischen durch Verehelichung mit einem Deutschen verloren haben, wird Abstand genommen. Es bleibt Euer Hochwohlgeboren unbenommen, in denjenigen Kreisen Ihrer Bezirke, in denen ein Bedürfnis dazu vorhanden ist, diese Erhebungen anstellen zu lassen. Die Vormundschaftsgerichte werden hierbei ihre Mitwirkung insofern nicht versagen, als es sich um Auskunftserteilung über einzelne Fälle, insbesondere aus einzelnen besonders zu bezeichnenden Vormundschaftsakten über die Staatsangehörigkeit der Mündelmutter und das Vorliegen eines Anerkennungsaktes handelt.

Ferner ist von den Standesbeamten in allen Fällen, in denen bei Eingehung der Ehe durch einen Niederländer sich herausstellt, daß die zur Eheschließung erscheinende Frau uneheliche Kinder hat, die von dem niederländischen, zur Eheschließung schreitenden Manne erzeugt worden sind, der zuständigen Ortspolizeibehörde über die vorhandenen unehelichen Kinder Anzeige zu erstatten. Die Ortspolizeibehörde hat dann in diesen Fällen ebenfalls in der vorerwähnten Weise auf eine Anerkennung der unehelichen Kinder, und zwar seitens des natürlichen Vaters, hinzuwirken.

Euer Hochwohlgeboren ersuche ich ergebenst, die hiernach erforderlichen Anordnungen gefälligst zu treffen.

Abschriftlich zur gefälligen Kenntnisnahme und weiteren Veranlassung, soweit es sich um die entsprechende Anweisung der Standesbeamten im Stadtkreise Berlin handelt.

Die vorstehenden Anordnungen sind getroffen worden, weil die Niederländische Regierung die Übernahme von im Auslande geborenen unehelichen Kindern einer niederländischen Staatsangehörigen wiederholt von der Beibringung einer öffentlichen — gerichtlichen oder notariellen — Urkunde abhängig gemacht hat, wonach die Kinder von der Mutter oder, wenn die Mutter später den natürlichen Vater geheiratet hat, von diesem förmlich anerkannt sind.

Berlin, den 23. Oktober 1903.

Der Minister des Innern.
Im Auftrage: v. Kitzing.

Nach hierher gelangten Mitteilungen haben sich in neuerer Zeit wiederholt Unzuträglichkeiten daraus ergeben, daß die niederländische Regierung bei der Übernahme niederländischer Staatsangehöriger nach ihrem Heimatsstaate die in Preußen geborenen unehelichen Kinder einer Niederländerin nicht ohne weiteres, sondern nur dann als Niederländer mit übernommen hat, wenn eine öffentliche — notarielle oder gerichtliche — Urkunde beigebracht wurde, wonach das Kind von der Mutter förmlich anerkannt worden war (vgl. Art. 1c, d des Gesetzes vom 12. Dezember 1892, betreffend die niederländische Staatsangehörigkeit und die Landesansässigkeit, bei Cahn, Reichsgesetz vom 1. Juni 1870, 2. Aufl., S. 283).

Um diesen Schwierigkeiten für die Zukunft vorzubeugen, erscheint es erwünscht, daß die Polizeibehörden von allen unehelichen Geburten niederländischer Mütter möglichst zeitig in Kenntnis gesetzt werden, um alsbald, nötigenfalls unter Androhung von Ausweisungsmaßregeln, auf die gerichtliche oder notarielle Anerkennung des Kindes durch die Mutter hinwirken zu können.

Zu diesem Zwecke bestimme ich hierdurch, daß die Vormundschaftsgerichte von jeder bei ihnen zur Anzeige gelangenden außerehelichen Geburt einer Niederländerin der zuständigen Ortspolizeibehörde alsbald Mitteilung zu machen haben. Diese Mitteilung ist nicht nur dann zu machen, wenn die niederländische Staatsangehörigkeit der Entbundenen bereits aus der dem Gericht von dem Standesbeamten gemäß § 48 des Reichsgesetzes über die Angelegenheiten der freiwilligen Gerichtsbarkeit zu erstattenden Anzeige erhellt, sondern auch in denjenigen Fällen, in welchen die von dem Gerichte mit Rücksicht auf Art. 23 des Einführungsgesetzes zum Bürgerlichen Gesetzbuch einzuleitenden Ermittelungen zur demnächstigen Feststellung der gedachten Staatsangehörigkeit führen.

Ich ersuche, die Gerichte Ihres Bezirks demgemäß mit Weisung zu versehen.

Berlin, den 30. September 1903.

Der Justizminister.
In Vertretung: Küntzel.

Anlage Nr. 7.

Gesetz, betreffend die Eheschließung und die Beurkundung des Personenstandes von Bundesangehörigen im Auslande. Vom 4. Mai 1870.

(BGBl. S. 599. Ausgegeben am 24. Oktober 1870, Gesetzblatt für Elsaß-Lothringen 1875 S. 11.)*)

Wir Wilhelm, von Gottes Gnaden König von Preußen usw. verordnen im Namen des Norddeutschen Bundes, nach erfolgter Zustimmung des Bundesrats und des Reichstags, was folgt:

§ 1. Der Bundeskanzler kann einem diplomatischen Vertreter des Bundes für das ganze Gebiet des Staates, bei dessen Hofe oder Regierung

---

*) Das Gesetz ist durch Art. 80 Nr. I 28 der Verfassung des Deutschen Bundes vom 31. Dez. 1870 (BGBl. S. 627) zum Gesetz des Deutschen Bundes und durch § 2 des Gesetzes vom 16. April 1871 (BGBl. S. 63) zum Reichsgesetz erklärt. Es ist für Baden, Südhessen und Württemberg am 1. Jan. 1871 (Vereinbarung mit Baden und Hessen über Gründung des Deutschen Bundes vom 15. Nov. 1870; Vertrag mit Württemberg über dessen Beitritt zur Verfassung des Deutschen Bundes vom 25. Nov. 1870 Art. 2 Nr. 6 und Verhandlung von demselben Tage Nr. 1a), für Bayern am 13. Mai 1871 (Vertrag über den Beitritt Bayerns zur Verfassung des Deutschen Bundes vom 23. Nov. 1870 Nr. III § 8; Gesetz vom 22. April 1871 § 2 Nr. I 12 (BGBl. S. 87), für Elsaß-Lothringen am 8. März 1875 (Gesetz vom 8. Febr. 1875 Nr. 2, Gesetzbl. für Elsaß-Lothingen S. 9) in Kraft getreten.

Die Bestimmungen des Gesetzes vom 4. Mai 1870 sind durch das Gesetz über die Beurkundung des Personenstandes und die Eheschließung vom 6. Febr. 1875 (RGBl. S. 23) nicht berührt (vgl. § 85 desselben).

Über die Beurkundung des Personenstandes der auf See befindlichen Personen vgl. §§ 61 bis 64 des Gesetzes vom 6. Febr. 1875 (RGBl. S. 23) und § 65 der Seemannsordnung vom 2. Juni 1902 (RGBl. S. 175).

Durch § 7 des Gesetzes, betr. die Rechtsverhältnisse der deutschen Schutzgebiete, vom 25. Juni 1900 ist bestimmt, daß das Gesetz vom 4. Mai 1870 für die Schutzgebiete mit der Maßgabe Anwendung findet, daß dasselbe durch Kaiserl. Verordnung auch auf andere Personen als auf Reichsangehörige ausgedehnt werden kann und an die Stelle des Bundeskonsuls der von dem Reichskanzler zur Eheschließung und zur Beurkundung des Personenstandes ermächtigte Beamte tritt.

Eine ähnliche Anordnung trifft § 8 der Verordnung vom 27. April 1898,

derselbe beglaubigt ist, und einem Bundeskonsul*) für dessen Amtsbezirk die allgemeine Ermächtigung erteilen, bürgerlich gültige Eheschließungen von Bundesangehörigen**) vorzunehmen, und die Geburten, Heiraten und Sterbefälle von Bundesangehörigen**) zu beurkunden.***)†)

§ 2. Die zur Eheschließung und zur Beurkundung des Personenstandes ermächtigten Beamten (§ 1) haben über die Beurkundung der Geburten, Heiraten und Sterbefälle getrennte Register zu führen. Die vorkommenden Fälle sind in protokollarischer Form unter fortlaufender Nummer in die Register einzutragen. Jedes Register wird in zwei gleichlautenden Originalen nach einem Formulare geführt, welches von dem Bundeskanzler vorgeschrieben wird.††) Das Formular soll für alle Beamten ein übereinstimmendes sein.

Am Jahresschlusse hat der Beamte die Register abzuschließen und das eine Exemplar derselben dem Bundeskanzler einzusenden. Gleichzeitig hat er den Regierungen der einzelnen Bundesstaaten aus den Registern einen Auszug der Fälle mitzuteilen, welche Angehörige derselben betreffen.

Wenn im Laufe des Jahres in ein Register eine Eintragung nicht erfolgt ist, so hat der Beamte eine amtliche Bescheinigung hierüber am Jahresschlusse dem Bundeskanzler einzusenden.

§ 3.†††) Der Schließung der Ehe soll das Aufgebot vorangehen. Vor Beginn desselben sind dem Beamten die zur Eingehung einer Ehe nach den Gesetzen der Heimat der Verlobten notwendigen Erfordernisse

---

betr. die Rechtsverhältnisse in Kiautschou (RGBl. S. 173): „Das Gesetz, betr. die Eheschließung und die Beurkundung des Personenstandes von Reichsangehörigen im Ausland vom 4. Mai 1870 findet in dem Schutzgebiete vom 1. Juni 1898 ab auf alle Personen, welche nicht Chinesen sind, Anwendung. Der Gouverneur ist befugt, für Angehörige farbiger Völkerstämme abweichende Anordnungen zu treffen."

*) Vgl. § 13 des Konsulatsgesetzes vom 8. Nov. 1867 (BGBl. S. 173).

**) Seit dem 1. März 1875 auch von Schutzgenossen (§ 85 Abs. 2 des Gesetzes vom 6. Febr. 1875, RGBl. S. 23). Dies ist in dem Erl. des Reichskanzlers vom 21. Juni 1877 namentlich auch bezüglich der im Auslande sich aufhaltenden Schweizer für zulässig erklärt (vgl. v. König, Handbuch des deutschen Konsularwesens, 7. Aufl., S. 59 und 222).

***) Die auf Grund dieser Bestimmung erteilten Ermächtigungen wurden bis 1873 durch das BGBl. bzw. RGBl. und werden seitdem durch das Zentralblatt bekanntgemacht.

†) Daß ein zu standesamtlichen Funktionen ermächtigter Konsul auch eine, seine eigene Familie betreffende Eintragung in das Standesregister persönlich vornehmen kann, ist in dem Zirk. vom 28. April 1877 für rechtlich unbedenklich erklärt (vgl. v. König, Handbuch des deutschen Konsularwesens, 7. Aufl., S. 227).

††) Vgl. die Instruktion des Reichskanzlers vom 1. März 1871 zu dem Gesetz vom 4. Mai 1870.

†††) Vgl. § 7 der Instruktion.

als vorhanden nachzuweisen. Insbesondere haben die Verlobten in beglaubigter Form beizubringen:

1. ihre Geburtsurkunden;
2. die zustimmende Erklärung derjenigen Personen, deren Einwilligung nach den Gesetzen der Heimat der Verlobten erforderlich ist.

Der Beamte kann die Beibringung dieser Urkunden erlassen, wenn ihm die Tatsachen, welche durch dieselben festgestellt werden sollen, persönlich bekannt oder auf andere Weise glaubhaft nachgewiesen sind.

Auch kann er von unbedeutenden Abweichungen in den Urkunden, beispielsweise von einer verschiedenen Schreibart der Namen oder einer Verschiedenheit der Vornamen absehen, wenn in anderer Weise die Identität der Beteiligten festgestellt wird.

Der Beamte ist berechtigt, den Verlobten die eidesstattliche Versicherung über die Richtigkeit der Tatsachen abzunehmen, welche durch die vorliegenden Urkunden oder die sonst beigebrachten Beweismittel ihm nicht als hinreichend festgestellt erscheinen.

§ 4. Das Aufgebot geschieht durch eine Bekanntmachung des Beamten, welche die Vornamen, die Familiennamen, das Alter, den Stand oder das Gewerbe und den Wohnort der Verlobten und ihrer Eltern enthalten muß. Diese Bekanntmachung muß an der Tür oder an einer in die Augen fallenden Stelle vor oder in der Kanzlei des Beamten eine Woche hindurch ausgehängt bleiben. Erscheint an dem Amtssitze des Beamten eine Zeitung, so ist die Bekanntmachung außerdem einmal darin einzurücken, und die Eheschließung nicht vor Ablauf des dritten Tages von dem Tage an zulässig, an welchem das die Bekanntmachung enthaltende Blatt ausgegeben ist. Unter mehreren an dem bezeichneten Orte erscheinenden Zeitungen hat der Beamte die Wahl.*)

§ 5. Wenn eine der aufzubietenden Personen innerhalb der letzten sechs Monate ihren Wohnsitz außerhalb des Amtsbereichs (§ 1) des Beamten gehabt hat, so muß die Bekanntmachung des Aufgebots auch an dem früheren Wohnsitz nach den dort geltenden Vorschriften erfolgen, oder ein gehörig beglaubigtes Zeugnis der Obrigkeit des früheren Wohnortes darüber beigebracht werden, daß daselbst Ehehindernisse in betreff der einzugehenden Ehe nicht bekannt seien.**)

§ 6. Der Beamte kann aus besonders dringenden Gründen von dem Aufgebote (§§ 4 und 5) ganz dispensieren.***)

---

*) Vgl. §§ 8 und 11 der Instruktion.
**) Vgl. § 9 der Instr.
***) Vgl. § 10 der Instr.

§ 7.*) Die Ehe wird dadurch geschlossen, daß die Verlobten vor dem Beamten persönlich und bei gleichzeitiger Anwesenheit erklären, die Ehe miteinander eingehen zu wollen. Der Beamte muß zur Entgegennahme bereit sein.

Die Erklärungen können nicht unter einer Bedingung oder einer Zeitbestimmung abgegeben werden.

§ 7a. Der Beamte soll bei der Eheschließung in Gegenwart von zwei Zeugen an die Verlobten einzeln und nacheinander die Frage richten, ob sie die Ehe miteinander eingehen wollen, und, nachdem die Verlobten die Frage bejaht haben, aussprechen, daß sie kraft dieses Gesetzes nunmehr rechtmäßig verbundene Eheleute seien.

Als Zeugen sollen Personen, die der bürgerlichen Ehrenrechte für verlustig erklärt sind, während der Zeit, für welche die Aberkennung der Ehrenrechte erfolgt ist, sowie Minderjährige nicht zugezogen werden. Personen, die mit einem der Verlobten, mit dem Beamten oder miteinander verwandt sind, dürfen als Zeugen zugezogen werden.

§ 8. Als zur Eheschließung ermächtigter Beamter (§ 1) gilt auch derjenige, welcher, ohne ein Beamter zu sein, das Amt eines solchen öffentlich ausübt, es sei denn, daß die Verlobten den Mangel der amtlichen Befugnis bei der Eheschließung kennen.

§ 8a. Eine Ehe, die vor einem zur Eheschließung ermächtigten Beamten (§ 1) oder vor einer im § 8 einem solchen Beamten gleichgestellten Person geschlossen wird, ist wegen Formmangels nur dann nichtig, wenn bei der Eheschließung die im § 7 vorgeschriebene Form nicht beobachtet worden ist.

Ist die Ehe in das Heiratsregister eingetragen worden und haben die Ehegatten nach der Eheschließung zehn Jahre oder, falls einer von ihnen vorher gestorben ist, bis zu dessen Tode, jedoch mindestens drei Jahre als Ehegatten miteinander gelebt, so ist die Ehe als von Anfang an gültig anzusehen. Diese Vorschrift findet keine Anwendung, wenn bei dem Ablaufe der zehn Jahre oder zur Zeit des Todes des einen Ehegatten die Nichtigkeitsklage erhoben ist.

§ 9.**) Die über die geschlossene Ehe in die Register einzutragende Urkunde (Heiratsurkunde) soll enthalten:

1. Vor- und Familiennamen, Staatsangehörigkeit, Alter, Stand oder Gewerbe, Geburts- und Wohnort der die Ehe eingehenden Personen;

---

*) Über das Verfahren, wenn auf Grund des Aufgebots gegen die beabsichtigte Eheschließung Einwendungen erhoben werden, vgl. § 12 der Instr.

**) Vgl. das Protokollformular im § 12 der Instr.

2. Vor- und Familiennamen, Alter, Stand oder Gewerbe und Wohnort ihrer Eltern;
3. Vor- und Familiennamen, Alter, Stand oder Gewerbe und Wohnort der zugezogenen Zeugen;
4. die auf Befragen des Beamten abgegebene Erklärung der Verlobten, sowie die erfolgte Verkündigung ihrer Verbindung;
5. die Unterschrift der anwesenden Personen.

§ 10. Die vorstehenden Bestimmungen über die Eheschließung (§§ 3 bis 9) finden auch Anwendung, wenn nicht beide Verlobte, sondern nur einer derselben ein Bundesangehöriger ist.*)

§ 11.**) Die Eintragung der Geburt eines Kindes in die Register kann von dem Beamten nur vorgenommen werden, nachdem sich derselbe durch Vernehmung des Vaters des Kindes oder anderer Personen die Überzeugung von der Richtigkeit der einzutragenden Tatsachen verschafft hat.

Diese Eintragung soll enthalten:
1. den Ort, den Tag und die Stunde der Geburt;
2. das Geschlecht des Kindes;
3. die ihm beigelegten Vornamen;
4. Vor- und Familiennamen, Staatsangehörigkeit, Stand oder Gewerbe, sowie den Wohnort der Eltern und zweier bei der Eintragung zuzuziehender Zeugen;
5. die Unterschrift des Vaters, wenn er anwesend ist, und der vorgedachten Zeugen.

§ 12.***) Die Eintragung eines Todesfalles in die Register erfolgt auf Grund der Erklärung zweier Zeugen. Sie soll enthalten:
1. Vor- und Familiennamen des Verstorbenen, dessen Staatsangehörigkeit, Alter, Stand oder Gewerbe, Wohn- und Geburtsort,
2. Vor- und Familiennamen seines Ehegatten,
3. Vor- und Familiennamen, Staatsangehörigkeit, Stand oder Gewerbe und Wohnort der Eltern des Verstorbenen,
4. Ort, Tag und Stunde des erfolgten Todes,

soweit diese Verhältnisse bekannt sind,

5. Vor- und Familiennamen, Alter, Stand oder Gewerbe und Wohnort der Zeugen, welche die Erklärung abgeben, und, wenn es Verwandte des Verstorbenen sind, den Grad ihrer Verwandtschaft;
6. Unterschrift der Zeugen.

---

*) Vgl. § 2 der Instr.

**) Vgl. §§ 13—16 der Instr., wo das Protokollformular mitgeteilt und das Verfahren für Fälle vorgeschrieben ist, in welchen Bedenken gegen die Richtigkeit des Anmeldenden entstehen.

***) Vgl. §§ 17—20 der Instr.

§ 13. Insoweit durch die Gesetze eines Bundesstaates den diplomatischen Vertretern und Konsuln in Ansehung der Eheschließungen, sowie der Beurkundung der Geburten, Heiraten und Sterbefälle der Angehörigen dieses Staates von einer besonderen Ermächtigung nicht abhängige oder ausgedehntere Befugnisse, als die im gegenwärtigen Gesetze bestimmten, beigelegt sind oder künftig beigelegt werden, stehen diese Befugnisse für die bezeichneten Angehörigen auch den diplomatischen Vertretern des Bundes und den Bundeskonsuln zu.

§ 14. Auf die Gebühren, welche für die durch das gegenwärtige Gesetz den Beamten des Bundes überwiesenen Geschäfte und insbesondere für die Ausfertigungen und Abschriften aus den Personenstandsregistern zu erheben sind, findet der § 38 des Bundesgesetzes, betreffend die Organisation der Bundeskonsulate, sowie die Amtsrechte und Pflichten der Bundeskonsuln, vom 8. November 1867 (BGBl. S. 137)*) Anwendung.

Urkundlich usw.

Gegeben Berlin, den 4. Mai 1870.

Anlage Nr. 8.

Erkenntnis des Preußischen Oberverwaltungsgerichts vom 25. Januar 1883. Die in dem Gesetze über die Aufnahme neu anziehender Personen vom 31. Dezember 1842 § 2 Nr. 2 enthaltene Bestimmung über die Befugnis der Landespolizeibehörden, bestrafte Personen von dem Aufenthalte an bestimmten Orten auszuschließen, ist noch gegenwärtig in Geltung.

(Zu vgl. Preuß. MBl. 1850 S. 189 und 1861 S. 11.)

Im Namen des Königs.

In der Verwaltungsstreitsache d. N. N. zur Zeit in Berlin, Klägers, wider den Kgl. Oberpräsidenten von Berlin, Beklagten, hat das Kgl. Oberverwaltungsgericht, Erster Senat, in seiner Sitzung vom 25. Januar 1883, an welcher usw. teilgenommen haben, für Recht erkannt,

daß die Klage gegen den Bescheid des beklagten Kgl. Oberpräsidenten vom 2. November 1882 zurückzuweisen, der Wert des

---

*) Seit dem 1. Oktober 1872 werden die Gebühren nach Nr. 4, 14, 17, 31 des Tarifs zum Ges., betr. die Gebühren und Kosten bei den Konsulaten des Deutschen Reichs, vom 1. Juli 1872 (RGBl. S. 245) erhoben.

Streitgegenstandes auf 300 Mark festzusetzen und dem Kläger die Kosten des Verfahrens zur Last zu legen.

Von Rechts Wegen.

Gründe.

Der N. N., bisher zu R. wohnhaft, ist durch strafgerichtliches Erkenntnis vom 21. Januar 1882 wegen Urkundenfälschung mit 9 Monaten Gefängnis bestraft worden, hat diese Strafe nach Anrechnung von 3 Monaten Untersuchungshaft vom 21. Januar bis 21. Juli 1882 im Gefängnis zu R. verbüßt, und hat sich sodann Ende August von dort nach Berlin begeben, um sich hier niederzulassen.

Am 12. Oktober ist ihm eine Verfügung des Kgl. Polizeipräsidenten hierselbst vom 9. Oktober zu Protokoll eröffnet worden, inhalts deren er unter Androhung von Zwang auf Grund des § 2 Nr. 2 des Gesetzes über die Aufnahme neu anziehender Personen vom 31. Dezember 1842 ausgewiesen wird.

Eine hiergegen am 13. desselben Monats erhobene Beschwerde ist durch Verfügung des Kgl. Oberpräsidenten von Berlin vom 2. November als unbegründet zurückgewiesen worden.

In einer darauf fristzeitig erhobenen Klage beantragt der usw. N.,

> die Verfügung des Kgl. Polizeipräsidenten von Berlin vom 9. Oktober und den dieselbe bestätigenden Bescheid des Kgl. Oberpräsidenten von Berlin vom 2. November 1882 aufzuheben.

Er fühlt sich beschwert, weil ihm nicht die gesetzliche Bestimmung namhaft gemacht sei, auf Grund deren seine Ausweisung aus Berlin erfolge, und führt ferner aus, daß, falls dies auf Grund des § 2 Nr. 2 des gedachten Gesetzes geschehen, diese Gesetzesvorschrift als durch die spätere Strafgesetzgebung aufgehoben anzusehen sei. Eventuell seien zur Anwendung dieses Gesetzes besondere Tatumstände, welche die Ausweisung eines Bestraften erheischten, erforderlich, solche aber so wenig angegeben als vorhanden. Jedenfalls sei der Schlußsatz des § 2 a. a. O., wonach die Polizeibehörde über die Gründe der Ausweisung der Partei nicht Rechenschaft schuldig sein solle, durch das Organisationsgesetz vom 26. Juli 1880 außer kraft gesetzt und in tatsächlicher Beziehung solle bewiesen werden, daß er, Kläger, die nötigen Einleitungen getroffen habe, um sich hier in Berlin seinen und seiner Familie Unterhalt redlich zu verdienen.

Der beklagte Kgl. Oberpräsident hat, ohne sich im übrigen zur Sache zu äußern, Berichte des Kgl. Polizeipräsidenten zu Berlin vom 23. Oktober und 4. Dezember v. J. eingereicht, in denen hervorgehoben wird, daß die besonderen Verhältnisse der Stadt Berlin dazu nötigten, den Zuzug von Personen, welche, wie der usw. N., mit den Strafgesetzen in Berührung gekommen seien, möglichst einzuschränken, und daß die Natur der dem usw. N. zur Last fallenden strafbaren Handlung und die Höhe der von ihm erlittenen Strafe denselben unzweifelhaft als eine für die öffentliche Sicherheit und Moralität gefährliche Person charakterisierten.

Im Termin zur mündlichen Verhandlung der Sache ist der vom Herrn Minister des Innern zur Wahrnehmung des öffentlichen Interesses bestellte Kommissarius in eingehender Ausführung der Rechtsansicht, daß der mehrgedachte § 2 unter Nr. 2 des Gesetzes vom 31. Dezember 1842 nicht mehr geltendes Recht sei, entgegengetreten.

Für die Entscheidung der Sache bedarf es zunächst der Beantwortung dieser letzteren Rechtsfrage. Dieselbe gehört zu den bestrittensten des öffentlichen Rechtes, wie schon der Hinweis auf v. Rönne, Staatsrecht, IV. Aufl., Bd. II, S. 65; F. C. Oppenhoff, Kommentar zum Preußischen Strafgesetzbuch, V. Aufl., Note 9 zu § 27, S. 76; Th. F. Oppenhoff, Die Preußischen Gesetze über die Ressortverhältnisse, Note 10 zu § 2 a. a. O., S. 364, einerseits, und Förstemann, Prinzipien des Preußischen Polizeirechts, S. 431, das daselbst in bezug genommene Reskript des Ministers des Innern vom 30. Mai 1850 (MBl. S. 189) und der Erlaß desselben Ministeriums vom 14. Dezember 1860 (MBl. von 1861 S. 11 ff.) anderseits, sowie die Verhandlungen der gesetzgebenden Körperschaften, so namentlich des Hauses der Abgeordneten, am 12. Februar 1859 (StenBer. S. 154 ff.), am 4. Oktober 1862 (StenBer. Bd. IV S. 2071) und des Reichstages des Norddeutschen Bundes am 19. Juni 1869 (StenBer. S. 1332 ff.) ergibt.

Das in Rede stehende Gesetz über die Aufnahme neu anziehender Personen vom 31. Dezember 1842 (GS. von 1843, S. 5) lautet in den beiden ersten Paragraphen:

§ 1. Keinem selbständigen Preußischen Untertan darf an dem Orte, wo er eine eigene Wohnung oder ein Unterkommen sich selbst zu verschaffen imstande ist, der Aufenthalt verweigert oder durch lästige Bedingungen erschwert werden.

§ 2. Ausnahmen hiervon (§ 1) finden statt:

1. usw.
2. wenn die Landespolizeibehörde nötig findet, einen entlassenen Sträfling von dem Aufenthalte an gewissen Orten auszuschließen. Hierzu ist die Landespolizeibehörde jedoch nur in Ansehung solcher Sträflinge befugt, welche zu Zuchthaus oder wegen eines Verbrechens, wodurch der Täter sich als einen für die öffentliche Sicherheit oder Moralität gefährlichen Menschen darstellt, zu irgend einer andern Strafe verurteilt worden oder in einer Korrektionsanstalt eingesperrt gewesen

ist. Über die Gründe einer solchen Maßregel ist die Landespolizeibehörde nur dem vorgesetzten Ministerium, nicht aber der Partei Rechenschaft zu geben schuldig.

Daß diese letztere Bestimmung nicht durch ein späteres Gesetz ausdrücklich als aufgehoben bezeichnet worden ist, steht fest.

Dagegen fragt es sich, ob dieselbe nicht dadurch außer Wirksamkeit gesetzt worden ist, daß eine ihr entgegenstehende Rechtsregel durch ein späteres Gesetz gegeben und so der Wille des Gesetzgebers, das frühere Gesetz aufzuheben, erkennbar gemacht ist.

In dieser Hinsicht unterliegt es zunächst keinem Bedenken, daß der § 2 Nr. 2 a. a. O. nicht durch das Reichsgesetz über die Freizügigkeit vom 1. November 1867 (BGBl. S. 55) beseitigt worden ist, da es der § 3 desselben ausdrücklich bei den Landesgesetzen bewenden läßt, soweit nach denselben bestrafte Personen Aufenthaltsbeschränkungen durch die Polizeibehörde unterworfen werden können.

Weiter kann aber auch keineswegs anerkannt werden, daß jene Bestimmung durch Art. V der Verfassungsurkunde vom 31. Januar 1850 außer Wirksamkeit gesetzt worden ist, welcher vorschreibt: „Die persönliche Freiheit ist gewährleistet. Die Bedingungen und Formen, unter welchen eine Beschränkung derselben, insbesondere eine Verhaftung, zulässig ist, werden durch das Gesetz bestimmt.“ — Selbst wenn ohne weiteres davon auszugehen wäre, daß das Recht des Aufenthalts zum Zweck der Niederlassung in dem Recht auf persönliche Freiheit im Sinne des Art. V einbegriffen sei, wogegen sich indes namentlich aus der Entstehungsgeschichte des Art. V Bedenken begründen lassen, so bietet doch so wenig der Inhalt dieser Vorschrift wie ihr Charakter als Verfassungsnorm einen Anhalt für die Annahme, daß dieselbe den gesamten auf Gesetz beruhenden Rechtszustand, welcher von ihr vorgefunden wurde, beseitigt habe, oder daß es durch dieselbe den das Gesetz handhabenden Behörden überlassen wäre, ihrerseits zu prüfen, ob und inwieweit ein einzelnes vorhandenes Gesetz dem Prinzip des Art. V, wonach die Bedingungen und Formen der Beschränkung der persönlichen Freiheit gesetzlich fixiert sein sollen, genügend entspreche, um es je nach dem Resultat dieser Prüfung anzuwenden oder nicht. Eine derartige Revision des bestehenden Rechts war Sache der die Verfassung ausführenden Gesetzgebung. Die letztere hat bekanntlich das Recht des Aufenthalts zum Zweck der Niederlassung in Preußen nicht neu geregelt, sondern nur in einem hier nicht in Betracht kommenden Punkte modifiziert (Gesetz vom 21. Mai 1855, Ges.-Samml. S. 311). Es fragt sich daher nur, ob der § 2 Nr. 2 a. a. O. durch die spätere Strafrechtsgesetzgebung beseitigt ist, indem diese die Stellung unter Polizeiaufsicht als durch den Strafrichter zu verhängende Nebenstrafe allgemein einführte und als eine der Wirkungen dieser Strafe bezeichnete, daß dem Verurteilten der Aufenthalt an einzelnen bestimmten Orten von der Landespolizeibehörde untersagt werden könne. — (§ 8 Nr. 1 des Gesetzes, betreffend die Stellung unter Polizeiaufsicht, vom 12. Februar 1850, Ges.-Samml. S. 49, §§ 26 bis 28 des Preußischen Strafgesetzbuches vom 14. April 1851, §§ 38 und 39 des Reichsstrafgesetzbuches.)

Bei diesem positiven Inhalt des Strafrechts kann die Verneinung jener Frage nicht schon aus den sonst zutreffenden Erwägungen hergeleitet werden, daß jener § 2 Nr. 2 a. a. O. nicht als Strafrechtsnorm gegeben sei, die neueren Strafgesetze aber nur die älteren Strafbestimmungen außer Wirkung setzten (Art. II des Einführungsgesetzes zum Preußischen Strafgesetzbuch vom 14. April 1851, § 2 des Einführungsgesetzes zum Strafgesetzbuche für den Norddeutschen Bund vom 31. Mai 1870), und daß es außerdem nicht die Aufgabe des Strafgesetzbuches sei, die rechtlichen Wirkungen der in demselben vorgesehenen Bestrafungen für alle Rechtsgebiete erschöpfend zu bestimmen. Vielmehr wird auf die Entstehungsgeschichte und den gesamten Inhalt des Gesetzes vom 31. Dezember 1842 näher eingegangen werden müssen, um dessen Stellung im System des öffentlichen Rechtes und so das Verhältnis des § 2 Nr. 2 desselben zu jenen Strafrechtsnormen festzustellen.

Als im Jahre 1825 ein Gesetzentwurf über die Verpflichtung zur Armenpflege ausgearbeitet worden war, stellte sich bei der Beratung desselben die Notwendigkeit heraus, demselben durch die gesetzliche Regelung der Frage, wie weit die Gemeinden verpflichtet sein sollten, neu anziehende Personen bei sich aufzunehmen, eine Unterlage zu schaffen, nachdem in dieser Beziehung der früheren ländlichen Gemeindeverfassung, insbesondere den §§ 114 und 115 Tit. 7 Teil II des Allg. Landr. durch die Aufhebung der Gutsuntertänigkeit der Boden entzogen und durch die Städteordnung vom 19. November 1808 wohl der Erwerb des Bürgerrechtes, nicht aber die Aufnahme der Schutzverwandten geregelt war. Infolgedessen wurde ein Gesetzentwurf ausgearbeitet, welcher nach den Eingangsworten ergehen sollte: „zur Beseitigung der Zweifel, welche über die Verpflichtung der Kommunen und Gutsobrigkeiten, neu anziehende Personen in ihren Gemeinde- bzw. Gutsbezirk aufzunehmen, und über ihre Befugnis, dergleichen Aufnahme zu untersagen, erhoben werden“. Es kamen hierbei zwei Gründe für das Recht der Kommunen zur Abweisung Neuanziehender in Erwägung: Bescholtenheit des Rufes und Zustand der Verarmung. Der letztere wurde nach den Motiven des Gesetzentwurfs vom Jahre 1830 in gewissem Umfange anerkannt; auf demselben beruhen die §§ 4 und 5 des Gesetzes vom 31. Dezember 1842. Der erstere Grund, bei welchem vor allem die Aufnahme bestrafter Personen in Frage stand, wurde verworfen, zugleich aber eine

Bestimmung vorgesehen, nach welcher die Provinzialbehörden befugt sein sollten, den zu einer Kriminalstrafe verurteilten Personen aus besonderen polizeilichen Gründen die Niederlassung in einer oder mehreren bestimmt zu bezeichnenden Ortschaften zu versagen. Dabei hatte man nach den Motiven vornehmlich das Bedürfnis vor Augen, das Zusammenhäufen bestrafter Verbrecher an einzelnen Orten, namentlich in der Nähe von Strafanstalten, verhindern zu können. Dieser Gesetzentwurf stieß in dem Provinziallandtage von Westfalen auf den entschiedensten prinzipiellen Widerspruch zugunsten eines Anspruches der Gemeinden, bescholtene, namentlich bestrafte Personen abweisen zu dürfen. In anderen Provinziallandtagen wurden mehrfach Vorschläge zum Zweck eines weitergehenden Schutzes der Gemeinden gegen den Zuzug bestrafter Personen gemacht. Gleichwohl blieb das Staatsministerium in seiner Majorität bei dem ursprünglichen Entwurf, so daß der § 4 des demnächst der Beratung des Staatsrates unterbreiteten Entwurfs lautete:

> „Sonst aber (nämlich abgesehen von den im § 3 erwähnten durch Urteil und Recht oder durch obrigkeitliche Verfügung aus einem bestimmten Orte Verbannten) kann demjenigen, welcher zu einer Kriminalstrafe verurteilt worden, nach Abbüßung oder (im Begnadigungsfalle) Erlaß derselben die Niederlassung bloß aus diesem Grunde nirgends versagt werden. Nur den Provinzialpolizeibehörden bleibt es vorbehalten, aus besonderen polizeilichen Gründen, sei es auf den Antrag der Gemeindebehörde oder ohne einen solchen Antrag, einem Individuum dieser Art den Aufenthalt oder die Niederlassung in einer oder mehreren bestimmt zu bezeichnenden Ortschaften zu versagen; sie müssen aber dazu in jedem einzelnen Falle die Genehmigung des Ministeriums des Innern und der Polizei einholen, sind jedoch gegen das betreffende Individuum zu keiner Rechenschaft über die Gründe solcher Maßregel verpflichtet."

Aus dieser Bestimmung ist diejenige des § 2 Nr. 2 des Gesetzes vom 31. Dezember 1842 hervorgegangen, da die Majorität des Staatsrates der des Staatsministeriums beitrat, und obwohl es im Laufe der Beratungen nicht an Vorschlägen zu weiteren Einschränkungen der Freizügigkeit im Interesse der Einzelgemeinden fehlte. In letzter Beziehung ist hier namentlich hervorzuheben, daß der Minister des Innern und der Polizei in der Kommission des Staatsrates am 4. Februar 1841 (Protokoll S. 6 ff.) die Frage anregen ließ, ob nicht der Verwaltung die Befugnis einzuräumen sei, nicht nur einzelnen Individuen der im § 4 gedachten Kategorie die Niederlassung an bestimmt zu verzeichnenden Orten zu versagen, sondern auch in Ansehung einzelner Orte die Niederlassungsbefugnis überhaupt besonderen Beschränkungen zu unterwerfen. Das Bedürfnis solcher Beschränkungen sei rein polizeilicher Natur und trete nicht nur da, wo die Anhäufung bestrafter Verbrecher, z. B. am Orte einer Strafanstalt, erhebliche Nachteile mit sich führe, sondern auch an solchen Orten ein, wo der Zuwachs der Bevölkerung präsumtiv den Interessen der öffentlichen Ordnung und Sicherheit widerstreite. So gebe es Orte, deren Bevölkerung in der Mehrzahl vom Diebstahl lebe, der ganzen Umgebung zur Plage gereiche und moralisch unglaublich versunken sei. Andere Orte mit unzureichenden Erwerbsquellen seien außerstande, die Armenlast zu tragen. — Die Kommission des Staatsrates blieb auch diesen Ausführungen gegenüber bei dem Prinzip des Entwurfes stehen, erkannte aber einstimmig an, daß, soweit es sich um bestrafte Subjekte handle, der Zweck des Ministers vollständig durch die Bestimmung jenes § 4 sich erreichen lasse.

Mehrfach ist endlich auch im Laufe jener Beratungen die Stellung des § 4 zum Strafrecht und zu der strafrechtlichen Institution der polizeilichen Aufsicht berührt worden. Von dem Landtage der Rheinprovinz, in deren größtem Teile schon damals das Institut der Polizeiaufsicht auf Grund richterlichen Strafurteils mit der Wirkung der Aufenthaltsbestimmung durch die Landespolizeibehörde bestand (code pénal Art. 44ff.), war das Verhältnis des § 4 zur Handhabung des Strafrechts in Erwägung gezogen worden. Die Motive des umgearbeiteten Entwurfs (S. 89) beschränken sich in dieser Hinsicht auf folgende Anführung:

> „B. Der Landtag von Rheinland wünscht zu §§ 3 und 4 eine andere, nach seiner Meinung minder beschränkende Fassung, die aber lediglich auf dem rheinisch-französischen Strafrecht beruht und daher, als nicht allgemein passend, nicht angenommen werden kann. Beide Paragraphen, meint derselbe, sollen sich nämlich auf den Satz beschränken, daß die Verlegung des Wohnsitzes und resp. Aufenthaltes nur dem, welcher infolge der Strafgesetze und eines darauf gegründeten Urteils unter die besondere Aufsicht der Staatspolizei gestellt worden, versagt, oder vielmehr auch in diesen Fällen solche nur von der auf Antrag der Regierung erteilten Genehmigung des Ministerii des Innern abhängig gemacht werden könne."

Von anderer Seite war angeregt worden, den Gemeinden ein Recht zur Ausweisung bestrafter Personen für den Fall zu geben, daß letztere innerhalb eines Probejahres nach der Entlassung aus dem Strafroute ein neues Verbrechen verübten. Der Referent der Kommission des Staatsrates sprach sich über diesen Vorschlag, nachdem er zunächst dessen Unhaltbarkeit bei Heimatlosigkeit der Verbrecher ausgeführt hatte, dahin aus: „Sofern aber der Vorschlag den Verbrecher trifft und diesem nach abgebüßter Strafe noch eine Beschränkung seiner Freiheit auferlegt, fällt er mit der in dem neuen Entwurf des Strafrechts angeordneten (von dem Staatsrat bereits genehmigten) Polizeiaufsicht über entlassene Sträflinge, welche dort als besondere Qualifikation der Strafe gedacht ist, zusammen. Unzweifelhaft erscheint es mir endlich, daß auch den höheren Behörden gestattet sein müsse, aus besonderen polizeilichen Gründen dem entlassenen Verbrecher den Aufenthalt oder die Niederlassung an einem oder mehreren bestimmten Orten zu untersagen und somit halte ich die §§ 3 und 4 in Verbindung mit § 13 (dieser entspricht dem § 1 des Gesetzes vom 31. Dezember 1842) des Gesetzentwurfes ihrem ganzen Inhalte nach für gerechtfertigt (S. 31 und 32 des Gutachtens).

Im Plenum des Staatsrates kam gleichfalls zur Sprache, daß beabsichtigt werde, das kriminalrechtliche Institut der Polizeiaufsicht, wie es in der Rheinprovinz bestand, zu generalisieren. Das Protokoll der Verhandlung vom 17. November 1841 lautet: „Zuvörderst wurde bemerkt, daß der Zweck der gedachten Bestimmung rücksichtlich der zu einer Kriminalstrafe verurteilten Personen infolge der Vorschriften des neuen Strafgesetzbuchs über die Polizeiaufsicht §§ 39—43, welche für die Polizeibehörde eine gleiche Befugnis, wie die in Rede stehende, begründet, künftig auf eine Weise, welche eine mehr formelle Garantie gegen etwaige Willkür gebe, erreicht werden dürfte, indem danach alle einzelnen Arten von Verbrechen, bei denen die Stellung unter Polizeiaufsicht eintreten müsse oder könne, genau festgesetzt werden würden. Es möchte deshalb nach Publikation des neuen Strafgesetzbuches die fragliche Bestimmung entbehrlich werden oder doch zu modifizieren sein. Diese Ansicht wird jedoch von einigen Mitgliedern nicht für richtig gehalten, weil der vorliegende Paragraph zum großen Teile andere Zwecke verfolge, wie die erwähnte Polizeiaufsicht, und namentlich dahin gehe, daß nicht an einem Orte sich Personen, deren Wille und Fähigkeit zu einem redlichen Broterwerbe durch frühere verbrecherische Handlungen in Zweifel gestellt sei, in größerer Zahl zusammenfinden und dadurch für diesen Ort zu einer erdrückenden Last werden. Man war indes darüber einverstanden, daß die Vorschriften des neuen Strafgesetzbuches über die Polizeiaufsicht auf die jetzt zu treffenden Bestimmungen nicht von Einfluß sein könnten, und die Frage, inwiefern letztere infolge jener Vorschriften einer Änderung bedürfen, bis zum Erscheinen jenes Gesetzbuches vorbehalten bleiben müsse.“ —

Wenn hiernach die Bestimmung, wie sie in dem § 2 sub 2 a. a. O. zum Gesetz geworden, nicht nur von dem Referenten der Kommission des Staatsrates, sondern auch im Plenum des letzteren als eine von den Vorschriften des Strafrechts über Polizeiaufsicht verschiedene angesehen und behandelt wurde, so ist dies nicht ohne sachlichen Grund. Das Gesetz vom 31. Dezember 1842 soll, wie die mitgeteilte Entstehungsgeschichte, sein Inhalt und sein Zusammenhang mit dem gleichzeitig publizierten Gesetz über die Armenpflege ergeben, die Kollision des Rechts des einzelnen Individuums zur freien Wahl des Aufenthalts mit dem Recht und Interesse der Kommunen, gewissen Personen den Zuzug zu wehren, regeln. In diesem Gesetz ist der Zusammenhang jenes § 2 Nr. 2 mit den sonstigen Normen desselben nicht nur ein äußerlicher; der § 2 sub 2 ist nicht nur, wie es bei der Nr. 1 desselben Paragraphen der Fall sein mag, aufgenommen, um das Recht der Freizügigkeit erschöpfend darzustellen. Indem man sich darauf beschränkte, den Gemeinden ein selbständiges Recht der Abwehr nur gegen die Angehörigen von Verbrechern während der Einsperrung dieser letzteren in den Strafanstalten einzuräumen (§ 3 a. a. O.), nicht aber gegen entlassene Sträflinge, würde der Mangel dieser Befugnis durch das der Landespolizeibehörde unter Nr. 2 des § 2 eingeräumte Recht ersetzt. Die Handhabung dieses Rechts soll aus polizeilichen Gründen erfolgen, aber nach Absicht des Gesetzgebers, worauf namentlich jene Verhandlung der Kommission des Staatsrats vom 4. Februar 1841 hinweist, nicht nur zur Aufrechterhaltung der öffentlichen Sicherheit, sondern auch zur Förderung des gemeinen Wohls, im Wohlfahrtsinteresse der Kommunen durch die Landespolizeibehörden im Sinne des § 3 der Verordnung vom 26. Dezember 1808 wegen verbesserter Einrichtung der Provinzialpolizei- und Finanzbehörden (Ges.-Samml. für 1806—10, S. 464 ff. und des § 7 der Regierungsinstruktion vom 23. Oktober 1817, Ges.-Samml. S. 252). Von dieser Befugnis der Landespolizeibehörde ist die strafrechtlich geordnete Polizeiaufsicht wesentlich verschieden. Dieselbe wurzelt lediglich in dem Berufe der Polizei zur Verhütung und Verfolgung von Verbrechen (§§ 2 u. 10, Tit. 17 T. II des Allg. Landr.). In diesem Berufe übt die Polizei die Aufsicht über alle Verdächtigen, auch die nicht bestraften. Bei gewissen Kategorien Bestrafter erheischt die öffentliche Sicherheit diese Aufsicht aber derartig, daß sie eine wesentliche Beschränkung der natürlichen Freiheit herbeiführt. Mit Rücksicht hierauf gewinnt sie den Charakter der Strafe, die durch richterliches Urteil verhängt wird, und zugleich erscheint es um so mehr gewiesen, ihre Ausübung in gewisse gesetzliche Schranken und Formen zu bringen, je intensiver sie gegen die Freiheit des Individuums wirkt (zu vgl. die Verhandlungen der vereinigten ständischen Ausschüsse von 1848 über den Entwurf eines Strafgesetzbuches bei Bleich, Bd. II S. 304 ff., Goldtammer, Die Materialien zum Strafgesetzbuche, T. I S. 147 ff. und 220, und Anhang III zu den Motiven des Entwurfs des Strafgesetzbuches für den Norddeutschen Bund, Aktenstück Nr. 5 zu den Stenographischen Berichten des Reichstages von 1870, Bd. III S. 96 ff.). Ist nun auch im § 8 sub 1 des Gesetzes, betreffend die Stellung unter Polizeiaufsicht, vom 12. Februar 1850, welches das Institut dieser Aufsicht zuerst über den Geltungsbereich des Code pénal auf den ganzen Staat ausdehnte, zum Zweck dieser Aufsicht der Landespolizeibehörde (in den früheren Entwürfen zum Strafgesetzbuch war lediglich von der „Polizeibehörde" die Rede) die Befugnis gegeben worden, dem Verurteilten den Aufenthalt an bestimmten Orten zu untersagen, so kreuzt sich zwar die Handhabung dieser Befugnis mit der aus § 2 Nr. 1 des Gesetzes vom 31. Dezember 1842, beide Rechtsnormen beruhen aber, wie dargetan, weder auf völlig gleichem Rechtsboden, noch decken sie sich vollständig in ihren Zielen. Hieraus und nicht nur aus einer verschiedenen Beurteilung ein und derselben Materie ergibt sich auch die Verschiedenheit ihres Inhalts, so z. B., daß das Gesetz vom 31. Dezember 1842 nach § 14 den Aufenthalt Fremder und Reisender nicht regelt, eine Einschränkung, die dem Strafgesetz fremd sein muß, ferner daß letzteres, worauf namentlich bei der Fassung des § 39 des Reichsstrafgesetzbuches Bedacht genommen ist, die Aufenthaltsbeschränkung auch auf bestimmte Teile eines Gemeindebezirks vorsieht, während dies wiederum notwendig dem Gesetze vom 31. Dezember 1842 fernliegt.

Nach alledem erscheint die Annahme nicht statthaft, daß der § 8 des Gesetzes vom 12. Februar 1850 die in Rede stehende frühere Bestimmung außer Wirksamkeit gesetzt habe. Es hätte dazu im Rahmen dieses Gesetzes einer ausdrücklichen Vorschrift bedurft. Diese fehlt nicht nur im Gesetz selbst, sondern es ist auch in den Motiven der Regierungsvorlage zu demselben und in den sämtlichen Verhandlungen der gesetzgebenden Körperschaften über den Entwurf, des § 2 Nr. 2 des Gesetzes vom 31. Dezember 1842 überhaupt nicht gedacht worden. Man ging, wie namentlich die Erörterungen über die dem Gesetze teilweise beizulegende rückwirkende Kraft (die Bestimmung ist in den § 13 des Gesetzes zum Schutze der persönlichen Freiheit vom 12. Februar 1850 hinübergenommen) ergeben, davon aus, daß man, abgesehen von dem durch das Gesetz nicht berührten Gebiete des rheinischen Rechts, eine völlig neue Rechtsmaterie ordne, und es erklärt sich hieraus, daß in dem Gesetz selbst die sonst übliche allgemeine Vorschrift wegen Aufhebung der entgegenstehenden älteren Gesetze fehlt.

Dafür, daß das darauf folgende preußische Strafgesetzbuch und das spätere Reichsstrafgesetzbuch in der hier fraglichen Beziehung über das Gesetz vom 12. Februar 1850 hinausgegangen wären, mangelt es an jedem Anhalt. — Anlangend insbesondere das Reichsstrafgesetzbuch, so ist dessen Bestimmungen über die Stellung unter Polizeiaufsicht auch in der Gesetzgebung und Verwaltung der anderen deutschen Staaten, welche ähnliche gesetzliche Vorschriften wie den § 2 a. a. O. haben, soweit ersichtlich, nirgends die Bedeutung beigelegt worden, daß sie die Gültigkeit der letzteren berührten. Für das Königreich Sachsen hat der Kommissarius des Ministers des Innern in dieser Hinsicht auf die Verhandlungen der II. Kammer des sächsischen Landtages am 27. Februar 1882 (Mitteilungen S. 1033) hingewiesen. Außerdem mag hervorgehoben werden, daß im Königreich Bayern die Freizügigkeit landesgesetzlich durch Novelle vom 23. Februar 1872 neu geregelt ist, und zwar hinsichtlich der Ausweisung Bestrafter, um die früheren Bestimmungen mit der Terminologie des Reichsstrafgesetzbuches für die einzelnen Verbrechen, Vergehen und deren Strafen in Einklang zu bringen (v. Riedel, Kommentar zum bayerischen Gesetze vom 16. April 1868 über Heimat usw., V. Aufl. S. 214, insbesondere Note 12 S. 234).

Wenn endlich von seiten des klägerischen Mandatars in der mündlichen Verhandlung der Sache ausgeführt worden ist, daß dem § 2 Nr. 2 des Gesetzes vom 31. Dezember 1842 durch das preußische Strafgesetzbuch vom 14. April 1842 insofern der Boden entzogen worden sei, als jene Gesetzesvorschrift die Handhabung des damals geltenden Strafrechts voraussetze, wenn es in dem § 2 a. a. O. von zu Zuchthaus oder wegen eines Verbrechens zu irgend einer anderen Strafe verurteilten Sträflingen handle, so ist auch dies nicht zutreffend. Das Gesetz hat das landespolizeiliche Einschreiten nicht von der Dauer des damals schon lange zur Revision gestellten Strafrechts abhängig gemacht, vielmehr die tatsächlichen Voraussetzungen desselben derartig bezeichnet, daß ihr Eintreten unter dem heutigen Strafrechte ebenso wie unter dem früheren bestimmt werden kann. Nur darauf kommt es für eine sinngemäße Anwendung des Gesetzes an, die Terminologie des früheren Strafrechts, unter dessen Herrschaft das Gesetz gegeben wurde, zu berücksichtigen. In dieser Hinsicht ist in dem schon erwähnten Erlasse des Ministers des Innern vom 14. Dezember 1860 zutreffend hervorgehoben worden, daß der im § 2 gebrauchte Ausdruck „Verbrechen“ sich auch auf solche strafbare Handlungen bezieht, welche nach dem späteren Strafrecht als „Vergehen“ bezeichnet werden.

Anlangend den sonstigen Inhalt der Klage, so unterliegt es keinem Zweifel, daß der Schlußsatz des § 2 a. a. O., wonach die Landespolizeibehörde nur dem vorgesetzten Ministerium, nicht aber der Partei über die Gründe ihrer Maßnahme Rechenschaft schuldig sein soll, insofern außer Kraft gesetzt ist, als § 66 des Organisationsgesetzes vom 26. Juli 1880 auch die landespolizeilichen Verfügungen der Regierungspräsidenten bezw. des Polizeipräsidenten von Berlin der Rechtskontrolle im Verwaltungsstreitverfahren unterwirft (§§ 16, 17 und 35 ebendaselbst). Gleichwohl kann die Aufhebung der angefochtenen Verfügung zunächst nicht um deswillen gefordert werden, weil dem Kläger das Gesetz nicht bezeichnet sei, auf Grund dessen die Ausweisung ausgesprochen wurde. Kein Gesetz bezeichnet das vom Kläger verlangte Verfahren als ein wesentliches Erfordernis der hier fraglichen polizeilichen Anordnungen. Eine analoge Anwendung des vom Kläger in bezug genommenen § 266 der Reichsstrafprozeßordnung auf den Erlaß dieser Verfügungen findet nicht statt. Nicht darauf kommt es an, daß dieselben auf ein zutreffendes Gesetz oder ein Gesetz überhaupt verweisen, sondern darauf, daß sie objektiv gesetzlich begründet sind. Dasselbe gilt von den tatsächlichen Voraussetzungen, welche nach Maßgabe des Gesetzes der Verfügung zugrunde liegen müssen, um sie rechtlich zulässig erscheinen zu lassen.

In letzterer Hinsicht verweist die Klage auf jenen Ministerialerlaß vom 14. Dezember 1860, in welchem hervorgehoben ist, daß die fragliche Ausweisungsbefugnis nicht etwa in jedem Falle, wo sie vorhanden, auch angewandt werden müßte, vielmehr das Gesetz besondere Gründe voraussetze, welche ihre Ausübung im einzelnen Falle begründeten. Diese Rechtsauffassung ist unzweifelhaft gesetzlich wohlbegründet, dieselbe aber auch insofern von dem Beklagten nicht unberücksichtigt gelassen worden, als das Königliche Polizeipräsidium schon in einem Berichte vom 23. Oktober 1882 über die Beschwerde des Klägers darauf hingewiesen hatte, daß die besonderen Verhältnisse der Stadt Berlin die verhängte Maßnahme erheischten; außerdem ist demnächst noch die Natur der dem Kläger zur Last fallenden Straftat betont worden, welche ihn als für die öffentliche Sicherheit und Moralität gefährlich erscheinen ließe. Für die Handhabung der Rechtskontrolle im Streitverfahren muß es zur Aufrechterhaltung der angefochtenen Verfügung genügen, daß diese Gründe nicht außerhalb des durch das Gesetz für die tatsächliche Begründung einer Ausweisungsverfügung gezogenen Rahmens liegen. Die Prüfung, ob sie gewichtig genug sind, um die verfügte Ausweisung unerläßlich erscheinen zu lassen, steht nur der Beschwerdeinstanz und den Aufsichtsbehörden, nicht aber dem Richter im Streitverfahren zu. Aus demselben Gesichtspunkte kann auch der Hinweis des Klägers darauf, daß ihn die Ausweisung aus einem ehrlichen Erwerbe, wie er denselben zu Berlin gefunden, von neuem in Not und Verlegenheit versetze, nicht berücksichtigt werden. — So gewiß auch ein derartiges Moment bei der Handhabung des § 2 a. a. O. Berücksichtigung finden kann, so kommt dasselbe doch lediglich für die Erwägung der Angemessenheit der angefochtenen Verfügung in Betracht und scheidet mit Rücksicht hierauf für die freie Beurteilung des Verwaltungsrichters aus. Es mußte daher hier auch dahingestellt bleiben, ob und wie weit dieser Einwand des Klägers tatsächlich begründet ist, vielmehr war auf Abweisung der Klage zu erkennen.

Der Kostenpunkt regelt sich nach § 72 des Verwaltungsgerichtsgesetzes.

Urkundlich unter dem Siegel des Königlichen Oberverwaltungsgerichts und der verordneten Unterschrift.

(L. S.) Persius.

Anlage Nr. 9.

a) Württ. Gesetz, betreffend die Gemeindeangehörigkeit, vom 16. Juni 1885.

(Reg.Bl. S. 257.)

4. Ausweisung bestrafter Personen.

Art. 57. (I.) Der Aufenthalt in einer bestimmten Gemeinde kann außer den Fällen der Stellung unter Polizeiaufsicht (§ 39 des Str.G.B.) aus polizeilichen Gründen auf Grund des § 3 Abs. 1 des F.G. vom 1. Nov. 1867 (Reg.Bl. von 1871, Beil. zu Nr. 1 S. 21) von der zuständigen Regierungsbehörde (Art. 58) auf Antrag des Gemeinderats oder von Amts wegen denjenigen Personen untersagt werden, bei welchen eine der nachstehenden Voraussetzungen zutrifft:

1. wenn dieselben innerhalb der letzten fünf Jahre mit einer mehr als einjährigen Freiheitsstrafe bestraft worden sind,
2. wenn dieselben innerhalb der letzten fünf Jahre wegen Kuppelei (§ 180 Str.G.B.), Diebstahls (§ 242 f. Str.G.B.), Hehlerei (§ 258, 259 Str.G.B.), Betrugs (§ 263 f. Str.G.B.) oder gewerbsmäßigen unberechtigten Jagens (§ 294 Str.G.B.) mit Gefängnis von mehr als sechs Wochen bestraft worden sind,
3. wenn dieselben zum Verlust der bürgerlichen Ehrenrechte (§ 32 f. d. St.G.B.) verurteilt worden sind, während der Dauer dieses Verlustes,
4. wenn dieselben innerhalb der letzten drei Jahre auf Grund des § 361 Nr. 3—8 des Str.G.B. oder des Art. 10 Nr. 2—4 des Landespolizeistrafgesetzes mit Haft von wenigstens einer Woche oder wegen einer dieser Übertretungen wiederholt bestraft worden sind.

(II.) Die in den vorstehenden Bestimmungen der Nr. 1, 2 und 4 bezeichneten Fristen werden von dem Tage an berechnet, an dem die Strafe verbüßt, verjährt oder erlassen worden ist.

(III.) Die Dauer des Aufenthaltsverbots ist in der Verfügung bestimmt zu verzeichnen und kann später geändert werden.

(IV.) Die Wirksamkeit desselben erlischt von Rechts wegen mit dem Ablauf der in Nr. 1—4 bezeichneten Zeiträume.

(V.) Vorstehende Bestimmungen finden auf diejenigen Personen, welche in der Gemeinde ihres Aufenthalts das Bürgerrecht besitzen, keine Anwendung (vgl. Art. 1 Z. 3).

Art. 58. (I.) Zur Verfügung der Aufenthaltsversagung und zur Wiederaufhebung einer solchen Verfügung sind die Oberämter, Kreisregierungen und das Ministerium des Innern zuständig. Anträge auf Verfügung oder Wiederaufhebung einer Aufenthaltsversagung sind bei den Oberämtern anzubringen.

(II.) Gegen die Verfügungen und Entscheidungen der Oberämter und Kreisregierungen steht sowohl dem Ausgewiesenen als dem die Ausweisung beantragenden Gemeinderat Beschwerde an die vorgesetzte Stelle zu. Diese Beschwerde ist bei Vermeidung des Verlusts des Beschwerderechts binnen zwei Wochen nach Eröffnung der angefochtenen Verfügung oder Entscheidung bei der verfügenden bezw. entscheidenden oder bei der zur Entscheidung über die Beschwerde zuständigen Stelle schriftlich oder mündlich zu Protokoll anzubringen. Die Beschwerde hat aufschiebende Wirkung, wenn dieselbe seitens des Ausgewiesenen eingelegt wird.

---

b) Verf. d. württ. Min. d. Innern, betreffend die Vollziehung des Gesetzes vom 17. Juni 1885 über die Gemeindeangehörigkeit, vom 7. Oktober 1885.

(Reg.Bl. S. 453.)

Zu Art. 57 und 58.

§ 27. (I.) Die Versagung des Aufenthalts in einer bestimmten Gemeinde auf Grund des Art. 57 ist nur dann zu verfügen, wenn dem ferneren Aufenthalt des Auszuweisenden in der Gemeinde sicherheits- oder sonstige polizeiliche Bedenken entgegenstehen und wenn zugleich besondere Umstände die Annahme rechtfertigen, daß der Auszuweisende in dieser Gemeinde seine schädliche Tätigkeit leichter und wirksamer zu entwickeln imstande sei, als an einem anderen Orte.

(II.) Anträge der Gemeindebehörden auf Ausweisung bestrafter Personen nach Maßgabe des Art. 57 sind durch Angabe der gegen den ferneren Aufenthalt des Auszuweisenden in der Gemeinde bestehenden Bedenken gehörig zu begründen. Von den Oberämtern sind diese Anträge einer genauen Prüfung insbesondere auch in der Richtung zu unterziehen, ob denselben nicht etwa das Bestreben zugrunde liegt, sich durch die Ausweisung unbemittelter Personen auf Kosten anderer Ortsarmenverbände oder der Landarmenverbände zu entledigen.

(III.) Befindet sich der Auszuweisende bereits in hilfsbedürftigem Zustand, so ist der Ausweisungsantrag abzulehnen und die Ortsarmenbehörde zur geeigneten Fürsorge für den Hilfsbedürftigen anzuhalten, unbeschadet ihrer Befugnis, beim Zutreffen der in § 4 bezw. § 5 des F.G. bezeichneten Voraussetzungen dessen Ausweisung aus der Gemeinde auf Grund des letzteren Gesetzes zu bewirken. Wenn dagegen zwar noch keine Hilfsbedürftigkeit vorliegt, aber die Ausweisung die betreffende Person in hilfsbedürftige Lage versetzen würde oder wenn diese Maßregel aus sonstigen Gründen, z. B. wegen des Verlustes eines ordentlichen Erwerbszweigs, mit besonderer Härte für den Auszuweisenden verbunden wäre, so ist dieselbe nur zu verfügen, wenn dringende polizeiliche Gründe dafür sprechen.

(IV.) Der Auszuweisende ist über den Ausweisungsantrag zuvor zu vernehmen und es ist ihm die getroffene Verfügung unter Angabe der Gründe urkundlich zu eröffnen.

Anlage Nr. 10.

Zirkular an sämtliche Königliche Regierungspräsidenten und an den Königlichen Polizeipräsidenten in Berlin vom 28. Juli 1894, betreffend die Auslegung und Anwendung des § 3 des Freizügigkeitsgesetzes.

(MBl. i. V. Nr. 8 vom 29. September 1894 S. 147 ff.)

In der Angelegenheit, betr. die verschiedene Auslegung und Anwendung des § 3 Absatz 2 des Reichsgesetzes über die Freizügigkeit vom 1. November 1867 hat sich der Bundesrat über folgende Grundsätze verständigt:

1. Reichsangehörigen, welche Aufenthaltsbeschränkungen der im § 3 Absatz 1 des Freizügigkeitsgesetzes vom 1. November 1867 bezeichneten Art unterliegen oder innerhalb der letzten zwölf Monate wegen wiederholten Bettelns oder wiederholter Landstreicherei bestraft worden sind, wird der Aufenthalt in einem Bundesstaate nicht verweigert werden, wenn sie in diesem Staate die Staatsangehörigkeit oder einen Unterstützungswohnsitz (Heimatsrecht) besitzen. Zur Verweigerung des Aufenthalts genügt eine einmalige Bestrafung innerhalb der zwölfmonatigen Frist, sofern nur vor Beginn derselben bereits eine Bestrafung stattgefunden hat.

2. Die Ausweisung darf in den Fällen des § 3 Absatz 2 des Freizügigkeitsgesetzes nicht für länger als die Dauer der Aufenthaltsbeschränkungen bezw. die Dauer der von der Verbüßung der letzten Strafe wegen Bettelns oder Landstreicherei zu berechnenden zwölf Monate verfügt werden.
3. Aus Bundesstaaten, in welchen auf Grund landesrechtlicher Bestimmungen bereits nach einmaliger Bestrafung wegen Bettelns oder Landstreicherei eine Aufenthaltsbeschränkung polizeilich verfügt werden kann, wird wegen einer derartigen Aufenthaltsbeschränkung eine Ausweisung nicht erfolgen.
4. Bei Ausweisungen auf Grund des § 3 Absatz 2 des Freizügigkeitsgesetzes sind bezüglich des Verfahrens die Bestimmungen des Gothaer Vertrages vom 15. Juli 1851 (§§ 8 bis 12) und die zur Ausführung derselben später getroffenen Vereinbarungen zur Anwendung zu bringen.

Bei den bezüglichen Beratungen ist diesseits an der Auffassung festgehalten, daß auf Grund des § 3 Absatz 2 der Aufenthalt in einem Bundesstaate — die sonstigen Erfordernisse vorausgesetzt — nur solchen Reichsangehörigen verweigert werden kann, welche in einem anderen Bundesstaate entweder Aufenthaltsbeschränkungen unterliegen oder wegen wiederholten Bettelns oder wiederholter Landstreicherei bestraft worden sind. In dieser Beziehung ist eine Verständigung im Bundesrate nicht zustande gekommen, vielmehr eine Verschiedenheit der Auffassungen bestehen geblieben, indem einige Bundesregierungen das Erfordernis der in einem anderen als dem Aufenthaltsstaate verhängten Strafe oder Aufenthaltsbeschränkung bestreiten und sich auch ohne diese Voraussetzung zur Ausweisung nach § 3 Absatz 2 des Freizügigkeitsgesetzes für befugt halten.

Nachdem die Verhandlungen im Bundesrat zu diesem Ergebnis geführt haben, wird zwar grundsätzlich an der bisherigen diesseitigen Auslegung des Gesetzes festzuhalten, indessen den durch die verschiedene Handhabung des Gesetzes in der erwähnten Richtung geschaffenen, tatsächlichen Verhältnissen entsprechende Rechnung zu tragen sein, um die aus dieser Verschiedenheit sich für uns ergebenden offenbaren Nachteile ferner zu vermeiden. Es ist deshalb der unserer Auslegung des Gesetzes widersprechenden Anwendung bis auf weiteres nicht mehr entgegenzutreten, sondern den betreffenden Bundesstaaten gegenüber in derselben Weise tatsächlich zu verfahren, so daß also Angehörigen dieser Bundesstaaten bei dem Zutreffen der übrigen Erfordernisse des § 3 Absatz 2 der Aufenthalt in Preußen auch dann zu versagen ist, wenn dieselben hier Aufenthaltsbeschränkungen unterworfen oder hier wegen wiederholten Bettelns oder wegen wiederholter Landstreicherei bestraft worden sind.

Dieses Verfahren ist zunächst Bayern, Württemberg und Baden gegenüber, auf welche nach den mir erstatteten Berichten die erwähnte Voraussetzung zutrifft, in Anwendung zu bringen, während die bisherige Handhabung des Gesetzes den übrigen Bundesstaaten gegenüber so lange beizubehalten ist, als diese sich nicht der von den erstgenannten Bundesstaaten dem Gesetz gegebenen Auslegung und Anwendung uns gegenüber anschließen. Ehe indessen die bisherige Praxis einem anderen Bundesstaate, als den drei erstgenannten gegenüber verlassen werden darf, ist unter Darlegung des hierzu Veranlassung gebenden Falles meine Entscheidung einzuholen.

Im übrigen sind die oben unter 1 bis 4 mitgeteilten Grundsätze bei der Ausführung des § 3 Absatz 2 des Freizügigkeitsgesetzes in Anwendung zu bringen, nach welchen nunmehr einheitlich im Reiche verfahren werden wird, was einen nicht zu verkennenden Vorteil gegenüber dem bisherigen Zustand bedeutet. Insbesondere ist es von Wert, daß in Zukunft bezüglich des Verfahrens bei den hier in Frage kommenden Ausweisungen die diesbezüglichen Bestimmungen des Gothaer Vertrages wieder allgemein beobachtet werden.

In dieser Beziehung bemerke ich, daß vor Erteilung der nach § 8 des Vertrages einzuholenden Zustimmung zur Ausführung einer Ausweisung auf Grund des § 3 Absatz 2 die diesseitige Landespolizeibehörde, welche hier zuständig bleibt, zu prüfen hat, ob, abgesehen von der oben erwähnten, nicht beseitigten Verschiedenheit in der Auslegung des Gesetzes, dessen Voraussetzungen nach den aufgestellten Grundsätzen in dem betreffenden Falle vorliegen. Führt die Prüfung zu diesem Ergebnis, so ist die Zustimmung nicht zu versagen, wenn der Ausgewiesene die preußische Staatsangehörigkeit oder in Preußen einen Unterstützungswohnsitz besitzt. Ohne weiteres ist die Zuführung eines Ausgewiesenen zulässig, wenn er die erwähnten Rechte in einem dritten Bundesstaate besitzt, welchem er nicht wohl anders als durch preußisches Gebiet zugeführt werden kann, was umgekehrt auch bei Ausweisungen aus diesseitigem Gebiete zu beachten ist. In einem solchen Falle bedarf es also nicht der Zustimmung des mittleren, sondern des zurückliegenden Bundesstaates, nach dessen Gebiet die Ausweisung gerichtet ist.

Dem Belieben des ausweisenden Bundesstaates ist es nach den vereinbarten Grundsätzen überlassen, ob er den Ausgewiesenen nach seinem Heimatsstaate oder nach demjenigen Staate befördern will, in welchem der Ausgewiesene einen Unterstützungswohnsitz (Heimatrecht in Bayern) besitzt. Die Wahl wird nach Zweckmäßigkeitsrücksichten und u. a. danach zu treffen sein, für welches der beiden Rechte der Nachweis am leichtesten und zuverlässigsten in dem betreffenden Falle erbracht werden kann.

Was den Durchtransport anlangt, so stellt sich dieser rechtlich als eine Fortsetzung der von dem ersten Bundesstaate vollzogenen Ausweisung seitens des in der Mitte liegenden Bundesstaates aus seinem Gebiet nach demjenigen des dritten Staates dar, welche von der Polizeibehörde des mittleren Staates, der der Ausgewiesene zugeführt wird, auf kürzestem Wege auszusprechen*) ist. Die Kosten des Durchtransports hat, wie bisher, der von demselben betroffene Bundesstaat zu tragen, da auch die im § 11 des Gothaer Vertrages vorgesehene Erstattung der Hälfte dieser Kosten im Wege einer, demnächst stillschweigend auf unbestimmte Zeit verlängerten Vereinbarung verzichtet worden ist (Erlaß vom 31. Dezember 1863, MBl. 1864 S. 15). Ich bemerke indessen ausdrücklich, daß dieses nur für die nach Maßgabe des Gothaer Vertrages zur Ausführung gelangenden Durchtransporte gilt.

Ew. Hochwohlgeboren ersuche ich ergebenst, hiernach die beteiligten Behörden mit der erforderlichen Anweisung zu versehen und mir bis zum 1. Oktober 1895, falls hierzu nicht früher eine Veranlassung sich ergeben sollte, über die Erfahrungen, welche bei Ausführung des § 3 Absatz 2 des Freizügigkeitsgesetzes nach Maßgabe dieses Erlasses gemacht worden sind, gefälligst Bericht zu erstatten.

Berlin, 28. Juli 1894.

Der Minister des Innern.
In Vertretung:
Braunbehrens.

Anlage Nr. 10a.

Zirkular an sämtliche Königlichen Regierungspräsidenten und an den Königlichen Polizeipräsidenten in Berlin vom 24. Januar 1895, betreffend die Auslegung und Anwendung des § 3 Absatz 2 des Freizügigkeitsgesetzes.

(MBl. i. V. Nr. 1 vom 31. Januar 1895 S. 18 ff.)

Aus verschiedenen an mich gelangten Anfragen entnehme ich, daß der Erlaß vom 28. Juli v. Js. (Minist.-Bl. S. 147), betreffend die Auslegung und Anwendung des § 3 Abs. 2 des Freizügigkeitsgesetzes, auffallenderweise mehrfach mißverstanden worden ist. Ich sehe mich daher veranlaßt, darauf hinzuweisen, daß nach jenem Erlasse den Übernahmeanträgen, die auf der süddeutschen Auslegung des § 3 des Freizügigkeitsgesetzes beruhen, gleichviel von welchem Bundesstaate sie ausgehen,

*) auszusprechen? soll wohl „auszuführen" heißen.

stets entsprochen werden soll, sofern die Erfordernisse des § 3 und die vom Bundesrate für dessen Anwendung aufgestellten Grundsätze im übrigen gewahrt sind. Das der süddeutschen Auslegung entsprechende Verfahren soll preußischerseits einstweilen nur Bayern, Württemberg und Baden gegenüber erwidert werden. Sobald jedoch ein anderer Bundesstaat als Bayern, Württemberg und Baden sich in der Praxis uns gegenüber der süddeutschen Auslegung des Gesetzes angeschlossen hat, soll, ohne hiervon die Übernahmeerklärung abhängig zu machen, sofort an mich berichtet werden, damit ich darüber Entscheidung treffen kann, ob unsererseits auch diesem Bundesstaate gegenüber die süddeutsche Auslegung des § 3 zur Anwendung zu bringen ist.

Berlin, den 24. Januar 1895.

Der Minister des Innern.
Im Auftrage:
Haase.

Anlage Nr. 10b.

Zirkular an sämtliche Königlichen Regierungspräsidenten und an den Königlichen Polizeipräsidenten in Berlin vom 7. Februar 1895, betreffend die Auslegung und Anwendung des § 3 Absatz 2 des Freizügigkeitsgesetzes.

(MBl. i. V. Nr. 2 vom 28. Februar 1895.)

In der Auslegung und Anwendung des § 3 Abs. 2 des Freizügigkeitsgesetzes hat sich die freie und Hansestadt Hamburg der süddeutschen Auffassung angeschlossen.

Ew. Hochwohlgeboren ersuche ich hiernach unter Bezugnahme auf den Erlaß vom 28. Juli v. Js. (Minist.-Blatt S. 147) ergebenst, gefälligst dafür Sorge zu tragen, daß hamburgischen Staatsangehörigen bei dem Zutreffen der übrigen Erfordernisse des § 3 Abs. 2 der Aufenthalt in Preußen auch dann versagt wird, wenn dieselben innerhalb der letzten zwölf Monate hier Aufenthaltsbeschränkungen unterworfen oder hier wegen wiederholten Bettelns oder wegen wiederholter Landstreicherei bestraft worden sind.

Berlin, den 7. Februar 1895.

Der Minister des Innern.
Im Auftrage:
Haase.

Anlage Nr. 11.

Ministerialentschließung vom 9. März 1895, die Auslegung und Anwendung des § 3 Absatz 2 des Freizügigkeitsgesetzes betreffend.

(MABl. 1895 S. 187.)

Anläßlich der Beratung und Festsetzung der mit Ministerialentschließung vom 27. Juli 1894 (MinABl. S. 277) veröffentlichten Grundsätze über die Auslegung und Anwendung des § 3 Abs. 2 des Freizügigkeitsgesetzes wurde von den Bundesregierungen weiter die Frage erörtert über die Befugnis zur Ausweisung auch seitens desjenigen Bundesstaates, in welchem der Auszuweisende einer Aufenthaltsbeschränkung unterliegt oder eine Bestrafung wegen wiederholten Bettels oder wiederholter Landstreicherei erlitten hat.

Eine Vereinbarung über diese Frage ist im Bundesrate nicht getroffen worden. Die obengenannten Stellen und Behörden (nämlich die Kgl. Regierungen, Kammern des Innern und die Distriktsverwaltungsbehörden) haben daher wie bisher daran festzuhalten, daß aus dem Königreiche Bayern auch solche Bundesangehörige ausgewiesen werden können, welche in Bayern einer Aufenthaltsbeschränkung infolge einer vorausgegangenen Bestrafung unterliegen oder welche in Bayern eine Bestrafung wegen wiederholten Bettels oder wiederholter Landstreicherei erlitten haben.

Das Kgl. preußische Ministerium des Innern nimmt in dieser Frage im Prinzipe einen anderen Standpunkt ein, hat jedoch in einem Erlasse vom 28. Juli 1894 (Regers Entscheidung usw. Bd. XV S. 99) die preußischen Behörden angewiesen, Bayern gegenüber das gleiche Verfahren zu beobachten, welches von Bayern zur Anwendung gebracht wird, so daß also in Zukunft bei dem Zutreffen der übrigen Erfordernisse des § 3 Abs. 2 des Freizügigkeitsgesetzes auch bayerische Staatsangehörige, welche in Preußen Aufenthaltsbeschränkungen unterworfen sind oder welche in Preußen eine Bestrafung wegen wiederholten Bettels oder wegen wiederholter Landstreicherei erlitten haben, aus Preußen ausgewiesen werden.

Sollten etwa künftig in Fällen der Ausweisung preußischer Staatsangehöriger aus dem bayerischen Staatsgebiete auf Grund § 3 Abs. 2 des Freizügigkeitsgesetzes seitens preußischer Behörden bezüglich der Übernahme Schwierigkeiten bereitet werden, so wäre zunächst auf den vorerwähnten preußischen Ministerialerlaß vom 28. Juli 1894 hinzuweisen und erforderlichenfalls berichtliche Vorlage hierher zu erstatten.

Endlich wird noch bemerkt:

Nach den vereinbarten Grundsätzen ist es dem Belieben des ausweisenden Staates überlassen, ob er den Ausgewiesenen nach dem Staate, in welchem derselbe die Staatsangehörigkeit besitzt, oder nach einem anderen Staate, in welchem er einen Unterstützungswohnsitz hat, befördern will.

Für diese Wahl haben im einzelnen Falle lediglich Zweckmäßigkeitsrücksichten zu entscheiden und es hat dabei insbesondere das Interesse des Staatsärars an möglichster Kostensparung berücksichtigt zu werden.

Bezüglich der Kosten der Durchtransporte in Ausweisungsfällen der vorliegenden Art gelten die zu § 11 Abs. 2 des Gothaer Vertrages ergangenen Ministerialentschließungen vom 1. Februar 1859 und 25. Februar 1860, den Gothaer Vertrag wegen gegenseitiger Übernahme von Ausgewiesenen betr. (Weber, Bd. IV S. 283), wonach von der Geltendmachung des Anspruchs auf Ersatz der Hälfte der fraglichen Kosten Umgang zu nehmen ist und jeder von dem Durchtransporte betroffene Bundesstaat die bezüglichen Kosten, wie bisher, für sich allein trägt.

Anlage Nr. 12.

Naturalisation auch ohne vorgängige Niederlassung; Aushändigung der von einer zuständigen Behörde erteilten Naturalisationsurkunde als rechtserzeugender Formalakt; keine Annullierung*) solcher Urkunden durch die Aufsichtsbehörde; rechtliche Prüfung derartiger Verwaltungsakte ohne Rücksicht auf Landesgrenzen.

(Entsch. des preuß. Ober-Verw.-Gerichts I. Senat vom 23. Juni 1866, s. Reger Entsch. VII. 1.)

In rechtlicher Beziehung konnte zunächst dem Beklagten darin nicht beigepflichtet werden, daß die stattgehabte Annullierung der Naturalisation des Klägers von den preußischen Behörden und insbesondere dem angerufenen Gerichtshofe auf ihre rechtliche Zulässigkeit und Wirkung nicht zu prüfen sei. Ist die bezügliche Verfügung des herzoglich sachsen-gothaischen Ministeriums in dem Sinne ergangen, daß durch dieselbe lediglich konstatiert werden sollte, die Naturalisation des Klägers sei von Anfang an ipso jure ohne rechtliche Wirkung nicht gewesen, so

*) In der preußischen Verwaltungspraxis galt es stets als Grundsatz, daß Naturalisationsurkunden, welche infolge unrichtiger Angaben oder sonstwie in irrtümlicher Weise erteilt worden waren, annulliert oder wieder zurückgezogen werden konnten.

handelt es sich dabei um einen Ausspruch, der als solcher die Statusrechte des Klägers gar nicht verändern soll und will, der sie unberührt läßt, dessen rechtliche Wirkung so aber auch keinesfalls weiter reichen kann, als die Machtsphäre der verfügenden Behörde im Organismus der Staatsverwaltung, innerhalb dessen ihre kundgegebene Rechtsauffassung maßgebend ist.

Steht dagegen ein Akt in Frage, dessen es bedurfte, und der in der Absicht vollzogen ist, die Rechtswirkung der Naturalisation wieder zu beseitigen, so liegt keine einfache juristische Tatsache vor, von der jene Wirkung abhängig wäre, so daß eben nur ihr Bestehen zu konstatieren wäre, vielmehr eine Handlung zum Zweck der Beseitigung eines Rechtsverhältnisses, ein Rechtsgeschäft im weitesten Sinne des Wortes, das als solches der Prüfung nach der rechtlichen Seite hin, auf seine rechtliche Möglichkeit und Wirkung, unterliegt, sobald es zur Grundlage eines Anspruches, hier des Rechtes auf Landesverweisung, gemacht und so zum Inzidenzpunkt im Rechtsstreit über diesen Anspruch wird.

Hiergegen kann insbesondere auch nicht eingewandt werden, daß der fragliche Hergang im vorliegenden Falle ein Internum der herzogl. sachsen-gothaischen Landesregierung bilde. Dies möchte etwa durchgreifend zutreffen, wenn es sich um einen Souveränitätsakt der herzoglichen Staatsregierung handelte. Nachdem jedoch die maßgebenden Grundsätze über den Erwerb und Verlust der Staats- und Reichsangehörigkeit durch Reichsgesetz einheitlich geregelt sind, und zwar derartig, daß jeder die Staatsangehörigkeit begründende Rechtsakt auch rechtliche Wirkungen für alle Bundesstaaten haben kann und soll, erscheinen die dafür gegebenen Rechtsregeln gleichmäßig verbindlich für die Behörden aller deutschen Einzelstaaten und unterliegen in ihrer Handhabung der rechtlichen Prüfung auf ihre Gesetzmäßigkeit ohne Rücksicht auf die Landesgrenzen. Diese Prüfung ist, soweit es sich nicht etwa um Streitigkeiten zwischen den Bundesstaaten im Sinne des Art. 76 der Reichsverfassung und um die Resultate ihrer Entscheidung handelt, Recht und Pflicht der einzelnen Landesbehörden, die darin nicht durch Über- und Unterordnung im Organismus der Reichs- und Staatsverwaltung beschränkt sind, und die auf dieselbe nicht verzichten können, ohne damit die ihnen anvertraute Handhabung des Reichsrechts und die Wahrung der unter ihren Schutz gestellten Landesinteressen zu beeinträchtigen.

Die folgenden Erörterungen werden ergeben, daß die Art und Weise, in welcher der Erwerb der Staats- und Reichsangehörigkeit durch das Reichsgesetz materiell geregelt ist, jener Prüfung allerdings enge Schranken gezogen und insbesondere jede Nachprüfung tatsächlicher Voraussetzungen und Bedingungen ausgeschlossen hat. Soweit dies nicht der Fall ist, hat sich dieselbe aber immer auf die Gesetzmäßigkeit der in Rede stehenden Akte zu erstrecken. So dürfte beispielsweise schwerlich zu bezweifeln sein, daß eine Landesbehörde nicht verpflichtet ist, einen Ausländer als Inländer anzuerkennen, der in einem anderen Bundesstaate gegen das Reichsrecht von einer absolut unzuständigen Behörde (keiner höheren Verwaltungsbehörde) naturalisiert ist. Daß so, wie vom Beklagten besonders betont ist, erhebliche Mißstände erwachsen können, lehrt unverkennbar schon der vorliegende Fall. Solche Mißstände können aber die vom Beklagten vertretene Rechtsauffassung um so weniger unterstützen, als sie sich lediglich aus dem Mangel einer der Einheitlichkeit des Rechts entsprechenden Zentralinstanz zur Handhabung desselben für die Einzelfälle erklären, die sich durchaus nicht etwa notwendig als Streitigkeit zwischen Bundesstaaten im Sinne des gedachten Art. 76 darstellen.

Kann sich nach alledem der Gerichtshof nicht der Prüfung der stattgehabten Annullierung der Naturalisation des Klägers auf ihre rechtliche Zulässigkeit und Wirkung entziehen, so kommt dabei folgendes in Betracht. Nach der Nr. 3 des § 8 darf die Naturalisationsurkunde Ausländern nur dann erteilt werden, wenn sie „an dem Orte, wo sie sich niederlassen wollen, eine eigene Wohnung oder ein Unterkommen finden". Hiermit ist, wie der Wortlaut des Gesetzes und der Gegensatz desselben zu dem § 7 („niedergelassen habe") ergibt, als notwendige Voraussetzung der Naturalisation nicht die bereits erfolgte Niederlassung statuiert, sondern lediglich die Fähigkeit, Wohnung oder ein Unterkommen an dem Orte, wo der Naturalisierende sich niederlassen will, zu finden. (Meyer a. a. O. S. 167; Seydel, Die deutsche Reichs- und Staatsangehörigkeit in Hirths Ann. von 1876 S. 142 Anm. 4.)

Andererseits soll gewiß, wie namentlich der Gegensatz des Abs. 4 des § 21 zu dem § 8 a. a. O. erkennen läßt, die Naturalisation nicht Ausländern zuteil werden, welche im Auslande bleiben; sie soll nur an solche erteilt werden, welche sich im Inlande an einem bestimmten Orte bereits niedergelassen haben oder doch niederlassen wollen, zum Zweck und in der Erwartung der Niederlassung an einem bestimmten Orte mit Rücksicht und in Beziehung auf letzteren (zu vgl. namentlich Abs. 2 des § 8). Allein daraus folgt keineswegs mit rechtlicher Notwendigkeit, daß, wenn die bei der Aushändigung der Naturalisationsurkunde erwartete und vorausgesetzte Niederlassung demnächst nicht erfolgt — was ja aus den verschiedensten Gründen ohne jeden Dolus des Nachsuchenden und ganz gegen dessen Absicht geschehen kann —, damit auch die Rechtswirkung der Aushändigung der Naturalisationsurkunde gemäß § 10 dieses Gesetzes, der Erwerb der Staatsangehörigkeit, wegfalle. — Das Gesetz kennt keine Naturalisierung unter Bedingungen, weder unter einer

Suspensivbedingung, wie § 10 a. a. O. außer Zweifel stellt, noch unter Resolutivbedingungen. Um letztere einzuführen und um Unzuträglichkeiten auszuschließen, wie sie sich allerdings aus der strikten Regel des § 10 ergeben können, hätte es einer dem Abs. 2 des § 18 dieses Gesetzes analogen Zusatzbestimmung zu dem § 10 bedurft. Offenbar hat man von einer solchen um so mehr absehen zu können geglaubt, als regelmäßig die Vorsicht der Behörden genügen wird, um Vorkommnisse der hier fraglichen Art zu vermeiden. Es genügt dazu, daß die Zusage der Naturalisierung erst durch Aushändigung der Urkunde nach erfolgter Niederlassung erfüllt wird. — Dazu kommt, daß der Gesetzgeber ersichtlich für die Naturalisierung kein entscheidendes Gewicht auf die Dauer der Niederlassung gelegt hat und namentlich im Verhältnis zu den Bundesstaaten auch nicht legen konnte, ohne damit in das Prinzip der Freizügigkeit einzugreifen. Der Gesetzgeber hat es vorgezogen, in dieser Beziehung die Wahrung der beteiligten öffentlichen Interessen lediglich der sachgemäßen Handhabung des Gesetzes durch die Behörden, für die ja kein Zwang zur Naturalisation besteht, anzuvertrauen.

Wird hiernach die rechtliche Wirkung der im vorliegenden Falle unstreitig von einer zuständigen Stelle durch Aushändigung der Naturalisationsurkunde vollzogenen Naturalisation weder durch die Tatsache beseitigt, daß der Kläger sich nicht bereits vorher in Gotha niedergelassen hatte, noch auch durch die, daß die Niederlassung auch nicht später erfolgte, so konnte ferner aber auch nicht die an sich gewiß wünschenswerte Remedur durch eine nachfolgende Prüfung der tatsächlichen Verhältnisse, unter denen die Naturalisation vollzogen ist, und durch eine darauf gestützte Wiederaufhebung der letzteren seitens der vorgesetzten Dienstbehörde geschaffen werden.

Das herzogliche Ministerium hält sich dazu für befugt, da nach der dortigen Organisation der Landesbehörden in Gemäßheit des Gesetzes über die Organisation der Verwaltungsbehörden vom 11. Juli 1858 §§ 31, 32, 34 und des Gemeindegesetzes § 220 die oberste Landesbehörde als vorgesetzte Instanz berufen sei, Akte der ihr unterstellten Behörden aufzuheben oder abzuändern. So unzweifelhaft diese Befugnis im Bereich der dortigen Landesgesetze begründet ist, so steht ihr doch in diesem Falle die höhere Norm des Reichsgesetzes über den Erwerb und Verlust der Reichs- und Staatsangehörigkeit entgegen, welches im § 10 bestimmt: „Die Naturalisationsurkunde bezw. Aufnahmeurkunde begründet mit dem Zeitpunkt der Aushändigung alle mit der Staatsangehörigkeit verbundenen Rechte und Pflichten." Der Zweck der so gefaßten Vorschrift ist zwar in den Motiven der ursprünglichen Vorlage der verbündeten Regierungen nicht ausdrücklich ausgesprochen. Es ergibt sich aber aus der Natur des Rechtsverhältnisses, aus den Verhandlungen des Norddeutschen

Reichstages über die parallel gehende Frage von der Form der „Aufnahmeurkunden", für welche schließlich auch die Ausfertigung einer förmlichen Urkunde als notwendig anerkannt wurde, damit bei Akten dieser Art formell und endgültig der Erwerb der staatsbürgerlichen Rechte konstatiert werde.

Es knüpfen sich an die Erteilung der Staatsangehörigkeit so weittragende Folgen für den rechtlichen status des Beteiligten, so zahlreiche Begründungen von Rechtsverhältnissen im öffentlichen, Familien- und Vermögensrecht, daß für den Erwerb wie für den Verlust die legislatorische Forderung überall hervortrat, durch einen Formalakt den Eintritt des neuen status zu konstatieren und demgemäß durch das Gesetz eine schriftliche Form, die zum Erlaß kompetente Behörde und den Zeitpunkt des Eintritts definitiv zu bestimmen. Wenn in dem Reichsgesetz diese Funktion der „oberen Verwaltungsbehörde" übertragen ist, so läßt sich nicht verkennen, daß bei der Ausübung derselben auch durch höhere Behörden sich Irrtümer, Mißgriffe und Mißbräuche einschleichen können. Zur Verhütung letzterer liegt es unzweifelhaft in den Befugnissen der Aufsichtsbehörden, den untergeordneten Amtsstellen besondere Vorsichtsmaßregeln — die persönliche Vernehmung des Antragstellers, die besondere Prüfung der Atteste usw. — zur Pflicht zu machen, auch wohl nach Umständen die Aufnahme ganzer Kategorien lästiger Ausländer in den Staatsverband zu untersagen, wie dies beispielsweise in Preußen wiederholt, u. a. in der Zirkularverfügung des preußischen Ministers des Innern vom 4. Mai 1853 (MBl. S. 118), geschehen ist. Einer anderen Beurteilung dagegen unterliegt die Frage, ob wegen eines etwaigen Irrtums oder Mißgriffs in der Prüfung der tatsächlichen Verhältnisse die Aufsichtsinstanz nachträglich zum Einschreiten befugt und zur Aufhebung einer einmal erteilten und gesetzmäßig zugestellten Naturalisationsakte noch für befugt zu erachten ist. Ist dies schon nach der vorstehend wiedergegebenen Wortfassung des Reichsgesetzes sehr zweifelhaft, so erscheint es unzweifelhaft unzulässig nach dem Zweck und der demselben entsprechenden ganzen Konstruktion des Gesetzes. Denn die Beurteilung der konkreten tatsächlichen Voraussetzungen einer Naturalisation unterliegt nach Zeit, Ort, Person und Umständen so variablen Gesichtspunkten, daß der rechtliche status aller naturalisierten Untertanen in einen völlig unsicheren und prekären Zustand geraten würde, wenn auf ungemessene Zeit hinaus durch eine nachträgliche Korrektur der Aufsichtsbehörde die Staatsangehörigkeit lästig gewordener Personen wieder aufgehoben werden könnte. Die Folge wäre, daß dadurch eine Verwirrung in alle inzwischen begründeten Rechtsverhältnisse des Beteiligten wie dritter Personen gebracht werden würde. Eben diese unvermeidlichen Konsequenzen sind es, welche die Reichsgesetzgebung bestimmt haben, die

Erwerbung der Staatsangehörigkeit an einen Formalakt zu knüpfen und die Gründe des Verlustes der Staatsangehörigkeit so, wie es in dem § 13 des Ges. mit den Worten: „die Staatsangehörigkeit geht fortan nur verloren 1. usw." geschehen ist, auf eine Reihe ganz genau bestimmter Vorgänge zu beschränken, welche mit einer von Aufsichts wegen erfolgenden Superrevision der endgültig vollzogenen Naturalisationsakte nichts gemein haben (zu vgl. Seydel a. a. O. S. 139 und 142, v. Rönne, Preuß. Staatsrecht § 131 Bd. II S. 18 Anm. 1b und S. 22 Anm. 2b). Die hier wegen Mangels der erforderlichen tatsächlichen Voraussetzungen der Naturalisation erfolgte Annullierung der letzteren durch die Aufsichtsbehörde erscheint nach alledem durch das Reichsgesetz ausgeschlossen und darf ihr daher eine rechtliche Wirkung nicht beigemessen werden.

Unberührt von dieser Entscheidung bleibt die Frage, ob und eventuell unter welchen Voraussetzungen das Reichsgesetz es zuläßt, eine tatsächlich vollzogene Naturalisation als von vornherein null und nichtig zu behandeln, so, daß es einer Beseitigung ihrer rechtlichen Folgen, einer Aufhebung derselben, gar nicht bedarf. Da unter der Voraussetzung der absoluten Nullität von einer „rechtlichen Wirkung" des fraglichen Aktes überhaupt nicht die Rede sein kann, so ergibt sich hieraus, daß die Anerkennung derselben nicht etwa einen Grund des Verlustes der Staatsangehörigkeit im Widerspruche mit dem § 13 d. Ges. aufstellt; auch im übrigen berührt das letztere jene Frage überhaupt nicht und kann diese daher nur nach den für die rechtliche Beurteilung von Verwaltungsakten geltenden allgemeinen Rechtsnormen beantwortet werden. Diese kennen derartige „absolute Nichtigkeiten" unzweifelhaft; auf ein Beispiel derselben, die Naturalisation durch eine unbedingt unzuständige Behörde, ist bereits oben hingewiesen. Im vorliegenden Falle fehlt es dagegen an jedem Anhalt für die Statuierung einer solchen, insbesondere ist kein Grund dafür in der zwar streitig gebliebenen, nach Lage der Sache aber allerdings naheliegenden Annahme zu finden, daß der Kläger die Behörde durch Angabe falscher Tatsachen zu täuschen gesucht habe.

Wie schon das Gemeine Recht, die sog. exceptio sub- et obreptionis, nur für eine bestimmte Kategorie von Hoheitsakten, namentlich für landesherrliche Reskripte in Justiz- und Gnadensachen ausgebildet hat, so hat auch die spätere Verwaltungsgesetzgebung die rechtliche Wirkung des Dolus eines bei einem Verwaltungsakte Beteiligten immer nur unter Berücksichtigung des Gegenstandes und der Wirkung desselben, sowie auch nur im Zusammenhange mit der Frage der Anfechtbarkeit und Revokation der einzelnen Akte behandelt. In dieser Weise hat derselbe beispielsweise auf dem Gebiete der Gewerbepolizei im § 53 der Reichs-Gewerbeordnung Berücksichtigung gefunden. Nirgends findet sich dagegen ein Anhalt dafür, den Dolus ganz allgemein und ohne Rücksicht auf das für die einzelnen Verwaltungsgegenstände bestehende besondere Recht als einen Grund absoluter Nichtigkeit auf dem Gebiete der Verwaltung zu behandeln. Für den vorliegenden Fall ergibt sich hieraus, daß die dem Kläger zur Last gelegte Täuschung nur unter der Voraussetzung hätte in Betracht kommen können, daß es zulässig erschiene, in eine Nachprüfung der tatsächlichen Voraussetzungen der stattgehabten Naturalisation zum Zwecke ihrer etwaigen Kassierung einzutreten. Ganz dem entsprechend ist denn auch in dem Erlasse des herzoglichen Ministeriums an den Kläger vom 8. Dezember vor. Js. gänzlich davon abgesehen, dem Momente der Erschleichung eine selbständige Bedeutung beizulegen.

Der durch Aushändigung der Naturalisationsurkunde seitens des zuständigen Stadtrats zu Gotha erfolgten Naturalisierung des Klägers muß nach alledem auch jetzt noch volle rechtliche Wirkung beigemessen werden. — Kläger ist folgeweise auch jetzt noch als Reichsangehöriger zu betrachten, und seiner Ausweisung steht der § 1 des Freizügigkeitsgesetzes vom 1. November 1867 entgegen.

Anlage Nr. 13.

Zirkular an sämtliche kgl. Regierungspräsidenten und an den kgl. Polizeipräsidenten in Berlin, vom 3. Februar 1895, sowie abschriftlich an sämtliche kgl. Oberpräsidenten, betreffend die Erteilung von Naturalisationsurkunden.

(MBl. i. V. Nr. 2 vom 28. Februar 1895.)

Auch bei den in dem letzten Jahre erfolgten Naturalisationen ist, wie die eingereichten Nachweisungen der Naturalisierten und die zur Erläuterung einzelner Fälle erstatteten Berichte erkennen lassen, wieder vielfach nicht mit der erforderlichen Sorgfalt verfahren worden. Insbesondere hat nicht selten die Erteilung einer Naturalisationsurkunde stattgefunden, wenn dieselbe hätte abgelehnt werden sollen. Dies ist um so unerwünschter, als nach dem Erkenntnisse des Oberverwaltungsgerichts vom 23. Juni 1886 (Entsch. Bd. XIII S. 408) die Zurücknahme einer einmal erfolgten Naturalisation ausgeschlossen ist.

Bei der Wichtigkeit des Gegenstandes (die in der ausländischen Gesetzgebung vielfach dazu geführt hat, daß Naturalisationen nur durch Parlamentsbeschluß, durch Spezialgesetz oder Entschließung des Landesherrn erfolgen können) sehe ich mich daher veranlaßt, die Gewährung derartiger Gesuche für einige Zeit von meiner Zustimmung abhängig zu machen, bis die anzuwendenden Grundsätze den zuständigen Behörden geläufiger geworden sein werden.

Ew. Hochwohlgeboren ersuche ich hiernach ergebenst, gefälligst bis auf weiteres alle Naturalisationsgesuche, Renaturalisations- und Wiederaufnahmeanträge, welchen Ew. Hochwohlgeboren auf Grund der §§ 8,*) 21⁴**) und 21⁵***) des Reichsgesetzes vom 1. Juni 1870 stattzugeben beabsichtigen, vor der Entscheidung mir mit sämtlichen in der Angelegenheit entstandenen Verhandlungen vorzulegen und hierbei die beabsichtigte Genehmigung kurz zu begründen.

Vor der Erteilung von Naturalisationszusicherungen ist in gleicher Weise bis auf weiteres meine Zustimmung einzuholen.

Berlin, den 3. Februar 1895.

Der Minister des Innern.
v. Köller.

Anlage Nr. 13a.

Runderlaß an sämtliche kgl. Regierungspräsidenten und an den kgl. Polizeipräsidenten in Berlin vom 17. Februar 1896 und abschriftlich an sämtliche kgl. Oberpräsidenten, betreffend die selbständige Erledigung von Naturalisationsanträgen durch die Regierungspräsidenten.

(MBl. i. V. S. 36.)

In Einschränkung des Erlasses vom 3. Februar 1895 (MBl. S. 26) will ich Ew. Hochwohlgeboren hierdurch wieder überlassen, denjenigen berücksichtigungswerten Anträgen auf Naturalisation oder deren Zusicherung und auf Wiederaufnahme (§ 21 Abs. 5***) des Gesetzes vom 1. Juni 1870), welche von ehemaligen Reichsangehörigen ausgehen, die vor dem Verluste ihrer hiesigen Staatsangehörigkeit der Militärpflicht Deutschland gegenüber genügt haben oder noch minderjährig sind, ohne zuvorige Einholung meiner Zustimmung zu entsprechen.

Bezüglich aller übrigen auf Naturalisation oder deren Zusicherung und auf Wiederaufnahme sowie bezüglich der auf Renaturalisation (§ 21 Abs. 4 a. a. O.)**) gerichteten Anträge, denen Ew. Hochwohlgeboren stattzugeben beabsichtigen, bitte ich auch ferner bis auf weiteres nach dem Erlasse vom 3. Februar v. Js. zu verfahren.

---

*) Jetzt § 8 d. Ges. v. 22. Juli 1913.
**) Jetzt § 13 d. Ges. v. 22. Juli 1913.
***) Jetzt § 31 d. Ges. v. 22. Juli 1913.

Zur Einreichung dieser Anträge wollen Ew. Hochwohlgeboren für die Folge ein Formular nach anliegendem Muster (Anl. a) benutzen. Sammelberichte sind zu vermeiden, sofern es sich nicht um Angehörige derselben Familie handelt.

Zu den ihrer selbständigen Entscheidung überlassenen Fällen bemerke ich folgendes:

1. Nach dem Erkenntnisse des Oberverwaltungsgerichts vom 3. Februar 1894 (MBl. S. 39) steht ehemaligen Deutschen, welche die Reichsangehörigkeit durch zehnjährigen Aufenthalt im Auslande verloren und eine fremde Staatsangehörigkeit erworben haben, ein Anspruch auf Wiederaufnahme aus § 21 Abs. 5*) des Gesetzes vom 1. Juni 1870 nicht zur Seite.

2. Vor der Naturalisation und Wiederaufnahme ehemaliger Reichsangehöriger, die sich zu irgend einer Zeit in einem anderen deutschen Bundesstaate aufgehalten haben, ist die durch den Bundesratsbeschluß**) vom 22. Januar 1891 (MBl. S. 171) vorgeschriebene Anfrage zu stellen. Falls eine der befragten Behörden Bedenken geltend macht, die Ew. Hochwohlgeboren nicht für zutreffend erachten, ist meine Entscheidung einzuholen.

3. In analoger Anwendung des erwähnten Bundesratsbeschlusses**) ist vor der Naturalisation ehemaliger Preußen, die mit Entlassungsurkunde ausgewandert sind, der Regierungspräsident zu befragen, welcher die Entlassung verfügt hat; außerdem sind diejenigen Regierungspräsidenten um Äußerung zu ersuchen, in deren Bezirk der Antragsteller sich etwa sonst noch aufgehalten hat, was auch vor der Wiederaufnahme ehemaliger Preußen zu geschehen hat.

4. In jedem einzelnen Falle ist die Rückwirkung der Staatsangehörigkeitsveränderung auf das Militärverhältnis (§ 21 Nr. 2 der Wehrordnung) genau zu prüfen, insbesondere auch für die Eintragung der im Reichsauslande geborenen Militärpflichtigen in die alphabetischen Listen Sorge zu tragen.

Im übrigen ist vom 1. April 1896 ab Nr. 43 des Stempelgesetzes vom 31. Juli 1895 (GS. S. 413)***) zu beachten.

Indem ich Ew. Hochwohlgeboren hiernach die weitere Veranlassung ergebenst anheimstelle, bitte ich für die Folge wieder alljährlich im Januar die unter dem 19. Januar 1892 vorgeschriebene Nachweisung aller im Vorjahre in den preußischen Staatsverband aufgenommenen Personen einzureichen. Diese Nachweisungen sind, soweit das nicht schon bisher

---

*) Jetzt § 31 d. Ges. v. 22. Juli 1913.
**) Jetzt inhaltlich erweitert in § 9 d. Ges. vom 22. Juli 1913.
***) Jetzt in der Fassung vom 30. Juni 1909 (GS. 535).

geschehen ist, so einzurichten, daß sie neben der Zahl der Aufgenommenen auch die Zahl der mitaufgenommenen Angehörigen und das Datum der etwa diesseits getroffenen Entscheidung ersichtlich machen.

Berlin, den 17. Februar 1896.

Der Minister des Innern.
von der Recke.

Anlage Nr. 14.

Verfügung vom 4. März 1911, betreffend die Erklärung der Gemeinden und der Ortsarmenverbände gemäß § 8*) des Reichsgesetzes über die Erwerbung und den Verlust der Reichs- und Staatsangehörigkeit vom 1. Juni 1870.

(MBl. f. d. i. V. 1911 S. 93 f.)

Da das Reichsgesetz über die Erwerbung und den Verlust der Reichs- und Staatsangehörigkeit vom 1. Juni 1870 nicht bestimmt, in welcher Weise die Anhörung der Gemeinde zu erfolgen hat, so ist es als ausreichend anzusehen, wenn die zur Vertretung der Gemeinde nach außen gesetzlich berufene Stelle, also der Gemeindevorstand, die Erklärung gemäß § 8 Abs. 2 l. c.*) abgibt. Ob dieser vorher die Gemeindevertretung hören will, ist Sache seines Ermessens. Die Aufsichtsbehörde hat keinen Anlaß, in dieser Beziehung der Gemeindeverwaltung Vorschriften zu machen.

Für die Anhörung der Ortsarmenverbände findet diese Auslegung entsprechende Anwendung. Wer als Vertreter des Ortsarmenverbandes anzusehen und demgemäß zur Abgabe der Erklärung nach § 8 l. c.*) zuständig ist, ergibt sich aus den Vorschriften der §§ 2, 3, 7 und 9 ff. des Gesetzes, betreffend die Ausführung des Unterstützungswohnsitzes vom 8. März 1871 (Gesetzsamml. S. 130).

Berlin, den 4. März 1911.

Der Minister des Innern.
Im Auftrage: v. Kitzing.

*) Jetzt § 8 d. Ges. v. 22. Juli 1913.

Anlage Nr. 15.

Rundverfügung an die Regierungspräsidenten und den Polizeipräsidenten in Berlin vom 31. Oktober 1897, betreffend die Naturalisationsgesuche früherer Reichsangehöriger und solcher Reichsausländer, die sich in einem anderen Bundesstaat aufgehalten haben oder noch aufhalten.

(MBl. i. V. S. 214.)

Nach dem Bundesratsbeschluß vom 22. Januar 1891*) (MBl. S. 171) soll auf Naturalisationsgesuche früherer Reichsangehöriger und solcher Reichsausländer, die sich in einem anderen Bundesstaat aufgehalten haben oder noch aufhalten, nicht eher Entscheidung getroffen werden, als bis Gelegenheit zur Äußerung der Behörden derjenigen Bundesstaaten gegeben worden ist, die entweder als Heimatstaat des Antragstellers, oder weil dieser auf ihrem Gebiete sich aufgehalten hat oder noch aufhält, im Hinblick auf § 1 Nr 1 des Freizügigkeitsgesetzes und § 7 des Staatsangehörigkeitsgesetzes ein Interesse zur Sache haben (vgl. Abs. 2 des Erlasses vom 17. Februar 1896, MBl. S. 36)**).

Da vielfach Unsicherheit darüber bestand, an welche Behörden die in dem Beschlusse vom 22. Januar 1891*) vorgesehenen Rückfragen zu richten sind, hat der Bundesrat unter dem 2. Juli d. Js. (§ 520 der Protokolle) beschlossen, daß die erwähnten Rückfragen künftig an die im § 6 des Reichsgesetzes vom 1. Juni 1870***) über die Erwerbung und den Verlust der Reichs- und Staatsangehörigkeit bezeichneten höheren Verwaltungsbehörden gerichtet werden sollen.

Ich ersuche hiernach für die Folge zu verfahren. Ein Verzeichnis der in Betracht kommenden Behörden folgt in doppelter Ausfertigung hier bei.†)

Berlin, den 31. Oktober 1897.

Der Minister des Innern.
gez. Haase.

---

*) Jetzt inhaltlich erweitert in § 9 d. Ges. v. 22. Juli 1913.
**) S. Anlage Nr. 13a.
***) Vgl. jetzt §§ 16, 39 Abs. 2 d. Ges. v. 22. Juli 1913.
†) S. Anlage Nr. 17.

Anlage Nr. 16.

Gesetz zur Abänderung des Reichsmilitärgesetzes sowie des Gesetzes, betreffend Änderungen der Wehrpflicht, vom 11. Februar 1888.

Vom 22. Juli 1913.

(RGBl. S. 593.)

Wir Wilhelm, von Gottes Gnaden Deutscher Kaiser, König von Preußen usw.
verordnen im Namen des Reichs, nach erfolgter Zustimmung des Bundesrats und des Reichstags, was folgt:

Art. I. Das Reichsmilitärgesetz wird dahin geändert:

1. An die Stelle des § 11 tritt folgende Vorschrift:

§ 11. Personen, die keinem Staate angehören, können, wenn sie sich im Reichsgebiet oder in einem Schutzgebiete dauernd aufhalten, zur Erfüllung der Wehrpflicht wie Deutsche herangezogen werden.

2. Der § 13 wird durch folgende Vorschriften ersetzt:

§ 13. Für die Reihenfolge, in der die Militärpflichtigen auszuheben sind, ist der Grad der Tauglichkeit zum Militärdienst maßgebend.

Ein Abweichen von dieser Reihenfolge ist nur zulässig zugunsten der in einem Schutzgebiet oder im Ausland lebenden Militärpflichtigen oder auf Antrag anderer Militärpflichtigen, sofern diese ihre sofortige Einstellung wünschen, oder im Interesse einzelner Waffengattungen, an deren Ersatz besondere Anforderungen zu stellen sind.

3. Im § 17 Abs. 1 werden die Worte „falls sie nicht nach ihrer Losnummer zu den Überzähligen ihres Jahrganges (§ 13) gehören," gestrichen.

4. Der § 20 Abs. 1 wird wie folgt geändert:

a) Im Eingang werden die Worte „falls sie nicht nach ihrer Losnummer zu den Überzähligen ihres Jahrganges gehören," gestrichen.

b) Die Nr. 7 erhält folgende Fassung:

7. Militärpflichtige, die ihren dauernden Aufenthalt in einem Schutzgebiet oder im Ausland haben. Bei dauerndem Aufenthalt in einem außereuropäischen Lande kann die Zurückstellung bis zu einer Gesamtdauer von vier Jahren erfolgen. Diese Vorschriften gelten nicht für ein Schutzgebiet, in dem eine Schutztruppe besteht.

5. Als § 21a werden folgende Vorschriften eingestellt:

§ 21a. Militärpflichtige, die sich in einem außereuropäischen Lande eine feste Stellung als Kaufmann, Gewerbetreibender usw. erworben haben, können nach Ablauf der Frist, für die sie zurückgestellt sind, frühestens jedoch nach Ablauf des vierten Dienstpflichtjahrs, auf ihr Ansuchen durch die Ersatzbehörde dritter Instanz (§ 30 Nr. 3c) dem Landsturm ersten Aufgebots überwiesen werden. Diese Vergünstigung darf jedoch den Militärpflichtigen nur gewährt werden, wenn bei Ableistung der aktiven Dienstpflicht, sei es im Reichsgebiete, sei es in einem Schutzgebiet, ihre Stellung oder ihr in dem außereuropäischen Lande angelegtes Vermögen gefährdet sein würde, auch kein Anhalt dafür vorliegt, daß die Voraussetzungen der Überweisung zum Landsturm zur Umgehung der Dienstpflicht herbeigeführt worden sind.

6. Im § 22 treten an die Stelle der Worte „kann durch die oberste Instanz für Ersatzangelegenheiten des betreffenden Bundesstaates" die Worte „kann durch die Ersatzbehörden dritter Instanz".

7. Im § 30 werden

a) in der Nr. 3 folgende Vorschriften als Abs. 2 hinzugefügt:

Der Reichskanzler kann die Entscheidung über die im § 20 Abs. 1 Nr. 7 vorgesehenen Zurückstellungen für Militärpflichtige, die in einem Schutzgebiet, in dem eine Schutztruppe nicht besteht, leben, dem Gouverneur, und für Militärpflichtige, die im Ausland leben, dem Konsul oder, wo ein Berufskonsul nicht vorhanden ist, dem Gesandten des Reichs übertragen. An Stelle des Gesandten des Reichs kann die Entscheidung auch dem Gesandten eines Bundesstaats für die Angehörigen dieses Staates übertragen werden.

b) in der Nr. 4 folgende Vorschriften als Abs. 3 und 4 hinzugefügt:

Zurückstellungen von Militärpflichtigen im ersten und zweiten Pflichtjahr auf je ein Jahr können durch die ständigen Mitglieder der Ersatzkommission in den Fällen des § 20 erfolgen.

Die Anwesenheit des Zivilvorsitzenden der Oberersatzkommission beim Aushebungsgeschäft ist während der Verhandlungen über die im Abs. 1 bezeichneten Gegenstände erforderlich. Für die übrige Zeit kann seine Anwesenheit durch die obersten Zivilverwaltungsbehörden der einzelnen Bundesstaaten angeordnet werden.

c) in der Nr. 5 der zweite Satz wie folgt geändert:

Wo nur die ständigen Mitglieder an der Beschlußfassung teilnehmen, ist bei Meinungsverschiedenheiten die Angelegenheit der nächsthöheren Instanz, in den Fällen des § 30 Nr. 4 Abs. 3 der verstärkten Ersatzkommission, zur Entscheidung vorzulegen.

d) als Nr. 9 folgende Vorschriften hinzugefügt:

9. Der Reichskanzler kann die Geschäfte der Ersatzkommission und der verstärkten Ersatzkommission in Ansehung von Militärpflichtigen, die in einem Schutzgebiet, in dem eine Schutztruppe nicht besteht, oder im Ausland leben, besonderen Kommissionen übertragen; solche Kommissionen werden auf seine Anordnung in dem Schutzgebiet am Amtssitz eines höheren Verwaltungsbeamten und im Ausland am Amtssitz eines Berufskonsuls oder, wo ein solcher nicht vorhanden ist, eines Gesandten des Reichs gebildet.

In einem Schutzgebiet, in dem eine Schutztruppe nicht besteht, kann der Reichskanzler diesen Kommissionen auch die Befugnisse der Oberersatzkommission und der verstärkten Oberersatzkommission übertragen.

8. Der § 33 Abs. 2 Satz 1 erhält folgende Fassung:

Militärpflichtige, die in einem von den Ersatzbehörden abzuhaltenden Termine nicht pünktlich erschienen sind, können außer der Reihenfolge (§ 13) ausgehoben werden.

9. In § 53 Abs. 2 in der Fassung des Gesetzes vom 6. Mai 1880 werden die Worte „beziehungsweise das zuständige Kriegsministerium in Gemeinschaft mit der obersten Zivilverwaltungsbehörde seines Heimatsbezirkes" gestrichen.

Am Schlusse des Absatzes ist anzufügen:

Bei Meinungsverschiedenheiten innerhalb der Ersatzbehörde dritter Instanz entscheidet die zuständige Ministerialinstanz.

10. An die Stelle des § 59 treten folgende Vorschriften:

§ 59. Im Frieden können Offiziere, Beamte und Mannschaften der Reserve, der Ersatzreserve und der Landwehr ersten Aufgebots, die in ein Schutzgebiet oder ins Ausland gehen wollen oder sich dort aufhalten, unter Befreiung von den gewöhnlichen Dienstpflichten, soweit diese nicht aus dem Aufenthalt in einem Schutzgebiet erwachsen, mit der Verpflichtung zur Rückkehr im Falle einer Mobilmachung auf zwei Jahre beurlaubt werden.

Weist der Beurlaubte durch Bescheinigung des Gouverneurs oder des Konsuls nach, daß er sich in dem Schutzgebiet oder im Ausland eine feste Stellung als Kaufmann, Gewerbetreibender usw. erworben hat, so kann der Urlaub bis zur Entlassung aus dem Militärverhältnisse verlängert werden. Dies gilt jedoch für den in einem europäischen Lande oder in einem Küstenlande des Mittelländischen oder Schwarzen Meeres lebenden Beurlaubten nur dann, wenn die feste Stellung bei Erfüllung der gewöhnlichen Dienstpflichten gefährdet sein würde.

Hat der Beurlaubte die feste Stellung in einem außereuropäischen und nicht zu den Küstenländern des Mittelländischen oder Schwarzen Meeres gehörenden Lande erworben, so kann er auch von der Verpflichtung zur Rückkehr im Falle einer Mobilmachung befreit werden.

Art. II. Das Gesetz, betreffend Änderungen der Wehrpflicht, vom 11. Februar 1888 wird dahin geändert:

1. Im Artikel II § 9 werden
   a) der Abs. 2 und im Abs. 3 das Wort „weitere" gestrichen,
   b) die Vorschriften des Abs. 4 durch folgende Vorschriften ersetzt:
      Die Überweisung ist in der vorstehenden Reihenfolge zu bewirken. Ist ein Überschuß vorhanden, so entscheiden die Abkömmlichkeit, das Lebensalter und die bessere Diensttauglichkeit.
2. Im Artikel II § 13 Abs. 4 wird der Satz 2 gestrichen.

Art. III. Dieses Gesetz tritt am 1. Januar 1914 gleichzeitig mit dem Reichs- und Staatsangehörigkeitsgesetz in Kraft.

Es kommt in Bayern nach näherer Bestimmung des Bündnisvertrags vom 23. November 1870 (Bundes-Gesetzbl. 1871 S. 9) unter III. § 5, in Württemberg nach näherer Bestimmung der Militärkonvention vom 21./25. November 1870 (Bundes-Gesetzbl. S. 658) zur Anwendung.

Urkundlich unter Unserer Höchsteigenhändigen Unterschrift und beigedrucktem Kaiserlichen Insiegel.

Gegeben Balholm, an Bord M. Y. „Hohenzollern", den 22. Juli 1913.

(L. S.) **Wilhelm.**

Delbrück.

Anlage Nr. 17.

Verzeichnis

der Behörden (höheren Verwaltungsbehörden), welche die im § 6 des Reichsgesetzes über die Erwerbung und den Verlust der Reichs- und Staatsangehörigkeit vom 1. Juni 1870 vorgesehenen Aufnahme- und Naturalisationsurkunden auszufertigen haben, und an welche bei Naturalisationsgesuchen die im Bundesratsbeschlusse vom 22. Januar 1891 — § 40 der Protokolle — vorgesehenen Rückfragen zu richten sind.

Aufgestellt im Reichsamte des Innern im Oktober 1897.

Lfde. Nr.	Staaten	Höhere Verwaltungsbehörden.
1.	Königreich Preußen.	Die Königlichen Regierungspräsidenten; für Berlin der Königliche Polizeipräsident.
2.	Königreich Bayern.	Die Königlichen Kreisregierungen, Kammern des Innern.
3.	Königreich Sachsen.	Die Königlichen Kreishauptmannschaften.
4.	Königreich Württemberg.	Die Königlichen Kreisregierungen.
5.	Großherzogtum Baden.	Die Großherzoglichen Landeskommissäre
6.	Großherzogtum Hessen.	Die Großherzoglichen Kreisämter.
7.	Großherzogtum Mecklenburg-Schwerin.	Das Großherzogliche Ministerium des Innern.
8.	Großherzogtum Sachsen-Weimar.	Die Großherzoglichen Direktoren der Verwaltungsbezirke.
9.	Großherzogtum Mecklenburg-Strelitz.	Die Großherzogliche Landesregierung.
10.	Großherzogtum Oldenburg.	1. Für das Herzogtum Oldenburg: das Großherzogliche Staatsministerium, Departement des Innern. 2. Für das Fürstentum Lübeck: die Großherzogliche Regierung zu Eutin. 3. Für das Fürstentum Birkenfeld: die Großherzogliche Regierung zu Birkenfeld.
11.	Herzogtum Braunschweig.	Die Herzoglichen Kreisdirektionen.*)
12.	Herzogtum Sachsen-Meiningen.	Das Herzogliche Staatsministerium, Abteilung des Innern.
13.	Herzogtum Sachsen-Altenburg.	Das Herzogliche Ministerium, Abteilung des Innern.
14.	Herzogtum Sachsen-Coburg und Gotha.	Die Herzoglichen Staatsministerien.
15.	Herzogtum Anhalt.	Die Herzogliche Regierung, Abteilung des Innern.

*) Durch Verfügung vom 27. Sept. 1903 (MBl. i. V. S. 214) hat der Minister des Innern mitgeteilt, daß für die Stadt Braunschweig die Herzogliche Polizeidirektion in Braunschweig als höhere Verwaltungsbehörde in Betracht kommt.

Lfde. Nr.	Staaten.	Höhere Verwaltungsbehörden.
16.	Fürstentum Schwarzburg-Sondershausen.	Die Fürstlichen Landräte.
17.	Fürstentum Schwarzburg-Rudolstadt.	Die Fürstlichen Landratsämter.
18.	Fürstentum Waldeck und Pyrmont.	Der Landesdirektor.
19.	Fürstentum Reuß ä. Linie.	Die Fürstliche Landesregierung.
20.	Fürstentum Reuß j. Linie.	Das Fürstliche Ministerium, Abteilung für das Innere.
21.	Fürstentum Schaumburg-Lippe.	Das Fürstliche Ministerium.
22.	Fürstentum Lippe.	Die Fürstliche Regierung.
23.	Freie und Hansestadt Lübeck.	Das Stadt- und Landamt.
24.	Freie Hansestadt Bremen.	Für die Stadt Bremen: die Polizeidirektion. Für das Landgebiet: der Landherr zu Bremen. Für die Hafenstädte Vegesack und Bremerhaven: die Ämter zu Vegesack und Bremerhaven.
25.	Freie und Hansestadt Hamburg.	Die Aufsichtsbehörde für die Standesämter zu Hamburg. Für das Amt Ritzebüttel: der Amtsverwalter zu Ritzebüttel.
26.	Elsaß-Lothringen.	Die Kaiserlichen Bezirkspräsidenten.

Anlage Nr. 18.

Ein Ausländer erlangt dadurch, daß er eine Zeitlang in Preußen das Amt eines Schiedsmanns bekleidet, nicht die Eigenschaft eines Preußen. Seine demnächstige Mitwirkung als Geschworener begründet demgemäß die Nichtigkeit des Verfahrens.

(Erk. v. 28. Juni 1866, s. Oppenhoff, Rechtspr. f. Strafs. Bd. VII S. 384ff.)

Durch die Übertragung des Amtes eines Schiedsmannes hat der Amtmann G. die Eigenschaft eines Preußen nicht erlangt, namentlich ist der Erwerb dieser Eigenschaft aus dem § 6 des Gesetzes vom 31. Dezember 1842 über den Erwerb und den Verlust der Eigenschaft als preußischer Untertan nicht zu folgern, da dieser Paragraph die Aufnahme eines Ausländers in den preußischen Staat voraussetzt, die Übertragung des Schiedsmannsamtes aber eine Aufnahme in den preußischen Staatsdienst nicht enthält. Die Schiedsmänner sind nämlich als Staatsdiener nicht anzusehen. An sich ist mit ihrem Amte — das freilich ein munus publicum im weiteren Sinne darstellt — die Ausübung irgend eines Zweiges der Staatsverwaltung (oder Teilnahme an der Ausübung einer solchen Zweiges) überall nicht verbunden. Sie sind vielmehr Vertrauensmänner der Mitbewohner ihres Kreises resp. Bezirks zur Schlichtung von Streitigkeiten im Wege des Vergleichs. Ihr Amt und ihr Beruf gründen sich nur auf die Wahl ihrer Mitbürger, woraus ihre Befugnis zur vergleichsweisen Vermittelung streitiger Angelegenheiten hervorgeht. Sie sind gewissermaßen ein für allemal bestellte Schiedsrichter (§ 167 I, 2 AGO.) nur mit dem Unterschiede, daß ihnen selbst ein Entscheidungsrecht über die streitigen Angelegenheiten nicht zusteht. Vom Staate sind daher die Schiedsmänner auch nicht angestellt; zwar erfolgt die Prüfung ihrer Wahl durch die betreffende Regierung und die Bestätigung derselben, sowie die Verpflichtung der Gewählten durch das Appellationsgericht. Allein die Wahlprüfung und die Bestätigung haben bloß einen kontrollierenden Charakter mit Rücksicht auf die vorschriftsmäßigen Eigenschaften des Gewählten und die rite vollzogene Wahl, und in dieser gleichsam nur negativen Einwirkung der Behörden des Staates auf die Bestallung der Schiedsmänner liegt keine Anstellung der letzteren durch den Staat. Die Vereidigung der Schiedsmänner geschieht denn auch nicht in der für die Staatsdiener vorgeschriebenen Form, sondern lediglich nach der für die Schiedsmänner in der betreffenden Verordnung (§ 9 d. V. für die Schiedsmänner der Provinz Sachsen) besonders bestimmten Weise in ähnlicher Form, welche auch für die Vormünder besteht. Ebensowenig unterliegen sie den Disziplinargesetzen in betreff der richterlichen oder nicht richterlichen Beamten, was gleichwohl der Fall sein müßte, wenn sie als Staatsdiener zu betrachten wären.

Ihre Amtsführung steht vielmehr nur unter der Aufsicht der Appellationsgerichte, aber so, daß sie lediglich auf Antrag der Kreisversammlung vom Amte entfernt, vom Appellationsgericht den Gerichten wegen gemeiner Vergehen oder Verbrechen überwiesen, disziplinarisch aber weiter nicht bestraft werden können. Sieht man lediglich auf die materiellen Befugnisse der Schiedsmänner, so haben zwar die von ihnen abgeschlossenen Vergleiche dieselbe Wirkung wie die gerichtlichen (§ 27 d. i. V.), d. h. sie sind vollzugsfähig, der Vollzug selbst kann jedoch nur durch die ordentlichen Gerichte selbst geschehen, und es reicht daher die Wirkung der Vergleiche nicht weiter als das beim Ausspruche gewählter Schiedsrichter der Fall ist (§§ 167, 173, 176 I, 2 AGO.), denen gleichwohl die Eigenschaft von Staatsdienern nicht vindiziert worden ist.

Anlage Nr. 19.

A. Bekanntmachung vom 7. März 1872, betreffend die Option.

(s. Sammlung der in Elsaß-Lothringen geltenden Gesetze, Straßburg 1881, Bd. 3 S. 214.)

I. Alle dispositionsfähigen Angehörige Elsaß-Lothringens, welche früher französische Staatsangehörige waren, und welche entweder

1. in Elsaß-Lothringen geboren sind und am 2. März 1871[a]) daselbst ihren Wohnsitz hatten, oder
2. zwar nicht in Elsaß-Lothringen geboren sind, aber daselbst am 2. März 1871 ihren Wohnsitz hatten oder
3. zwar nicht in Elsaß-Lothringen am 2. März 1871 ihren Wohnsitz hatten, aber daselbst geboren sind,

können in der vorgeschriebenen Weise (II und III) und in den festgesetzten Fristen (IV) sich für die französische Nationalität entscheiden.

Wer von diesem Rechte Gebrauch macht, dem ist die Aufnahme in Frankreich ohne neuen Erwerb der französischen Nationalität und die Freiheit des Abzuges aus Deutschland ohne Rücksicht auf die Militärpflicht gesichert.

II. Das Optionsrecht[b]) wird in folgender Weise ausgeübt:[c])

1. die zur Klasse 1 I gehörigen Personen müssen ihren Wohnsitz nach Frankreich verlegen und eine ausdrückliche Erklärung abgeben, daß sie ihre inzwischen suspendierte Nationalität beibehalten wollen;
2. die zur Klasse 2 I gehörigen Personen müssen ihren Wohnsitz nach Frankreich verlegen, dagegen bedarf es bei ihnen der oben gedachten ausdrücklichen Erklärung nicht;
3. die zur Klasse 3 I gehörigen Personen müssen die vorgedachte ausdrückliche Erklärung abgeben, dagegen bedarf es bei ihnen der Verlegung ihres Wohnsitzes nach Frankreich nicht, es sei denn, daß sie seit dem 2. März 1871 und vor Ablauf der Optionsfristen ihren Wohnsitz in Elsaß-Lothringen genommen haben.

---

a) Datum, an welchem der Austausch der Ratifikation der vom 26. Febr. 1871 zu Versailles unterzeichneten Friedens-Präliminarien erfolgt ist (s. RGBl. S. 215 ff.).

b) Für die Prüfung der Optionen mit Bezug auf ihre Gültigkeit ist später durch Kaiserl. Erlaß vom 15. Nov. 1880 eine besondere Kommission eingesetzt worden.

Die Ergebnisse dieser Prüfungen sind durch die Elsaß-Lothringische Zeitung veröffentlicht und außerdem auf diplomatischem Wege zur Kenntnis der französischen Regierung gebracht worden.

c) Die Optionserklärung hatte nur dann rechtliche Wirkung, wenn sie mit einer tatsächlichen Verlegung des Wohnsitzes nach Frankreich und Niederlassung daselbst verbunden war (s. Erk. des ROHG. vom 5. Nov. 1875, Jurist. Zeitschrift für das Reichsland Elsaß-Lothringen 1876 S. 9).

III. Die ausdrückliche Erklärung für die französische Nationalität, soweit dieselbe nach II erforderlich ist, erfolgt:

1. seitens der Personen, welche sich in Elsaß-Lothringen aufhalten, durch kostenfreie protokollarische Erklärung vor dem Kreisdirektor und in Straßburg und Metz vor dem Polizeidirektor;
2. seitens aller übrigen Personen durch eine, sei es vor der Mairie des Wohnortes in Frankreich, sei es vor einer französischen Gesandtschafts- oder Konsulatskanzlei abgegebene Erklärung oder durch Immatrikulierung bei einer solchen Kanzlei.

IV. Die Frist für die Ausübung des Optionsrechts — mag dazu nur die Verlegung des Domizils nach Frankreich und die ausdrückliche Erklärung für die französische Nationalität oder nur eine von diesen beiden Tatsachen erforderlich sein (II und III) — läuft mit dem 30. September l. Js. ab. Nur für diejenigen Personen, welche sich außerhalb Europas aufhalten, ist die Frist bis zum 30. September 1873 einschließlich verlängert.

V. Diejenigen aus Elsaß-Lothringen gebürtigen Personen, welche in der französischen Armee oder Flotte in irgend einer Eigenschaft, auch als Freiwillige oder Einsteher dienen, haben das Recht, für die deutsche Nationalität zu optieren. Die Option erfolgt in der Weise, daß die betreffenden Personen der zuständigen Behörde die Erklärung vorlegen, daß sie sich für die deutsche Nationalität entschieden haben. Diese Erklärung muß, wenn die betreffenden Personen ihren zeitweiligen Garnisons- oder Aufenthaltsort in Frankreich haben, bei der Miarie dieses Ortes abgegeben werden. In betreff der Fristen gilt auch hier das unter IV Gesagte.

VI. Wegen der Minderjährigen wird eine besondere Verfügung ergehen.

B. Bekanntmachung vom 16. März 1872, betreffend die Option Minderjähriger.

1. Nicht emanzipierte Minderjährige, sie mögen in Elsaß-Lothringen geboren sein oder nicht, können weder selbst noch durch ihre gesetzlichen Vertreter, gesondert von diesen, für die französische Nationalität optieren. Sie folgen, wenn ihre Eltern noch am Leben sind, der Wahl der Nationalität des Vaters.[d])

Die Option des Vormunds für die französische Nationalität

d) Durch die Option der Eltern wird zugleich die Nationalität der unter ihrer Gewalt und Vormundschaft stehenden minderjährigen Kinder bestimmt (s. ROHG. 5. Nov. 1875, 24. Juni 1876 und 1. Dez. 1876, Jurist. Zeitschrift für das Reichsland Elsaß-Lothringen 1876 S. 9 und 387 und 1877 S. 56).

hat diese Wirkung nur dann, wenn der Familienrat seine Zustimmung erteilt.

2. Die vorstehende Bestimmung findet auch auf emanzipierte Minderjährige Anwendung, sofern sie in Elsaß-Lothringen geboren sind.[e])

Emanzipierte Minderjährige, welche nicht in Elsaß-Lothringen geboren sind, stehen in bezug auf das Optionsrecht den Großjährigen gleich.

Anlage Nr. 20.

Artikel XII.

1. Vorbehaltlich der Zustimmung des britischen Parlaments wird die Souveränetät über die Insel Helgoland nebst deren Zubehörungen von Ihrer britischen Majestät an Se. Majestät den Deutschen Kaiser abgetreten.

2. Die deutsche Regierung wird den aus dem abgetretenen Gebiet herstammenden Personen die Befugnis gewähren, vermöge einer vor dem 1. Januar 1892 von ihnen selbst oder bei minderjährigen Kindern von deren Eltern oder Vormündern abzugebenden Erklärung die britische Staatsangehörigkeit zu wählen.

3. Die aus dem abgetretenen Gebiet herstammenden Personen und ihre vor dem Tage der Unterzeichnung dieser Übereinkunft geborenen Kinder bleiben von der Erfüllung der Wehrpflicht im Kriegsheer und in der Flotte in Deutschland befreit.

4. Die zurzeit bestehenden heimischen Gesetze und Gewohnheiten bleiben, soweit es möglich ist, unverändert fortbestehen.

5. Die deutsche Regierung verpflichtet sich, bis zum 1. Januar 1910 den zurzeit auf dem abgetretenen Gebiet in Geltung befindlichen Zolltarif nicht zu erhöhen.

6. Alle Vermögensrechte, welche Privatpersonen oder bestehende Korporationen der britischen Regierung gegenüber in Helgoland erworben haben, bleiben aufrechterhalten; die ihnen entsprechenden Verpflichtungen gehen auf Se. Majestät den Deutschen Kaiser über. Unter dem Ausdruck „Vermögensrechte" ist das Signalrecht des Lloyd inbegriffen.

---

[e]) Der emanzipierte Minderjährige ist demnach nach Ziff. 1 für sich allein nicht berechtigt, das Optionsrecht gültig auszuüben, ebensowenig wie der von seinen Eltern emanzipierte Minderjährige auch mit Zustimmung seines Pflegers und des Familienrats eine gültige Optionserklärung für sich allein abgeben kann (ROHG. 24. Juni und 1. Dez. 1876, Jurist. Zeitschrift für Elsaß-Lothringen).

7. Die Rechte der britischen Fischer, bei jeder Witterung zu ankern, Lebensmittel und Wasser einzunehmen, Reparaturen zu machen, die Waren von einem Schiff auf das andere zu laden, Fische zu verkaufen, zu landen und Netze zu trocknen, bleiben unberührt.

Berlin, den 1. Juli 1890.

Anlage Nr. 21.

Gesetz, betreffend die Vereinigung von Helgoland mit dem Deutschen Reich. Vom 15. Dezember 1890.

Wir Wilhelm, von Gottes Gnaden Deutscher Kaiser, König von Preußen usw., verordnen im Namen des Reiches, nach erfolgter Zustimmung des Bundesrats und des Reichstags, was folgt:

§ 1. Die Insel Helgoland nebst Zubehörungen tritt dem Bundesgebiete hinzu.

Das Reich erteilt seine Zustimmung dazu, daß die Insel dem preußischen Staate einverleibt wird.

§ 2. Mit dem Tage der Einverleibung in den preußischen Staat tritt die Verfassung des Deutschen Reiches, mit Ausnahme des Abschnitts VI über das Zoll- und Handelswesen, auf der Insel in Geltung. Zu den Ausgaben des Reiches trägt Preußen für das Gebiet der Insel durch Zahlung eines Aversums nach Maßgabe des Art. 38 Abs. 3 der Reichsverfassung bei.

§ 3. Die von der Insel herstammenden Personen und ihre vor dem 11. August 1890 geborenen Kinder sind von der Wehrpflicht befreit.

§ 4. Das Wahlgesetz für den deutschen Reichstag tritt mit dem im § 2 bezeichneten Tage gleichfalls auf der Insel in Kraft. Durch Beschluß des Bundesrats wird die Insel einem Wahlkreise zugeteilt.

§ 5. Durch Kaiserl. Verordnung unter Zustimmung des Bundesrats wird festgestellt, inwieweit die Vorschriften in den §§ 2, 3, 4, 7, 8 des Gesetzes, betreffend die Reichskriegshäfen vom 19. Juni 1883 (Reichs-Gesetzbl. S. 105) für die Insel und ihre Gewässer zur Anwendung gelangen.

§ 6. Für die übrigen, vor dem im § 2 bezeichneten Tage erlassenen Reichsgesetze wird der Zeitpunkt, mit welchem dieselben ganz oder teilweise in Kraft treten, durch Kaiserl. Verordnung unter Zustimmung des Bundesrats festgesetzt.

Insoweit die Schonung der auf der Insel bestehenden Gesetze und Gewohnheiten es erheischt, können auf dem im Absatz 1 bezeichneten

Wege an Stelle einzelner Vorschriften der einzuführenden Reichsgesetze Übergangsbestimmungen erlassen werden. Die Geltung solcher Bestimmungen erstreckt sich nicht über den 31. Dezember 1893.

§ 7. Dieses Gesetz tritt mit der Verkündung in Kraft.

Urkundlich unter Unserer Höchsteigenhändigen Unterschrift und beigedrucktem Kaiserl. Insiegel.

Gegeben Berlin Schloß, den 15. Dezember 1890.

(L. S.) Wilhelm.

von Boetticher.

Anlage Nr. 22.

Übereinkommen zwischen dem Deutschen Reiche und Italien wegen wechselseitiger Unterstützung Hilfsbedürftiger usw., vom 8. August 1873.

Zwischen dem Deutschen Reiche und dem Königreich Italien ist über die Behandlung der in dem einen Lande hilfsbedürftig werdenden Angehörigen des andern Landes, über die Übernahme von Auszuweisenden und über die Beseitigung des Paßzwanges im gegenseitigen Verkehr nachstehendes vereinbart worden.

Art. 1. Jeder der beiden vertragenden Teile verpflichtet sich, dafür zu sorgen, daß innerhalb seines Gebietes denjenigen hilfsbedürftigen Angehörigen des anderen Teils, welche wegen körperlicher oder geistiger Krankheit der Verpflegung und ärztlichen Behandlung bedürfen, diese nach denselben Grundsätzen, wie bei den hilfsbedürftigen Inländern so lange zuteil werde, bis ihre Rückkehr in die Heimat ohne Nachteil für ihre oder anderer Gesundheit geschehen kann, sowie daß denselben zur demnächstigen Rückkehr in die Heimat die zur Erreichung der Grenze des Heimatlandes erforderlichen Mittel gewährt werden.

Art. 2. Ein Ersatz der durch die Gewährung von Transport- und Reisemitteln, die Verpflegung, ärztliche Behandlung oder Beerdigung der Deutschen in Italien und der Italiener in Deutschland entstehenden Kosten kann gegen die Staats-, Gemeinde- oder andere öffentliche Kassen desjenigen Landes, welchem der Hilfsbedürftige angehört, nicht beansprucht werden.

Art. 3. Für den Fall, daß der Hilfsbedürftige selbst oder andere privatrechtlich Verpflichtete zum Ersatze der Kosten imstande sind, bleiben die Ansprüche an letztere vorbehalten.

Die vertragenden Teile sichern sich auch wechselseitig zu, auf einen von dem anderen Teile im diplomatischen Wege gestellten Antrag durch ihre Behörden die nach der Landesgesetzgebung zulässige Hilfe zu leisten, damit denjenigen, welche die gedachten Kosten bestritten haben, solche nach den üblichen Ansätzen erstattet werden.

Art. 4. Jeder der vertragenden Teile verpflichtet sich ferner, auf Verlangen des anderen Teiles seine Angehörigen wieder zu übernehmen, auch wenn dieselben die Staatsangehörigkeit nach der inländischen Gesetzgebung bereits verloren haben, sofern sie nicht etwa dem anderen Lande nach dessen eigener Gesetzgebung angehörig geworden sind.

Art. 5. Individuen, welche aus dem Gebiete des einen Landes in das des anderen ausgewiesen worden sind, und von denen demnächst durch die Behörden dieses letzteren festgestellt wird, daß sie demselben nicht angehören, bezw. nicht angehört haben, müssen auf Antrag desselben von dem ausweisenden Teile an dessen Grenze wieder übernommen werden.

Art. 6. Von den Angehörigen des einen Teils soll weder beim Eintritt noch beim Austritt über die Grenze des Gebietes des anderen Teils, noch während ihres Aufenthalts oder ihrer Reisen innerhalb desselben ein Reisepapier gefordert werden.

Sie bleiben jedoch verpflichtet, sich auf amtliches Erfordern über ihre Person genügend auszuweisen.

Art. 7. Wenn die Sicherheit eines der vertragenden Teile oder die öffentliche Ordnung durch Krieg, innere Unruhen oder sonstige Ereignisse bedroht erscheint, so kann die Paßpflichtigkeit überhaupt oder für einen bestimmten Bezirk durch Anordnung eines jeden der beiden vertragenden Teile vorübergehend eingeführt werden.

Art. 8. Die vorstehend getroffenen Bestimmungen bleiben in Kraft bis zum Ablauf eines Jahres nach der von einem der beiden vertragenden Teile erfolgten Kündigung.

Zu Urkund dessen haben die Unterzeichneten, hierzu gehörig ermächtigt, die gegenwärtige Erklärung in doppelter Ausfertigung vollzogen.

Berlin, den 8. August 1873.

von Philippsborn. Launay.

Anlage Nr. 23.

Übereinkommen zwischen dem Deutschen Reiche und Dänemark wegen wechselseitiger Unterstützung Hilfsbedürftiger usw., vom 11. Dezember 1873.

Zwischen dem Deutschen Reiche und dem Königreich Dänemark ist über die Behandlung der in dem einen Lande hilfsbedürftig werdenden Angehörigen des anderen Landes und über die Übernahme von Auszuweisenden nachstehendes vereinbart worden:

Art. 1. Ein jeder der kontrahierenden Teile verpflichtet sich, innerhalb der Grenzen seines Gebiets bedürftigen Untertanen des anderen Teiles, welche wegen körperlicher oder geistiger Krankheit Verpflegung und ärztliche Behandlung nötig haben, solche Hilfe nach denselben Grundsätzen, nach welchen dieselbe den eigenen Untertanen des Staates zuteil wird, zu gewähren, und zwar so lange, bis sie nach ihrer Heimat zurückgesendet werden können.

Art. 2. Sobald der Gesundheitszustand der betreffenden Unterstützungsbedürftigen es gestattet, heimzureisen, gewährt der Teil, in dessen Gebiete sie sich aufhalten, ihnen die nötigen Mittel, um bis an die Grenze ihres Heimatlandes (d. h. respektive Dänemarks und des Deutschen Reiches) zu gelangen.

Art. 3. Gleichwie weder Armenunterstützung noch Krankenpflege, Beerdigungskosten oder andere in Gemäßheit des Art. 1 und 2 aufgewendete Kosten Gegenstand der Erstattung im gegenseitigen Verhalten der beiden vertragschließenden Teile bilden, ebenso sollen auch solche Untertanen des einen Teils, welche der andere Teil von seinem Gebiete sonst noch zu entfernen wünscht, auf Kosten des letzteren bis an die Grenze ihres Heimatlandes befördert werden.

Art. 4. Ein jeder Teil verpflichtet sich, auf Verlangen des anderen Teils seine eigenen jetzigen, sowie früheren Untertanen zu übernehmen, welche sich auf dem Gebiete des zuletzt genannten Teils aufhalten, ohne daselbst Heimatrechte erworben zu haben.

Art. 5. Auf die im Artikel XIX des Friedensvertrages vom 30. Oktober 1864 berührten Personen finden die Vorschriften des vorhergehenden Artikels in der Art Anwendung, daß für sie, insofern sie von dem ihnen eingeräumten Rechte, innerhalb 6 Jahren, von der Ratifikation des Vertrages an gerechnet, zwischen dem dänischen und dem preußischen Untertanenverhältnis zu wählen, Gebrauch gemacht haben, die von ihnen getroffene Wahl hinsichtlich ihrer Versorgung als bestimmend gilt, und daß sie, insofern sie von dem gedachten Wahlrechte einen Gebrauch nicht gemacht haben, im Falle ihrer Unterstützungsbedürftigkeit von demjenigen Staate wieder aufzunehmen sind, auf dessen Gebiet sie zur Zeit der Ratifikation des Vertrages am 16. November 1864 wohnhaft waren, — in beiden Fällen jedoch unter der Voraussetzung, daß sie nicht später ein Versorgungsrecht im Gebiete des anderen Staates erworben haben. Diejenigen Personen endlich, welche sich am 16. November 1864 außerhalb des Gebietes des Königreichs und der Herzogtümer aufhielten und keine Wahl nach der im Artikel XIX des Friedensvertrages vorgeschriebenen Weise getroffen haben, sollen als heimatberechtigt in demjenigen der beiden Länder betrachtet werden, auf dessen Gebiete sie vor dem 16. November 1864 zuletzt wohnhaft waren.

Art. 6. In Rücksicht auf eventuelle Veränderungen der in den respektiven Staaten jetzt geltenden Gesetzgebungen, namentlich in betreff des Armenwesens, wird jedem der kontrahierenden Teile das Recht vorbehalten, das gegenwärtige Übereinkommen mit einer vorgängigen Benachrichtigung von 6 Monaten aufzukündigen.

Zu Urkund dessen haben die Unterzeichneten, hierzu gehörig ermächtigt, die gegenwärtige Erklärung in doppelter Ausfertigung vollzogen.

Kopenhagen, den 11. Dezember 1873.

Unterschriften.

Anlage Nr. 23 a.

Zusatzdeklaration zu dem Übereinkommen zwischen dem Deutschen Reich und Dänemark wegen wechselseitiger Unterstützung Hilfsbedürftiger usw., vom 11. Dezember 1873.

Zur Regelung der Ausführung der deutsch-dänischen Deklaration vom 11. Dezember 1873, betreffend die Übernahme Hilfsbedürftiger und Auszuweisender, ist nachstehendes vereinbart worden:

1. In allen denjenigen Fällen, in welchen es sich um die Übernahme Hilfsbedürftiger handelt, hat die vorherige Feststellung und Anerkennung der Übernahmepflicht im Korrespondenzwege zu erfolgen. Die bezüglichen Verhandlungen sind in der Regel direkt zwischen der die Heimschaffung anordnenden Behörde und der zur Anerkennung der Staatsangehörigkeit zuständigen Heimatbehörde des zu Übernehmenden zu führen. Eine diplomatische Vermittelung hat nur dann einzutreten, wenn entweder besondere Gründe die direkte Korrespondenz untunlich erscheinen lassen — beispielsweise wenn über die Heimatbehörde Ungewißheit besteht oder in sprachlicher Hinsicht der gegenseitigen Ver-

ständigung Hindernisse sich entgegenstellen — oder aber, wenn durch die direkte Korrespondenz die Anerkennung der Übernahmepflicht nicht erreicht ist und der ausweisende Teil sich hierbei nicht beruhigen will.

Die bezügliche Übernahmeerklärung ist bei Ausführung des Transports dem Transportzettel im Original oder in beglaubigter Abschrift beizufügen und der Grenzübernahmebehörde zu übergeben. Der letzteren ist rechtzeitig vorher von dem bevorstehenden Transporte der hilfsbedürftigen Person entsprechende Mitteilung zu machen, und zwar unter gleichzeitiger Übersendung eines ärztlichen Zeugnisses des Inhalts, daß die Rückkehr des Zuzuweisenden in die Heimat ohne Nachteil für seine und anderer Gesundheit geschehen kann.

2. Bei Personen, welche nicht wegen Hilfsbedürftigkeit, sondern aus anderen, rein politischen Gründen (Art. 3 letzter Satz der Deklaration vom 11. Dezember 1873) über die Landesgrenze gewiesen worden, ist, wie folgt, zu unterscheiden:

A. Entweder handelt es sich um Personen, deren Staats- resp. Reichsangehörigkeit nicht auf Grund unverdächtiger, noch nicht abgelaufener, in ihrem Besitze befindlicher Ausweispapiere außer Zweifel steht.

In diesem Falle ist dasselbe Verfahren, wie dies zu 1. bezüglich der hilfsbedürftigen Personen bestimmt ist, einzuhalten. Auch bei Ausführung des Transports derartiger nicht hilfsbedürftiger Personen ist die, die Übernahmepflicht anerkennende Erklärung der betreffenden Heimatbehörde im Original oder in beglaubigter Abschrift der Grenzübernahmebehörde zu übergeben. Bei Ausweisungen mittels Zwangspasses ist die betreffende Übernahmeerklärung derjenigen Grenzbehörde, an welche der Auszuweisende dirigiert wird, einzusenden.

B. Oder die Ausweisung betrifft Personen, deren Angehörigkeit zu dem anderen Lande auf Grund unverdächtiger, noch nicht abgelaufener und in ihrem Besitze befindlicher Ausweispapiere außer Zweifel steht. In diesem Falle bedarf es behufs Ausführung der Ausweisung der unter 1 und 2 A bestimmten Formalitäten nicht.

3. Verzeichnisse derjenigen Behörden, welche in den deutschen Bundesstaaten einerseits und im Königreiche Dänemark andererseits berufen sind, über die Frage der Staatsangehörigkeit eine Entscheidung und ausländischen Behörden gegenüber ein Anerkenntnis abzugeben, haben beide Teile sich gegenseitig mitgeteilt.

4. Für die aus Dänemark heimgesandten deutschen Reichsangehörigen sind als Übernahmestellen Hadersleben und, falls der Transport über die Grenze bei Foldingbro geführt wird, Rödding bestimmt.

Für die aus Deutschland heimgesandten dänischen Staatsangehörigen sind als Übernahmestellen Kolding, Holstedt oder Ribe bestimmt.

In allen geeigneten Fällen ist indessen die Rücksendung heimzuschaffender Personen auf dem Wasserwege gestattet.

5. Das Übereinkommen wird vorläufig auf die Dauer von zwei Jahren abgeschlossen, sofern nicht vor Ablauf dieses Zeitraums die Übereinkunft vom 11. Dezember 1873 außer Kraft tritt.

Geschieht letzteres, so gelten die Ausführungsbestimmungen nur so lange, als die gedachte Übereinkunft in Wirksamkeit bleibt.

Zu Urkund dessen haben die Unterzeichneten, hierzu gehörig ermächtigt, die gegenwärtige Erklärung in doppelter Ausfertigung vollzogen.

Kopenhagen, den 25. August 1881.

(L. S.) Goltz, Bar. Rosenörn-Lehn.

Anlage Nr. 23b.

Bekanntmachung.

Auf Grund einer zwischen dem Deutschen Reich und Dänemark getroffenen Vereinbarung wird die Zusatzdeklaration vom 25. August 1881 (Zentralbl. S. 407) zu dem deutsch-dänischen Übereinkommen vom 11. Dezember 1873 wegen wechselseitiger Unterstützung Hilfsbedürftiger (Zentralbl. f. 1874 S. 31), so lange dieses Übereinkommen in Kraft bleibt, ebenfalls in Wirksamkeit bleiben.

Berlin, den 17. Juli 1884.

Der Reichskanzler.

(Zentralbl. 1884 S. 201.) J. V.: gez. Eck.

Anlage Nr. 23c.

1. Das Verzeichnis der deutschen Behörden

enthält Anlage 2, Rubrik 3.

2. Verzeichnis der dänischen zur Erteilung von Anerkenntnissen und zur Entscheidung über die Staatsangehörigkeit zuständigen Behörden.

1. Seeland.

Der Magistrat zu Kopenhagen.

Der Amtmann für das Amt Kopenhagen zu Kopenhagen.

" " " " " Frederiksborg zu Hilleröd.

" " " " " Holbäk zu Holbäk.

" " " " " Sorö zu Sorö.

" " " " " Prästö zu Faxe.

2. Bornholm.

Der Amtmann für die Insel Bornholm zu Rönne.

3. Lolland und Falster.

Der Amtmann für das Amt Maribo zu Nykjöbing auf Falster.

4. Fühnen.

Der Amtmann für das Amt Odense zu Odense.
" " " " " Svendborg zu Svendborg.

5. Jütland.

Der Amtmann für das Amt Hjörring zu Hjörring.
" " " " " Thisted zu Thisted.
" " " " " Aalborg zu Aalborg.
" " " " " Viborg zu Viborg.
" " " " " Randers zu Randers.
" " " " " Aarhuus zu Skanderborg.
" " " " " Veile zu Veile.
" " " " " Ringkjöbing zu Ringjköbing.
" " " " " Ribe zu Ribe.

Anlage Nr. 24.

Bekanntmachung.

Zwischen Deutschland und Österreich-Ungarn ist bezüglich der Übernahme Auszuweisender ein Abkommen getroffen worden, durch welches jeder der vertragenden Teile sich verpflichtet hat, auf Verlangen des anderen Teiles seine Angehörigen wieder zu übernehmen, auch wenn dieselben die Staatsangehörigkeit nach der inländischen Gesetzgebung bereits verloren haben, sofern sie nicht dem anderen Lande nach dessen eigener Gesetzgebung angehörig geworden sind..

Denselben Gegenstand betreffende frühere Übereinkommen zwischen einzelnen deutschen Staaten und der österreichisch-ungarischen Monarchie oder einzelnen Teilen derselben sind gleichzeitig für erloschen erklärt worden.

Berlin, den 2. September 1875.

Das Reichskanzler-Amt.

(Zentralbl. 1875 S. 475.) Delbrück.

Anlage Nr. 25.

a) Niederlassungsvertrag zwischen dem Deutschen Reiche und der Schweizerischen Eidgenossenschaft. Vom 13. November 1909.

(RGBl. 1911 S. 887 ff.).

Seine Majestät der Deutsche Kaiser, König von Preußen, im Namen des Deutschen Reichs, und der Schweizerische Bundesrat, im Namen der Schweizerischen Eidgenossenschaft,

von dem Wunsche geleitet, die Bestimmungen des zwischen dem Deutschen Reiche und der Schweizerischen Eidgenossenschaft bestehenden Niederlassungsvertrags vom 31. Mai 1890 in verschiedenen Punkten zu verbessern und zu ergänzen,

sind übereingekommen, zu diesem Zwecke einen neuen Niederlassungsvertrag abzuschließen usw. usw.

Art. 1. Die Angehörigen jedes vertragschließenden Teiles sollen berechtigt sein, sich in dem Gebiete des anderen Teiles ständig niederzulassen oder dauernd oder zeitweilig aufzuhalten, wenn und solange sie die dortigen Gesetze und Polizeiverordnungen befolgen.

Um dieses Recht beanspruchen zu können, müssen sie mit einem gültigen Heimatscheine versehen sein.

Die beiden Teile werden sich gegenseitig mitteilen, welche Behörden zur Ausstellung der Heimatscheine und zur Anerkennung der Staatsangehörigkeit zuständig sind.

Art. 2. Durch die Bestimmungen des Artikel 1 wird nicht berührt das Recht jedes vertragschließenden Teiles, Angehörigen des anderen Teiles die Niederlassung oder den Aufenthalt zu untersagen, sei es infolge eines strafgerichtlichen Urteils, sei es aus Gründen der inneren oder äußeren Sicherheit des Staates, sei es aus sonstigen polizeilichen Gründen, insbesondere aus Gründen der Gesundheits-, Sitten- oder Armenpolizei.

Art. 3. Jeder vertragschließende Teil behält sich vor, den Angehörigen des anderen Teiles, die ihm früher angehört und die Staatsangehörigkeit vor Erfüllung ihrer militärischen Pflichten verloren haben, die Niederlassung oder den Aufenthalt zu untersagen. Jedoch soll von der Ausübung dieser Befugnis abgesehen werden, wenn sich bei der Prüfung der Verhältnisse ergibt, daß der Wechsel der Staatsangehörigkeit in gutem Glauben und nicht zur Umgehung der militärischen Pflichten herbeigeführt ist.

Art. 4. Die Angehörigen jedes vertragschließenden Teiles, die sich in dem Gebiete des anderen Teiles niedergelassen haben oder aufhalten, bleiben den Gesetzen ihres Heimatlandes über die Militärpflicht oder die an deren Stelle tretende Ersatzleistung unterworfen und können in dem anderen Lande weder zu persönlichem Militärdienst irgend welcher Art noch zu einer Ersatzleistung angehalten werden.

Art. 5. Im Falle eines Krieges oder einer Enteignung zum öffentlichen Nutzen sollen in Ansehung der Entschädigung die Angehörigen jedes vertragschließenden Teiles, die sich in dem Gebiete des anderen Teiles niedergelassen haben oder aufhalten, den Landesangehörigen gleichgestellt werden.

Art. 6. Jeder vertragschließende Teil verpflichtet sich, dafür zu sorgen, daß in seinem Gebiete den hilfsbedürftigen Angehörigen des anderen Teiles die erforderliche Verpflegung und Krankenfürsorge nach den am Aufenthaltsorte für die eigenen Angehörigen geltenden Grundsätzen zuteil werde, bis ihre Rückkehr in die Heimat ohne Nachteil für ihre und anderer Gesundheit geschehen kann.

Ein Ersatz der durch die Verpflegung, die Krankenfürsorge oder die Beerdigung solcher Personen erwachsenen Kosten kann gegenüber dem Teile, dem der Hilfsbedürftige angehört, oder gegenüber den öffentlichen Verbänden oder Kassen dieses Teiles nicht beansprucht werden.

Für den Fall, daß der Hilfsbedürftige selbst oder daß andere privatrechtlich Verpflichtete zum Ersatze der Kosten imstande sind, bleiben die Ansprüche an diese vorbehalten. Auch sichern sich die beiden Teile die nach der Landesgesetzgebung zulässige Hilfe zur Geltendmachung dieser Ansprüche zu.

Art. 7. Die Angehörigen jedes vertragschließenden Teiles, die sich in dem Gebiete des anderen Teiles niedergelassen haben oder aufhalten und gemäß Artikel 2 oder 3 ausgewiesen werden, sind mit ihrer Familie auf Verlangen des ausweisenden Teiles jederzeit in ihr Heimatland wieder zu übernehmen.

Das gleiche gilt für frühere Angehörige jedes Teiles, solange sie nicht Angehörige des anderen Teiles oder eines dritten Staates geworden sind.

Mit dem Ausgewiesenen sind seine Ehefrau und die in seiner häuslichen Gemeinschaft lebenden minderjährigen Kinder auch dann zu übernehmen, wenn sie dem übernehmenden Teile weder angehören noch früher angehört haben, aber nicht Angehörige des anderen Teiles oder eines dritten Staates geworden sind.

Art. 8. In den Fällen des Artikel 7 entscheidet der ausweisende Teil, ob die in den Artikeln 2 oder 3 vorgesehenen Voraussetzungen der Ausweisung vorliegen.

Art. 9. Ist auf Grund eines Heimatscheins die Niederlassung gewährt worden, so kann der Staat, von dessen Behörden der Schein ausgestellt war, ein Verlangen auf Übernahme nicht unter Berufung darauf ablehnen, daß der Inhaber und seine in dem Scheine aufgeführten Familienmitglieder die beurkundete Staatsangehörigkeit zur Zeit der Beurkundung nicht besessen haben.

Art. 10. Eine zwangsweise Überführung auszuweisender Personen in das Gebiet des anderen Teiles darf nur auf Grund eines Übernahmeverfahrens (Artikel 11 bis 16) erfolgen.

Art. 11. Die Überführung von Personen, die gemäß Artikel 2 oder 3 ausgewiesen werden, soll auf Grund eines unmittelbaren Schriftwechsels zwischen der die Ausweisung (Heimschaffung) anordnenden Behörde und der zur Anerkennung der Staatsangehörigkeit zuständigen Heimatbehörde des zu Übernehmenden erfolgen.

Nach Anerkennung der Übernahmepflicht und vorgängiger rechtzeitiger Benachrichtigung werden die Ausgewiesenen gegen Aushändigung der Urschrift oder einer beglaubigten Abschrift des die Übernahmepflicht anerkennenden Schriftstücks von der zuständigen Grenzbehörde des Heimatlandes übernommen.

Art. 12. Ein vorgängiger Schriftwechsel ist nicht erforderlich und es soll die auszuweisende Person von den Grenzbehörden ohne weitere Förmlichkeit übernommen werden, wenn sie mit einem gültigen Heimatschein oder mit anderen gültigen, durch Notenaustausch der beiden Teile näher zu bestimmenden Papieren versehen ist, oder wenn ihre gegenwärtige oder frühere Staatsangehörigkeit nach dem Ermessen der übernehmenden Grenzbehörde sonst unzweifelhaft feststeht.

Die Bestimmungen des Abs. 1 finden keine Anwendung, wenn es sich um die Übernahme einer wegen jugendlichen Alters, Gebrechlichkeit oder Krankheit hilflosen Person oder um die Übernahme einzelstehender Frauen mit Kindern handelt. In diesen Fällen behält es bei den Bestimmungen des Artikel 11 sein Bewenden.

Art. 13. Eine diplomatische Vermittelung findet nur dann statt, wenn entweder besondere Gründe den unmittelbaren Schriftwechsel untunlich erscheinen lassen, insbesondere wenn über die Heimatbehörde Ungewißheit besteht oder in sprachlicher Hinsicht der gegenseitigen Verständigung Hindernisse sich entgegenstellen, oder wenn durch den unmittelbaren Schriftwechsel die Anerkennung der Übernahmepflicht nicht erzielt worden ist und der ausweisende Teil sich hierbei nicht beruhigen will, oder wenn die Entscheidung der Stelle, welche die auszuweisende Person übernommen hat, von der Regierung des Heimatstaats nicht gebilligt wird.

Art. 14. Über die bei der Übernahme einzuhaltenden Regeln, insbesondere über die Grenzstrecken und die Grenzorte, wo die Übernahme stattzufinden hat, werden sich die beiden vertragschließenden Teile durch Notenaustausch verständigen.

Art. 15. Beide Teile verpflichten sich, ihre Behörden anzuweisen, alle Übernahmeanträge mit möglichster Beschleunigung zu erledigen, auch einander bei Feststellung der Staatsangehörigkeit der auszuweisenden Personen nach Möglichkeit zu unterstützen.

Die Übernahme darf nicht aus dem Grunde verweigert oder verzögert werden, weil unter den Behörden des Heimatlandes über den Unterstützungswohnsitz oder die Gemeindeangehörigkeit des Auszuweisenden Zweifel bestehen.

Art. 16. Die Kosten der Beförderung auszuweisender Personen bis zum Übernahmeorte werden von dem ausweisenden Teile getragen. Die Bestimmungen des Artikel 6 Abs. 3 finden entsprechende Anwendung.

Art. 17. Jeder vertragschließende Teil ist berechtigt, Angehörige des anderen Teiles, denen er gemäß Artikel 2 oder 3 die Niederlassung oder den Aufenthalt untersagen kann, oder Personen, die keinem der beiden Teile angehören, ohne das in den Artikeln 11 bis 16 vorgesehene Übernahmeverfahren unverzüglich in das Gebiet des anderen Teiles zurückzuschaffen, wenn sie aus diesem Gebiete mit der Eisenbahn oder mit einer Schiffslinie unmittelbar in sein Gebiet gelangt sind und auf der ersten Haltestation sofort nach ihrem Eintreffen angehalten werden.

Art. 18. Jeder vertragschließende Teil verpflichtet sich, Personen, die wegen jugendlichen Alters, Gebrechlichkeit oder Krankheit hilflos sind und keinem der beiden Teile angehören oder früher angehört haben, nach vorgängigem Übernahmeverfahren zu übernehmen, wenn diese vorher in seinem Gebiet infolge ihres Zustandes in einer Anstalt verwahrt werden mußten und während der Verwahrung nach dem Gebiete des anderen Teiles entwichen sind. Diese Verpflichtung besteht jedoch nur für den Fall, daß der Antrag auf Übernahme innerhalb sechs Monaten nach der Entweichung gestellt wird.

Art. 19. Jeder vertragschließende Teil verpflichtet sich, Angehörige oder frühere Angehörige eines dritten Staates, die sich in dem Gebiete des anderen Teiles aufhalten und dort ausgewiesen werden sollen, auf Antrag dieses Teiles durch sein Gebiet nach ihrem Heimatlande zu befördern, wenn der Antrag die Erklärung enthält, daß der andere Teil zum Ersatze der durch die Beförderung entstehenden Kosten und der dritte Staat zur Übernahme der auszuweisenden Person bereit ist.

Durch die Bestimmungen des Abs. 1 werden die Bestimmungen

des Auslieferungsvertrags zwischen dem Deutschen Reiche und der Schweiz vom 24. Januar 1874 wegen der Durchlieferung nicht berührt.

Art. 20. Dieser Vertrag findet keine Anwendung auf die Schutzgebiete des Deutschen Reichs.

Art. 21. Dieser Vertrag soll ratifiziert und die Ratifikationsurkunden sollen sobald als möglich ausgetauscht werden.

Der Vertrag tritt an die Stelle des Niederlassungsvertrags zwischen dem Deutschen Reiche und der Schweizerischen Eidgenossenschaft vom 31. Mai 1890 und der dazu getroffenen Vereinbarungen.

Er tritt in Kraft zwei Monate nach Austausch der Ratifikationsurkunden und gilt für die Dauer von fünf Jahren.

Falls keiner der vertragschließenden Teile ein Jahr vor dem Ablaufe des fünfjährigen Zeitraums den Vertrag kündigt, bleibt dieser in Geltung bis zum Ablauf eines Jahres von dem Tage an, an dem er von einem der beiden Teile gekündigt wird.

Zu Urkund dessen haben die Bevollmächtigten diesen Vertrag unterzeichnet und mit ihren Siegeln versehen.

Ausgefertigt in doppelter Urschrift in Bern, am dreizehnten November neunzehnhundertneun.

(L. S.) Kriege. (L. S.) Brenner.
(L. S.) von Wichert.
(L. S.) Dammann.

---

b) Vertrag zwischen dem Deutschen Reiche und der Schweizerischen Eidgenossenschaft, betreffend Regelung von Rechtsverhältnissen der beiderseitigen Staatsangehörigen im Gebiete des anderen vertragschließenden Teiles. Vom 31. Oktober 1910.

Seine Majestät der Deutsche Kaiser, König von Preußen, im Namen des Deutschen Reichs, und der Schweizerische Bundesrat, im Namen der Schweizerischen Eidgenossenschaft,

von dem Wunsche geleitet, die im Artikel 1 Abs. 2 in Verbindung mit Artikel 3 und im Artikel 10 des Niederlassungsvertrags zwischen dem Deutschen Reiche und der Schweizerischen Eidgenossenschaft vom 31. Mai 1890 vorgesehenen Erleichterungen auch nach dem Außerkrafttreten dieses Vertrags aufrechtzuerhalten,

sind übereingekommen, zu diesem Zwecke einen Vertrag abzuschließen usw. usw.

Art. 1. Die Angehörigen jedes vertragschließenden Teiles sollen in dem Gebiete des anderen Teiles in Ansehung ihrer Person und ihres Eigentums den gleichen Rechtsschutz wie die Inländer genießen.

Auch sollen sie dort befugt sein, in gleicher Weise und unter denselben Bedingungen und Voraussetzungen wie die Inländer jede Art von Gewerbe und Handel auszuüben, ohne anderen oder höheren Auflagen, Abgaben, Steuern oder Gebühren irgendwelcher Art unterworfen zu sein als die Inländer.

Die Bestimmung des Abs. 2 über die Ausübung von Gewerbe und Handel findet entsprechende Anwendung auf die Bewirtschaftung landwirtschaftlicher Grundstücke, welche die Angehörigen des einen Teiles in dem Gebiete des anderen Teiles besitzen.

Art. 2. Durch den Artikel 1 werden die Bestimmungen des Artikel 9 Abs. 5 des Handels- und Zollvertrags zwischen dem Deutschen Reiche und der Schweiz vom 10. Dezember 1891 und 12. November 1904 nicht berührt.

Art. 3. Dieser Vertrag soll ratifiziert und die Ratifikationsurkunden sollen gleichzeitig mit denen des Niederlassungsvertrags zwischen dem Deutschen Reiche und der Schweizerischen Eidgenossenschaft vom 13. November 1909 ausgetauscht werden.

Der Vertrag tritt in Kraft zwei Monate nach Austausch der Ratifikationsurkunden und gilt für die Dauer von fünf Jahren.

Falls keiner der vertragschließenden Teile ein Jahr vor dem Ablaufe des fünfjährigen Zeitraums den Vertrag kündigt, bleibt dieser in Geltung bis zum Ablauf eines Jahres von dem Tage an, an dem er von einem der beiden Teile gekündigt wird.

Zu Urkund dessen haben die Bevollmächtigten diesen Vertrag unterzeichnet und mit ihren Siegeln versehen.

Ausgefertigt in doppelter Urschrift in Bern am einunddreißigsten Oktober tausend neunhundert und zehn (31. Oktober 1910).

(L. S.) von Bülow.

(L. S.) Brenner.

c) Bekanntmachung über die Ratifikation des Niederlassungsvertrags zwischen dem Deutschen Reiche und der Schweizerischen Eidgenossenschaft vom 13. November 1909 und des zwischen denselben beiden Teilen am 31. Oktober 1910 abgeschlossenen Vertrags, betreffend Regelung von Rechtsverhältnissen der beiderseitigen Staatsangehörigen im Gebiete des anderen vertragschließenden Teiles, sowie über den Austausch der Ratifikationsurkunden. Vom 20. August 1911.

Die vorstehend abgedruckten Verträge, nämlich:

1. der Niederlassungsvertrag zwischen dem Deutschen Reiche und der Schweizerischen Eidgenossenschaft vom 13. November 1909,
2. der Vertrag zwischen dem Deutschen Reiche und der Schweizerischen Eidgenossenschaft, betreffend Regelung von Rechtsverhältnissen der beiderseitigen Staatsangehörigen im Gebiete des anderen vertragschließenden Teiles, vom 31. Oktober 1910,

sind ratifiziert worden. Der Austausch der Ratifikationsurkunden hat am 1. August 1911 in Bern stattgefunden.

Berlin, den 20. August 1911.

Der Reichskanzler.

Im Auftrage: von Frantzius.

---

d) Preußische Ausführungs-Anweisung vom 19. September 1911 zu dem oben unter a) abgedruckten deutsch-schweizerischen Niederlassungsvertrag.

(MinBl. f. d. i. V. 1911 S. 278 ff.)

A. Niederlassung.

Zum Artikel 1.

Das durch den Artikel 1 Abs. 1 gewährleistete Recht auf Niederlassung oder Aufenthalt ist in Zukunft lediglich durch den Besitz eines gültigen Heimatscheins bedingt. Die daneben im fremdpolizeilichen Interesse etwa einzuholenden Auskünfte über die aus dem einen Lande in das andere zugezogenen Personen erfolgen im unmittelbaren Geschäftsverkehr zwischen den deutschen und den schweizerischen Polizeibehörden.

Welche Behörden in Deutschland und in der Schweiz zur Ausstellung der Heimatscheine und zur Anerkennung der Staatsangehörigkeit zuständig sind, ergibt sich aus den Anlagen A und B.*) Die Verzeichnisse der deutschen und der schweizerischen Behörden, die zu dem unmittelbaren Geschäftsverkehr mit den Behörden des anderen Teiles in Angelegenheiten der Fremdenpolizei ermächtigt sind, sind in den Anlagen C und D**) beigefügt.

Zum Artikel 2 und 3.

Artikel 2 umschreibt allgemein die Fälle, in denen den Angehörigen des anderen vertragschließenden Teiles die Niederlassung oder der Aufenthalt untersagt werden kann.

Artikel 3 enthält eine besondere Ausweisungsbefugnis. Nach den Bestimmungen dieses Artikels unterliegen der Ausweisung auch solche frühere Deutsche, die vor Erreichung des militärpflichtigen Alters mit ihren Eltern oder sonstigen Gewalthabern oder auf deren Veranlassung ausgewandert sind und daher regelmäßig selbst nicht die Absicht gehabt haben, sich den militärischen Pflichten in Deutschland zu entziehen. Grundsätzlich kann daher allen Personen, die ihre Staatsangehörigkeit vor der Erfüllung ihrer militärischen Pflichten verloren haben, die Niederlassung und der Aufenthalt untersagt werden, sofern sich nicht bei der Prüfung des Einzelfalles bestimmte Tatsachen dafür ergeben, daß der Wechsel der Staatsangehörigkeit in gutem Glauben und nicht zur Umgehung der militärischen Pflichten herbeigeführt ist. Als eine solche Tatsache, die vor der Ausweisung schützt, wird insbesondere der Umstand anzusehen sein, daß der frühere Staatsangehörige bei Erreichung des militärischen Alters oder, falls die Auswanderung später erfolgte, zu diesem Zeitpunkt nach seiner körperlichen oder geistigen Beschaffenheit für den Militärdienst dauernd untauglich war.

Diese Vorschriften gehen von der Erwägung aus, daß es vermieden werden muß, durch die ungehinderte Wiederzulassung solcher vormaliger Deutscher, welche ihre Wehrpflicht verletzt haben, ein Beispiel zu geben, welches in einer unseren militärischen Interessen nachteiligen Weise auf die inländische Jugend einwirkt. Unter Berücksichtigung dieser allgemeinen Grundsätze ist in jedem Einzelfalle sorgfältig zu prüfen, ob es mit Rücksicht auf die in Frage kommende Persönlichkeit oder den Ort der Niederlassung erforderlich erscheint, zu einer Ausweisung zu schreiten. Dabei ist jede unnötige Härte zu vermeiden und von solchen Ausweisungen abzusehen, welche außerhalb des praktischen Zweckes liegen, der mit der Maßregel erreicht werden soll.

---

*) Vgl. unten zu g.

**) Diese sind nicht mit abgedruckt, da sie für die Fälle der Staatsangehörigkeit ohne Interesse sind.

Zum Artikel 4.

Die Frage, ob und inwieweit Personen, die Angehörige beider vertragschließenden Teile sind, militärischen Pflichten unterliegen, ist in dem Vertrage nicht berührt worden und richtet sich nach den allgemeinen Grundsätzen über die Behandlung der sujets mixtes, d. h. sie sind vom deutschen Standpunkt, insbesondere hinsichtlich ihrer militärischen Pflichten, lediglich als Deutsche zu behandeln.

Zum Artikel 6.

Die im Abs. 3 dieses Artikels vertragsmäßig zugesicherte Hilfe bei Geltendmachung von Ersatzansprüchen ist, abgesehen von der gerichtlichen Hilfe bei Anstrengung der Klage, dadurch zu leisten, daß die Verwaltungsbehörden die Hilfsbedürftigen oder deren unterhaltungspflichtige Angehörige zum Ersatze der entstandenen Kosten auffordern.

B. Übernahme.

Zum Artikel 7.

Die Übernahmepflicht erstreckt sich grundsätzlich auf die Angehörigen und die staatslosen früheren Angehörigen der beiden Teile, nicht aber auf Angehörige eines dritten Staates, sofern nicht die besonderen Voraussetzungen der Artikel 17 und 19 vorliegen.

Die Übernahmepflicht beschränkt sich sowohl in Ansehung der Angehörigen wie der früheren Angehörigen jedes Teiles auf die Fälle, in denen diese Personen gemäß Artikel 2 und 3 ausgewiesen werden können.

Personen, die früher einem deutschen Bundesstaat angehört, ihre dortige Staatsangehörigkeit aber schon vor Gründung des Deutschen Reiches verloren haben, sind als ehemalige Reichsangehörige zu betrachten und, falls sie eine andere Staatsangehörigkeit nicht erworben haben, zu übernehmen.

Zur Wahrung der Familienzusammengehörigkeit sind in Abweichung von der grundsätzlichen Regelung zusammen mit dem ausgewiesenen Familienhaupt auch Familienmitglieder zu übernehmen, die weder Angehörige noch ehemalige Angehörige des übernehmenden Teiles sind, jedoch nicht, wenn sie Angehörige des anderen Teiles oder eines dritten Staates sind.

Die Ausweisung einzelner Kinder ohne ihre erwerbsfähigen Eltern ist nicht zulässig, die Übernahme solcher Kinder würde daher gegebenenfalls abzulehnen sein.

Besitzen die Ausgewiesenen Hausrat oder größeres Gepäck, das eine besondere Beförderung erforderlich macht, so hat die deutsche ausweisende

Behörde mit der Absendung dieser Gegenstände zurückzuhalten, bis die zuständige schweizerische Übernahmebehörde auf bezügliches Ersuchen über die Art der Zuführung des Hausrats Bestimmung getroffen hat.

Zum Artikel 8.

Ob die in den Artikeln 2 oder 3 vorgesehenen Voraussetzungen der Ausweisung vorliegen, entscheidet in allen Fällen der ausweisende Teil.

Zum Artikel 9.

Dieser Artikel bestimmt, der Billigkeit entsprechend, daß der Staat, der einem Ausländer durch versehentliche Erteilung eines Heimatscheins die Möglichkeit der Niederlassung im Gebiete des anderen Teiles verschafft hat, für die Folgen dieses Versehens einstehen, also den Ausländer gegebenenfalls wieder übernehmen muß. Mit Rücksicht auf diese Bestimmung muß bei der Erteilung von Heimatscheinen mit besonderer Vorsicht verfahren werden.

Zum Artikel 10.

Der Artikel 10 hält den Grundsatz aufrecht, daß keine zwangsweise Überführung auszuweisender Personen über die beiderseitigen Grenzen erfolgen darf, ohne ein vorgängiges Übernahmeverfahren, in dem die Übernahmepflicht von dem übernehmenden Teile ausdrücklich anerkannt ist. Für dieses Verfahren sind in den Artikeln 11 bis 13 drei Wege vorgesehen worden, nämlich der Weg des unmittelbaren Schriftwechsels zwischen den beiderseitigen inneren Behörden (schriftlicher Übernahmeverkehr, Artikel 11), der Weg des mündlichen Verkehrs zwischen den beiderseitigen Grenzbehörden (formloser Übernahmeverkehr, Artikel 12) und der diplomatische Weg (Artikel 13).

Zum Artikel 11.

Im „schriftlichen Übernahmeverkehr" zwischen Deutschland und der Schweiz erfolgt der Schriftwechsel zwischen der die Ausweisung anordnenden Behörde und der zur Anerkennung der Staatsangehörigkeit zuständigen Heimatbehörde des zu Übernehmenden.

Die zuständigen Heimatbehörden ergeben sich aus den Anlagen A*) und B.**) Die Bestimmung des Übernahmeortes im einzelnen Falle erfolgt durch den übernehmenden Teil unter Beachtung der gemäß Artikel 14 über die Übernahmeorte getroffenen nachstehenden Vereinbarung.***)

---

*) S. Anlage 31.
**) S. unten Anlage 25 g.
***) Notenaustausch vom 29. Dezember 1910.

Als Übernahmeorte für die nach vorangegangenen Schriftwechsel ausgewiesenen Personen sind bestimmt:

auf deutscher Seite:

A. Altkirch für diejenigen aus den Kantonen Neuenburg, Waadt, Genf und Wallis sowie den Amtsbezirken Pruntrut (Porrentruy), Freibergen (Franches-Montagnes), Delsberg (Delémont), Münster (Moutier), Courtelary, Biel, Nidau und Neuenstadt (Neuveville) des Kantons Bern auszuweisenden Personen, welche im Kreise Altkirch ihren Unterstützungswohnsitz oder letzten Unterstützungswohnsitz (§ 33 des Unterstützungswohnsitzgesetzes) haben;

B. St. Ludwig

a) für diejenigen Personen, welche

1. in Elsaß-Lothringen — mit Ausnahme des Kreises Altkirch, soweit die Übernahme gemäß A in Altkirch zu erfolgen hat — oder in der preußischen Rheinprovinz, im preußischen Regierungsbezirk Münster oder Aurich oder im Großherzogtum Oldenburg mit Ausnahme des Fürstentums Lübeck ihren Unterstützungswohnsitz oder letzten Wohnsitz haben,
2. im linksrheinischen Bayern, heimatberechtigt sind;

b) für diejenigen Personen, bei welchen ein Unterstützungswohnsitz oder ein letzter Wohnsitz oder eine Heimatberechtigung nicht feststeht, sofern die Anerkennung ihrer Staatsangehörigkeit von einer Heimatbehörde der unter a 1 benannten Staaten oder Landesteile erfolgt ist;

C. die badischen Orte Lörrach, Säckingen, Waldshut und Konstanz, unter denen derjenige Übernahmeort zuständig sein soll, der dem Aufenthaltsorte des Ausgewiesenen am nächsten gelegen ist:

a) für diejenigen Personen, welche in Baden oder Hessen, in den preußischen Provinzen Hessen-Nassau, Westfalen mit Ausnahme des Regierungsbezirks Münster, Hannover mit Ausnahme des Regierungsbezirks Aurich, Schleswig-Holstein, im preußischen Regierungsbezirk Sigmaringen, im Fürstentum Lübeck des Großherzogtums Oldenburg, in Braunschweig, Waldeck, Lippe, Schaumburg-Lippe, Hamburg, Bremen oder Lübeck ihren Unterstützungswohnsitz oder letzten Wohnsitz haben,

b) für diejenigen Personen, bei welchen ein Unterstützungswohnsitz oder ein letzter Wohnsitz oder eine Heimatberechtigung nicht feststeht, sofern die Anerkennung ihrer Staatsangehörigkeit von einer Heimatbehörde der unter a benannten Staaten oder Landesteile erfolgt ist;

D. Friedrichshafen

a) für diejenigen Personen, welche in Württemberg oder in den preußischen Provinzen Sachsen, Brandenburg, in der Stadt Berlin, in Mecklenburg-Schwerin, Anhalt oder in einem der thüringischen Bundesstaaten ihren Unterstützungswohnsitz oder letzten ohnsitz haben,

b) für diejenigen Personen, bei welchen ein Unterstützungswohnsitz, letzter Wohnsitz oder eine Heimatberechtigung nicht feststeht, sofern die Anerkennung ihrer Staatsangehörig keit von der Heimatbehörde der unter a benannten Staaten oder Landesteile erfolgt ist;

E. Lindau

a) für diejenigen Personen, welche

1. im rechtsrheinischen Bayern heimatberechtigt sind,
2. in den preußischen Provinzen Schlesien, Posen, Pommern, Westpreußen, Ostpreußen oder im Königreich Sachsen oder in Mecklenburg-Strelitz ihren Unterstützungswohnsitz oder letzten Wohnsitz haben,

b) für diejenigen Personen, bei welchen ein Unterstützungswohnsitz oder letzter Wohnsitz oder eine Heimatberechtigung nicht feststeht, sofern die Anerkennung ihrer Staatsangehörigkeit von einer Heimatbehörde der unter a 2 benannten Staaten oder Landesteile erfolgt ist;

auf schweizerischer Seite:

Pruntrut (Porrentruy) für die im elsässischen Kreise Altkirch wohnhaften Angehörigen der Kantone Neuenburg, Waadt, Genf und Wallis, sowie der Amtsbezirke Pruntrut (Porrentruy), Freibergen (Franches-Montagnes), Delsberg (Delémont), Münster (Moutier), Courtelary, Biel, Nidau und Neuenstadt (Neuveville) des Kantons Bern;

Basel für die Angehörigen der Kantone Baselstadt, Baselland, Solothurn, Freiburg, Bern, Neuenburg, Waadt, Genf und Wallis, soweit bei den Angehörigen der fünf letztgenannten Kantone nicht Pruntrut in Betracht kommt;

Basel, Schaffhausen und Romanshorn für die Angehörigen der Kantone Luzern, Obwalden, Nidwalden, Schwyz, Uri, Tessin, Zug, Zürich und Glarus;

Rheinfelden, Laufenburg und Zurzach für die Angehörigen des Kantons Aargau;

Schaffhausen für die Angehörigen des Kantons Schaffhausen;

Kreuzlingen und Romanshorn für die Angehörigen des Kantons Thurgau;

Kreuzlingen und Rorschach für die Angehörigen der Kantone St. Gallen, Appenzell-Außerrhoden, Appenzell-Innerrhoden und Graubünden.

Wo für die Angehörigen eines Kantons mehrere Übernahmeorte genannt sind, soll die Bezeichnung des Ortes im Einzelfalle der Heimatbehörde freistehen, wobei auf den von dem Ausgewiesenen einzuschlagenden Reiseweg Rücksicht zu nehmen ist.

Unter Berücksichtigung dieser Vorschriften regelt sich das Übernahmeverfahren folgendermaßen:

1. Ausweisung nach der Schweiz.

Die deutsche Behörde, die eine Person nach der Schweiz ausweisen und deren Übergabe auf Grund des Vertrags herbeiführen will, hat diese Absicht unter Beifügung der die Anwendbarkeit des Vertrags dartuenden Nachweise der zuständigen Heimatbehörde des Auszuweisenden (Anlage B)*) mitzuteilen. Dabei ist gleichzeitig anzugeben, ob der Ausgewiesene imstande ist, allein zu reisen oder ob er zur Reise der Begleitung bedarf. Ist hierauf von der schweizerischen Heimatbehörde die Übernahmepflicht anerkannt und der Übernahmeort bestimmt, so hat die ausweisende Behörde über die Art und Weise der Absendung der Ausgewiesenen sowie über die Zeit seiner Ankunft der für die Übergabe zuständigen deutschen Grenzbehörde (vgl. Anlage E**) unter III) Mitteilung zu machen; der Mitteilung ist die Urschrift oder eine beglaubigte Abschrift des die Übernahmepflicht anerkennenden Schriftstücks beizufügen. Der Zeitpunkt der Übergabe ist auf Ersuchen der ausweisenden Behörde durch die deutsche Grenzbehörde der zuständigen schweizerischen Grenz- bzw. Heimatbehörde mitzuteilen, wobei folgende Grundsätze zu beachten sind:

a) Die Voranzeige über die Übergabe ist an die übernehmende schweizerische Grenzbehörde in den Fällen zu richten, in denen es sich um die Übergabe von Personen handelt, die allein zu reisen imstande sind. Die Voranzeige hat in diesen Fällen mindestens drei Tage vor der Übergabe der heimzuschaffenden Person bei der schweizerischen Grenzbehörde einzutreffen;

b) die Voranzeige über die Übergabe ist an die schweizerische Heimatbehörde, mit der die Übernahmeverhandlungen geführt worden sind, in den Fällen zu richten, in denen es sich um die Übergabe von Personen handelt, die zur Reise der Begleitung bedürfen; die Voranzeige hat in diesen Fällen mindestens eine Woche vor

---

*) S. unten Anlage 25g.

**) Nicht mit abgedruckt, weil für Staatsangehörigkeitsfragen ohne Interesse.

der Übergabe der heimzuschaffenden Person bei der schweizerischen Heimatbehörde einzutreffen.

Nach dem Eintreffen des Ausgewiesenen hat die deutsche Grenzbehörde die Übergabe an die schweizerische Grenzbehörde unter gleichzeitiger Aushändigung der Ausweispapiere zu bewirken.

Wird die Übernahmepflicht seitens der schweizerischen Heimatbehörde nicht anerkannt, so ist gegebenenfalls von der diesseitigen Behörde die diplomatische Vermittelung auf dem vorgeschriebenen Instanzenwege anzurufen.

2. Übernahme nach Deutschland.

Wird bei einer deutschen Heimatbehörde (Anlage A)*) von einer schweizerischen Behörde die Übernahme einer Person beantragt, so hat die diesseitige Behörde, nötigenfalls nach Einforderung der zur Klarstellung des Sachverhalts etwa noch erforderlichen weiteren Unterlagen, mit der Prüfung der Übernahmepflicht gegebenenfalls unverzüglich die notwendigen Feststellungen über den Unterstützungswohnsitz oder die Gemeindeangehörigkeit des zu Übernehmenden zu bewirken. Lassen sich diese Feststellungen nicht alsbald erledigen, so darf die Anerkennung der Übernahmepflicht nicht aus diesem Grunde verweigert oder verzögert werden (vergl. auch Artikel 15 Abs. 2 des Vertrags). Wird die Übernahmepflicht anerkannt, so hat die Heimatbehörde gegebenenfalls unter Berücksichtigung der Ermittelungen über den Unterstützungswohnsitz oder die Gemeindeangehörigkeit des zu Übernehmenden den Übernahmeort nach Maßgabe der vorstehenden, zu Artikel 14 getroffenen Vereinbarungen zu bestimmen. Hierauf hat die Behörde von der Anerkennung der Übernahmepflicht und von dem Übernahmeort der antragstellenden schweizerischen Behörde Kenntnis zu geben und gleichzeitig die Behörde des Übernahmeortes entsprechend zu benachrichtigen, ihr mitzuteilen, ob der zu Übernehmende imstande ist, allein zu reisen, oder ob er zur Reise der Begleitung bedarf, und sie gegebenenfalls darüber zu verständigen, ob der Unterstützungswohnsitz oder die Gemeindeangehörigkeit des zu Übernehmenden festgestellt worden ist. Seitens der schweizerischen Behörde wird alsdann der Zeitpunkt der Übergabe des zu Übernehmenden der Behörde des deutschen Übernahmeortes rechtzeitig, d. h. bei Personen, die allein zu reisen imstande sind, mindestens drei Tage vor der Übergabe, bei Personen, die zur Reise einer Begleitung bedürfen, mindestens eine Woche vor der Übergabe mitgeteilt werden.

Ist die Übernahme des Ausgewiesenen gegen Aushändigung der Urschrift oder einer beglaubigten Abschrift des die Übernahmepflicht

*) S. Anlage 31.

anerkennenden Schriftstücks erfolgt, so hat die Behörde des Übernahmeortes die erforderlichen Maßnahmen wegen der weiteren Behandlung des Übernommenen zu treffen.

Zum Artikel 12.

Der Übernahmeverkehr ohne vorangegangenen Schriftwechsel (formloser „Übernahmeverkehr") ist für die Fälle bestimmt, in denen kein Zweifel darüber besteht, daß die auszuweisende Person übernommen werden muß. Nach Abs. 2 soll es aber auch in diesen Fällen bei dem schriftlichen Übernahmeverkehr sein Bewenden behalten, wenn es sich um die Übernahme einer wegen jugendlichen Alters, Gebrechlichkeit oder Krankheit hilflosen Person oder um die Übernahme einzelstehender Frauen mit Kindern handelt.

1. Als Ausweispapiere, auf Grund deren gemäß Artikel 12 Abs. 1 die formlose Übernahme stattzufinden hat, sollen außer den Heimatscheinen angesehen werden:*)

folgende deutsche Papiere:

a) die von den zuständigen Behörden für das Ausland ausgestellten Reisepässe, sofern nicht darin die ausländische Staatsangehörigkeit des Inhabers ausdrücklich vermerkt ist;

b) Staatsangehörigkeitsausweise, sofern nicht seit ihrer Ausstellung fünf Jahre verflossen sind;

c) Militärpapiere, und zwar Militärpässe, Ersatzreservepässe, Landsturmscheine und Ausmusterungsscheine;

d) die in Bayern ausgestellten gemeindlichen Heimatscheine und ortspolizeilichen Dienstbotenbücher;

e) die auf Grund von Artikel 2 des Niederlassungsvertrags vom 31. Mai 1890 ausgestellten gesandtschaftlichen Zeugnisse, die nach dem Inkrafttreten des neuen Niederlassungsvertrags während der Dauer ihrer Gültigkeit sowohl für die Niederlassung und den Aufenthalt als auch für den Übernahmeverkehr als Ersatz der Heimatscheine anerkannt werden sollen;

folgende schweizerische Papiere:

a) die von den schweizerischen Vertretern im Ausland und den schweizerischen Behörden im Inland ausgestellten Pässe und Wanderbücher, sofern nicht in diesen Urkunden die ausländische Staatsangehörigkeit des Inhabers ausdrücklich vermerkt ist;

b) das militärische Dienstbüchlein.

2. Als Grenzorte, wo die Übernahme der ohne vorangegangenen Schriftwechsel ausgewiesenen Personen stattzufinden hat, werden gemäß Artikel 14 bestimmt:

*) Notenaustausch vom 29. Dezember 1910.

auf deutscher Seite die Orte St. Ludwig, Lörrach, Waldshut, Singen, Konstanz, Friedrichshafen und Lindau;

auf schweizerischer Seite die Orte Basel, Laufenburg, Zurzach, Schaffhausen, Kreuzlingen, Romanshorn und Rorschach.

Für die Regelung des formlosen Übernahmeverkehrs gilt im allgemeinen der Grundsatz, daß der ausweisende Staat entscheidet, an welchem Orte die Übergabe der Ausgewiesenen zu erfolgen hat. Doch werden im Interesse einer sachdienlichen Verteilung im einzelnen diese Personen dem nächsten Übernahmeorte des übernehmenden Teiles zugeführt werden. Demgemäß wird die Schweiz die aus den Kantonen Glarus, Graubünden, St. Gallen, Appenzell-Außerrhoden, Appenzell-Innerrhoden sowie aus dem Bezirksamt Arbon des Kantons Thurgau ausgewiesenen Deutschen an den Orten Lindau und Friedrichshafen übergeben.

3. Die formlose Übergabe kann an den unter 2 erwähnten Orten an jedem Werktag in den Stunden von 8 bis 12 Uhr vormittags und 2 bis 6 Uhr nachmittags stattfinden.

Zum Artikel 14.

Über die nach Artikel 14 zu treffende Verständigung wird auf die Ausführungsbestimmungen zu Artikel 11 und 12 verwiesen.

Die genaue Verteilung der von beiden Seiten auszuweisenden Personen auf die angrenzenden Bundesstaaten und Kantone ist vorgesehen, um eine unbillige Belastung eines einzelnen Bundesstaates oder Kantons zu verhüten. Diese Verteilung ist vorläufig nur für einige Jahre erfolgt, da sich zurzeit die finanzielle Tragweite der Maßnahme nicht genügend übersehen läßt. Nach dieser Richtung wird durch statistische Erhebungen die Wirkung der Verteilung verfolgt werden.

Zum Artikel 15.

Alle Übernahmeanträge sind mit tunlichster Beschleunigung, nötigenfalls unter Anwendung des Telegraphen oder des Fernsprechers zu erledigen; insbesondere haben auch im formlosen Übernahmeverkehr die deutschen Grenzbehörden die schweizerischen Grenzbehörden durch Auskunftserteilung nach Möglichkeit zu unterstützen.

Zum Artikel 16.

Inwieweit der Ausgewiesene selbst oder andere privatrechtlich Verpflichtete zum Ersatze der Kosten imstande sind, die durch die Beförderung des Ausgewiesenen bis zum Übernahmeort erwachsen sind, wird im einzelnen Falle zu prüfen sein (zu vergl. Artikel 6, Abs. 3).

Im übrigen regelt sich die Tragung der polizeilichen Transportkosten innerhalb des Deutschen Reichs nach den Bundesratsbeschlüssen vom 28. Februar 1873 und 30. Mai 1891 (zu vergl. § 17 der Bekanntmachung des Reichskanzlers vom 10. Dezember 1890 — Zentralblatt für das Deutsche Reich, S. 378 —).

Berlin, den 19. September 1911.

Der Minister des Innern.
v. Dallwitz.

---

e) Verfügung vom 14. Dezember 1911, daß zur ständigen Niederlassung und zum dauernden Aufenthalte in der Schweiz ein Heimatschein erforderlich ist.

(MinBl. f. d. i. V. 1912 S. 12.)

Nach Artikel 1 des neuen deutsch-schweizerischen Niederlassungsvertrages vom 13. November 1909 (vergl. Runderlaß vom 19. September d. Js., Min. Bl. f. d. i. V., S. 278) haben die Reichsangehörigen nur dann noch das Recht, sich in der Schweiz ständig niederzulassen oder dauernd oder zeitweilig aufzuhalten, wenn sie mit einem gültigen Heimatschein versehen sind.

Mit Rücksicht hierauf ersuche ich Euere (Tit.) ergebenst, die dortigen mit der Ausstellung von Pässen betrauten Behörden gefälligst dahin mit Weisung zu versehen, daß die Personen, die bei ihnen Pässe für Reisen nach der Schweiz, insbesondere behufs der Niederlassung oder längeren Aufenthalts daselbst, beantragen, auf die obigen Vertrags-Bestimmungen aufmerksam machen.

Berlin, den 14. Dezember 1911.

Der Minister des Innern.
Im Auftrage: v. Kitzing.

---

f) Verfügung vom 9. Februar 1913, betr. weitere Durchführung des deutsch-schweizerischen Niederlassungsvertrages vom 13. November 1909.

(MinBl. f. d. i. V. 1913 S. 537.)

Zur weiteren Durchführung des deutsch-schweizerischen Niederlassungsvertrages vom 13. November 1909 (Reichs-Gesetzbl. 1911, S. 887) wird hiermit folgendes angeordnet:

1. Gemäß Artikel 12 des erwähnten Vertrages brauchen im formlosen Übernahmeverkehr nur die mit einem gültigen Heimatscheine oder mit einem der durch Notenaustausch vom 29. Dezember 1910 (vergl.

Ausführungsanweisung zu dem Vertrage vom 19. September 1911 „Zum Artikel 12", Ziffer 1 (Min. Bl. f. d. i. V. 1911, S. 278) anerkannten Ausweispapiere versehenen Personen oder solche, bei denen der Übernahmebehörde die Überzeugung von ihrer Staatsangehörigkeit verschafft worden ist, übernommen zu werden. Die schweizerischen Behörden sind daher gezwungen, vor der Ausweisung der nicht mit hinreichenden Ausweispapieren versehenen Behörden deren Staatsangehörigkeit durch Anfrage bei der betreffenden Heimatsbehörde festzustellen. Bis zum Eintreffen der Antwort pflegen die schweizerischen Behörden auf Grund der dortigen innerstaatlichen Gesetzgebung die Auszuweisenden in sogenannter Identifikationshaft zu halten.

Es liegt daher im Interesse der auszuweisenden Deutschen, daß derartige Anfragen so schnell wie möglich beantwortet werden. Nach Angabe der schweizerischen Regierung tritt aber stets da eine Verzögerung der Antwort ein, wo — wie in Preußen — die Bestätigung der Staatsangehörigkeit durch die höheren Verwaltungsbehörden zu erfolgen hat, die selbst erst wieder bei den Unterbehörden Erkundigungen einziehen müssen. Es ist infolgedessen den schweizerischen Behörden gestattet worden, soweit es sich im formlosen Übernahmeverkehr lediglich darum handelt, der Übernahmebehörde die Überzeugung von der Staatsangehörigkeit der zu übernehmenden Person zu verschaffen, sich an diejenigen deutschen Behörden zu wenden, die zum unmittelbaren Geschäftsverkehr mit den Behörden der Schweiz in Angelegenheiten der Fremdenpolizei ermächtigt sind (vergl. Anlage C der vorerwähnten Ausführungsanweisung). Die hiernach in Betracht kommenden preußischen Behörden haben nunmehr die in der erwähnten Hinsicht an sie ergehenden Anfragen der schweizerischen Behörden so bald wie irgend möglich zu beantworten.

Formelle Anerkenntnisse der Staatsangehörigkeit und entsprechende Übernahmeerklärungen können dagegen nach wie vor nur von Euerer (Tit.) abgegeben werden.

2. Nach Angabe der Schweizerischen Regierung sind ferner im formlosen Übernahmeverkehr Anfragen, die von Behörden des romanischen Sprachgebiets der Schweiz in französischer Sprache an deutsche Behörden gerichtet waren, von dieser in einzelnen Fällen mit dem Bemerken zurückgesandt worden, es sei eine deutsche Übersetzung beizufügen. Solche schweizerischen Anfragen lediglich deswegen, weil sie in französischer Sprache abgefaßt sind, abzulehnen, erscheint nicht angängig. Die deutschen Behörden haben sich vielmehr angelegen sein zu lassen, derartige Anfragen, soweit dies irgend möglich ist, zu übersetzen oder sich eine Übersetzung davon zu verschaffen und sie alsdann in deutscher Sprache zu beantworten. Sie handeln dabei zugleich im Interesse der in der

Schweiz in Identifikationshaft befindlichen Deutschen, für die sonst eine unerwünschte Haftverlängerung herbeigeführt wird.

Bei verwickelteren und umfangreicheren Anfragen wird dagegen seitens der Schweiz der diplomatische Weg eingeschlagen werden.

3. Nach Artikel 7 des Vertrages (vergl. die oben erwähnte Ausführungsanweisung „Zum Artikel 7", Abs. 5) ist im Interesse der Erhaltung des Zusammenhanges der Familie die Ausweisung einzelner Kinder ohne ihre erwerbsfähigen Eltern, sofern auch diese dem anderen Teile angehören oder angehört haben, unzulässig. Es darf vielmehr in derartigen Fällen nur die gliechzeitige Ausweisung der ganzen Familie erfolgen.

Um eine solche Ausweisung in Fällen, in denen die Eltern in der Schweiz eine ihren eigenen Lebensunterhalt einbringende Tätigkeit gefunden haben, zu verhindern, empfiehlt es sich, daß der heimatliche Armenverband zur Unterstützung des hilfsbedürftigen Kindes dem betreffenden schweizerischen Armenverbande entsprechende Zuschüsse leistet. Ist aber der Familienzusammenhang durch die Unterbringung des Kindes in einer Anstalt schon aus dieser Veranlassung zerrissen, so wird sich die Leistung von Zuschüssen nur dann empfehlen, wenn diese sich in der Schweiz nicht höher stellen wie die Unterstützungskosten für das Kind in Deutschland. Sind die letzteren dagegen niedriger wie die an den schweizerischen Armenverband zu leistenden Zuschüsse, so wird vorzuziehen sein, das Kind ohne seine Eltern zu übernehmen. Im obigen Sinne ist in derartigen Fällen in geeigneter Weise auf die inländischen Armenverbände hinzuwirken.

Eure (Tit.) ersuche ich ergebenst, das nach dem Vorstehenden Erforderliche baldgefälligst zu veranlassen.

Berlin, den 9. Februar 1913.

Der Minister des Innern.
Im Auftrage: v. Kitzing.

An die Herren Regierungspräsidenten und den Herrn Polizeipräsidenten, hier.

Anlage Nr. 25g.

1. Das Verzeichnis der deutschen Behörden

ist in der Anlage Nr. 31, Rubrik 3, aufgeführt.

2. Verzeichnis der schweizerischen Behörden, die zur Anerkennung der Staatsangehörigkeit befugt sind.

Zürich. Direktion der Justiz und Polizei des Kantons Zürich in Zürich.

Bern. Polizeidirektion des Kantons Bern in Bern.

Luzern. Polizeidepartement des Kantons Luzern in Luzern.

Uri. Polizeidirektion des Kantons Uri in Altdorf.

Schwyz. Regierungsrat des Kantons Schwyz in Schwyz.

Unterwalden o./W. Regierungsrat des Kantons Unterwalden o./W. in Sarnen.

Unterwalden e./W. Regierungsrat des Kantons Unterwalden e./W. in Stans.

Glarus. Polizeidirektion des Kantons Glarus in Glarus.

Zug. Regierungsrat des Kantons Zug in Zug.

Freiburg. Direction de la Police centrale du canton de Fribourg in Freiburg.

Solothurn. Polizeidepartement des Kantons Solothurn in Solothurn.

Basel Stadt. Polizeidepartement des Kantons Basel Stadt in Basel.

Basel Landschaft. Polizeidirektion des Kantons Basel Landschaft in Liestal.

Schaffhausen. Polizeidirektion des Kantons Schaffhausen in Schaffhausen.

Appenzell A. Rh. Polizeidirektion des Kantons Appenzell A. Rh. in Trogen.

Appenzell J. Rh. Polizeidirektion des Kantons Appenzell J. Rh. in Appenzell.

St. Gallen. Polizeidepartement des Kantons St. Gallen in St. Gallen.

Graubünden. Regierungsrat (Kleiner Rat) des Kantons Graubünden in Chur.

Aargau. Polizeidirektion des Kantons Aargau in Aargau.

Thurgau. Polizeidepartement des Kantons Thurgau in Frauenfeld.

Tessin. Consiglio di Stato del Cantone di Ticino in Bellinzona.

Waadt. Département de Justice et Police du canton de Vaud in Lausanne.

Wallis. Département de Justice et Police du canton de Valais in Sitten.

Neuenburg. Département de Police du canton de Neuchâtel in Neuenburg.

Genf. Chancellerie d'État du canton de Genève in Genf.

Heimatscheine stellen die Gemeinde- oder Bürgerräte aus, nur in Unterwalden die Standeskanzleien, in Appenzell die Standeskommission.

Anlage Nr. 26.

Deklaration zwischen Deutschland und Belgien in Beziehung auf Unterstützung und Heimschaffung der Hilfsbedürftigen.

Vom 7. Juli 1877.

Die kaiserlich deutsche Regierung und die königlich belgische Regierung sind über nachstehende Bestimmungen in Beziehung auf Unterstützung der hilfsbedürftigen Angehörigen des einen Landes innerhalb des Gebietes des anderen und Heimschaffung derselben übereingekommen:

Art. 1. Jeder der beiden vertragenden Teile verpflichtet sich, dafür zu sorgen, daß innerhalb seines Gebietes den hilfsbedürftigen Angehörigen des anderen Teiles dieselbe Unterstützung gewährt werde, welche den eigenen Hilfsbedürftigen nach den gesetzlichen Bestimmungen über öffentliche Unterstützung zuteil wird.

Wird ein hilfsbedürftiger Angehöriger des einen Teils aus dem Gebiete des anderen in sein Heimatland zurückgeschafft oder ausgewiesen, so ist der ausweisende Teil verpflichtet, demselben die zur Erreichung der Grenze erforderlichen Mittel zu gewähren.

Art. 2. Die Heimschaffung eines Hilfsbedürftigen muß ausgesetzt werden, wenn und solange es der Gesundheitszustand desselben erfordert.

Frauen dürfen nicht von ihren Ehemännern, und Kinder unter sechzehn Jahren nicht von ihren Eltern getrennt werden, außer in den in dem folgenden Kapital vorgesehenen Fällen.

Art. 3. Hilfsbedürftige, welche infolge von Krankheit oder Alter erwerbsunfähig geworden sind, desgleichen Waisen, verlassene Kinder und Geisteskranke sollen, wenn sie auf öffentliche Kosten verpflegt oder unterhalten werden, nur auf vorhergehenden Antrag, welcher im diplomatischen Wege von der einen an die andere Regierung zu richten ist, übernommen werden.

Art. 4. Der Antrag auf Übernahme darf nicht aus dem Grunde abgelehnt werden, weil der betreffende Hilfsbedürftige seiner früheren Staatsangehörigkeit verlustig gegangen ist, sofern er nicht eine andere Staatsangehörigkeit erworben hat.

Ebensowenig kann die Übernahme ausgewiesener oder an die Grenze ihres Heimatlandes zurückgeschaffter Personen, welche ihre frühere Staatsangehörigkeit verloren, eine andere aber nicht erworben haben, von ihrem Heimatlande verweigert werden.

Art. 5. Die heimzuschaffenden Hilfsbedürftigen deutscher Herkunft sollen durch die belgischen Behörden der Polizeidirektion zu Aachen, die heimzuschaffenden Hilfsbedürftigen belgischer Herkunft durch die zuständigen deutschen Behörden dem Ober-Polizeikommissariat zu Lüttich zugeführt werden.

Die Bestimmung der Übergabeorte kann mit Zustimmung beider Teile abgeändert werden.

Art. 6. Ein Ersatz derjenigen Kosten, welche in Gemäßheit der vorstehenden Artikel durch Armenunterstützung, Verpflegung, ärztliche Behandlung oder Heimschaffung entstanden sind, soll gegen die Staats-, Gemeinde- oder andere öffentliche Kassen desjenigen Teils, welchem der Hilfsbedürftige angehört, nicht beansprucht werden dürfen. Ebensowenig ist ein solcher Anspruch bezüglich etwa entstandener Beerdigungskosten zulässig.

Art. 7. Die Übernahme kann unterbleiben, wenn die Beteiligten sich darüber einigen, daß dem betreffenden Hilfsbedürftigen an dem Orte, wo er sich befindet, die weitere Fürsorge gegen Erstattung der Kosten seitens des dazu Verpflichteten zuteil wird.

Art. 8. Diejenigen, welche eine Armenunterstützung oder sonstige Kosten für einen Hilfsbedürftigen bestritten haben, können die Erstattung derselben vor den Gerichten oder den sonst zuständigen Behörden des Landes, welchem der Hilfsbedürftige angehört, gegen diesen selbst oder gegen die zu seiner Unterhaltung zivilrechtlich verpflichteten Personen verfolgen.

Art. 9. Ein jeder der vertragenden Teile behält sich das Recht vor, die gegenwärtige Übereinkunft mittels vorgängiger Benachrichtigung mit sechsmonatlicher Frist aufzukündigen.

Zu Urkund dessen haben die Unterzeichneten, auf Grund erhaltener Ermächtigung, die gegenwärtige Deklaration in doppelter Ausfertigung vollzogen.

Brüssel, den 7. Juli 1877.

Graf von Brandenburg.
(L. S.)

Comte d'Aspremont-Lynden.
(L. S.)

Anlage Nr. 27.

(Übersetzung.)

Le Gouvernement Impérial Allemand et le Gouvernement Impérial de Russie, animés du désir de régler la question du rapatriement des ressortissants d'un des deux pays qui se trouvent dans le territoire de l'autre, sont convenus de ce qui suit.

ARTICLE 1.

Chacune des deux parties contractantes s'engage à recevoir ceux de ses anciens ressortissants qui, après avoir perdu leur nationalité, soit par un séjour à l'étranger, soit par un acte d'expatriation, soit par une autre raison quelconque, n'en ont pas acquis une autre.

Il est cependant entendu que la réception ne sera pas accordée pour des individus n'ayant jamais possédé la nationalité perdue par leurs parents.

ARTICLE 2.

Les individus devant être rapatriés seront reçus à la suite d'une correspondance directe entre les autorités frontières Allemandes et Russes.

Le renvoi d'un individu sera annoncé préalablement à l'autorité frontière dans le district de laquelle la réception doit avoir lieu, et celle-ci, d'après le résultat d'un examen des circonstances et des papiers de légitimation, donnera

Die kaiserlich deutsche Regierung und die kaiserlich russische Regierung haben sich zur Regelung der Frage, nach welchen Grundsätzen jeder Teil zur Wieder-Übernahme seiner auf dem Gebiete des anderen Teils lebenden Angehörigen verpflichtet sein sollen, über folgende Punkte geeinigt.

Artikel 1.

Beide Teile verpflichten sich, diejenigen ihrer früheren Angehörigen, welche ihre Staatsangehörigkeit durch Abwesenheit im Auslande oder durch förmliche Entlassung oder auf andere Weise verloren haben, zu übernehmen, falls jene nicht eine andere Staatsangehörigkeit erworben haben.

Diese Übernahmepflicht soll sich jedoch nicht erstrecken auf Personen, welche die von ihren Eltern verlorene Staatsangehörigkeit ihrerseits niemals besessen haben.

Artikel 2.

Die heimzuschaffenden Personen sollen übernommen werden auf Grund eines unmittelbaren Schriftwechsels der deutschen und russischen Grenzbehörden.

Die Heimschaffung ist jedesma der Grenzbehörde desjenigen Bezirks, in welchem die Übernahme geschehen soll, vorher anzuzeigen, worauf diese nach Prüfung der Verhältnisse und der Ausweispapiere ihre Zustimmung dazu zu

son consentement à la réception de cet individu à un endroit indiqué.

ARTICLE 3.

Une correspondance préalable ne sera pas nécessaire si l'individu à rapatrier est muni de papiers valables ou expirés seulement depuis une année ou qu'il n'y ait aucun doute qu'il ne possède la nationalité ou qu'il ne l'ait possédée auparavant.

Dans tous ces cas, les autorités frontières seront tenues de le recevoir sans autre formalité.

ARTICLE 4.

La correspondance par voie diplomatique aura lieu dans le cas où les autorités frontières ne parviendront pas à un accord sur le rapatriement, ainsi que dans les cas où la décision des autorités frontières sera désapprouvée par les autorités supérieures du pays d'origine.

ARTICLE 5.

Les localités où la réception des individus à rapatrier s'effectuera exclusivement, seront fixées par les parties contractantes.

ARTICLE 6.

Chacune des parties contractantes désignera à l'autre les autorités frontières chargées des négociations sur le rapatriement.

geben hat, daß die betreffende Person an einem bestimmten Ort übernommen werde.

Artikel 3.

Ein vorgängiger Schriftwechsel ist nicht erforderlich, wenn die heimzuschaffende Person mit Papieren versehen ist, die noch gültig oder doch erst seit einem Jahre abgelaufen sind, oder wenn kein Zweifel darüber besteht, daß sie dem übernehmenden Staate angehört oder früher angehört hat.

In allen diesen Fällen sollen die Grenzbehörden die betreffende Person ohne weitere Förmlichkeit übernehmen.

Artikel 4.

Eine diplomatische Verhandlung soll stattfinden in den Fällen, in denen die Grenzbehörden sich über die Übernahmepflicht nicht einigen können, oder wenn die Entscheidung der Grenzbehörden von den höheren Behörden des Heimatstaates nicht gebilligt wird.

Artikel 5.

Über die Grenzorte, wo die Übernahme der heimzuschaffenden Personen stattzufinden hat, werden sich die beiden Regierungen verständigen.

Artikel 6.

Die beiden Regierungen werden einander die Grenzbehörden bezeichnen, in deren Hand die Übernahmeverhandlungen gelegt werden sollen.

ARTICLE 7.

Les deux Gouvernements s'engagent à aviser leurs autorités frontières de donner une solution aussi prompte que possible à toutes les demandes de rapatriement qui leur seront adressés.

Artikel 7.

Die beiden Regierungen verpflichten sich, ihre Grenzbehörden anzuweisen, alle Übernahmeanträge mit größtmöglicher Beschleunigung zu erledigen.

ARTICLE 8.

Cet arrangement restera en vigueur aussi longtemps qu'il n'est pas dénoncé d'une part ou d'autre. En ce cas, il restera valable encore pendant trois mois à partir du jour où la dénonciation par une des parties aura été communiquée à l'autre.

Artikel 8.

Dieses Übereinkommen soll so lange in Kraft bleiben, als es nicht von einer oder der anderen Seite gekündigt wird. In diesem Falle soll es noch drei Monate über den Tag hinaus bestehen, an welchem die Kündigung des einen Teils dem anderen Teil angezeigt sein wird.

ARTICLE 9.

La présente convention sera exécutoire à dater du 20ème jour après sa promulgation dans les formes prescrites par les lois des deux Empires.

Berlin, le $\frac{\text{10 Février}}{\text{29 Janvier}}$ 1894.

Bon de Marschall.
Comte Paul Schouvaloff.

Artikel 9.

Gegenwärtiges Abkommen tritt in Wirksamkeit 20 Tage, nachdem es in beiden Staaten vorschriftsmäßig veröffentlicht worden ist.

Berlin, den $\frac{\text{10. Februar}}{\text{29. Januar}}$ 1894.

Anlage Nr. 28.

Niederlassungsvertrag zwischen dem Deutschen Reich und den Niederlanden. Vom 17. Dezember 1904.

(RGBl. 1906 S. 879.)

Art. 1. Die Angehörigen jedes vertragschließenden Teiles sollen berechtigt sein, sich in dem Gebiete des anderen Teiles ständig niederzulassen oder dauernd oder zeitweilig aufzuhalten, wenn und so lange sie die dortigen Gesetze und Polizeiverordnungen befolgen.

Um dieses Recht beanspruchen zu können, müssen sie mit gültigen

Pässen oder anderen genügenden Ausweispapieren*) über ihre Person und ihre Staatsangehörigkeit versehen sein; die beiden Teile werden sich durch Notenaustausch darüber verständigen, welche Ausweispapiere außer den Pässen als genügend anzusehen sind.

Art. 2. Durch die Bestimmungen des Artikel 1 wird nicht berührt das Recht jedes vertragschließenden Teiles, Angehörigen des anderen Teiles die Niederlassung oder den Aufenthalt zu untersagen, sei es infolge eines gerichtlichen Urteils, sei es aus Gründen der inneren oder äußeren Sicherheit des Staates, sei es weil die Interessen der öffentlichen Gesundheit oder Sittlichkeit es erfordern, oder weil die Personen weder genügende Unterhaltsmittel besitzen, noch durch ihre Arbeitskraft erwerben können.

Art. 3. Jeder vertragschließende Teil behält sich vor, den Angehörigen des anderen Teiles, die ihm früher angehört und die Staatsangehörigkeit vor Erfüllung ihrer militärischen Pflichten verloren haben, die Niederlassung oder den Aufenthalt zu untersagen. Jedoch soll von der Ausweisung abgesehen werden, wenn sich bei der Prüfung der Verhältnisse ergibt, daß der Wechsel der Staatsangehörigkeit in gutem Glauben und nicht zur Umgehung der militärischen Pflichten herbeigeführt ist.

Ebenso behält sich jeder Teil vor, solchen Angehörigen des anderen Teiles die Niederlassung oder den Aufenthalt zu untersagen, welche in ihrem Heimatland ihre militärischen Pflichten verletzt haben.

Art. 4. Die Angehörigen jedes vertragschließenden Teiles, die sich in dem Gebiete des anderen Teiles niedergelassen haben oder aufhalten, können in dem anderen Lande weder zum persönlichen Dienste im Heere, in der Marine, im Landsturm oder in einem anderen militärisch eingerichteten Verbande noch zu einer Ersatzleistung angehalten werden.

Art. 5. Jeder vertragschließende Teil verpflichtet sich, dafür zu sorgen, daß in seinem Gebiete den hilfsbedürftigen Angehörigen des anderen Teiles die erforderliche Verpflegung und Kur nach den am Aufenthaltsorte für die eigenen Angehörigen geltenden Grundsätzen zuteil werde, bis ihre Rückkehr in die Heimat ohne Nachteil für ihre und anderer Gesundheit geschehen kann.

Ein Ersatz der durch die Verpflegung, die Kur oder die Beerdigung solcher Personen erwachsenen Kosten kann gegenüber dem Teile, dem der Hilfsbedürftige angehört, oder gegenüber den öffentlichen Verbänden oder Kassen dieses Teiles nicht beansprucht werden.

Für den Fall, daß der Hilfsbedürftige selbst oder daß andere privat-

*) Vgl. hierzu Anlagen 28c und d.

rechtlich Verpflichtete zum Ersatze der Kosten imstande sind, bleiben die Ansprüche an diese vorbehalten. Auch sichern sich die beiden Teile die nach der Landesgesetzgebung zulässige Hilfe zur Geltendmachung dieser Ansprüche zu.

Art. 6. Die Angehörigen jedes vertragschließenden Teiles, die sich in dem Gebiete des anderen Teiles niedergelassen haben oder aufhalten und gemäß Artikel 2, 3 ausgewiesen werden, sind mit ihrer Familie auf Verlangen des ausweisenden Teiles jederzeit in ihr Heimatland wieder zu übernehmen.

Das gleiche gilt für frühere Angehörige jedes Teiles, so lange sie nicht Angehörige des anderen Teiles oder eines dritten Staates geworden sind.

In den Fällen der Abs. 1, 2 entscheidet der ausweisende Teil, ob die im Artikel 2 und im Artikel 3 Abs. 1 vorgesehenen Voraussetzungen der Ausweisung vorliegen, dagegen der übernehmende Teil, ob die im Artikel 3 Abs. 2 vorgesehene Verletzung militärischer Pflichten vorliegt.

Art. 7. Die Überführung von Personen, die gemäß Artikel 2, 3 ausgewiesen werden, soll auf Grund eines unmittelbaren Schriftwechsels der für den Übernahmeverkehr bestimmten beiderseitigen Grenzbehörden erfolgen.

Dieser Schriftwechsel vollzieht sich in der Weise, daß die Ausweisung jedesmal von der Grenzbehörde des ausweisenden Teiles der nächsten Grenzbehörde des übernehmenden Teiles anzuzeigen ist, worauf diese nach Prüfung der Verhältnisse und der Ausweispapiere ihre Zustimmung zur Übernahme der auszuweisenden Person zu erteilen und gleichzeitig den Übernahmeort zu verzeichnen hat.

Art. 8. Ein vorgängiger Schriftwechsel ist nicht erforderlich, wenn die auszuweisende Person mit Papieren versehen ist, die noch gültig oder doch erst seit einem Jahre abgelaufen sind, oder wenn kein Zweifel darüber besteht, daß sie dem übernehmenden Teile angehört oder früher angehört hat, oder wenn die erforderlichen Feststellungen durch die Grenzbehörden dieses Teiles ohne Zeitverlust getroffen werden können.

In allen diesen Fällen sollen die Grenzbehörden die auszuweisende Person ohne weitere Förmlichkeit übernehmen.

Die Bestimmungen der Abs. 1, 2 finden keine Anwendung, wenn es sich um die Übernahme einer wegen jugendlichen Alters, Gebrechlichkeit oder Krankheit hilflosen Person handelt; in diesen Fällen behält es bei den Bestimmungen des Artikel 7 sein Bewenden.

Art. 9. Eine diplomatische Verhandlung soll stattfinden in den Fällen, in denen die Grenzbehörden sich wegen der Übernahme nicht einigen können, oder wenn die Entscheidung der Grenzbehörde, welche die auszuweisende Person übernommen hat, von den höheren Behörden des Heimatstaats nicht gebilligt wird.

Art. 10. Über die Grenzorte, wo die Übernahme der auszuweisenden Personen stattzufinden hat, sowie über die für den Übernahmeverkehr zu bestimmenden Tage werden sich die beiden vertragschließenden Teile durch Notenaustausch verständigen.

Auch werden die beiden Teile einander die Grenzbehörden bezeichnen, in deren Hand die Übernahmeverhandlungen gelegt werden sollen.

Beide Teile verpflichten sich, ihre Grenzbehörden anzuweisen, alle Übernahmeverträge mit möglichster Beschleunigung zu erledigen, auch einander bei Feststellung der Staatsangehörigkeit der auszuweisenden Personen nach Möglichkeit zu unterstützen.

Art. 11. Die Kosten der Beförderung auszuweisender Personen bis zum Übernahmeorte werden von dem ausweisenden Teile getragen.

Art. 12. Jeder vertragschließende Teil ist berechtigt, Angehörige des anderen Teiles, denen er gemäß Artikel 2, 3 die Niederlassung oder den Aufenthalt untersagen kann, oder Personen, die keinem der beiden Teile angehören, ohne das in den Artikeln 7 bis 11 vorgesehene Übernahmeverfahren unverzüglich in das Gebiet des anderen Teiles zurückzuschaffen, wenn sie aus diesem Gebiete mit der Eisenbahn in sein Gebiet gelangt sind und auf der ersten Haltestation unmittelbar nach ihrem Eintreffen angehalten werden.

Art. 13. Jeder vertragschließende Teil verpflichtet sich, Angehörige oder frühere Angehörige eines dritten Staates, die sich in dem Gebiete des anderen Teiles aufhalten und dort ausgewiesen werden sollen, auf den im diplomatischen Wege zu stellenden Antrag dieses Teiles, durch sein Gebiet nach ihrem Heimatlande zu befördern, wenn der Antrag die Erklärung enthält, daß der andere Teil zum Ersatze der durch die Beförderung entstehenden Kosten und der dritte Staat zur Übernahme der auszuweisenden Person bereit ist.

Durch die Bestimmungen des Abs. 1 werden die Bestimmungen des Auslieferungsvertrages zwischen dem Deutschen Reiche und den Niederlanden vom 31. Dezember 1896 wegen der Durchlieferung nicht berührt.

Art. 14. Dieser Vertrag findet keine Anwendung auf die Schutzgebiete des Deutschen Reichs sowie auf die Kolonien und auswärtigen Besitzungen der Niederlande.

Art. 15. Dieser Vertrag soll ratifiziert und die Ratifikationsurkunden sollen sobald als möglich ausgetauscht werden.

Der Vertrag tritt in Kraft drei Monate nach Austausch der Ratifikationsurkunden und gilt für die Dauer von drei Jahren.

Falls keiner der vertragschließenden Teile ein Jahr vor dem Ablaufe des dreijährigen Zeitraums den Vertrag kündigt, bleibt dieser in Geltung bis zum Ablauf eines Jahres von dem Tage an, an dem er von einem der beiden Teile gekündigt wird.

Anlage Nr. 28a.

Vereinbarung zur Ausführung des Niederlassungsvertrages zwischen dem Deutschen Reich und den Niederlanden vom 17. Dezember 1904.

(RGBl. 1906 S. 887.) Vom 9. Dezember 1906.

Der vorstehend abgedruckte Niederlassungsvertrag zwischen dem Deutschen Reiche und den Niederlanden ist ratifiziert worden. Die Ratifikationsurkunden sind am 29. Oktober 1906 im Haag ausgewechselt worden. Im Anschlusse hieran haben sich am selben Tage beide Teile zur Ausführung des Vertrags, wie im Artikel 1 Abs. 2 und im Artikel 10 Abs. 1 vorgesehen ist, durch Notenaustausch über folgende Bestimmungen verständigt:

1. Als Ausweispapiere*) im Sinne des Artikel 1 Abs. 2 des Niederlassungsvertrags sollen außer den Pässen angesehen werden:

   Die von den zuständigen deutschen Behörden ausgestellten Heimatscheine, sofern sie innerhalb der letzten fünf Jahre ausgestellt oder mit einem Erneuerungsvermerke versehen sind und die Unterschrift des Inhabers tragen;

   die von den niederländischen Kommissaren der Königin ausgestellten Nationaliteitsbewijzen, sofern sie innerhalb der letzten fünf Jahre ausgestellt oder mit einem Erneuerungsvermerke versehen sind und die Unterschrift des Inhabers tragen.

2. Als Grenzorte, wo die Übernahme der auszuweisenden Personen stattzufinden hat, werden gemäß Artikel 10 Abs. 1 des Niederlassungsvertrags bestimmt:

   auf deutscher Seite die Orte: Kaldenkirchen, Emmerich, Gronau und Weener;**)

   auf niederländischer Seite die Orte: Venlo, Zevenaar, Enschede und Nieuwe-Schans.***)

---

*) Vgl. hierzu Anlagen 28c und d.
**) Jetzt auch Aachen (vgl. Anlage 28e).
***) Jetzt auch Heerlen (vgl. Anlage 28e).

Für jeden Übernahmeort sollen wöchentlich mindestens zwei Übernahmetage eingerichtet werden. Die Festsetzung dieser Tage sowie die Einschiebung etwaiger weiterer Übernahmetage bleibt dem Einvernehmen der Grenzbehörden überlassen.

Anlage Nr. 28b.

Ausführungsanweisung des preuß. Min. d. J. zu dem deutsch-niederländischen Niederlassungsvertrag (oben Anlage 28) vom 31. Januar 1907.

(MBl. 75 ff.)

A. Niederlassung.

Zum Artikel 1.

1. Durch die Bestimmung, die das Recht auf Niederlassung oder Aufenthalt von der Vorlage genügender Ausweispapiere abhängig macht, hat eine Verschärfung der bestehenden fremdenpolizeilichen Kontrollvorschriften nicht herbeigeführt werden sollen. Es verbleibt in dieser Hinsicht vielmehr bei den Bestimmungen der §§ 2, 3 des Paßgesetzes vom 12. Oktober 1867 (B. G. Bl. S. 33), wonach Ausländer weder beim Eintritt noch beim Austritt über die Reichsgrenze, noch während ihres Aufenthalts oder ihrer Reisen im Deutschen Reiche eines Reisepasses bedürfen, jedoch verpflichtet bleiben sollen, sich auf amtliches Erfordern über ihre Person genügend auszuweisen. Als ein genügender Ausweis gelten nach der zwischen den beiderseitigen Regierung getroffenen Verständigung folgende Papiere:

1. deutsche Ausweispapiere:

a) Pässe,

b) die von den zuständigen deutschen Behörden ausgestellten Heimatscheine, sofern sie innerhalb der letzten fünf Jahre**) ausgestellt oder mit einem Erneuerungsvermerke*) versehen sind und die Unterschrift des Inhabers tragen (vgl. Zentralblatt für das Deutsche Reich 1907 Nr. 5, S. 20).**)

2. niederländische Ausweispapiere:***)

a) Pässe. Als solche sind anzuerkennen, die Auslandspässe, nicht dagegen die lediglich im Inlande geltenden Binnenlandsche Pas-

*) Solche Erneuerungsvermerke sind nach den zurzeit geltenden Bestimmungen nicht zulässig.

**) Jetzt 10 Jahre; vgl. Anlagen Nr. 1 und 44.

***) Vgl. Anlagen 28c und d.

poorten; zur Ausstellung der Auslandspässe sind zuständig: der Minister des Äußern, die Niederländischen Gesandtschaften und Konsulate, sowie die Kommissare der Königin,

b) die von den niederländischen Kommissaren der Königin ausgestellten Nationaliteitsbewijzen, sofern sie innerhalb der letzten fünf Jahre ausgestellt oder mit einem Erneuerungsvermerke versehen sind und die Unterschrift des Inhabers tragen. Diese Unterschrift bildet hiernach einen wesentlichen Bestand des Papiers. Es ist aber nicht notwendig, sie vor der Aushändigung einzuholen, sondern sie kann von dem Inhaber auch nachträglich geleistet werden. In die Nationaliteitsbewijzen können nach dem Ermessen der ausstellenden Behörde auch die Namen der Ehefrau und der minderjährigen Kinder des Inhabers aufgenommen werden.

Zum Artikel 2.

2. Durch das Niederlassungs- oder Aufenthaltsrecht der Angehörigen des einen Teiles wird die vertragsmäßige Verpflichtung des anderen Teiles, solche Personen an einen dritten Staat auszuliefern, selbstverständlich nicht berührt.

Zum Artikel 3.

3. Nach den Bestimmungen dieses Artikels unterliegen der Ausweisung auch solche frühere Deutsche, die vor Erreichung des militärpflichtigen Alters mit ihren Eltern oder sonstigen Gewalthabern oder auf deren Veranlassung ausgewandert sind und daher regelmäßig selbst nicht die Absicht gehabt haben, sich den militärischen Pflichten in Deutschland zu entziehen. Grundsätzlich kann daher allen Personen, die ihre diesseitige Staatsangehörigkeit vor der Erfüllung ihrer militärischen Pflichten verloren haben, die Niederlassung und der Aufenthalt untersagt werden, sofern sich nicht bei der Prüfung des Einzelfalls bestimmte Tatsachen dafür ergeben, daß der Wechsel der Staatsangehörigkeit in gutem Glauben und nicht zur Umgehung der militärischen Pflichten herbeigeführt ist. Als eine solche Tatsache, die vor der Ausweisung schützt, wird insbesondere der Umstand anzusehen sein, daß der frühere Staatsangehörige bei Erreichung des militärpflichtigen Alters oder, falls die Auswanderung später erfolgte, zu diesem Zeitpunkte nach seiner körperlichen oder geistigen Beschaffenheit für den Militärdienst dauernd untauglich war.

Diese Vorschriften, welche den Bestimmungen der an die Oberpräsidenten der Rheinprovinz und der Provinzen Westfalen und Hannover ergangenen Erlasse vom 28. April 1898 und 2. März 1899 entsprechen, gehen von der Erwägung aus, daß es vermieden werden muß, durch die ungehinderte Wiederzulassung solcher vormaliger Deutscher, welche ihre Wehrpflicht verletzt haben, ein Beispiel zu geben, welches in einer unseren militärischen Interessen nachteiligen Weise auf die inländische Jugend einwirkt. Unter Berücksichtigung dieser allgemeinen Grundsätze ist in jedem Einzelfalle sorgfältig zu prüfen, ob es mit Rücksicht auf die in Frage kommende Persönlichkeit oder den Ort der Niederlassung erforderlich erscheint, zu einer Ausweisung zu schreiten. Dabei ist jede unnötige Härte zu vermeiden und von solchen Ausweisungen abzusehen, welche außerhalb des praktischen Zweckes liegen, der mit der Maßregel erreicht werden soll. In der Regel wird die Ausweisung nur bei einer dauernden Niederlassung und nicht bei vorübergehendem Aufenthalte in Frage kommen.

Im übrigen unterliegen die Niederländer nach Absatz 2 des Artikels der Ausweisung nur dann, wenn sie in den Niederlanden ihre militärischen Pflichten verletzt haben. Von dieser Ausweisungsbefugnis ist gleichfalls nur innerhalb der vorstehend in Absatz 2 hinsichtlich der vormaligen Deutschen bezeichneten Grenzen Gebrauch zu machen.

Während nach dem niederländischen Milizgesetze von 1861 niederländische Staatsangehörige, die ihren Wohnsitz im Auslande haben, keinen militärischen Verpflichtungen in ihrem Heimatstaate unterworfen waren, müssen nach der am 1. Januar 1902 in Kraft getretenen Novelle zum Milizgesetze vom 24. Juni 1901 alle Niederländer, die entweder selbst oder deren Eltern oder sonstige gesetzliche Vertreter (Vormünder, Pfleger) in Deutschland ihren Wohnsitz oder Aufenthalt haben, am 1. Januar des Jahres, in welchem sie in das 19. Lebensjahr eintreten, für den niederländischen Militärdienst eingeschrieben werden. Das Milizgesetz von 1901 findet danach Anwendung auf alle nach dem 1. Januar 1883 geborenen Niederländer. Demnach liegt bei denjenigen Personen, welche vor dem 1. Januar 1883 geboren sind, kein Grund zur Untersagung der Niederlassung oder des Aufenthaltes aus Artikel 3 Absatz 2 des Vertrages vor. Die entgegenstehenden Vorschriften der an die Oberpräsidenten der Rheinprovinz und der Provinzen Westfalen und Hannover gerichteten Erlasse vom 19. Juni 1899 und vom 29. Januar 1903 werden aufgehoben. Auch gegen die nach dem genannten Zeitpunkte geborenen Personen ist auf Grund des Artikel 3 Absatz 2 des Vertrages nicht einzuschreiten, falls sie ausreichende Ausweispapiere über die Erfüllung ihrer heimatlichen militärischen Pflichten besitzen. Bestehen über die Bedeutung der vorgelegten Papiere Zweifel, so ist an den Regierungspräsidenten zu berichten, welcher nötigenfalls durch die Zentralbehörden eine Entscheidung in Gemäßheit des Artikel 6 Absatz 3 des Vertrages herbeizuführen hat.

In beiden Fällen bleibt selbstverständlich das Recht vorbehalten, die in ihrer Heimat zu militärischen Dienstleistungen nicht herangezogenen Personen, sofern sie sich persönlich lästig machen, insbesondere wenn sie sich etwa den Inländern gegenüber ihrer bevorzugten Stellung hinsichtlich der militärischen Pflichten rühmen sollten, gemäß Artikel 2 ohne weiteres auszuweisen.

Zum Artikel 4.

4. Die Frage, ob und inwieweit Personen, welche Angehörige beider vertragschließenden Teile sind, militärischen Pflichten unterliegen, ist in dem Vertrage nicht berührt worden und richtet sich nach den allgemeinen Grundsätzen über die Behandlung der sujets mixtes, d. h. sie sind vom deutschen Standpunkte, insbesondere hinsichtlich ihrer militärischen Pflichten, lediglich als Deutsche zu behandeln.

Zum Artikel 5.

5. Die vertragsmäßig zugesicherte Hilfe bei Geltendmachung von Ersatzansprüchen ist, abgesehen von der gerichtlichen Hilfe bei Anstrengung der Klage, dadurch zu leisten, daß die Verwaltungsbehörden die Hilfsbedürftigen oder deren unterhaltungspflichtige Angehörige zum Ersatze der entstandenen Kosten auffordern.

B. Übernahme.

Zum Artikel 6.

6. Die Übernahmepflicht erstreckt sich auf die Angehörigen und die staatlosen früheren Angehörigen der beiden Teile, nicht dagegen auf Angehörige eines dritten Staates, sofern nicht die besonderen Voraussetzungen der Artikel 12, 13 vorliegen.

Die Übernahmepflicht beschränkt sich sowohl in Ansehung der Angehörigen wie der früheren Angehörigen jedes Teiles auf die Fälle, in denen diese Personen gemäß Artikel 2, 3 ausgewiesen werden können.

Personen, die früher einem deutschen Bundesstaate angehört, ihre dortige Staatsangehörigkeit aber schon vor Gründung des Deutschen Reichs verloren haben, sind als ehemalige Reichsangehörige zu betrachten und, falls sie eine andere Staatsangehörigkeit nicht erworben haben, zu übernehmen. Dagegen erstreckt sich die Übernahmepflicht nicht auf solche Personen, welche die von ihren Eltern verlorene Staatsangehörigkeit niemals besessen haben. Dies schließt indessen nicht aus, daß bei Übernahme eines früheren Reichsangehörigen, der nach eingetretenem Verlust der Reichsangehörigkeit eine Ausländerin geheiratet hat, auch die Ehefrau, obgleich sie niemals Deutsche gewesen ist, und etwa minderjährige Kinder je nach der Lage des Falles mitübernommen werden können.

Zum Artikel 7.

7. Dieser Artikel und die folgenden regeln das Verfahren bei der Vollziehung von Ausweisungen und Übernahmen im Wege des Transports. Als Grundsatz gilt, daß keine zwangsweise Überführung auszuweisender Personen über die beiderseitigen Grenzen erfolgen darf ohne ein vorgängiges Übernahmeverfahren, in dem die Übernahmepflicht von dem übernehmenden Teile ausdrücklich anerkannt ist. Der Übernahmeverkehr ist so einfach, schleunig und billig wie möglich zu gestalten. Auf die Erreichung dieses Zieles ist stets Bedacht zu nehmen.

Unberührt bleibt die Befugnis der zuständigen Behörden, lästige Niederländer durch Androhung und Festsetzung von Exekutivstrafen zum Verlassen des Staatsgebietes in der Weise anzuhalten, daß den Ausgewiesenen die Art ihrer Entfernung überlassen wird. Ob der eine oder andere Weg zu wählen ist, unterliegt dem Ermessen der ausweisenden Behörde.

Der Weg des unmittelbaren Schriftwechsels zwischen den beiderseitigen Grenzbehörden ist im Artikel 7 als der regelmäßige vorangestellt, es ist jedoch dahin zu wirken daß mit der Zeit der mündliche Verkehr zwischen diesen Behörden die Regel bildet. Der schriftliche Weg wird indes in allen den Fällen beibehalten werden müssen, in welchen weitläufigere Ermittelungen über die Staatsangehörigkeit der auszuweisenden Person erforderlich sind. Das gleiche gilt in den später zu besprechenden Fällen des Artikel 8 Absatz 3.

Die Grenzbehörden des einen Teiles haben stets mit den nächstbelegenen Grenzbehörden des anderen Teiles zu verhandeln, weil so eine Verständigung am leichtesten ist. Wird die Übernahme nicht an dem nächstbelegenen, sondern an einem entfernteren Übernahmeorte gewünscht, so ist dies der Grenzbehörde des ausweisenden Teils durch die nächstbelegene Grenzbehörde des anderen Teiles mitzuteilen.

Zur Vermeidung unnötiger Beförderungskosten soll die Wahl des Übernahmeorts in jedem Falle dem übernehmenden Teile überlassen bleiben. Dieser ist daher in der Lage, den Reiseweg der auszuweisenden Personen so zu wählen, daß sie den Bestimmungsort in ihrem Heimatland auf kürzestem Wege erreichen.

Unter Berücksichtigung dieser Vorschriften regelt sich das Übernahmeverfahren folgendermaßen:

1. Ausweisungen nach den Niederlanden.

Die deutsche Behörde, welche eine Person nach den Niederlanden ausweisen, und deren Übergabe auf Grund des Vertrages herbeiführen will, hat diese Absicht unter Beifügung der die Anwendbarkeit des Vertrages dartuenden Nachweise der Grenzbehörde desjenigen preußischen Übernahmeortes mitzuteilen, welcher dem zeitigen Aufenthaltsorte des Auszuweisenden am nächsten liegt, oder von dort mit den geringsten Kosten erreicht werden kann. Die Grenzbehörde hat hiernach von dem Ergebnis der mit der nächstbelegenen niederländischen Grenzbehörde alsbald zu führenden Verhandlungen die ausweisende Behörde zu benachrichtigen und ihr, falls die Übernahme verweigert wird, die Berichterstattung an die vorgesetzte Behörde, in Preußen an die Regierungspräsidenten, zur Inanspruchnahme der diplomatischen Vermittelung zu überlassen. Anderenfalls hat sie unter gleichzeitiger Mitteilung der festgesetzten Übernahmetage — siehe unter Nr. 10 — den niederländischerseits bestimmten Übernahmeort zu bezeichnen, wohin der Ausgewiesene zu senden ist. Die ausweisende Behörde hat sodann über die Art und Weise der Absendung des Ausgewiesenen, sowie über die Zeit seiner Ankunft der für die Übergabe bestimmten diesseitigen Grenzbehörde Mitteilung zu machen, welche am nächsten Übernahmetage durch die ausführende Behörde — siehe unter Nr. 10 — die Übergabe des Ausgewiesenen an die niederländische Behörde unter gleichzeitiger Überreichung der Ausweispapiere bewirkt.

2. Übernahme nach Deutschland.

Wird bei einer diesseitigen Grenzbehörde von der nächstbelegenen niederländischen Grenzbehörde die Übernahme einer Person beantragt, so hat die diesseitige Grenzbehörde hiervon, nötigenfalls nach Einforderung der zur Klarstellung des Sachverhaltes etwa noch erforderlichen weiteren Unterlagen, sofort die zur Anerkennung der Staatsangehörigkeit zuständige Heimatbehörde des zu Übernehmenden zu benachrichtigen. Ein Verzeichnis der in den einzelnen Bundesstaaten zuständigen Behörden ergibt die Anlage A.*) Wird von dieser Behörde die Übernahmepflicht gemäß Artikel 5 des Vertrages anerkannt und der Übernahmeort bestimmt, so hat die Grenzbehörde hiervon die nächstbelegene niederländische Grenzbehörde und — sofern sie nicht selbst mit der Übernahme beauftragt ist — die bezeichnete diesseitige Grenzbehörde zu benachrichtigen. Die Übernahme erfolgt sodann in der unter 1 bezeichneten Form. Wird die Übernahme abgelehnt, so ist hiervon die niederländische Grenzbehörde ungesäumt in Kenntnis zu setzen. Die Anerkennung der Übernahmepflicht darf nicht aus dem Grunde verweigert oder verzögert werden, weil unter den Behörden des Heimatlandes über den Unterstützungswohnsitz oder die Gemeindeangehörigkeit des zu Übernehmenden noch Zweifel bestehen. Andererseits ist es von Wichtigkeit, daß diese

*) Vgl. Anlage Nr. 31.

Fragen gleichzeitig bei den Verhandlungen wegen Anerkennung der Übernahmepflicht wenn möglich festgestellt werden.

Nach erfolgter Übernahme hat die Grenzbehörde die erforderlichen Maßnahmen wegen der weiteren Behandlung des Übernommenen zu treffen. Sofern nicht etwa festgestellt wird, daß der Übernommene strafrechtlich oder polizeilich gesucht wird und auch nicht der Fall der Hilfsbedürftigkeit vorliegt, ist er sofort auf freien Fuß zu setzen.

Zum Artikel 8.

8. Der im Artikel 8 zugelassene mündliche Verkehr zwischen den beiderseitigen Grenzbehörden ist in erster Linie für die Fälle bestimmt, in denen kein Zweifel darüber besteht, daß die auszuweisende Person übernommen werden muß. Dieses kurze Verfahren soll indes auch dann eintreten, wenn die erforderlichen Feststellungen durch die übernehmende Grenzbehörde ohne Zeitverlust getroffen werden können; die Verpflichtung zur Vornahme solcher Feststellungen ist im Artikel 10 Absatz 3 ausdrücklich ausgesprochen worden. Soweit der mündliche Verkehr Platz greift, hat die Grenzbehörde des ausweisenden Teiles die auszuweisenden Personen der nächsten Grenzbehörde des übernehmenden Teiles zuzuführen, ohne daß diesem die Befugnis zusteht, alsdann einen anderen Übernahmeort zu bestimmen.

Unter Berücksichtigung dieser Vorschriften regelt sich das Übernahmeverfahren folgendermaßen:

1. Ausweisungen nach den Niederlanden.

Ergeben die von der ausweisenden Behörde übersandten Nachweise und die sonstigen Verhältnisse, daß die Voraussetzungen des Artikel 8 vorliegen, so ersucht die diesseitige Grenzbehörde die ausweisende Behörde, den Auszuweisenden nach dem preußischen Übernahmeorte — Anlage B, Spalte 4*) — zu senden, und läßt ihn von dort aus unter Mitgabe der Ausweispapiere an dem nächsten Übernahmetage durch die ausführende Behörde der niederländischen Behörde zuführen.

Verweigert in einem solchen Falle die niederländische Behörde die Übernahme und mißlingt der Versuch, sie im Wege schleunigster schriftlicher oder mündlicher Verhandlung zur Übernahme zu bestimmen, so hat die diesseitige Grenzbehörde hiervon die ausweisende Behörde zu benachrichtigen und um Bestimmung über den Zurückgewiesenen zu ersuchen. Ergeht eine solche nicht innerhalb längstens einer Woche, so erfolgt die Zurückbeförderung des Zurückgewiesenen auf Kosten des aus-

*) Vgl. Anlage Nr. 28e.

weisenden Staates in derselben Weise, wie er zur Grenze gebracht worden ist. Inzwischen ist er nötigenfalls in polizeilichem Gewahrsam zu behalten. Im Hinblick auf diese Kosten und Weiterungen empfiehlt es sich, bei größerer Entfernung der Auszuweisenden von der Grenze regelmäßig den schriftlichen Weg einzuschlagen.

2. Übernahme nach Deutschland.

Wird der diesseitigen ausführenden Behörde niederländischerseits eine Person vorgeführt, bezüglich der die Übernahmepflicht nicht zweifellos feststeht oder ohne Zeitverlust festgestellt werden kann, so ist die Übernahme zu verweigern und der niederländischen Behörde anheimzugeben, die Übernahme schriftlich zu beantragen, worauf das unter Nr. 7_2 beschriebene Verfahren Platz greift. Anderenfalls ist die betreffende Person ohne weitere Förmlichkeit zu übernehmen. Wegen des weiteren Verfahrens finden dann ebenfalls die unter Nr. 7 angeführten Bestimmungen Anwendung.

Nach Absatz 3 des Artikel 8 soll es bei dem schriftlichen Wege sein Bewenden behalten, wenn es sich um die Übernahme einer wegen jugendlichen Alters, Gebrechlichkeit oder Krankheit hilflosen Person handelt, da in diesen Fällen nach der Übernahme und wegen späterer geeigneter Fürsorge meist besondere Vorkehrungen getroffen werden müssen. Ebenso wird das schriftliche Verfahren stets bei Ausweisungen auf Grund des Artikel 3 des Vertrages stattfinden müssen.

Zum Artikel 9.

9. Der Artikel 9 sieht den diplomatischen Weg für die Fälle vor, wo eine Einigung der Grenzbehörden wegen der Übernahme nicht hat erzielt werden können. Auch kann auf diplomatischem Wege eine nachträgliche Prüfung der Fälle eingeleitet werden, in denen Personen von der Grenzbehörde übernommen worden sind, ohne daß eine Übernahmepflicht bestand. In derartigen Fällen, z. B. bei der Übernahme von Personen, die sich gefälschter oder ihnen nicht zustehender Ausweispapiere bedient haben, ist die Frage, ob eine Rückübernahme stattzufinden hat, nicht von den Grenzbehörden, sondern von den beiden Regierungen zu entscheiden und daher zunächst einer Prüfung durch die höheren Behörden des übernehmenden Teiles zu unterziehen.

Zum Artikel 10.

10. Die gemäß dem Vertrage bestimmten preußischen und niederländischen Grenzbehörden und Übernahmeorte ergibt die Anlage B.*)

*) Vgl. Anlage Nr. 28e.

Die in derselben benannten preußischen „ausführenden Behörden" handeln als ständige Delegierte der Grenzbehörden für die Übernahme und Übergabe der auszuweisenden Personen, sowie für die im Artikel 8 Absatz 1 und 2 vorgesehenen mündlichen Verhandlungen. Das Verzeichnis der Reichsgrenzstationen, nach denen gemäß den vom Bundesrate beschlossenen Vorschriften vom 10. Dezember 1890 (Zentralblatt S. 378) die Transporte der aus dem Reichsgebiete ausgewiesenen Ausländer zu leiten sind, — Bekanntmachung des Reichskanzlers vom 25. Juli 1899 (Zentralblatt S. 265) ist — wie hier nachrichtlich bemerkt wird — durch Bekanntmachung des Reichskanzlers vom 25. November 1906 (Zentralblatt S. 1322) der Anlage B*) entsprechend geändert.

Für jeden Übernahmeort sind wöchentlich mindestens zwei Übernahmetage einzurichten. Die Festsetzung dieser Tage, sowie die Einschiebung etwaiger weiterer Übernahmetage wird dem Einvernehmen der beiderseitigen Grenzbehörden überlassen. Über die erfolgten Abmachungen ist dem Regierungspräsidenten Anzeige zu erstatten.

Die Deutsche und die Niederländische Regierung werden sich die Namen der Beamten, die zunächst mit den Übernahmegeschäften beauftragt werden, auf dem diplomatischen Wege mitteilen. Dagegen soll die Ernennung von Stellvertretern und Nachfolgern unmittelbar von Grenzbehörde zu Grenzbehörde angezeigt werden.

Alle Übernahmeanträge sind mit möglichster Beschleunigung, nötigenfalls unter Anwendung des Telegraphen und des Telephon, zu erledigen, auch haben die Grenzbehörden die niederländischen Behörden bei Feststellung der Staatsangehörigkeit der Auszuweisenden nach Möglichkeit zu unterstützen.

Zum Artikel 11.

11. Die Bestimmung des Artikel 11, daß die Kosten der Beförderung auszuweisender Personen bis zum Übernahmeorte von dem ausweisenden Teile getragen werden, entspricht der im Übernahmeverkehr allgemein bestehenden Übung.

Im übrigen regelt sich die Tragung der polizeilichen Transportkosten innerhalb des Deutschen Reiches nach den Bundesratsbeschlüssen vom 28. Februar 1873 und 30. Mai 1891 — vgl. § 17 der Bekanntmachung des Reichskanzlers vom 10. Dezember 1890 (Zentralbl. S. 378) und Runderlasse vom 11. Oktober 1895 (Ministerialbl. S. 247) und vom 3. April 1904 (Ministerialbl. S. 120).

Zum Artikel 12.

12. Mit Rücksicht auf die besonderen Verhältnisse des Eisenbahnverkehrs bestimmt der Artikel 12, daß alle Personen, die sich nicht auf das vertragsmäßige Niederlassungsrecht berufen können, auf der ersten

Haltestation nach Überschreitung der Grenze angehalten und ohne irgendwelche Förmlichkeiten in das Gebiet, aus dem sie gekommen sind, zurückgeschafft werden dürfen. Durch diese Bestimmung wird die Fiktion aufgestellt, daß solche Personen, das Herkunftsland noch nicht verlassen haben und daher nicht unter das nach dem Vertrage sonst erforderliche Übernahmeverfahren fallen. Voraussetzung der Zurückschaffung ist, daß sie unmittelbar nach dem Eintreffen, also in der Regel mit dem nächsten zurückgehenden Eisenbahnzuge erfolgt.

Zum Artikel 13.

13. Da für die Übernahme in den Fällen des Artikel 13 der diplomatische Weg vorgesehen ist, so haben die Grenzbehörden solche Übernahmen nur nach Anweisung ihrer vorgesetzten Behörde auszuführen.

Berlin, den 31. Januar 1907.

Der Minister des Innern.
v. Bethmann-Hollweg.

Anlage Nr. 28c.

Verfügung vom 1. Juli 1908, betr. die Wiederverleihung der niederländischen Staatsangehörigkeit an in Deutschland wohnende, frühere niederländische Staatsangehörige.

(MinBl. 162.)

Nach Mitteilung der hiesigen niederländischen Gesandtschaft hat eine Anzahl in Deutschland wohnender, früherer niederländischer Staatsangehöriger gemäß Artikel 3 Nr. 2 des niederländischen Staatsangehörigkeitsgesetzes vom 12. Dezember 1892*) (abgedruckt im Kommentar „A. Heinrichs, Deutsche Niederlassungsverträge und Übernahmeabkommen" S. 195 ff.) die Wiederverleihung der niederländischen Staatsangehörigkeit beantragt.

Um den Unzuträglichkeiten abzuhelfen, welche solchen Personen daraus erwachsen, daß ihnen ein endgültiges Ausweispapier über ihre Staatsangehörigkeit erst nach der Genehmigung ihrer Anträge ausgehändigt werden kann, wird die Gesandtschaft ihnen zunächst eine vorläufige Bescheinigung über ihr Wiederaufnahmegesuch nach dem anliegenden Muster (Anl. a) erteilen.

---

*) Vgl. Anhang II Teil Ausland, Niederlande.

Diese Bescheinigung, welche nur Personen bekommen sollen, deren Wiederaufnahme in den niederländischen Staatsverband bereits in die Wege geleitet ist, wird für eine auf derselben zu vermerkende, im Einzelfalle zu bemessende Frist von längstens einem Jahre ausgefertigt werden, innerhalb deren sie durch ein endgültiges Ausweispapier zu ersetzen ist.

Euere Tit. ersuche ich ergebenst, gefälligst dahin Anordnung zu treffen, daß den Inhabern solcher Bescheinigungen, während deren Gültigkeitsdauer die im Artikel 1 Abs. 1 des deutsch-niederländischen Niederlassungsvertrages vom 17. Dezember 1904 (Min. Bl. f. d. i. V. 1907 S. 71) vorgesehenen Rechte nicht vorenthalten werden. Nach Ablauf der Gültigkeitsdauer der Bescheinigungen können die betreffenden Personen diese Rechte jedoch nur dann beanspruchen, wenn sie sich im Besitz eines dem Abs. 2 der erwähnten Vertragsbestimmung und Ziffer 1 Nr. 2 der Ausführungsanweisung vom 31. Januar 1907 — Min. Bl. S. 75 — entsprechenden endgültigen Ausweispapieres über ihre Staatsangehörigkeit befinden.

Berlin, den 1. Juli 1908.

Der Minister des Innern.
Im Auftrage: v. Kitzing.

---

a.

Gesandtschaft der Niederlande zu Berlin.

Die Königliche Gesandtschaft der Niederlande bestätigt hiermit, daß der ehemalige Niederländische Staatsangehörige
....
....
wohnhaft zu ....
kraft des Par. 3 bis des niederländischen Gesetzes vom 12. Dezember 1892 die Wiederaufnahme in den Niederländischen Staatsverband beantragt hat, und daß zur Zeit kein Grund vorliegt, weshalb dieses Gesuch nicht bewilligt werden sollte.

Berlin, den ....190....

Gültig bis: ....

Anlage Nr. 28 d.

Verfügung vom 11. September 1912, betr. den Begriff der Ausweispapiere im Sinne des Art. 1, Abs. 2 des deutsch-niederländischen Niederlassungsvertrages vom 17. Dezember 1904.

(MinBl. f. d. i. V. S. 294.)

Mit Rücksicht darauf, daß der Verlust der niederländischen Staatsangehörigkeit auf Grund des Art. 7, Ziffer 5 des niederländischen Staatsangehörigkeits-Gesetzes vom 12. Dezember 1892 in der Fassung des Gesetzes vom 15. Juli 1910 (vergl. Rund-Erlaß vom 15. Dezember 1910, Min. Bl. f. d. i. V. 1911, S. 75)*) nur noch für diejenigen Niederländer eintritt, welche außerhalb der Niederlande, der niederländischen Kolonien oder Besitzungen in anderen Weltteilen geboren sind, ist im Wege des Notenaustausches die Bestimmung in Nr. 1 des Notenwechsels vom 29. Oktober 1906 zur Ausführung des deutsch-niederländischen Niederlassungsvertrages vom 17. Dezember 1904 (vergl. Bekanntmachung vom 6. Dezember 1906 — Min. Bl. f. d. i. V. 1907, S. 74 —) dahin ergänzt worden, daß die Nationaliteitsbewijzen, die von den niederländischen Kommissaren der Königin volljährigen, in den Niederlanden oder in deren außereuropäischen Kolonien oder Besitzungen geborenen niederländischen Staatsangehörigen ausgefertigt werden, als Ausweispapiere im Sinne des Art. 1, Abs. 2 des erwähnten Niederlassungsvertrages so lange angesehen werden sollen, bis festgestellt ist, daß die Inhaber die niederländische Staatsangehörigkeit verloren haben.

Indem ich bemerke, daß die niederländischen Behörden angewiesen worden sind, in Zukunft darauf zu achten, daß in den Nationaliteitsbewijzen stets der Geburtsort der Inhaber angegeben wird, ersuche ich Euere (Tit.) ergebenst, das hiernach Erforderliche gefälligst zu veranlassen.

Berlin, den 11. September 1912.

Der Minister des Innern.

Im Auftrage: v. Herrmann.

---

*) Vgl. Anhang II Teil Ausland, Niederlande.

Anlage Nr. 28e.

1. Wegen des Verzeichnisses der deutschen Behörden s. Anlage 31 Rubrik 3.

2. Verzeichnis der preußischen und niederländischen Grenzbehörden und Übernahmeorte.

1	2	3	4	5	6
	Preußische Grenzbehörde.*)	**Preußische ausführende Behörde.**)**	**Preußischer Übernahmeort.**	**Niederländischer Übernahmeort.**	**Niederländische Grenzbehörde.**
1.	Landrat in Kempen	Bürgermeister in Kaldenkirchen	Kaldenkirchen	Venlo	Kommissar der „Rykspolitie", der als „Grenzcommissaris" an dem niederländischen Übernahmeort angestellt wird.
2.	Landrat in Wesel	Grenzkommissar in Emmerich	Emmerich	Zevenaar	desgleichen.
3.	Landrat in Ahaus	Bürgermeister in Gronau	Gronau	Enschede	desgleichen.
4.	Landrat in Weener	Landrat in Weener	Weener	Nieuwe-Schans	desgleichen.
5.†)	Polizeipräsident in Aachen	Kriminalkommissar in Aachen	Aachen	Harlem	Polizeiinspektor in Harlem

*) Vgl. Artikel 7 ff.

**) Die ausführenden Behörden handeln als ständige Delegierte der Grenzbehörden für die Übernahme und Übergabe der auszuweisenden Personen, sowie für die im Artikel 8 Abs. 1 und 2 vorgesehenen mündlichen Verhandlungen.

†) Gemäß Vfg. vom 2. Juli 1911, MBl. S. 218.

Anlage Nr. 29.

Verfügung vom 14. November 1908, betr. den Übernahmeverkehr mit Norwegen.

Im Übernahmeverkehr mit Norwegen ist — entsprechend der früher seitens der Schwedisch-Norwegischen Regierung eingenommenen Haltung — bislang preußischerseits der Grundsatz beobachtet worden, nur die gegenwärtigen, nicht aber die früheren Staatsangehörigen zu übernehmen.

Nachdem nunmehr die Norwegische Regierung sich bereit erklärt hat, auch ihre früheren Staatsangehörigen, sofern sie nicht eine andere Staatsangehörigkeit erworben haben, allgemein zu übernehmen, ist auch preußischerseits entsprechend zu verfahren ...

Berlin, den 14. November 1908.

Der Minister des Innern.
Im Auftrage: v. Kitzing.

Anlage Nr. 30.

Vertrag*) wegen gegenseitiger Verpflichtung zur Übernahme der Auszuweisenden d. d. Gotha 15. Juli 1851.

(Pr. GS. 1851 S. 711.)

§ 1. Jede der kontrahierenden Regierungen verpflichtet sich,

a) diejenigen Individuen, welche noch fortdauernd ihre Angehörigen (Untertanen) sind, und

b) ihre vormaligen**) Angehörigen (Untertanen), auch wenn sie die Untertanschaft nach der inländischen Gesetzgebung bereits ver-

---

*) Dieser Vertrag findet den deutschen Staaten gegenüber noch Anwendung:
a) in Bayern, wo das Gesetz über den Unterstützungswohnsitz vom 6. Juni 1870 (s. BGBl. S. 360) noch nicht eingeführt ist (vgl. aber Anm. 3 zu § 4 d. G. v. 22. Juli 1913);
b) in Luxemburg (s. Pr. GS. 1885 S. 36; Anlage Nr. 11a).

**) Da der § 1 der Konvention, sowohl die derzeitige als die frühere, jedoch erloschene Untertanenschaft als einen Grund zur Verpflichtung der Übernahme bezeichnet, beide Verpflichtungsgründe aber sowohl getrennt als verbunden bei mehreren der kontrahierenden Staaten dem Ausweisenden gegenüber vorliegen können, so war eine Erläuterung darüber erforderlich, welcher Staat in einem solchen Falle als der näher verpflichtete anzusehen und als solcher nach § 7 zuerst in Anspruch zu nehmen ist.
Es wurde daher für angemessen erachtet, festzusetzen:
a) daß das bestehende Untertansverhältnis gegenüber einem bereits erloschenen als der stärkere Verpflichtungsgrund betrachtet werden soll;
b) daß bei dem Vorhandensein mehrerer Staaten, zu welchen der Auszuweisende sich noch fortdauernd im Untertansverbande befindet, der

loren haben, so lange, als sie nicht dem anderen Staate*) nach dessen eigener Gesetzgebung angehörig geworden sind,

auf Verlangen des anderen Staates wieder zu übernehmen.

§ 2. Ist die Person, deren sich der eine der kontrahierenden Staaten entledigen will, zu keiner Zeit einem der kontrahierenden Staaten als Untertan angehörig gewesen (§ 1), so ist unter ihnen derjenige zur Übernahme verpflichtet, in dessen Gebiete der Auszuweisende

a) nach zurückgelegtem 21. Lebensjahre sich zuletzt fünf Jahre**) hindurch aufgehalten,***) oder

b) sich verheiratet und mit seiner Ehefrau unmittelbar nach der Eheschließung eine gemeinschaftliche Wohnung mindestens sechs Wochen innegehabt hat, oder

c) geboren ist.

Die Geburt (c) begründet eine Verpflichtung zur Übernahme nur dann, wenn keiner der beiden anderen Fälle (a und b) vorliegt. Treffen diese zusammen, so ist das neuere Verhältnis entscheidend.

§ 3. Ehefrauen sind in den Fällen der §§ 1 und 2, ihre Übernahme möge gleichzeitig mit derjenigen ihres Ehegatten oder ohne diese in Frage kommen, von demjenigen Staate zu übernehmen, welchem der Ehemann nach §§ 1 oder 2 zugehört.

---

ausweisenden Regierung freisteht, nach welchem Staate hin sie die Ausweisung bewirken will;

c) daß, wenn das auszuweisende Individuum zu mehreren Staaten in einem bereits aufgelösten Untertansverhältnis gestanden hat, derjenige Staat zur Übernahme vorzugsweise verpflichtet ist, dessen Untertan das Individuum nach zuvorigem Verlust jeder früheren Untertanschaft zuletzt geworden ist;

d) daß, wenn der Auszuweisende gleichzeitig Untertan mehrerer Staaten vormals gewesen ist, ohne Unterschied auf den Zeitpunkt des Verlustes des Untertansrechts in den einzelnen Staaten, dem ausweisenden die Wahl des übernehmenden Staates offen steht (s. Schlußprotokoll vom 15. Juli 1851 Z. 2).

*) Wenn Gebietsteile von dem einen der Vereinsstaaten an den anderen abgetreten worden sind, so wird der abgetretene Teil in Beziehung auf alle eine Übernahmepflicht begründenden Tatsachen so angesehen, als ob derselbe dem Staate, an welchen er abgetreten worden, immer angehört hätte (s. Z. 2 des Schlußprotokolls der Eisenacher Konferenz vom 25. Juli 1854).

**) Bei Berechnung der fünf Jahre ist nur diejenige Periode zu berücksichtigen, welche vor Erhebung des Übernahmeantrags verstrichen ist, mit anderen Worten: durch die Erhebung des Antrags tritt eine Unterbrechung der Aufenthaltsdauer ein (Konferenzprotokoll vom 22. Juli 1854 und vom 22. Juli 1858).

***) Die Dauer eines unfreiwilligen Aufenthalts ist bei der fünfjährigen Frist nicht in Anrechnung zu bringen, ebensowenig aber als Unterbrechung eines vorher begonnenen und nachher fortgesetzten Aufenthalts anzusehen, dieser Aufenthalt vielmehr nur als ruhend zu betrachten (Z. 3 des Schlußprotokolls von 1851); der Aufenthalt muß ein ununterbrochener sein; es ist aber eine momentane Abwesenheit, bei welcher die Absicht der Rückkehr vorliegt, nicht für eine Unterbrechung zu erachten (Konferenzprotokoll d. d. Gotha 10. Juli 1851).

Bei Witwen und geschiedenen Ehefrauen ist, jedoch nur bis zu einer in ihrer Person eintretenden, die Übernahmeverbindlichkeit begründenden Veränderung, das Verhältnis des Ehemannes zur Zeit seines Todes und beziehungsweise der Ehescheidung maßgebend.

Die Frage, ob eine Ehe vorhanden sei, wird im Falle des § 1 nach den Gesetzen desjenigen Staates beurteilt, welchem der Ehemann angehört;*) im Falle des § 2 aber nach den Gesetzen desjenigen Staates, wo die Eheschließung erfolgt ist.

§ 4. Eheliche Kinder sind, wenn es sich um deren Übernahme vor vollendetem 21. Lebensjahre handelt, in den Fällen der §§ 1 und 2 nicht nach ihrem eigenen Verhältnisse, sondern nach dem des Vaters zu beurteilen. Kinder, welche durch nachfolgende Ehe der Eltern legitimiert sind, werden den ehelich geborenen gleichgeachtet.

§ 5. Uneheliche Kinder sind nach demjenigen Untertansverhältnisse zu beurteilen, in welchem zur Zeit der Geburt derselben deren Mutter stand, auch wenn sich später eine Veränderung in diesem Verhältnisse der Mutter zugetragen hat.

Gehörte die Mutter zur Zeit der Geburt ihres unehelichen Kindes

---

*) „Bei Beurteilung der Frage," lautet ein Erlaß des preuß. M. d. J. vom 21. März 1870 (MBl. S. 173), „ob die Kinder des bayerischen Staatsangehörigen N. als bayerische Staatsangehörige anzusehen seien und resp. bei Entscheidung der Vorfrage, ob eine gültige Ehe vorhanden ist, kommt es nach § 3 Alin. 3 der Gothaer Konvention lediglich auf die bayerische, nicht auf die holsteinische Gesetzgebung an. Hiergegen kann auch nicht eingewendet werden, daß der gedachte Vertrag zur Verheiratung des N. in Holstein keine Geltung gehabt hat. Denn wenn dieser Vertrag jetzt auf Schleswig-Holstein keine Anwendung findet, so müssen alle seit dem Inkrafttreten desselben zur Erörterung gelangenden Fälle auch rücksichtlich der vor diesen Zeitpunkt fallenden Verhältnisse nach den Bestimmungen desselben beurteilt werden, wie sich dies aus § 13 des Vertrags resp. Z. 11 des Schlußprotokolls vom 25. Juli 1854 ergibt. Hiernach muß als feststehend angenommen werden, daß die Kinder des N. die bayerische Staatsangehörigkeit nicht erworben haben, auch wenn der Vater zur Zeit ihrer Geburt diese Staatsangehörigkeit noch besaß, weil diese Kinder nicht als eheliche Kinder anzusehen sind und daher nicht nach dem Untertanenverhältnisse des Vaters (§ 4 der Konvention), sondern nach dem der Mutter (§ 5 daselbst) zu beurteilen sind. Wenn die letztere Angehörige des Herzogtums Holstein gewesen ist, was aus den vorliegenden Verhandlungen zwar mit Sicherheit nicht zu entnehmen, nach Lage der Sache aber zu vermuten ist, so würden die Kinder schon in Gemäßheit der §§ 1 und 5 des Gothaer Vertrags auf Verlangen der bayerischen Regierung nach Preußen übernommen werden müssen. Insofern aber gegen die Ansicht, daß die Kinder nach dem Vorgesagten als preußische Staatsangehörige anzusehen sind, noch begründete Bedenken geltend zu machen sein sollten, würde doch die bayerische Staatsregierung, da diese Kinder als bayerische Staatsangehörige ebensowenig anzuerkennen verpflichtet ist, auf Grund des § 2 lit. c der mehrgedachten Konvention die Übernahme nach Preußen insofern verlangen können, als dieselben anscheinend sämtlich in Holstein geboren sind. Aus diesen Gesichtspunkten läßt sich die Ausstellung von Übernahmescheinen für die Kinder des N. nicht ablehnen."

keinem der kontrahierenden Staaten als Untertanin an, so entscheiden über die Verpflichtung zu seiner Übernahme die Bestimmungen des § 2.

Auch auf uneheliche Kinder findet die Vorschrift des zweiten Absatzes des § 6 Anwendung.*)

§ 6. Ist keiner der im § 2 gedachten Fälle vorhanden, so muß der Staat, in welchem der Heimatlose sich aufhält, denselben behalten.**)

Doch sollen weder Ehefrauen noch Kinder unter 16 Jahren, falls sie einem anderen Staate nach §§ 1 oder 2 zugewiesen werden könnten, von ihren Ehemännern und bzw. Eltern getrennt werden.***)

§ 7. Wenn diejenige Regierung, welche sich einer lästigen Person entledigen will, die Übernahme derselben von mehreren deutschen Bundesstaaten†) aus der gegenwärtigen oder einer anderen Übereinkunft zu fordern berechtigt ist, so hat sie denjenigen Staat zunächst in Anspruch zu nehmen, welcher in Beziehung auf den Verpflichtungsgrund oder die Zeitfolge näher verpflichtet ist.

Hat dieser Staat, auch nach vorgängigem Schriftwechsel der obersten Landesbehörden, die Übernahme verweigert, so kann die ausweisende Regierung auch von demjenigen Staate, welcher nach gegenwärtiger Übereinkunft hiernächst verpflichtet ist, die Übernahme fordern und demselben die Geltendmachung seines Rechts gegen den vermeintlich näher verpflichteten Staat überlassen.

---

*) Muß ein uneheliches Kind vermöge der alin. 3 dieses Paragraphen von einem Konventionsstaate zeitweilig übernommen oder beibehalten werden, so kann aus der während dieser Zeit etwa gewährten Unterstützung desselben ein Anspruch an den zur Übernahme definitiv verpflichteten Staat nicht abgeleitet werden (Z. 2 des Schlußprotokolls vom 29. Juli 1858).

**) Personen, welche nach alin. 1 dieses Paragraphen behalten werden müssen, dürfen nicht nur nicht ausgewiesen, sondern auch nicht durch sonstiges Verfahren einem anderen Staate zugeschoben werden (Z. 4 des Schlußprotokolls vom 25. Juli 1854).

***) Müssen Ehefrauen und Kinder von einem Konventionsstaate nach Maßgabe dieses Paragraphen zeitweilig übernommen oder beibehalten werden, so kann aus der denselben etwa während dieser Zeit gewährten Unterstützung ein Anspruch an den zur Übernahme definitiv verpflichteten Staat nicht abgeleitet werden (Z. 2 des Schlußprotokolls von 1858). Über die Verpflichtung zur Übernahme ausgewiesener Familienmitglieder, wenn das Familienhaupt zurzeit nicht mit übernommen werden kann, vgl. die Verfügung des kgl. preuß. Min. d. J. vom 11. Nov. 1867 (MBl. i. V. S. 363).

†) Wenn die wegen Übernahme einer Person angegangene Regierung auf Grund des § 7 den Einwand erheben will, daß sie zu früh in Anspruch genommen sei, so hat sie diesen Einwand durch den Nachweis zu begründen, daß ein anderer Staat und welcher zur Übernahme verpflichtet sei. Dagegen kann sie nicht verlangen, daß der die Übernahme fordernde Staat nachweisen soll, daß kein näher verpflichteter Staat vorhanden sei. Eine solche Forderung fände weder in dem Vertrage, noch in allgemeinen Rechtsgrundsätzen irgendeinen Anhalt (schiedsrichterliches Erkenntnis des kgl. preuß. Ministeriums der auswärtigen Angelegenheiten vom 30. Aug. 1852).

§ 8. Ohne Zustimmung der Behörde des zur Übernahme verpflichteten Staates*) darf diesem kein aus dem anderen Staate ausgewiesenes Individuum zugeführt werden, es sei denn, daß

a) der Rückkehrende sich im Besitze eines von der Behörde seines Wohnortes ausgestellten Passes**) (Wanderbuch, Paßkarte), seit dessen Ablauf noch nicht ein Jahr verstrichen ist, befindet, oder

b) daß der Ausgewiesene einem in gerader Richtung rückwärts liegenden dritten Staate***) zugehört, welchem er nicht wohl anders als durch das Gebiet des anderen kontrahierenden Staates zugeführt werden kann.

---

*) Ist die Übernahmepflicht eines Staates von der dazu kompetenten Ober- oder Unterbehörde anerkannt worden, so darf die Übernahme selbst nicht aus dem Grunde verzögert werden, weil es der näheren Feststellung des Ortes bedürfe, wohin der Aufzunehmende zu weisen sei (Z. 4 des Schlußprotokolls 1858).

Ein Zirkularerlaß des preuß. Min. d. J. vom 9. April 1883 (s. MBl. S. 54) verfügt in gleicher Weise hinsichtlich der von auswärtigen Staaten gestellten Übernahmeanträge, wie folgt:

„Bei Prüfung von Anträgen auswärtiger Behörden auf Übernahme gegenwärtiger oder vormaliger preußischer Staatsangehöriger sind wiederholt Verzögerungen dadurch herbeigeführt worden, daß diesseitige Behörden sich nicht auf die Feststellung der Staatsangehörigkeitsverhältnisse der Betreffenden beschränkt, sondern gleichzeitig Ermittlungen zum Zwecke der Feststellung des Unterstützungswohnsitzes der zu Übernehmenden veranlaßt haben. Abgesehen von den dadurch in geschäftlicher Beziehung entstehenden Weiterungen, erwachsen der Staatskasse aus derartigen Verzögerungen insofern Nachteile, als die an der Gothaer Konvention vom 15. Juli 1851 gegenwärtig noch beteiligten Staaten (Bayern und Elsaß-Lothringen) gemäß § 7 alin. 2 des Freizügigkeitsgesetzes vom 1. Nov. 1867 berechtigt sind, für eine den zu übernehmenden diesseitigen Staatsangehörigen über 3 Monate hinaus gewährte Fürsorge Erstattung der Kosten zu beanspruchen.

Ew. usw. ersuche ich erg. in künftigen Fällen, in welchen die Übernahme gegenwärtiger oder vormaliger preußischer Staatsangehöriger in Frage steht, die Verhandlungen zunächst auf die Erörterungen der Staatsangehörigkeitsverhältnisse der Betreffenden zu beschränken und alsbald nach Feststellung der letzteren und der diesseitigen Übernahmepflicht die Abgabe der Übernahmeerklärung bei gleichzeitiger Mitteilung des inländischen Übernahmeorts zu veranlassen. Wenngleich es nicht ausgeschlossen ist, daß in den Fällen, in welchen der Unterstützungswohnsitz des zu Übernehmenden feststeht, dem betreffenden Ortsarmenverbande gleichfalls eine entsprechende Mitteilung gemacht und demselben anheimgestellt worden, die direkte Überführung des Betreffenden zu veranlassen, so ist doch in erster Reihe der Armenverband des Übernahmeortes verpflichtet und ev. dazu anzuhalten, dem zu Übernehmenden für den Fall seiner Hilfsbedürftigkeit die erforderliche Unterstützung zu gewähren, wobei es demselben überlassen bleibt, die Erstattung der dafür entstandenen Kosten von dem hierzu verpflichteten Orts- oder Landarmenverbande (§ 37 des Gesetzes, betreffend die Ausführung des Bundesgesetzes über den Unterstützungswohnsitz, vom 8. März 1871) herbeizuführen."

**) Ist der Paß bzw. das Wanderbuch auf einen bestimmten Zeitraum nicht ausgestellt, so ist derselbe in Beziehung auf die Vorschrift des § 8 lit. a als fortdauernd gültig anzusehen (Z. 6 des Schlußprotokolls von 1854).

***) Wenn auf Grund dieser Bestimmung die Übernahme eines Ausgewiesenen behufs des Durchtransportes gefordert wird, so hat die ausweisende Be-

§ 9. Sollte ein Individuum, welches von dem einen kontrahierenden Staate dem anderen zum Weitertransport in einen rückwärts liegenden Staat nach Maßgabe des § 8 lit. b überwiesen worden ist, von dem letzteren nicht angenommen werden, so kann dasselbe in denjenigen Staat, aus welchem es ausgewiesen worden war, wieder zurückgeführt werden.

§ 10. Die Überweisung der Ausgewiesenen geschieht in der Regel mittels Transportes und Abgabe derselben an die Polizeibehörde desjenigen Ortes, wo der Transport als von seiten des ausweisenden Staates beendigt anzusehen ist. Mit dem Ausgewiesenen werden zugleich die Beweisstücke, worauf der Transport konventionsmäßig gegründet wird, übergeben. In solchen Fällen, wo keine Gefahr zu besorgen ist, können einzelne Ausgewiesene auch mittels eines Passes,*) in welchem ihnen

hörde durch Beibringung einer Annahmezusicherung des zur Übernahme verpflichteten Staates oder durch eine der sub a des Paragraphen gedachten Legitimation nachzuweisen, daß der Transport dem hinterliegenden Staate wirklich angehöre. In Ermanglung dieses Nachweises kann die Annahme und der Durchtransport der Ausgewiesenen verweigert werden (Z. 5 des Schlußprotokolls von 1854).

*) Infolge des Separatprotokolls d. d. Eisenach, 29. Juli 1858 ist hinsichtlich des bei Ausweisungen und Transporten zu beobachtenden Verfahrens von den verbündeten Regierungen die Einführung von Zwangspässen verfügt worden.

Die diesbezüglichen Verordnungen lauten wie folgt:

1. Ausweisungspässe im Sinne des § 10 (Zwangspässe) müssen ergeben in welcher Art die Angehörigkeit zu dem übernehmenden Staate festgestellt worden ist.

Ist eine Aufnahmezusicherung vorausgegangen, so muß derselben ausdrücklich gedacht werden.

Beruht die Ausweisung auf einer polizeilichen Legitimationsurkunde, so muß das Datum und die Gültigkeitsdauer derselben, sowie die Behörde, welche sie erteilt hat, im Passe vermerkt werden.

2. Ist der Inhaber des Zwangspasses von der vorgeschriebenen Route abgewichen, oder sind andere Gründe vorhanden, denselben nach Antritt der Reise auf den Transport nach dem Bestimmungsorte zu setzen, so ist hierzu auch eine andere als die ausweisende Behörde berechtigt, wenn der Zwangspaß ergibt, daß derselbe auf Grund einer Aufnahmezusicherung oder eines heimatlichen Passes (Wanderbuches usw.), seit dessen Ablauf noch kein Jahr verstrichen war (§ 8 des Vertrags), ausgestellt worden ist.

3. Im Falle eines solchen Transportes (2) ist nicht die Behörde, welche diesen veranstaltet, sondern die Behörde, welche den Zwangspaß erteilt hat, als die ausweisende anzusehen.

4. Es ist darauf zu halten, daß jeder Transportzettel (das den Transport begleitende obrigkeitliche Schreiben) den wesentlichen Inhalt der vorausgegangenen Annahmeerklärung oder, wenn der Transport auf Grund eines der Bestimmung des § 8 1a entsprechenden Passes eingeleitet ist, die ausstellende Behörde, das Datum und die Gültigkeitsdauer des Passes ersehen lasse und daß überhaupt die Vorschrift des § 10 wegen der mit dem Transportaten zu übergebenden Beweisstücke genau befolgt werde.

5. Die Polizeibehörde des übernehmenden Staates, welcher ein Transportat aus einem anderen Vereinsstaate zugeführt wird, darf die Aufhebung

die zu befolgende Route genau vorgeschrieben ist, in ihr Vaterland gewiesen werden.

§ 11. Die Kosten der Ausweisung trägt innerhalb seines Gebietes der ausweisende Staat.

Wenn der Ausgewiesene, um seiner Heimat in einem dritten Staate zugeführt zu werden, durch das Gebiet eines anderen kontrahierenden Teiles transportiert werden muß, so hat dem letzteren der ausweisende Staat die Hälfte der bei dem Durchtransporte entstehenden Kosten zu erstatten.*)

Muß der Ausgewiesene im Falle des § 9 in den Staat, aus welchem er ausgewiesen worden war, wieder zurückgebracht werden, so hat dieser Staat sämtliche Kosten des Rücktransportes zu vergüten.**)

§ 12. Können die betreffenden Behörden über die Verpflichtung des Staates, welchem die Übernahme angesonnen wird, sich bei dem darüber stattfindenden Schriftwechsel nicht einigen, und ist die Meinungsverschiedenheit auch im diplomatischen Wege nicht zu beseitigen gewesen, so wollen die beteiligten Regierungen den Streitfall zur schiedsrichterlichen Entscheidung***) einer dritten deutschen Regierung stellen, welche zu den Mitkontrahenten des gegenwärtigen Vertrages gehört.

---

des Transportes und die Fortsetzung der Reise bis zum inländischen Bestimmungsorte mittels Zwangspasses nur dann anordnen, wenn sie nach reiflicher Erwägung dafür hält, daß keine Gründe zu der Besorgnis eines Mißbrauchs des Zwangspasses vorliegen.

Die Behörden eines zwischenliegenden Staates dürfen übrigens einen durch Transport ihnen zugeführten Ausgewiesenen nicht anders als durch Transport weiterbefördern.

6. Der Zwangspaß muß neben der Angabe des Endziels jedenfalls auch die Angabe der Eingangsstation des nächsten der zu durchreisenden Staaten enthalten.

7. Es ist zur Ersparung von Zeit und Kosten für wünschenswert zu erachten, daß die in der Richtung nahe belegener Eisenbahnen stattfindenden Transporte durch Benutzung dieser Bahnen ausgeführt werden.

*) Auf die Erstattung der Hälfte der Transportkosten ist laut Mitteilung vom 28. Juli 1894 (MBl. i. V. 147) durch Vereinbarung verzichtet worden.

**) In der Sitzung vom 28. Febr. 1873 (§ 78 der Protokolle) hat der Bundesrat beschlossen: „sich damit einverstanden zu erklären, daß die Kosten des Transports von Ausländern, welche aus dem Bundesgebiete und von Deutschen, welche von einem auswärtigen Staate ausgewiesen sind, innerhalb des Bundesgebietes von jedem Bundesstaate insoweit getragen werden, als sie zur Beförderung des Verwiesenen durch sein Gebiet aufzuwenden sind."

***) Die Zuständigkeit des Schiedsrichters erstreckt sich selbstverständlich nicht bloß auf die Frage der Übernahmepflicht, sondern auf alle bei dem speziellen Übernahmefall etwa vorkommenden Streitfragen (Z. 2, Schlußprotokoll von 1854).

Ein Anspruch auf Ersatz der Verpflegungskosten findet auf Grund des § 7 Abs. 2 des Freizügigkeitsgesetzes vom 1. Nov. 1867 (s. Anhang, Anl. Nr. 14) vorbehaltlich besonderer Verabredungen nur insoweit statt, als die Fürsorge für den Auszuweisenden länger als drei Monate gedauert hat. Die drei Monate

Die Wahl der um Abgabe des Schiedsspruchs zu ersuchenden deutschen Regierung bleibt demjenigen Staate überlassen, der zur Übernahme des Ausgewiesenen verpflichtet werden soll.

An diese dritte Regierung hat jede der beteiligten Regierungen jedesmal nur eine*) Darlegung der Sachlage, wovon der anderen Regierung eine Abschrift nachrichtlich mitzuteilen ist, in kürzester Frist einzusenden.

Bis die schiedsrichterliche Entscheidung erfolgt, gegen welche von keinem Teile eine weitere Einwendung zulässig ist, hat derjenige Staat, in dessen Gebiet das auszuweisende Individuum beim Entstehen der Differenz sich befunden, die Verpflichtung, dasselbe in seinem Gebiete zu behalten.

(§§ 13, 14 und 15 betreffen das Inkrafttreten [1. Jan. 1852] des Vertrages, das Kündigungsrecht der kontrahierenden Teile und das Recht derjenigen Bundesstaaten, welche den Vertrag nicht mit abgeschlossen haben, demselben beizutreten.)

Anlage Nr. 30a.

Bekanntmachung über den Beitritt des Großherzogtums Luxemburg zu dem Vertrage d. d. Gotha, den 15. Juli 1851 wegen gegenseitiger Verpflichtung zur Übernahme des Ausweisenden.

Vom 27. Januar 1855. (Pr.GS. S. 36.)

Es wird hierdurch bekanntgemacht, daß dem Vertrage zwischen Preußen und mehreren anderen deutschen Regierungen wegen gegenseitiger Verpflichtung zur Übernahme des Auszuweisenden vom 15. Juli 1851 (GS. 1851 S. 711 ff.) in Gemäßheit des § 15 desselben

die Großherzoglich luxemburgische Regierung

beigetreten ist.

Berlin, den 27. Januar 1855.

gez. v. Manteuffel.

---

werden berechnet von dem Tage des ersten Übernahmeantrags bei der für Entscheidung derartiger Anträge zuständigen Behörde des für übernahmepflichtig erachteten anderen Staates. Wird die Übernahmepflicht vor Ablauf der drei Monate festgestellt, so kann die Heimschaffung sofort erfolgen.

*) Der Schiedsrichter kann jedoch Vervollständigung der Akten und sohin weitere Darstellungen verlangen. (Konferenzprotokoll vom 12. Juli 1851.)

Anlage Nr. 31.

Verzeichnis*

derjenigen deutschen Behörden, welche befugt sind:

1. gegenüber der Schweiz,
2. gegenüber den deutschen Bundesstaaten

das Anerkenntnis der Verpflichtung zur Übernahme eines auszuweisenden Staatsangehörigen abzugeben,

3. Heimatscheine und Staatsangehörigkeitsausweise auszustellen.

Aufgestellt im Reichsamte des Innern nach dem Stande vom 1. Juli 1897.
(Berichtigt nach den Vfg. d. Min. d. J. v. 31. Jan. 1907 (MBl. S. 82) und v. 19. Sept. 1911 (MBl. S. 285.)

Laufende Nr.	Staaten	Behörden, welche befugt sind, das Anerkenntnis der Verpflichtung zur Übernahme eines auszuweisenden Staatsangehörigen abzugeben: Gegenüber der Schweiz und den Niederlanden	Behörden, welche befugt sind, das Anerkenntnis der Verpflichtung zur Übernahme eines auszuweisenden Staatsangehörigen abzugeben: Gegenüber den deutschen Bundesstaaten	Behörden, welche befugt sind, Heimatscheine und Staatsangehörigkeitsausweise auszustellen.
1	2	3	4	5
1	**Königreich Preußen.**	Die Königlichen Regierungspräsidenten. Für Berlin der Königliche Polizeipräsident.	Wie in Spalte 3.	Wie in Spalte 3. Anmerkung: In einigen Regierungsbezirken werden die Heimatscheine und Staatsangehörigkeitsausweise im Auftrage des Regierungspräsidenten durch nachgeordnete Behörden — Königliche Polizeidirektionen, Landräte bzw. Oberamtmänner oder Bürgermeister der Stadtkreise, in der Provinz Hannover außerdem durch die Magistrate der selbständigen Städte — unter Benutzung von Blanketts ausgefertigt, die mit der Firma und dem Siegel — teilweise auch mit der handschriftlichen, vervielfältigten oder gedruckten Unterschrift — des Regierungspräsidenten versehen sind. Anträge auf Ausfertigung von Heimatscheinen u. Staatsangehörigkeitsausweisen sind aber zweckmäßig stets an den zuständigen Regierungspräsidenten zu richten, welcher alsdann wenn er die Urkunde nicht selbst ausstellt, das Weitere zu diesem Zwecke veranlaßt.

*) Veröffentlicht im MBl. i. V. 1897 S. 204 ff.

Laufende Nr.	Staaten	Behörden, welche befugt sind, das Anerkenntnis der Verpflichtung zur Übernahme eines auszuweisenden Staatsangehörigen abzugeben:		Heimatscheine und Staatsangehörigkeitsausweise auszustellen.
		Gegenüber der Schweiz und den Niederlanden	Gegenüber den deutschen Bundesstaaten	
1	2	3	4	5
2	**Königreich Bayern.**	Die Königlichen Bezirksämter und die Magistrate der unmittelbaren Städte, in München die Königliche Polizeidirektion.	Wie in Spalte 3.	Wie in Spalte 3. Für die Stadt München der Stadtmagistrat.
3	**Königreich Sachsen.**	Die Königlichen Kreishauptmannschaften Bautzen, Dresden, Leipzig und Zwickau.	*) Wie in Spalte 3. *) Es empfiehlt sich, in Fällen, wo der Beschleunigung wegen der Antrag auf Übernahme einer auszuweisenden Person von einer nicht sächsischen Unterbehörde gestellt wird, denselben zunächst an die in Frage kommende sächsische Wohnortsbehörde (Amtshauptmannschaft beziehentlich in Städten mit revidierter Städteordnung: Stadtrat) zu richten, da in vielen Fällen und namentlich dann, wenn die Staatsangehörigkeit der zu übernehmenden Person bereits feststeht, die erforderlichen Erklärungen von den genannten sächsischen Unterbehörden abgegeben werden können, ohne daß es einer Entscheidung der Kreishauptmannschaft bedarf.	Wie in Spalte 3.
4	**Königreich Württemberg.**	Die Königlichen Kreisregierungen, u. zwar: a) des Neckarkreises zu Ludwigsburg, b) des Schwarzwaldkreises zu Reutlingen, c) des Jagstkreises zu Ellwangen, d) des Donaukreises zu Ulm.	Wie in Spalte 3.	Die Königl. Stadtdirektion Stuttgart und die Königlichen Oberämter.

Laufende Nr.	Staaten	Behörden, welche befugt sind, das Anerkenntnis der Verpflichtung zur Übernahme eines auszuweisenden Staatsangehörigen abzugeben: Gegenüber der Schweiz und den Niederlanden	Gegenüber den deutschen Bundesstaaten	Heimatscheine und Staatsangehörigkeitsausweise auszustellen.
1	2	3	4	5
5	**Großherzogtum Baden.**	Die Großherzoglichen Bezirksämter, und zwar: Kreis Konstanz. Konstanz, Engen, Meßkirch, Pfullendorf Stockach, Ueberlingen Kreis Villingen. Donaueschingen, Triberg, Villingen. Kreis Waldshut. St. Blasien, Bonndorf, Säckingen, Waldshut. Kreis Freiburg. Breisach, Emmendingen, Ettenheim, Freiburg, Neustadt, Staufen, Waldkirch. Kreis Lörrach. Lörrach, Müllheim, Schönau, Schopfheim. Kreis Offenburg. Kork, Lahr, Oberkirch, Offenburg, Wolfach. Kreis Baden. Achern, Baden, Bühl, Rastatt. Kreis Karlsruhe. Bretten, Bruchsal, Durlach, Ettlingen, Karlsruhe, Pforzheim. Kreis Mannheim. Mannheim, Schwetzingen, Weinheim.	Wie in Spalte 3.	Wie in Spalte 3.

Laufende Nr.	Staaten	Behörden, welche befugt sind, das Anerkenntnis der Verpflichtung zur Übernahme eines auszuweisenden Staatsangehörigen abzugeben: Gegenüber der Schweiz und den Niederlanden	Gegenüber den deutschen Bundesstaaten	Heimatscheine und Staatsangehörigkeitsausweise auszustellen.
1	2	3	4	5
		Kreis Heidelberg. Eppingen, Heidelberg, Sinsheim, Wiesloch. Kreis Mosbach. Adelsheim, Boxberg. Buchen, Eberbach. Mosbach, Tauberbischofsheim, Wertheim.		
6	**Großherzogtum Hessen.**	Die Großherzoglichen Kreisämter, u. zwar: Provinz Starkenburg. Bensheim, Darmstadt, Dieburg, Erbach, Groß-Gerau, Heppenheim, Offenbach. Provinz Oberhessen. Alsfeld, Büdingen, Friedberg, Gießen. Lauterbach, Schotten. Provinz Rheinhessen. Alzey, Bingen, Mainz, Oppenheim, Worms.	Wie in Spalte 3.	Wie in Spalte 3.
7	**Großherzogtum Mecklenburg-Schwerin.**	Das Großherzogliche Ministerium des Innern zu Schwerin.	Wie in Spalte 3.	Wie in Spalte 3.
8	**Großherzogtum Sachsen-Weimar.**	Die Großherzoglichen Direktoren des I. Verwaltungsbezirks in Weimar, des II. Verwaltungsbezirks in Apolda, des III. Verwaltungsbezirks	Wie in Spalte 3.	Wie in Spalte 3.

Laufende Nr.	Staaten	Behörden, welche befugt sind, das Anerkenntnis der Verpflichtung zur Übernahme eines auszuweisenden Staatsangehörigen abzugeben: Gegenüber der Schweiz und den Niederlanden	Gegenüber den deutschen Bundesstaaten	Heimatscheine und Staatsangehörigkeitsausweise auszustellen.
1	2	3	4	5
		in Eisenach, des IV. Verwaltungsbezirks in Dermbach, des V. Verwaltungsbezirks in Neustadt a./O.		
9	**Großherzogtum Mecklenburg-Strelitz.**	Die Großherzogliche Landesregierung zu Neustrelitz.	Wie in Spalte 3.	Wie in Spalte 3.
10	**Großherzogtum Oldenburg.**	Für das Herzogtum Oldenburg: Das Großherzogliche Staatsministerium, Departement des Innern. Für das Fürstentum Lübeck: Die Großherzogliche Regierung zu Eutin. Für das Fürstentum Birkenfeld: Die Großherzogliche Regierung zu Birkenfeld.	Wie in Spalte 3.	Für das Herzogtum Oldenburg: Die Großherzoglichen Ämter und die Stadtmagistrate zu Oldenburg, Varel u. Jever. Für das Fürstentum Lübeck: Die Großherzogliche Regierung zu Eutin und der Stadtmagistrat daselbst. Für das Fürstentum Birkenfeld: Die Großherzogliche Regierung daselbst.
11	**Herzogtum Braunschweig.**	Die Herzoglichen Kreisdirektionen zu Blankenburg a./H., Braunschweig, Gandersheim, Helmstedt, Holzminden und Wolfenbüttel, für die Stadt Braunschweig die Herzogliche Polizeidirektion in Braunschweig.	Wie in Spalte 3.	Wie in Spalte 3.

Laufende Nr.	Staaten	Behörden, welche befugt sind, das Anerkenntnis der Verpflichtung zur Übernahme eines auszuweisenden Staatsangehörigen abzugeben: Gegenüber der Schweiz und den Niederlanden	Gegenüber den deutschen Bundesstaaten	Heimatscheine und Staatsangehörigkeitsausweise auszustellen.
1	2	3	4	5
12	**Herzogtum Sachsen-Meiningen.**	Die Herzogl. Landräte zu Meiningen, Hildburghausen, Sonneberg und Saalfeld a./S.	Wie in Spalte 3.	Wie in Spalte 3. Die von diesen Behörden ausgestellten Heimatscheine werden von dem Herzoglichen Staatsministerium, Abteilung des Innern, in Meiningen vollzogen.
13	**Herzogtum Sachsen-Altenburg.**	Das Herzogliche Ministerium, Abteilung des Innern zu Altenburg.	Wie in Spalte 3.	Für Heimatscheine wie in Spalte 3; für Staatsangehörigkeitsausweise: die Herzoglichen Landratsämter und die Stadträte.
14	**Herzogtum Sachsen-Coburg und Gotha.**	Das Herzogliche Staatsministerium zu Gotha oder Coburg.	Wie in Spalte 3.	Die Herzoglichen Landratsämter zu Gotha, Ohrdruf, Waltershausen und Coburg, die Stadträte zu Gotha, Ohrdruf, Waltershausen und Königsberg in Franken (Herzogtum Coburg), die Magistrate zu Coburg, Neustadt (Herzogtum Coburg) und Rodach.
15	**Herzogtum Anhalt.**	Die Herzogliche Regierung, Abteilung des Innern zu Dessau.	Wie in Spalte 3.	Für Heimatscheine wie in Spalte 3; für Staatsangehörigkeitsausweise: die Herzoglichen Kreisdirektionen Dessau, Cöthen, Zerbst, Bernburg, Ballenstedt und die hauptstädtischen Polizei-Verwaltungen: Dessau, Cöthen, Zerbst, Bernburg.

Laufende Nr.	Staaten	Behörden, welche befugt sind, das Anerkenntnis der Verpflichtung zur Übernahme eines auszuweisenden Staatsangehörigen abzugeben: Gegenüber der Schweiz und den Niederlanden	Gegenüber den deutschen Bundesstaaten	Heimatscheine und Staatsangehörigkeitsausweise auszustellen.
1	2	3	4	5
16	**Fürstentum Schwarzburg-Sondershausen.**	Die Fürstlichen Landräte zu Sondershausen, Arnstadt und Gehren.	Wie in Spalte 3.	Wie in Spalte 3.
17	**Fürstentum Schwarzburg-Rudolstadt.**	Die Fürstlichen Landratsämter zu Rudolstadt, Königsee und Frankenhausen.	Wie in Spalte 3.	Wie in Spalte 3.
18	**Fürstentum Waldeck und Pyrmont.**	Der Königl. Landesdirektor der Fürstentümer Waldeck und Pyrmont.	Wie in Spalte 3.	Die Fürstlichen Kreisamtmänner für den Kreis der Twiste zu Arolsen, für den Kreis des Eisenbergs zu Corbach, für den Kreis der Eder zu Wildungen, für den Kreis Pyrmont zu Pyrmont.
19	**Fürstentum Reuß ä. L.**	Die Fürstliche Landesregierung zu Greiz.	Das Fürstliche Landratsamt zu Greiz.	Wie in Spalte 3.
20	**Fürstentum Reuß j. L.**	Das Fürstliche Ministerium, Abteilung für das Innere, zu Gera.	Wie in Spalte 3.	Die Fürstlichen Landratsämter, der Stadtrat zu Gera, der Stadtgemeindevorstand zu Schleiz. Eine Beglaubigung d. Ministeriums ist erforderlich.
21	**Fürstentum Schaumburg-Lippe.**	Das Fürstl. Ministerium zu Bückeburg.	Wie in Spalte 3.	Wie in Spalte 3.
22	**Fürstentum Lippe.**	Die Fürstl. Regierung zu Detmold.	Wie in Spalte 3.	Wie in Spalte 3.

Laufende Nr.	Staaten	Behörden, welche befugt sind, das Anerkenntnis der Verpflichtung zur Übernahme eines auszuweisenden Staatsangehörigen abzugeben: Gegenüber der Schweiz und den Niederlanden	Gegenüber den deutschen Bundesstaaten	Heimatscheine und Staatsangehörigkeitsausweise auszustellen.
1	2	3	4	5
23	**Freie und Hansestadt Lübeck.**	Das Polizeiamt zu Lübeck.	Wie in Spalte 3.	Wie in Spalte 3.
24	**Freie Hansestadt Bremen.**	Für die Stadt Bremen: Die Polizeidirektion zu Bremen. Für das Landgebiet: Der Landherr zu Bremen. Für die Hafenstädte Bremerhaven und Vegesack: Die Ämter zu Bremerhaven und Vegesack.	Wie in Spalte 3.	Wie in Spalte 3.
25	**Freie und Hansestadt Hamburg.**	Der Senat zu Hamburg.	Für die Stadt Hamburg: Die Polizeibehörde daselbst. Für das Landgebiet: Die Landherrenschaften der Geestlande, Marschlande und für Bergedorf. Für das Amt Ritzebüttel: Der Amtsverwalter daselbst.	Wie in Spalte 4.
26	**Elsaß-Lothringen**	Die Kaiserlichen Bezirkspräsidenten in Straßburg, Colmar und Metz.	Wie in Spalte 3.	Wie in Spalte 3.

Anlage Nr. 32.

Übereinkunft zwischen Preußen und mehreren anderen Deutschen Staaten wegen Verpflegung erkrankter und Beerdigung verstorbener Angehörigen eines anderen kontrahierenden Staates, d. d. Eisenach, den 11. Juli 1853. Nebst Bekanntmachung vom 5. November 1853.

(Pr.GS. S. 877.)

Die Regierungen von Preußen, Sachsen, Hannover, Kurhessen, Großherzogtum Hessen, Sachsen-Weimar, Mecklenburg-Schwerin, Mecklenburg-Strelitz, Oldenburg, Braunschweig, Sachsen-Meiningen, Sachsen-Altenburg, Sachsen-Coburg-Gotha, Anhalt-Dessau-Cöthen, Anhalt-Bernburg, Schwarzburg-Rudolstadt, Schwarzburg-Sondershausen, Schaumburg-Lippe, Lippe, Reuß älterer und Reuß jüngerer Linie, sowie die freien Städte Frankfurt und Bremen*) sind übereingekommen, über

---

*) Über den Beitritt Österreichs, Württembergs, Nassaus, Waldecks und Lübecks vgl. die Bekanntmachung vom 5. Nov. 1853 (GS. 226).

Bezüglich Elsaß-Lothringens sind folgende Bekanntmachungen ergangen:

Bekanntmachung des Reichskanzlers, betreffend die Ausdehnung der Bestimmungen der Eisenacher Konvention bezüglich der Kur-, Verpflegungs- usw. Kosten Hilfsbedürftiger auf Elsaß-Lothringen. Vom 16. Januar 1874. (GBl. für Elsaß-Lothringen S. 1.)

Der Bundesrat hat durch Beschluß vom 6. Dez. v. J. sich damit einverstanden erklärt, daß die zu Eisenach zwischen den Regierungen mehrerer deutschen Staaten wegen der Verpflegung erkrankter und der Beerdigung verstorbener gegenseitiger Untertanen am 11. Juli 1853 vereinbarten Bestimmungen, wonach

1) hilfsbedürftigen Angehörigen des anderen Staates im Erkrankungsfalle die nötige Kur und Verpflegung nach denselben Grundsätzen wie bei eigenen Untertanen zu gewähren ist und ein Ersatz der hierbei oder durch die Beerdigung erwachsenden Kosten gegen die Staats-, Gemeinde- oder andere öffentliche Kassen desjenigen Staats, welchem der Hilfsbedürftige angehört, selbst dann nicht beansprucht werden kann, wenn Kur oder Verpflegung länger als drei Monate gedauert haben;
2) die Regierungen, sofern der Hilfsbedürftige oder andere privatrechtlich Verpflichtete zum Ersatze der Kosten imstande sind, auf Antrag der betreffenden Behörde gegenseitig die nach der Landesgesetzgebung zulässige Hilfe zu leisten haben, damit demjenigen, von welchem die unter Nr. 1 bezeichneten Kosten bestritten worden sind, diese nach billigen Ansätzen erstattet werden,

künftig auch zwischen Elsaß-Lothringen und den übrigen deutschen Staaten zur Anwendung kommen.

Bekanntmachung des Reichskanzlers, betreffend eine Vereinbarung mit Österreich-Ungarn über die Verpflegung erkrankter und die Übernahme ausgewiesener Landesangehöriger. Vom 29. April 1874. (GBl. für Elsaß-Lothringen S. 13.)

Die Regierung des Deutschen Reiches und der österreichisch-ungarischen Monarchie sind übereingekommen, in Elsaß-Lothringen einerseits und in den

die Grundsätze, welche gegenseitig in bezug auf die Verpflegung erkrankter und Beerdigung verstorbener Angehörigen des anderen Staates Anwendung finden sollen, sich vertragsmäßig zu einigen, und haben zu diesem Zwecke Bevollmächtigte ernannt, und zwar:

(Folgen die Namen der Bevollmächtigten)

welche demgemäß mit Vorbehalt der Genehmigung ihrer Regierungen folgende Bestimmungen vereinbart haben:

§ 1. Jede der kontrahierenden Regierungen verpflichtet sich, dafür zu sorgen, daß in ihrem Gebiete denjenigen hilfsbedürftigen Angehörigen anderer Staaten, welche der Kur und Verpflegung benötigt sind, diese nach denselben Grundsätzen, wie bei eigenen Untertanen, bis dahin zuteil werde, wo ihre Rückkehr in den zur Übernahme verpflichteten Staat ohne Nachteil für ihre oder anderer Gesundheit geschehen kann.

§ 2. Ein Ersatz der hierbei (§ 1) oder durch die Beerdigung erwachsenden Kosten kann gegen die Staats-, Gemeinde- oder andere öffentliche Kassen desjenigen Staates, welchem der Hilfsbedürftige angehört, nicht beansprucht werden.

§ 3. Für den Fall, daß der Hilfsbedürftige oder daß andere privatrechtlich Verpflichtete zum Ersatz der Kosten imstande sind, bleiben die Ansprüche auf letztere vorbehalten. Die kontrahierenden Regierungen sichern sich auch wechselseitig zu, auf Antrag der betreffenden Behörde die nach der Landesgesetzgebung zulässige Hilfe zu leisten, damit denjenigen, welche die gedachten Kosten bestritten haben, diese nach billigen Ansätzen erstattet werden.

§ 4. Gegenwärtige Übereinkunft tritt mit dem 1. Januar 1854 in Kraft. Mit demselben Tage erlischt die Wirksamkeit derjenigen Verabredungen, welche bisher über den gleichen Gegenstand zwischen einzelnen der kontrahierenden Regierungen bestanden haben. Die Dauer der Wirksamkeit der gegenwärtigen Übereinkunft wird zunächst auf den Zeitraum von drei Jahren verabredet. Sie ist aber auf je weitere drei

---

Ländern der gedachten Monarchie andererseits folgende Grundsätze bezüglich der Verpflegung erkrankter und der Beerdigung verstorbener Angehöriger des anderen Teils, sowie bezüglich der Übernahme Auszuweisender zur Anwendung zu bringen.

Artikel 1. Die Bestimmungen des zwischen mehreren deutschen Staaten am 11. Juli 1853 zu Eisenach abgeschlossenen Übereinkommens über die Verpflegung erkrankter und die Beerdigung verstorbener Angehöriger der vertragenden Staaten werden auch für das Verhältnis zwischen Elsaß-Lothringen und der österreich-ungarischen Monarchie zur Anwendung gebracht werden.

Artikel 2. Jeder der vertragenden Teile verpflichtet sich, auf Verlangen des anderen Teils seine Angehörigen wieder zu übernehmen, auch wenn dieselben die Staatsangehörigkeit nach der inländischen Gesetzgebung bereits verloren haben, sofern sie nicht dem anderen Lande nach dessen eigener Gesetzgebung angehörig geworden sind.

Jahre als in Kraft befindlich für jede der kontrahierenden Regierungen zu betrachten, welche nicht spätestens sechs Monate vor dem Ablaufe der Gültigkeit der Übereinkunft dieselbe gekündigt hat.

§ 5. Allen deutschen Bundesstaaten, welche die gegenwärtige Übereinkunft nicht mit abgeschlossen haben, steht der Beitritt zu derselben offen. Dieser Beitritt wird durch eine die Übereinkunft genehmigende und einer der kontrahierenden Regierungen behufs weiterer Benachrichtigung der übrigen Kontrahenten zu übergebende Erklärung bewirkt.

Zu Urkund dessen haben die Bevollmächtigten die gegenwärtige Übereinkunft unterzeichnet und untersiegelt.

Eisenach, den 11. Juli 1853.

(Folgen die Unterschriften der Bevollmächtigten.)

Vorstehende Übereinkunft wird, nachdem dieselbe von sämtlichen kontrahierenden Regierungen ratifiziert worden ist, hierdurch mit dem Bemerken zur öffentlichen Kenntnis gebracht, daß derselben in Gemäßheit des § 5 die Regierungen

1. des Kaisertums Österreich unter dem 27. Oktober d. J.,
2. des Königreichs Württemberg unter dem 19. September d. J.,
3. des Herzogtums Nassau mittels Erklärung vom 15. September d. J.,
4. des Fürstentums Waldeck mittels Erklärung vom 15. August d. J., sowie
5. die Freie Stadt Lübeck mittels Erklärung vom 23. Juli d. J.

beigetreten sind.

Berlin, den 5. November 1853.

Der Ministerpräsident, Minister der auswärtigen Angelegenheiten.
v. Manteuffel.

Anlage Nr. 33.

Zirkular-Erl. des kgl. preuß. Minist. des Innern vom 31. Oktober 1880.

Der kgl. Regierung teile ich anliegend die zwischen dem Deutschen Reiche und Frankreich hinsichtlich des Verfahrens bei der gegenseitigen Übernahme von hilflosen Personen, verlassenen Kindern und Geisteskranken vereinbarten Bestimmungen zur Kenntnisnahme und Beachtung mit.

...... Frankreich gegenüber wird bis auf weiteres der Grundsatz angenommen, auch die Übernahme eines ehemaligen preußischen Staatsangehörigen nicht zu versagen, sofern derselbe nicht inzwischen eine andere, bzw. die französische Staatsangehörigkeit erworben hat. Der Wortlaut der Bestimmungen ist, wie folgt:

„Zwischen dem Deutschen Reiche und Frankreich sind hinsichtlich des Verfahrens bei Übernahme von hilflosen Personen, verlassenen Kindern und Geisteskranken von Deutschland nach Frankreich und umgekehrt nachstehende Bestimmungen vereinbart worden.

1. Wie bisher bleibt bei Übernahmen der bezeichneten Art die Bestimmung des Übernahmeorts dem übernehmenden Staate, die Bestimmung des Zeitpunktes der Übergabe aber demjenigen Staate überlassen, welcher die Übernahme beantragt hat.

2. Die Übergabe der aus einem der beiden Länder nach dem anderen zu übernehmenden Personen soll je nach Lage des Falles auf einer der Eisenbahnstationen Altmünsterol, Avricourt oder Pagny stattfinden.*)

3. Die Überführung von Personen der vorbezeichneten Kategorien ist in jedem Falle an die Voraussetzung geknüpft, daß die übernehmende Regierung die Übernahme zuvor zugestanden hat.

4. Die Begleiter der zu übernehmenden Personen sind mit den erforderlichen Nachweisungen über Persönlichkeit und sonstige Verhältnisse der Transportaten behufs Abgabe an die übernehmende Behörde zu versehen.

Insbesondere sind bei Transporten von Geisteskranken außer dem Transportvorweis ärztliche Atteste über ihren Gesundheitszustand mit Angabe des Alters und Geburtsortes, der Familien- und Vermögensverhältnisse und einer kurzen Darstellung der Krankheitsgeschichte bzw. bisherigen Behandlung zu übergeben.

5. Die durch die direkte Beförderung hilfloser Personen, verlassener Kinder und Geisteskranker an eine der vorbezeichneten Übernahmestätten entstehenden Kosten werden, sofern deren Rückerstattung

---

*) Die durch Notenaustausch des Auswärtigen Amts mit der französischen Botschaft in Jahre 1880 getroffene Vereinbarung über das Verfahren bei der gegenseitigen Übernahme von hilflosen Personen, verlassenen Kindern und Geisteskranken, ist im August 1888 unter Aufrechterhaltung der übrigen Bestimmungen gleichfalls durch Notenaustausch dahin abgeändert worden, daß künftighin die Übergabe der aus einem der beiden Länder nach dem anderen zu übernehmenden Personen nicht mehr an den in dem Übereinkommen von 1880 unter Nr. 2 festgesetzten Orten, sondern je nach Lage des Falles auf einer der Eisenbahn-Grenzstationen Altmünsterol, Avricourt und Pagny stattfinden soll. Die Nr. 2 des obenstehenden Abkommens ist dementsprechend abgeändert worden.

nicht aus dem etwaigen Vermögen der Transportaten oder ihrer erstattungspflichtigen Angehörigen erfolgen kann, von demjenigen Teile getragen, welcher die Übernahme beantragt hat."

Anlage Nr. 34.

Verfügung vom 24. September 1913, betr. den Übernahmeverkehr zwischen dem Deutschen Reiche einerseits und Großbritannien und Irland andererseits.

(MBl. f. d. i. V. S. 185.)

Für den Übernahmeverkehr zwischen dem Deutschen Reiche einerseits und Großbritannien und Irland andererseits sind folgende Grundsätze vereinbart worden, nach denen künftig zu verfahren ist:

„Geisteskranke, die einem der beiden Teile noch angehören und der öffentlichen Armenpflege in dem Gebiete des anderen Teiles zur Last fallen, sind auf Verlangen dieses Teiles wieder in ihr Heimatland zu übernehmen, sofern sie sich seit ihrer letzten Ankunft in dem anderen Lande daselbst noch nicht länger als vierzehn Monate aufgehalten haben. Diese Frist wird von dem Tage an zurückgerechnet, an dem der Übernahmevertrag bei der Regierung des Heimatstaats eingeht. Die Heimschaffung des Geisteskranken soll erst erfolgen, nachdem der übernehmende Teil seine Zustimmung dazu erklärt und den Übernahmeort bezeichnet hat.

Wird von einem der beiden Teile die Übernahme von Personen gewünscht, bei denen die oben bezeichneten Voraussetzungen nicht zutreffen, so soll die Frage der Übernahme von Fall zu Fall zum Gegenstand besonderer Verhandlungen gemacht werden."

Indem ich besonders darauf hinweise, daß die getroffene Vereinbarung sich nur auf Angehörige, nicht aber auf frühere Angehörige der beiderseitigen Teile bezieht, und indem ich bemerke, daß die zu stellenden Übernahmeanträge auf diplomatischem Wege zu verfolgen sind, ersuche ich Euere (Tit.) ergebenst, etwaige Anträge auf Übernahme von englischen Geisteskranken nach ihrem Heimatstaate mir gefälligst in der vorgeschriebenen Weise (vgl. Rund-Erlaß vom 15. Juli 1911 — Min. Bl. f. d. i. V. 1911, S. 200 —) zu unterbreiten.

Berlin, den 24. September 1913.

Der Minister des Innern.
Im Auftrage: Hermes.

An die Herren Regierungspräsidenten und den Herrn Polizeipräsidenten hier, sowie zur Kenntnisnahme an die Herren Oberpräsidenten.

Anlage Nr. 35.

Kgl. preuß. Justizministerial-Verfügung vom 24. Oktober 1905. I 7772.

Auf Grund des § 15 des Ges. üb. d. Erw. u. d. Verl. d. Reichs- u. Staatsang. vom 1. Juni 1870 (BGBl. S. 355) pflegen die Verwaltungsbehörden einen noch nicht siebzehnjährigen Staatsangehörigen, dessen gesetzlicher Vertreter mit Genehmigung des Vormundschaftsgerichts die Entlassung beantragt (Art. 41 II EG. z. BGB.) ohne weitere Nachprüfung aus der Staatsangehörigkeit zu entlassen (vgl. Cahn, Gesetz vom 1. Juni 1870, Note 9 zu § 15).

Die Vormundschaftsgerichte scheinen aber bei der ihnen hierbei obliegenden Prüfung, ob die Aufgabe der Staats- und damit der Reichsangehörigkeit im Interesse des Minderjährigen liegt, nicht überall mit der erforderlichen Vorsicht und Gründlichkeit verfahren zu sein, insbesondere nicht in Fällen, in denen der gesetzliche Vertreter zur Begründung des Entlassungsantrags sich darauf berufen hatte, daß sein Sohn oder Mündel zwecks Ausbildung als Missionar oder Klosterbruder seine Aufnahme in ein im Auslande gelegenes Kloster nachsuchen wollte, das Kloster jedoch die Aufnahme und Ausbildung von der vorherigen Aufgabe der preußischen Staatsangehörigkeit abhängig machte. In Fällen dieser Art ist eine besonders sorgfältige Prüfung des Gesuchs vom Standpunkte der vormundschaftlichen Fürsorge aus geboten.

Zu berücksichtigen sind dabei insbesondere die für eine etwaige spätere Wirksamkeit in Preußen aus der Aufgabe der Staatsangehörigkeit sich ergebenden Schwierigkeiten, da nur solche Angehörige eines Klosters in Preußen geduldet werden, welche die Reichsangehörigkeit besitzen. Es ist ferner die Möglichkeit nicht ausgeschlossen, daß der Minderjährige aus irgendeinem Grunde, sei es wegen Untauglichkeit, sei es infolge von Willensänderung oder von Krankheit aus dem Kloster austritt und daß in diesem Falle die mit einem Kostenaufwand von 50 *M* verbundene Renaturalisation mit Sicherheit nicht erwartet werden kann, vielmehr ein hierauf gerichtetes Gesuch der Regel nach abgelehnt wird, wenn der Gesuchsteller zum aktiven Militärdienste nicht mehr herangezogen werden kann. Über diese möglichen Folgen ihres Gesuchs werden die Beteiligten sich häufig nicht klar sein; auch scheinen die Fälle nicht ganz selten zu sein, in denen die oben mitgeteilte oder eine ähnliche Begründung des Gesuchs der Wahrheit nicht entspricht, sondern lediglich zu dem Zwecke vorgespiegelt wird, um den Minderjährigen der Ableistung der Militärpflicht im Inlande zu entziehen.

Anlage Nr. 36.

Zusammenstellung der in den letzten 10 Jahren (bis 1912) eingeführten Erleichterungen der Wehrpflicht für die im Ausland lebenden Deutschen.

(RegEntw. z. Reichs- u. Staats-Ang.-Ges. S. 41 ff.)

I. Herbeiführung endgültiger Entscheidungen über die Dienstverpflichtung im Ausland.

1. Über Militärpflichtige, die wegen offensichtlicher Fehler und Gebrechen militäruntauglich sind und dies durch ein von dem zuständigen Konsul, in den deutschen Schutzgebieten von dem Gouverneur ausgestelltes oder hinsichtlich der Richtigkeit bescheinigtes Zeugnis nachweisen, kann endgültig entschieden werden, ohne daß ihr persönliches Erscheinen vor den Ersatzbehörden erforderlich ist (§ 42 Nr. 1e der Wehrordnung, Neuabdruck von 1904 und Novelle vom 19. August 1910, Zentralblatt f. d. Deutsche Reich S. 468).

2. Die Gelegenheit, sich durch einen Arzt im Ausland untersuchen zu lassen, ist erheblich vermehrt worden.

a) Ärzte, die kraft ihrer dienstlichen Stellung oder auf Grund der ihnen erteilten allgemeinen Ermächtigung glaubhafte ärztliche Zeugnisse über die Untauglichkeit oder bedingte Tauglichkeit von Militärpflichtigen ausstellen können oder die eine solche Ermächtigung im einzelnen Falle erhalten, befinden sich bereits an 65 ausländischen Plätzen; auf eine den Bedürfnissen entsprechende Vermehrung wird andauernd Bedacht genommen.

b) Ferner sind die sonstigen aus dienstlicher Veranlassung im Auslande befindlichen aktiven Ärzte der Armee und Marine, die Sanitätsoffiziere der Kaiserlichen Schutztruppen und die Regierungsärzte der deutschen Schutzgebiete befugt, dergleichen Zeugnisse auszustellen. Daß insbesondere durch die an Bord S. M. Schiffe befindlichen Marineärzte dem vorhandenen Bedürfnis in weitem Umfang genügt wird, erhellt aus dem Umstande, daß über 200 ausländische Häfen in allen Weltteilen regelmäßig von S. M. Schiffen angelaufen werden.

Von den Reiseplänen der Kriegsschiffe erhalten die Kaiserlichen Missionen und Konsulate rechtzeitig vorher Nachricht. Diese setzen ihrerseits die Wehrpflichtigen durch öffentliche Bekanntmachung oder, soweit tunlich, durch besondere Mitteilungen von der sich bietenden Gelegenheit zur ärztlichen Untersuchung in Kenntnis.

3. Die zu 1 und 2 erwähnten Zeugnisse haben praktisch die endgültige Regelung der Militärverhältnisse der untersuchten Wehrpflichtigen zur Folge. Zu diesem Zweck ist eine „Anweisung für die Ersatzbehörden" ergangen, wonach die aus dem Ausland zurückkehrenden, von den dazu ermächtigten Ärzten als tauglich bezeichneten Militärpflichtigen grundsätzlich außerterminlich zu mustern sind. Sofern sie sich binnen sechs Monaten nach der ärztlichen Untersuchung vor den Ersatzbehörden stellen, ist in der Regel eine endgültige Entscheidung ohne nochmalige ärztliche Untersuchung zu treffen und die Einstellung zu veranlassen. Den auf bedingte Tauglichkeit oder auf Untauglichkeit lautenden Zeugnissen soll bei der endgültigen Entscheidung über Militärpflichtige, soweit es die Zeugnisse irgend zulassen, Rechnung getragen werden. In zweifelhaften Fällen ist die Entscheidung der Ministerialinstanz vorbehalten worden. Hiernach haben die endgültigen Entscheidungen der Ersatzbehörden regelmäßig auf Grund der im Ausland gehörig ausgestellten Zeugnisse zu erfolgen, während früher mehrfach Weiterungen dadurch entstanden sind, daß die Ersatzbehörden eine nochmalige Untersuchung im Inland forderten.

II. Erleichterung für die Zurückstellung oder Überweisung zur Ersatzreserve oder zum Landsturm.

1. Durch § 33 Nr. 10 Abs. 2, 3 der Wehrordnung (Neuabdruck 1904) sind die Gouverneure der deutschen Schutzgebiete und außerdem sämtliche Berufskonsuln oder soweit solche örtlich nicht zuständig sind, die diplomatischen Vertretungen ermächtigt worden, selbständig die vorläufige Zurückstellung von Militärpflichtigen, die ihren dauernden Aufenthalt im Ausland haben, bis zum 25. September des dritten Militärpflichtjahres zu verfügen; auch haben bereits einzelne Wahlkonsulate diese Ermächtigung erhalten.

2. Von der im § 39 Nr. 2 und im § 40 Nr. 4 der Wehrordnung vorgesehenen ausnahmsweisen Überweisung von Militärpflichtigen zur Ersatzreserve oder zum Landsturm ersten Aufgebots aus besonderen Billigkeitsgründen soll nach der oben unter I 3 erwähnten Anweisung für die Ersatzbehörden den im Ausland lebenden Militärpflichtigen gegenüber weitgehender Gebrauch gemacht werden. Dies ist auch, soweit hier bekannt, stets geschehen, sofern die Gesuche von den Kaiserlichen Vertretern im Ausland befürwortet worden sind.

III. Erleichterung des Erwerbes der Berechtigung zum einjährig-freiwilligen Dienste.

1. Während im Jahre 1901 die Realschule der deutschen und schweizerischen Schulgemeinde in Konstantinopel die einzige war, die gültige Zeugnisse über die wissenschaftliche Befähigung für den einjährig-freiwilligen Dienst ausstellen durfte, ist diese Berechtigung seitdem dem Realgymnasium des Deutschen Schulvereins in Brüssel, der Oberrealschule der allgemeinen deutschen Schule in Antwerpen, dem Schulsanatorium Fridericianum in Davos-Platz, der internationalen Schule protestantischer Familien in Mailand, der Schule der deutschen Schulgemeinde in Genua, der deutschen Schule in Madrid, der deutschen Realschule der evangelischen Kirchengemeinde in Bukarest, der Germaniaschule in Buenos Aires und der Gouvernementsschule in Tsingtau verliehen worden. Entsprechende Verhandlungen schweben wegen der deutschen Schulen in Bexhill, Riga, Rom, Barcelona, Jerusalem, Kairo, Belgrano, Rio de Janeiro und Mexiko.

2. Ferner wird in steigendem Umfang von der Ermächtigung des Reichskanzlers Gebrauch gemacht, im einzelnen Falle den Zeugnissen ausländischer Lehranstalten, die Befähigungszeugnissen deutscher Schulen für den einjährig-freiwilligen Dienst gleichwertig erscheinen, die Bedeutung solcher Zeugnisse beizulegen (§ 90 Nr. 7 der Wehrordnung). Von deutschen Auslandsschulen kommen in dieser Beziehung über 50 Schulen in 11 europäischen und 14 außereuropäischen Ländern in Betracht.

3. Im § 2 Nr. 7 der Wehrordnung (Neuabdruck 1904 Deckblatt 30 und Novelle vom 19. August 1910, Zentralblatt S. 468) sind Prüfungskommissionen für Einjährig-Freiwillige in Tsingtau und Windhuk eingesetzt.

IV. Zulassung zum Dienste in den Schutztruppen.

Während bereits durch die Kaiserliche Verordnung vom 27. Februar 1899 (Armee-Verordnungsblatt 1899 S. 113) die unbeschränkte Möglichkeit der Ableistung der Dienstpflicht in Kiautschou gegeben war, ist die gleiche Möglichkeit für die Schutztruppe in Südwestafrika durch die Kaiserliche Verordnung vom 5. Dezember 1902 (Reichs-Gesetzbl. S. 297) eingeführt worden.

V. Gewährung von Reisekosten.

In den Etat des Auswärtigen Amtes ist seit dem Jahre 1903 ein Fonds eingestellt worden: „Unterstützungen an mittellose Deutsche im Ausland, um ihnen die Erfüllung der Militär- und Wehrpflicht zu erleichtern". Hierdurch ist die Möglichkeit gegeben,

Deutschen im Ausland, die bestrebt sind, ihrer Wehrpflicht zu genügen, denen es aber an den nötigen Mitteln fehlt, sei es zur Reise zum nächsten Untersuchungsarzte, sei es zur Reise nach Deutschland zwecks Gestellung und Erfüllung der Dienstpflicht, die erforderliche Geldunterstützung zu gewähren. Sämtliche Berufskonsulate und einzelne Wahlkonsulate sind durch eine besondere Anweisung ermächtigt worden, derartige Unterstützungen zu bewilligen.

Diario do Governo vom 29. März 1911.

On artigo 3.º do decreto de 2 de dezembro de 1910 dispõe que o estrangeiro naturalizado não poderá exercer funcções publicas de qualquer natureza, nem exercer funcções de direcção ou fiscaliação em sociedades ou outras entidades dependentes do Estado, emquanto não decorrerem cinco annos, pelo menos, após a data da sua naturalização. É evidente que este diploma trata dos naturalizados de acordo com o que nelle se estabeleceu e não dos que á data da sua publicação se encontravam na posse da qualidade de cidadãos portugueses ou estavam, mesmo sem a naturalização, exercendo quaesquer das funcções a que se refere o artigo 3.º Interpretar de outro modo o decreto de 2 de dezembro de 1910 seria dar ás suas disposições effeito retroactivo e negar direito que a qualidade de cidadão português só pode corroborar. Tornando-se portanto indispensavel desfazer duvidas que lhe teem sido apresentadas.

O Governo Provisorio da Republica Portuguesa faz saber que em nome da Republica se decretou, para valer como lei, o segiunte:

Artigo 1.º O artigo 3.º do decreto de 2 de dezembro de 1910, que regulou a naturalização de estrangeiros, fica rectificado nos seguintes termos: „o estrangeiro naturalizado em virtude do estatuido neste decreto não poderá exercer funcções publicas de qualquer natureza nem exercer funcções de direcção ou fiscalização em sociedades ou outras entidades dependentes do Estado por contrato, ou por elle subsidiadas, emquanto não decorrerem cinco annos, pelo menos, após a data da sua naturalização, excepto quando já antes exercia essas funcções“.

Art. 2.º Continua em vigor o § unico do artigo 3.º do decreto de 2 de dezembro de 1910.

Determina se portanto que todas as autoridades, a quem o conhecimento e a execução do presente decreto com força de lei pertencer, o cumpram e façam cumprir e guardar tão inteiramente como nelle se contém.

Os Ministros de todas as Repartições o façam imprimir, publicar e correr. Dado nos Paços do Governo da Republica, em 28 de março de 1911. = Joaquim Theophilo Braga = Antonio José de Almeida = José Relvas = Antonio Xavier Correia Barreto = Amaro de Azevedo Gomes = Bernardino Machado = Manuel de Brito Camacho.

Anlage Nr. 37.

Zirkular vom 16. Febr. 1892, betr. die Eheschließung zwischen russischen Untertanen und deutschen Frauen.

(MBl. i. V. 1892 S. 166.)

Die Eheschließungen zwischen Ausländern, namentlich russischen Untertanen, und deutschen Frauen haben vielfach dadurch Mißstände im Gefolge, daß die Frauen gemäß § 13 Ziffer 5 des Bundesgesetzes vom 1. Juni 1870 über die Erwerbung und den Verlust der Bundes- und Staatsangehörigkeit die deutsche Staatsangehörigkeit verlieren, oft schon nach kurzer Zeit mit ihren Kindern als lästige Ausländer ausgewiesen werden und in dem fremden Lande, dessen Sprache sie nicht kennen, dem Elend entgegengehen.

Um der Gefahr zu begegnen, daß die einen Ausländer heiratenden deutschen Frauen aus Unwissenheit in eine solche Lage geraten, ersuchen wir Ew. Exzellenz ganz ergebenst, gefälligst die Standesbeamten mit Anweisung dahin zu versehen, bei Eheschließungen deutscher Frauen mit Ausländern die Bräute auf den durch ihre Verehelichung eintretenden Verlust ihrer Staatsangehörigkeit und die damit verbundenen Folgen aufmerksam zu machen.

Berlin, den 16. Februar 1892.

Anlage Nr. 38.

Abkommen zur Regelung des Geltungsbereichs der Gesetze auf dem Gebiete der Eheschließung. Vom 12. Juni 1902.

(RGBl. 1904 S. 221ff.)

Seine Majestät der Deutsche Kaiser, König von Preußen, im Namen des Deutschen Reichs, Seine Majestät der Kaiser von Österreich, König von Böhmen usw. und Apostolischer König von Ungarn, Seine Majestät der König der Belgier, Seine Majestät der König von Spanien, der

Präsident der Französischen Republik,*) Seine Majestät der König von Italien, Seine Königliche Hoheit der Großherzog von Luxemburg, Herzog zu Nassau, Ihre Majestät die Königin der Niederlande, Seine Majestät der König von Portugal und Algarvien usw., Seine Majestät der König von Rumänien, Seine Majestät der König von Schweden und Norwegen, im Namen Schwedens, und der Schweizerische Bundesrat:

von dem Wunsche geleitet, gemeinsame Bestimmungen zur Regelung des Geltungsbereichs der Gesetze in Ansehung der Erfordernisse für die Gültigkeit der Eheschließung zu treffen,

sind übereingekommen, zu diesem Zwecke ein Abkommen zu schließen und haben zu Ihren Bevollmächtigten ernannt:

(folgen die Namen der Bevollmächtigten)

welche, nachdem sie sich ihre Vollmachten mitgeteilt und sie in guter und gehöriger Form befunden haben, über folgende Bestimmungen übereingekommen sind:

Art. 1. Das Recht zur Eingehung der Ehe bestimmt sich in Ansehung eines jeden der Verlobten nach dem Gesetze des Staates, dem er angehört (Gesetz des Heimatstaats), soweit nicht eine Vorschrift dieses Gesetzes ausdrücklich auf ein anderes Gesetz verweist.

Art. 2. Das Gesetz des Ortes der Eheschließung kann die Ehe von Ausländern untersagen, wenn sie verstoßen würde gegen seine Vorschriften über

1. die Grade der Verwandtschaft und Schwägerschaft, für die ein absolutes Eheverbot besteht;
2. das absolute Verbot der Eheschließung zwischen den des Ehebruchs Schuldigen, wenn auf Grund dieses Ehebruchs die Ehe eines von ihnen aufgelöst worden ist;
3. das absolute Verbot der Eheschließung zwischen Personen, die wegen gemeinsamer Nachstellung nach dem Leben des Ehegatten eines von ihnen verurteilt worden sind.

Ist die Ehe ungeachtet eines der vorstehend aufgeführten Verbote geschlossen, so kann sie nicht als nichtig behandelt werden, falls sie nach dem im Art. 1 bezeichneten Gesetze gültig ist.

Unbeschadet der Bestimmungen des Art. 6 Abs. 1 dieses Abkommens ist kein Vertragsstaat verpflichtet, eine Ehe schließen zu lassen, die mit Rücksicht auf eine vormalige Ehe oder auf ein Hindernis religiöser Natur gegen seine Gesetze verstoßen würde. Die Verletzung eines derartigen Ehehindernisses kann jedoch die Nichtigkeit der Ehe in einem anderen Lande als in dem, wo die Ehe geschlossen wurde, nicht zur Folge haben.

---

*) Von Frankreich mit Wirkung vom 1. Juni 1914 gekündigt (RGBl. 1914 S. 9).

Art. 3. Das Gesetz des Ortes der Eheschließung kann ungeachtet der Verbote des im Art. 1 bezeichneten Gesetzes die Ehe von Ausländern gestatten, wenn diese Verbote ausschließlich auf Gründen religiöser Natur beruhen.

Die anderen Staaten sind berechtigt, einer unter solchen Umständen geschlossenen Ehe die Anerkennung als einer gültigen Ehe zu versagen.

Art. 4. Die Ausländer müssen zum Zwecke ihrer Eheschließung nachweisen, daß sie den Bedingungen genügen, die nach dem im Art. 1 bezeichneten Gesetz erforderlich sind.

Dieser Nachweis kann durch ein Zeugnis der diplomatischen oder konsularischen Vertreter des Staates, dem die Verlobten angehören, oder durch irgend ein anderes Beweismittel geführt werden, je nachdem die Staatsverträge oder die Behörden des Landes, in welchem die Ehe geschlossen wird, den Nachweis als genügend anerkennen.

Art. 5. In Ansehung der Form ist die Ehe überall als gültig anzuerkennen, wenn die Eheschließung dem Gesetze des Landes, in welchem sie erfolgt ist, entspricht.

Doch brauchen die Länder, deren Gesetzgebung eine religiöse Trauung vorschreibt, die von ihren Angehörigen unter Nichtbeachtung dieser Vorschrift im Ausland eingegangenen Ehen nicht als gültig anzuerkennen.

Die Vorschriften des Gesetzes des Heimatstaats über das Aufgebot müssen beachtet werden; doch kann das Unterlassen dieses Aufgebots die Nichtigkeit der Ehe nur in dem Lande zur Folge haben, dessen Gesetz übertreten worden ist.

Eine beglaubigte Abschrift der Eheschließungsurkunde ist den Behörden des Heimatlandes eines jeden der Ehegatten zu übersenden.

Art. 6. In Ansehung der Form ist die Ehe überall als gültig anzuerkennen, wenn sie vor einem diplomatischen oder konsularischen Vertreter gemäß seiner Gesetzgebung geschlossen wird, vorausgesetzt, daß keiner der Verlobten dem Staate, wo die Ehe geschlossen wird, angehört und dieser Staat der Eheschließung nicht widerspricht. Ein solcher Widerspruch kann nicht erhoben werden, wenn es sich um eine Ehe handelt, die mit Rücksicht auf eine vormalige Ehe oder ein Hindernis religiöser Natur gegen seine Gesetze verstoßen würde.

Der Vorbehalt des Art. 5 Abs. 2 findet auf die diplomatischen oder konsularischen Eheschließungen Anwendung.

Art. 7. Eine Ehe, die in dem Lande, in welchem sie geschlossen wurde, in Ansehung der Form nichtig ist, kann gleichwohl in den anderen Ländern als gültig anerkannt werden, wenn die durch das Gesetz des Heimatstaats eines jeden der Verlobten vorgeschriebene Form beobachtet worden ist.

Art. 8. Dieses Abkommen findet nur auf solche Ehen Anwendung, welche im Gebiete der Vertragsstaaten zwischen Personen geschlossen sind, von denen mindestens eine Angehöriger eines dieser Staaten ist.

Kein Staat verpflichtet sich durch dieses Abkommen zur Anwendung eines Gesetzes, welches nicht dasjenige eines Vertragsstaats ist.

Art. 9. Dieses Abkommen, das nur auf die europäischen Gebiete der Vertragsstaaten Anwendung findet, soll ratifiziert und die Ratifikationsurkunden sollen im Haag hinterlegt werden, sobald die Mehrzahl der Hohen vertragschließenden Teile hierzu in der Lage ist.

Über die Hinterlegung soll ein Protokoll aufgenommen werden; von diesem soll eine beglaubigte Abschrift auf diplomatischem Wege einem jeden der Vertragsstaaten mitgeteilt werden.

Art. 10. Denjenigen Staaten, welche auf der dritten Konferenz über internationales Privatrecht vertreten waren, dieses Abkommen aber nicht gezeichnet haben, soll der vorbehaltlose Beitritt zu dem Abkommen freistehen.

Der Staat, welcher beizutreten wünscht, hat spätestens am 31. Dezember 1904 seine Absicht in einer Urkunde anzuzeigen, die im Archiv der Regierung der Niederlande hinterlegt wird. Diese wird eine beglaubigte Abschrift davon auf diplomatischem Wege einem jeden der Vertragsstaaten übersenden.

Art. 11. Dieses Abkommen tritt am sechzigsten Tage nach der Hinterlegung der Ratifikationsurkunden oder nach dem Zeitpunkt der Anzeige von einem Beitritt in Kraft.

Art. 12. Dieses Abkommen gilt für die Dauer von fünf Jahren, gerechnet von dem Zeitpunkt der Hinterlegung der Ratifikationsurkunden.

Mit diesem Zeitpunkt beginnt der Lauf der Frist auch für diejenigen Staaten, welche die Hinterlegung erst nach diesem Zeitpunkt bewirken oder erst später beitreten.

In Ermangelung einer Kündigung gilt das Abkommen als stillschweigend von fünf zu fünf Jahren erneuert.

Die Kündigung muß wenigstens sechs Monate vor dem Ablaufe des Zeitraums, der in den vorstehenden Absätzen bezeichnet ist, der Regierung der Niederlande zugestellt werden, die hiervon allen anderen Vertragsstaaten Kenntnis geben wird.

Die Kündigung soll nur in Ansehung des Staates wirksam sein, der sie erklärt hat. Für die übrigen Staaten bleibt das Abkommen in Kraft.

Zu Urkund dessen haben die Bevollmächtigten dieses Abkommen unterzeichnet und mit ihren Siegeln versehen.

Geschehen im Haag am zwölften Juni neunzehnhundertundzwei

in einem einzigen Exemplar, das im Archiv der Regierung der Niederlande hinterlegt wird, und wovon eine beglaubigte Abschrift auf diplomatischem Wege einem jeden der Staaten übergeben werden soll, welche auf der dritten Konferenz über internationales Privatrecht vertreten waren.

Anlage Nr. 39.

Erlaß des Kaiserlichen Statthalters in Elsaß-Lothringen.

1. Wenn der Sohn eines im Reichslande wohnhaften Nationalfranzosen oder gültig optiert habenden Elsaß-Lothringers das 17. Lebensjahr vollendet hat, so sollen die Verhältnisse der betreffenden Familie genau geprüft werden. Gewähren dieselben die Garantie, daß keine Bedenken dagegen bestehen, daß die Familie oder auch nur der betreffende junge Mann die deutsche Nationalität empfangen, so ist dem Familienvorstande die Frage zu stellen, ob er sich naturalisieren lassen oder ob er die Naturalisation nur auf den im wehrpflichtigen Alter stehenden Sohn beschränkt wissen will. Stellt der Familienvorstand den Naturalisationsantrag für sich oder für seinen betreffenden Sohn, so ist die Sache erledigt. Stellt er diesen Antrag aber nicht, so bleibt die Familie zwar ungestört hier wohnen, dem im wehrpflichtigen Alter stehenden Sohn kann der dauernde Aufenthalt im Lande aber nicht länger gestattet werden; er ist auszuweisen und darf nur auf einen Besuch von 14 Tagen bis 3 Wochen im Laufe eines Jahres zu seinen Eltern oder Verwandten nach Elsaß-Lothringen zurückkehren.

Liegen gegen die Naturalisierung der Familie oder gegen die des jungen Mannes Bedenken vor, so ist zwar die Familie ungestört zu belassen, der junge Mann aber auszuweisen und darf dieser dann ebenfalls nur auf obige Zeit seine Familie besuchen.

2. Ebenso wird bei den Familienvorständen der auf Vorschlag der Immediatkommission als Ausländer anerkannten, in Elsaß-Lothringen geborenen und dahin zurückgekehrten Individuen verfahren.

3. Den auf Vorschlag der Optantenkommission als Ausländer anerkannten Unverheirateten wird, solange sie sich gut führen, der Aufenthalt im Lande ungestört gestattet, bis sie sich verheiraten und einen eignen Hausstand gründen wollen. In diesem Falle ist wieder zu prüfen, ob Bedenken dagegen bestehen, daß sie die deutsche Nationalität empfangen. Liegen solche Bedenken nicht vor, so sind die Betreffenden aufzufordern, sich naturalisieren zu lassen. Tun sie das, so ist die Sache erledigt, tun sie es nicht, so bestimmen die aus obiger Prüfung hervorgegangenen allgemeinen Verhältnisse, ob dieser Optant vor seiner Ver-

heiratung ausgewiesen werden, oder ob ihm doch sein Hierbleiben nach der Heirat unter der Bekanntmachung gestattet werden soll, daß, wenn er Söhne bekommt, deren Verbleiben im Lande von ihrem wehrpflichtigen Alter an, ohne sich naturalisieren zu lassen, nicht gestattet ist.

Aber es ist noch eine Kategorie von Ausländern im Lande, die besondere Anordnungen erfordern. Das sind die jungen Leute, welche mit Entlassungsurkunde ausgewandert sind und die dann noch im wehrpflichtigen Alter nach Elsaß-Lothringen zurückkehren und hier dauernden Aufenthalt nehmen. Der Aufenthalt dieser jungen Leute, welche, obgleich in Elsaß-Lothringen geboren, doch der Pflicht, im deutschen Heere zu dienen, nicht nachgekommen sind, macht einen bösen Eindruck auf alle Elsaß-Lothringer, welche dieser Vaterlandspflicht treu genügt haben. Außerdem liegt hierin etwas, die Aristokratie Begünstigendes und der Gleichheit vor dem Gesetz Widersprechendes. Diese jungen Leute gehören meistenteils den reicheren Ständen an, welche genug Vermögen besitzen, ihre Söhne im Auslande erziehen zu lassen, was ärmeren Leuten, wenn sie es auch wollten, nicht möglich ist. Gegenwärtig befinden sich eine größere Anzahl junger Leute, welche mit Entlassungsurkunde ausgewandert und nach Elsaß-Lothringen zurückgekehrt sind, im Lande. In bezug auf diese Kategorie von Ausländern wird bestimmt:

4. bei ihnen wird streng nach dem Gesetz verfahren. Es sind diese jungen Leute daher aufzufordern, binnen vier Wochen den Nachweis zu liefern, daß sie eine andere Staatsangehörigkeit als die deutsche erworben und sie nicht wieder verloren haben. Können diese jungen Leute diesen Nachweis nicht führen, so werden dieselben nach § 19 Ziff. 2 der deutschen Wehrordnung sofort in die Armee eingestellt. Können sie aber den Nachweis führen, daß sie gegenwärtig eine andere Staatsangehörigkeit besitzen, so sind dieselben sofort aus Elsaß-Lothringen auszuweisen, und ist dann auch ihnen nur ein kurzer Besuch von 14 Tagen bis 3 Wochen jährlich bei ihren Eltern oder Verwandten im Reichslande zu gestatten.

Kehren von jetzt an solche mit Entlassungsschein ausgewanderten jungen Leute ins Reichsland zurück, so haben diese sofort den Nachweis zu liefern, daß sie eine andere als die deutsche Staatsangehörigkeit erworben haben, und ist dann gegen dieselben nach obigen Festsetzungen zu verfahren.

Es wird noch speziell bemerkt, daß die Festsetzung wegen des Aufenthalts im Reichslande auch in Wirksamkeit tritt, wenn solche Ausgewanderte erst nach dem 31. Lebensjahre nach Elsaß-Lothringen zurückkehren.

Anlage Nr. 40.

Die Landespolizeibehörde ist nicht berechtigt, ihrerseits die Entlassung aus der Staatsangehörigkeit bis zur Berichtigung etwaiger Steuerrückstände zu verweigern.

Endurteil des 1. Senats des Kgl. Preuß. Oberverwaltungsgerichts vom 14. Sept. 1887, Rp. I. A. 32/87.

Der Kaufmann Isaak O. zu London ist am 20. Januar 1842 zu Breslau geboren, sein ältester Sohn William David O. nach dem vorliegenden Geburtsattest am 2. Juni 1870 zu London, sein zweiter Sohn Hermann O. nach einer gleichen Urkunde am 15. Oktober 1871 zu Berlin.

In einem bei dem Kgl. Polizeipräsidium zu B. als Landespolizeibehörde am 26. Mai 1887 eingegangenen Gesuche des Isaak Mendel O. suchte derselbe für sich und seine beiden Söhne die Entlassung aus dem preußischen Untertanenverbande nach, wurde aber unter dem 3. Juni dahin beschieden, daß seinem Gesuche nicht eher stattgegeben werden könne, als bis er den Nachweis erbracht habe, daß der preußische Steuerfiskus keine Forderung für rückständige direkte Staatssteuern mehr an ihn zu machen habe. Nach einer Mitteilung der Steuerkasse zu B. vom 14. Januar 1886 habe er damals an Resten der klassifizierten Einkommensteuer nebst Portokosten zusammen 4539 Mark 70 Pf. geschuldet. Dieser Bescheid war veranlaßt durch eine Requisition der gedachten Steuerkasse vom 14. Januar 1886, nach welcher das Polizeipräsidium ersucht wurde, den Schuldner für den Fall seiner Wiederanmeldung notieren und ihm nicht eher einen Paß für das Ausland oder einen Auswanderungskonsens oder sonstige Legitimationspapiere erteilen zu wollen, als bis er sich durch Vorlegung einer von ihr ausgestellten Bescheinigung darüber ausgewiesen habe, daß der Steuerfiskus keine Forderung für rückständige direkte Steuern an ihn zu machen habe.

Gegen jenen Bescheid der Landespolizeibehörde wurde der Isaak Mendel O. für sich und seine Söhne mit dem Antrage klagbar:

den Beklagten zu verurteilen, den Klägern die nachgesuchte Entlassung aus der preußischen Staatsangehörigkeit zu erteilen, indem er ausführte, daß nach den §§ 15 und 17 des Reichsgesetzes über die Erwerbung und den Verlust der Bundes- und Staatsangehörigkeit vom 1. Juni 1870 unzulässig sei, die nachgesuchte Entlassung aus dem dafür geltend gemachten Grunde zu verweigern.

Bei der mündlichen Verhandlung der Sache erklärte der Vertreter der beklagten Behörde, daß in betreff des William David O. und des Hermann O. die Ausfertigung und Aushändigung der Entlassungsurkunde nicht beanstandet werde, wohl aber hinsichtlich des Isaak Mendel O. die

Aushändigung seiner Urkunde bis dahin, wo derselbe seine Verbindlichkeiten gegen den Steuerfiskus erfüllt haben werde.

Das Oberverwaltungsgericht erkennt dahin, daß der Beklagte verbunden sei, dem Isaak Mendel O. und seinen beiden Söhnen die Entlassungsurkunde zu erteilen.

Gründe.

Der § 15 des vorgedachten Gesetzes vom 1. Juni 1870 bezeichnet ganz bestimmt die Voraussetzungen, unter denen die Entlassung aus der Staatsangehörigkeit eines Bundesstaates nicht erteilt werden kann. Die beklagte Behörde erkennt ausdrücklich an, daß bezüglich keines der Kläger eine dieser Voraussetzungen vorliege, und es erhellt auch in der Tat eine solche nicht. Dies gilt namentlich auch bezüglich des William David O., obwohl derselbe jetzt zwischen dem vollendeten siebenzehnten und vollendeten fünfundzwanzigsten Lebensjahre steht, da derselbe zu der Zeit, als sein Entlassungsgesuch an zuständiger Stelle angebracht wurde, das siebenzehnte Lebensjahr noch nicht vollendet hatte (Erlaß des Ministers des Innern vom 31. Mai 1883, MBl. i. V. S. 140; zu vgl. auch die bezügliche Abhandlung von Seydel in Hirths Annalen, Jahrgang 1883 S. 578 ff.).

Weiter schreibt der § 17 jenes Gesetzes vor, daß aus anderen als den in dem § 15 bezeichneten Gründen in Friedenszeiten die Entlassung nicht verweigert werden darf. — Diese an sich schon klare Bestimmung wird noch in den Motiven zu dem vom Präsidium des Norddeutschen Bundes dem Reichstage vorgelegten Entwurfe des Gesetzes, in dessen § 17 sich dieselbe bereits wörtlich gleichlautend mit dem späteren Gesetze befindet, durch folgende Begründung erläutert:

> „Die Partikularvorschriften, nach welchen die Entlassung aus dem Staatsverbande mit Rücksicht auf bestehende Privat- und andere Verpflichtungen verweigert oder verzögert werden darf, kommen durch diesen Paragraphen in Wegfall, während selbstverständlich die Anwendung prozeßrechtlicher Sicherungsmaßregeln nicht ausgeschlossen werden soll."

(Aktenstück des Reichstags des Norddeutschen Bundes Nr. 11 aus der Session von 1870, StenBer. Bd. III S. 159.)

Nach dem Wortlaut wie nach der Begründung des Gesetzes unterliegt es keinem Zweifel, daß die Landespolizeibehörde nicht befugt ist, ihrerseits die Entlassung aus dem Staatsverbande bis zur Berichtigung etwaiger Rückstände zu verweigern (zu vgl. Seydel, „Die deutsche Reichs- und Staatsangehörigkeit" in Hirths Annalen, Jahrgang 1876 S. 147; von Rönne, Preußisches Staatsrecht, IV. Aufl., § 132 S. 27). Der Beklagte durfte also nicht so, wie er es in seiner Verfügung vom 3. Juni

1887 getan, seinerseits die Entlassung aus der preußischen Staatsangehörigkeit von dem Nachweis abhängig machen, daß der Isaak Mendel O. der Steuerkasse keine direkten Steuern schulde, und zwar nicht nur bezüglich der Söhne des Schuldners, sondern auch hinsichtlich dieses letzteren selbst. Eine derartige Verfügung widerspricht dem sich aus den §§ 15 und 17 a. a. O. ergebenden objektiven Rechte, und es war daher die Verbindlichkeit des Beklagten, die geforderten Entlassungsurkunden zu erteilen, wie geschehen, auszusprechen.

Von dieser Entscheidung unberührt muß die Frage bleiben, auf welche die Schlußworte jener Motive hinweisen, ob nämlich und eventuell unter welchen Voraussetzungen und auf welche Zeitdauer etwa die mit der Beitreibung von Steuerrückständen im Verwaltungszwangsverfahren betraute Vollstreckungsbehörde berechtigt ist, die für den Schuldner ausgefertigte Entlassungsurkunde zur Sicherung der Zwangsvollstreckung mit Beschlag zu belegen und so deren Aushändigung an den Schuldner zu hindern (§ 55 der Verordnung, betr. das Verwaltungszwangsverfahren, vom 7. September 1879, in Verbindung mit den §§ 798 und 812 der Reichszivilprozeßordnung; zu vgl. auch die Anm. zu diesen Paragraphen in der Ausgabe der ZPO. von Struckmann und Koch, V. Aufl., S. 880 und 899). Ist ein solcher Arrest verhängt und sieht sich infolgedessen die Landespolizeibehörde außerstande, die Ausfertigung der Entlassungsurkunde auszuhändigen, so muß der Schuldner hiervon in Kenntnis gesetzt werden und erlangt so die Möglichkeit, die etwaige Unzulässigkeit und Wiederaufhebung des Arrestes bei der der Vollstreckungsbehörde vorgesetzten Dienstbehörde darzutun, bezw. nachzusuchen (§ 2 jener Verordnung vom 7. September 1879). Die Entscheidung eines in dieser Hinsicht entstehenden Streites liegt außerhalb des Rahmens des durch § 155 des Zuständigkeitsgesetzes vom 1. August 1883 geordneten Streitverfahrens, da die Landespolizeibehörde selbst bei der Handhabung des § 17 des Reichsgesetzes vom 1. Juni 1870 weder über die Verhängung noch über die Aufhebung eines etwaigen Arrestes zu beschließen hat.

Hiernach war auch darüber, als etwa an die Kläger oder an einen derselben die Aushändigung der Entlassungsurkunde wegen einer etwaigen Zwangsvollstreckungsmaßregel der Steuerbehörde nicht erfolgen könne, nicht zu entscheiden. Es ergibt sich zugleich hieraus, daß auch dem Antrage des Beklagten auf Beiladung dieser Behörde nicht stattzugeben war.

Anlage Nr. 41.

Zirkular-Erlaß des Kgl. Preuß. Ministers des Innern vom 6. Juli 1868, betreffend das strafrechtliche Verfahren bei unerlaubter Auswanderung eines Bundesangehörigen nach den Vereinigten Staaten von Nordamerika.

Bei Abschluß des zwischen dem Norddeutschen Bunde und den Vereinigten Staaten von Nordamerika über die Staatsangehörigkeit der Ausgewanderten verabredeten Vertrages vom 22. Februar d. J. hat die Absicht vorgewaltet: daß in Gemäßheit des Art. 2 dieses Vertrages die durch unerlaubte Auswanderung eines Bundesangehörigen nach den Vereinigten Staaten von Nordamerika verübte strafbare Handlung bei einer Rückkehr des Betreffenden in seine frühere Heimat nach mindestens fünfjähriger Abwesenheit nicht zum Gegenstande einer strafrechtlichen Verfolgung gemacht, und daß die dieserhalb event. bereits rechtskräftig erkannte Strafe nicht zur Vollstreckung gebracht werden soll, wenn der Rückkehrende in Amerika das Heimatrecht in Gemäßheit des Art. 1 des gedachten Vertrages erworben hat.

Die Kgl. Regierung wird demgemäß angewiesen, in vorbezeichneten Fällen von dem Antrage auf Einleitung der Untersuchung und Bestrafung, sowie überhaupt von jeder Verfolgung Abstand zu nehmen, sobald der Betreffende den Nachweis zu führen vermag, daß er naturalisierter Angehöriger der Vereinigten Staaten von Nordamerika in Gemäßheit des Art. 1 l. c. geworden ist.

Die betreffenden Justizbehörden werden von dem Herrn Justizminister mit Anweisung versehen werden, überall da, wo rechtskräftige Verurteilungen dieser Art gegen die bezeichneten Personen vorliegen, von Amts wegen über den Erlaß der erkannten Strafen und Kosten im Gnadenwege zu berichten.

Der Minister des Innern.
J. A.
gez. Sulzer.

Anlage Nr. 41a.

Protokoll zum Bayrisch-Amerikanischen Staatsvertrag.

Zu Art. 1.

1. Nachdem die Kopulative „und" gebraucht ist, versteht es sich von selbst, daß nicht die Naturalisation allein, sondern ein dazu kommender fünfjähriger ununterbrochener Aufenthalt erforderlich ist, um eine

Person als unter den Vertrag fallend, ansehen zu können, wobei übrigens keineswegs erforderlich sein soll, daß der fünfjährige Aufenthalt erst nach der Naturalisation folgen müßte.

Doch wird hierbei anerkannt, daß, wenn ein Bayer des bayerischen Indigenates oder andererseits ein Amerikaner der amerikanischen Staatsangehörigkeit in der gesetzlich vorgeschriebenen Weise von der Regierung seines bisherigen Vaterlandes entlassen worden ist, und sodann die Naturalisation in dem anderen Staate in rechtlicher Weise und vollkommen gültig erlangt hat, dann ein noch hinzukommender fünfjähriger Aufenthalt nicht mehr erforderlich sein soll, sondern ein solcher Naturalisierter vom Momente seiner Naturalisation an als bayerischer und umgekehrt als amerikanischer Angehöriger erachtet und behandelt werden soll.

2. Die Worte „ununterbrochen zugebracht" sind selbstverständlich nicht im körperlichen, sondern im juristischen Sinne zu nehmen, und deshalb unterbricht eine momentane Abwesenheit, eine Reise oder dergleichen keineswegs die fünfjährige Frist, welche der Art. 1 im Sinne hat.

II. Zu Art. 2.

1. Es wird anerkannt, daß eine nach Art. 1 als Angehörige des anderen Staates zu erachtende Person bei ihrer etwaigen Rückkehr in ihr früheres Vaterland auch nicht wegen des etwa durch ihre Auswanderung selbst begangenen Reates einer Strafe unterworfen werden kann, und selbst nicht später, wenn sie die neuerworbene Staatsangehörigkeit wieder verloren haben sollte.

III. Zu Art. 4.

1. Man ist beiderseits übereingekommen, daß die den beiden Regierungen gesetzlich gestatteten Sicherheitsmaßregeln gegen solche in ihrem Territorium sich aufhaltende Fremde, deren Aufenthalt die Ruhe und Ordnung im Lande gefährdet, durch den Vertrag nicht berührt werden: insbesondere wird die im bayerischen Wehrgesetze vom 30. Januar 1868 Art. 10 Abs. 2 enthaltene Bestimmung, wonach denjenigen Bayern, welche vor Erfüllung ihrer Militärpflicht aus Bayern ausgewandert sind, der ständige Aufenthalt im Lande bis zum vollendeten 32. Lebensjahre untersagt ist, durch den Vertrag nicht berührt, doch wird konstatiert, daß durch den im Art. 10 gebrauchten Ausdruck „der ständige Aufenthalt" ohnehin schon derartig Ausgewanderten eine kürzere und zu bestimmten Zwecken unternommene vorübergehende Reise nach Bayern nicht untersagt ist und erklärt sich die kgl. bayerische Staatsregierung überdies gern bereit, in solchen Fällen, in welchen die Auswanderung offenbar bona fide geschehen ist, eine milde Praxis eintreten zu lassen.

2. Es wird anerkannt, daß ein in Amerika naturalisierter Bayer

und umgekehrt ein in Bayern naturalisierter Amerikaner, wenn er sich ohne die Absicht, in sein neu erworbenes Vaterland zurückzukehren, in seinem früheren Vaterlande wieder niedergelassen hat, keineswegs hierdurch allein schon die frühere Staatsangehörigkeit wieder erlangt, vielmehr hängt es, was Bayern anbetrifft, von Sr. Majestät dem König ab, ob Er in diesem Falle die bayerische Staatsangehörigkeit wieder verleihen will oder nicht.

Der Art. 4 soll demnach nur die Bedeutung haben, daß derjenige Staat, in welchem der Ausgewanderte die neue Staatsangehörigkeit erworben hat, diesen nicht hindern kann, die frühere Staatsangehörigkeit zurückzuerwerben; nicht aber, daß der Staat, welchem der Ausgewanderte früher angehört hat, denselben auch sofort wieder zurücknehmen müsse.

Es hat vielmehr der im anderen Staate Naturalisierte nach den bestehenden Gesetzen und Vorschriften sich um Wiederaufnahme in sein früheres Vaterland zu bewerben und dieselbe wie jeder andere Fremde neu zu erwerben. Doch soll es in seinem freien Ermessen liegen, ob er diesen Weg einschlagen oder seine bisher erworbene Staatsangehörigkeit beibehalten will.

Die beiden Bevollmächtigten erteilen sich gegenseitig die Zusicherung, daß ihre Regierungen mit der Ratifikation des Vertrags zugleich auch die im gegenwärtigen Protokolle enthaltenen Verabredungen und Erläuterungen ohne weitere förmliche Ratifikation derselben als genehmigt ansehen und aufrechterhalten werden.

(Unterschriften.)

Anlage Nr. 41 b.

Protokoll zum Württembergisch-Amerikanischen Staatsvertrag. Verhandelt Stuttgart, den 27. Juli 1868.

Die Unterzeichneten vereinigen sich heute, um den in Vollmacht ihrer hohen Kommittenten vereinbarten Vertrag über die Staatsangehörigkeit derjenigen Personen, welche aus Württemberg in die Vereinigten Staaten von Amerika und aus den Vereinigten Staaten von Amerika nach Württemberg auswandern, zu unterzeichnen, bei welcher Gelegenheit folgende den Inhalt dieses Vertrags näher feststellende und erläuternde Bemerkungen in gegenwärtiges Protokoll niedergelegt wurden.

I. Zu Art. 1 des Vertrags.

1. Es versteht sich von selbst, daß nicht die Naturalisation allein, sondern außerdem ein fünfjähriger ununterbrochener Aufenthalt not-

wendig ist, um eine Person, als unter den Vertrag fallend, ansehen zu können, wobei übrigens keineswegs erforderlich sein soll, daß der fünfjährige Aufenthalt erst nach der Naturalisation erfolgen müßte.

Doch wird hierbei anerkannt, daß in dem Falle, wenn in dem einen Staate Angehörige des anderen Staates schon vorher in rechtsgültiger Weise naturalisiert werden, ehe sie sich fünf Jahre daselbst aufgehalten haben, die so naturalisierten Personen von dem Momente ihrer Naturalisation an, wo solche erfolgt ist, nicht nur alle staatsbürgerlichen Rechte ausüben, sondern auch an allen staatsbürgerlichen Pflichten teilzunehmen haben.

2. Die Worte „ununterbrochen zugebracht" sind selbstverständlich nicht im körperlichen, sondern juristischen Sinne zu nehmen und deshalb unterbricht eine momentane Abwesenheit, eine Reise oder dergleichen, keineswegs die fünfjährige Frist, welche der Art. 1 im Sinne hat.

II. Zu Art. 2 des Vertrags.

Württembergischerseits wird anerkannt, daß hiernach allen in Gemäßheit des Art. 1 des Vertrags als amerikanische Staatsbürger anzuerkennenden früheren Württembergern, welche vor oder nach angetretenem kriegsdienstpflichtigen Alter ausgewandert sind, neben dem Anspruche auf Ausfolge ihres etwa sequestrierten Vermögens die straf- und kriegsdienstfreie Rückkehr in ihr früheres Vaterland offen steht, mit Ausnahme derjenigen ausgewanderten kriegsdienstpflichtigen Württemberger, welche flüchtig geworden sind:

1. nach ihrer Einreihung in das aktive Heer und vor ihrer Entlassung aus demselben oder

2. nachdem sie
   a) im Falle einer Aufstellung der Streitmacht auf den Kriegsfuß mit ihrer Altersklasse zum Dienste aufgerufen, oder
   b) nach mitgemachter Musterung zum Kontingent bezeichnet waren.

III. Zu Art. 4 des Vertrags.

Man ist darin einverstanden:

daß dem Art. 4 **nicht** etwa die Bedeutung beizulegen ist, daß der naturalisierte Angehörige eines Staates, welcher in den anderen Staat, sein früheres Vaterland, zurückgekehrt ist und sich daselbst niedergelassen hat, hierdurch allein schon die frühere Staatsangehörigkeit wiedererlange, ebensowenig kann angenommen werden, daß der Staat, welchem der Ausgewanderte früher angehörte, verpflichtet sei, denselben sofort wieder zurückzunehmen, vielmehr soll hierdurch nur erklärt sein, daß ein auf solche Weise Zurückgekehrter das Staatsbürgerrecht seiner früheren Heimat soll wiedererwerben können, und zwar in derselben Weise wie andere Fremde nach Maßgabe der daselbst geltenden Gesetze und Vorschriften. Jedoch soll es in seinem freien Ermessen liegen, ob er diesen Weg einschlagen oder seine früher erworbene Staatsangehörigkeit beibehalten will. Über diese seine Wahl soll er nach zweijährigem Aufenthalt in der früheren Heimat auf Verlangen der Behörden der letzteren verpflichtet sein, eine bestimmte Erklärung abzugeben, worauf diese Behörden sodann hinsichtlich seiner etwaigen Wiederaufnahme bzw. seines ferneren Aufenthaltes, in gesetzmäßiger Weise Beschluß fassen können.

(Unterschriften.)

Anlage Nr. 41 c.

Das Protokoll zu dem großherzoglich hessisch-amerikanischen Staatsvertrag stimmt mit dem bayerischen Protokoll bis zu II, 1 inkl. wörtlich überein, wobei zu beachten ist, daß wo im bayerischen Protokoll „bayerisch", „Bayer" und „Bayern" steht, im hessischen Protokoll „hessisch", „Hesse" und „Hessen" zu lesen ist.

Im hessischen Protokoll heißt es sodann weiter:

II. 2. Man ist ferner darüber einverstanden, daß ein nach Art. 1 als amerikanischer Staatsbürger zu erachtender früherer Hesse nach den hessischen Gesetzen wegen Nichterfüllung der Wehrpflicht zur Untersuchung und Strafe gezogen werden kann,

a) wenn er ausgewandert ist, nachdem er bei der Aushebung der Wehrpflichtigen bereits als Rekrut zum Dienst im stehenden Heere herangezogen war,

b) wenn er ausgewandert ist, während er im Dienste bei den Fahnen stand oder nur auf unbestimmte Zeit beurlaubt war,

c) wenn er als auf unbestimmte Zeit Beurlaubter oder als Reservist oder als Landwehrmann ausgewandert ist, nachdem er bereits eine Einberufungsordre erhalten oder nachdem bereits eine öffentliche Aufforderung zur Stellung erlassen oder der Krieg ausgebrochen war.

Dagegen soll ein in den Vereinigten Staaten naturalisierter früherer Hesse, welcher sich bei oder nach seiner Auswanderung durch andere als die in Ziffer 1—3 bezeichnete Handlungen oder Unterlassungen gegen die gesetzlichen Bestimmungen über die Wehrpflicht vergangen hat, bei seiner Rückkehr in sein ursprüngliches Vaterland weder nachträglich zum Kriegsdienst noch wegen Nichterfüllung seiner Wehrpflicht zur Untersuchung und Strafe gezogen werden. Auch soll der Beschlag, welcher in anderen als den in Ziffer 1—3 bezeichneten Fällen wegen Nichterfüllung der Wehrpflicht auf das Vermögen eines Ausgewanderten gelegt wurde, wieder aufgehoben werden, sobald derselbe die nach Art. 1 vollzogene Naturalisation in den Vereinigten Staaten von Amerika nachweist.

III. Zu Art. 4 des Vertrags.

Man ist einverstanden, daß dem Art. 4 nicht etwa die Bedeutung beizulegen sei, daß der naturalisierte Angehörige eines Staates, welcher in den anderen Staat, sein früheres Vaterland, zurückgekehrt ist und sich daselbst niedergelassen hat, hierdurch allein schon die frühere Staatsangehörigkeit wieder erlange; ebensowenig kann angenommen werden, daß der Staat, welchem der Ausgewanderte früher angehörte, verpflichtet sei, denselben sofort wieder zurückzunehmen, vielmehr soll hierdurch nur erklärt sein, daß ein auf solche Weise Zurückgekehrter das Staatsbürgerrecht seiner früheren Heimat wieder solle erwerben können, was von ihm eintretendenfalls in derselben Weise wie von seiten anderer Fremden nach Maßgabe der dort geltenden Gesetze und Vorschriften zu geschehen hätte. Je och soll es in seinem freien Ermessen liegen, ob er diesen Weg einschlagen oder seine früher erworbene Staatsangehörigkeit beibehalten will.

Anlage Nr. 42.

Zusammenstellung der in den einzelnen Bundesstaaten für die Verleihung der Naturalisation zu erhebenden Stempelgebühren und Taxen.

	Stempelgebühren M.	Stempelgebühren Pf.	Taxen M.	Taxen Pf.
Preußen[1])	150	—	—	—
Bayern[2])	—	—	20 bis 50	—
Sachsen[3])	—	—	9	—
Württemberg[4])	—	—	20 bis 50	—
Baden[5])	10	—	25 bis 50	—

[1]) Vgl. Pos. 43 des Tarifs zum Stempelsteuergesetz vom 31. Juli 1895 in der Fassung d. Ges. vom 26. Juni 1909 (GS. 587). Bei nachgewiesener Bedürftigkeit des zu Naturalisierenden kann der Stempel bis auf 5 M. ermäßigt werden. Wegen der im Reichsdienst angestellten Ausländer s. Anm. 9 zu § 15 d. G.

[2]) Vgl. Art. 213 Abs. 2 d. Gebührengesetzes vom 13. Juli 1910. Bei Bedürftigkeit tritt eine Ermäßigung bis auf 5 M. ein.

[3]) Für die der Erteilung der Naturalisationsurkunden vorausgehenden Verhandlungen werden 1. bei der unteren Verwaltungsbehörde 5 bis 15 M., 2. bei der Kreishauptmannschaft 3 bis 10 M. an Gebühren erhoben.

[4]) Vgl. Württemb. Sporteltarif vom Jahre 1899 Nr. 63 Z. 2, Beil. 104.

[5]) Nach § 5 Abs. 1 b und 6 des Verwaltungsgebührengesetzes vom 30. Nov. 1895 wird gegebenenfalls nur eine Sportel von 5 M. erhoben. Die Taxe wird nach § 25 Nr. 9 desselben Gesetzes für jede Person verlangt.

	Stempelgebühren M.	Pf.	Taxen M.	Pf.
Hessen[6]:				
für Naturalisation	40	—	—	—
für Renaturalisation	15	—	—	—
Mecklenburg-Schwerin[7]:				
für Naturalisationsurkunde an Stempel und Ausfertigungsgebühr	1	50	—	—
dazu für Zufertigungsverfügung an Stempel und Ausfertigungsgebühr	1	50	—	—
Sachsen-Weimar[8]:				
für Naturalisation	—	—	5 bis 100	—
für Renaturalisation			nicht über 20	—
Mecklenburg-Strelitz[9])	1 bis 3	75 bis 75	—	—
Oldenburg[10])	—	—	9	—
Braunschweig[11])	50	—	—	—
Sachsen-Meiningen	—	—	3 bis 10	—
Sachsen-Altenburg[12])	50	—	—	—
Sachsen-Koburg-Gotha[13])	—	—	5 bis 300	—
Anhalt[14])	50	—	—	—
Schwarzburg-Sondershausen[15])	—	—	20	—
Schwarzburg-Rudolstadt[16])	—	—	5 bis 100	—

[6]) Vgl. Art. 1 des Gesetzes über den Urkundenstempel vom 12. Aug. 1899 und Nr. 53 des Tarifs.

[7]) Vgl. Gebührentaxe vom 1. April 1887.

[8]) Vgl. Gesetz über das Kostenwesen vom 28. Febr. 1900 § 95 Nr. 11.

[9]) Vgl. Gebührentaxe von 1863.

[10]) Vgl. Art. 6 des Gesetzes vom 15. März 1870 und Nr. 28 des Tarifs.

[11]) Der Stempel kann bei nachgewiesener Bedürftigkeit bis auf 1,50 M. ermäßigt werden.

[12]) Bei nachgewiesener Bedürftigkeit kann der Stempel bis auf 5 M. ermäßigt werden. Außerdem wird eine Kanzleigebühr von 3,10 M. erhoben.

[13]) Vgl. Ministerialkostengesetz vom 24. März 1903.

[14]) Bei nachgewiesener Bedürftigkeit kann der Stempel bis auf 5 M. ermäßigt werden.

[15]) Vgl. Z. 34 des dem Verwaltungskostengesetz vom 24. Jan. 1888 angefügten Gebührentarifs.

[16]) Vgl. § 57 Nr. 17 des Gesetzes vom 21. Dez. 1899.

	Stempelgebühren M.	Pf.	Taxen M.	Pf.
Waldeck[17])	—	—	9	—
Reuß ä. L.	—	—	9	—
Reuß j. L.[18])	—	—	3 bis 9	—
Schaumburg-Lippe[19])	3 bis 30	—	3 bis 30	—
Lippe-Detmold[20])	—	—	1 bis 300	—
Lübeck[21])	30	—	—	—
Bremen[22])	—	—	50	—
Hamburg[23])	50	—	—	—
Elsaß-Lothringen[24])	20	—	—	—

Anlage Nr. 43.

Instruktion, betreffend die Erteilung des von den Kaiserlich Deutschen Konsularbehörden zu gewährenden Schutzes im türkischen Reiche mit Einschluß von Ägypten, Rumänien und Serbien, sowie in China und Japan. Vom 1. Mai 1872.*)

§ 1. Die Schutzgenossen zerfallen in:

1. Reichsangehörige,
2. Angehörige solcher Staaten, welchen durch Staatsverträge oder sonstige Verabredungen mit dem Deutschen Reiche oder einem der zu demselben gehörigen Staaten der Schutz der deutschen Konsularbehörden für ihre Nationalen zugesagt ist.
3. Personen, welche, ohne ein bestimmtes Anrecht auf den deutschen Schutz zu haben, denselben vergünstigungsweise erhalten (de facto Untertanen).

---

[17]) Vgl. § 31 des Gesetzes vom 20. Febr. 1851.

[18]) Vgl. Nr. 20 der Taxordnung vom 31. Dez. 1854.

[19]) Vgl. Gebührentarif zum Gesetze über die Erhebung von Kosten in Verwaltungsangelegenheiten vom 28. März 1898 und Stempelsteuergesetz vom 21. Dez. 1899. [20]) Vgl. Gesetz vom 6. Jan. 1903.

[21]) Für die zur Naturalisation etwa erforderliche Erteilung eines Dispenses von dem Nachweis, daß der Ausländer aus seiner bisherigen Staatsangehörigkeit entlassen ist, ist eine Gebühr von 10 bis 300 M. zu zahlen; vgl. Verordnung, die Ausführung des Bundesgesetzes vom 1. Juni 1870 betreffend, vom 30. Nov. 1870, § 3. [22]) Vgl. Gesetz vom 6. Febr. 1904.

[23]) Vgl. § 1 des Gesetzes, betr. die hamburgische Staatsangehörigkeit und das hamburgische Bürgerrecht, vom 2. Nov. 1896.

[24]) Vgl. Stempelgesetz vom 21. Juni 1897. Bei nachgewiesener Bedürftigkeit kann der Stempel bis auf 1 M. ermäßigt werden.

*) Diese Instruktion ist noch in Geltung, aber nur insoweit, als noch Konsulargerichtsbarkeit ausgeübt wird, also in der Türkei in ihrem gegenwärtigen Bestande, in Ägypten, Persien, Abessinien, Marokko, China, Siam und Korea.

§ 2. Die Reichsangehörigen, welche in dem Konsularbezirke wohnen, sind verpflichtet, unter dem deutschen Schutz zu stehen. Die im § 1 Nr. 2 und 3 bezeichneten Personen werden nur auf ihren Antrag in den Schutz aufgenommen.

§ 3. Als de facto Untertanen können den deutschen Schutz erhalten:

1. Personen, welche einem der zu dem Reiche gehörigen Staaten angehört haben, desgleichen Abkömmlinge solcher Personen;
2. Deutsche, welche den Schutz nicht auf Grund von Staatsverträgen in Anspruch nehmen können;
3. die Dragomans, Kawassen, Jassakdschis und sonstigen Unterbeamten der Gesandtschaften und der Konsularbehörden;
4. Familien der unter Nr. 3 bezeichneten Personen, desgleichen Individuen, welche früher ein solches Amt bekleidet haben.

§ 4. Der Schutz wird in dem durch Gesetze, Verträge und Herkommen begründeten Umfange sämtlichen Schutzgenossen gleichmäßig gewährt.

Türkische usw. Untertanen, welche die deutsche Reichsangehörigkeit erworben, haben den Landesbehörden gegenüber auf den Schutz der Kaiserlichen Konsulate so lange keinen Anspruch, als sie nicht aus ihrem ursprünglichen Untertanenverbande entlassen sind.

§ 5. In jedem Konsularamte ist über sämtliche, dauernd in dem Konsularbezirk anwesenden Schutzgenossen ein Verzeichnis (Matrikel) nach dem Formular A zu führen.

§ 6. Die Eintragung der Schutzgenossen in die Matrikel erfolgt unter fortlaufender Nummer. Bei jedem Schutzgenossen sind dessen im Konsularbezirke als Schutzgenossen sich aufhaltenden Eltern, Ehegatten und Kinder unter Bezugnahme auf deren besondere Nummern namhaft zu machen.

§ 7. Zur Herbeiführung der Eintragung sind die erforderlichen Legitimationspapiere (Paß, Wanderbuch, Geburtsschein, Trauschein, Naturalisationsurkunden usw.) dem Konsul zu übergeben, bzw. in einer nach den Verhältnissen zu bemessenden Frist zu beschaffen.

Bei Prüfung der Papiere ist mit der größten Vorsicht zu verfahren, um fremdartige Elemente fernzuhalten. Pässe, welche nicht von den zuständigen inländischen Behörden ausgestellt sind, sind für sich allein zur Führung der Legitimation nicht hinreichend.

§ 8. Über die erfolgte Eintragung in die Matrikel erhält der Schutzgenosse eine vom Konsul nach dem Formular Anlage B für das laufende Kalenderjahr in deutscher und französischer Sprache auszufertigende Bescheinigung (Schutzschein) gegen Entrichtung der tarifmäßigen Gebühr.

An Stelle der französischen kann auch eine andere Sprache angewendet werden, sofern letztere im Konsularbezirk als allgemeiner verständlich erscheint.

§ 9. Für Ehefrauen genügt deren Verzeichnung auf den Schutzscheinen ihrer Ehemänner und für minderjährige noch unter väterlicher Gewalt stehende Kinder deren Verzeichnung auf den Schutzscheinen ihrer Väter.

Die Erteilung getrennter Schutzscheine an solche Personen erfolgt nur, wenn die Verzeichnung auf den Schutzscheinen der Ehemänner, bzw. Väter, wegen Abwesenheit derselben oder aus anderen Gründen nicht herbeizuführen ist.

§ 10. Reichsangehörige, welche in dem Konsulatsbezirk ihren dauernden Wohnsitz nehmen, haben ihre Eintragung in die Matrikel innerhalb der ersten drei Monate ihres dortigen Aufenthalts zu erwirken oder unter Angabe der Gründe, aus welchen dies ausnahmsweise nicht erreichbar ist, die Ausstellung provisorischer Schutzscheine zu beantragen.

Sämtliche Schutzgenossen haben im Monat Januar jedesmal für das laufende Kalenderjahr die Erneuerung der Schutzscheine gegen Entrichtung der tarifmäßigen Gebühren zu veranlassen. Ausnahmen in betreff dieses Termins sind nur aus Gründen lokaler Verhältnisse zu gestatten.

§ 11. Den Vorschriften der §§ 7 und 10 haben für alle bevormundeten Personen deren Vormünder (Kuratoren) Genüge zu leisten.

§ 12. Wenn für gesetzlich zu bevormundende Personen noch kein Vormund (Kurator) bestellt ist, so ist der Konsul in bezug auf die Reichsangehörigen verpflichtet, in bezug auf andere Schutzgenossen befugt, von Amts wegen, allenfalls unter Zuordnung eines anderweitigen Vertreters dafür zu sorgen, daß im Interesse derselben den Vorschriften der §§ 7 und 10 Genüge geschehe.

§ 13. Die im § 3 Nr. 1 und 2 bezeichneten Personen können nur nach vorhergehender, oder, wenn Gefahr im Verzuge obwaltet, mit nachträglicher Genehmigung des diplomatischen Vertreters des Reiches in den Schutz aufgenommen werden.

Die Genehmigung ist in jedem einzelnen Falle auf den Antrag der Beteiligten von dem Konsul besonders nachzusuchen.

Bei der Aufnahme der in § 3 Nr. 1 bezeichneten Personen ist besonders darauf zu achten, ob die Aufzunehmenden in der Tat die deutsche Nationalität noch bewahrt haben, was an der Sprache, deren sie sich bedienen, und an ihren sonstigen Verhältnissen leicht zu erkennen sein wird.

Dem an die Kaiserliche Mission zu richtenden Antrag auf Genehmigung der Aufnahme sind die zur Orientierung in dieser Richtung notwendigen Notizen beizufügen.

§ 14. Die im § 3 Nr. 3 genannten Beamten genießen für ihre Person und während der Dauer ihres Amtes den deutschen Schutz, sofern ihre Anstellung, wenn sie Landesuntertanen sind, gemäß den mit der Landesregierung getroffenen Vereinbarungen erfolgt ist. Sind sie Untertanen einer anderen fremden Macht, so müssen sie seitens dieser letzteren die Genehmigung zum Eintritt in den Schutzverband beibringen.

§ 15. Soll ausnahmsweise der Schutz auf die Familie der Beamten und über die Amtsdauer hinaus erstreckt werden, so kann dies nur mit Genehmigung der Kaiserlichen Mission und unter Zustimmung der nationalen Behörde geschehen.

§ 16. Die Eintragung der Beamten in die Matrikel und ihre Fortführung in derselben erfolgt auf ihren Antrag, ohne daß es der Beibringung besonderer Dokumente bedarf.

Schutzscheine werden ihnen nur auf Verlangen und alsdann unentgeltlich ausgefertigt.

§ 17. Personen, welche nicht Reichsangehörige sind und unter einem anderen fremdländischen Schutze stehen, oder sich ausdrücklich unter den Schutz der Lokalbehörde gestellt haben, können, solange dies Verhältnis dauert, in den deutschen Schutz nicht aufgenommen werden.

Auch nach Auflösung des Verhältnisses haben sie, bevor ihre Aufnahme erfolgen kann, durch ein Attest der früheren Schutzbehörde nachzuweisen, daß sie die sämtlichen schwebenden Rechtsangelegenheiten erledigt haben.

§ 18. Die Eigenschaft als Schutzgenosse endet:

1. durch den Tod des Schutzgenossen;
2. durch den Übertritt desselben zum Islam;
3. durch Verlassen des Konsularbezirks, sofern nicht anzunehmen ist, daß die Abwesenheit eine bloß vorübergehende sein soll;
4. bei einer Schutzgenossin durch Verheiratung mit einem nicht zum Schutzverbande gehörigen Mann;
5. für die im § 1 Nr. 1 und 2 aufgeführten Schutzgenossen durch Verlust ihrer Nationalität, sofern sie nicht nach § 1 Nr. 3 im Schutz verbleiben;
6. für die im § 1 Nr. 2 aufgeführten Schutzgenossen durch Errichtung einer konsularischen Behörde ihres Landes;
7. für die im § 3 Nr. 3 aufgeführten Schutzgenossen durch Verlust ihres Amtes, sofern sie nicht nach § 3 Nr. 4 im Schutze verbleiben;

8. für die im § 1 Nr. 2 und 3 aufgeführten Schutzgenossen auf ihren Antrag, sofern sie nicht noch Verbindlichkeiten zu erfüllen haben, insbesondere bei schwebenden Rechtsangelegenheiten beteiligt sind;
9. Schutzgenossen, welche nicht Reichsangehörige sind, können, wenn sie durch bescholtenen, mit Vergehen oder Verbrechen befleckten Lebenswandel oder durch wiederholte Nichterfüllung ihrer Pflichten gegen die Schutzbehörde sich des Schutzes unwürdig machen, von dem Konsul der Eigenschaft als Schutzgenosse für verlustig erklärt werden. Gegen die Entscheidung des Konsuls steht dem Betroffenen innerhalb zehn Tagen der Rekurs an die Kaiserliche Mission zu. Bis deren Entscheidung erfolgt, ist der Schutz zu versagen.

§ 19. Die Löschung in der Matrikel erfolgt, sobald das Schutzverhältnis einer Person in Gemäßheit des § 18 beendet ist.

§ 20. Im Februar jeden Jahres hat der Konsul der Kaiserlichen Mission über die Führung der Matrikel Bericht zu erstatten und in demselben sämtliche, in der Zwischenzeit vorgekommenen Veränderungen anzuführen. Im Fall die Aufnahme neuer Schutzgenossen stattgefunden hat, sind die Legitimationspapiere genau anzugeben, auf Grund deren dieselbe erfolgt ist.

§ 21. Personen, welche an sich zur Aufnahme in den Schutzverband geeignet erscheinen, sich aber nur vorübergehend im Konsularbezirke aufhalten, werden nicht in die Matrikel eingetragen. Es können ihnen aber auf ihr Verlangen für die Dauer ihres Aufenthalts unter Eintragung in eine besondere Liste provisorische Schutzscheine nach dem Formular Anlage C in deutscher und französischer Sprache erteilt werden.

An Stelle der französischen kann auch eine andere Sprache angewendet werden, sofern letztere in dem Konsularbezirke allgemeiner verständlich erscheint.

§ 22. Ebenso ist der Konsul befugt, für Personen, welche die erforderlichen Legitimationspapiere noch nicht beschafft haben, dergleichen provisorische Schutzscheine auszustellen, sofern diese Personen nach den sonst eingezogenen Erkundigungen, ihm als zur Aufnahme in den Schutzverband voraussichtlich geeignet erscheinen.

§ 23. Personen der im § 1 Nr. 1 und 2 bezeichneten Kategorien, welche im Konsularbezirk weder wohnen noch sich aufhalten, können dennoch ihre im Konsulatsbezirke vorkommenden Angelegenheiten unter dem Schutze des Konsuls selbst oder durch Bevollmächtigte betreiben. Die Eintragung in die Matrikel, sowie die Erteilung und Erneuerung von Schutzscheinen finden in diesem Falle nicht statt.

Der Konsul hat in jedem Falle über die Zulässigkeit des verlangten Schutzes zu entscheiden.

Anlage A.

Über die Form, in welcher die Matrikel zu führen ist, sind allgemeine Bestimmungen nicht ergangen. Nur für die deutschen Konsulate im Pfortengebiete, Japan und China ist das hier folgende Schema vorgeschrieben:

Laufende Nummer.	Vor- und Zuname.	Stand oder Gewerbe.	Religion.	Geburtszeit.	Geburtsort.	Wohnort.	Aufenthaltsort.	Staatsangehörigkeit.	Nachweis der Schutzberechtigung.	Angabe der			Tag der Eintragung.	Tag der		Tag	der Veranlassung
										Eltern.	Ehegatten.	Kinder.		Erteilung des Schutzscheines.	Erneuerung des Schutzscheines.	der Löschung	der Löschung	Bemerkungen.

Im wesentlichen wird dieses Formular auch bei Konsulaten in anderen Ländern anzuwenden sein. Jedenfalls muß es so eingerichtet werden, daß die nach Vorschrift der Allgemeinen Dienst-Instruktion aufzunehmenden Auskünfte darin Platz finden. Es sollen eingetragen werden: Vor- und Zuname des Betreffenden und seiner Familienangehörigen, Stand oder Gewerbe, Religion, Tag und Ort der Geburt, Wohnort, auch soll in der Matrikel bemerkt werden, durch welche Dokumente die einzelnen Angabe erwiesen worden sind.

Das Auswärtige Amt hat wiederholt seine Vermittelung zur Beschaffung von Titel- und Einlagebogen zu den Matrikeln eintreten lassen. Die Kosten solcher Formulare tragen Wahlkonsuln selbst, während sie für Berufskonsulate auf die Legationskasse übernommen werden.

Die Eintragung erfolgt zweckmäßig unter fortlaufender Nummer. Zur Erleichterung des Auffindens der einzelnen Nummern wird bei umfangreicheren Matrikeln ein besonderes alphabetisches Namenverzeichnis, welches auf die Matrikelnummer verweist, anzulegen sein. Die Matrikel selbst nach den Buchstaben des Alphabets zu führen, dürfte nicht zweckmäßig sein.

Anlage B.

(Wappen.)

Nr.

Kaiserlich deutsches { **Generalkonsulat. Konsulat. Vizekonsulat.**

Schutzschein:

Signalement.	
Alter:	Der
Statur:	
Haar:	gebürtig aus
Stirn:	
Augenbrauen:	wohnhaft zu
Augen:	
Nase:	
Mund:	
Bart:	ist in der Matrikel des Kaiserlich deutschen Generalkonsulats (Konsulats, Vizekonsulats) als Schutzgenosse eingetragen.
Kinn:	
Gesichtsfarbe:	
Besondere Kennzeichen:	Zur Urkund dessen ist ihm der gegenwärtige Schutzschein gültig bis zum 18 erteilt worden.

Unterschrift des Inhabers:

den 18

Der Generalkonsul.
(Siegel.) Der Konsul.
Der Vizekonsul.

No.

Consulat Général Consulat Vice-Consulat } **de l'Empire allemand**

Patente de Protection.

Signalement	
Age:	Le Sieur
Taille:	
Cheveux:	né à
Front:	
Sourcils:	demeurant à
Yeux:	
Nez:	
Bouche:	
Barbe:	est inscrit comme protégé de l'Empire allemand dans la Matricule de ce Consulat Général (Consulat, Vice-Consulat).
Menton:	
Teint:	
Signes particuliers:	En foi de quoi la présente Patente de protection lui a été délivrée valable jusqu'au 18

Signature du porteur:

le 18

Le Consul Général.
Le Consul.
Le Vice-Consul.

Anlage C.

(Wappen.)

Nr. | No.

Kaiserlich deutsches { Generalkonsulat. Konsulat. Vizekonsulat.	**Consulat Général Consulat Vice-Consulat } de l'Empire allemand.**
Vorläufiger Schutzschein.	**Patente de Protection provisoire.**
gültig bis zum	valable jusqu'au
für	pour
Vor- und Zuname:	Nom et prénom:
Stand und Gewerbe:	Profession:
Alter:	Age:
Statur:	Taille:
Haar:	Cheveux:
Stirn:	Front:
Augenbrauen:	Sourcils:
Augen:	Yeux:
Nase:	Nez:
Mund:	Bouche:
Bart:	Barbe:
Kinn:	Menton:
Gesichtsfarbe:	Teint:
Besondere Kennzeichen:	Signes particuliers:
Unterschrift des Inhabers:	Signature du porteur:
den 18	le 18
Der Generalkonsul. (Siegel.) Der Konsul. Der Vizekonsul.	Le Consul Général. Le Consul. Le Vice-Consul.

Anlage Nr. 44.

Verfügung vom 12. Januar 1914, betr. die Ausführung des neuen Reichs- und Staatsangehörigkeitsgesetzes.

(MBl. f. d. i. V. S. 78.)

Anläßlich des Inkrafttretens des neuen Reichs- und Staatsangehörigkeitsgesetzes vom 22. Juli 1913 (RGBl. S. 583) sind die Vorschriften über die Erteilung von Heimatscheinen (für den Aufenthalt im Auslande) und Staatsangehörigkeitsausweisen (zur Benutzung im Inlande, einschließlich der deutschen Schutzgebiete) einer Nachprüfung unterzogen, nach deren Ergebnis ich folgendes anordne:

I. Zuständigkeit.

1. Zuständig zur Erteilung von Heimatscheinen und Staatsangehörigkeitsausweisen ist die Landespolizeibehörde desjenigen Bezirks, in dem der Antragsteller seinen Wohnsitz hat, oder den letzten Wohnsitz in Preußen gehabt hat (der Regierungspräsident, für Berlin der Polizeipräsident). Hat der Antragsteller in Preußen keinen Wohnsitz gehabt, so ist die Landespolizeibehörde des letzten preußischen Wohnsitzes seiner Eltern (eventuell des letztlebenden Elternteils) oder diejenige Landespolizeibehörde zuständig, welche den letzten Staatsangehörigkeitsausweis oder Heimatschein für ihn oder seine Eltern ausgestellt oder ihm oder seinen Eltern eine andere die preußische Staatsangehörigkeit bestätigende Urkunde (Aufnahme-, Einbürgerungsurkunde) zugestellt hat.

Bei Ehefrauen richtet sich die Zuständigkeit nach den Verhältnissen des Ehemannes, bei Minderjährigen nach denjenigen des Vaters bzw. (nach dem Tode des Vaters) der Mutter, bei nicht ehelich geborenen Minderjährigen nach denjenigen der Mutter.

2. Die Landespolizeibehörde ist nach Maßgabe der nachstehenden Bestimmungen befugt, die Ausfertigung der Heimatscheine und Staatsangehörigkeitsausweise den unterstellten Behörden zu übertragen.

A. Die Übertragung kann geschehen:

a) an die Königlichen Polizeipräsidien und die Königlichen Polizeidirektionen (aber nicht an andere Polizeiverwaltungen);

b) an die Landräte (Oberamtmänner in Hohenzollern) und die Bürgermeister der Stadtkreise ohne Königliche Polizeiverwaltung;

c) an die Magistrate der selbständigen Städte der Provinz Hannover.

B. Die Übertragung ist nur zulässig für diejenigen Fälle, in denen der Antragsteller in Preußen geboren ist und in dem Bezirke der unteren Behörde seinen Wohnsitz hat oder in diesem Bezirke den letzten Wohnsitz in Preußen gehabt hat.

C. Von der Übertragung ist bei der Wichtigkeit, die den Ausweispapieren — besonders in armenrechtlicher Beziehung — beiwohnt und mit Rücksicht auf die bei ihrer Erteilung nicht selten auftretenden schwierigen Rechtsfragen, ein beschränkter Gebrauch zu machen. Demgemäß empfiehlt sie sich nur insoweit, als die Erteilung der Ausweispapiere durch den Regierungspräsidenten selbst diesem eine unverhältnismäßig große Arbeitslast verursachen würde. In der Regel wird nur die Ausfertigung der Staatsangehörigkeitsausweise zu übertragen, die der Heimatscheine aber vom Regierungspräsidenten in der Hand zu behalten sein. Nur da, wo ein sehr starker Abfluß der Bevölkerung nach dem Auslande stattfindet, darf die Erteilung beider Ausweispapiere den Unterbehörden übertragen werden.

D. Die Unterbehörden haben die von ihnen ausgefertigten Staatsangehörigkeitsausweise und Heimatscheine in je ein besonderes Verzeichnis einzutragen, das enthalten muß:

1. Namen, Stand, Wohnung, Datum und Ort der Geburt des Antragstellers,
2. gegebenen Falles Namen der Ehefrau, Namen, Datum und Ort der Geburt seiner Kinder,
3. den Staat, für den der Ausweis beantragt war,
4. die Dauer der Gültigkeit des Ausweises,
5. Auskunft über die Militärverhältnisse des Nachsuchenden und eventuell seiner Söhne. Die Regierungspräsidenten haben in einer den örtlichen Verhältnissen entsprechenden Weise — etwa durch Einforderung der Verzeichnisse, bei Gelegenheit von Revisionen an Ort und Stelle usw. — zu kontrollieren, ob die Unterbehörden den ihnen obliegenden Verpflichtungen nachkamen und ihre Befugnisse nicht überschreiten.

E. Nach welchem Lande die Heimatscheine zu erteilen sind, hat auch künftig auf die Frage der Übertragbarkeit der Ausfertigung der Scheine keinen Einfluß.

II. Vorenthaltung und Beschränkung.

Die Erteilung von Heimatscheinen und Staatsangehörigkeitsausweisen ist — abgesehen von Personen, welche die preußische Staatsangehörigkeit nicht mehr besitzen — zu versagen:

1. Personen, die in Deutschland bestraft sind, sofern sie sich der Strafvollstreckung entziehen, und die Strafe noch nicht verjährt ist, sowie Personen, die steckbrieflich verfolgt werden. Solchen Personen können jedoch Heimatscheine und Staatsangehörigkeitsausweise erteilt werden, wenn die betreffende Anklage- oder die Strafvollstreckungsbehörde sich damit einverstanden erklärt hat.

Von der durch § 18a der Verordnung des Bundesrats vom 16. Juni 1882/9. Juli 1896 (Just.-Min.-Bl. 1882 S. 207, 1896 S. 267) gegebenen Befugnis, die Strafregister zur Ermittelung steckbrieflich verfolgter Personen zu benutzen, ist nach wie vor in allen Fällen des Erlasses von Steckbriefen seitens der Polizeibehörden (§ 131 Abs. 2 der Strafprozeßordnung) Gebrauch zu machen. Die Polizeibehörden haben stets bei Erlaß eines Steckbriefes die Niederlegung einer Steckbriefnachricht bei dem Strafregister zu bewirken, falls nicht aus besonderen Gründen eine solche Maßnahme unnötig oder unangemessen erscheint. Es empfiehlt sich jedoch nicht, Steckbriefe in geringfügigen Sachen zu erlassen, es ist vielmehr vor der Bekanntmachung eines Steckbriefes jedesmal sorgfältig zu prüfen, ob die Schwere der Tat oder die Gefährlichkeit des Täters oder andere besondere Umstände eine solche Bekanntmachung angemessen oder erforderlich erscheinen lassen.

Um der bestimmungswidrigen Ausstellung von Heimatscheinen und Staatsangehörigkeitsausweisen (auch Pässen usw.) vorzubeugen, ist von der zur Erteilung zuständigen Behörde in allen nicht etwa schon durch die Einsichtnahme in das Deutsche Fahndungsblatt und in das Zentralpolizeiblatt geklärten Fällen die zuständige Strafregisterbehörde um eine Mitteilung darüber zu ersuchen, ob der Antragsteller sich der Vollstreckung einer in Deutschland gegen ihn erkannten, noch nicht verjährten Strafe entzieht, und ob er — sei es behufs Strafverfolgung, sei es behufs Strafvollstreckung — steckbrieflich verfolgt wird. In einwandfreien Fällen kann von einer derartigen Nachfrage abgesehen werden.

Den zur Erteilung von Ausweispapieren zuständigen Behörden bleibt es unbenommen, sich außerdem, falls es notwendig erscheint, auf anderem Wege, z. B. durch Rückfrage bei der Polizeibehörde des Geburtsortes, des letzten Wohnsitzes oder des letzten Aufenthaltsortes des Antragstellers, Gewißheit darüber zu verschaffen, ob dem Antrage keine Bedenken entgegenstehen.

Durch derartige Rückfragen ist — falls erforderlich — auch festzustellen, ob nicht einer der in II Ziffer 2 aufgeführten Versagungsgründe vorliegt.

2. Für Heimatscheine gilt außerdem die Beschränkung, daß sie ausgestellt werden dürfen

a) Personen männlichen Geschlechts, die noch nicht wehrpflichtig sind, d. h. das 17. Lebensjahr noch nicht vollendet haben, nur für die Zeit bis zum Eintritt ihrer Militärpflicht, d. h. bis zum 1. Januar desjenigen Kalenderjahres, in dem sie das 20. Lebensjahr vollenden;

b) Wehrpflichtigen, die sich noch nicht im militärpflichtigen Alter befinden, für eine über den Zeitpunkt des Eintritts in dieses Alter hinausliegende Zeit nur insoweit, als sie eine Bescheinigung des Zivilvorsitzenden der Ersatzkommission ihres Gestellungsortes darüber erbringen, daß ihrer Abwesenheit für die beabsichtigte Dauer gesetzliche Hindernisse nicht entgegenstehen (Wehrordnung § 107 Ziffer 1);

c) Militärpflichtigen (§ 22 der Wehrordnung) nur beim Nachweise ihrer Zurückstellung und für die Dauer derselben;

d) Wehrpflichtigen, über deren Dienstpflicht endgültige Entscheidung getroffen ist, nur, wenn sie sich über die Erfüllung ihrer militärischen Pflichten ausweisen können.

In Abweichung von den Bestimmungen zu 2a bis d kann nach Einholung einer Äußerung der Ersatz- bzw. Militärbehörde die Erteilung des Heimatscheines ausnahmsweise erfolgen, wenn dies die Landespolizeibehörde (Regierungspräsident, für den Landespolizeibezirk Berlin der hiesige Polizeipräsident) durch besondere Umstände für gerechtfertigt erachtet.

3. Eine Beschränkung dahin, daß Heimatscheine etwa nur nach Ländern erteilt werden dürfen, welche den Aufenthalt (z. B. auf Grund von Niederlassungsverträgen) oder eine Rechtshandlung von der Beibringung eines solchen Scheines abhängig machen, tritt auch künftig nicht ein. Es kann vielmehr nach wie vor ein Heimatschein erteilt werden, gleichviel nach welchem Staate hin er beantragt wird, und ob der Antrag erfolgt, weil die Behörden des Aufenthaltsstaates die Beibringung eines Heimatscheins verlangen oder weil lediglich der Gesuchsteller seinerseits ein Interesse daran hat, im Besitz eines Ausweises über seine Staatsangehörigkeit bzw. die Reichsangehörigkeit zu sein.

III. Formulare.

1. Für Heimatscheine und Staatsangehörigkeitsausweise sind durch Bundesratsbeschluß vom 27. November 1913 anderweit einheitliche Muster festgesetzt worden (Zentralblatt für das Deutsche Reich S. 1208 und 1210). Es dürfen künftig nur noch diesen Mustern entsprechende Formulare verwandt werden, die, wie bisher, durch die Regierung in Arnsberg (seitens des hiesigen Polizeipräsidenten direkt) von der Reichsdruckerei zu beziehen sind (vgl. Runderlaß vom 17. Dezember v. Js.).

Zu Heimatscheinen sind für Familien und für Einzelpersonen besondere Formulare (vgl. Vordrucke 12 bis 19) zu verwenden. Vor der Miteintragung von Söhnen der Gesuchsteller muß aber besonders auf deren Militärpflicht geachtet werden.

Die Rückseite der Formulare zu Staatsangehörigkeitsausweisen (Vordrucke 5 bis 9) kann, wie seither, zur Bezeichnung der Ehefrau und Kinder benutzt werden, auf die sich der Ausweis mit beziehen soll.

2. Alle Heimatscheine und Staatsangehörigkeitsausweise sind mit der Amtsbezeichnung und dem Siegel des Regierungspräsidenten (Polizeipräsidenten von Berlin) auszustellen. Sofern sie nicht von diesem selbst oder seinem Stellvertreter ausgefertigt werden, müssen sie außer dem Siegel des Regierungspräsidenten — dessen Unterschrift in diesem Falle unentbehrlich ist — folgenden Vermerk tragen:

Ausgefertigt im Auftrage des Königlichen Regierungspräsidenten
zu ....
Der (z. B. Landrat des Kreises N.)
(Siegel) (Unterschrift)

IV. Gültigkeitsdauer.

Staatsangehörigkeitsausweise werden auch künftig ohne Zeitbeschränkung erteilt.

Der Zeitraum, bis zu welchem die Gültigkeit eines Heimatscheins bemessen werden darf, ist jetzt durch den Bundesratsbeschluß vom 27. November v. Js. (Zentralbl. f. d. D. R. S. 1201) auf zehn Jahre bemessen. Der ausfertigenden Behörde bleibt es überlassen, innerhalb dieses Zeitraumes auch eine kürzere Gültigkeitsdauer der Heimatscheine zu bestimmen. Eine solche Einschränkung muß erfolgen, soweit die Militärverhältnisse des Antragstellers und eventuell seiner Söhne dazu Anlaß geben (vgl. oben II Nr. 2).

V. Erneuerung.

Anträgen auf Erneuerung abgelaufener Heimatscheine ist zu entsprechen, sofern keiner der unter II Nr. 1 und 2 angegebenen Umstände entgegensteht, jedoch nur durch die Erteilung neuer, nicht etwa durch Verlängerung der Gültigkeit früher erteilter Scheine.

VI. Stempelpflicht.

Heimatscheine und Staatsangehörigkeitsausweise unterliegen nach Pos. 77 des Stempeltarifs in der Fassung des Gesetzes vom 26. Juni 1909 (Gesetzsamml. S. 587) einer Stempelsteuer von 3 *M*. Ausfertigungsgebühren sind nicht zu erheben.

VII. Zustellung.

Staatsangehörigkeitsausweise können den Antragstellern unmittelbar zugesandt werden.

Heimatscheine sind in der Regel durch das zuständige Konsulat (für die Niederlande durch das Kaiserliche Generalkonsulat in Amsterdam) zuzustellen. Wegen der versuchsweise angeordneten unmittelbaren

Übersendung von Heimatscheinen an in der Schweiz lebende Staatsangehörige wird jedoch auf den Runderlaß vom 12. August v. Js. verwiesen.

VIII. Eilbedürftigkeit.

Anträge auf Erteilung oder Neuerteilung von Heimatscheinen sind stets als Eilsachen zu behandeln und so schnell zu erledigen, als sich mit der gebotenen sorgfältigen Prüfung der einschlägigen Verhältnisse irgend vereinbaren läßt. Auch über die Anträge auf Erteilung von Staatsangehörigkeitsausweisen ist möglichst bald zu entscheiden.

IX. Ausfertigung.

Bei der Ausfertigung der Ausweise ist mit der größten Sorgfalt zu verfahren. Korrekturen durch Überschreiben oder Radieren und sonstige Änderungen, die zu Zweifeln an der Echtheit der Urkunde Anlaß geben können, sind unstatthaft. Fehlerhaft ausgefertigte Formulare müssen kassiert und durch neue ersetzt werden.

X. Aufhebung früherer Bestimmungen.

Alle bisherigen Vorschriften über die Erteilung von Heimatscheinen und Staatsangehörigkeitsausweisen, insbesondere der Runderlaß vom 25. Juli 1898 (Min.-Bl. f. d. i. V. S. 150), werden hiermit aufgehoben.

Eure (Tit.) ersuche ich ergebenst, die in Betracht kommenden Behörden hiernach gefälligst schleunigst mit der erforderlichen Anweisung zu versehen.

Berlin, den 12. Januar 1914.

Der Minister des Innern.
Im Auftrage: v. Jarotzky.

An die Herren Regierungspräsidenten und den Herrn Polizeipräsidenten hier.

II. Teil.

Ausländische Gesetzgebung.

Argentinien.

Gesetz über das Staatsbürgerrecht vom 1. Oktober 1869.

Erster Titel.

Von den Argentiniern.

Art. 1.

Argentinier sind:

1. Alle Personen, welche auf dem Gebiete der Republik geboren sind oder künftig geboren werden, welchem Staate auch immer ihre Eltern angehören mögen, ausgenommen sind die Kinder fremder Gesandten und der Mitglieder der bei der Republik beglaubigten Gesandtschaften.

2. Die im Ausland geborenen Kinder geborener Argentinier, welche für ihr ursprüngliches Staatsbürgerrecht optieren.

3. Die in den Gesandtschaften und auf den Kriegsschiffen der Republik geborenen Personen.

4. Die Eingeborenen derjenigen Freistaaten, die einen Teil der vereinigten Provinzen von Rio de la Plata bilden, falls sie vor der Emanzipation dieser Provinzen geboren sind, und, nachdem sie auf argentinischem Staatsgebiet einen Wohnsitz begründet haben, erklären, Argentinier sein zu wollen.

5. Die in neutralen Meeren (d. h. auf hoher See) unter argentinischer Flagge geborenen Personen.

Zweiter Titel.

Von der Erwerbung des Bürgerrechts durch Naturalisation.

Art. 2.

Durch Naturalisation erwerben das Bürgerrecht:

1. Die über 18 Jahre alten Ausländer, die 2 Jahre lang ununterbrochen in der Republik gewohnt haben und vor dem Bundesrichter ihres Bezirks ihren Willen kundgeben, Argentinier werden zu wollen.

2. Ausländer, welche vor dem genannten Richter nachweisen, daß sie, von welcher Dauer auch ihr Wohnsitz sei, einen der nachfolgenden Dienste geleistet haben:

a) Öffentliche Ämter des Staates oder der Provinzen, im In- oder Ausland, in ehrenhafter Weise versehen haben;

b) im Heer oder in der Marine gedient oder an einem kriegerischen Akt zur Verteidigung des Staates teilgenommen haben;

c) im Lande eine neue Industrie begründet oder eine nützliche Erfindung eingeführt haben;

d) als Unternehmer oder Erbauer von Eisenbahnen in einer der Provinzen der Republik sich betätigen;

e) in einer der begründeten oder späterhin auf nationalem oder provinziellem Boden sich bildenden Kolonien Grundbesitz haben;

f) Territorien des Staates in seinen gegenwärtigen Grenzen oder außerhalb derselben bewohnen oder bevölkern;

g) sich in einer der Provinzen der Republik mit einer Argentinierin verheiratet haben.

Art. 3.

Söhne eines naturalisierten Staatsbürgers, welche im Zeitpunkt der Naturalisation ihres Vaters minderjährig sind, können, wenn sie im Ausland geboren sind, die Naturalisationsurkunde von dem Bundesrichter selbst auch auf Grund der Tatsache erhalten, daß sie sich innerhalb der gesetzlichen Frist in die Nationalgarde aufnehmen lassen.

Art. 4.

Söhne eines im Ausland naturalisierten Staatsbürgers, welche daselbst nach der Naturalisation ihres Vaters geboren sind, können das argentinische Bürgerrecht erwerben, wenn sie in die Republik zurückkehren und sich in dem gesetzlich bestimmten Alter in die Nationalgarde aufnehmen lassen.

Dritter Titel.

Voraussetzungen und Verfahren zu Erwerbung der Naturalisationsurkunde.

Art. 5.

Die im Ausland geborenen Kinder geborener Argentinier, die für ihre angestammte Nationalität optieren wollen, müssen ihre Eigenschaft als Kinder von Argentiniern vor dem zuständigen Bundesrichter nachweisen.

Art. 6.

Ausländer, die den in den vorhergehenden Artikeln erwähnten Voraussetzungen genügen, sollen die Naturalisationsurkunde erhalten. Sie wird ihnen von dem Bundesrichter des Bezirks erteilt, bei dem sie ihren Antrag gestellt haben.

Fünfter Titel.
Allgemeine Bestimmungen.

Art. 10.

Die Naturalisationsurkunde und das zu ihrer Erlangung vorgeschriebene Verfahren sind kostenlos.

Sechster Titel.
Übergangsbestimmungen.

Art. 12.

Die Kinder geborener Argentinier, sowie die Ausländer, die zurzeit die politischen Rechte der Argentinier genießen, werden als geborene oder naturalisierte Bürger betrachtet, ohne daß sie irgend welchen Voraussetzungen, die dieses Gesetz vorsieht, genügen müßten. Sie haben sich nur in das öffentliche Bürgerverzeichnis eintragen zu lassen.

Belgien.

Loi sur la Naturalisation du 6 août 1881.

Art. 1.

La naturalisation ordinaire confère à l'étranger tous les droits civils et politiques attachés à la qualité de Belge, à l'exception des droits politiques pour l'exercice desquels la Constitution ou les lois exigent la grande naturalisation.

Art. 2.

Pour pouvoir obtenir la grande naturalisation, il faut:

1. être âgé de 25 ans accomplis;
2. être marié, ou avoir retenu un ou plusieurs enfants de son mariage;
3. avoir résidé en Belgique pendant dix ans au moins.

Ce délai sera de cinq ans, au lieu de dix, pour l'étranger qui a épousé une Belge ou qui a retenu de son mariage avec une Belge un ou plusieurs enfants.

La grande naturalisation ne pourra être accordée aux étrangers non mariés, ou veufs sans enfants, que lorsqu'ils auront atteint l'âge de 50 ans et qu'ils auront quinze ans de résidence dans le pays.

Elle pourra être conférée également, sans autre condition, pour services éminents rendus à l'Etat.

Les étrangers habitant le Royaume, nés en Belgique, qui auraient négligé de faire la déclaration prescrite par l'article 9 du Code civil, sont recevables à demander la grande naturalisation, sans remplir les conditions prescrites aux §§ 1, 2 et 3 du présent article.

Art. 3.

La naturalisation ordinaire, hors le cas prévu par l'article 4 ne sera accordée qu'à ceux qui auront accompli leur 21e année, et qui auront résidé pendant cinq ans en Belgique.

Art. 4.

La naturalisation du père assure à ses enfants mineurs la faculté de jouir du même avantage, pourvu qu'ils déclarent dans l'année de leur majorité, devant l'autorité communale du lieu où ils ont leur domicile ou leur résidence, conformément à l'article 8, que leur intention est de jouir du bénéfice de la présente disposition.*)

La déclaration pourra être fait dès l'âge de 18 ans accomplis, tant par les jeunes gens désignés ci-dessus que par ceux qui ont, en vertu de toute autre loi en vigueur, le droit d'opter à leur majorité, pour la nationalité Belge, avec le consentement du père, ou, à défaut du père, avec celui de la mère, ou, à défaut de père et de mère, avec l'autorisation des autres ascendants ou de la famille, donnée suivant les conditions prescrites pour le mariage au Chapitre 1er du titre 5 du livre 1er du Code Civil.

Le consentement du père ou de la mère, de même que celui des autres ascendants, sera donné soit verbalement lors de la déclaration, soit par acte authentique.

Mention expresse de ce consentement ou de l'autorisation de la famille sera faite dans l'acte dressé pour constater l'option.

Les enfants et descendants majeurs de celui qui a obtenu la naturalisation peuvent obtenir la même faveur sans être astreints aux conditions requises par les articles 2 et 3 de la présente loi.

Si le père est décédé, la naturalisation de la mère assure à ses enfants ou descendants les avantages énoncés au présent article.

Art. 5.

Nul n'est admis à la naturalisation qu'autant qu'il en ait formé la demande par écrit.

---

*) Abs. 2, 3 und 4 sind durch Artikel 2 des Gesetzes vom 16. Juli 1889 eingefügt.

La demande devra être signée par la personne qui la forme ou par son fondé de procuration spéciale et authentique. Dans ce dernier cas, la procuration sera jointe à la demande.

Art. 6.

Toute demande en naturalisation, ainsi que toute proposition du Gouvernement ayant le même objet, sera envoyée, par chaque Chambre, à une Commission qui présentera l'analyse de la demande et des pièces y annexées.

Sur le rapport de la Commission, chaque Chambre décidera sans discussion et au scrutin secret, s'il y a lieu de prendre en considération, il sera immédiatement procédé à la discussion et au vote publics.

Art. 7.

Dans les huit jours qui suivront la sanction royale du vote des Chambres admettant la demande, le ministre de la justice délivrera à l'impétrant une expédition certifiée conforme de l'acte de naturalisation.

Art. 8.

L'impétrant, muni de cette expédition, se présentera devant le Bourgmestre du lieu de son domicile ou de sa résidence et déclarera qu'il accepte la naturalisation qui lui est conférée.

Il sera immédiatement dressé procès-verbal de cette déclaration dans un registre à ce destiné.

Art. 9.

La déclaration prescrite par l'article précédent sera faite, sous peine de déchéance, dans les deux mois à compter de la date de la sanction royale.

Art. 10.

L'autorité communale enverra dans les huit jours au ministre de la justice une expédition dûment certifiée de l'acte d'acceptation.

Art. 11.

L'acte de naturalisation ne sera inséré au „Moniteur" que sur le vu de cette expédition, dont la date sera également insérée au „Moniteur".

Art. 12.

La loi du 27 septembre 1835, est abrogé, à l'exception des articles 14, 15 et 16.*)

---

*) Articles 14 à 16 de la Loi du 27 septembre 1835, sur la Naturalisation.

Art. 14. Seront réputés Belges les individus qui, à l'époque du 20 novembre 1815, étaient domiciliés depuis dix ans accomplis dans les communes détachées de la France et réunies au Royaume de Pays-Bas, en conséquence

Promulguons la présente loi, ordonnons qu'elle soi revêtue du sceau de l'Etat et publiée par la voie du „Moniteur“.

Donné à Laeken, le 6 août 1881.

Par le roi: Léopold.

Le Ministre de la Justice,
Jules Bara.

Scellé du sceau de l'Etat:
Le Ministre de la Justice,
Jules Bara.

Loi du 15 août 1881 accordant la qualité de Belge aux enfants nés Belgique de parents légalement inconnus.

Article unique.

Il est décidé, en vertu du droit d'interprétation que l'article 28 de la Constitution accorde au pouvoir législatif, que les enfants nés en Belgique de parents légalement inconnus, sont réputés Belges.

Loi relative à l'acquisition de la qualité de Belge.

Léopold II, Roi des Belges,
A tout présents et à venir, Salut.
Les Chambres ont adopté et Nous sanctionnons ce qui suit:

Art. 1.

L'individu né en Belgique d'un étranger qui n'aura pas fait devant l'autorité compétente, dans l'année qui a suivi l'époque de sa majorité, la déclaration prescrite par l'article 9 du Code civil, ou qui aura fait une déclaration nulle ou insuffisante, sera, s'il a satisfait, en Belgique,

---

du Traité de Paris du dit jour, 20 Novembre 1815, autres que celles ayant fait partie des neuf départements réunis, à la charge par eux de faire, dans le délai d'un an, la déclaration mentionnée à l'Article 10, et pourvu qu'ils aient continué de résider en Belgique.

Art. 15. Les étrangers qui ont obtenu l'indigénat ou la naturalisation sous le Gouvernement de Pays-Bas, ne jouiront en Belgique des droits que ces actes leur ont conférés, qu'autant qu'ils y étaient domiciliés au 1er Décembre 1839, et qu'ils y ont depuis lors conservé leur domicile.

Art. 16. Les étrangers qui, dans le cas prévu par l'Article 133 de la Constitution, n'ont pas fait la déclaration prescrite par cet Article, pourront obtenir du Pouvoir Législatif la grande naturalisation, en justifiant que, par des circonstances indépendantes de leur volonté, ils ont été empêchés de faire cette déclaration dans le terme prescrit.

aux obligations de la loi de milice, admis à faire encore sa déclaration dans le délai de deux années à compter du jour de la publication de la présente loi.

Art. 2.

Sera, dans le même délai de deux années, admis à recouvrer la qualité de Belge, en remplissant les formalités prescrites par l'article 1er de la loi du 4 juin 1839, tout individu qui, ayant pu conserver cette qualité aux termes de cette loi, l'aura perdue en ne faisant pas la déclaration requise ou en ne faisant qu'une déclaration nulle ou insuffisante.

Art. 3.

Sera aussi admis, dans le même délai de deux années, à réclamer la qualité de Belge, en remplissant les formalités prescrites par la loi du 22 septembre 1835, tout habitant des provinces septentrionales de l'ancien royaume des Pays-Bas qui, résidant en Belgique avant le 7 février 1831 et ayant, depuis lors, continué d'y résider, n'aura pas fait la déclaration prescrite par cette loi ou n'aura fait qu'une déclaration nulle ou insuffisante.

Art. 4.

Sera également admis, dans le même délai de deux années, à faire la déclaration prévue à l'article 4, § 1er, de la loi du 6 août 1881, tout individu dont le père ou la mère veuve a obtenu la naturalisation et qui n'aura pas fait, dans l'année de sa majorité, pareille déclaration ou n'aura fait qu'une déclaration nulle ou insuffisante.

Art. 5.

Ceux qui deviendront Belges dans les cas prévus par les articles précédents ne pourront se prévaloir de cette qualité qu'après avoir rempli les conditions qui leur sont imposées par ces articles et seulement pour l'exercice des droits ouverts à leur profit depuis cette époque.

Art. 6.

Les enfants et descendants majeurs de ceux qui sont admis à devenir Belges en vertu des articles 1er à 3, pourront réclamer la qualité de Belge dans le délai de deux années à compter de la publication de la présente loi, en remplissant les formalités prescrites par les lois citées.

Leurs enfants et leurs descendants mineurs seront admis à faire cette réclamation, moyennant l'accomplissement des mêmes formalités, dans l'année qui suivra l'époque de leur majorité.

Art. 7.

La présente loi sera obligatoire dès le lendemain de sa publication au Moniteur.

Promulguons la présente loi, ordonnons qu'elle soi revêtue du sceau de l'Etat et publiée par la voie du Moniteur.

Donné à Laeken, le 25 mars 1894.
Léopold.

Par le roi:
Le Ministre de la justice,
Jules Le Jeune.

Scellé du sceau de l'Etat:
Le Ministre de la justice,
Jules Le Jeune.

Loi concernant les étrangers.

Léopold II, Roi des Belges.
A tous présents et à venir, Salut.

Art. 1.

L'étranger résidant en Belgique qui par sa conduite compromet la tranquillité publique, ou celui qui est poursuivi ou qui a été condamné à l'étranger pour les crimes ou délits qui donnent lieu à l'extradition, peut être contraint par le gouvernement de s'éloigner d'un certain lieu, d'habiter dans un lieu déterminé, ou même de sortir du royaume.

L'arrêté royal enjoignant à un étranger de sortir du royaume parce qu'il compromet la tranquillité publique sera délibéré en conseil des Ministres.

Art. 2.

Les dispositions de l'article précédent ne pourront être appliquées aux étrangers qui se trouvent dans un des cas suivants, pourvu que la nation à laquelle ils appartiennent soit en paix avec la Belgique:

1. A l'étranger autorisé à établir son domicile dans le royaume;
2. A l'étranger marié avec une femme belge dont il a un ou plusieurs enfants nés en Belgique pendant sa résidence dans le pays;
3. A l'étranger qui, marié avec une femme belge, a fixé sa résidence en Belgique depuis plus de cinq ans et a continué à y résider d'une manière permanente;
4. A l'individu né en Belgique d'un étranger et qui y réside, lorsqu'il se trouve dans le délai d'option prévu par l'article 9 du Code civil.

Art. 3.

L'arrêté royal, porté en vertu de l'article 1er, sera signifié par huissier à l'étranger qu'il concerne.

Il sera accordé à l'étranger un délai qui devra être d'un jour franc au moins.

Art. 4.

L'étranger qui aura reçu l'injonction de sortir du royaume sera tenu de désigner la frontière par laquelle il sortira; il recevra une feuille de route réglant l'itinéraire de son voyage et la durée de son séjour dans chaque lieu où il doit passer. En cas de contravention à l'une ou à l'autre de ces dispositions, il sera conduit hors du royaume par la force publique.

Art. 5.

Le gouvernement pourra enjoindre de sortir du territoire du royaume à l'étranger qui quittera la résidence qui lui aura été designée.

Art. 6.

Si l'étranger auquel il aura été enjoint de sortir du royaume rentre sur le territoire, il pourra être poursuivi, et il sera condamné, pour ce fait, à un emprisonnement de quinze jours à six mois, et, à l'expiration de sa peine, il sera conduit à la frontière.

Art. 7.

Il sera rendu compte annuellement aux Chambres de l'exécution de la présente loi.

Art. 8.

La présente loi ne sera obligatoire que jusqu'au 1er février 1888, à moins qu'elle ne soit renouvelée.

Art. 9.

Les arrêtés d'expulsion pris en vertu de lois antérieures sont maintenus.

Art. 10.

La présente loi sera obligatoire le lendemain de sa publication.

Promulguons la présente loi, ordonnons qu'elle soit revêtue du sceau de l'Etat et publiée par la voie du Moniteur.

Donné à Laeken, le 12 février 1897.

Léopold.

Loi sur l'acquisition et la perte de la nationalité.

Léopold II, Roi des Belges,

A tous présents et à venir, Salut.

Les Chambres ont adopté et Nous sanctionnons ce qui suit:

Art. 1er.

Sont Belges:

1. L'enfant né, même en pays étranger, soit d'un père belge, soit d'une mère belge, quand le père n'a pas de nationalité déterminée;

2. L'enfant né d'un étranger, après la dissolution du mariage, si la mère possède la qualité de Belge au moment de la naissance.

Art. 2.

L'enfant naturel, âgé de moins de vingt et un ans accomplis, dont la filiation est établie par reconnaissance ou par jugement, suit la nationalité de celui des parents à l'égard duquel la preuve a d'abord été faite.

Si cette preuve résulte pour le père et pour la mère du même acte ou du même jugement ou d'actes concomitants, l'enfant suit la nationalité du père.

Art. 3.

Il est pris égard à l'époque de la conception, de préférence à l'époque de la naissance, lorsque la nationalité des parents de l'enfant, à la première de ces époques, a pour conséquence de faire attribuer à celui-ci la qualité de Belge.

Art. 4.

Est Belge, l'enfant, né en Belgique, soit de parents légalement inconnus, soit de parents sans nationalité déterminée.

L'enfant trouvé en Belgique est présumé, jusqu'à preuve contraire, être né sur le sol belge.

Art. 5.

L'étrangère qui épouse un Belge, ou dont le mari devient Belge, suit la condition de son mari.

Art. 6.

Les enfants mineurs non mariés de l'étranger qui acquiert volontairement la nationalité belge deviennent Belges. Ils peuvent toutefois, dans l'année qui suit l'époque de leur majorité, renoncer à la nationalité belge en déclarant qu'ils veulent recouvrer la nationalité étrangère.

Art. 7.

Deviennent Belges, à l'expiration de leur vingt-deuxième année, si, pendant cette année, ils ont eu leur domicile en Belgique et n'ont pas déclaré leur intention de conserver la nationalité étrangère:

1. L'enfant, né en Belgique, de parents étrangers dont l'un y est né lui-même ou y était domicilié depuis dix ans sans interruption;

2. L'enfant, né en Belgique, d'un étranger, et qui est domicilié dans le royaume depuis six ans sans interruption.

Art. 8.

Peut toujours acquérir la qualité de Belge, l'enfant né d'un père ou d'une mère qui aurait perdu cette qualité, pourvu qu'il déclare que son intention est de fixer son domicile en Belgique et qu'il l'y établisse effectivement dans l'année à compter de cette déclaration.

Art. 9.

Peut acquérir la qualité de Belge, dans sa vingt-deuxième année, l'enfant, né en Belgique, d'un étranger, moyennant l'accomplissement des formalités prescrites par l'article précédent.

Art. 10.

L'étranger qui a obtenu la naturalisation devient Belge.

Art. 11.

Perdent la qualité de Belge:

1. Celui qui acquiert volontairement une nationalité étrangère;

2. La femme qui épouse un étranger d'une nationalité déterminée ou dont le mari acquiert volontairement une nationalité étrangère, si celle-ci est également acquise à la femme en vertu de la loi étrangère;

3. Les enfants mineurs non mariés d'un Belge qui acquiert volontairement une nationalité étrangère, si, par ce fait, ils obtiennent la nationalité de leur auteur.

Art. 12.

L'enfant né à l'étranger d'un Belge, qui lui-même est né à l'étranger, peut toujours décliner la nationalité belge s'il a aquis de plein droit la nationalité étrangère.

Art. 13.

Celui qui a perdu la qualité de Belge peut toujours la recouvrer, pourvu qu'il n'ait pas cessé de résider en Belgique ou qu'il y rentre avec l'autorisation du Roi; que, dans les deux cas, il déclare que son intention est de fixer son domicile en Belgique et qu'il l'y établisse effectivement dans l'année à compter de cette déclaration.

La femme qui a perdu la qualité de Belge par application de l'article 11, 2, peut toujours la recouvrer, comme il est dit ci-dessus, après la dissolution du mariage.

Les enfants qui ont perdu la qualité de Belge par application de l'article 11, 3, peuvent toujours la recouvrer après l'accomplissement de leur 21e année, en se conformant aux dispositions de l'article 8.

Art. 14.

Les enfants mineurs seront admis à faire la déclaration prévue aux articles 6, 7, 8, 9, 12 et 13 dès l'âge de 18 ans accomplis, avec le consentement du père ou, à défaut du père, avec celui de la mère, ou, à defaut de père et de mère avec l'autorisation des autres ascendants ou de la famille, donnée suivant les conditions prescrites pour le mariage au chapitre 1er du titre V du livre 1er du Code civil.

Le consentement du père, de la mère ou des autres ascendants sera donné soit verbalement lors de la déclaration, soit par acte authentique.

Mention expresse de ce consentement ou de l'autorisation de la famille sera faite dans l'acte dressé pour constater l'option.

En cas d'indigence, l'acte de consentement pourra être reçu par l'officier de l'état civil du domicile des ascendants et, à l'étranger, par les autorités qui ont compétence pour recevoir cet acte, ainsi que par les agents diplomatiques, les consuls et les vice-consuls de la Belgique.

Art. 15.

Les déclarations de nationalité seront faites, soit devant l'officier de l'état civil du lieu de la résidence en Belgique, soit devant les agents diplomatiques ou consulaires de la Belgique à l'étranger. Elles pourront être faites par procuration spéciale et authentique.

Elles sont inscrites dans des registres soumis aux dispositions des articles 40 à 45 et 50 à 54 du Code civil.

Art. 16.

Les articles 9, 10, 12, 17, 18, 19 et 20 du Code civil, ainsi que l'article 1er de la loi du 16 juillet 1889, sont abrogés.

Dispositions transitoires.

Art. 17.

Sont Belges ceux qui, nés en Belgique d'un père né lui-même dans le royaume et y domiciliés depuis dix ans au moment de la publication de la présente loi, ont omis de faire la déclaration prévue par l'article 9 du Code civil,*) à moins que, dans un délai de deux ans à partir de cette publication, ils ne déclarent leur intention de conserver la nationalité étrangère.

Art. 18.

Les individus nés en Belgique, qui auraient omis de faire la déclaration prévue à l'ancien article 9 du Code civil,*) pourront, dans un

---

*) Dieser lautete:
Tout individu né en Belgique d'un étranger pourra, dans l'année qui suivra l'époque de sa majorité, réclamer la qualité de Belge, pourvu que, dans le cas où il résiderait en Belgique, il déclare que son intention est d'y fixer son domicile et que, dans le cas où il résiderait en pays étranger, il fasse

délai de deux ans à partir de la publication de la présente loi, acquérir la qualité de Belge, moyennant l'accomplissement des formalités prescrites par l'article 8.

Promulguons la présente loi, ordonnons qu'elle soit revêtue du sceau de l'Etat et publiée par le Moniteur.

Donné à Laeken, le 8 juin 1909. LEOPOLD.

Par le Roi: Le Ministre de la justice, L. de Lantsheere.

Scellé du sceau de l'Etat: Le Ministre de la justice, L. de Lantsheere.

(Publié par le Moniteur du 17 juin 1909, no. 168.)

Belgisch-Kongo.

Nationalité. — Décret du 27 décembre 1892.

Art. 1.

La nationalité congolaise s'acquiert: par la naissance sur le territoire de l'Etat de parents congolais, par la naturalisation, par la présomption de la loi et par l'option.

Art. 2.

La naturalisation est personnelle à celui qui l'obtient. Toutefois, la femme dont le mari a obtenu la naturalisation et l'enfant mineur né avant la naturalisation d'un père naturalisé, deviennent Congolais si, par ce fait, ils ont perdu leur nationalité.

Art. 3.

L'étranger âgé de vingt et un ans, qui veut obtenir la naturalisation, doit adresser sa demande au Roi-Souverain ou aux fonctionnaires délégués par lui à cet effet.

Art. 4.

Est Congolais l'enfant né sur le sol de l'Etat de parents légalement inconnus ou sans nationalité déterminée. — L'enfant trouvé sur le sol

---

sa soumission de fixer en Belgique son domicile, et qu'il l'y établisse dans l'année, à compter de l'acte de soumission.

La déclaration pourra être faite dès l'âge de 18 ans accomplis, avec le consentement du père, ou, à défaut du père, avec celui de la mère, ou, à défaut de père et de mère, avec l'autorisation des autres ascendants ou de la famille, donnée suivant les conditions prescrites pour le mariage au chapitre 1er du titre V du livre 1er.

Le consentement du père ou de la mère, de même que celui des autres ascendants, sera donné soit verbalement lors de la déclᵘration, soit par acte authentique.

Mention expresse de ce consentement ou de l'autorisation de la famille sera faite dans l'acte dressé pour constater l'option.

congolais est présumé, jusqu'à preuve contraire, né sur ce sol. — L'enfant naturel, dont la filiation est établie pendant sa minorité, suit la condition de son père si la reconnaissance par ses auteurs résulte d'un seul et même acte; si non, il suit la condition de celui de ses parents qui le premier l'a reconnu.

Art. 5.

L'enfant né sur le sol de l'Etat, d'un étranger, peut, dans l'année qui suit l'époque de sa majorité, requérir la qualité de Congolais par une déclaration expresse de son intention à cet égard. — Si l'enfant a été domicilié au Congo durant l'année qui suit l'époque de sa majorité et pendant les trois années précédentes, l'intention d'acquérir la qualité de Congolais est présumée exister à la fin de ce terme, sauf déclaration contraire de volonté.

Art. 6.

Jouiront de tous les droits civils reconnus par la loi aux non-indigènes: 1. les individus qui auront obtenu la naturalisation; 2. les nationaux dont la naissance ou la reconnaissance aura été régulièrement inscrite sur les registres de l'état civil; ceux qui auront recouru au ministère des officiers d'état civil pour faire enregistrer leur mariage; ceux qui auront obtenu de l'autorité publique leur immatriculation aux registres de la population civilisée.

Art. 7.

Nos Secrétaires d'Etat de l'Intérieur et des Affaires étrangères sont chargés, chacun en ce qui le concerne, de l'exécution du présent décret qui entre en vigueur ce jour.

Loi sur la nationalité des indigènes congolais du 21 juin 1904.

Art. 1.

Tout indigène congolais, tant qu'il réside sur le territoire de l'Etat, conserve sa nationalité congolaise, est soumis aux lois de l'Etat et reste traité comme sujet de l'Etat, notamment en ce qui concerne la compétence pénale, l'extradition et l'expulsion, même s'il prétend avoir obtenu, par voie de naturalisation, de résidence à l'étranger ou autrement, une nationalité étrangère ou s'être placé en la dépendance d'une Puissance étrangère.

Art. 2.

L'individu qui, dans le cas de l'article précédent, quitte le territoire de l'Etat sans esprit de retour, doit en donner avis au Gouverneur général, à défaut de quoi il reste tenu à toutes ses obligations légales de sujet congolais.

Loi sur le gouvernement du Congo belge du 18 octobre 1908. (Moniteur 19/20 octobre 1908.)

Chap. 1er.

De la situation juridique. Du Congo belge.

Art. 1.

Le Congo belge a une personnalité distincte de celle de la métropole. Il est régi par des lois particulières . . .

Chap. II.

Des droits des Belges, des étrangers et des indigènes.

4.

Les Belges, les Congolais immatriculés dans la colonie et les étrangers jouissent de tous les droits civils reconnus par la législation du Congo belge. Leur statut personnel est régi par leurs lois nationales en tout qu'elles ne sont pas contraires à l'ordre public.

Les indigènes non immatriculés du Congo belge jouissent des droits civils qui leur sont reconnus par la législation de la colonie et par leur coutumes en tant que celles-ci ne sont contraires ni à la legislation ni a l'ordre public. Les indigènes non immatriculés des contrées voisines leur sont assimilés.

Bolivien.

Verfassung vom 15. Februar 1880.

Sektion IV.

Von den Bolivianern.

Art. 31.

Bolivianer von Geburt sind:

1. diejenigen, die auf dem Gebiete der Republik geboren sind;

2. diejenigen, die im Auslande von im Dienste der Republik stehenden oder politischer Ursachen wegen ausgewanderten Eltern geboren sind, selbst für die Fälle, in welchen das Gesetz die Bedingung der Geburt auf bolivianischem Gebiet erheischt.

Art. 32.

Bolivianer sind auch:

1. die von bolivianischen Eltern im Auslande geborenen Kinder, sobald letztere in Bolivien sich niederlassen;*)

---

*) Die im Ausland von Bolivianern geborenen Kinder sind also, falls sie im ausländischen Staate verbleiben und dort nicht Staatsangehörige geworden sind, heimatlos.

2. die Ausländer, die nach einjährigem Aufenthalt in der Republik vor der Munizipalität ihres Aufenthaltsorts ihren Willen, im Lande sich niederzulassen, kundgeben;

3. die Ausländer, die mittels Privilegs von der Deputiertenkammer den Naturalisationsbrief erhalten haben.

Art. 35.

Das Staatsbürgerrecht geht verloren:

1. Durch Naturalisation in einem auswärtigen Staat.

2. Infolge Verurteilung zu einer Körperstrafe durch die kompetenten Gerichte.

3. Infolge betrügerischen Konkurses.

4. Durch Annahme eines Amtes, amtlicher Funktionen, oder eines Ordens seitens einer fremden Regierung, ohne spezielle Ermächtigung der Regierung.

Bürgerliches Gesetzbuch vom 1. Januar 1831.

Kapitel II.

Von der Entziehung der bürgerlichen Rechte durch den Verlust des bolivianischen Staatsbürgerrechts.

Art. 9.

Das bolivianische Staatsbürgerrecht geht verloren: 1. durch Naturalisation in einem ausländischen Staat; 2. durch Annahme eines öffentlichen Amtes bei einer fremden Regierung ohne Einwilligung der Landesregierung; 3. durch jede Niederlassung in einem auswärtigen Staat in der Absicht, nicht mehr nach Bolivien zurückzukehren. Handelsniederlassungen können nie die Annahme begründen, daß der betreffende Bürger nicht nach Bolivia zurückkehren wolle.

Art. 10.

Der Bolivianer, der sein Bürgerrecht verloren hat, kann es wiedererlangen, indem er, mit Ermächtigung der Regierung nach der Republik zurückgekehrt, die Erklärung abgibt, daß er sich hier niederzulassen gedenke und auf jede dem bolivianischen Recht zuwiderlaufende Auszeichnung verzichtet.

Art. 11.

Die einen Ausländer heiratende Bolivianerin folgt dem Stande ihres Gatten. Falls sie Witwe wird, erwirbt sie das bolivianische Bürgerrecht zurück, wenn sie im Staate wohnt oder dahin zurückkehrt mit der Erklärung, sich hier niederlassen zu wollen.

Art. 12.

Bürger, welche das bolivianische Bürgerrecht in den Fällen der Art. 10 und 11 wiedererwerben, können sich auf dasselbe erst berufen, nachdem sie die ihnen in jenen Artikeln auferlegten Bedingungen erfüllt haben und nur zur Ausübung der ihnen nach diesem Zeitpunkt günstigen Rechte.

Art. 13.

Der Bolivianer, der ohne Erlaubnis der Regierung der Republik in fremden Heeresdienst tritt, oder sich in ein ausländisches Fremdenregiment aufnehmen läßt, verliert das bolivianische Bürgerrecht. Er kann nach der Republik nur mit Zustimmung der Regierung zurückkehren und das bolivianische Bürgerrecht nur wiedererwerben, wenn er die für Ausländer vorgeschriebenen Bedingungen erfüllt, dies unbeschadet der Strafen die das Gesetz den Bolivianern androht, die gegen ihr Vaterland die Waffen tragen oder getragen haben.

Freundschafts- und Handelsvertrag zwischen dem Deutschen Reich und der Republik Bolivia.

(Reichsgesetzblatt 1910 S. 510) vom 22. Juli 1908.

Art. VI.

Die beiden hohen vertragschließenden Teile, von dem Wunsche beseelt, etwaige Schwierigkeiten in betreff der Nationalität zu beseitigen, kommen dahin überein, daß als Deutsche in Bolivien und als Bolivianer in Deutschland anzusehen sind:

Die Deutschen, welche sich in Bolivia und die Bolivianer, welche sich in Deutschland niederlassen und sich die Nationalität ihres Heimatlandes in Gemäßheit der Gesetze desselben bewahrt haben.

Die in Bolivien geborenen Kinder von Deutschen und die in Deutschland geborenen Kinder von Bolivianern haben, wenn sie bei der Vollendung des 21. Lebensjahres die Staatsangehörigkeit in beiden Ländern besitzen, innerhalb eines Jahres das Recht, für sich die eine oder die andere Nationalität zu wählen und sollen von da an alle den Angehörigen der gewählten Nationalität in dem vorliegenden Vertrag eingeräumten Begünstigungen genießen.

Art. VII.

Die in Bolivia geborenen Söhne von Deutschen und die in Deutschland geborenen Söhne von Bolivianern sollen im Hinblick auf das in Art. VI Abs. III vorgesehene Wahlrecht bis zur Vollendung des 21. Lebensjahres nicht zum Militärdienst einberufen werden.

Brasilien.

Dekret Nr. 904 vom 12. November 1902,

regelt die Naturalisation der Ausländer.

Francisco de Assis Roso e Silva, Präsident des Senats, tut allen, welchen Gegenwärtiges zur Kenntnis gelangt, kund und zu wissen, daß der Nationalkongreß das folgende Gesetz erläßt und verkündet:

Art. 1.

Es werden als brasilianische Bürger betrachtet (Verf., Art. 69 §§ 1 bis 6):

§ 1. Die in Brasilien Geborenen, auch wenn der Vater Ausländer ist, sobald er sich nicht im Dienste seiner Nation hier aufhält.

§ 2. Die Kinder eines brasilianischen Vaters und die unehelichen Kinder einer brasilianischen Mutter, die im Auslande geboren sind, wenn sie ihren Aufenthalt in der Republik nehmen.*)

§ 3. Die Kinder eines brasilianischen Vaters, der sich im Dienste der Republik in einem anderen Lande aufhält, auch wenn sie ihren Aufenthalt nicht in Brasilien nehmen.

§ 4. Die Ausländer, welche sich am 15. November 1889 in Brasilien befunden und bis zum 24. August 1891 die Absicht nicht erklärt haben, ihre ursprüngliche Nationalität beibehalten zu wollen, gemäß des Verfahrens, wie es in den Dekreten Nr. 58 A vom 14. Dezember 1889 und vom 15. Mai 1890 vorgeschrieben ist.

§ 5. Die Ausländer, welche Grundbesitz in Brasilien haben, mit Brasilianerinnen verheiratet sind oder Kinder haben, die Brasilianer sind und in Brasilien wohnen, ausgenommen, wenn sie die Absicht kundgeben, ihre Nationalität nicht wechseln zu wollen.

§ 6. Die Ausländer, welche die Naturalisation in Gemäßheit dieses Gesetzes beantragt haben.

Art. 2.

Die naturalisierten Ausländer genießen alle bürgerlichen und politischen Rechte und können irgend ein öffentliches Amt bekleiden oder eine öffentliche Befugnis ausüben.

Einziger §. Ausgenommen sind die Ämter:

I. des Präsidenten und Vize-Präsidenten der Republik;

II. des Senators oder Abgeordneten zum National-Kongreß, ohne

---

*) Sonach sind die in Deutschland geborenen Kinder eines Brasilianers und unehelichen Kinder einer brasilianischen Mutter nicht als Brasilianer anerkannt, solange sie in Deutschland ihren Wohnsitz haben.

daß sie zu dem ersteren seit länger als sechs, zu dem zweiten seit länger als vier Jahren die brasilianische Staatsangehörigkeit erworben haben.

Art. 3.

Die Naturalisation entzieht die Naturalisierten den Verpflichtungen nicht, die sie in ihrem Geburtslande vor ihrem Austritte aus dem Staatsverbande eingegangen waren.

Art. 4.

Es steht ausschließlich dem Präsidenten der Republik zu, Naturalisationstitel an Ausländer zu erteilen, die persönlich oder durch einen Spezialbevollmächtigten darum einkommen.

Art. 5.

Der die Naturalisation Beantragende muß in der an die Bundesregierung zu richtenden Eingabe die erforderlichen Angaben über Abstammung, Geburtsort, Stand, Gewerbe und ebenso über seine eheliche Nachkommenschaft und seinen Wohnort machen; außerdem muß er urkundlich nachweisen:

I. Die Identität der Person;

II. Die gesetzliche Volljährigkeit;

III. Einen mindestens zweijährigen Aufenthalt in Brasilien;

IV. Gute sittliche und bürgerliche Führung, durch Vorlage eines amtlichen Schriftstücks.

Art. 6.

Das Erfordernis des Aufenthaltsnachweises wird erlassen:

I. Dem Ausländer, der mit einer Brasilianerin verheiratet ist;

II. Dem, der Grundbesitz in Brasilien hat;

III. Dem, der Teilhaber an einem industriellen Unternehmen oder Erfinder oder Einführer einer Industrieart ist, die dem Lande Nutzen bringt;

IV. Dem, der sich durch sein Talent und Wissen oder durch seine Fachkenntnisse in irgend einem Industriezweige empfiehlt;

V. Dem Sohne eines naturalisierten Ausländers, der vor der Naturalisation des Vaters außerhalb Brasiliens geboren wurde.

Art. 7.

Für die gesetzlichen Wirkungen haben genügende Beweiskraft die aus den notariellen Büchern der öffentlichen Ämter ausgezogenen Bescheinigungen, sowie die von irgend einer richterlichen, Munizipal- oder Polizeibehörde des Bundes oder der Staaten ausgestellten Atteste.

Art. 8.

Der vom Präsidenten der Republik vollzogene und vom Minister des Innern gegengezeichnete Naturalisationstitel ist auf dem betreffenden

Sekretariat in ein Register einzutragen, sobald der Naturalisierte persönlich oder durch einen Bevollmächtigten eine Bescheinigung über den Empfang desselben ausgestellt hat; die Bewilligung wird als nichtig betrachtet, wenn die Ausfertigung des Titels nicht innerhalb sechs Monaten nach derselben beantragt wird.

Art. 9.

Das Naturalisationsverfahren bezüglich der in den Staaten wohnenden Ausländer erfolgt:

§ 1. Vor dem zuständigen Sekretariat der Staatsregierung, welches dasselbe an den Minister des Innern zum Zwecke der Gewährung und Eintragung des Titels übermittelt; der ausgestellte Titel ist sodann an die erwähnte Staatsregierung einzusenden, um dem Naturalisierten eingehändigt zu werden;

§ 2. Vor dem Vorsitzenden oder Vorsteher der Munizipalverwaltung, der das Verfahren, nachdem er sich darüber geäußert hat, an den Präsidenten oder Gouverneur des Staates zu den im vorhergehenden Paragraphen angegebenen Zwecken zu übermitteln hat.

Art. 10.

Auf dem zuständigen Sekretariat der Staatsregierung soll gleichfalls ein Buch zur Einregistrierung der Naturalisationstitel geführt werden.

Art. 11.

Die Frist zur Verabfolgung der Titel in den Staaten beträgt ein Jahr, vom Datum des Eintreffens desselben im Regierungsamte an gerechnet. Ist die Frist abgelaufen, ohne daß die Aushändigung des Titels nachgesucht wurde, so ist derselbe für die Wirkungen des Art. 8 in fine an das Ministerium des Innern zurückzusenden.

Art. 12.

Unabhängig von jeder Formalität werden Titel, die den Inhaber zum brasilianischen Bürger erklären, allen denjenigen erteilt, die darum nachsuchen und den Beweis erbringen, daß die Bestimmungen im Art. 1 §§ 2, 3, 4 und 5 dieses Gesetzes auf sie anwendbar sind.

§ 1. Der Minister des Innern ist die zuständige Behörde zur Vollziehung der erwähnten Titel. Bei dem Verfahren der Bewilligung und Eintragung derselben in das Register sind die Bestimmungen der Art. 7 und 8 zu beobachten.

§ 2. Für die auf Grund des Art. 69 § 4 der Verfassung stillschweigend naturalisierten Ausländer sollen die folgenden, bis zum Datum des gegenwärtigen Gesetzes ausgestellten Dokumente gleichbedeutend sein mit den Titeln, die den Inhaber zum brasilianischen Bürger erklären:

I. Die Titel als Wähler zu den Bundeswahlen;

II. Die Anstellungsdekrete oder -verordnungen zu öffentlichen Bundes- oder staatlichen Ämtern.

Art. 13.

Die Naturalisation von Ausländern, welche innerhalb oder außerhalb des Landes wegen Mord, Diebstahl, Raub, Bankerott, Fälschung, Schmuggel, Betrug, Falschmünzerei, Kuppelei angeklagt oder verurteilt sind, ist nicht gestattet.

Art. 14.

Die auf die Naturalisation von Ausländern oder auf den Nachweis der brasilianischen Staatsangehörigkeit bezüglichen Schriftstücke sind frei von allen Kosten, Stempelabgaben und Gebühren.

Art. 15.

In der Verordnung, welche die Regierung zur Ausführung dieses Gesetzes erläßt, wird sie außer einem Formular für das Naturalisationsverfahren die erforderlichen Anordnungen treffen, daß in kurzer Frist eine statistische Aufstellung aller im Gebiete Brasiliens wohnenden Ausländer, die auf Grund der Verfassung und der vorhergehenden Gesetze stillschweigend naturalisiert sind, eingerichtet werde.

Art. 16.

Die entgegenstehenden Bestimmungen werden aufgehoben.

Bundessenat, den 12. November 1902.

gez. Francisco de Assis Rosa e Silva.

Dekret Nr. 569 vom 7. Juni 1899

bestimmt die Bedingungen des Verlustes und der Wiedererlangung der politischen Rechte und des Brasilianischen Staatsbürgertums.

(Amtliches Tageblatt Nr. 154 vom 4. Juni 1899.)

Art. 1.

Der Rechte eines brasilianischen Staatsbürgers geht verlustig:

§ 1. Wer sich in einem auswärtigen Lande naturalisieren läßt (Konstitution Art. 71 § 2 Buchstabe a).

§ 2. Wer ohne Zustimmung der Exekutivgewalt des Bundes eine Anstellung oder Pension von einer auswärtigen Regierung annimmt (Konstitution Art. 71 § 2 Buchstabe b).

Art. 2.

Die Exekutivgewalt ist zuständig, über die im gegenwärtigen Gesetze vorgesehenen Fälle zu erkennen und demnächst darüber durch Dekret zu entscheiden.

Art. 3.

Ein Brasilianer, welcher seine brasilianische Staatsangehörigkeit verloren hat, erwirbt dieselbe dadurch wieder zurück (readquire), daß er, nachdem er sich wieder in Brasilien niedergelassen hat, durch Dekret der Exekutivgewalt die Wiederaufnahme erlangt (reintegração).

§ 1. Zu diesem Zweck hat der Gesuchsteller durch Vermittlung des Ministers des Innern oder des Gouverneurs oder des Präsidenten des Staates, in welchem er sich aufhält, ein mit Belegstücken versehenes Gesuch mit beglaubigter Unterschrift an den Präsidenten der Republik zu richten; der Generalstaatsanwalt der Republik kann über dieses Gesuch vernommen werden.

§ 2. Ein Brasilianer, welcher auf diese Weise seine Staatsangehörigkeit wieder erwirbt, ist von da ab im Genusse aller derjenigen Rechte, welche ausschließlich den brasilianischen Staatsangehörigen zustehen.

Art. 4.

Die minderjährigen Kinder eines in seine staatsbürgerlichen Rechte wieder eingesetzten Brasilianers folgen der Rechtslage des Vaters, sobald dies in dem Gesetze des Landes, welchem sie bisher angehört haben, als eine Wirkung der Denaturalisation vorgesehen ist (effeito collectivo da desnaturalização).

Art. 5.

Der sämtlichen politischen Rechte (direitos politicos) gehen verlustig:

§ 1. Die Brasilianer, welche sich auf ihre religiösen Überzeugungen berufen, um sich von irgend einer Leistung frei zu machen, welche etwa die Gesetze der Republik den brasilianischen Staatsbürgern auferlegen sollten (Konstitution Art. 72 § 29).

§ 2. Die Brasilianer, welche eine auswärtige Ordensdekoration oder einen auswärtigen Adelstitel annehmen (Konstitution Art. 72 § 29).

Art. 6.

Die Exekutivgewalt ist in gleicher Weise (offenbar ist hierbei an Art. 2 gedacht) zuständig, diese Strafe durch ein vom Ministerium des Innern ausgefertigtes Dekret zu verhängen.

Art. 7.

Die verlorenen politischen Rechte erwerben wieder zurück:

§ 1. Die Brasilianer, welche, nachdem sie ihre Staatsangehörigkeit verloren hatten, in einem schriftlichen, von zwei Zeugen unterschriebenen Protokoll (termo) vor dem Minister des Innern oder dem Gouverneur oder Präsidenten des Staates, in welchem sie wohnen, die Erklärung abgeben, daß sie bereit sind, die von der Republik ihren Staatsbürgern auferlegten Pflichten nachträglich zu erfüllen.

§ 2. Die Brasilianer, welche, nachdem sie ihre Staatsangehörigkeit verloren hatten, durch ein Protokoll erklären, daß sie auf die Ordensdekoration oder auf den Titel, welche sie angenommen hatten, wieder verzichtet haben. Die betreffende auswärtige Regierung muß hierauf auf dem gewöhnlichen diplomatischen Wege von dem Geschehenen in Kenntnis gesetzt werden.

§ 3. In beiden Fällen hat die Exekutivgewalt, welcher Abschrift des vor dem Gouverneur oder Staatspräsidenten unterzeichneten Protokolls zu übersenden ist, Dekrete zu erlassen, in welche die betreffenden Erklärungen zur Bestätigung mit aufzunehmen sind.

Art. 8.

Alle gegenteiligen Bestimmungen werden aufgehoben.

Bundeshauptstadt, den 7. Juni 1899, im elften Jahre der Republik.

Gez. M. Ferraz de Campos Salles.

Gez. Epitacio da Silva Pessôa.

Bulgarien.

Gesetz, betreffend die bulgarische Staatsangehörigkeit.

Votiert von der 13. ordentlichen Nationalversammlung in ihrer XXXVI. Sitzung vom 19. Dezember 1903 a. St., sanktioniert durch fürstlichen Ukas Nr. 100 vom 31. Dezember a. St. und veröffentlicht in Nr. 3 der bulgarischen Staatszeitung vom 5./18. Januar 1904, mit den durch Gesetz vom 12./25. Januar 1908 und durch Gesetz votiert von der 15. ordentlichen Nationalversammlung in ihrer XXX. Sitzung der I. ordentlichen Session vom 30. November 1911 a. St., sanktioniert durch Königlichen Ukas Nr. 71 vom 3./16. Dezember 1911 und veröffentlicht in Nr. 274 der Bulgarischen Staatszeitung vom 8./21. Dezember 1911 geschaffenen Änderungen.

Kapitel I.

Allgemeine Bestimmungen.

Art. 1.

Die bulgarische Staatsangehörigkeit berechtigt zur Ausübung aller bürgerlichen Rechte. Die politischen Rechte werden nach Maßgabe der Verfassung und des Wahlgesetzes erlangt und gewahrt.

Art. 2.

Als bulgarischer Staatsangehöriger wird jeder betrachtet, der bei der Gründung des Königreichs (damaligen Fürstentums) seinen Wohnsitz innerhalb der Grenzen desselben hatte oder daselbst geboren war.

Art. 3.

Als bulgarischer Staatsangehöriger wird auch angesehen, wer diese Eigenschaft nach der Gründung des Königreichs (damaligen Fürstentums) gemäß den Bestimmungen des gegenwärtigen Gesetzes erworben hat.

Art. 4.

Die bulgarische Staatsangehörigkeit wird erworben durch die Geburt, Naturalisierung oder Heirat.

Kapitel II.

Staatsangehörigkeit durch Geburt.

Art. 5.

Als bulgarischer Staatsangehöriger durch Geburt wird betrachtet:

1. wer in Bulgarien oder im Auslande als Kind bulgarischer Eltern geboren ist.

Illegitime Kinder, deren Abstammung während ihrer Minderjährigkeit durch Anerkennung oder Gerichtsbeschluß festgestellt ist, folgen der Staatsangehörigkeit desjenigen Elternteils, hinsichtlich dessen zu allererst die Abstammung erwiesen ist. Ist die Abstammung in bezug auf den Vater und die Mutter durch ein und denselben Akt oder Gerichtsbeschluß festgestellt worden, so folgt das Kind der Staatsangehörigkeit des Vaters;

2. das im Königreich geborene Kind unbekannter Eltern oder von Eltern unbekannter Staatsangehörigkeit;

3. das im Königreich geborene Kind eines Ausländers, das zur Zeit der Volljährigkeit seinen Wohnsitz im Königreich hat, außer wenn es innerhalb eines Jahres nach Erlangung der Volljährigkeit der bulgarischen Staatsangehörigkeit in der durch die Gesetze des Königreichs vorgeschriebenen Form entsagt hat und durch eine Bescheinigung der Regierung nachweist, daß es die Staatsangehörigkeit der Eltern gewahrt und außerdem, falls nötig, eine Bescheinigung des Inhaltes beigebracht hat, daß den Bestimmungen des Gesetzes, betreffend die Wehrpflicht, in der Heimat der Eltern Genüge geleistet worden ist.

Art. 6.

Jede in Bulgarien geborene Person, welche aber daselbst zur Zeit der Erlangung der Volljährigkeit nicht ihren Wohnsitz hat, kann bis zur

Vollendung des 22. Lebensjahres erklären, daß sie in Bulgarien ihren ständigen Wohnsitz nehmen wird und hat, wenn letzteres in der Tat innerhalb eines Jahres nach Abgabe dieser Erklärung geschieht, alsdann das Recht, durch eine im Justizministerium zu registrierende Eingabe zu verlangen, daß ihr die Eigenschaft eines bulgarischen Staatsangehörigen zuerkannt werde.

Hat die Person das 21. Lebensjahr noch nicht vollendet, so wird die Erklärung in ihrem Namen durch den Vater abgegeben; falls letzterer tot, durch die Mutter, und wenn beide gestorben oder von der Vormundschaft ausgeschlossen sind, durch den Vormund unter Zustimmung des Vormundschaftsrats.

Die Person wird ebenfalls bulgarische Staatsangehörige, wenn sie sich nach Einreihung in die Rekrutenliste vor der Aushebungskommission zwecks Ausmusterung stellt, ohne ihre fremde Staatsangehörigkeit geltend zu machen.

Art. 7.

Wer in Bulgarien oder im Auslande von Eltern geboren ist, von denen der eine Teil die bulgarische Staatsangehörigkeit verloren hat, kann die Verleihung der letzteren in jedem Lebensalter unter den in dem vorhergehenden Artikel angeführten Bedingungen verlangen, sofern er nicht nach seiner Niederlassung in Bulgarien und nach Aufforderung zur Ableistung der Militärpflicht zur Zeit seiner Volljährigkeit eine fremde Staatsangehörigkeit erlangt hat.

Kapitel III.

Staatsangehörigkeit durch Naturalisierung.

Art. 9.

Die bulgarische Staatsangehörigkeit können durch Naturalisierung erlangen:

1. Ausländer, denen gemäß Art. 14 gestattet ist, ihren Wohnsitz im Königreich (Fürstentum) zu nehmen, nach dreijährigem Aufenthalte in demselben, vom Tage der Registrierung des Gesuches an das Ministerium gerechnet;

2. Ausländer, welche nachweisen können, daß sie 10 Jahre ununterbrochen im Königreich zugebracht haben.

Der Aufenthalt im Auslande behufs Ausübung eines seitens der bulgarischen Regierung übertragenen Dienstes wird als im Königreich verbracht angesehen;

3. Ausländer, welchen gestattet ist, ihren ständigen Wohnsitz im Königreich zu nehmen, nach einem Jahre, falls sie dem Staate wichtige Dienste erwiesen, daselbst bedeutende Talente betätigt, irgend eine

Industrie eingeführt, irgendwelche nützliche Erfindungen gemacht oder industrielle oder andere Anstalten errichtet haben, und

4. Ausländer, welche sich mit einer Bulgarin verheiratet haben, ebenfalls ein Jahr nach Erlangung der Erlaubnis, ihren ständigen Wohnsitz im Königreich zu nehmen;

5. Ausländer bulgarischer Abstammung, ebenfalls ein Jahr nach Erlangung der Erlaubnis, ihren ständigen Wohnsitz im Königreich zu nehmen.

Diese Bestimmung findet keine Anwendung auf jene Ausländer bulgarischer Abstammung, die das wehrpflichtige Alter überschritten und ihrer Militärpflicht in ihrem Vaterlande oder in Bulgarien nicht Genüge geleistet haben.

Art. 10.

Die Naturalisierung der im vorhergehenden Artikel aufgeführten Ausländer, welche eine solche in der im Kapitel III vorgesehenen Form beantragt haben, wird auf Vorschlag des Justizministers und nachdem die erforderlichen Nachforschungen über ihren Leumund angestellt worden sind, durch königlichen Ukas gewährt.

Art. 11.

Die Ehefrau eines Ausländers, welcher durch Naturalisierung die bulgarische Staatsangehörigkeit erworben hat, sowie die volljährigen Kinder eines naturalisierten Ausländers, können auf Wunsch die Eigenschaft als bulgarische Staatsangehörige ohne die Bedingung der Aufenthaltsfrist entweder durch Ukas, der diese Eigenschaft dem Ehemanne, dem Vater oder der Mutter verliehen, oder als Folge der von den Betreffenden nach Maßgabe des Art. 6 geschehenen Anzeige erwerben.

Minderjährige Kinder, deren Vater und Mutter oder deren Vater oder die überlebende Mutter sich als bulgarische Staatsangehörige haben naturalisieren lassen, werden bulgarische Staatsangehörige, sofern sie nicht innerhalb eines Jahres nach Eintritt ihrer Volljährigkeit, gemäß den Bestimmungen des Art. 5 Punkt 3, auf diese Eigenschaft verzichten.

Art. 12.

Personen, welche die bulgarische Staatsangehörigkeit in den in den Art. 6, 7, 16 und 18 vorgesehenen Fällen erwerben, können auf die hieraus sich ergebenden Rechte erst nach Erlangung der bulgarischen Staatsangehörigkeit Anspruch machen.

Art. 13.

Ein Ausländer, welcher die bulgarische Staatsangehörigkeit durch Naturalisierung erworben hat, genießt alle bürgerlichen und politischen

Rechte, welche mit der Eigenschaft eines bulgarischen Bürgers verbunden sind. Trotzdem ist er als Volksvertreter erst 15 Jahre nach dem Tage der Erlangung der bulgarischen Staatsangehörigkeit wählbar, außer wenn ein besonderes Gesetz diese Frist herabsetzt. Diese Frist wird auf 10 Jahre vermindert für diejenigen, welche kraft des Art. 9 Punkt 3 bulgarische Staatsangehörige geworden sind.

Die Frist kann auf 3 Jahre verringert werden.

Bulgaren, welche nach Verlust ihrer Staatsangehörigkeit von neuem diese Eigenschaft erwerben, erlangen sofort sämtliche bürgerlichen und politischen Rechte und sind als Volksvertreter wählbar.

Anmerkung. Die Art. 50 und 132 des Wahlgesetzes werden aufgehoben.

Art. 14.

Ausländer, welchen gestattet ist, ihren ständigen Wohnsitz im Königreich zu nehmen, genießen alle bürgerlichen Rechte.

Die Wirksamkeit der gewährten Erlaubnis hört nach Ablauf von 5 Jahren auf, wenn der Ausländer die Naturalisierung nicht beantragt oder wenn, falls er sie beantragt hat, sein Gesuch verworfen worden ist.

Stirbt der Ausländer vor der Naturalisierung, so wird die Erlaubnis und die von der vorgeschriebenen Frist verbrachte Zeit zugunsten der Ehefrau und der bei der Erteilung der Erlaubnis minderjährig gewesenen Kinder wirksam.

Die Erteilung der Erlaubnis, den ständigen Wohnsitz im Königreich zu nehmen, erfolgt nach Bericht des Justizministers durch königlichen Ukas.

Kapitel IV.

Staatsangehörigkeit durch Verheiratung.

Art. 15.

Jede Ausländerin, welche sich mit einem bulgarischen Staatsangehörigen verheiratet, erwirbt dadurch die bulgarische Staatsangehörigkeit.

Nach erfolgter Ehescheidung kann sie durch besondere, in der im Art. 30 vorgesehenen Form gemachte Eingabe auf die bulgarische Staatsangehörigkeit verzichten.

Art. 16.

Eine bulgarische Staatsangehörige, welche sich mit einem Ausländer verheiratet, erwirbt dadurch die Staatsangehörigkeit ihres Ehemannes, außer wenn die Eheschließung ihr nach den Gesetzen des Landes, welchem der Ehemann angehört, die Staatsangehörigkeit des letzteren nicht verleiht. Wird die Ehe durch den Tod des Ehemannes oder durch

Scheidung aufgelöst, so erwirbt die Frau, wenn sie in Bulgarien lebt, oder — falls sie sich im Auslande befindet — nach Bulgarien übersiedelt, durch besonderen Ukas des Königs von neuem die bulgarische Staatsangehörigkeit.

Ist die Ehe durch den Tod des Ehemannes gelöst worden, dann kann die bulgarische Staatsangehörigkeit den minderjährigen Kindern auf Antrag der Mutter durch den gleichen Ukas oder, falls das diesbezügliche Ansuchen seitens des Vormundes unter Zustimmung des Familienrates nach der Renaturalisierung der Mutter gestellt wird, durch einen späteren Ukas verliehen werden.

Kapitel V.

Verlust der Staatsangehörigkeit.

Art. 17.

Die Eigenschaft eines bulgarischen Staatsangehörigen verliert:

1. der bulgarische Staatsangehörige, welcher sich im Auslande naturalisieren läßt oder welcher auf seinen Antrag in anderer Weise eine fremde Staatsangehörigkeit erwirbt.

Wenn er den Bestimmungen der Gesetze über die Militärpflicht noch nicht Genüge geleistet hat, befreit ihn die Naturalisierung im Auslande von der bulgarischen Staatsangehörigkeit nicht, außer wenn sie mit Genehmigung der bulgarischen Regierung erfolgt ist;

2. der bulgarische Staatsangehörige, welcher gemäß den im Art. 5 Punkt 3 sowie in den Art. 11 und 18 vorgesehenen Fällen auf seine Staatsangehörigkeit verzichtet;

3. der bulgarische Staatsangehörige, welcher nach Annahme eines Dienstes bei einer fremden Regierung einem Befehl der bulgarischen Regierung, innerhalb einer bestimmten Frist auf diesen Dienst zu verzichten, keine Folge leistet und

4. der bulgarische Staatsangehörige, welcher ohne Zustimmung der Regierung in ausländische Militärdienste tritt, abgesehen von der Strafe, welche er sich durch Nichterfüllung der ihm durch das Militärgesetz auferlegten Verpflichtungen zuziehen könnte.

Art. 18.

Wer der bulgarischen Staatsangehörigkeit verlustig gegangen ist, kann dieselbe durch königlichen Ukas wiedererlangen, sofern er in Bulgarien lebt. Die bulgarische Staatsangehörigkeit kann durch denselben Ukas auch seiner Frau und den volljährigen Kindern auf Antrag verliehen werden. Die minderjährigen Kinder des Vaters oder der Mutter, welche ihre Staatsangehörigkeit wieder erworben haben, werden bulgarische Staatsangehörige, sofern sie nicht innerhalb eines Jahres nach Erlangung der Volljährigkeit auf diese Eigenschaft nach Maßgabe der Bestimmungen des Art. 5 Punkt 3 verzichten.

Art. 19.

Der bulgarische Staatsangehörige, welcher ohne Erlaubnis der Regierung im Auslande in Militärdienste tritt, kann ohne durch königlichen Ukas erteilte Genehmigung nicht nach Bulgarien zurückkehren, auch kann er die Eigenschaft eines bulgarischen Staatsangehörigen nur wiedererlangen, wenn er die Bedingungen erfüllt, unter denen ein Ausländer durch gewöhnliche Naturalisierung die bulgarische Staatsangehörigkeit erwerben kann.

Art. 20.

Der bulgarische Staatsangehörige, welcher im Auslande wohnt, verliert die Staatsangehörigkeit, wenn er im Falle eines Krieges der Aufforderung, nach dem Königreich zurückzukehren, nicht innerhalb der ihm gestellten Frist Folge leistet.

Art. 21.

Kein bulgarischer Staatsangehöriger, der im Königreich seinen Wohnsitz hat, kann ohne Genehmigung der Regierung eine fremde Staatsangehörigkeit annehmen.

Art. 22.

Die Erwerbung der fremden Staatsangehörigkeit durch einen bulgarischen Staatsangehörigen, verändert die Staatsangehörigkeit seiner Ehefrau und volljährigen Kinder nicht.

Art. 23.

Der Verlust der bulgarischen Staatsangehörigkeit zieht nicht den Verlust derselben für die Ehefrau und die volljährigen Kinder eines bulgarischen Staatsangehörigen nach sich.

Art. 24.

Die minderjährigen Kinder einer Witwe verlieren ihre Staatsangehörigkeit nicht, wenn sie sich mit einem fremden Staatsangehörigen verheiraten.

Kapitel VI.

Verfahren bei Erwerbung und Verlust der bulgarischen Staatsangehörigkeit.

Art. 25.

Ein Ausländer, der die Genehmigung erlangen will, seinen ständigen Wohnsitz im Königreich zu nehmen, muß ein Gesuch an den

Justizminister richten, welchem sein Taufschein und derjenige seines Vaters, und falls diese in einer fremden Sprache abgefaßt sind, auch deren bulgarische Übersetzungen, sowie ein Leumundszeugnis des Polizeibureaus des Ortes beizufügen sind.

Auf dieses Gesuch hin werden, ehe die Genehmigung zum ständigen Aufenthalte erteilt wird, durch den zuständigen Bezirkspräfekten Erkundigungen über den Leumund des Gesuchstellers, die Mittel seines Unterhaltes, die Zeit, welche er im Königreich verbracht hat, über seine Familie, seine politischen Anschauungen und seine Gesinnung gegenüber Bulgarien eingezogen. Je nach dem Ergebnis dieser Nachforschungen empfiehlt der Justizminister die Annahme oder die Ablehnung des Gesuches.

Art. 26.

Ein Ausländer, welcher nach seiner Niederlassung zwecks ständigen Aufenthaltes im Königreich die bulgarische Staatsangehörigkeit durch Naturalisierung erlangen will, muß an den Justizminster ein Gesuch richten, welches begleitet ist von einem Taufzeugnis, einem Leumundszeugnis der örtlichen Polizeibehörde, von Taufscheinen seiner minderjährigen Kinder, und zwar mit bulgarischer Übersetzung, sofern diese Dokumente in einer fremden Sprache ausgestellt sind.

Ist der Ansuchende nicht imstande, die oben erwähnten Taufzeugnisse zu beschaffen, so werden sie durch eine seitens des Friedensrichters seines Wohnortes zu erteilende Bescheinigung ersetzt. Diese Bescheinigung wird auf Bekundung dreier Zeugen des einen oder des anderen Geschlechts, verwandt oder nicht, ausgefertigt und enthält: den Vor- und Zunamen des Gesuchstellers und seiner Eltern, falls sie bekannt sind; seine Beschäftigung und seinen Wohnsitz; seinen Geburtsort und, falls möglich, das Datum seiner Geburt und ebenso die Gründe, aus welchen ein Taufzeugnis nicht vorgelegt werden kann. Dieses Zeugnis wird von dem Friedensrichter und den Zeugen unterschrieben.

Art. 27.

Ein Ausländer, welcher sich mit einer Bulgarin verheiratet hat, muß, wenn er ein Jahr nach der Genehmigung zu ständigem Aufenthalt im Königreich die Naturalisation erlangen will, das Taufzeugnis seiner Ehefrau und dasjenige ihres Vaters vorlegen, sofern das letztere nötig ist, um ihre bulgarische Abstammung nachzuweisen.

Art. 28.

Ein Ausländer, der auf Grund zehnjährigen ununterbrochenen Aufenthaltes im Königreich um die Naturalisierung nachsucht, muß seinem Gesuche Dokumente beifügen, aus denen hervorgeht, daß er daselbst mindestens 10 Jahre zugebracht hat.

Art. 28a.

Ein Ausländer, der auf Grund des Art. 9 Punkt 5 dieses Gesetzes die bulgarische Staatsangehörigkeit erwerben will, muß außer den in den Artikeln 25 und 26 aufgezählten auch noch die folgenden Urkunden vorlegen:

1. eine Bescheinigung darüber, daß er den Anordnungen des Gesetzes über die Ableistung der Militärpflicht im eigenen Vaterlande oder in Bulgarien entsprochen habe, und

2. authentische Dokumente, durch die bestätigt wird, daß er bulgarischer Abstammung ist.

Art. 29.

Die Ehefrau und die volljährigen Kinder des Ausländers, welcher durch Naturalisierung oder Renaturalisierung bulgarischer Staatsangehöriger werden will, müssen, wenn sie auch ohne die Bedingung der Aufenthaltsfrist, auf Grund der Art. 11 und 18 dieses Gesetzes die bulgarische Staatsangehörigkeit erwerben wollen, ihr Gesuch um Naturalisierung demjenigen des Ehemannes bzw. des Vaters oder der Mutter anschließen.

Im Falle der begünstigten Naturalisierung laut Art. 6 und 7, wird das Gesuch mit demjenigen des Ehemannes resp. des Vaters oder der Mutter verbunden.

Art. 30.

Die Gesuche, betreffend die Erwerbung der bulgarischen Staatsangehörigkeit oder den Verzicht auf dieselbe, werden mündlich vor demjenigen Friedensrichter vorgebracht, in dessen Bezirk der Gesuchsteller wohnt, worüber ein Akt aufgenommen und seitens des Richters und des Antragstellers unterzeichnet wird. Solche Gesuche können auch von anderen, hierzu speziell bevollmächtigten Personen gestellt werden.

Der durch den Friedensrichter aufzunehmende Akt ist in zwei Exemplaren anzufertigen. Der Gesuchsteller wird von zwei Zeugen begleitet, die seine Identität bescheinigen. Zur Unterstützung der Anzeige hat er die erforderlichen Dokumente vorzulegen. Diesen sind beizufügen sein Taufzeugnis und diejenigen seiner minderjährigen Kinder nebst Übersetzung, falls sie in einer fremden Sprache ausgestellt sind.

Wohnt der Gesuchsteller im Auslande, dann wird die Anzeige vor dem diplomatischen Vertreter oder Konsul gemacht.

Art. 31.

Die beiden Exemplare des von dem Friedensrichter infolge der vor ihm gemachten Anzeige aufgenommenen Aktes und die Bescheinigungen hierzu werden vom Friedensrichter sofort an den Staatsanwalt des Bezirksgerichts gesandt, der sie unverzüglich dem Justizministerium einreicht.

Art. 32.

Die Anzeige, auf Grund deren der Akt aufgenommen wurde, wird im Justizministerium in einem besonderen Register eingetragen; das eine der beiden Exemplare verbleibt im Archiv des Ministeriums, das andere, mit dem Eintragungsvermerk versehen, wird dem Antragsteller übersandt.

Das Gesuch wird unter demjenigen Datum eingetragen, an welchem es vor dem Friedensrichter gestellt wurde.

Art. 33.

Will eine von ausländischen Eltern in Bulgarien geborene und zur Zeit der Erlangung der Volljährigkeit im Auslände wohnende Person anzeigen, daß sie im Königreich ihren ständigen Wohnsitz unter den im Art. 6 vorgesehenen Bedingungen nehmen will, so ist diese Erklärung vor einem der diplomatischen Vertreter oder Konsuln Bulgariens im Auslande abzugeben. Der Akt, welcher auf dieses Gesuch hin aufgenommen wird, ist in zwei Exemplaren anzufertigen, wovon das eine dem Interessenten eingehändigt, das andere sofort durch das Ministerium des Äußern dem Justizministerium gesandt wird.

Art. 34.

Wer in Bulgarien von Eltern, von denen der eine Teil die bulgarische Staatsangehörigkeit verloren hat, geboren ist und diese Staatsangehörigkeit kraft Art. 7 wieder erlangen will, muß nachweisen, wo sein und seiner Eltern Wohnsitz zur Zeit der Erlangung seiner Volljährigkeit war.

Art. 35.

Der Verzicht des Minderjährigen auf das laut Art. 5 Punkt 3 und Art. 11 und 18 ihm zustehende Recht, bei Eintritt der Volljährigkeit der bulgarischen Staatsangehörigkeit zu entsagen, geschieht in seinem Namen seitens der im Art. 6 Abs. 2 bezeichneten Personen.

Art. 36.

Ein Ausländer, welcher die bulgarische Staatsangehörigkeit durch Naturalisierung erwerben will, zahlt 300 L. Kanzleigebühren zugunsten der Staatskasse. Der Erlag des Betrages geschieht in zwei Raten: 150 L. bei Errichtung des ständigen Wohnsitzes und 150 L. bei der Naturalisierung.

Im Falle der Abweisung des Gesuches wird die erlegte Summe dem Antragsteller zurückgegeben.

Von der Erlegung der Kanzleigebühr werden diejenigen Fremden befreit, die an dem Kriege für die Befreiung Bulgariens, sei es im Freiwilligenkorps oder in den Reihen der russischen Truppen, teilgenommen haben.

Kapitel VII.
Schlußbestimmungen.

Art. 37.

Die Bedingungen bezüglich der Aufenthaltsfrist im Königreich für Ausländer, welche vor dem Inkrafttreten dieses Gesetzes die bulgarische Staatsangehörigkeit nachgesucht haben, werden nach dem alten Staatsangehörigkeitsgesetze geregelt.

Die Bestimmungen dieses Gesetzes finden keine Anwendung auf diejenigen Personen, die bis zu dessen Inkrafttreten die bulgarische Staatsangehörigkeit auf Grund des Art. 8*) des alten Gesetzes über die bulgarische Staatsangehörigkeit beantragt haben.

Art. 38.

Gegenwärtiges Gesetz hebt alle Gesetze und Verordnungen betreffs des Gegenstandes, welcher sich durch das vorliegende Gesetz regelt, auf.

Amtliche Mitteilung.

Gegenüber Reichsangehörigen dürfte das Gesetz nur insofern Anwendung finden können, als dadurch die ihnen vertragsmäßig gewährleisteten Rechte nicht beschränkt werden. (Vgl. jetzt Konsularvertrag vom. 29. September 1911.)

Chile.

Verfassung vom 25. Mai 1833, reformiert am 10. August 1888.

Art. 5.

Chilenen sind:

1. die in Chile geborenen Personen;

2. die im Ausland geborenen Kinder eines chilenischen Vaters oder einer chilenischen Mutter, sofern sie sich in Chile niederlassen. Die Kinder chilenischer Eltern, welche im Ausland zu einer Zeit geboren sind, in welcher ihr Vater im Dienste der Republik steht, sind Chilenen, selbst in den Fällen, in denen sonst nach Verfassung oder Gesetz die Geburt auf chilenischem Boden Voraussetzung ist;

---

*) Dieser lautete:
Jeder fremde Staatsangehörige bulgarischer Abstammung wird bulgarischer Staatsangehöriger, sobald er sich im Fürstentum niederläßt und dem Justizminister anzeigt, daß er die Absicht hat, seinen ständigen Wohnsitz innerhalb der Grenzen des Fürstentums zu nehmen.

3. Ausländer, welche ein Jahr in der Republik sich aufhalten und vor der Munizipalität ihres Aufenthaltsorts die Absicht, die chilenische Staatsbürgerschaft zu erlangen, kundgeben und um Ausstellung des Bürgerbriefes ersuchen;

4. diejenigen, die aus besonderer Gnadenbezeugung die Naturalisation von dem Kongresse erlangen.

Art. 6.

Es ist Sache der Munizipalität des Departements, in welchem die außerhalb Chiles geborenen Personen wohnen, zu entscheiden, ob letztere nach Ziff. 3 des vorhergehenden Artikels befähigt sind, die Naturalisation zu erwerben oder nicht. Falls der Entscheid der Munizipalität zu ihren Gunsten lautet, wird ihnen vom Präsidenten der Republik eine Naturalisationsurkunde ausgestellt.

Art. 9.

Das Staatsbürgerrecht geht verloren:

1. Infolge Verurteilung zu einer entehrenden Strafe;
2. bei betrügerischem Bankerott;
3. durch Naturalisation im Ausland;
4. durch Annahme eines Amtes oder einer Pension von einer fremden Regierung ohne Erlaubnis des Kongresses.

Diejenigen, die durch einen der vorerwähnten Gründe ihrer Staatsangehörigkeit verlustig gegangen sind, können durch Beschluß des Kongresses wieder rehabilitiert werden.

China.

Staatsangehörigkeitsgesetz der Republik China.

(Verkündet am 18. November 1912.)

I. Abschnitt.

Staatsangehörigkeit kraft eigenen Rechtes.

§ 1. Die chinesische Staatsangehörigkeit haben kraft eigenen Rechtes:

1. Personen, deren Vater zur Zeit ihrer Geburt Chinese ist;
2. Personen, deren Vater zur Zeit ihrer Geburt verstorben, aber zur Zeit seines Todes Chinese gewesen ist;
3. in China geborene Personen, deren Vater unbekannt ist oder keine Staatsangehörigkeit besitzt, deren Mutter aber Chinesin ist;
4. in China geborene Personen, deren Eltern beide unbekannt sind oder keine Staatsangehörigkeit besitzen.

II. Abschnitt.

Erwerb der Staatsangehörigkeit.

§ 2. Ausländer erwerben in folgenden Fällen die chinesische Staatsangehörigkeit:

1. wenn eine Frau einen Chinesen heiratet;
2. wenn der Vater Chinese ist und die Vaterschaft anerkennt;
3. wenn die Mutter Chinesin ist und die Mutterschaft anerkennt, obwohl der Vater unbekannt ist oder die Vaterschaft nicht anerkennt;
4. durch Aufnahme.

§ 3. Der Erwerb der chinesischen Staatsangehörigkeit nach § 2 Ziff. 2 und 3 ist auf solche Personen beschränkt, welche

1. nach dem Gesetze ihres Landes noch nicht volljährig sind;
2. nicht mit Ausländern verheiratet sind.

§ 4. Ausländer oder Staatlose können mit Erlaubnis des Ministers des Innern in die chinesische Staatsangehörigkeit aufgenommen werden.

Der Minister des Innern kann diese Erlaubnis nur unter folgenden Voraussetzungen erteilen:

1. wenn die betreffende Person mindestens 5 Jahre ununterbrochen ihren Wohnsitz in China gehabt hat;
2. wenn sie sowohl nach chinesischem Rechte, wie dem ihres Landes geschäftsfähig ist;
3. wenn sie unbescholten ist;
4. wenn sie angemessenes Vermögen besitzt oder durch ihr Gewerbe sich selbständig ernähren kann;
5. wenn sie entweder staatlos ist oder mit dem Erwerb der chinesischen Staatsangehörigkeit ihre frühere Staatsangehörigkeit verliert.

Bei Aufnahme von Staatlosen kommt für die Vorschrift der Ziff. 2 des vorstehenden Absatzes nur chinesisches Recht in Betracht.

§ 5. Ehefrauen können nur gleichzeitig mit dem Ehemann aufgenommen werden.

§ 6. Ausländer, die ihren derzeitigen Wohnsitz in China haben, können, auch wenn sie die Bedingung des § 4 Abs. 2 Ziff. 1 nicht erfüllen, unter folgenden Bedingungen aufgenommen werden:

1. wenn Vater oder Mutter früher Chinesen waren;
2. wenn die Ehefrau früher Chinesin war;
3. wenn sie in China geboren sind.

Vorstehende Bestimmung gilt nur, wenn die betreffenden Personen mindestens 3 Jahre ununterbrochen ihren Wohnsitz in China gehabt haben.

Im Falle von Ziff. 3 fällt diese Einschränkung weg, wenn entweder Vater oder Mutter in China geboren sind.

§ 7. Ausländer, die ihren derzeitigen Wohnsitz in China haben und deren Vater oder Mutter Chinesen sind, können, auch wenn sie die Bedingungen von § 4 Abs. 2 Ziff. 1, 2 und 4 nicht erfüllen, gleichfalls aufgenommen werden.

§ 8. Ausländer, die hohe Verdienste um China haben, können aufgenommen werden, auch wenn sie die Bedingungen des § 4 Abs. 2 nicht erfüllen. Vorstehende Erlaubnis hat der Minister des Innern mit Zustimmung des Staatsrats zu erteilen.

§ 9. Die Aufnahme muß in einer öffentlichen Zeitung bekanntgemacht werden.

Unterbleibt die Bekanntmachung, so kann die Aufnahme gutgläubigen Dritten gegenüber nicht geltend gemacht werden.

§ 10. Ehefrauen und minderjährige Kinder erwerben gleichzeitig mit der Aufnahme des Ehemanns oder Vaters die chinesische Staatsangehörigkeit, es sei denn, daß die Gesetze ihres Landes dem entgegenstehende Bestimmungen treffen.

In letzterem Falle können jedoch Ehefrauen aufgenommen werden, auch wenn die Voraussetzungen des § 4 Abs. 2 nicht vorliegen.

§ 11. Personen, welche die chinesische Staatsangehörigkeit durch Aufnahme oder in ihrer Eigenschaft als Kinder Aufgenommener erworben haben, sind von nachstehenden Ämtern ausgeschlossen:

1. Präsident und Vizepräsident der Republik;
2. Staatsrat;
3. Reichstags- und Provinziallandtags-Abgeordneter;
4. Reichsgerichtspräsident;
5. Oberverwaltungsgerichtspräsident;
6. Präsident der Oberrechnungskammer;
7. Gesandter und bevollmächtigter Minister;
8. Offizier in Heer und Marine.

Abgesehen von Ziff. 1 kann der Minister des Innern mit Zustimmung des Staatsrats von vorstehenden Beschränkungen Befreiung gewähren, wenn seit dem Tage des Erwerbes der chinesischen Staatsangehörigkeit im Falle des § 8 zehn Jahre, in sonstigen Fällen zwanzig Jahre abgelaufen sind.

III. Abschnitt.

Verlust der Staatsangehörigkeit.

§ 12. Chinesen verlieren die chinesische Staatsangehörigkeit in folgenden Fällen:

1. wenn eine Chinesin einen Ausländer heiratet und dessen Staatsangehörigkeit erwirbt;
2. wenn der Vater Ausländer ist und die Vaterschaft anerkennt;

3. wenn die Mutter Ausländerin ist und die Mutterschaft anerkennt, obwohl der Vater unbekannt ist oder die Vaterschaft nicht anerkennt;

4. wenn Personen auf eigenen Wunsch eine fremde Staatsangehörigkeit erwerben;

5. wenn Personen ohne Erlaubnis der chinesischen Regierung ausländische Beamten- oder Militärstellungen bekleiden und der Aufforderung der Regierung, diese Stellungen zu verlassen, nicht nachkommen.

Die Bestimmung in Ziff. 2 und 3 beschränkt sich auf Personen, die nach chinesischem Recht nicht volljährig und nicht mit Chinesen verheiratet sind.

Die Bestimmung in Ziff. 4 beschränkt sich auf Personen, die nach chinesischem Recht geschäftsfähig sind und zum Erwerb der fremden Staatsangehörigkeit die Erlaubnis des Ministers des Innern haben.

§ 13. Die Erlaubnis zum Wechsel der Staatsangehörigkeit gemäß § 12 Abs. 1 Ziff. 4 kann nicht erteilt werden und ein Verlust der chinesischen Staatsangehörigkeit nicht erfolgen, solange die Betreffenden:

1. sich im militärpflichtigen Alter befinden, sofern sie nicht vom Militärdienst befreit sind;

2. in der Ableistung ihrer militärischen Dienstpflicht begriffen sind;

3. als Militärpersonen, Staatsdiener oder Mitglieder einer gesetzgebenden Versammlung tätig sind.

§ 14. Abgesehen von den Bestimmungen des § 13 behalten Chinesen trotz Vorliegens einer der Voraussetzungen des § 12 Abs. 2 auch in folgenden Fällen die chinesische Staatsangehörigkeit bei:

1. wenn sie Beschuldigte oder Angeklagte in schwebenden Strafsachen sind;

2. wenn sie in Strafsachen verurteilt sind und die Strafe noch nicht verbüßt haben;

3. wenn sie Beklagte in anhängigen bürgerlichen Rechtsstreitigkeiten sind;

4. wenn sie rechtskräftig verurteilt sind und die Zwangsvollstreckung noch nicht völlig beendet ist;

5. wenn der Konkurs über ihr Vermögen eröffnet und noch nicht beendet ist;

6. wenn sie noch Steuern, Abgaben und dergleichen schuldig sind.

§ 15. Ehefrauen und minderjährige Kinder von Chinesen, welche aus der chinesischen Staatsangehörigkeit ausscheiden, verlieren, sofern sie eine fremde Staatsangehörigkeit miterwerben, gleichzeitig die chinesische.

§ 16. Chinesen, welche die chinesische Staatsangehörigkeit verlieren, gehen der Sondervorrechte, welche ausschließlich Chinesen genießen können, verlustig.

Wenn Personen nicht binnen 3 Monaten nach ihrem Ausscheiden aus der chinesischen Staatsangehörigkeit solche Sondervorrechte, die sie zuvor besaßen, anderweit an Chinesen abtreten, so fallen diese Rechte dem chinesischen Staatsschatz anheim.

IV. Abschnitt.

Wiedererwerb der Staatsangehörigkeit.

§ 17. Ehefrauen, welche die chinesische Staatsangehörigkeit durch Heirat verloren haben, können sie nach Erlöschen der Ehe mit Erlaubnis des Ministers des Innern wiedererwerben.

Das gleiche gilt von Ehefrauen, welche die chinesische Staatsangehörigkeit gemäß § 15 verloren haben.

§ 18. Die chinesische Staatsangehörigkeit kann von solchen Personen, welche sie gemäß § 12 Abs. 1 Ziff 4 verloren haben, in China ansässig sind und die Bedingungen des § 4 Abs. 2 Ziff. 3—5 erfüllen, mit Erlaubnis des Ministers des Innern wiedererworben werden.

Ausgenommen hiervon sind solche Personen, welche die chinesische Staatsangehörigkeit durch Aufnahme oder in ihrer Eigenschaft als Kinder Aufgenommener erworben hatten.

Vorstehendes gilt auch von den Kindern, welche die chinesische Staatsangehörigkeit gemäß § 15 verloren haben und die Bedingungen des § 4 Abs. 2 Ziff. 2 erfüllen.

§ 19. Im Falle der §§ 17 und 18 findet die Bestimmung des § 10 entsprechende Anwendung.

§ 20. Wer die chinesische Staatsangehörigkeit wiedererwirbt, darf innerhalb 5 Jahren seit dem Tage des Wiedererwerbs die in § 11 Abs. 1 genannten öffentlichen Ämter nicht bekleiden.

Von dieser Beschränkung kann der Minister des Innern mit Zustimmung des Staatsrats Befreiung gewähren.

V. Abschnitt.

Zusatzbestimmung. Dieses Gesetz tritt am Tage der Verkündung in Kraft.

Columbien.

Verfassung vom 4. August 1886.

Art. 8.

Als Columbianer werden erachtet:

1. durch die Tatsache ihrer Geburt

a) die Kinder der Columbianer von aus diesem Lande gebürtigen

Eltern, Vater oder Mutter, oder die Kinder von in diesem Lande wohnhaften ausländischen Eltern,

b) die von columbianischen Eltern im Auslande geborenen und demnächst wieder in Columbien wohnhaften Kinder;

2. die Kinder, die im Auslande von aus Columbia stammenden Eltern, Vater oder Mutter geboren sind, die sich in Columbia oder einem der spanisch-amerikanischen Staaten niederlassen und vor der Munizipalität ihres Aufenthaltsortes erklären, daß sie als Columbianer erachtet sein wollen;

3. die Ausländer, die eine Naturalisationsurkunde erlangen.

Art. 9.

Die columbianische Staatsangehörigkeit geht verloren durch Naturalisation in einem ausländischen Staate; sie kann aber bei Rückkehr in den Heimatstaat den Gesetzen gemäß wieder erworben werden.

Gesetz vom 26. November 1888.

Art. 16.

In Gemäßheit des Abs. 3 des Art. 8 und des Abs. 19 des Art. 120 der Verfassung kann die Regierung Naturalisationsurkunden an die darum ersuchenden Ausländer erteilen.

Art. 17.

Die Naturalisation des Ehemannes erstreckt sich auch auf die Ehefrau und die noch nicht 21 Jahre alten Kinder.

Art. 18.

Der um die Naturalisation Nachsuchende hat seine Eingabe an die Regierung zu richten und darin sein Geburts- und Heimatsland sowie den Zivilstand der Familienmitglieder, die mit ihm naturalisiert werden sollen, anzugeben.

Art. 19.

Vor Aushändigung der Naturalisationsurkunde hat der Petent eidlich seiner bisherigen Untertanschaft zu entsagen und die Beobachtung der Verfassung und der Gesetze der Republik zu versprechen.

Costa Rica.

Verfassung vom 7. Dezember 1871.

Titel I. Sektion I.

Von den Costa Ricanern.

Art. 4.

Die Costa Ricaner zerfallen in Eingeborene und Naturalisierte.

Art. 5.

Eingeborene sind: 1. Die im Gebiet der Republik geborenen Personen mit Ausnahme der Kinder eines ausländischen Vaters oder einer ausländischen Mutter, die nach dem Gesetz der Staatsangehörigkeit der Eltern zu folgen haben;

2. die außerhalb der Republik geborenen Kinder eines costa ricanischen Vaters oder einer costa ricanischen Mutter, deren Namen vor dem zurückgelegten 20. Lebensjahr auf Antrag ihrer Eltern oder nach Erreichung dieses Alters auf ihren eigenen Antrag in das Bürgerverzeichnis eingetragen werden;

3. die im Gebiete der Republik geborenen Kinder eines ausländischen Vaters oder einer ausländischen Mutter, welche nach zurückgelegtem 21. Lebensjahr auf ihren Antrag oder vor diesem Jahr auf Antrag ihrer Eltern in das Bürgerverzeichnis eingetragen werden.

Art. 6.

Zu den Naturalisierten gehören: 1. diejenigen, welche diese Eigenschaft auf Grund früherer Gesetze erworben haben; 2. die mit einem Costa Ricaner verheiratete Ausländerin; 3. die Angehörigen anderer Staaten, die nach einjährigem Aufenthalt in der Republik eine entsprechende Naturalisationsurkunde erworben haben.

Art. 7.

Die Gründe, aus denen das Staatsbürgerrecht Costa Ricas verloren und wiedererworben wird, bestimmt das Gesetz.

Sektion 2.

Von den Staatsbürgern.

Art. 9.

Staatsbürger Costa Ricas sind alle Eingeborenen der Republik, sowie diejenigen, welche in derselben naturalisiert und das 20. Lebensjahr, oder, falls sie verheiratet oder Lehrer irgend einer Wissenschaft sind, das

18. Lebensjahr zurückgelegt haben, sofern sie überdies irgend ein Besitztum oder ehrbares Gewerbe haben, dessen Früchte oder Zinsen hinreichen, um sie standesgemäß zu erhalten.

Art. 10.

Die Gründe, aus denen der Genuß des Bürgerrechts suspendiert, verloren und wiedererworben wird, bestimmt das Gesetz.

Art. 11.

Diejenigen, welche das Bürgerrecht verloren haben, können außer beim Verlust wegen Hochverrats rehabilitiert werden, wenn sie die Erlangung der Gnade auf gesetzliche Weise begründen.

Fremden- und Naturalisationsgesetz vom 21. Dezember 1886.

Art. 1.

Costa Ricaner von Abstammung sind:

1. das eheliche Kind eines Costa Ricaners, wo immer es auch geboren sein möge;
2. das uneheliche Kind einer Costa Ricanerin, wo immer es auch geboren sein möge;
3. das uneheliche, von einem Costa Ricaner anerkannte Kind einer Ausländerin;
4. das im Gebiete der Republik geborene oder aufgefundene Kind unbekannter Eltern oder solcher, deren Staatsangehörigkeit unbekannt ist;
5. die Bewohner der Provinz Guanacaste, die sich dort seit deren Einverleibung in die Republik (9. Dezember 1825) bis zu dem mit Nicaragua geschlossenen Vertrage vom 15. April 1858 niedergelassen haben;
6. die im Gebiete der Republik geborenen Kinder eines Ausländers, die sich nach vollendetem 21. Lebensjahre aus eigenem Antriebe in das Bürgerregister eintragen lassen, oder die es vor ihrer Großjährigkeit mit Willen ihres Vaters oder, in Ermangelung desselben, mit Willen ihrer Mutter getan haben.

Art. 2.

Die minderjährigen Kinder eines seiner Staatsangehörigkeit verlustig gewordenen Costa Ricaners können, wenn sie großjährig, die Eigenschaft eines Costa Ricaners wieder erlangen, sobald sie im Auslande vor den diplomatischen oder konsularischen Agenten der Republik und im Inlande vor dem Ministerium der auswärtigen Angelegenheiten eine diesbezügliche Erklärung abgeben. Dieser Förmlichkeit bedarf es nicht, wenn die Betreffenden im Inlande wohnen und bei erlangter Großjährigkeit ein öffentliches Amt angenommen oder im Heere oder in der Marine gedient haben. Ebenso verhält es sich mit den unehelichen, von dem ausländischen Vater nicht anerkannten Kindern einer costa ricanischen Mutter, die ihre Staastangehörigkeit verloren hat.

Art. 3.

Costa Ricaner durch Naturalisation sind:

1. Ausländer, die die costa ricanische Staatsangehörigkeit gesetzmäßig erlangt;
2. Costa Ricaner, die nach Verlust ihrer Staatsangehörigkeit sie wiedererlangt haben;
3. die Ausländerin, die einen Costa Ricaner geheiratet hat und Witwe geworden ist.

Art. 4.

Die costa ricanische Staatsangehörigkeit verlieren:

1. die Costa Ricaner, die sich im Auslande naturalisieren lassen;
2. diejenigen, die ohne Ermächtigung der Regierung die von einer auswärtigen Regierung verliehenen öffentlichen Ämter, Titel oder Orden annehmen; ausgenommen sind literarische, wissenschaftliche oder humanitäre Titel;
3. diejenigen, die ohne Erlaubnis der Regierung bei einer fremden Nation Militärdienst leisten oder sich bei einem fremden militärischen Korps anwerben lassen;
4. das uneheliche Kind einer Costa Ricanerin, wenn es mit deren Genehmigung vom ausländischen Vater anerkannt worden ist;
5. die Costa Ricanerin, welche sich mit einem Ausländer verheiratet, dieselbe bleibt auch als Witwe Ausländerin; wenn sie jedoch durch ihre Heirat die Staatsangehörigkeit ihres Mannes nicht erlangt, dann behält sie ihre costa ricanische Staatsangehörigkeit bei.*)

Art. 5.

Der Costa Ricaner, der seine Staasangehörigkeit verloren hat, kann sie wieder erlangen:

1. im Falle 1, wenn er in die Republik zurückkehrt und vor dem Ministerium der auswärtigen Angelegenheiten die Erklärung

---

*) Eine Costa Ricanerin, die einen Deutschen ehelicht, der durch zehnjährige Abwesenheit seine Reichsangehörigkeit verloren, diese somit auf seine Ehefrau nicht übertragen hat, bleibt also nach Art. 4 Ziff. 5 des obigen Gesetzes Costa Ricanerin. Über die aus solcher Ehe entsprossenen Kinder enthält das Gesetz keine Bestimmung, doch da der Mutter die costa ricanische Staatsangehörigkeit gewahrt bleibt, so ist es nur logisch, daß die Kinder in dieser Beziehung der Mutter folgen.

abgibt, daß er sich in Costa Rica wieder niederlassen will und auf seine ausländische Staatsangehörigkeit verzichtet;

2. im Falle 2, wenn er vor derselben Behörde ausdrücklich erklärt, daß er auf die ihm von der ausländischen Regierung verliehenen Ämter, Titel oder Orden verzichtet hat;
3. im Falle 3, wenn er mit Erlaubnis der Regierung nach Costa Rica zurückgekehrt ist und dort unter den für den Ausländer bestehenden Bedingungen die Naturalisation erlangt hat;
4. im Falle 4, wenn das Kind, großjährig geworden, vor dem Ministerium der auswärtigen Angelegenheiten für die costa ricanische Staatsangehörigkeit optiert, oder sein Vater das Kind vor dessen Großjährigkeit in das Bürgerregister eintragen läßt;
5. im Falle 5, wenn die Mutter vor dem Ministerium der auswärtigen Angelegenheiten erklärt, sich in Costa Rica niederzulassen und auf ihre ausländische Staatsangehörigkeit verzichtet.

Art. 6.

Der während der Ehe erfolgte Wechsel der Staatsangehörigkeit des Ehemannes hat auch den der Ehefrau zur Folge, wenn nach den Gesetzen des Staates, dessen Untertan der Ehemann geworden ist, die Frau dem Stande des Mannes folgt.

Art. 7.

Die Regel, daß das empfangene Kind als geboren erachtet wird für alles, was ihm Vorteile schafft, kann auch von ihm für Erwerbung oder Bewahrung der costa ricanischen Staatsangehörigkeit angerufen werden.

Art. 8.

In der Republik kann naturalisiert werden jeder Ausländer, der nachweist:

1. daß er nach den Gesetzen seines Landes großjährig ist;
2. daß er ein zum Lebensunterhalt hinreichendes Gewerbe, Geschäft oder Vermögen besitzt;
3. daß er in der Republik mindestens ein Jahr sich aufgehalten und gut betragen hat.

Art. 9.

Eine Naturalisationsurkunde kann den Bürgern oder Untertanen eines Staates, der sich mit der Republik im Krieg befindet, nicht gewährt werden, ebensowenig solchen Personen, die in anderen Ländern als Seeräuber, Sklavenhändler, Brandstifter, Falschmünzer, Fälscher von Bankbilletts oder öffentlichen Wertpapieren, Mörder, Kindesräuber und Diebe gerichtlich verurteilt worden sind.

Die Naturalisation, die ein Ausländer dem Gesetze zuwider in betrügerischer Weise erlangt hat, ist mit vollem Rechte nichtig.

Art. 10.

Der Ausländer, der naturalisiert werden will, muß sich persönlich oder durch Spezialbevollmächtigten bei dem Ministerium der auswärtigen Angelegenheiten vorstellen, auch seinem Wunsche Ausdruck geben, Costa Ricaner zu werden und auf seine bisherige Staatsangehörigkeit zu verzichten. Das Gesuch wird sodann dem Gouverneur der Provinz oder des Bezirks, wo der Ausländer wohnt, übermittelt, damit von drei oder mehreren Zeugen über die im Art. 8 bezeichneten Punkte Erhebungen angestellt werden. Fallen diese zugunsten des Ausländers aus und ist sonst ein gesetzliches Hindernis nicht vorhanden, so wird die Naturalisationsurkunde gewährt. Im entgegengesetzten Falle wird sie abgelehnt. Sowohl der eine als auch der andere Beschluß werden im amtlichen Organ veröffentlicht.

Die Bestimmung dieses Artikels findet keine Anwendung auf diejenigen, denen die Naturalisation kraft des Gesetzes gewährt wird, ebensowenig auf diejenigen, die das Recht haben, für die costa ricanische Staatsangehörigkeit zu optieren; für diese genügt eine einfache Erklärung vor den diplomatischen oder konsularischen Agenten der Republik im Auslande oder vor dem Ministerium der auswärtigen Angelegenheiten.

Art. 11.

Die Naturalisation eines Ausländers wird wirkungslos, wenn er zwei Jahre ununterbrochen in seinem Geburtslande sich aufhält, es sei denn, daß es in Erfüllung eines amtlichen Auftrages der costa ricanischen Regierung oder mit deren Genehmigung geschieht.

Art. 12.

Der Wechsel der Staatsangehörigkeit übt keine rückwirkende Kraft aus.

Art. 13.

Alle naturalisierten Bürger haben dieselben Rechte auf den Schutz der republikanischen Regierung wie die eingeborenen; kehren erstere jedoch in ihr Geburtsland zurück, so *verfallen sie den Verantwortlichkeiten, die sie sich dort vor ihrer Naturalisation zugezogen haben.*

Sie haben dieselben Rechte und Pflichten wie die Eingeborenen, können aber die Ämter nicht erlangen, die gesetzlich nur durch einen Costa Ricaner von Geburt besetzt werden dürfen.

Art. 18.

Die Fremden sind vom Militärdienst befreit, jedoch sind die in der Republik wohnhaften verpflichtet, Polizeidienst mit zu versehen, wenn es sich um die Sicherheit des Eigentums oder die Aufrechterhaltung der öffentlichen Ordnung handelt.

Dänemark.

Gesetz über den Erwerb und den Verlust der Staatsangehörigkeit vom 19. März 1898 nebst den durch Gesetz vom 23. März 1908 geschaffenen Änderungen.

(Gilt laut Bekanntmachung vom 11. Mai 1898 auch für Island.)

§ 1.

Durch Geburt wird die dänische Staatsangehörigkeit erworben von ehelichen Kindern, deren Vater die dänische Staatsangehörigkeit besitzt, gleichviel, ob die Geburt im Inlande oder im Auslande erfolgt ist.

§ 2.

Personen, die nicht durch Geburt die Staatsangehörigkeit erworben haben, aber doch hier im Reiche geboren sind, erwerben die Staatsangehörigkeit, wenn sie nach ihrer Geburt andauernd bis zum vollendeten 19. Lebensjahre ihren Wohnsitz hier haben, es sei denn, daß sie im Laufe des letzten Jahres vor der Oberbehörde (in Kopenhagen dem Magistrat) schriftlich erklären, daß sie nicht die dänische Staatsangehörigkeit zu erwerben wünschen, und gleichzeitig durch genügende Atteste nachweisen, daß sie Staatsbürgerrecht in einem anderen Lande besitzen. Eine derartige Erklärung soll jedoch nicht rechtswirksam von jemand abgegeben werden können, der Kind eines Ausländers ist, welcher selbst auf diese Weise sein fremdes Staatsbürgerrecht geltend gemacht hat.

Die von jemand in Gemäßheit dieses Paragraphen erworbene Staatsangehörigkeit erstreckt sich gleichzeitig auf seine Ehegattin und seine ehelichen Kinder.

§ 3.

Eine Ausländerin, die sich mit einem dänischen Staatsangehörigen verheiratet, erwirbt durch diese Ehe die dänische Staatsangehörigkeit.

Haben die Eheleute gemeinschaftliche Kinder aus der Zeit vor Eingehung der Ehe, so erwerben auch diese Kinder, sofern sie unmündig sind (unter 18 Jahren), die dänische Staatsangehörigkeit.

§ 4.

Die dänische Staatsangehörigkeit kann auch durch Naturalisation nach Maßgabe des Grundgesetzes vom 28. Juli 1866 § 51*) erworben werden.

Die Naturalisation eines Mannes erstreckt sich auch auf seine Ehegattin und seine unmündigen ehelichen Kinder, sofern nicht im einzelnen Fall anders bestimmt wird.

§ 5.

Die dänische Staatsangehörigkeit verliert derjenige, der Staatsbürger in einem anderen Lande wird. Durch die Naturalisation eines Mannes in einem anderen Lande verlieren seine Ehefrau und seine unmündigen ehelichen Kinder, falls sie nicht hier im Reiche verbleiben, die dänische Staatsangehörigkeit, vorausgesetzt, daß die Naturalisation des Mannes in dem betreffendem fremden Lande sich gleichzeitig auf seine Ehefrau und seine unmündigen Kinder erstreckt.

Wer fremder Staatsbürger zu werden wünscht, kann durch kgl. Beschluß aus seinem staatsbürgerlichen Verhältnis zu Dänemark entlassen werden. Die Entlassung geschieht unter den Bedingung, daß der Gesuchsteller innerhalb einer gewissen Frist Staatsbürger in einem andern Lande wird.

§ 6.

Die dänische Staatsangehörigkeit geht weiterhin für eine Frau verloren, welche sich mit einem Manne verheiratet, der nicht die dänische Staatsangehörigkeit besitzt.

Haben die Eheleute gemeinschaftliche Kinder aus der Zeit vor Eingehung der Ehe, so verlieren die Kinder gleichfalls die dänische Staatsangehörigkeit, sofern sie zu dem Zeitpunkt, wo die Eltern die Ehe eingehen, unmündig sind.

Sind sie zu dem genannten Zeitpunkt mündig, so bewahren sie ihre dänische Staatsangehörigkeit.

§ 9.

Uneheliche Kinder, deren Mutter die dänische Staatsangehörigkeit besitzt, erwerben durch die Geburt die dänische Staatsangehörigkeit, gleichviel, ob die Geburt im Inland oder Ausland erfolgt ist.

In den Fällen, wo nach den Bestimmungen dieses Gesetzes eheliche Kinder dem Vater folgen, richtet sich die staatsbürgerliche Stellung der unehelichen Kinder nach derjenigen der Mutter.

Wird die staatsbürgerliche Stellung der Mutter infolge einer Ehe

*) Nach Art. 51 der Verfassung vom 28. Juli 1866 kann einem Ausländer die dänische Staatsangehörigkeit nur auf Grund eines von den beiden Kammern des Reichstags bewilligten Sondergesetzes erteilt werden.

mit einem anderen als dem Vater des Kindes verändert, so hat das keine Veränderung der Staatsangehörigkeit des Kindes zur Folge.

§ 10.

Kinder, die hier im Reich gefunden werden, ohne daß man ihre staatsbürgerliche Stellung kennt, werden bis zum Beweise des Gegenteils als im Besitz der dänischen Staatsangehörigkeit betrachtet.

§ 11.

§ 1 und § 9 erster Absatz des Gesetzes findet auch auf Personen Anwendung, die vor dem Inkrafttreten des Gesetzes geboren sind, insofern die Geburt in einem Lande erfolgt ist, in welchem dänische Untertanen nicht der Jurisdiktion des betreffenden Landes unterworfen sind.

Der § 2 des Gesetzes findet auch auf die Personen Anwendung, welche vor Inkrafttreten des Gesetzes geboren sind, aber noch nicht die Staatsangehörigkeit nach der Verordnung vom 15. Januar 1776 § 9 erhalten haben. Diejenigen Frauen, die bei Inkrafttreten des Gesetzes in Ehe mit dänischen Staatsbürgern leben, erlangen die dänische Staatsangehörigkeit.

Im übrigen kommen die Bestimmungen des Gesetzes nur zur Anwendung, soweit die Verhältnisse, die den Erwerb oder Verlust der dänischen Staatsangehörigkeit begründen, in der Zeit nach dem Inkrafttreten des Gesetzes liegen.

§ 12.

Dieses Gesetz bewirkt keine Veränderung mit Bezug auf die Rechtsstellung, die nach den bis jetzt geltenden Regeln den Nichteingeborenen zukommt als Folge davon, daß sie Wohnsitz hier im Lande genommen haben oder während einer gewissen Zeit festen Aufenthalt hier gehabt haben.

§ 13.

Dieses Gesetz gilt ebenso wie die älteren Bestimmungen über die Staatsangehörigkeit, an deren Stelle es tritt, für alle Teile des dänischen Staates. Dasselbe gilt auch für die Personen, welchen in Gemäßheit des Friedensvertrages vom 30. Oktober 1864 Artikel XIX die Staatsangehörigkeit vorbehalten ist.

Gegeben, Amalienborg, 19. März 1898.

(L. S.) (gez.) Christian R.

Dominikanische Republik.

Verfassung von 1896.

Art. 7.

Dominikaner sind:

I. alle Personen, die im Gebiete der Republik geboren sind und werden, welcher Nationalität auch die Eltern sein mögen;

II. die in einem fremden Lande geborenen Kinder eines Dominikaners oder einer Dominikanerin, wenn sie in das Dominikanische Gebiet kommen und sich dort niederlassen;

III. nach einjährigem Aufenthalte im Gebiete der Republik alle, die aus den spanisch-amerikanischen Republiken oder den benachbarten spanischen Antillen stammen und die dominikanische Staatsangehörigkeit zu erwerben wünschen, wenn sie diesen Wunsch stets bewiesen haben und vor dem Gouverneur der Provinz oder des Distrikts, in welchem sie wohnen und die Naturalisationsurkunde erhalten, den Eid geleistet haben, die Interessen der Republik verteidigen zu wollen;

IV. alle gesetzmäßig Naturalisierten;*)

V. alle Angehörigen eines befreundeten Staates, die dauernd ihren Wohnsitz im Gebiete der Republik nehmen und nach mindestens zweijährigem Aufenthalt in der Republik und nach ausdrücklichem Verzicht auf ihre frühere Nationalität erklären, die dominikanische Staatsangehörigkeit erwerben zu wollen.**)

§. Dieser Artikel findet keine Anwendung auf die im Gebiete der Republik geborenen ehelichen Nachkommen der Ausländer, die sich in derselben als Vertreter oder im Dienste ihres Heimatstaates aufhalten.

Art. 8.

Es kann keinem Dominikaner während seines Aufenthaltes in der Republik eine andere Nationalität als die dominikanische zuerkannt werden.

Art. 10.

Ein Gesetz wird die Rechte der Ausländer bestimmen.***)

---

*) Vgl. Dekret vom 26. September 1845.

**) Die Bestimmungen über den Verlust der Staatsangehörigkeit enthalten die Art. 19 und 21 des Codigo civil. Die Naturalisationsurkunde erteilt die Exekutive. Art. 51 Abs. 27.

***) Ein solches Gesetz ist bisher nicht ergangen.

Ecuador.

Verfassung vom 20. Dezember 1906.

Art. 9.

Ecuadorianer wird man durch Geburt oder Naturalisation.

Art. 10.

Ecuadorianer durch Geburt sind:

1. die in Ecuador geborenen Kinder eines ecuadorianischen Vaters oder einer ecuadorianischen Mutter;
2. die in Ecuador geborenen Kinder ausländischer Eltern, die daselbst ihren Wohnsitz haben;
3. die in Ecuador geborenen Kinder unbekannter Eltern.

Art. 11.

Gemäß den Rechten, welche diese Verfassung gewährt, werden als Ecuadorianer durch Geburt betrachtet:

diejenigen, welche zwar im Ausland geboren sind, aber als Kinder von Eltern, die selbst Ecuadorianer durch Geburt sind, wenn sie sich in der Republik niederlassen und ihren Willen kundgeben, Ecuadorianer zu sein.

Art. 12.

Ecuadorianer durch Naturalisation sind:

1. die Angehörigen einer fremden Nation, welche im Besitze der ecuadorianischen Staatsangehörigkeit sein könnten;
2. die Ausländer, die eine Wissenschaft, Kunst oder ein nützliches Gewerbe lehren oder welche Besitzer einer Liegenschaft oder eines laufenden Kapitals sind oder welche, nachdem sie ein Jahr in der Republik gewohnt haben, den Willen erklären, sich in ihr einzubürgern und eine Naturalisationsurkunde zu erlangen;
3. diejenigen, welche für Dienste, die sie der Nation geleistet haben, vom Kongreß die Naturalisation erlangen;
4. die Kinder naturalisierter Ausländer, solange sie unter väterlicher Gewalt stehen, und später, wenn sie volljährig geworden sind, nicht ausdrücklich auf die Naturalisation verzichten;
5. die Ausländerin, die Witwe eines in der Republik naturalisierten Ausländers ist, solange sie nicht den gegenteiligen Willen kundgibt.

Art. 14.

Das Bürgerrecht geht verloren:

1. durch Eintritt in den Dienst einer feindlichen Nation;
2. durch Naturalisation in einem fremden Staat;

3. wegen Begehung gewalttätiger Handlungen, Fälschungen oder Bestechungen bei den öffentlichen Wahlen, insbesondere wegen Stimmenkaufes oder -verkaufes, in welchen Fällen ein gerichtliches Urteil vorausgehen muß;

4. infolge einer Verurteilung wegen Betrugs in der Verwaltung öffentlicher Gelder;

5. wegen betrügerischen Bankerotts;

6. in den übrigen Fällen, die durch Gesetz bestimmt werden.

Fremden- und Naturalisationsgesetz vom 25. August 1892.

Art. 15.

Naturalisationsurkunden werden Ausländern auf deren Antrag von der Exekutivgewalt erteilt.

Art. 16.

In dem Naturalisationsantrag müssen die persönlichen und Heimatverhältnisse des Antragstellers, sowie derjenigen Familienmitglieder, auf die sich der Antrag miterstrecken soll, angegeben sein. Dem Antrage ist eine Leumundszeugnis beizufügen. Beides, Antrag und Zeugnis, werden von dem Statthalter der Provinz, in der der Antragsteller sich aufhält, dem Minister der auswärtigen Angelegenheiten unterbreitet.

Art. 17.

Vor Aushändigung der Naturalisationsurkunde hat der Antragsteller zu schwören, und falls ihm dies seine Religion verbietet, feierlich zu erklären, daß er für immer auf seine bisherige Untertanenschaft verzichtet und die Verfassung und die Gesetze der Republik befolgen wird.

Art. 18.

In dem Ministerium der Auswärtigen Angelegenheiten wird über die in Ecuador naturalisierten Ausländer ein Namenregister geführt.

Art. 19.

Die Frau und die minderjährigen Kinder folgen der Naturalisation des Ehemannes bzw. Vaters, vorbehaltlich der Rechte der Kinder bei Erreichung ihres 21. Lebensjahres.

Art. 20.

Die ausländische Frau eines Ecuadorianers folgt der Staatsangehörigkeit des Ehemannes, wenn sie sich in dessen Heimat niederläßt.

Art. 21.

Eine Ecuadorianerin, die einen Ausländer heiratet, verliert nicht ihre bisherige Staatsangehörigkeit, solange sie in Ecuador wohnen bleibt.

Art. 22.

Die einem Ausländer verehelichte Ecuadorianerin wird in gesetzlicher Hinsicht in Ecuador als der Staatsangehörigkeit ihres Ehemannes folgend erachtet, sobald sie ohne Absicht der Rückkehr ihren Wohnsitz außerhalb Ecuador verlegt.

Art. 23.

Eine Ecuadorianerin, die auf Grund des vorausgehenden Artikels ihre ecuadorianische Staatsangehörigkeit verloren hat, erlangt sie wieder, wenn sie ihre Absicht, nach Ecuador zurückzukehren, kundgibt.

Frankreich.

Nationalitätsgesetz vom 26. Juni 1889.

Art. 1.

Les articles 7, 8, 9, 10, 12, 13, 17, 18, 19, 20 et 21 du Code civil sont modifiés ainsi qu'il suit:

Art. 7. L'exercice des droits civils est indépendant de l'exercice des droits politiques, lesquels s'acquièrent et se conservent conformément aux lois constitutionelles et électorales.

Art. 8. Tout Français jouira des droits civils.

Sont Français:

1. Tout individu né d'un Français en France ou à l'étranger. — L'enfant naturel dont la filiation est établie pendant la minorité, par reconnaissance ou par jugement, suit la nationalité de celui des parents à l'égard duquel la preuve a d'abord été faite. Si elle résulte pour le père ou la mère du même acte ou du même jugement, l'enfant suivra la nationalité du père.

2. Tout individu né en France de parents inconnus ou dont la nationalité est incertaine.

3. . . . (abgeändert durch Gesetz vom 22. Juli 1893, s. dieses Gesetz).

4. Tout individu né en France d'un étranger qui, à l'époque de sa majorité, est domicilié en France, à moins que, dans l'année qui suit sa majorité, telle qu'elle est réglée par la loi française, il n'ait décliné la qualité de Français et prouvé qu'il a conservé la nationalité de ses pa-

rents, par une attestation en due forme de son gouvernement, laquelle demeurera annexée à la déclaration, et qu'il n'ait en outre produit, s'il y a lieu, un certificat constatant qu'il a répondu à l'appel sous les drapeaux, conformément à la loi militaire de son pays, sauf les exceptions prévues aux traités.

5. Les étrangers naturalisés.

Peuvent être naturalisés:

1. Les étrangers qui ont obtenu l'autorisation de fixer leur domicile en France, conformément à l'art. 13 ci-dessous, après trois ans de domicile en France, á dater de l'enregistrement de leur demande au ministère de la justice.

2. Les étrangers qui peuvent justifier d'une résidence non interrompue pendant dix années; est assimilé à la résidence en France le séjour en pays étranger pour l'exercice d'une fonction conférée par le gouvernement français.

3. Les étrangers admis à fixer leur domicile en France, après un an, s'ils ont rendu des services importants à la France, s'ils y ont apporté des talents distingués ou s'ils y ont introduit soit une industrie, soit des inventions utiles, ou, s'ils ont créé soit des établissements industriels ou autres, soit des exploitations agricoles, ou s'ils ont été attachés à un titre quelconque, au service militaire dans les colonies et les protectorats français.

4. L'étranger qui a épousé une Française, aussi après une année de domicile autorisé.

Il est statué par décret sur la demande de naturalisation, après une enquête sur la moralité de l'étranger.

Art. 9. . . . (abgeändert durch das Gesetz vom 22. Juli 1893; s. dieses Gesetz).

Art. 10. Tout individu né en France ou à l'étranger de parents dont l'un a perdu la qualité de Français pourra réclamer cette qualité à tout âge, aux conditions fixées par l'art. 9, à moins que domicilié en France et appelé sous les drapeaux, lors de sa majorité, il n'ait revendiqué la qualité d'étranger.

Art. 12. L'étrangère qui aura épousé un Français suivra la condition de son mari.

La femme mariée à un étranger qui se fait naturaliser Français et les enfants majeurs de l'étranger naturalisé pourront, s'ils le demandent, obtenir la qualité de Français, sans condition de stage, soit par le décret qui confère cette qualité au mari ou au père ou à la mère, soit comme conséquence de la déclaration qu'ils feront dans les termes et sous les conditions de l'art. 9.

Deviennent Français les enfants mineurs d'un père ou d'une mère survivant qui se font naturaliser Français, à moins que, dans l'année qui suivra leur majorité, ils ne déclinent cette qualité en se conformant aux dispositions de l'art. 8, § 4.

Art. 13. L'étranger qui aura été autorisé par décret à fixer son domicile en France y jouira de tous les droits civils.

L'effet de l'autorisation cessera à l'expiration de cinq années, si l'étranger ne demande pas la naturalisation, ou si la demande est rejetée.

En cas de décès avant la naturalisation, l'autorisation et le temps de stage qui a suivi profiteront à la femme et aux enfants qui étaient mineurs au moment du décret d'autorisation.

Art. 17. Perdent la qualité de Français:

1. Le Français naturalisé à l'étranger ou celui qui acquiert sur sa demande la nationalité étrangère par l'effet de la loi.

S'il est encore soumis aux obligations du service militaire pour l'armée active, la naturalisation à l'étranger ne fera perdre la qualité de Français que si elle a été autorisée par le gouvernement français.

2. Le Français qui a décliné la nationalité française dans les cas prévus au paragraphe 4 de l'art. 8 et aux art. 12 et 18.

3. Le Français qui, ayant accepté des fonctions publiques conférées par un gouvernement étranger, les conserve nonobstant l'injonction du gouvernement français de les résigner dans un délai déterminé.

4. Le Français qui, sans autorisation du gouvernement, prend du service militaire à l'étranger, sans préjudice des lois pénales contre le Français qui se soustrait aux obligations de la loi militaire.

Art. 18. Le Français qui a perdu sa qualité de Français peut la recouvrer pourvu qu'il réside en France, en obtenant sa réintégration par décret. La qualité de Français pourra être accordée par le même décret à la femme et aux enfants majeurs s'ils en font la demande. Les enfants mineurs du père ou de la mère réintégrés deviennent Français, à moins que dans l'année qui suivra leur majorité, ils ne déclinent cette qualité, en se conformant aux dispositions de l'art. 8 paragraphe 4.

Art. 19. La femme française qui épouse un étranger suit la condition de son mari, à moins que son mariage ne lui confère pas la nationalité de son mari, auquel cas elle reste Française.

Si son mariage est dissous par la mort du mari ou le divorce, elle recouvre la qualité de Française avec l'autorisation du gouvernement, pourvu qu'elle réside en France ou qu'elle y rentre, en déclarant qu'elle veut s'y fixer.

Dans le cas où le mariage est dissous par la mort du mari, la qualité de Français peut être accordée par le même décret de réintégration aux enfants mineurs, sur la demande de la mère, ou par un décret ultérieur, si la demande en est faite par le tuteur avec l'approbation du conseil de famille.

Art. 20. Les individus qui acquerront la qualité de Français dans les cas prévus par les art. 9, 10, 18 et 19 ne pourront s'en prévaloir que pour les droits ouverts à leur profit depuis cette époque.

Art. 21. Le Français qui, sans autorisation du gouvernement, prendrait du service militaire à l'étranger, ne pourra rentrer en France qu'en vertu d'une permission accordée par décret, et recouvrer la qualité de Français qu'en remplissant les conditions imposées en France à l'étranger pour obtenir la naturalisation ordinaire.

Art. 2.

La présente loi est applicable à l'Algérie et aux colonies de la Guadeloupe, de la Martinique et de la Réunion.

Continueront toutefois de recevoir leur application le sénatus-consulte du 14 juillet 1865 et les autres dispositions spéciales à la naturalisation en Algérie.

Art. 3.

L'étranger naturalisé jouit de tous les droits civils et politiques attachés à la qualité de citoyen français. Néanmoins il n'est éligible aux Assemblées législatives que dix ans après le décret de naturalisation, à moins qu'une loi spéciale n'abrège ce délai. Le delai pourra être réduit à une année.

Les Français qui recouvrent cette qualité, après l'avoir perdue, acquièrent immédiatement tous les droits civils et politiques, même l'éligibilité aux Assemblées législatives.

Art. 4.

Les descendants des familles proscrites lors de la revocation de l'édit de Nantes continueront à bénéficier des dispositions de la loi du 15 décembre 1790, mais à la condition d'un décret spécial pour chaque demandeur. Ce décret ne produira d'effet que pour l'avenir.

Art. 5.

Pour l'exécution de la présente loi, un règlement d'administration publique déterminera: 1. les conditions auxquelles ces dispositions seront applicables aux colonies autres que celles dont il est parlé à l'art. 2 ci-dessus, ainsi que les formes à suivre pour la naturalisation dans les colonies; 2. les formalités à remplir et les justifications à faire relativement à la naturalisation ordinaire et à la naturalisation de faveur, dans les cas prévus par les art. 9 et 10 du Code civil, ainsi qu'à la renonciation à la qualité de Français, dans les cas prévus par les art. 8 (paragraphe 4), 12 et 18.

Art. 6.

Sont abrogés les décrets des 6 avril 1809 et 26 août 1811, les lois des 22 mars 1849, 7 février 1851, 29 juin 1867, 16 décembre 1874, 14 février 1882, 28 juin 1883 et toutes les dispositions contraires à la présente loi.

Disposition Transitoire.

Toute admission à domicile obtenue antérieurement à la présente loi sera périmée si, dans un délai de cinq années à compter de la promulgation, elle n'a pas été suivie dune demande en naturalisation ou si la demande en naturalisation a été rejetée.

La présente loi, déliberée et adoptée par le Sénat et par la Chambre des députés, sera exécutée comme loi de l'Etat.

Fait à Paris le 26 juin 1889. signé: Carnot.

Paris, 16 août 1889.

Le Président de la République française.

Sur le rapport du garde des sceaux, ministre de la justice et des cultes.

Vu la loi du 26 juin 1889 sur la nationalité, et notamment l'article 5 ainsi conçu: „Pour l'exécution de la présente loi un règlement d'administration publique déterminera:

„1. . . . ."

„2. Les formalités à remplir et les justifications à faire relativement à la naturalisation ordinaire et à la naturalisation de faveur, dans les cas prévus par les articles 9 et 10 du Code civil, ainsi qu'à la renonciation à la qualité de Français dans les cas prévus par les articles 8 (§ 4), 12 et 18."

Le conseil d'Etat entendu,

Décrète:

Art. 1.

L'étranger qui veut obtenir l'autorisation de fixer son domicile en France, conformément à l'article 13 du Code civil, doit adresser au ministre de la justice une demande rédigée sur papier timbré, accompagnée de son acte de naissance et de celui de son père, de la traduction de ces actes, s'ils sont en langue étrangère, ainsi que d'un extrait du casier judiciaire français.

Art. 2.

L'étranger qui veut obtenir sa naturalisation doit, dans tous les cas, adresser au ministre de la justice une demande sur papier timbré, en y joignant son acte de naissance, un extrait du casier judiciaire, et, le cas échéant, son acte de mariage et les actes de naissance de ses enfants mineurs, avec la traduction de ces actes, s'ils sont en langue étrangère.

Dans le cas où les intéressés seraient dans l'impossibilité de se procurer les actes de l'état civil dont la production est exigée par le présent décret, ces actes seront suppléés par un acte de notoriété délivré par le juge de paix dans la forme prescrite par l'article 71 du Code civil.

Art. 3.

L'étranger qui a épousé une Française doit, s'il veut obtenir la naturalisation après une année de domicile autorisé, produire l'acte de naissance de sa femme et l'acte de naissance du père de celle-ci, si cet acte est nécessaire pour établir son origine française.

Art. 4.

L'étranger qui sollicite la naturalisation immédiate, après une résidence non interrompue pendant dix ans, doit joindre à sa demande les documents établissant qu'il réside actuellement en France et depuis dix années au moins.

Art. 5.

La femme et les enfants majeurs de l'étranger qui demande à devenir Français, soit par la naturalisation ordinaire, soit par la réintégration, doivent, s'ils désirent obtenir eux-mêmes la qualité de Français, sans condition de stage, par application des articles 12 et 18 du Code civil, joindre leur demande de naturalisation à la demande faite par le mari, par le père ou par la mère.

Dans les cas de naturalisation de faveur prévus par les articles 9 et 10 du Code civil, la demande est jointe à la déclaration faite par le mari, le père ou la mère.

Art. 6.

Les déclarations souscrites soit pour acquérir, soit pour répudier la qualité de Français, sont reçues par le juge de paix du canton dans lequel réside le déclarant.

Elles peuvent être faites par procuration spéciale et authentique.

Elles sont dressées en doubles exemplaires sur papier timbré.

Le déclarant est assisté de deux témoins qui certifient son identité; il doit produire à l'appui de sa déclaration toutes les justifications nécessaires, en y joignant son acte de naissance et, le cas échéant, son acte de mariage et les actes de naissance de ses enfants mineurs avec la traduction de ces actes, s'ils sont en langue étrangère.

En cas de résidence à l'étranger, les déclarations sont reçues par les agents diplomatiques ou par les consuls.

Art. 7.

Les deux exemplaires de la déclaration et les pièces justificatives sont immédiatement adressés par le juge de paix au procureur de la République, qui les transmet, sans délai, au ministre de la justice.

Art. 8.

La déclaration est inscrite à la chancellerie sur un registre spécial; l'un des exemplaires est déposé dans les archives, l'autre renvoyé à l'intéressé avec la mention de l'enregistrement.

La déclaration enregistrée prend date du jour de sa réception par le juge de paix.

Art. 9.

Lorsqu'un individu né en France d'un étranger, et domicilié hors de France à l'époque de sa majorité, veut faire sa soumission de fixer en France son domicile dans les conditions prévues par l'article 9 du Code civil, cet acte de soumission est reçu par un des agents diplomatiques ou consulaires de France à l'étranger. Il est dressé en double exemplaire; l'un est remis à l'intéressé, l'autre transmis immédiatement au ministre de la justice par la voi hiérarchique.

Art. 10.

L'individu né en France de parents dont l'un a perdu la qualité de Français, et qui réclame cette qualité en vertu de l'article 10 du Code civil, doit établir quel était son domicile et celui de ses parents à l'époque de sa majorité, telle qu'elle est fixée par la loi française.

Art. 11.

La renonciation du mineur à la faculté qui lui appartient, par application des articles 8 (§ 4), 12 et 18 du Code civil, de décliner, à sa majorité, la qualité de Français, est faite en son nom par les personnes désignées dans l'article 9, paragraphe 2 du Code civil.

Art. 12.

Le garde des sceaux, ministre de la justice et des cultes, est chargé de l'exécution du présent décret, qui sera inséré au Journal officiel et au Bulletin des lois.

Fait à Paris le 13 août 1889.

Carnot.

Par le Président de la République:
Le garde des sceaux,
ministre de la justice et des cultes,
Thévenet.

Loi portant modification de l'article 8, paragraphe 3, et de l'article 9 du Code civil relativement aux déclarations effectuées en vue d'acquérir ou de décliner la nationalité française.

Le Sénat et la Chambre des Députés ont adopté.

Le Président de la République promulgue la loi dont la teneur suit:

Art. 1.

Le paragraphe 3 de l'article 8 du Code civil est ainsi modifié:

„Est Français . . .

3. Tout individu né en France de parents étrangers dont l'un y est lui-même né, sauf la faculté pour lui, si c'est la mère qui est née en France, de décliner, dans l'année qui suivra sa majorité la qualité de Français, en se conformant aux dispositions du paragraphe 4 ci-après.

L'enfant naturel pourra, aux mêmes conditions que l'enfant légitime, décliner la qualité de Français quand le parent qui est né en France n'est pas celui dont il devrait, aux termes du paragraphe 1, deuxième alinéa, suivre la nationalité."

Art. 2.

Les individus auxquels l'article 8, paragraphe 3 modifié, réserve la faculté de réclamer la qualité d'étranger et qui auront atteint leur majorité à l'époque de la promulgation de la présente loi, pourront réclamer cette qualité en remplissant les conditions prescrites dans le délai d'un an à partir de cette promulgation.

Art. 3.

L'article 9 du Code civil est modifié ainsi qu'il suit:

„Tout individu né en France d'un étranger et qui n'y est pas domicilié à l'époque de sa majorité pourra, jusqu'à l'âge de vingt-deux ans accomplis, faire sa soumission de fixer en France son domicile, et, s'il l'y établit dans l'année à compter de l'acte de soumission, réclamer la qualité de Français par une déclaration qui sera, à peine de nullité, enregistrée au ministère de la justice.

L'enregistrement sera refusé s'il résulte des pièces produites que le déclarant n'est pas dans les conditions requises par la loi, sauf à lui à se pourvoir devant les tribunaux civils, dans la forme prescrite par les articles 855 et suivants du Code de procédure civile.

La notification motivée du refus devra être faite au réclamant dans le délai de deux mois à partir de se déclaration.

L'enregistrement pourra en outre être refusé, pour cause d'indignité, au déclarant qui réunirait toutes les conditions légales; mais dans ce cas, il devra être statué, le déclarant dûment avisé, par décret rendu sur l'avis conforme du Conseil d'Etat, dans le délai de trois mois à partir de la déclaration, ou, s'il y a eu contestation, du jour où le jugement qui a admis la réclamation est devenu définitif.

Le déclarant aura la faculté de produire devant le Conseil d'Etat des pièces et des mémoires.

A défaut des notifications ci-dessus visées dans les délais susindiqués, et à leur expiration, le ministre de la justice remettra au déclarant, sur sa demande, une copie de sa déclaration, revêtue de la mention de l'enregistrement.

La déclaration produira ses effets du jour où elle aura été faite, sauf l'annulation qui pourra résulter du refus d'enregistrement.

Les règles relatives à l'enregistrement prescrites par les paragraphes 2 et 3 du présent article sont applicables aux déclarations faites en vue de décliner la nationalité française, conformément à l'article 8, paragraphes 3 et 4, et aux articles 12 et 18.

Les déclarations faites, soit pour réclamer, soit pour décliner la qualité de Français, doivent, après enregistrement, être insérées au bulletin des lois. Néanmoins, l'ommission de cette formalité ne pourra pas préjudicier aux droits des déclarants.

Si l'individu qui réclame la qualité de Français est âgé de moins de vingt et un ans accomplis, la déclaration sera faite en son nom par son père; en cas de décès, par sa mère; en cas de décès du père et de la mère ou de leur exclusion de la tutelle, ou dans les cas prévus par les articles 141, 142 et 143 du Code civil, par le tuteur autorisé par délibération du conseil de famille.

Il devient également Français si, ayant été porté sur le tableau de recensement, il prend part aux opérations de recrutement sans opposer son extranéité."

La présente loi, délibérée et adoptée par le Sénat et par la Chambre des Députés, sera exécutée comme loi de l'Etat.

Fait à Marly-le-Roi, le 22 juillet 1893. Carnot.

Par le Président de la République:

Le Garde des Sceaux, Ministre de la Justice,

E. Guérin.

Unter dem 11. November 1913 ist die folgende Novelle eingebracht worden, die nach den bisherigen Erfahrungen voraussichtlich im Parlament angenommen werden dürfte:

Projet de loi

portant modification ou abrogation de certaines dispositions du Code civil relatives à la nationalité: paragraphes 3, 4 et 5 de l'article 8; articles 9, 10, 12, 17, 18, 19, 20 et 21.

Article premier.

Le paragraphe 3, alinéa premier, de l'article 8 du Code civil est ainsi modifié:

«Est Français ...

«Tout individu né en France de parents étrangers dont l'un y est lui-même né; sauf la faculté pour lui, si c'est la mère qui est née en France, de décliner la qualité de Français en se conforment aux dispositions du paragraphe 4 ci-après.»

«Cette faculté cesse, conformément aux dispositions de l'article 18 du Code civil in fine, si le père ou la mère survivant a été naturalisé ou réintégré durant la minorité de l'enfant.

«Les dispositions, ainsi que celles du paragraphe suivant ne sont pas applicables aux enfants des agents diplomatiques et des consuls de carrière de nationalité étrangère nés en France qui, s'ils y sont domiciliés, auront la faculté de réclamer, dans le cours de leur 22e année, la qualité de Français aux conditions fixées par l'article 9, sans préjudice de l'application des autres dispositions de cet article en leur faveur.»

Art. 2.

Le paragraphe 4 de l'article 8 est complété ainsi qu'il suit:

«Cette disposition n'est pas applicable à l'individu contre lequel a été pris un arrêté d'expulsion.»

Art. 3.

Il est ajouté dans le paragraphe 5 de l'article 8 du Code civil, près les mots «peuvent être naturalisés»: «après l'âge de vingt et un ans».

L'alinéa 3 du même paragraphe est modifié ainsi qu'il suit:

«... ou s'ils ont été attachés, à un titre quelconque, au service militaire en Algérie, dans les colonies et les protectorats français.»

Art. 4.

L'article 9 du Code civil est modifié ainsi qu'il suit:

(Alinéa 4) «L'enregistrement pourra en outre être refusé, pour cause d'indignité, au déclarant qui réunirait toutes les conditions légales; mais, dans ce cas, il devra être statué, le déclarant dûment avisé, par décret rendu sur l'avis conforme du Conseil d'Etat, dans le délai de quatre mois à partir de la déclaration, ou, s'il y a eu contestation, du jour où le jugement qui a admis la réclamation est devenu définitif.»

(Alinéa 8) «Les règles relatives à l'enregistrement prescrites par les paragraphes 2 et 3 du présent article sont applicables aux déclarations faites, en vue de décliner la nationalité française, conformément à l'article 8, paragraphes 3 et 4.»

(Alinéa 11) Abrogé.

Art. 5.

L'article 12 du Code civil est modifié et complété ainsi qu'il suit:

(Alinéa 2 nouveau) «La femme, majeure ou mineure, dont le mari devient Français par l'application de l'article 8, paragraphe 4, pourra, si elle le demande durant le mariage, obtenir la naturalisation sans condition de stage.»

(Alinéa 3) «La femme, majeure où mineure, mariée à un étranger qui se fait naturaliser Français ou acquiert la nationalité française, comme conséquence d'une déclaration souscrite en vertu des articles 9 et 10, et les enfants majeurs de cet étranger pourront, s'ils le demandent, obtenir la qualité de Français sans condition de stage, soit par le décret qui confère cette qualité au mari ou au père ou à la mère, soit en joignant leur demande à la déclaration souscrite par application des articles susvisés.»

(Alinéa 4) «Deviennent Français les enfants mineurs d'un père ou d'une mère survivante qui se font naturaliser Français ou acquièrent la nationalité française, par application des articles 8, paragraphe 4, 9 et 10.»

(Alinéa 5 nouveau) «Deviennent Français les enfants naturels, quand le parent qui se fait naturaliser Français ou acquiert la nationalité française conformément aux dispositions des articles visés à l'alinéa précédent, est celui dont ils devraient, aux termes de l'article 8, paragraphe premier, deuxième alinéa, suivre la nationalité.»

(Alinéa 6 nouveau) «Les dispositions des alinéas 4 et 5 ne sont pas applicables aux individus qui, âgés de moins de 21 ans, auraient contracté mariage, serviraient ou auraient servi sous les drapeaux dans leur pays d'origine. Toutefois, ces individus auront la faculté de solliciter la naturalisation française, sans condition de stage, dans le cours de leur 22e année.»

Art. 6.

L'article 17 du Code civil est modifié ainsi qu'il suit:

Perdent la qualité de Français:

1. Le Français naturalisé à l'étranger ou celui qui acquiert sur sa demande la nationalité étrangère par l'effet de la loi.

S'il est encore soumis aux obligations du service militaire dans l'armée active et sa réserve, la naturalisation à l'étranger ou l'acquisition sur sa demande de la nationalité étrangère par l'effet de la loi, ne fera perdre la qualité de Français que si elle a été autorisée par le Gouvernement français;

2. Le Français qui, ayant acquis par l'effet de la loi, sans manifestation de volonté de sa part, une nationalité étrangére, est autorisé, sur sa demande, par le Gouvernement français à la conserver;

3. Le Français qui a décliné la nationalité française dans le cas prévu au paragraphe 3 de l'article 8;

4. Le Français qui, ayant accepté des fonctions publiques conférées par un Gouvernement étranger, les conserve nonobstant l'injonction du Gouvernement français de les résigner dans un délai déterminé.

Le paragraphe 4 actuel du même article est abrogé.

Art. 7.

L'article 18 in fine du Code civil est modifié et complété ainsi qu'il suit:

«Les enfants mineurs du père ou de la mère survivante réintégrés deviennent Français.

(Disposition nouvelle) «Les enfants naturels deviennent Français aux conditions fixées par l'article 12, alinéa 5.»

Art. 8.

L'article 19 du Code civil est modifié ainsi qu'il suit:

«La femme française qui épouse un étranger suit la condition de son mari, à moins que son mariage ne lui confère pas la nationalité de son mari, auquel cas elle reste Française. Si son mariage est dissous par la mort du mari ou le divorce, elle recouvre la qualité de Française en obtenant sa réintégration, pourvu qu'elle réside en France.

(Disposition nouvelle) «Dans le cas où le mariage est dissous par la mort du mari, la qualité de Français peut être accordée par le même décret aux enfants majeurs aux conditions fixées par l'article 18.

«Les enfants mineurs deviennent Français, sauf les exceptions prévues par l'article 12, alinéa 6.»

Art. 9.

L'article 20 du Code civil est ainsi modifié:

«Les individus qui acquerront la qualité de Français dans les cas prévus par les articles 8, paragraphe 4, 9, 10, 18 et 19 ne pourront s'en prévaloir que pour les droits ouverts à leur profit depuis cette époque.

«Quand les personnes désignées à l'article 9, alinéa 10, auront, au nom d'un mineur, renoncé à la faculté qui lui appartiendrait à sa majorité, dans le cas de l'article 8, paragraphes 3 et 4, de décliner la qualité de Français, celui-ci ne sera plus recevable à user de cette faculté.»

Art. 10.

L'article 21 du Code civile est abrogé.

Art. 11.

La présente loi est applicable à l'Algérie, ainsi qu'aux colonies de la Guadelope, de la Martinique et de la Réunion.

Disposition transitoire.

Les individus auxquels la faculté de décliner la qualité de Français est actuellement réservée, en vertu des articles 12, alinéa 3, et 18, qui se trouveront, lors de la promulgation de la présente loi, dans l'année de leur majorité pourront, pendant la dite année, user de cette faculté.

Naturalisation aux colonies et dans les pays de protectorat.

I. COLONIES.

A. Guadeloupe, Martinique, Réunion.

La loi du 26 juin 1889 n'est applicable qu'à la Guadeloupe, à la Martinique et à la Réunion.

B. Cochinchine, Sénégal, Nouvelle-Calédonie, Madagascar, Guyane etc.

La naturalisation dans les colonies autres que la Guadeloupe, la Martinique et la Réunion, est réglée par le décret du 7 février 1897, rendu en exécution des dispositions de l'article 5 de la loi du 26 juin 1889.

Extrait du décret du 7 février 1897.

Titre I.

Acquisition, Perte, et Recouvrement de la Qualité de Français dans les Colonies autres que la Guadeloupe, la Martinique et la Réunion.

Art. 1.

Les articles 7, 8, 9, 10, 12, 17, 18, 19, 20 et 21 du Code civil sont déclarés applicables aux colonies autres que la Guadeloupe, la Martinique, la Réunion sous les conditions suivantes:

Art. 7. L'exercice des droits civils est indépendant de l'exercice des droits politiques, lesquels s'acquièrent et se conservent conformément aux Lois constitutionnelles et électorales.

Art. 8. Tout Français jouira des droits civils.

Sont Français:

1. Tout individu né d'un Français en France, aux Colonies ou à l'étranger.

L'enfant naturel dont la filiation est établie, pendant la minorité, par reconnaissance ou par jugement, suit la nationalité de celui des parents à l'égard duquel la preuve a d'abord été faite. Si elle résulte pour le père ou la mère du même acte ou du même jugement, l'enfant suivra la nationalité du père;

2. Tout individu né aux Colonies de parents inconnus ou dont la nationalité est inconnue;

3. Les étrangers naturalisés.

Peuvent être naturalisés:

1. Les étrangers qui peuvent justifier de trois années de résidence ininterrompue dans les Colonies.

Est assimilé à cette résidence le séjour en pays étrangers pour l'exercice d'une fonction conférée par le Gouvernement Français;

2. Les étrangers après un an de résidence, s'ils ont rendu des services importants à la France ou à ses Colonies, s'ils y ont apporté des talents distingués, ou s'ils y ont introduit soit une industrie, soit des inventions utiles, ou s'ils ont crée soit des établissements industriels ou autres, soit des exploitations agricoles, ou s'ils ont été attachés à un titre quelconque au service militaire dans les Colonies ou les Protectorats Français;

3. L'étranger, après un an de résidence, s'il a épousé une Française.

Il est statué par Décret sur la demande de naturalisation après une enquête sur la moralité de l'étranger.

Art. 9. Tout individu né aux Colonies d'un étranger, et qui y réside, peut, sur sa demande formée dans l'année de sa majorité, être, sans autres conditions, naturalisé par Décret.

Art. 10. Tout individu né en France, aux Colonies, ou à l'étranger de parents dont l'un a perdu la qualité de Français et qui réside aux Colonies, peut, à tout âge, être naturalisé par Décret.

Art. 12. L'étrangère qui aura épousé un Français suivra la condition de son mari.

La femme mariée à un étranger qui se fait naturaliser Français et les enfants majeurs de l'étranger naturalisé pourront, s'ils le demandent, obtenir la qualité de Français, sans autres conditions, par le Décret qui confère cette qualité au mari, ou au père, ou la à mère.

Deviennent Français les enfants mineurs d'un père ou d'une mère survivant qui se font naturaliser Français, à moins que dans l'année qui suivra leur majorité, telle qu'elle est réglée par la Loi Française, ils ne déclinent cette qualité en se conformant aux dispositions de l'art. 12 du présent Décret.

Art. 17. Perdent la qualité de Français:

1. Le Français naturalisé à l'étranger ou celui qui acquiert, sur sa demande, la nationalité étrangère par l'effet de la loi.

S'il est encore soumis aux obligations du service militaire pour l'armée active, la naturalisation ne fera perdre la qualité de Français que si elle a été autorisée par le Gouvernement Français;

2. Le Français qui a décliné la nationalité Française dans les cas prévus aux art. 12 et 18;

3. Le Français qui, ayant accepté des fonctions publiques conférées par un Gouvernement étranger, les conserve nonobstant l'injonction du Gouvernement Français de les résigner dans un délai déterminé;

4. Le Français qui, sans autorisation du Gouvernement, prend du service militaire à l'étranger, sans préjudice des lois pénales contre le Français qui se soustrait aux obligations de la loi militaire.

Art. 18. Le Français qui a perdu la nationalité Française peut la recouvrer, pourvu qu'il réside en France ou dans les Colonies Françaises en obtenant sa réintégration par Décret.

La qualité de Français pourra être accordée par le même Décret à la femme et aux enfants majeurs, s'ils en font la demande.

Les enfants mineurs du père ou de la mère réintégrés deviennent Français, à moins que, dans l'année qui suivra leur majorité, ils ne déclinent cette qualité, en se conformant aux dispositions de l'art. 12 du présent Décret.

Art. 19. La femme Française qui épouse un étranger suit la condition de son mari, à moins que son mariage ne lui confère pas la nationalité de son mari, auquel cas elle reste Française.

Si son mariage est dissous par la mort du mari ou par le divorce, elle recouvre la qualité de Française, avec l'autorisation du Gouvernement, pourvu qu'elle réside en France ou aux Colonies ou qu'elle y rentre en déclarant qu'elle veut s'y fixer.

Dans le cas où le mariage est dissous par la mort du mari, la qualité de Française peut être accordée par le même Décret de réintégration, aux enfants mineurs, sur la demande de la mère, ou par un Décret ultérieur, si la demande en est faite par le tuteur avec l'approbation du Conseil de famille.

Art. 20. Les individus qui acqueront la qualité de Français dans les cas prévus par les art. 18 et 19 ne pourront s'en prévaloir que pour les droits ouverts à leur profit depuis cette époque.

Art. 21. Le Français qui, sans autorisation du Gouvernement, prendrait du service militaire à l'étranger ne pourra rentrer en France ou dans les Colonies qu'en vertu d'une permission accordée par Décret et recouvrer la qualité de Français qu'en remplissant les conditions imposées à l'étranger pour obtenir la naturalisation ordinaire.

Art. 2.

L'étranger naturalisé jouit de tous les droits civils et politiques attachés à la qualité de citoyen Français. Néanmoins, il n'est éligible aux Assemblées Législatives que dix ans après le Décret de naturalisation, à moins qu'une Loi spéciale n'abrège ce délai. Le délai pourra être réduit à une année.

Les Français qui recouvrent cette qualité après l'avoir perdue acquièrent immédiatement tous les droits civils et politiques, même l'éligibilité aux Assemblées Législatives.

Art. 3.

Les descendants des familles proscrites lors de la révocation de l'Edit de Nantes continueront à bénéficier des dispositions de la Loi du 15 Décembre 1790, mais à la condition d'un Décret spécial pour chaque demandeur. Ce Décret ne produira d'effet que pour l'avenir.

Art. 4.

La naturalisation des étrangers et la réintégration dans la qualité de Français donnent lieu à la perception d'un droit de sceau de 100 fr. au profit de la Colonie.

La remise totale ou partielle de ce droit peut être accordée par Décret du Président de la République, sur la proposition du Ministre des Colonies et du Ministre de la Justice.

II. PAYS DE PROTECTORAT.

La loi du 26 juin 1889 et le décret du 7 février 1897 ne sont pas applicables aux pays de protectorat.

La situation des indigènes et des étrangers qui désirent acquérir la qualité de Français est réglée par deux décrets: l'un du 28 février 1899, applicable à la Tunisie; l'autre du 29 juillet 1887, applicable au Tonkin et à l'Annam.

1. Tunisie. — Le décret du 28 février 1899 admet à jouir des droits de citoyens français après l'âge de vingt et un ans accomplis:

1. Les étrangers qui justifient de trois années de résidence soit en Tunisie, soit en France ou en Algérie, et en dernier lieu en Tunisie;

2. Les sujets tunisiens qui, pendant le même temps, ont servi dans les armées françaises de terre ou de mer ou qui ont rempli des fonctions ou emplois civils rétribués par le Trésor Français. (Art. 2 et 3.)

Comme le décret du 7 février 1897, l'art. 4 du décret susvisé contient, relativement à la femme et aux enfants mineurs de l'étranger qui se fait naturaliser, des dispositions analogues à celle de l'art. 12 du Code civil.

2. Tonkin et Annam. — Le décret du 29 juillet 1887 établit à l'égard des étrangers et des indigènes annamites et tonkinois, des règles analogues à celles qui ont été reproduites au décret de 1899 précité.

La naturalisation peut être accordée:

1. Aux étrangers après trois ans de résidence, soit en Annam ou au Tonkin, soit en Cochinchine et, en dernier lieu, en Annam ou au Tonkin;

2. Aux indigènes annamites ou tonkinois qui, pendant trois ans, ont servi la France soit dans les armées de terre ou de mer, soit dans les fonctions ou emplois civils rétribués par le Trésor Français. (Art. 1.)

Le délai de trois ans est réduit à un an en faveur des étrangers ou indigènes qui auraient rendu à la France des services exceptionnels. (Art. 2.)

Aucune disposition spéciale ne règle la situation de la femme et des enfants mineurs de l'étranger qui se fait naturaliser.

Cette particularité s'explique par ce fait que c'est seulement dans la loi du 26 juin 1889 qu'on soit apparaître des dispositions admettant la naturalisation de la femme sans condition de stage et accordant aux enfants mineurs la qualité de Français sous réserve de la faculté de la répudier au cours de leur vingt-deuxième année. (Art. 12 §§ 2 et 3 du Code civil.)

Wegen **Indo-Chine** s. Nachtrag S. 581 ff.

Griechenland.

Bürgerliches Gesetzbuch vom 29. Oktober/10. November 1856.

Art. 14.

Griechen sind:

1. die als Kinder eines griechischen Vaters Geborenen;
2. die unehelichen Kinder einer Griechin;
3. die in Griechenland als Kinder unbekannter Eltern Geborenen;
4. die unehelichen Kinder einer ausländischen Mutter und eines griechischen Vaters, sofern letzterer sie den gesetzlichen Bestimmungen gemäß anerkannt hat.

Art. 15.*)

Ein Ausländer, der nach dem Gesetz des Staates, dem er angehört, volljährig ist, kann durch Naturalisation Grieche werden.

Zu diesem Behufe hat er seine Absicht dem Magistrat des Ortes, an welchem er sich niederlassen will, kundzugeben und während zweier Jahre, wenn er griechischer Rasse ist, während dreier Jahre,**) wenn

*) Der Art. 15 des BGB. ist nach dem obenstehenden Wortlaut durch Gesetz vom 27. Juli/8. August 1895 abgeändert worden.

**) Auf Grund des Gesetzes vom 10./22. Februar 1893 kann von der Niederlassungsfrist durch königliches Dekret Abstand genommen werden.

er Ausländer ist, in Griechenland zu wohnen. Nach Ablauf dieser Frist und Vorlage eines von dem Staatsanwalt ausgestellten Zeugnisses daß er sich keines der im Art. 22 des Strafgesetzbuches vorgesehenen Verbrechen oder Vergehen schuldig gemacht hat, leistet er den Eid als griechischer Untertan.

Doch kann die Naturalisation einem Ausländer durch eine königliche Ordonnanz auch schon vor Ablauf der im vorhergehenden Absatz erwähnten Fristen gewährt werden, sofern er nach seiner Bewerbung sechs Monate in Griechenland gewohnt und nachdem er das militärpflichtige Alter erreicht hat, seine Eintragung in die Rekrutierungslisten erlangt, um die den Griechen nach dem geltenden Rekrutierungsgesetz obliegenden Verpflichtungen zu erfüllen.*)

Art. 16.

Der König kann dem Antragsteller während des bis zur Naturalisierung erforderlichen Zeitraumes die Zulassung zum Genusse der bürgerlichen Rechte erteilen. In diesem Falle ist der Ausländer in allen seinen rechtlichen Verhältnissen den griechischen Gesetzen unterworfen.

Art. 17.

Die Naturalisation erstreckt sich weder auf die Ehefrau noch auf die vor der im Art. 15 erwähnten Erklärung geborenen Kinder. Wenn zur Zeit der Naturalisation die Ehefrau**) und die Kinder minderjährig sind, so können sie ein Jahr nach erlangter Großjährigkeit die griechische Staatsangehörigkeit erlangen, wenn sie diese ihre Absicht vor dem Magistrat ihres Aufenthaltsortes kundgegeben haben, in Griechenland wohnen und den Untertaneneid leisten.

Art. 18.

Die während der im Art. 15 vorgesehenen Niederlassungsfrist geborenen Kinder erwerben mit dem Vater zugleich die Naturalisation.

Art. 19.

Die als Kinder einer griechischen Mutter und eines außerehelichen fremden Vaters geborenen und als solche von denselben anerkannten Personen, sowie die in Griechenland als Kinder eines fremden Vaters geborenen Individuen können die griechische Nationalität erwerben, wenn sie die Förmlichkeiten des Art. 17 erfüllen.

---

*) Der dritte Absatz ist durch Ge etz vom 18./20. Februar 1901 hinzugefügt.

**) Die großjährige Ehefrau des Naturalisierten muß also ihre Naturalisation mit Zustimmung ihres Ehemannes selbständig nachsuchen, anderenfalls behält sie ihre bisherige Staatsangehörigkeit bei.

Art. 20.

Die als Kinder solcher Eltern, welche die griechische Staatsangehörigkeit verloren haben, geborenen Personen können jederzeit diese Staatsangehörigkeit erwerben, wenn sie die Förmlichkeiten des Art. 17 erfüllen.

Art. 21.

Eine Ausländerin, welche einen Griechen heiratet, wird ebenfalls Griechin.

Art. 22.

Ausländern, die dem griechischen Staate hervorragnde Dienste geleistet haben, kann die Naturalisation durch Gesetz verliehen werden.

Art. 23.

Die griechische Staatsangehörigkeit geht verloren:

a) durch Naturalisation im Auslande,

b) durch Annahme eines öffentlichen Amtes ohne Erlaubnis des Königs.

Art. 24.

Die Ehefrau und die Kinder einer Person, die die griechische Staatsangehörigkeit verloren hat, bleiben Griechen.

Art. 25.

Eine an einen Ausländer verehelichte Griechin verliert die griechische Staatsangehörigkeit; sie erlangt sie wieder, wenn ihr Ehemann Grieche wird, oder wenn nach Auflösung der Ehe — Tod des Ehemannes, Ehescheidung — sie eine diesbezügliche Erklärung vor der griechischen Munizipalität ihres gegenwärtigen oder zukünftigen Aufenthaltsortes abgibt.

Art. 26.

Wer sich auf Grund königlicher Erlaubnis im Auslande hat naturalisieren lassen, erlangt die griechische Staatsangehörigkeit wieder, wenn er nach Griechenland zurückkehrt, vor der zuständigen Munizipalität diesen seinen Wunsch erklärt und sich im Lande niederläßt.

Art. 27.

Wer die griechische Staatsangehörigkeit verloren hat, kann dieselbe jederzeit wiedererlangen, wenn er nach Griechenland zurückkehrt, seinen diesbezüglichen Willen vor der zuständigen Munizipalität erklärt, ferner sechs Monate im Lande wohnt und den Eid eines griechischen Bürgers vor dem Präfekten ableistet.

Art. 28.

Wer ohne Genehmigung des Königs in fremde Kriegsdienste tritt, kann wieder griechischer Bürger werden, wenn er nach Griechenland zurückkehrt und nach eingeholter Genehmigung Sr. Majestät die zur Naturalisation für Ausländer vorgeschriebenen Förmlichkeiten erfüllt.

Gesetz vom 31. Dezember 1883.

Einziger Artikel.

Denjenigen, welche die griechische Naturalisation auf Grund besonderer Gesetze entweder bereits erlangt haben oder in Zukunft erlangen werden, ist auf ihr an das Ministerium des Innern gerichtetes Gesuch gestattet, den Eid als griechische Bürger vor dem griechischen Konsul, in dessen Bezirk sie wohnen, zu leisten.

Großbritannien.*)

Bevor ich die Naturalisationsakte vom 12. Mai 1870 bringe, will ich der Vollständigkeit halber erwähnen:

1. Daß den in Großbritannien geborenen Kindern eines Ausländers die britische Staatsangehörigkeit zuerkannt ist (vgl. Gruppe III in der Anmerkung zu § 4 und Sektion 4 der Naturalisationsakte).

2. Daß unter der Regierung der Königin Anna (7 Anne c. 5 Report p. VII) die im Ausland geborenen Kinder britischer Eltern als britische Untertanen erklärt wurden, und daß unter der Regierung Georgs III. (13 Geo. III c. 21 s. 1) diese Bestimmung auf die Enkel britischer Eltern ausgedehnt worden ist.

3. Daß das im Ausland unehelich geborene Kind einer Engländerin nicht als Engländer angesehen wird (vgl. § 4 Anm.).

Gesetz betreffend die Rechtsverhältnisse der Ausländer und britischen Untertanen. Vom 12. Mai 1870.

Sektion 1.

Dieses Gesetz kann vorkommendenfalls als „Naturalisationsakte 1870" bezeichnet werden.

Rechtsstellung der Ausländer im Vereinigten Königreich.

Fähigkeit eines Ausländers zum Eigentumserwerb.

Sektion 2.

Unbewegliches und bewegliches Eigentum aller Art kann ein Ausländer in jeder Beziehung in derselben Weise wie ein geborener britischer Untertan erwerben, besitzen und darüber verfügen; auch kann ein Anspruch

*) S. das englische Original in der 2. Aufl. d. Kommentars S. 292 ff.

auf unbewegliches und bewegliches Vermögen aller Art von einem Ausländer in jeder Beziehung auf die gleiche Weise hergeleitet, übertragen und ererbt werden, wie von einem geborenen britischen Untertan unter der Bedingung:

1. daß diese Sektion einen Ausländer nicht berechtigt, außerhalb des Vereinigten Königreichs belegenes Grundeigentum zu besitzen und ihn zu einem Amt oder munizipalen, parlamentarischen oder anderen Gerechtsamen befähigt;

2. daß diese Sektion einem Ausländer keinerlei Rechte oder Privilegien eines britischen Untertanen gewährt, außer denjenigen, welche ihm hinsichtlich der Vermögensverhältnisse hierdurch ausdrücklich erteilt werden;

3. daß durch diese Sektion jeder Grundbesitz oder jeder Anspruch auf unbewegliches und bewegliches Eigentum unberührt bleibt, den eine Person mittelbar oder unmittelbar besitzt oder erwartet, sei es infolge rechtlicher vor dem Erlaß dieses Gesetzes getroffener Anordnungen, sei es durch Erbfolge infolge des Todes einer vor dem Erlaß dieses Gesetzes verstorbenen Person.

Fähigkeit naturalisierter Ausländer, ihre Staatsangehörigkeit in bestimmten Fällen aufzugeben.

Sektion 3.

Wenn Ihre Majestät einen Vertrag mit einem fremden Staate eingegangen ist, mit dem Inhalt, daß die Untertanen oder Bürger jenes Staates, welche als britische Untertanen naturalisiert sind, ihre britische Staatsangehörigkeit aufgeben dürfen, dann ist Ihre Majestät befugt, den Abschluß eines derartigen Vertrags durch Kabinettsorder anzuzeigen; von dem Datum dieser Kabinettsorder ab hat jeder frühere Untertan oder Bürger des in dieser Order bezeichneten Staates, der britischer Untertan geworden ist, das Recht, innerhalb einer im Vertrage näher bestimmten Frist eine Erklärung seines Austritts abzugeben; von dem Datum einer derartigen Erklärung ab gilt diese Person als Ausländer und Untertan desjenigen Staates, dem sie ursprünglich angehört hat.

Eine Aufgabeerklärung kann folgendermaßen abgegeben werden:

Wenn der Erklärende sich im Vereinigten Königreich aufhält, vor jedem Friedensrichter; wenn er in Ihrer Majestät Besitzungen lebt, vor jedem Richter eines Zivil- oder Kriminalgerichts, vor jedem Friedensrichter oder vor jedem sonstigen Beamten, welcher am Aufenthaltsort in gerichtlichen oder sonstigen Rechtsangelegenheiten zur Abnahme von Eiden gesetzlich ermächtigt ist. Wenn er sich außerhalb Ihrer Majestät Besitzungen befindet, vor jedem diplomatischen Beamten oder Konsul.

Wie geborene britische Untertanen ihre Staatsangehörigkeit aufgeben können.

Sektion 4.

Jede Person, die auf Grund ihrer innerhalb der Besitzungen Ihrer Majestät erfolgten Geburt eingeborener britischer Untertan ist, die aber zur Zeit ihrer Geburt dem Gesetz eines fremden Staates gemäß auch Untertan dieses Staates geworden und geblieben ist, kann ihren Austritt aus dem britischen Staatsverband in der oben bezeichneten Weise erklären, sofern sie volljährig und geschäftsfähig ist; von dem Datum dieser Austrittserklärung ab hört diese Person auf, britischer Untertan zu sein. Jede außerhalb der Besitzungen Ihrer Majestät geborene Person, deren Vater britischer Untertan ist, darf, wenn sie volljährig und geschäftsfähig ist, eine Austrittserklärung in der oben bezeichneten Weise abgeben; vom Datum dieser Erklärung ab hört sie auf, britischer Untertan zu sein.

Ausländer haben keinen Anspruch auf eine Jury de medietate linguae.

Sektion 5.

Vom Erlaß dieses Gesetzes ab haben Ausländer keinen Anspruch, vor eine Jury de medietate linguae gestellt zu werden, sie können vielmehr auf die nämliche Weise wie ein eingeborener Untertan zur Verantwortung gezogen werden.

Verlust der Staatsangehörigkeit.

Fähigkeit britischer Untertanen, das Ihrer Majestät gelobte Treuverhältnis zu lösen.

Sektion 6.

Jeder britische Untertan, der sich vor oder nach Erlaß dieses Gesetzes während seines Aufenthalts in einem fremden Staate aus freien Stücken und ohne in seiner Geschäftsfähigkeit beschränkt zu sein in diesem Staat hat naturalisieren lassen, hört mit dieser Naturalisation auf, britischer Untertan zu sein und ist als Ausländer anzusehen, mit der Maßgabe jedoch:

1. daß ein vor Erlaß dieses Gesetzes in einem fremden Staate naturalisierter britischer Untertan, der gleichwohl britischer Untertan zu bleiben wünscht, innerhalb einer Frist von zwei Jahren von dem Erlaß dieses Gesetzes ab gerechnet das Recht hat, eine Erklärung abzugeben, daß er britischer Untertan bleiben wolle; diese Erklärung (Declaration of British Nationality) und die Leistung des Huldigungseides wahrt dem Erklärenden die Eigenschaft des britischen Untertanen, und zwar mit rückwirkender Kraft; jedoch gilt er nicht als britischer Untertan, so-

lange er sich innerhalb des fremden Staates aufhält, in dem er naturalisiert war, es sei denn, daß er nach den Gesetzen dieses Staates oder infolge eines bezüglichen Staatsvertrages aufgehört habe, Untertan des fremden Staates zu sein;

2. eine Erklärung der britischen Staatsangehörigkeit und der Huldigungseid können erfolgen vor jedem Friedensrichter, wenn der Erklärende sich in dem Vereinigten Königreich aufhält; wenn er anderswo in Ihrer Majestät Besitzungen lebt, vor jedem Richter eines Gerichtshofs für bürgerliches oder Strafrecht, vor jedem Friedensrichter oder vor jedem sonstigen Beamten, welcher am Aufenthaltsort in gerichtlichen oder sonstigen Rechtsangelegenheiten zur Abnahme von Eiden gesetzlich ermächtigt ist.

Wenn er sich außerhalb Ihrer Majestät Besitzungen befindet, vor jedem diplomatischen Beamten oder Konsul.

Naturalisation und Wiederaufnahme der britischen Staatsangehörigkeit.

Naturalisationsurkunde.

Sektion 7.

Wenn ein Ausländer innerhalb einer von einem der Staatssekretäre durch allgemeinen Erlaß oder besondere Verfügung festzusetzenden Frist mindestens fünf Jahre im Vereinigten Königreich wohnhaft oder mindestens fünf Jahre im Staatsdienst angestellt gewesen ist und nach erfolgter Naturalisation im Vereinigten Königreich zu wohnen oder im Staatsdienst zu bleiben beabsichtigt, so kann er bei einem der Staatssekretäre Ihrer Majestät um eine Naturalisationsurkunde einkommen.

Der Bewerber muß zur Unterstützung seines Gesuchs alle für seinen Aufenthalt oder seinen Dienst und für seine Aufenthalts- oder Dienstabsicht erforderlichen Beweise beibringen. Wenn der Staatssekretär den Beweis für erbracht hält, kann er die Sache in Betracht ziehen und darf mit oder ohne Begründung die Urkunde gewähren oder versagen, wie es das öffentliche Interesse erfordert; gegen seine Entscheidung findet Berufung nicht statt. Die Urkunde tritt nicht eher in Wirksamkeit, als bis der Bewerber den Huldigungseid abgelegt hat.

Ein Ausländer, dem eine Naturalisationsurkunde bewilligt ist, genießt im Vereinigten Königreich alle politischen und andern Rechte, Fähigkeiten und Privilegien und ist allen Verpflichtungen unterworfen wie ein eingeborener britischer Untertan, mit der Einschränkung, daß er nicht als britischer Untertan angesehen wird, wenn er innerhalb der Grenzen des fremden Staates sich aufhält, dem er vor der Naturalisation angehört hat, es sei denn, daß er nach den Gesetzen dieses Staates oder infolge eines bezüglichen Staatsvertrages aufgehört habe, Untertan desselben zu sein.

Der genannte Staatssekretär kann in der oben bezeichneten Weise jeder Person noch besonders ein Naturalisationszeugnis bewilligen, über deren britische Untertaneneigenschaft Zweifel obwalten; er kann in dem Zeugnis ausführen, daß es nur bewilligt wird, um Zweifel über die Rechte dieser Person als britischer Untertan auszuschließen, auch soll dieses spezielle Zeugnis nicht so aufgefaßt werden, als ob der Empfänger vorher der britischen Untertaneneigenschaft ermangelt hätte.

Ein Ausländer, der vor dem Erlaß dieses Gesetzes naturalisiert worden ist, darf nach diesem Gesetz beim Staatssekretär um eine Naturalisationsurkunde einkommen, und dem genannten Staatssekretär soll es gesetzlich zustehen, dem aufgenommenen Ausländer diese Urkunde in denselben Formen und unter denselben Bedingungen zu bewilligen, wie wenn der Ausländer im Vereinigten Königreich nicht vorher naturalisiert worden wäre.

Urkunde über die Wiederaufnahme in die britische Staatsangehörigkeit.

Sektion 8.

Ein eingeborener britischer Untertan, der infolge dieses Gesetzes Ausländer geworden ist — hier als Statutarausländer bezeichnet — hat dieselben Bedingungen zu erfüllen und derselben Beweisführung sich zu unterziehen, wenn er zur britischen Staatsangehörigkeit wieder zugelassen werden will, wie sie von einem Ausländer gefordert werden, der sich um die Naturalisationsurkunde bewirbt; er kann sich an einen der Staatssekretäre Ihrer Majestät um Bewilligung einer Urkunde wenden, die hinfort Urkunde der Wiederaufnahme in die britische Staatsangehörigkeit heißen und ihm die britische Staatsangehörigkeit wieder gewähren soll. Der erwähnte Staatssekretär soll dasselbe freie Ermessen in Gewährung oder Versagung dieser Urkunde haben wie bei einer Naturalisationsurkunde, auch ist der Huldigungseid in derselben Weise zu erfordern, ehe das Zeugnis ausghändigt wird.

Der Statutarausländer, dem eine Urkunde der Wiederaufnahme in die britische Staatsangehörigkeit bewilligt worden ist, nimmt vom Datum dieser Urkunde ab seine Stellung als britischer Untertan wieder auf, aber nicht bezüglich früherer Rechtshandlungen, mit der Einschränkung, daß er nicht als britischer Untertan angesehen wird, wenn er sich innerhalb der Grenzen des fremden Staates aufhält, dem er vorher angehört hat, es sei denn, daß er nach den Gesetzen dieses Staates oder infolge eines bezüglichen Staatsvertrages aufgehört habe, Untertan des fremden Staates zu sein.

Falls ein Statutarausländer sich in einer britischen Besitzung aufhält, steht dem Gouverneur der Besitzung die rechtliche Entscheidung zu, die dem Staatssekretär des Vereinigten Königreichs in diesem Gesetz mit Bezug auf die Bewilligung der Wiederaufnahmeurkunde übertragen ist; der Aufenthalt in einer solchen Besitzung gilt dem im Vereinigten Königreiche gleich.

Form des Huldigungseides.

Sektion 9.

Der in diesem Gesetz erwähnte Huldigungseid soll folgende Form haben:

„Ich pp. schwöre, ich will Seiner Majestät, König Eduard VII., Seinen Erben und Nachfolgern gehorsam und treu ergeben nach dem Gesetze sein. So wahr mir Gott helfe."

Die Staatsangehörigkeit verheirateter Frauen und unmündiger Kinder.

Sektion 10.

Folgende Bestimmungen gelten für die Staatsangehörigkeit von Frauen und Kindern:

1. eine verheiratete Frau gilt als Untertanin des Staates, dem ihr Mann zurzeit angehört;

2. eine Witwe, die als britische Untertanin geboren, aber infolge ihrer Heirat Ausländerin geworden ist, gilt als Statutarausländerin und kann als solche zu jeder Zeit, solange sie Witwe ist, in der durch dieses Gesetz bestimmten Weise eine Urkunde der Wiederaufnahme in die britische Staatsangehörigkeit erwirken;

3. wenn der Vater oder die verwitwete Mutter, bisher britische Untertanen, nach diesem Gesetz Ausländer geworden sind, so gilt deren Kind, wenn es seit seiner Kindheit in dem fremden Staate ansässig und dort nach den Gesetzen dieses Staates naturalisiert ist, als Angehöriger dieses Staates und nicht als britischer Untertan;

4. das Kind, dessen Vater oder verwitwete Mutter eine Wiederaufnahmeurkunde für die britische Staatsangehörigkeit erhalten hat, und welches seit seiner Kindheit in den britischen Besitzungen ansässig ist, gilt in jeder Hinsicht als wiederaufgenommener britischer Untertan;

5. jedes Kind, dessen Vater oder verwitwete Mutter eine Naturalisationsurkunde erhalten hat und welches seit seiner Kindheit mit Vater oder Mutter im Vereinigten Königreich oder mit einem solchen

Vater, der im Dienste der Krone steht, außerhalb des Vereinigten Königreichs*) ansässig ist, gilt als naturalisierter britischer Untertan.

Zusatzbestimmungen. Vorschriften für die Eintragungen.

Sektion 11.

Einer der Staatssekretäre Ihrer Majestät wird Bestimmungen über folgende Gegenstände erlassen:

1. die Form und Eintragung der britischen Nationalitätserklärung;
2. die Form und Eintragung der Naturalisationsurkunden im Vereinigten Königreich;
3. die Form und Eintragung der Urkunden über die Wiederaufnahme in die britische Staatsangehörigkeit;
4. die Form und Eintragung der Austrittserklärungen;
5. die Eintragungen, welche durch Beamte des diplomatischen oder Konsulatsdienstes auszuführen sind, von Geburten und Todesfällen britischer Untertanen, die außerhalb Ihrer Majestät Besitzungen geboren bzw. gestorben sind, sowie von Ehen, die auf Ihrer Majestät Botschaften oder Gesandtschaften geschlossen werden;
6. die Übermittlung (von Urkunden) in das Vereinigte Königreich zum Zweck der Eintragung und Aufbewahrung und die Übermittlung des Beweismaterials zu den Erklärungen und Zeugnissen, welche durch dieses Gesetz außerhalb des Vereinigten Königreichs nötig werden, oder von Abschriften solcher Erklärungen und Zeugnisse, sowie von Abschriften der Eintragungen in Register, die außerhalb des Vereinigten Königreichs infolge oder in Ausführung dieses Gesetzes geführt werden;
7. mit Einwilligung des Schatzamtes die Veranlagung und Festsetzung von Gebühren für Eintragungen, für Erklärungen und Zeugnisse, die infolge dieses Gesetzes nötig werden.

Der genannte Staatssekretär kann jede Bestimmung über diese Materie widerrufen, abändern oder ergänzen.

Jede von dem Staatssekretär in Ausführung dieses Abschnitts erlassene Verordnung gilt als diesem Gesetz gemäß ergangen und soll mit diesem Gesetze gleiche Kraft haben; nur soweit sie in bezug auf die Festsetzung der Gebühren Bestimmungen trifft, soll sie in den britischen Besitzungen nicht gelten, ebensowenig, soweit sie andere Materie betrifft, in solchen britischen Besitzungen, in denen entgegengesetzte oder hiermit unvereinbare Gesetze oder Verordnungen zurzeit bestehen.

---

*) Der gesperrt gedruckte Teil ist eine Einschaltung gemäß Gesetz vom 6. Juli 1905. (Vgl. auch unten.)

Beweisregeln.

Sektion 12.

Hinsichtlich der Beweisführung sollen folgende Regeln gelten:

1. der Beweis für jede durch dieses Gesetz begründete Erklärung wird in jedem Rechtsverfahren geführt durch Vorlegung der Originalerklärung oder einer Abschrift, die von einem der Staatssekretäre Ihrer Majestät oder von einer durch diesen hierzu ermächtigten Person beglaubigt ist; durch Vorlegung solcher Erklärung oder Abschrift wird bewiesen, daß die darin als Deklarant genannte Person an dem bezeichneten Datum die Erklärung abgegeben hat;

2., 3. und 4. (enthalten dieselben Bestimmungen, wenn es sich um die beweiskräftige Vorlegung des Originals oder der beglaubigten Abschrift einer Naturalisations-, Wiederaufnahme- oder standesamtlichen Urkunde handelt);

5. die „Dommentary Evidence Act, 1868" soll auf jede Verfügung des Staatssekretärs Anwendung finden, die auf Grund oder in Ausführung der Vorschriften dieses Gesetzes ergeht.

Besondere Bestimmungen. Vorbehalt für Bürgerbriefe.

Sektion 13.

Das Recht Ihrer Majestät, Bürgerbriefe zu verleihen (letters of denization) bleibt durch dieses Gesetz unberührt.

Vorbehalt für britische Schiffe.

Sektion 14.

Keine Bestimmung dieses Gesetzes soll einen Ausländer berechtigen, Eigentümer eines britischen Schiffes zu sein.

Vorbehalt für die vor dem Verlust der Staatsangehörigkeit entstandenen Verbindlichkeiten.

Sektion 15.

Wenn ein britischer Untertan infolge dieses Gesetzes Ausländer geworden ist, so soll er dadurch von keiner Verpflichtung entbunden sein, die er vor der Zeit seines Austritts eingegangen ist.

Befugnis der Kolonien, Gesetze, die sich auf Naturalisation beziehen, zu erlassen.

Sektion 16.

Alle Gesetze, Statuten und Verordnungen, welche von der gesetzgebenden Gewalt einer britischen Besitzung ordnungsmäßig erlassen werden in der Absicht, jemandem die Privilegien der Naturalisation oder eines derselben innerhalb der Grenzen der Besitzung zu erteilen, sollen in dieser Besitzung Gesetzeskraft haben; Ihre Majestät kann ihnen indessen die Bestätigung erteilen oder versagen in derselben Weise und nach denselben Grundsätzen wie allen andern Gesetzen, Statuten und Verordnungen in der fraglichen Besitzung.

Verschiedene Begriffsbestimmungen.

Sektion 17.

Es wird, soweit textlich oder inhaltlich Widersprüche nicht vorliegen, bezeichnet mit

„Geschäftsunfähigkeit" der Zustand eines Unmündigen, Geisteskranken, Idioten oder einer verheirateten Frau;

„Britische Besitzung" jede Kolonie, Ansiedlung, Insel, Territorium oder Niederlassung innerhalb Ihrer Majestät Machtbereich und außerhalb des Vereinigten Königreichs; alle Landschaften und Orte, die unter derselben gesetzgebenden Gewalt stehen, gelten als eine britische Besitzung im Sinne dieses Gesetzes;

„Beamter im diplomatischen Dienst Ihrer Majestät" jeder Botschafter, Gesandte, Geschäftsträger, oder Gesandtschaftssekretär, sowie jede von den Vorbezeichneten zur Ausführung der diplomatischen Geschäfte berufene Person;

„Beamter des Konsulatsdienstes Ihrer Majestät" jeder Generalkonsul, Konsul, Vizekonsul, Konsularagent und jede zur Zeit die Geschäfte der Vorbezeichneten führende Person.

Aufhebung von Gesetzen.

Sektion 18.

Die verschiedenen Gesetze, welche in dem ersten und zweiten Teil des dem Gesetz angehängten Registers verzeichnet sind, sollen gänzlich aufgehoben sein; die im dritten Teil der erwähnten Liste verzeichneten Gesetze sollen in der darin bezeichneten Ausdehnung aufgehoben sein; mit der Einschränkung, daß die in diesem Gesetz bestimmte Aufhebung sich nicht bezieht auf:

1. vor dem Erlaß dieses Gesetzes erworbene Rechte oder ausgeführte Handlungen;
2. vor dem Erlaß dieses Gesetzes eingegangene Verpflichtungen;
3. eine Haft, Buße oder andere Strafe, die durch eine vor dem Erlaß dieses Gesetzes begangene strafbare Handlung verwirkt ist;
4. die Einrichtung eines Untersuchungs- oder andern rechtlichen Verfahrens oder eines Rechtsmittels zur Festsetzung oder Erzwingung einer solchen Verbindlichkeit, Haft, Buße oder Strafe.

Gesetz betreffend die Leistung des Huldigungseides bei der Naturalisation. Vom 10. August 1870.

Da es sich empfiehlt, das Gesetz betreffend die Leistung des Huldigungseides in dem Naturalisationsgesetz, 1870, abzuändern, haben Ihre Majestät die Königin auf den Rat und mit Zustimmung der Geistlichen und Weltlichen Lords und der Gemeinen, welche im gegenwärtigen Parlament versammelt sind, und mit Ermächtigung desselben, folgendes verordnet:

Verordnungen über den Huldigungseid.

I. Die Befugnis, Anordnungen zu treffen, die einem der Staatssekretäre Ihrer Majestät durch das Naturalisationsgesetz, 1870, erteilt ist, soll auf folgende Gegenstände ausgedehnt werden:

1. durch welche Personen der Huldigungseid bei der Naturalisation abgenommen werden kann;
2. ob solche Eide unterschrieben sowohl als gesprochen werden sollen, und die Form, in welcher die Ablegung und die Unterschrift zu beglaubigen sind;
3. die Eintragung solcher Eide;
4. welche Personen beglaubigte Abschriften solcher Eide erteilen dürfen;
5. die Übermittlung (von Urkunden) in das Vereinigte Königreich zum Zweck der Eintragung und Aufbewahrung und die Übermittlung des Beweismaterials für alle Eide, welche infolge des genannten Gesetzes außerhalb des Vereinigten Königreichs abgelegt werden, oder der Abschriften solcher Eide, sowie der Abschriften von Eintragungen solcher Eide in Register, die außerhalb des Vereinigten Königreichs infolge dieses Gesetzes geführt werden;
6. der Beweis solcher Eide in jedem Rechtsverfahren;
7. mit Einwilligung des Schatzamtes die Veranlagung und Festsetzung von Gebühren für Abnahme und Eintragung solcher Eide.

Die beiden letzten Paragraphen des elften Abschnitts des Naturalisationsgesetzes 1870 sollen für die in diesem Gesetz gemachten Verordnungen gelten.

Strafe für falsche Deklarationen.

II. Jede Person, welche absichtlich und betrügerischerweise eine Deklaration nach dem Naturalisationsgesetz 1870 abgibt oder unterschreibt mit dem Bewußtsein, daß dieselbe in irgend einer sachlichen Einzelheit unwahr ist, soll eines Vergehens schuldig sein und ist strafbar mit Gefängnis mit oder ohne Zwangsarbeit nicht über zwölf Monate.

Abkürzungstitel dieses Gesetzes.

III. Dieses Gesetz soll The Naturalization Oath Act, 1870, genannt werden und als eins mit The Naturalization Act, 1870, aufgefaßt werden, es kann mit diesem letzten zusammen als The Naturalization Acts, 1870, bezeichnet werden.

Das Geschworenengesetz, 1870.

Ausländer sind nach 10jährigem Wohnsitz und nicht eher als Geschworene zulässig.

Ausländer, die in England oder Wales mindestens 10 Jahre ihren Wohnsitz gehabt haben, sind berechtigt und verpflichtet, als Geschworene oder Sachverständige in England und Wales zu dienen, falls sie in jeder andern Hinsicht gesetzlich dazu geeignet sind, und zwar als ob sie geborene Untertanen der Königin wären; aber, mit Ausnahme der Genannten, soll keiner, der nicht geborener Untertan der Königin ist, als Geschworener oder Sachverständiger in einem Gerichtshof oder bei irgend einer andern Gelegenheit zugelassen werden.

Gesetz betreffend Abänderung der Naturalisationsakte. Vom 25. Juli 1872.

I. Das nachstehende Gesetz kann vorkommendenfalls als The Naturalizations Act, 1872, und dieses Gesetz und The Naturalizations Act, 1870, können zusammen als The Naturalizations Acts, 1870 und 1872, bezeichnet werden.

II. Jeder Verzicht auf die erlangte Naturalisation oder Staatsangehörigkeit, der in den Formen der Zusatzakte zu dem Abkommen zwischen den Vereinigten Staaten von Nordamerika und Großbritannien und den dort erwähnten Personen und Voraussetzungen abgegeben wird, soll allen Umfangs gültig sein und als auf Grund des Gesetzes vom 12. Mai 1870 geschehen erachtet werden.

Dieser Paragraph soll als mit dem Datum des Inkrafttretens des erwähnten Abkommens in Kraft getreten erachtet werden.

III. Keine der Bestimmungen des Gesetzes vom 12. Mai 1870 soll eine verheiratete Frau in ihrem Anrecht auf eine Liegenschaft oder auf einen Anteil an unbeweglichen oder beweglichen Vermögensstücken, welche ihr vor dem Inkrafttreten jenes Gesetzes zugefallen sind, beeinträchtigen.

Gesetz vom 6. Juli 1895.

Sektion 1.

Der Aufenthalt des Kindes eines naturalisierten britischen Untertanen mit seinem außerhalb des Vereinigten Königreichs im Dienst der Krone stehenden Vater soll im Sinne von Sektion 10 Ziff. 5 der Naturalisationsakte von 1870 so angesehen werden, als habe er stets die nämliche Wirkung gehabt, und soll künftig die nämliche Wirkung haben wie der Aufenthalt mit dem Vater innerhalb des Vereinigten Königreichs.

Britische Kolonien.

(Entnommen dem Report of the Inter-Departmental Committee bezüglich der Naturalisation.)

Die Naturalisationsakte 1870, 1872 und 1895 finden Anwendung in folgenden britischen Besitzungen:

1. Bahama Inseln.
2. Barbados.
3. Bermuda:
   Untertaneneid zu leisten innerhalb dreier Monate nach Zustellung.
4. Britisch Guyana:
   mit der besonderen Maßgabe, daß die Zeitdauer der vorherigen Niederlassung statt 5 nur 3 Jahre beträgt.
5. Britisch Honduras.
6. Canada:
   ebenso wie Britisch Guyana.
7. Falkland Inseln:
   Aufenthaltsdauer 3 Jahre.
8. Gold Küste.
9. Grenada.
10. Guernsey.
11. Hongkong.
12. Insel Man.
13. Jersey.
14. Malta.
15. St. Helena.
16. Sancta Lucia.

In den folgenden Kolonien sind einzelne Abweichungen von den in den Naturalisationsakten von 1870, 1872 und 1895 enthaltenen Bestimmungen verfügt worden. Sie sind eigentlich nicht wesentlicher Natur und werden nur der Vollständigkeit halber hier mitgeteilt.

Britisch Indien: Akte vom 16. Juli 1852, revidiert 1874.

Keine vorherige Aufenthaltsdauer erforderlich. Frist für Eidesleistung 60 Tage, sonst Naturalisationsurkunde ungültig, was auch der Fall bei falschen Angaben.

Jamaica: Akte von 1683 und 1856.

Keine vorherige Aufenthaltsdauer erforderlich Ehefrau folgt dem Stande des Mannes.

Labuan: Verordnung von 1871.

Keine vorherige Aufenthaltsdauer erforderlich. Frist für Eidesleistung 14 Tage, sonst Naturalisationsurkunde ungültig.

Leeward-Islands: Akte von 1880.

Entspricht den britischen Naturalisationsakten von 1870, 1872 und 1895.

Mauritius: Verordnungen von 1872, 1887 und 1888.

Keine vorherige Aufenthaltsdauer erforderlich. Frist für Eidesleistung 14 Tage. Die Naturalisation erstreckt sich auf Ehefrau und minderjährige Kinder.

Natal: vgl. „Südafrikanischer Bund" am Ende dieser Aufstellung.

Neufundland: Akte vom 30. Mai 1891.

Entspricht den betreffenden Naturalisationsakten 1870, 1872 und 1895.

Neu Guinea: Verordnung vom 15. November 1889.

Dem Ausländer (Europäer oder Nordamerikaner) kann die Naturalisation erteilt werden, auch ohne daß er sich während einer bestimmten Zeitdauer vorher daselbst niedergelassen hat.

Kap der guten Hoffnung: vgl. wie Natal.

Dem gut beleumundeten Ausländer wird die Naturalisation auf sein Ersuchen gewährt. Sie erstreckt sich auf Ehefrau und minderjährige Kinder. Die Naturalisationsurkunde wird jedoch ungültig, wenn dem Naturalisierten nachgewiesen wird, daß er die Behörden durch falsche Angaben über sein Vorleben getäuscht hat.

Ceylon: Verordnung von 1890.

Fidschi-Inseln: Verordnung von 1875 und 1893.

Wie Ceylon.

Gambia: Verordnung vom 7. Juni 1894.

Aufenthaltsdauer 1 Jahr. Frist für Eidesleistung 14 Tage, sonst Naturalisationsurkunde ungültig, was auch bei falschen Angaben der Fall ist.

Neu Süd-Wales:

Vorheriger Aufenthalt in der Kolonie von 5 Jahren erforderlich. Ehefrau folgt dem Stande des Mannes. Jedes Kind unter 16 Jahren, dessen Vater oder Mutter zur Zeit seiner Geburt

Ausländer war, aber später naturalisiert wurde, oder dessen Mutter Ausländerin war und einen britischen Untertan heiratete, wird, wenn es sich zeitweise vor Erreichung dieses Alters in Neu Süd-Wales aufgehalten hat, als naturalisiert angesehen.

Neu Seeland: Akte 1880 und 1892.

Keine vorherige Aufenthaltsdauer erforderlich. Naturalisation erstreckt sich auf Ehefrau und Kinder.

Queensland: Akte vom 28. Dezember 1867.

Keine vorherige Aufenthaltsdauer erforderlich. Europäer oder Nordamerikaner, die vor dem Richter den Huldigungseid leisten und unterschreiben, sind von diesem Datum ab naturalisierte britische Untertanen. Ehefrau folgt dem Stande des Mannes.

Süd-Rhodesia: Verordnung von 1899.

Vorheriger Aufenthalt in der Kolonie von 1 Jahr erforderlich. Huldigungserklärung, nicht Eid. Ein Ausländer, der schon eine britische Naturalisationsurkunde anderswo erhalten hat, kann auch ohne voraufgehenden 12monatigen Aufenthalt in Süd-Rhodesia um Naturalisation einkommen. Naturalisation erstreckt sich auf Ehefrau und Kinder. Bei falschen Angaben wird die Naturalisationsurkunde ungültig.

St. Vincent: Akte von 1866 und 1880.

Aufenthaltsdauer von 3 Jahren erforderlich.

Sierra Leone: Verordnung vom 26. November 1873.

Vorheriger Aufenthalt in der Kolonie von 1 Jahr erforderlich. Frist für die Eidesleistung 14 Tage, sonst wird die Naturalisationsurkunde ungültig, wie auch bei falschen Angaben.

Süd-Australien: Akte vom 3. November 1864 und 1890.

Vorheriger Aufenthalt in der Kolonie von 6 Monaten erforderlich. Naturalisation erstreckt sich auf die Ehefrau.

Straits Settlements: Akte vom 15. Mai 1867 und 22. August 1870.

Keine vorherige Aufenthaltsdauer erforderlich. Frist für Eidesleistung 14 Tage, sonst wird die Naturalisationsurkunde ungültig, ebenso bei falschen Angaben.

Tasmania: Akte vom 30. November 1861.

Keine vorherige Aufenthaltsdauer erforderlich. Frist für Eidesleistung 60 Tage. Ehefrau folgt dem Stande des Mannes.

Trinidad: Verordnung vom 16 Dezember 1868.

Keine vorherige Aufenthaltsdauer erforderlich.

Victoria: Akte vom 10. Juli 1890 und 24. Dezember 1896.

Aufenthaltsdauer 3 Jahre. Ehefrau folgt dem Stande des Mannes. Bei falschen Angaben wird die Naturalisationsurkunde ungültig.

West-Australien: Akte vom 4. August 1871.

Keine vorherige Aufenthaltsdauer erforderlich. Frist für Eidesleistung 60 Tage. Naturalisation erstreckt sich auf Frau und Kinder.

Austral-Asien: Akte vom 1. Februar 1897.

Nur Europäer können naturalisiert werden. Im übrigen wie Victoria und Queensland.

Südafrikanischer Bund.

Die früheren Kolonien Kap der guten Hoffnung, Natal, Transvaal und Oranje-Freistaat umfassend.

Akte zur Befestigung und Ergänzung der Gesetze des Bundes betr. die Naturalisation von Ausländern. (Gesetz Nr. 4 von 1910, bewilligt am 23. Dezember 1910, in Kraft getreten am 1. Januar 1911, der englische Text gezeichnet vom Generalgouverneur.)

Se. Majestät der König, der Senat und der Volksrat des Südafrikanischen Bundes verordnen was folgt:

1.

(Inhalt: Es werden die Naturalisationsgesetze vom Kap der guten Hoffnung 1883 Nr. 2, 1889 Nr. 35, von Natal 1905 Nr. 18, sowie die Verordnungen von Transvaal 1902 Nr. 46, 1904 Nr. 10 und Oranje-Freistaat 1903 Nr. 1 und 1905 Nr. 7 in vollem Umfang außer Kraft gesetzt.)

2.

(Enthält die Erklärung von Ausdrücken.)

3.

Wer um Naturalisationsurkunden einkommen darf.

Jeder Ausländer, der über 21 Jahre alt ist und die Absicht hat, nach seiner Naturalisation im Bundesgebiet seinen Wohnsitz zu nehmen oder in den Staatsdienst des Bundes zu treten, kann unter den Voraussetzungen der nächstfolgenden Sektion um eine Naturalisationsurkunde des Bundes einkommen, falls er innerhalb der dem Antrag voraufgehenden letzten 5 Jahre a) entweder sich mindestens 2 Jahre im Bundesgebiet oder in einer Kolonie oder in einem Territorium, das zurzeit des Antrages dem Bunde angegliedert ist, aufgehalten hat oder b) im Staatsdienst gewesen ist.

4.

Bedingungen für die um Naturalisation Nachsuchenden.

Der Antragsteller muß a) in der Bundeszeitung in vorgeschriebener Form eine Bekanntmachung über seine Absicht um eine Naturalisationsurkunde des Bundes einzukommen, veröffentlichen, b) zur Begründung seines Gesuches den Beweis erbringen, daß er eine solche Anzeige veröffentlicht hat und eine Bescheinigung vom Magistrat, Friedensrichter, oder Field cornet vorlegen, daß der Bewerber dem Unterzeichneten persönlich bekannt ist und daß er nach des Unterzeichneten bestem Wissen und Gewissen von gutem Charakter und Ruf sei und die für die Naturalisation von diesem Gesetze vorgeschriebenen Eigenschaften besitzt. c) Die sonst von dem Minister des Innern erforderten Beweise beibringen über seine Anstellung im Staatsdienst oder nötigenfalls die Zeit seines Aufenthaltes, wie in der vorausgehenden Sektion vorgeschrieben, und seine Absicht, sich im Bundesgebiet niederzulassen; d) nach Bestimmung des Ministers Ausweise über Namen, Geschlecht, Alter und Geburtsort seiner etwaigen minderjährigen Kinder vorlegen, sei es, daß diese zur Zeit seiner Bewerbung mit ihm im Bundesgebiet oder außerhalb desselben wohnen.

5.

Der Minister kann dem Gesuch stattgeben oder es ablehnen.

Auf Grund der beigebrachten Unterlagen, wie sie in der vorhergehenden Sektion vorgeschrieben sind, soll der Minister den Fall des Bewerbers in Betracht ziehen und darf mit oder ohne Angabe von Gründen dem Antrage stattgeben oder ihn ablehnen, wie er es im öffentlichen Interesse für das Nützlichste hält. Gegen seine Entscheidung findet ein Rechtsmittel nicht statt.

6.

Ausstellung der Urkunden und Gebühren.

1. Falls der Minister beabsichtigt, die Naturalisation zu verleihen, läßt er den Bewerber den Untertaneneid in der vorgeschriebenen Form leisten und unterschreiben.

2. Nachdem der Bewerber die Urkunde über den Untertaneneid vollzogen hat, wird diese dem Minister zurückgesandt. Der Minister läßt dann dem Bewerber eine Naturalisationsurkunde in vorgeschriebener Form ausstellen.

3. Für jede auf Grund dieses Gesetzes erteilte Naturalisationsurkunde wird eine Gebühr von 2 s 6 d erhoben . . .

8.

Die durch die Urkunde erteilten Rechte.

Jeder, dem eine Naturalisationsurkunde auf Grund dieses Gesetzes bewilligt ist, genießt, wofern das Gesetz nichts anderes vorschreibt, alle Rechte, Befugnisse und Vergünstigungen, und unterliegt allen Pflichten wie ein geborener britischer Untertan.

9.

Die Naturalisation im Vereinigten Königreich wird im Bundesgebiet anerkannt.

Wer im Vereinigten Königreich auf Grund von Sektion 7 der Naturalisationsakte des Reichsparlaments von 1870 oder auf Grund eines seinerzeit im Vereinigten Königreich in Kraft stehenden Naturalisationsgesetzes eine Naturalisationsurkunde oder auf Grund von Sektion 8 jener Akte oder eines andern der vorerwähnten Gesetze eine Bescheinigung des Wiedererwerbes der britischen Staatsangehörigkeit erhalten und nicht später auf seine Eigenschaft als britischer Untertan verzichtet hat, genießt im Bunde alle Rechte, Befugnisse und Vergünstigungen und unterliegt allen Pflichten, als wenn er eine Naturalisationsurkunde auf Grund dieses Gesetzes erhalten hätte.

10.

Personenstand von Ehefrauen und Kindern.

1. Jede Ehefrau im Bundesgebiete soll als Untertan des Staates erachtet werden, dem ihr Mann zurzeit angehört.

2. Jedes unter 21 Jahr alte Kind, dessen Vater oder verwitwete Mutter eine Naturalisationsurkunde auf Grund dieses Gesetzes erhalten hat, und das mit Vater oder Mutter seinen Aufenthalt im Bundesgebiet hat oder nimmt, gilt als auf Grund dieses Gesetzes naturalisiert.

11.

Falsche Angaben oder Auskünfte als Meineid behandelt.

Wer absichtlich eine falsche Angabe in einem auf Grund dieses Gesetzes eingereichten Gesuch macht oder eine falsche Auskunft erstattet, um eine Naturalisationsurkunde zu erhalten, wird wegen Meineids bestraft. Ist ihm eine Naturalisationsurkunde ausgehändigt worden, so kann der Minister durch Bekanntmachung in der Bundeszeitung die Urkunde widerrufen, und diese soll vom Datum der Bekanntmachung ab nichtig sein...

16.

Dieses Gesetz soll für alle Zwecke als: „Naturalization of Aliens Act 1910" bezeichnet werden; es tritt mit dem 1. Januar 1911 in Kraft.

Guatemala.

Verfassung vom 11. Dezember 1879

(reformiert am 23. Oktober 1885, 5. November 1887 und 3. August 1897).

Art. 4.

Guatemalaner sind:

Die im Inland Geborenen oder die Naturalisierten.

Art. 5.

Im Inland Geborene sind:

1. alle diejenigen, die im Gebiete der Republik geboren sind oder geboren werden, welches auch immer die Staatsangehörigkeit des Vaters sei, mit Ausnahme der Kinder diplomatischer Agenten;

2. die im Auslande geborenen Kinder eines guatemalanischen Vaters bzw. die unehelichen Kinder einer guatemalanischen Mutter von dem Zeitpunkt ab, da sie in der Republik Wohnsitz genommen haben, oder wenn sie in dem Lande ihrer Geburt als Guatemalaner betrachtet werden, oder wenn sie, befugt ihre Staatsangehörigkeit zu wählen, für die guatemalanische optiert haben.

Art. 7.

Naturalisierte Untertanen sind:

1. Spanisch-Amerikaner, wenn sie im Gebiete der Republik wohnen, vorausgesetzt, daß sie nicht vorziehen, ihre bisherige Staatsangehörigkeit zu bewahren;

2. andere Ausländer, welche kraft der bisherigen Gesetze naturalisiert sind;

3. solche, die in Gemäßheit der Gesetze die Naturalisation erlangen.

Art. 10.

Ausländer, die mit einem Amte betraut werden, das die Eigenschaft eines guatemalanischen Untertanen voraussetzt, werden durch die Übernahme eines solchen Amtes Guatemalaner.

Fremdengesetz vom 21. Februar 1894.

I. Titel.

Art. 1.

Als Fremde werden folgende Personen betrachtet:

1. alle von ausländischen Eltern außerhalb Guatemalas geborenen Personen;

2. alle außerhalb Guatemalas von einem ausländischen Vater und einer guatemalanischen Mutter geborenen Personen;

3. Guatemalaner, die ihre Staatsangehörigkeit durch Naturalisation im Auslande oder durch Annahme eines ausländischen Zivil- oder Militärdienstes verloren haben, ferner eine Guatemalanerin, die einen Ausländer geehelicht hat;

4. im Auslande geborene Personen, deren Eltern die guatemalanische Staatsangehörigkeit verloren haben;

5. die mit einem Ausländer verehelichte, im Auslande wohnhafte Guatemalanerin;.

6. Kinder von in der Republik wohnhaften diplomatischen Agenten.

Art. 2.

Guatemalanische Schiffe werden als Inland betrachtet; die an Bord solcher Schiffe Geborenen sind Guatemalaner.

Art. 3.

Als naturalisierte Guatemalaner werden angesehen:

1. Die in der Republik wohnhaften Spanisch-Amerikaner, die sich ihre Nationalität nicht in der in Art. 87 dieses Gesetzes vorgeschriebenen Form und gemäß Art. 7 Abs. 1 der Staatsverfassung vorbehalten haben.

2. Außerdem diejenigen Ausländer, die nach den Bestimmungen dieses Gesetzes und gemäß Art. 7 Abs. 3 der Verfassung eine Naturalisationsurkunde erworben haben.

Als naturalisierte Guatemalaner werden diejenigen Mittel-Amerikaner angesehen, die nach Art. 6 der Verfassung vor der Behörde und in der Form, die dieses Gesetz bestimmt, ihre entsprechende Absicht bekunden.

Art. 4.

Der Guatemalaner, der diese Eigenschaft durch Naturalisation in einem ausländischen Staat verloren hat, desgleichen die von ihrem ausländischen Gatten geschiedene Ehefrau inländischen Ursprungs, können, auch wenn sie außerhalb Guatemalas wohnen, ihre ursprüngliche Staatsangehörigkeit wieder erwerben, wenn sie zu irgend welcher Zeit einen dahingehenden Antrag stellen und, dem Schutz ihrer ausländischen Flagge entsagend, die entsprechende Verzichtserklärung in das Bürgerverzeichnis eintragen lassen. Die Regierung darf jedoch in solchen Fällen nach Gutdünken entscheiden.

Art. 5.

Der im vorausgehenden Artikel erwähnte Antrag ist bei dem Minister der Auswärtigen Angelegenheiten der Republik oder bei dem diplomatischen oder konsularischen Vertreter des Ortes zu stellen, in welchem der Bewerber wohnt.

Art. 6.

Im Auslande geborene eheliche Kinder eines guatemalanischen Vaters oder uneheliche Kinder einer guatemalanischen Mutter können, wenn sie nach den Gesetzen ihres Geburtslandes dazu befugt sind, ein Jahr nach erreichter Großjährigkeit oder Mündigkeit vor dem guatemalanischen diplomatischen oder konsularischen Beamten ihren Wunsch zu erkennen geben, Guatemalaner zu sein, und das hierüber aufgenommene Protokoll wird sodann dem Ministerium der auswärtigen Angelegenheiten der Republik übermittelt.

Art. 7.

Der Guatemalaner, der ohne Zustimmung der Regierung Guatemalas in auswärtigen Dienst, insbesondere Militärdienst getreten ist, oder ein öffentliches Amt angenommen hat, wird als Ausländer angesehen. Doch kann er die guatemalanische Staatsangehörigkeit unter den in Art. 4 und 5 erwähnten Förmlichkeiten wiedererwerben.

Art. 8.

Die im Auslande naturalisierten Guatemalaner werden bei ihrer Rückkehr nach Guatemala wieder als Angehörige des Landes betrachtet und können sich, wenn sie zur Leistung der den Guatemalanern obliegenden Pflichten herangezogen werden, nicht auf ihre im Auslande erworbene Naturalisation berufen.

Art. 17.

Eine an einen Ausländer verheiratete Guatemalanerin wird, verwitwet, als Guatemalanerin betrachtet, solange sie im Gebiete der Republik wohnhaft ist.

Art. 19.

Der Wechsel der Staatsangehörigkeit hat keine rückwirkende Kraft.

VII. Titel.

Kapitel 1.

Von der Naturalisitaion.

Art. 86.

Die Naturalisation in Gemäßheit des § 3 Art. 7 der Verfassung geschieht unter folgenden Bedingungen:

Der Gesuchsteller muß dem Departementspräsidenten den Nachweis liefern, daß er 1 Jahr in der Republik sich aufgehalten hat, gut beleumundet ist, ein gewisses Einkommen hat oder Kunst, Handel oder Gewerbe betreibt oder auf sonstige Art seinen Lebensunterhalt erwirbt. Der Beweis kann schriftlich oder mündlich geführt werden. Die hierüber aufgenommene Verhandlung wird von dem Departementspräsidenten an den Minister der auswärtigen Angelegenheiten übermittelt und nach erfolgter Prüfung des Gesuches wird seitens des Präsidenten durch amtliches Dekret der Naturalisationsakt erteilt. Sobald die Naturalisationsurkunde veröffentlicht ist, wird eine Abschrift derselben behufs einer dem Gesetze entsprechenden Einregistrierung an das Zivilregister übersandt.

Art. 87.

Wer sich die Staatsangehörigkeit nach Art. 7 der Verfassung vorbehalten und die im Art. 6 vorgesehene Erklärung abgeben will, hat sich schriftlich an den Departementspräsidenten zu wenden. Dieser läßt sich das Gesuch bestätigen und übermittelt es dann dem Minister der Auswärtigen Angelegenheiten. Dieser stellt nach Erhebung eines Peso nebst der entsprechenden Stempelgebühr eine Bescheinigung aus. Diese Bescheinigung muß, um wirksam zu sein, in das Bürgerverzeichnis eingetragen werden.

Art. 88.

Jeder Ausländer, ohne Rücksicht auf seine Herkunft, kann in Guatemala naturalisiert werden.

Art. 89.

Die Naturalisation kann entweder ausdrücklich, stillschweigend oder präsumtiv (presunta) sein.

Art. 90.

Naturalisationsurkunden können entweder konstitutiv oder deklarativ erteilt werden. Jene enthält eine förmliche Verleihung der Naturalisation, diese stellt fest, daß eine Naturalisation auf Grund des Art. 86 oder stillschweigend erfolgt ist.

Art. 91.

Die Wirkung der Naturalisationsurkunde auf Grund des Art. 86 beginnt von dem Tage an, da er die Erklärung abgegeben hat, seine Staatsangehörigkeit zu wechseln. Während die konstitutive oder stillschweigende Naturalisation ihre Wirkung erst von dem Tage ab äußert, an welchem dieselbe öffentlich verkündet worden ist.

Art. 92.

Eine Naturalisation in Guatemala findet nicht statt bei folgenden Personen:

Bei Untertanen eines mit Guatemala Krieg führenden Landes; bei Leuten, die nach allgemeinen Annahmen oder gerichtlicher Feststellung in irgend einem Lande eines der folgenden Verbrechen begangen haben: Seeräuberei, Sklavenhandel, Brandstiftung, Giftmischerei, Elternmord, Falschmünzerei, Banknoten- oder Urkundenfälschung.

Art. 93.

Stillschweigende Naturalisation findet statt:

1. bei Spanisch-Amerikanern, die den nach Titel 1, Art. 7 der Verfassung nötigen Vorbehalt unterlassen haben;

2. bei Personen, die ein Amt angenommen haben, das die guatemalanische Staatsangehörigkeit voraussetzt.

Art. 94.

Mit der Naturalisation erwirbt man alle Rechte und Pflichten eines geborenen Guatemalaners.

Staatsvertrag zwischen dem Deutschen Reich und der Republik Guatemala vom 20. September 1887.

(RGBl. 1888 S. 238 ff., schon gekündigt, vgl. Zentralbl. f. d. Deutsche Reich 1905 S. 157, aber wieder verlängert bis 15. März 1915, vgl. RGBl. 1913 S. 218.)

Art. 10.

§ 1. Die beiden hohen kontrahierenden Teile, von dem Wunsch beseelt, etwaige Schwierigkeiten in betreff der Nationalität zu vermeiden, kommen dahin überein, daß als Guatemalaner in Deutschland und als Deutsche in Guatemala diejenigen anzusehen sind, welche, nachdem sie sich in die Staaten des anderen Teiles begeben haben, um daselbst zu leben, sich die Nationalität ihres Heimatlandes in Gemäßheit der Gesetze desselben bewahrt haben.

§ 2. Außerdem sind sie übereingekommen, daß die in Deutschland geborenen ehelichen Kinder eines guatemalanischen Vaters als Guatemalaner, die in Guatemala geborenen ehelichen Kinder eines Deutschen als Deutsche gelten sollen.

§ 3. Dessenungeachtet müssen die Söhne, sobald sie nach den vaterländischen Gesetzen die Großjährigkeit erlangen, durch seitens der im Lande beglaubigten diplomatischen Agenten legalisierte Urkunden vor der hierzu von der betreffenden Regierung bestimmten Behörde nachweisen, daß sie die auf den Militärdienst ihrer Nation bezüglichen Gesetze genau erfüllt haben oder zu erfüllen im Begriffe stehen.

Im Falle, daß sie dieser Bestimmung innerhalb der zwölf auf den Tag der Erlangung der Großjährigkeit folgenden Monate nicht nachkommen sollten, können sie als Bürger des Landes ihrer Geburt angesehen werden.

§ 4. Die Nachkommen derjenigen Individuen, welche die Nationalität ihres Vaters auf Grund des § 3 bewahrt haben, können als Bürger desjenigen Landes betrachtet werden, in welchem sie geboren sind.

Haïti.

(Le Moniteur, Journal officiel de la République d'Haïti, Samedi, 12. oktobre 1907.)

Loi sur la nationalité.

Nord Alexis, Président de la République.

Usant de l'initiative que lui accorde l'art. 69 de la Constitution;

Vu les art. 3, 4, 5, 7, 8 et 10 de la Constitution;

Sur le rapport du Sécretaire d'Etat des Relations Extérieures;

Et de l'avis du Conseil des Secrétaires d'Etat,

A proposé

Et le Corps Législatif a voté la loi suivante:

Art. 1.

La qualité d'Haïtien s'acquiert par la naissance, par la naturalisation et par la faveur spéciale de la loi.

Elle peut se prouver par les actes de l'Etat civil, par la possession d'état et par les autres moyens légaux.

Art. 2.

Sont Haïtiens par la naissance:

1. Tout individu né en Haïti ou ailleurs de père haïtien;
2. Tout individu né également en Haïti ou ailleurs de mère haitienne sans être reconnu par son père;
3. Tout individu né en Haïti de père étranger, ou s'il n'est pas reconnu par son père, de mère étrangère, pourvu qu'il descende de la race africaine. La qualité d'haïtien ainsi acquise ne peut être enlevée par la reconnaissance ultérieur du père étranger.

Sont aussi haïtiens, tous ceux qui jusqu'à ce jour ont été reconnus comme tels.

Art. 3.

Tout individu né en Haïti de père et mère inconnus ou de père et mère connus, mais dont la nationalité est inconnue, acquerra la qualité d'Haïtien en vertu de la déclaration de sa naissance, faite à l'officier de l'Etat civil, à moins que avant sa majorité reconnue par ses père et mère ou par l'un d'eux il ne soit établi qu'ils appartiennent à une nationalité étrangère et ne descendent ni l'un ni l'autre de la race africaine.

Art. 4.

Tout individu né en Haïti de père et mère étrangers qui ne descendent pas de la race africaine; tout individu né en Haïti de père et mère étrangers qui eux-mêmes y sont nés et ne descendent pas de la race africaine; tout individu non reconnu par son père, né en Haïti, d'une mère étrangère qui ne descend pas de la race africaine, acquerra la qualité d'haïtien par une simple déclaration faite dans l'année de leur majorité au Parquet du Tribunal civil de leur résidence.

Cette déclaration comportera renonciation à leur nationalité étrangère et adoption de la nationalité haïtienne.

Art. 5.

Tout étranger peut devenir haïtien par la naturalisation après deux ans de résidence en Haïti.

Cependant, il ne sera admis à l'exercice des droits politiques que cinq ans après la naturalisation.

Ces dispositions ne dérogent en rien à celles des art. 1 et 7 de la loi du 10 août sur les Levatins.

Art. 6.

Le délai de résidence prévu en l'article précédent est réduit à un an en faveur de tout étranger qui aura rendu des services importants à Haïti, y aura apporté des talents distingués, introduit une industrie, un métier ou une invention utile, créé un établissement industriel, agricole.

Art. 7.

L'étranger qui aura accepté une fonction civile ou militaire et l'aura conservée pendant cinq ans acquerra, par ce fait, la qualité d'haïtien, à moins qu'il ne déclare par acte signifié au Parquet du Tribunal civil de sa résidence vouloir conserver sa nationalité.

Art. 8.

Il est statué, par arrêté du Président de la République sur chaque demande de naturalisation. Cet arrêté sera publié au „Moniteur".

Art. 9.

L'étrangère mariée à un haïtien suit la condition de son mari. La femme haïtienne mariée à un étranger perd sa qualité d'haïtienne.

Art. 10.

L'haïtienne qui aura perdu sa nationalité par le fait de son mariage avec un étranger, peut la recouvrer par la naturalisation.

Art. 11.

En cas de dissolution du mariage contracté entre un étranger et une haïtienne, celle-ci n'aura, pour redevenir haïtienne, qu'à faire au Parquet du Tribunal civil de sa résidence, la déclaration qu'elle renonce à sa nationalité étrangère et qu'elle reprend son ancienne qualité d'haïtienne.

Les enfants mineurs, nés étrangers, garderont leur nationalité étrangère jusqu'à l'année de leur majorité où ils auront la faculté d'acquérir la qualité d'haïtienne par une déclaration dans les mêmes formes.

Les enfants majeurs nés à l'étranger, s'ils sont établis en Haïti ou s'ils viennent s'y fixer, pourront de même acquérir la nationalité haïtienne par une déclaration au Parquet du Tribunal civil de leur résidence.

Art. 12.

La femme haitienne mariée à un étranger qui, après son mariage se fait naturaliser haïtien, recouvre, par ce fait, sa nationalité primitive et les enfants majeurs de cet étranger naturalisé, nés hors d'Haïti, pourront, s'ils le demandent, obtenir la qualité d'haïtiens, sans condition de stage, soit par l'arrêté présidentiel qui confère cette qualité au père, soit comme conséquence d'une déclaration faite par eux au Parquet du Tribunal civil de leur résidence dans les termes de l'art. 4.

Les enfants mineurs nés à l'étranger pourront, dans l'année de leur majorité, acquérir la qualité d'haïtiens en faisant une déclaration pareille.

Art. 13.

Jouiront de la même faculté, et dans la même condition, les enfants mineurs d'un père ou d'une mère survivant qui se fait naturaliser haïtien.

Art. 14.

Les dispositions de l'art. 12 sont applicables à la femme d'origine non haïtienne, mariée à un étranger qui se fait naturaliser haïtien.

Art. 15.

L'haïtienne dont le mari haïtien viendrait à se naturaliser étranger après son mariage, gardera sa nationalité haïtienne, à moins qu'elle ne se naturalise étrangère.

Les enfants nés avant la naturalisation restent haïtiens.

Art. 16.

Pour les jeunes gens à qui la loi confère sans condition de stage, la faculté de devenir haïtiens, dans l'année de leur majorité le fait de s'engager dans l'armée haïtienne ou de prendre part aux opérations de recrutement et, en général, d'exercer les droits ou d'accomplir les obligations attachés à la qualité de citoyen haïtien sans exciper de leur extranéité, à partir de l'époque de leur majorité, équivaudra à la déclaration prévue par la loi et les en dispensera.

Chapitre II.

De la perte de la qualité d'Haïtien.

Art. 17.

La qualité de citoyen se perd:

1. Par la naturalisation en pays étranger;
2. Par l'abandon de la Patrie au moment d'un danger imminent;
3. Par l'acceptation non autorisée de fonctions publiques ou de pensions conférées par un Gouvernement étranger;
4. Par tous services rendus aux ennemis de la République, ou par transactions faites avec eux;
5. Par la condamnation contradictoire et définitive à des peines perpétuelles à la fois afflictives et infamantes.

Art. 18.

L'haïtien naturalisé étranger ne pourra retourner en Haïti qu'après cinq ans, lesquels commenceront à partir de la date du décret ou de l'acte de naturalisation.

Art. 19.

L'haïtien naturalisé étranger et qui reviendra en Haïti pourra être poursuivi pour crime ou délit commis avant sa naturalisation à moins qu'il n'y ait prescription.

Art. 20.

Dans tous les cas où, soit un haïtien, soit une étrangère aura acquis une nationalité étrangère, il aura un délai d'un an pour disposer de ses biens immeubles.

Passé ce délai, il sera, sur la poursuite des parties intéressées ou à leur défaut du Ministère public, procédé à la licitation des dits immeubles; selon les formes tracées au Titre VII du Code de procédure civile.

Art. 21.

Aucun haïtien ou haïtienne ne peut se dénationaliser en Haïti. Il faut aller à l'étranger et y résider le nombre d'années exigé par la loi locale et la Constitution d'Haïti.

Art. 22.

Seront publiées au „Moniteur", par les soins du Secrétaire d'Etat de la Justice, toutes les déclaration de nationalité, et à défaut de déclaration, tous les changements de nationalité opérés par l'effet de la loi.

Art. 23.

L'acte de naturalisation délivré à un haïtien ou à une haïtienne qui n'aura pas résidé à l'étranger pendant cinq ans au moins ne pourra produire aucun effet légal en Haïti.

Art. 24.

L'inscription d'un haïtien ou d'une haïtienne dans une Légation ou dans un Consulat établis en Haïti ne peut produire aucun effet légal.

Art. 25.

La présente loi abroge toutes lois ou dispositions de loi qui lui sont contraires. Elle sera exécutée à la diligence des Secrétaires d'Etat des Relations Extérieures et de la Justice, chacun en ce qui le concerne.

30 août 1907, an 104 de l'Indépendance.

Honduras.

Verfassung vom 14. Oktober 1894, in Kraft seit 1. Januar 1895.

Von den Hondurenern.

Art. 6.

Hondurener sind:

Eingeborene oder Naturalisierte.

Art. 7.

Eingeborene sind:

1. die von hondurenischen Eltern im Inlande Geborenen;

2. die in Honduras geborenen Kinder von daselbst wohnhaften Ausländern sowie die im Auslande geborenen Kinder hondurenischer Eltern, sofern sie für die hondurenische Staatsangehörigkeit optieren.

Staatsverträge können die vorausgehenden Bestimmungen modifizieren, insoweit in denselben Gegenseitigkeit verbürgt ist.

Art. 8.

Als Eingeborene gelten die Angehörigen anderer zentralamerikanischer Staaten, sofern sie vor der zuständigen Behörde dem Wunsche Ausdruck geben, Hondurener zu sein.

Art. 9.

Naturalisierte sind:

1. die Spanisch-Amerikaner, die nach einem einjährigen Aufenthalt im Lande vor der zuständigen Behörde den Wunsch aussprechen, die hondurenische Staatsangehörigkeit zu erwerben;

2. die übrigen Ausländer, welche nach zweijährigem Aufenthalt im Lande vor der zuständigen Behörde den Wunsch aussprechen, die hondurenische Staatsangehörigkeit zu erwerben;

3. diejenigen, welche dem Gesetze gemäß eine Naturalisationsurkunde erlangen.

Fremdengesetz vom 8. Februar 1906.

1. Kapitel.
Von den Ausländern.

§ 1.

Ausländer sind:

1. diejenigen, welche nicht innerhalb des Gebietes der Republik geboren sind und sich auch nicht in derselben haben naturalisieren lassen;
2. die aus den übrigen Republiken Mittelamerikas stammenden Personen, welche sich in irgend einem Teile des Gebietes von Honduras befinden und nicht vor dem respektiven politischen Gouverneur die Absicht, ihre Nationalität zu behalten, kundgeben;
3. die aus den spanisch-amerikanischen Republiken stammenden Personen, welche ihren Wohnsitz wenigstens ein Jahr lang in Honduras gehabt und vor besagter Behörde ihren Wunsch, sich im Lande naturalisieren zu lassen, nicht ausgedrückt haben;
4. die Staatsangehörigen von Honduras, welche sich in einem anderen Lande naturalisieren lassen und ihren Wohnsitz dahin verlegen;
5. diejenigen, welche, ohne die nötige Genehmigung in den öffentlichen Dienst ausländischer Regierungen treten sollten.

§ 2.

Die Nationalität der auf dem Gebiete von Honduras geborenen Kinder von Ausländern und diejenige der Kinder von Staatsangehörigen von Honduras, welche im Auslande geboren werden, wird durch Verträge bestimmt werden.

Falls kein Vertrag besteht, sind die in Honduras geborenen Kinder ausländischer Eltern, welche in Honduras ansässig sind, Staatsangehörige von Honduras.

§ 3.

Zum Zwecke der Bestimmung des Geburtsortes für die im vorigen Paragraphen erwähnten Fälle wird hierdurch erklärt, daß die nationalen Schiffe Teile des Gebietes von Honduras sind.

§ 4.

Die Kinder der Gesandten und Beamten der Hondurenischen Gesandtschaften werden von diesem Gesetze nicht als außerhalb der Republik geboren betrachtet.

§ 5.

Die Frauen, welche Staatsangehörige von Honduras sind, behalten bei ihrer Verheiratung mit Ausländern ihre Nationalität, wofern sie ihren Wohnsitz im Lande beibehalten.

§ 6.

Der Nationalitätswechsel des Ehemannes bedingt nicht den Nationalitätswechsel der Ehefrau und der minderjährigen unter der väterlichen Gewalt stehenden Kinder, wofern sie ihren Wohnsitz in Honduras haben.

§ 7.

Die Nationalität der juristischen Personen wird durch das Gesetz, welches ihre Entstehung rechtfertigt, geregelt; demnach werden alle diejenigen, welche den Gesetzen der Republik gemäß entstehen, die Nationalität von Honduras haben, wofern sie außerdem in diesem Lande ihr rechtliches Domizil haben.

§ 8.

Die ausländischen juristischen Personen haben in Honduras die Rechte, welche ihnen von den Gesetzen des Landes, in dem sie ihr Domizil haben, eingeräumt werden; sofern sie mit den Gesetzen von Honduras nicht in Widerspruch stehen und von der Exekutivgewalt anerkannt worden sind.

II. Kapitel.

Von der Expatriierung.

§ 9.

So wie die Staatsangehörigen von Honduras kraft ihrer individuellen Autonomie sich expatriieren und in einem anderen Lande naturalisieren lassen können, können die Ausländer die Staatsangehörigkeit von Honduras den Gesetzen der Republik gemäß erwerben.

§ 10.

Die Expatriierung und die in einem fremden Lande erfolgte Naturalisation befreien den Verbrecher nicht davon, den Verträgen, internationalen Bräuchen und Gesetzen gemäß ausgeliefert, vor Gericht gestellt und bestraft zu werden.

§ 11.

Kein Staatsangehöriger von Honduras kann sich, solange er seinen Wohnsitz in der Republik hat, von den Pflichten, welche ihm die Verfassung und die Gesetze auferlegen, befreien, selbst wenn er die Staatsangehörigkeit eines fremden Staates erworben haben sollte.

III. Kapitel.

Von der Naturalisierung.

§ 14.

Jeder Ausländer kann die Staatsangehörigkeit von Honduras durch eine von der Volksvertretung oder, wenn diese nicht versammelt sein sollte, von der Exekutivgewalt erlangte Naturalisationsurkunde erwerben.

§ 15.

Der Ausländer, welcher sich naturalisieren lassen will, wird darum persönlich oder durch einen eigens dazu bevollmächtigten Stellvertreter schriftlich nachsuchen, wobei er erklären muß, daß er sich von aller Unterwerfung, allem Gehorsam und aller Treue einer anderen Regierung gegenüber und insbesondere derjenigen des Landes, dessen Staatsangehöriger er gewesen ist, lossagt, und daß er auf jedweden Schutz seitens anderer Gesetze und Behörden als derjenigen von Honduras und auf alle Rechte, welche die Verträge oder das Völkerrecht den Ausländern gewähren sollten, verzichtet; überdies wird er die Versicherung seiner Treue und seines Gehorsams den Gesetzen und Behörden der Republik gegenüber abgeben.

§ 16.

Als in Honduras naturalisiert werden betrachtet:

1. die aus den spanisch-amerikanischen Republiken stammenden Personen, welche seit wenigstens einem Jahre im Lande ihren Wohnsitz haben und vor dem politischen Gouverneur des Departements, in dem sie wohnen, ihren Wunsch, sich im Lande naturalisieren zu lassen, ausdrücken;

2. alle anderen Ausländer, welche seit wenigstens zwei Jahren ihren Wohnsitz in der Republik haben und ihre Absicht, sich in derselben naturalisieren zu lassen, vor der unter 1 erwähnten Behörde kundgeben, wofern sie die in § 2 dieses Kapitels festgesetzten Bedingungen erfüllt haben.

§ 17.

Den Untertanen oder Staatsbürgern eines Staates, gegen den die Republik Krieg führen sollte, werden keine Naturalisationsurkunden ausgestellt.

§ 18.

Ebensowenig werden Naturalisationsbriefe denjenigen ausgehändigt, welche in andern Ländern als Piraten, Sklavenhändler, Brandstifter, Falschmünzer oder Fälscher von Banknoten oder anderen Dokumenten, welche die Stelle von gemünztem Gelde vertreten, betrachtet oder gerichtlich als solche erklärt worden sind und ebensowenig den Mördern, Plagiarii und Dieben.

Die Naturalisierung, welche von einem Ausländer betrügerischerweise unter Übertretung des Gesetzes erlangt worden sein sollte, ist rechtlich ungültig.

§ 19.

Die Naturalisationsurkunden werden unentgeltlich ausgestellt und es werden keine Gebühren irgend welcher Art dafür zu bezahlen sein.

§ 20.

Die Wirkungen der Naturalisierung eines Ausländers in Honduras beginnen an dem Tage, nach welchem die vom Gesetze geforderten Bedingungen erfüllt worden sind.

Die im alten Vaterlande anerkannten oder erworbenen Rechte werden durch die Gesetze desselben geregelt, die zu erwerbenden Rechte hingegen durch diejenigen von Honduras.

. . . .

(Die §§ 21 bis 57 enthalten Vorschriften über die Matrikel und ihre Wirkungen, über Rechte und Pflichten der Ausländer und über die Ausweisung.)

Vertrag.

Der zwischen dem Deutschen Reich und der Republik Honduras unterm 20. September 1887 abgeschlossene und am 22. Juni 1888 ratifizierte Freundschafts-, Handels-, Schiffahrts- und Konsularvertrag enthält in dem Art. 10 folgende, auf die Staatsangehörigkeit bezügliche Bestimmungen (RGBl. 1888 S. 238 ff.):

Art. 10.

§ 1. Die beiden hohen kontrahierenden Teile, von dem Wunsche beseelt, etwaige Schwierigkeiten in betreff der Nationalität zu vermeiden, kommen dahin überein, daß als Deutsche in Honduras und als Hondurener in Deutschland diejenigen anzusehen sind, welche, nachdem sie sich in die Staaten des andern Teils begeben haben, um daselbst zu leben, sich die Nationalität ihres Heimatlandes in Gemäßheit der Gesetze desselben bewahrt haben.

§ 2. Außerdem sind sie übereingekommen, daß die in Honduras geborenen ehelichen Kinder eines Deutschen als Deutsche, die in Deutschland geborenen ehelichen Kinder eines hondurenischen Vaters als Hondurener gelten sollen.

§ 3. Dessenungeachtet müssen die Söhne, sobald sie nach den vaterländischen Gesetzen die Großjährigkeit erlangen, durch seitens der im Lande beglaubigten diplomatischen Agenten legalisierte Urkunden vor der hierzu von der betreffenden Regierung bestimmten Behörde nachweisen, daß sie die auf den Militärdienst ihrer Nation bezüglichen Gesetze genau erfüllt haben oder zu erfüllen im Begriff stehen.

Im Falle, daß sie dieser Bestimmung innerhalb der zwölf auf den Tag der Erlangung der Großjährigkeit folgenden Monate nicht nachkommen sollten, können sie als Bürger des Landes ihrer Geburt angesehen werden.

§ 4. Die Nachkommen derjenigen Individuen, welche die Nationalität ihres Vaters auf Grund des § 3 bewahrt haben, können als Bürger desjenigen Landes betrachtet werden, in welchem sie geboren sind.

Italien.

Gesetz vom 13. Juni 1912.

Art. 1.

Bürger ist durch Geburt:

1. das Kind eines Vaters, der Bürger ist;
2. das Kind einer Mutter, die Bürgerin ist, wenn der Vater unbekannt ist oder nicht das italienische Bürgerrecht, noch auch das eines anderen Staates besitzt, oder, wenn das Kind das Bürgerrecht des ausländischen Vaters nach dem Gesetze des Staates, dem dieser angehört, nicht teilt;
3. wer im Königreich geboren ist, wenn beide Eltern entweder unbekannt sind oder weder das italienische Bürgerrecht noch das eines anderen Staates besitzen, oder, wenn das Kind das Bürgerrecht seiner ausländischen Eltern nach dem Gesetz des Staates, dem diese angehören, nicht teilt.

Bei einem Kinde unbekannter Eltern, das in Italien aufgefunden wird, gilt bis zum Beweise des Gegenteils die Vermutung, daß es im Königreich geboren ist.

Art. 2.

Die Anerkennung oder gerichtliche Feststellung der Kindschaft während der Minderjährigkeit eines Kindes, das nicht aus der elterlichen Gewalt entlassen ist, bestimmt dessen Bürgerrecht nach den Vorschriften dieses Gesetzes.

In diesem Fall ist das Bürgerrecht des Vaters entscheidend, auch wenn die Vaterschaft erst nach der Mutterschaft anerkannt oder festgestellt ist.

Wenn das anerkannte oder gerichtlich festgestellte Kind volljährig oder aus der elterlichen Gewalt entlassen ist, so behält es sein eigenes Bürgerrecht, kann aber innerhalb eines Jahres nach der Anerkennung oder gerichtlichen Feststellung erklären, es wolle das durch sein Kindesverhältnis bestimmte Bürgerrecht wählen.

Die Bestimmungen dieses Artikels sind auch auf Kinder anzuwenden, deren Vaterschaft oder Mutterschaft auf eine der Arten des Art. 193 des Bürgerlichen Gesetzbuchs feststeht.

Art. 3.

Der im Königreich geborene Ausländer sowie das Kind von Eltern, die daselbst vor dessen Geburt mindestens 10 Jahre gewohnt haben, werden Bürger:

1. wenn sie im Königreich Heeresdienst leisten oder ein Amt im Staate annehmen;
2. wenn sie nach vollendetem 21. Jahre im Königreich wohnen und innerhalb des 22. Jahres erklären, das italienische Bürgerrecht zu wählen;
3. wenn sie mindestens 10 Jahre im Königreich wohnen und nicht in der unter 2 erwähnten Frist erklären, das fremde Bürgerrecht behalten zu wollen.

Die Bestimmungen dieses Artikels finden auch Anwendung auf den Ausländer, dessen Vater, Mutter oder Großvater väterlicherseits durch Geburt Bürger gewesen ist.

Art. 4.

Das italienische Bürgerrecht, das den Genuß der öffentlichen Rechte in sich begreift, kann durch königliche Verordnung nach vorgängigem zustimmenden Gutachten des Staatsrats verliehen werden:

1. einem Ausländer, der 3 Jahre lang dem italienischen Staat, auch im Ausland, gedient hat;
2. einem Ausländer, der mindestens 5 Jahre im Königreich wohnt;
3. einem Ausländer, der 3 Jahre im Königreich wohnt und Italien bemerkenswerte Dienste geleistet oder sich mit einer italienischen Bürgerin verehelicht hat;
4. nach einjähriger Niederlassung demjenigen, der kraft gesetzlicher Ermächtigung hätte italienischer Bürger werden können, wenn er es nicht unterlassen hätte, zur rechten Zeit eine dahingehende ausdrückliche Erklärung abzugeben.

Art. 5.

Die die Verleihung aussprechende königliche Verordnung ist unwirksam, wenn derjenige, dem das Bürgerrecht verliehen ist, nicht schwört, dem König treu zu sein und die Verfassung sowie die anderen Staatsgesetze zu beachten.

Art. 6.

Das Bürgerrecht kann durch besonderes Gesetz demjenigen verliehen werden, der Italien Dienste von außergewöhnlicher Bedeutung geleistet hat.

Art. 7.

Unbeschadet besonderer Bestimmungen, die etwa durch internationale Vereinbarungen getroffen werden, behält der italienische

Bürger, der in einem ausländischen Staate geboren ist und wohnt, von dem er als eigener Bürger durch Abstammung behandelt wird, das italienische Bürgerrecht, kann aber darauf verzichten, wenn er volljährig oder aus der elterlichen Gewalt entlassen ist.

Art. 8.

Das Bürgerrecht verliert:

1. wer freiwillig ein fremdes Bürgerrecht erwirbt und im Ausland einen eigenen Wohnsitz begründet oder begründet hat;
2. wer ohne seinen Willen ein fremdes Bürgerrecht erworben hat und erklärt, auf das italienische Bürgerrecht zu verzichten, auch im Ausland einen eigenen Wohnsitz begründet oder begründet hat;

in den unter 1 und 2 erwähnten Fällen kann die Regierung von der Bedingung des Wohnorts im Auslande entbinden;

3. wer von einer ausländischen Regierung ein Amt empfangen hat oder in den Heeresdienst einer ausländischen Macht getreten ist und darin verbleibt trotz der Aufforderung der italienischen Regierung, das Amt oder den Dienst innerhalb einer bestimmten Frist zu verlassen.

Der Verlust des Bürgerrechts in den Fällen dieses Artikels befreit nicht von der Pflicht zum Heeresdienst, unbeschadet der in den besonderen Gesetzen gewährten Vergünstigungen.

Art. 9.

Wer das Bürgerrecht nach Art. 7 und 8 verloren hat, erwirbt es wieder:

1. wenn er im Königreich Heeresdienst leistet oder ein Staatsamt erhält;
2. wenn er erklärt, auf das Bürgerrecht des Staates zu verzichten, dem er angehört, oder beweist, daß er das Amt oder den Heeresdienst aufgegeben hat, in dem er trotz des Verbotes der italienischen Regierung verblieben war, und wenn er in beiden Fällen innerhalb eines Jahres nach der Aufgabe den eigenen Wohnsitz im Königreich begründet oder begründet hat;
3. nach zweijährigem Aufenthalt im Königreich, wenn der Verlust des Bürgerrechts durch den Erwerb eines fremden Bürgerrechts begründet war.

Jedoch ist in den Fällen zu 2 und 3 der Wiedererwerb des Bürgerrechts unwirksam, wenn die Regierung ihm widerspricht. Diese Befugnis kann die Regierung nur aus wichtigen Gründen und auf zustimmendes Gutachten des Staatsrats ausüben, und zwar innerhalb einer Frist von drei Monaten seit der Erfüllung der Voraussetzungen zu 2 und 3, wenn das letzte Bürgerrecht das eines europäischen Staates ist, sonst innerhalb einer Frist von sechs Monaten.

Der Wiedererwerb des Bürgerrechts wird auch ohne die Verpflichtung der Begründung eines Wohnsitzes im Königreich zugunsten desjenigen zugelassen, der seit über 2 Jahren den Wohnsitz in dem Staate, dem er angehörte, aufgegeben hat, um ihn in einen anderen ausländischen Staat zu verlegen, dessen Bürgerrecht er nicht erwirbt. Jedoch ist in diesem Falle die vorherige Gestattung des Wiedererwerbs durch die Regierung erforderlich.

Art. 10.

Eine Ehefrau kann nicht ein von dem ihres Ehemanns verschiedenes Bürgerrecht erwerben, auch wenn die Ehegatten getrennt leben.

Die Ausländerin, die sich mit einem Bürger verheiratet, erwirbt das italienische Bürgerrecht. Sie behält es auch als Witwe, es sei denn, daß sie ihren Wohnsitz im Ausland behält oder dahin verlegt und dadurch ihr ursprüngliches Bürgerrecht wiedererwirbt.

Die Inländerin, die sich mit einem Ausländer verheiratet, verliert das italienische Bürgerrecht, vorausgesetzt, daß der Ehemann ein Bürgerrecht besitzt und dieses sich durch die Heirat auf sie überträgt. Im Fall der Auflösung der Ehe wird sie wieder Bürgerin, wenn sie im Königreich wohnt oder dahin zurückkehrt und in beiden Fällen erklärt, sie wolle das Bürgerrecht wieder erwerben. Der Erklärung gleichgeachtet wird ein über 2 Jahre seit der Auflösung der Ehe andauernder Wohnsitz im Königreich, falls nicht aus der erwähnten Ehe Kinder hervorgegangen sind.

Art. 11.

Wird der inländische Ehemann Ausländer, so verliert die Ehefrau, die mit ihm den Wohnsitz teilt, das italienische Bürgerrecht, vorausgesetzt, daß sie das des Ehemanns erwirbt. Sie kann es aber nach den Bestimmungen des vorigen Artikels wiedererwerben.

Wird der ausländische Ehemann Bürger, so erwirbt die Ehefrau das Bürgerrecht, falls sie den Wohnsitz mit ihm teilt. Sind aber die Ehegatten gesetzlich geschieden und keine Kinder aus ihrer Ehe vorhanden, die gemäß dem folgenden Artikel das neue Bürgerrecht des Vaters erwerben, so kann die Ehefrau erklären, sie wolle ihr eigenes Bürgerrecht behalten.

Art. 12.

Der Erwerb und Wiedererwerb des Bürgerrechts erstreckt sich auf die minderjährigen und nicht aus der Gewalt entlassenen Kinder, es sei denn, daß diese durch ihren ausländischen Wohnsitz nach dem Gesetz des Staates, dem sie angehören, das fremde Bürgerrecht behalten. Hat aber jemand das italienische Bürgerrecht erworben, der das fremde durch

Abstammung besaß, so können seine Kinder in dem Jahre, in dem sie volljährig oder aus der elterlichen Gewalt entlassen werden, erklären, ihr ursprüngliches Bürgerrecht zu wählen.

Der Verlust des Bürgerrechts erstreckt sich auf die minderjährigen, nicht aus der Gewalt entlassenen Kinder, wenn diese den Wohnsitz mit einem ihrer Eltern teilen, der die elterliche Gewalt oder die gesetzliche Vormundschaft ausübt, und sie das Bürgerrecht eines ausländischen Staates erwerben. Jedoch finden auf sie die Bestimmungen der Art. 3 und 9 Anwendung.

Die Bestimmungen dieses Artikels finden auch Anwendung für den Fall, daß die Mutter die elterliche Gewalt oder gesetzliche Vormundschaft über die Kinder ausübt und ein von dem des vorverstorbenen Vaters verschiedenes Bürgerrecht besitzt. Sie finden dagegen keine Anwendung für den Fall, daß die Mutter die elterliche Gewalt ausübt und ihr Bürgerrecht infolge Wiederverheiratung ändert; in diesem Falle bleibt das Bürgerrecht aller Kinder erster Ehe unverändert.

Art. 13.

Die Wirkung des Erwerbs oder Wiedererwerbs des Bürgerrechts in allen vorerwähnten Fällen beginnt erst mit dem Tage nach der Erfüllung der vorgeschriebenen Voraussetzungen und Förmlichkeiten.

Die Gesuche und Erklärungen, die sich auf den Erwerb und Wiedererwerb beziehen, sind von jeglichen Abgaben und Kosten befreit.

Art. 14.

Wer im Königreich wohnt und weder das italienische Bürgerrecht noch das eines anderen Staates besitzt, ist den italienischen Gesetzen unterworfen, soweit sie sich auf die Ausübung bürgerlicher Rechte und auf die Pflicht zum Heeresdienst beziehen.

Art. 15.

Dem Gebiete des Königreichs gleichgestellt ist für dieses Gesetz das der italienischen Kolonien, unbeschadet der Bestimmungen der besonderen Gesetze.

Art. 16.

Die in diesem Gesetze vorgesehenen Erklärungen können vor dem Standesbeamten der Gemeinde abgegeben werden, in der der Erklärende seinen Wohnsitz begründet hat oder zu begründen beabsichtigt, oder vor einem königlichen diplomatischen oder Konsularagenten im Auslande.

Die Befugnis, die Erklärungen entgegenzunehmen, kann von der königlichen Regierung auf andere öffentliche Beamte ausgedehnt werden.

Übergangsvorschriften.

Art. 17.

Mit dem Inkrafttreten dieses Gesetzes treten außer Kraft die Art. 4 bis 15 des Bürgerlichen Gesetzbuchs, Art. 36 des Gesetzes über die Auswanderung vom 31. Januar 1901, Nr. 23, das Gesetz vom 17. Mai 1906, Nr. 217, und alle anderen diesem Gesetz zuwiderlaufenden Vorschriften.

Jedoch bleiben unberührt die bestehenden Gesetze betreffend die Verleihung des Bürgerrechts, das den vollen Genuß der öffentlichen Rechte in sich begreift, durch königliche Verordnung an Italiener, die nicht dem Königreich angehören.

Unberührt bleiben die Vorschriften der internationalen Vereinbarungen.

Art. 18.

Wer das Bürgerrecht ohne Vergünstigung der öffentlichen Rechte *vor* diesem Gesetz erworben hat, kann sie durch königliche Verordnung auf vorgängiges zustimmendes Gutachten des Staatsrats erhalten, wenn die Voraussetzungen des Art. 4 vorliegen.

Art. 19.

Das Bürgerrecht, das *vor* diesem Gesetze erworben ist, kann sich nur auf Grund von Tatsachen ändern, die *nach* seinem Inkrafttreten geschehen sind.

Wer aber zur Zeit des Inkrafttretens dieses Gesetzes ein Bürgerrecht besitzt, das von dem abweicht, welches ihm nach den Vorschriften der vorstehenden Artikel zustände, kann innerhalb Jahresfrist das italienische oder das ausländische Bürgerrecht erwählen, das ihm nach diesen Vorschriften zukäme.

Wem die Vorschriften der vorstehenden Artikel das Recht geben, das italienische oder das ausländische Bürgerrecht auszuwählen, kann darüber innerhalb eines Jahres nach dem Inkrafttreten dieses Gesetzes seine Erklärung abgeben, selbst wenn die Fristen abgelaufen sind, es sei denn, daß er auch nach den früheren Gesetzen eine entsprechende Erklärung abgeben konnte, dies aber unterlassen hat.

Art. 20.

Die Regierung wird durch königliche Verordnung nach Anhörung des Gutachtens des Staatsrats die Ausführungsbestimmungen zu diesem Gesetze erlassen, das am 1. Juli 1912 in Kraft tritt.

Ausführungsverordnung zu diesem Gesetz vom 2. August 1912.

Wir Victor Emanuel III. durch die Gnade Gottes und den Willen des Volkes König von Italien haben im Hinblick auf Art. 20 des italienischen Staatsangehörigkeitsgesetzes vom 30. Juni 1912 Nr. 555, welcher der Regierung die Befugnis erteilt, die Bestimmungen über die Ausführung des genannten Gesetzes durch Königliche Verordnung festzusetzen, nach Anhörung usw. verordnet.

Art. 1.

Der Ausländer, der gemäß Art. 4 des Gesetzes die Staatsangehörigkeit zu erwerben wünscht, hat ein diesbezügliches Gesuch an das Ministerium des Innern zu richten und außer den Dokumenten, die zum Nachweis, daß er sich in einer der in genanntem Artikel vorgesehenen Positionen befindet, notwendig sind, noch folgende andere gehörig beglaubigte Urkunden beizubringen: 1. die Geburtsurkunde; 2. ein Zeugnis über die Familienverhältnisse; 3. einen Strafregisterauszug aus dem Heimatsorte. Das Ministerium ist befugt, je nach Lage des Falles andere Urkunden zu verlangen.

Das Gesuch und die Urkunden können auch den italienischen diplomatischen und Konsulatsbeamten eingereicht werden, welche sie dem Ministerium des Innern zu übersenden haben.

Art. 2.

Der naturalisierte Ausländer wird zur Ausübung politischer Rechte nur dann zugelassen, wenn er die von den Staatsgesetzen vorgeschriebenen Erfordernisse besitzt und die ihm obliegenden Pflichten erfüllt.

Art. 3.

Die im Art. 5 des Gesetzes vorgesehene Eidesleistung muß innerhalb sechs Monaten nach Zustellung der Verordnung an den Gesuchsteller erfolgen und zwar innerhalb des Königreichs vor dem Standesbeamten des Wohnorts, oder im Auslande vor einem diplomatischen oder konsularischen Beamten.

Dieser überläßt eine Abschrift des über die Eidesleistung aufgenommenen Protokolles dem Interessenten und sendet eine andere Abschrift sogleich an den Bürgermeister der Gemeinde des Königreichs, in der der Naturalisierte seinen Wohnsitz hat, und falls der Naturalisierte im Auslande wohnt, an den Bürgermeister der Gemeinde des Königreichs, die von ihm angegeben wird, und beim Mangel einer solchen Angabe an den Bürgermeister von Rom.

Der Standesbeamte, vor dem der Eid geleistet oder dem Abschrift des genannten Protokolls übersandt worden ist, sorgt für die Eintragung der Verordnung in die standesamtlichen Akten der Gemeinde und macht dem Ministerium des Innern sofort Meldung von der erfolgten Eintragung.

Nach Ablauf von sechs Monaten nach dem Tage der Zustellung der Verordnung wird dem Interessenten die Ablegung des Eides nur gestattet, wenn er durch Vorlage neuer Dokumente beim Ministerium des Innern dartut, daß die Erfordernisse, auf Grund deren ihm das Staatsbürgerrecht verliehen wurde, andauernd fortbestehen.

Art. 4.

Die Zustellung der Verordnung über die Verleihung des Bürgerrechts wird innerhalb des Königreichs durch den Registersteuereinnehmer und im Auslande von dem diplomatischen oder konsularischen Beamten des Ortes bewirkt, in dem der Naturalisierte seinen Wohnsitz hat.

Vor der Zustellung muß die gemäß des Gesetzes vom 13. September 1874 Nr. 2086 zu entrichtende Abgabe für Regierungskonzessionen bezahlt worden sein.

Art. 5.

Die im Art. 7 des Gesetzes gedachte Verzichtleistung muß vor dem diplomatischen oder konsularischen Beamten des Ortes erfolgen, in dem der Verzichtleistende seinen Wohnsitz hat. Der Beamte trägt die bezügliche Erklärung in ein besonderes Register ein und übersendet Abschrift davon sogleich dem Ministerium des Innern, welches die Eintragung in die standesamtlichen Register des Königreiches durch Vermittlung der zuständigen Behörden besorgen läßt.

Art. 6.

Die Erklärung über den Verzicht auf die Staatsangehörigkeit und über die Verlegung des Wohnsitzes, von der im Art. 8 Abs. 2 die Rede ist, müssen im Königreich vor dem Standesbeamten der Gemeinde abgegeben werden, in welcher der betreffende Staatsangehörige wohnt.

Hat er seinen Wohnsitz bereits nach dem Auslande verlegt, so kann die Verzichtleistung auf die Staatsangehörigkeit vor dem diplomatischen oder konsularischen Beamten des Ortes, in der im vorhergehenden Artikel festgesetzten Art, erfolgen.

Die Befreiung von der Bedingung, den Wohnsitz ins Ausland zu verlegen, wird durch Verordnung des Ministers des Innern bewilligt.

Die unter Nr. 3 des Art. 8 erwähnte Aufforderung geschieht durch Verordnung des Ministers des Innern mit Wirkung vom Tage der Zustellung an den Interessenten.

Art. 7.

Der Nachweis dafür, daß der Interessent auf die Anstellung oder den Militärdienst im Auslande verzichtet hat — Nr. 2 des Art. 9 des Gesetzes — muß dem Ministerium des Innern erbracht werden; dieses macht dem Standesbeamten der Gemeinde, in welcher der Betreffende seinen Wohnsitz genommen hat oder zu nehmen beabsichtigt, Mitteilung. Das Verbot, welches die Wiedererwerbung der Staatsangehörigkeit trotz Vorliegens der in Nr. 2 und 3 des Art. 9 des Gesetzes festgelegten Bedingungen, verhindern soll, muß durch Verordnung des Ministers des Innern erlassen und in der Gazzetta Ufficiale veröffentlicht werden. Die Verordnung kann sich auf bestimmte Kategorien von Personen beziehen.

Die vorgängige Erlaubnis zum Wiedererwerb der Staatsangehörigkeit, gemäß dem letzten Absatz des Art. 9 des Gesetzes, wird durch Verordnung des Ministers des Innern erteilt.

Der Standesbeamte, der gemäß den Bestimmungen des Art. 25 des Regulativs vom 21. September 1901 Nr. 445, die Erklärung über die Wahl des Wohnsitzes entgegengenommen hat, oder dem auf andere Weise diese Niederlassung offenbar geworden ist, muß das Ministerium des Innern davon unverzüglich benachrichtigen.

Bei Entgegennahme der erwähnten Erklärung muß der Beamte den die Erklärung Abgebenden auf die für die Wiedererwerbung der Staatsangehörigkeit bezüglichen Vorschriften und auf die Art, wie sie zu befolgen sind, hinweisen.

Art. 8.

Die in dem Gesetz vorgesehenen Erklärungen können dem Standesbeamten der Gemeinde abgegeben werden, wo der die Erklärung Abgebende seinen Wohnsitz genommen hat bzw. zu nehmen beabsichtigt, oder einem königlichen diplomatischen oder konsularischen Beamten im Auslande.

Handelt es sich um Ausgewanderte, die auf einem italienischen Schiffe in das Königreich zurückkehren, so können diese Erklärungen vor dem Schiffskapitän abgegeben werden. Dieser trägt sie in ein dazu bestimmtes Register ein, gibt davon den Beteiligten eine Abschrift und deponiert das Register selbst bei der Marinebehörde des Landungshafens im Königreich, welche eine Abschrift der Erklärungen dem Standesbeamten der Gemeinde übersendet, wo die Antragsteller ihren Wohnsitz haben.

Art. 9.

Wenn das Gesetz für den Erwerb oder den Wiedererwerb der Staatsangehörigkeit den Nachweis dafür verlangt, daß der Interessent eine bestimmte Zeit im Königreich gewohnt hat, müssen in den entsprechenden Bescheinigungen größere durch Verweilen im Auslande hervorgerufene Unterbrechungen angegeben werden.

Art. 10.

Auf die vor dem 1. Juli 1912 beim Ministerium des Innern eingegangenen Anträge auf Verleihung der italienischen Staatsangehörigkeit finden die Bestimmungen der früheren Gesetze Anwendung.

Art. 11.

Die bezüglich der Unterscheidung von italienischen Staatsangehörigen und Kolonialuntertanen in den Kolonien laut Gesetz oder Herkommen geltenden Normen werden durch die Bestimmungen dieses Gesetzes keineswegs geändert.

Königliche Verordnung vom 6. April 1913 Nr. 315 betr. die Staatszugehörigkeitsverhältnisse der Eingeborenen von Tripolis und der Cyrenaica.

(Staatszeitung vom 19. April 1913 Nr. 92.)

Victor Emanuel III. von Gottes Gnaden und durch den Willen des Volkes König von Italien:

Im Hinblick usw. haben wir verordnet und verordnen:

Art. 1.

Italienische Untertanen sind, unbeschadet der besonderen internationalen Vereinbarungen:

1. Die in Tripolis und der Cyrenaica geborenen und dort am 5. November 1911 wohnhaften Personen, die an diesem Tage nicht schon tatsächlich das italienische Bürgerrecht nach den italienischen Gesetzen oder ein ausländisches Bürgerrecht oder eine ausländische Staatszugehörigkeit gemäß den ottomanischen Gesetzen besaßen;

2. die in Tripolis oder der Cyrenaica nach dem 5. November 1911 geborenen Personen, die nicht nach den italienischen Gesetzen das italienische oder ein ausländisches Bürgerrecht besitzen;

3. die im Ausland, in Italien oder den anderen italienischen Kolonien geborenen Personen, deren Vater oder, wenn dieser unbekannt ist, deren Mutter italienische Untertanen sind;

4. die Ausländerin, die einen italienischen Untertan geheiratet hat.

Art. 2.

Die im vorhergehenden Artikel erwähnten italienischen Untertanen stehen unter ihrem eigenen Personalstatut; ihre bürgerlichen und öffentlichen Rechte richten sich nach den sie betreffenden Gesetzen.

Sie können zum Dienste in den kolonialen Land- und Seetruppen und in der Handelsmarine zugelassen werden, ebenso auch zur Bekleidung von Ämtern und Posten in der kolonialen Zivilverwaltung.

Art. 3.

Bei allen in Tripolis und der Cyrenaica wohnhaften Muselmanen wird, vorbehaltlich des Gegenbeweises, die italienische Staatszugehörigkeit angenommen; ihre Rechtslage bestimmt sich nach dem vorhergehenden Artikel.

Der Gegenbeweis ist ausgeschlossen bei Personen, die eine Zulassung gemäß dem 2. Absatz des vorigen Artikels erlangt haben, auch wenn sie keinen Gebrauch mehr davon machen.

Art. 4.

Die italienischen Untertanen können die Eigenschaft eines Bürgers oder Untertanen eines ausländischen Staates nur erwerben, wenn sie vorher durch Königliche Verordnung dazu ermächtigt sind und ihren Wohnsitz im Ausland behalten oder dahin verlegen.

Sie verlieren diese Eigenschaft, sobald sie sich wieder auf dem Gebiet von Tripolis, der Cyrenaica, Italien oder anderer italienischer Kolonien befinden.

Art. 5.

Was die Personen betrifft, denen der Erwerb, die Verleihung und der Wiedererwerb des italienischen Bürgerrechts durch Gesetz vom 13. Juni 1912, Nr. 555, zugestanden ist, so muß die Zeit ihres Aufenthalts in Tripolis und der Cyrenaica nach dem 5. November 1911 liegen, um die Wirkungen jenes Gesetzes zu haben.

Art. 6.

Die vorliegende Verordnung tritt sofort in Kraft.

Japan.

Das japanische Staatsangehörigkeitsgesetz vom 15. März 1899 Nr. 66

(veröffentlicht im japanischen Reichsanzeiger vom 16. März 1899 Nr. 4709).

1.

Japaner ist das Kind eines japanischen Vaters, auch wenn seine Geburt nach dem Tode des Vaters erfolgt.

2.

Wenn vor der Geburt des Kindes der Vater die japanische Staatsangehörigkeit durch Ehescheidung oder Auflösung der Adoption verloren hat, so finden die Bestimmungen des vorausgehenden Artikels bis zum Beginne der Schwangerschaft Anwendung.

Die Bestimmungen des vorhergehenden Absatzes finden aber nicht Anwendung, wenn beide Eltern das Stammhaus verlassen, es sei denn, daß die Mutter vor der Geburt des Kindes in das Stammhaus zurückkehrt.

3.

Ist der Vater unbekannt oder ist er heimatlos, so ist das Kind Japaner, wenn die Mutter Japanerin ist.

4.

Sind beide Eltern eines in Japan geborenen Kindes unbekannt oder heimatlos, so ist das Kind Japaner.

5.

Die japanische Staatsangehörigkeit wird unter folgenden Bedingungen erworben:

1. durch Verehelichung mit einem Japaner;
2. durch Verehelichung mit einer Japanerin, wenn der Ehemann in ihr Haus eintritt;
3. durch Anerkennung seitens des japanischen Vaters oder der japanischen Mutter;
4. durch Adoption seitens eines Japaners;
5. durch Naturalisation.

6.

Durch Anerkennung wird die japanische Staatsangehörigkeit in folgenden Fällen erworben:

1. wenn das Kind nach seinem Heimatgesetze minderjährig ist;
2. wenn es nicht die Frau eines Ausländers ist;
3. wenn derjenige Elternteil, der zuerst das Kind anerkennt, die japanische Staatsangehörigkeit besitzt;
4. wenn der Vater Japaner ist im Falle, daß beide Eltern das Kind anerkennen.

7.

Ausländer können mit Erlaubnis des Ministers des Innern nur unter folgenden Bedingungen naturalisiert werden:

1. wenn sie fünf Jahre ununterbrochen in Japan wohnhaft sind;
2. wenn sie mindestens zwanzig Jahre alt und nach ihrem Heimatgesetze geschäftsfähig sind;
3. wenn sie ein gutes Leumundszeugnis besitzen;
4. wenn sie Vermögen haben oder sich durch ihre Arbeit genügend ernähren können;
5. wenn sie keine andere Staatsangehörigkeit besitzen oder ihre bisherige durch den Erwerb der japanischen verlieren.

8.

Die Frau eines Ausländers kann nur gemeinschaftlich mit ihrem Ehemann naturalisiert werden.

9.

Ein in Japan wohnhafter Ausländer kann naturalisiert werden, auch wenn er die in Nr. 1 des Art. 7 aufgeführte Bedingung nicht erfüllt:

1. wenn einer seiner Eltern Japaner gewesen ist;
2. wenn seine Frau Japanerin gewesen ist;
3. wenn er in Japan geboren ist;
4. wenn er sich in Japan zehn Jahre lang ununterbrochen aufgehalten hat.

Die in Nr. 1—3 aufgeführten Personen können nur nach dreijährigem ununterbrochenen Aufenthalt in Japan naturalisiert werden; es sei denn, daß einer der Eltern der unter 3 angeführten Person auch in Japan geboren ist.

10.

Wenn einer der Eltern des Ausländers Japaner und der Ausländer in Japan wohnhaft ist, so kann er auch ohne Erfüllung der unter Nr. 1, 2 und 4 des Art. 7 aufgeführten Bedingungen naturalisiert werden.

11.

Der Minister des Innern kann mit Kaiserlicher Genehmigung einem Ausländer die Naturalisation verleihen, auch ohne Erfüllung der im Art. 7 aufgestellten Bedingungen, wenn dieser Ausländer dem japanischen Staate wichtige Dienste geleistet hat.

12.

Vor jeder Naturalisation muß eine öffentliche Bekanntmachung im japanischen Reichsanzeiger erfolgen; erst nach der Veröffentlichung erlangt sie Dritten gegenüber Rechtswirksamkeit.

13.

Die Naturalisation erstreckt sich auch auf die Ehefrau des Naturalisierten, sobald deren Heimatsgesetz nicht dagegen ist.

14.

In letzterem Falle kann die Ehefrau die Naturalisation nachträglich erwerben, ohne daß sie die Bedingungen des Art. 7 zu erfüllen hat.

15.

Die Naturalisation erstreckt sich auch auf das minderjährige Kind des Naturalisierten, wenn das Heimatsgesetz des Kindes nicht dagegen ist.

16.

Diejenigen, welche die japanische Staatsangehörigkeit erlangt haben durch Naturalisation, Abstammung von einem naturalisierten Vater, Adoption oder Verehelichung mit einer Japanerin unter Eintritt in deren Haus, sind von der Bekleidung folgender Ämter ausgeschlossen:

1. eines Staatsministers;
2. eines Präsidenten, Vizepräsidenten oder Mitgliedes des Staatsrats;
3. eines höheren Beamten des Kaiserlichen Hauses;
4. eines außerordentlichen Gesandten und bevollmächtigten Ministers;
5. eines Generals oder Admirals;
6. eines Präsidenten des obersten Gerichtshofes, des Rechnungshofes oder des Verwaltungsgerichtshofes;
7. eines Mitgliedes des Herrenhauses oder des Abgeordnetenhauses.

17.

Der Minister des Innern kann mit Genehmigung des Kaisers Ausnahmen hinsichtlich des vorausgehenden Artikels gestatten für diejenigen, die auf Grund des Art. 11 naturalisert worden sind und seit fünf Jahren in Japan wohnen, sowie für jede andere seit zehn Jahren in Japan ansässige Person.

18.

Eine Japanerin, die einen Ausländer heiratet, verliert die japanische Staatsangehörigkeit.

19.

Eine Person, die durch Verehelichung oder Adoption die japanische Staatsangehörigkeit erworben hat, verliert sie durch Ehescheidung oder Auflösung der Adoption, aber nur in dem Falle, wenn sie eine fremde Staatsangehörigkeit erlangt hat.

20.

Ein Japaner, der aus freien Stücken eine ausländische Staatsangehörigkeit erwirbt, verliert die japanische.

21.

Der Verlust der japanischen Staatsangehörigkeit erstreckt sich in dem Falle des Art. 20 auch auf die Ehefrau und das Kind, wenn beide gleichfalls die ausländische Staatsangehörigkeit erwerben.

22.

Die Bestimmungen des vorausgehenden Artikels finden keine Anwendung auf die Frau und das Kind einer Person, die durch Ehescheidung oder Auflösung der Adoption die japanische Staatsangehörigkeit verloren hat, es sei denn, daß im Falle der Auflösung der Adoption, die Frau nicht die Ehescheidung erwirkt, oder daß das Kind das angestammte Haus verläßt und dem Vater folgt.

23.

Ein japanisches Kind, das durch Anerkennung eine ausländische Staatsangehörigkeit erwirbt, verliert die japanische, ausgenommen, wenn das Kind entweder die Ehefrau eines Japaners ist, oder der Ehemann einer Japanerin, oder das von einem Japaner adoptierte Kind.

24.

Ungeachtet der Bestimmungen der fünf vorausgehenden Artikel kann vom 17. Lebensjahre an und weiter ein Japaner aus seiner Staatsangehörigkeit nicht entlassen werden, solange er nicht seiner Militärpflicht im Heere oder in der Marine genügt hat, es sei denn, daß er vom Militärdienst befreit ist.

Ungeachtet der Bestimmungen der sechs vorausgehenden Artikel kann eine Person, die zurzeit eine bürgerliche oder militärische Stellung einnimmt, ihre japanische Staatsangehörigkeit erst verlieren, nachdem sie diese Stellung verloren hat.

25.

Eine Person, die durch Verehelichung ihre japanische Staatsangehörigkeit verloren hat, kann dieselbe mit Genehmigung des Ministers des Innern nach Auflösung der Ehe wieder erlangen, wenn sie in Japan wohnhaft ist.

26.

Eine Person, die in Gemäßheit der Art. 20 und 21 ihre japanische Staatsangehörigkeit verloren hat, kann sie mit Genehmigung des Ministers des Innern wieder erlangen, wenn sie in Japan wohnhaft ist.

Diese Bestimmung findet jedoch keine Anwendung auf die im Eingang des Art. 16 aufgeführten Personen.

27.

Die Bestimmungen der Art. 13—15 finden auch entsprechende Anwendung auf die in den beiden vorhergehenden Artikeln angeführten Fälle.

28.

Dieses Gesetz tritt mit dem 1. April 1899 in Kraft.

ggz. Marquis Y. Saigo, Minister des Innern.

gez. Marquis A. Yamagata, Ministerpräsident.

Luxemburg.

Code civil.

Art. 9.

La qualité de Luxembourgeois s'acquiert, se conserve et se perd d'après les règles déterminées par la loi civile. — La présente constitution et les autres lois relatives aux droits politiques déterminent quelles sont, outre cette qualité, les conditions nécessaires pour l'exercice de ces droits.

Art. 10.

La naturalisation est accordée par le pouvoir législatif. Elle assimile l'étranger au Luxembourgeois pour l'exercice des droits politiques. — La naturalisiation accordée au père profite à son enfant mineur, si celui-ci déclare, dans les deux années de sa majorité, vouloir revendiquer ce bénéfice.

Art. 12.

L'étrangère qui aura épousé un Luxembourgeois suivra la condition de son mari.

Art. 17.

La qualité de Luxembourgeois se perdra:

1. par la naturalisation acquise en pays étranger, 2. . . . . . ., 3. enfin, par tout établissement fait en pays étranger, sans esprit de retour.

Les établissements de commerce ne pourront jamais être considérés comme ayant été faits sans esprit de retour.

Art. 18.

Le Luxembourgeois qui aura perdu sa qualité de Luxembourgeois pourra toujours la recouvrer, en rentrant dans le Luxembourg avec l'autorisation du Grand-Duc, et en déclarant qu'il veut s'y fixer et qu'il renonce à toute distinction contraire à la loi luxembourgeoise.

Art. 19.

Une femme luxembourgeoise qui épousera un étranger suivra la condition de son mari.

Si elle devient veuve, elle recouvrera la qualité de Luxembourgeoise, pourvu qu'elle réside dans le Luxembourg, ou qu'elle y rentre avec l'autorisation du Grand-Duc et en déclarant qu'elle veut s'y fixer.

Art. 20.

Les individus qui recouvreront la qualité de Luxembourgeois, dans les cas prévus par les articles 10, 18 et 19, ne pourront s'en prévaloir qu'après avoir rempli les conditions qui leur sont imposées par ces articles, et seulement pour l'exercice des droits ouverts à leur profit depuis cette époque.

Gesetz vom 27. Januar 1878 über die Naturalisationen.

Wir Wilhelm III., von Gottes Gnaden König der Niederlande, Großherzog von Luxemburg usw.

Nach Anhörung Unseres Staatsrats,
mit Zustimmung der Abgeordneten usw.

haben verordnet und verordnen:

Art. 1.

Die Art. 2, 3, 5 und 6 des Gesetzes über die Naturalisationen vom 12. November 1848 sind durch folgende ersetzt:

Art. 2. Die Naturalisation kann Ausländern nicht verliehen werden, wenn dieselbe den Verpflichtungen widerspricht, welche diesen Ausländern dem Staate gegenüber, welchem sie angehören, obliegen und dadurch Schwierigkeiten entstehen könnten.

Dieselbe muß ebenfalls denjenigen verweigert werden, welche das Alter von 25 Jahren noch nicht erreicht und nicht wenigstens während fünf Jahren ihren Aufenthalt im Großherzogtum gehabt haben.

Der Aufenthalt während fünf Jahren ist nicht erforderlich, wenn der die Naturalisation Nachsuchende:

1. auf luxemburgischen Boden geboren ist;
2. die Eigenschaft eines Luxemburgers besessen und dieselbe verloren hat;
3. dem Staate erhebliche Dienste geleistet hat, oder
4. wenn er die Volljährigkeit erlangt hat und zugleich Kind eines Ausländers ist, welcher wegen dem Staate geleisteter Dienste naturalisiert worden.

Art. 3. Um die Naturalisation zu erhalten, ist erforderlich:

1. ein dieserhalb einzureichendes schriftliches Gesuch, welches vom Bittsteller oder von demjenigen unterzeichnet ist, auf welchen dessen spezielle und authentische Vollmacht lautet;
2. der diesem Gesuche beizufügende Geburtsakt des Bittstellers;
3. ein Zeugnis, aus welchem der Betrag der dem Staate zu leistenden Abgaben hervorgeht;
4. ein Zeugnis über die Dauer des Aufenthaltes im Großherzogtum;
5. ein Sittenzeugnis, ausgestellt durch die Bürgermeister und Schöffen der Gemeinden, in welchen der Ausländer während seines Aufenthalts im Lande gewohnt hat.

Der Generaldirektor der Justiz soll das begründete Gutachten des Gemeinderats derjenigen Gemeinde einholen, in welcher der Ausländer zuletzt seinen Aufenthalt gehabt hat.

Art. 5. Jedes Naturalisationsgesuch, sowie jeder Naturalisationsantrag der Regierung muß der Kammer vorgelegt und, wenn die Sache in Erwägung gezogen wird, den Sektionen überwiesen werden. Auf den Bericht der Zentralsektion entscheidet die Kammer, ereignendenfalls nach Beratung und in geheimer Sitzung, ob sie das Naturalisationsgesuch oder den Naturalisationsantrag genehmigt oder nicht genehmigt.

Art. 6. Die Naturalisation kann in allen Fällen, wo sie wegen erheblicher dem Staate geleisteter Dienste bewilligt wird, unentgeltlich verliehen werden.

In allen anderen Fällen unterliegt dieselbe einer Einregistrierungsgebühr von 300 bis zu 1000 frs., welche durch Kgl. Großh. Beschluß festzustellen ist. Diese Gebühr kann auf die Summe von 50 frs. herabgesetzt werden, wenn es sich um Personen handelt, welche auf luxemburgischem Boden geboren sind, oder welche luxemburgische Staatsbürger gewesen sind, jedoch diese Eigenschaft verloren haben.

Zusatzbestimmungen.

Art. 2.

Luxemburger ist jedes im Großherzogtum wohnende, von einem daselbst geborenen Ausländer herstammende Individuum, dessen Vater bis zur Geburt dieses Kindes im Großherzogtum ansässig gewesen ist, es sei denn, daß das Kind in dem Jahre nach dem luxemburgischen Volljährigkeitstermin die Eigenschaft eines Ausländers beansprucht. Zu diesem Behufe muß dasselbe die desfallsige Erklärung bei der Gemeindebehörde des Ortes, wo es in letzter Zeit seinen Aufenthalt gehabt, abgeben und durch ein von seiner Regierung in gehöriger Form ausgestelltes und seiner Erklärung beigefügtes Zeugnis dartun, daß es die Nationalität seiner Abstammung behalten hat.

Gleichfalls Luxemburger ist derjenige, welcher zur Zeit der Promulgation des gegenwärtigen Gesetzes die im vorigen Paragraphen aufgezählten Bedingungen erfüllt, jedoch das Alter der Volljährigkeit gemäß dem luxemburgischen Gesetze bereits erreicht hat, wenn er nicht im Laufe des auf die Veröffentlichung des Gesetzes folgenden Jahres die Bedingungen, welche zufolge besagtem Paragraphen diejenigen, welche die Eigenschaft von Ausländern beibehalten wollen, zu erfüllen haben, nachgekommen ist.

Art. 3.

Die Nr. 2 des Art. 17 sowie Art. 21 des Zivilgesetzbuches sind abgeschafft.

Diejenigen, welche die Eigenschaft eines Luxemburgers kraft der obenerwähnten Bestimmungen verloren haben, werden dieselbe ohne weiteres wieder erlangen, nachdem gegenwärtiges Gesetz in Wirksamkeit getreten ist; jedoch können sie diesen Vorteil nur bei Ausübung der ihnen seither eröffneten Rechte geltend machen.

Befehlen und verordnen usw. Weimar, den 27. Januar 1878.

Für den König, Großherzog usw.
dessen Statthalter im Großherzogtum.
gez. Heinrich, Prinz der Niederlande.

Gesetz vom 5. Februar 1890 zur Erläuterung des Artikels 10 C. c. und des Artikels II des Gesetzes vom 27. Januar 1878.

Einziger Artikel.

Art. 10. § 2 C. c. und Art. II des Gesetzes vom 27. Januar 1878 über die Naturalisation sind so zu verstehen, daß die besagten Bestimmungen auf ein Kind Anwendung finden, welches von einer Luxemburgerin abstammt, die aber die Eigenschaft als Luxemburgerin verloren hat.

Mexiko.

Fremden- und Staatsangehörigkeitsgesetz vom 28. Mai 1886.

Kapitel I.

Von den Mexikanern und den Fremden.

Art. 1.

Mexikaner sind:

I. Die in Mexiko von einem Vater abstammen, der von Geburt oder durch Naturalisation Mexikaner ist.

II. Die in Mexiko von einer mexikanischen Mutter außerehelich geborenen Kinder, sowie diejenigen, deren Eltern unbekannt oder von unbekannter Staatsangehörigkeit sind.

III. Die außerhalb der Republik Geborenen, deren Vater, Mexikaner, seine Staatsangehörigkeit nicht verloren hat. Ist der Vater seiner Staatsangehörigkeit verlustig geworden, so werden die Kinder als Ausländer betrachtet, sie können aber in dem Jahre nach vollendetem 21. Lebensjahre für die mexikanische Staatsangehörigkeit optieren, unter der Bedingung, daß sie, falls sie im Auslande wohnen, die darauf bezügliche Erklärung vor den diplomatischen oder konsularischen Agenten der Republik abgeben, und, wenn sie in Mexiko wohnen, vor dem Sekretariat der auswärtigen Angelegenheiten.

Wohnen die in diesem Artikel bezeichneten Kinder in Mexiko und haben sie, großjährig geworden, ein öffentliches Amt angenommen oder in der Armee, Marine oder Nationalgarde gedient, so werden sie ohne weiteres durch diese Tatsache als Mexikaner betrachtet.

IV. Die außerhalb der Republik von einer mexikanischen Mutter außerehelich Geborenen, wenn die Mutter ihre mexikanische Staatsangehörigkeit verloren hat. Hat die Mutter sich im Auslande naturalisieren lassen, so sind ihre Kinder Ausländer, sie haben aber das Recht, unter den im vorhergehenden Artikel aufgeführten Bedingungen für die mexikanische Staatsangehörigkeit zu optieren.

V. Der Mexikaner, der seine Staatsangehörigkeit verloren hat, kann unter den in dem Gesetz vorgesehenen Bestimmungen je nach Verschiedenheit des Falles sie wiedererlangen.

VI. Die Ausländerin, die sich mit einem Mexikaner verehelicht hat, bewahrt auch während ihrer Witwenschaft die mexikanische Staatsangehörigkeit.

VII. Die außerhalb der Republik Geborenen, die daselbst seit dem Jahre 1821 niedergelassen sind, den Unabhängigkeitsakt beschworen haben und ohne ihre Staatsangehörigkeit zu wechseln, in Mexiko fortwährend gewohnt haben.

VIII. Die Mexikaner, welche in den durch die Verträge vom 2. Februar 1842 und 30. November 1853 den Vereinigten Staaten abgetretenen Gebieten sich niedergelassen und vertragsmäßig die zur Bewahrung ihrer mexikanischen Staatsangehörigkeit erforderlichen Bedingungen erfüllt haben. Gleicherweise sollen auch diejenigen ihre Eigenschaft als Mexikaner bewahren, die in dem zu Guatemala gehörigen Gebiete sich aufhalten und die Bürger dieser Republik, die in den jetzt zu Mexiko gehörigen Gebieten wohnen, sofern sie den im Art. 5 des am 27. September 1882 vereinbarten Bedingungen entsprechen.

IX. Die in Gemäßheit dieses Gesetzes naturalisierten Ausländer.

X. Die Ausländer, die Grundbesitz in der Republik erwerben, und die Absicht, ihre Staatsangehörigkeit zu bewahren, nicht kundgeben. Bei Vollzug des Kaufes muß der Fremde vor dem Notar oder dem betreffenden Richter erklären, ob er auf Grund des § III des Art. 30 der Verfassung Mexikaner werden will oder nicht. Die Entschließung des Ausländers muß in dem Kaufakt bestätigt werden.

Wählt er die mexikanische Staatsangehörigkeit oder unterläßt er eine diesbezügliche Erklärung abzugeben, so kann er sich im Laufe eines Jahres an das Sekretariat der auswärtigen Angelegenheiten wenden, um die in dem Art. 19 vorgesehenen Bedingungen zu erfüllen und als Mexikaner erachtet zu werden.

XI. Die Ausländer, die in Mexiko geborene Kinder haben, wenn sie nicht vorziehen, ihre Staatsangehörigkeit zu bewahren. Bei Eintragung der Geburt muß der Vater vor dem Richter des Zivilregisters seinen diesbezüglichen Willen zu erkennen geben, der dann auf demselben Akt bestätigt wird. Optiert er für die mexikanische Staatsangehörigkeit oder unterläßt er die diesbezügliche Erklärung, so kann er sich im Laufe eines Jahres an das Sekretariat der auswärtigen Angelegenheiten wenden, um die im Art. 19 vorgesehenen Bedingungen zu erfüllen und als Mexikaner erachtet zu werden.

XII. Die Ausländer, die bei der mexikanischen Regierung eine amtliche Stellung bekleiden oder von ihr Titel oder öffentliche Ämter annehmen, können ein Jahr nachher sich an das Sekretariat der auswärtigen Angelegenheiten wenden, um die in dem Art. 19 vorgesehenen Bedingungen zu erfüllen.

Art. 2.

Ausländer sind:

I. Die außerhalb Mexikos geborenen, in Mexiko nicht naturalisierten Untertanen ausländischer Regierungen.

II. Die in Mexiko geborenen Kinder eines Ausländers oder einer Ausländerin und eines unbekannten Vaters, bis sie nach dem Nationalgesetze ihres Vaters oder ihrer Mutter großjährig geworden sind. Sobald ein Jahr nach erlangter Großjährigkeit vorüber ist und sie nicht vor der politischen Behörde ihres Aufenthaltsortes erklärt haben, die Staatsangehörigkeit ihrer Eltern beizubehalten, werden sie als Mexikaner betrachtet.

III. Diejenigen, die ohne Ermächtigung oder Auftrag der Regierung zum Zwecke des Studiums, des öffentlichen Interesses, der Anlage einer Handels- oder Industrieniederlassung oder der Ausübung eines Gewerbes die Republik verlassen und zehn Jahre im Auslande vorübergehen lassen, ohne um die Erlaubnis zur Verlängerung ihrer Abwesenheit nachzusuchen. Diese Erlaubnis kann nur für 5 Jahre erteilt werden und die Erneuerung der Erlaubnis kann nur bei Vorbringung ernster Gründe sich rechtfertigen lassen.*)

IV. Mexikanerinnen, die sich mit einem Ausländer verheiratet haben, bewahren ihre Eigenschaft als Ausländerin während ihrer Witwenschaft. Die Mexikanerin von Geburt kann indes nach Auflösung der Ehe ihre mexikanische Staatsangehörigkeit wiedererlangen, wenn sie

*) Eine Renaturalisation der Mexikaner, die durch mehr als zehnjährigen Aufenthalt im Auslande ihre Staatsangehörigkeit verloren haben, kann in Gemäßheit des Gesetzes vom 12. Dezember 1891 ausnahmsweise bewilligt werden.

in Mexiko ihren Wohnsitz hat und vor dem Richter des Zivilstandes die auf Wiedererlangung der Staatsangehörigkeit bezügliche Erklärung abgibt.

Die Mexikanerin, welche durch Heirat die Staatsangehörigkeit ihres Ehemannes nach dessen Heimatgesetzen nicht erlangt, bewahrt die ihrige.

Der Wechsel der Staatsangehörigkeit des Ehemannes nach der Ehe erstreckt sich auch auf die Ehefrau und die der väterlichen Gewalt unterworfenen minderjährigen Kinder, falls sie in dem Lande wohnen, wo der Ehemann bzw. Vater naturalisiert worden ist, vorbehaltlich der in dem vorhergehenden Artikel dieses Abschnitts enthaltenen Ausnahme.

V. Die Mexikaner, die sich in anderen Ländern naturalisieren lassen.

VI. Diejenigen, die ohne vorherige Erlaubnis des Kongresses in ausländischen Staaten irgend ein politisches, administratives, gerichtliches, militärisches oder diplomatisches Amt bekleiden.

VII. Diejenigen, die ohne vorhergehende Erlaubnis des Bundeskongresses ausländische Orden, Titel oder Ämter annehmen; ausgenommen sind jedoch literarische, wissenschaftliche oder humanitäre Titel, deren Annahme freisteht.

Art. 3.

Zur Festsetzung des Geburtsortes in den Fällen der vorausgehenden Artikel wird hiermit erklärt, daß die nationalen Schiffe ohne Unterschied ein Teil des Nationalgebiets sind, und daß die an Bord derselben Geborenen als in der Republik geboren betrachtet werden.

Art. 4.

Auf Grund des Exterritorialrechts, das die diplomatischen Agenten genießen, können die Minister und Beamten der Gesandtschaften der Republik nicht als außerhalb des Landes geboren gelten.

Art. 5.

Für die Staatsangehörigkeit juristischer Personen oder Wesen ist das Gesetz maßgebend, das sie genehmigt hat, demgemäß sind alle, die auf Grund der mexikanischen Gesetze errichtet sind, sofern sie auch in Mexiko ihren Wohnsitz haben, Mexikaner.

Ausländische juristische Personen genießen in Mexiko die Rechte, die ihnen die Gesetze des Landes ihres Wohnortes zugestehen, vorausgesetzt, daß sie den Gesetzen der Nation nicht zuwider sind.

Kapitel II.

Von der Auswanderung.

Art. 6.

Die Freiheit der Auswanderung wird als ein natürliches Recht jedem Mexikaner zuerkannt, ebenso die Freiheit der Einwanderung allen Ausländern.

Art. 7.

Auswanderung und im Auslande erlangte Naturalisation befreit den Schuldigen nicht von der Auslieferung, Verurteilung oder Bestrafung, deren er nach den Verträgen, internationalen Gebräuchen oder Gesetzen des Landes unterworfen ist.

Art. 8.

In Mexiko naturalisierte Bürger haben, wenn sie sich im Auslande befinden, Recht auf gleichen Schutz in betreff ihrer Person und ihres Eigentums seitens der republikanischen Regierung, wie die Mexikaner von Geburt. Das hindert indessen nicht, daß, wenn sie in ihr Heimatland zurückkehren, sie dort verantwortlich bleiben nach dem Gesetze ihres Landes für alle Handlungen, die sie vor ihrer Naturalisation begangen haben.

Art. 9.

Schutz der Mexikaner im Auslande.

Art. 10.

Die Naturalisation eines Fremden wird unwirksam, sobald er sich in seinem Heimatlande während zweier Jahre aufhält, es sei denn, daß der Aufenthalt im Auftrage der mexikanischen Regierung oder mit deren Erlaubnis stattfinde.

Kapitel III.

Von der Naturalisation.

Art. 11.

In der Republik kann jeder Fremde naturalisiert werden, der die in diesem Gesetze aufgestellten Voraussetzungen erfüllt.

Art. 12.

Mindestens 6 Monate vor dem Naturalisationsantrag muß er vor dem Gemeinderat (Ayuntamiento) seines Aufenthaltsortes schriftlich erklären, daß er Mexikaner werden und auf seine bisherige Staatsangehörigkeit verzichten will. Der Ayuntamiento gibt beglaubigte Abschrift dieser Erklärung und behält das Original im Archiv.

Art. 13.

Nach Ablauf der sechs Monate und nachdem der Ausländer zwei Jahre sich in der Republik aufgehalten hat, kann er bei der Bundesregierung um Erteilung der Naturalisationsurkunde nachsuchen. Zuvor muß er jedoch dem Distriktsrichter, unter dessen Gerichtsbarkeit er steht, nachweisen:

1. daß er nach dem Gesetz seines Landes sich im Vollgenuß seiner bürgerlichen Rechte befindet und großjährig ist;
2. daß er in der Republik sich mindestens zwei Jahre aufgehalten und gut betragen hat;
3. daß er zum nötigen Lebensunterhalt einen Handel, eine Industrie, ein Gewerbe betreibt oder Renten besitzt.

Art. 14.

Dem Gesuche an den Distriktsrichter, die nötigen Erkundigungen, hat der Antragsteller die ihm von dem Ayuntamiento nach Art. 12 erteilte beglaubigte Abschrift beizufügen und gleichzeitig damit eine ausdrückliche Entsagung der Gehorsam- und Treupflicht gegenüber der Regierung, deren Untertan er gewesen ist; ferner hat er auf jeden ausländischen Schutz sowie auf alle Rechte zu verzichten, die Verträge oder das internationale Gesetz den Fremden gewährleistet.

Art. 15.

Der Bezirksrichter hat, bevor die Eingabe des Antragstellers ratifiziert wird, noch Erkundigungen über die in Art. 12 und 13 aufgeführten Punkte einzuziehen.

Art. 16.

Fällt die Erkundigung für den Antragsteller günstig aus, so übermittelt der Bezirksrichter die Eingabe dem Sekretariate der auswärtigen Angelegenheiten, damit, wenn anders kein sonstiges gesetzliches Hindernis entgegensteht, die Naturalisationsurkunde ausgefertigt werde. Durch Vermittelung des genannten Richters bittet der Beteiligte sodann um Erteilung der Naturalisationsurkunde, indem er auf seine Ausländerschaft verzichtet und den Gesetzen und Behörden der Republik Treue, Gehorsam und Unterwerfung angelobt.

Art. 17.

Ausländer, die bei der nationalen Handelsmarine dienen, können sich nach einjährigem Aufenthalt an Bord des Schiffes, statt der im Art. 12 erforderlichen zwei Jahre, naturalisieren lassen. Für die Förmlichkeiten der Naturalisation — Art. 12 — ist der Bezirksrichter oder ein Beamter der Ayuntamiento des Hafens zuständig, wo das Schiff landet.

Art. 18.

Für diejenigen, die das Recht der Option besitzen — Ziff. III und IV des Art. 1 —, sind die Bestimmungen des Art. 12 bis 16 nicht maßgebend, ebenso für die Fälle VI und II desselben Artikels.

Art. 19.

Ausländer in den Fällen der Ziff. X, XI und XII des Art. 1 haben ihrem Gesuche um Naturalisation den Nachweis beizufügen, daß sie Grundbesitz in Mexiko oder daselbst geborene Kinder besitzen oder ein öffentliches Amt bekleiden. Sie müssen außerdem die in den Art. 14 und 16 vorgesehene Verzichtleistung, sowie das Treugelöbnis einreichen.

Art. 20.

Der Aufenthalt im Auslande mit Ermächtigung der Regierung unterbricht die nach Art. 13 erforderliche Aufenthaltsdauer in Mexiko, vorausgesetzt, daß sie während der zweijährigen Frist nicht sechs Monate überschreitet.

Art. 21.

Untertanen und Bürgern eines Staates, der sich mit der Republik im Krieg befindet, werden keine Naturalisationsurkunden erteilt.

Art. 22.

Ebensowenig werden sie erteilt den in anderen Ländern gerichtlich verdächtigen oder überführten Seeräubern, Sklavenhändlern, Brandstiftern, Falschmünzern, Banknoten- oder Wertpapierenfälschern, Mördern, Kinderräubern und Dieben. Die betrügerischerweise und in Verletzung des Gesetzes von einem Ausländer erlangte Naturalisation ist mit vollem Rechte nichtig.

Art. 23.

Die Naturalisationsurkunden werden kostenlos erteilt.

Art. 24.

Da der Naturalisationsakt rein persönlicher Natur ist, so kann der Antragsteller sich nur durch eine lediglich zum Zwecke der Naturalisation ausgestellte Spezialvollmacht vertreten lassen; die Vollmacht muß die Verzichtleistung und das Treugelöbnis enthalten, die der Betreffende persönlich machen muß. In keinem Falle kann die Vollmacht ergänzend eintreten, wenn der Betreffende in der Republik nicht wohnhaft ist.

Art. 25.

Die Eigenschaft eines Mexikaners oder Ausländers ist auf Dritte nicht übertragbar; infolgedessen kann der Mexikaner nicht der Rechte des Ausländers und dieser nicht der Vorrechte des Mexikaners auf Grund der einen oder anderen Eigenschaft teilhaftig werden.

Art. 26.

Der Wechsel der Staatsangehörigkeit übt keine rückwirkende Kraft aus. Die Erwerbung oder Wiedererwerbung der Rechte eines Mexikaners werden wirksam von dem Tage nach der Erteilung der Naturalisationsurkunde.

Art. 27.

Kolonisten, die auf Grund der Verträge der Regierung und auf deren Kosten nach Mexiko kommen, sind Mexikaner.

Art. 28.

Kolonisten, die auf eigene Rechnung oder auf Rechnung von Privatgesellschaften ins Land kommen, können sich auf Grund der vorstehenden Bestimmungen naturalisieren lassen.

Art. 29.

Der naturalisierte Ausländer wird als Mexikaner anerkannt, sobald er die vom Art. 34 der Verfassung geforderten Bedingungen erfüllt; er kann jedoch nicht die Würden und Ämter erlangen, wozu es nach dem Gesetze der Staatsangehörigkeit durch Abstammung bedarf, es sei denn, daß er in Mexiko geboren und seine Naturalisation gemäß Art. 2 Ziff. II erfolgt ist.

Monaco.

Code civil.

Die Art. 8, 9, 10, 17, 18, 19, 20 und 21 des Code civil sind mittels der Erlasse vom 26. Juni 1900, 20. Mai 1909 und 13. April 1911 außer Kraft gesetzt.

An ihrer Stelle gelten die Art. 8, 9, 10, 17, 18 und 20 in der veränderten Form des Erlasses vom 13. April 1911, Art. 19 in der der Erlasse vom 26. Juni 1900 und 20. Mai 1909, Art. 21 in der des Erlasses vom 26. Juni 1900.

Art. 8.

Sont monégasques:

1. Tout individu, né dans la Principauté ou à l'étranger, d'un père monégasque.

L'enfant naturel dont la filiation est établie pendant sa minorité, par reconnaissance ou par jugement, suit la nationalité de celui des parents à l'égard duquel elle a été d'abord constatée. Si elle résulte, à l'égard du père ou de la mère, d'actes ou de jugements concomitants, l'enfant suit la nationalité du père.

2. Tout individu né dans la Principauté de parents inconnus ou dont la nationalité est inconnue.

Art. 9.

La qualité de monégasque s'acquiert par la naturalisation.

La naturalisation est accordée par Ordonnance Souveraine, après enquête sur la moralité et la situation du postulant et justification qu'elle lui ferait perdre sa nationalité antérieure et l'exonérerait définitivement des obligations du service militaire à l'étranger.

Sont admis à demander la naturalisation:

1. L'étranger qui justifie d'une résidence de dix années dans la Principauté, après qu'il a atteint l'âge de vingt et un ans accomplis.

2. L'étranger qui a obtenu du Prince l'autorisation d'établir son domicile dans la Principauté, conformément à l'article 13 du Code civil, après trois ans de domicile à dater de la promulgation de l'Ordonnance d'autorisation.

Art. 10.

Peuvent, en outre, être naturalisés sans condition de stage:

1. L'étranger que le Prince juge digne de cette faveur;

2. La femme mariée à un étranger, dont le mari sollicite la naturalisation ou l'a déjà obtenue;

3. Les enfants majeurs de cet étranger, pourvu qu'ils résident dans la Principauté.

Les enfants mineurs d'un père ou d'une mère survivante qui obtiennent la naturalisation, deviennent sujets monégasques, à moins que dans l'année qui suivra leur majorité telle qu'elle est réglée par le présent Code, ils ne déclinent cette qualité par une déclaration faite devant l'officier de l'Etat civil, qui devra l'enregistrer sur le champ.

Art. 17.

Perdent la qualité de sujet monégasque:

1. Celui qui se fait naturaliser à l'étranger ou qui acquiert, sur sa demande, la nationalité étrangère par l'effet de la loi;

2. Celui qui décline la nationalité monégasque dans les cas prévus au dernier alinéa des articles 10 et 18;

3. Celui qui, ayant accepté des fonctions publiques conférées par un Gouvernement étranger, les conserve nonobstant l'injonction du Gouvernement monégasque de les résigner dans un délai déterminé;

4. Celui qui, sans autorisation du Gouvernement, prend du service militaire à l'étranger.

Art. 18.

Le sujet monégasque qui aura perdu cette qualité pourra la recouvrer, pourvu qu'il réside dans la Principauté, en obtenant sa réintégration par Ordonnance Souveraine.

La qualité de monégasque pourra être accordée, par la même Ordonnance, à la femme et aux enfants majeurs, s'ils en font la demande.

Les enfants mineurs du père ou de la mère réintégrés, deviendront monégasques, à moins que, dans l'année qui suivra leur majorité, ils ne déclinent cette qualité par une déclaration devant l'officier de l'Etat civil, comme il est dit à l'article 10.

Art. 19.

La femme monégasque mariée à un étranger prendra la nationalité de son mari, à moins que son mariage n'ait pas pour effet de la lui conférer, auquel cas elle restera Monégasque.

Néanmoins, ses enfants pourront réclamer la qualité de Monégasque à toute époque après l'âge de vingt et un ans accomplis, par une déclaration faite en la forme prescrite par l'article 9, pourvu qu'ils résident dans la Principauté.

Art. 20.

Si la femme monégasque mariée à un étranger devient veuve ou est divorcée, elle pourra recouvrer la qualité de monégasque aux conditions indiquées par le paragraphe 1er de l'article 18.

Les autres dispositions du même article seront applicables aux enfants majeurs et mineurs nés du mariage dissous.

Art. 21.

Les individus qui acquerront ou recouvreront la qualité de sujets monégasques dans les cas prévus par les articles 9, 10, 18, 19 et 20, ne pourront s'en prévaloir que pour les droits ouverts à leur profit depuis cette époque.

Montenegro.

Ein Ausländer, der fünf Jahre in Montenegro sich aufgehalten hat, kann die montenegrinische Staatsangehörigkeit beanspruchen, die von dem Minister des Innern erteilt wird. Von dieser Fristbestimmung kann auch Abstand genommen werden, wenn der Antragsteller eine Entlassungsurkunde aus seinem Untertanenverbande beibringt. Ein Naturalisationsgesetz besteht nicht.

(s. Nationality and Naturalization, Reports etc. p. 70.)

Nach Art. 120 der montenegrinischen Verfassung vom 6. Dezember 1905 hat der Staatsrat die ausnahmsweise erfolgende Aufnahme in die montenegrinische Staatsbürgerschaft zu bewilligen.

Voraussichtlich wird der Skuptschina im Laufe des Jahres 1914 von der Regierung ein die Staatsangehörigkeitsfragen betreffendes Gesetz vorgelegt werden. (Amtl. Mitt.)

Nicaragua.

Verfassung vom 18. Februar 1861, revidiert 10. Dezember 1893.

Art. 6.

Nicaraguaner sind die im Inland Geborenen und die Naturalisierten.

Art. 7.

Im Inland geborene Nicaraguaner sind:

1. diejenigen, die in Nicaragua von nicaraguanischen Eltern oder von in der Republik wohnhaften Ausländern geboren sind;

2. die Kinder eines auswärts geborenen nicaraguanischen Vaters bzw. einer nicaraguanischen Mutter, wenn sie für die nicaraguanische Staatsangehörigkeit optieren. Diese Bestimmung kann durch völkerrechtlichen gegenseitigen Vertrag modifiziert werden;

3. Eingeborene der übrigen Zentralamerikanischen Staaten, falls sie ihren Wunsch, Nicaraguaner zu werden, der Obrigkeit, in deren Bezirk sie sich aufhalten, zu erkennen geben.

Art. 8.

Naturalisierte Nicaraguaner sind:

1. Spanisch-Amerikaner, die nach einjährigem Aufenthalt im Lande den Wunsch amtlich zu erkennen geben, naturalisiert zu werden;

2. andere Ausländer, die nach zweijährigem Aufenthalt im Lande ihre Naturalisation amtlich beantragen;

3. diejenigen, die ohne weiteres eine Naturalisationsurkunde den Bestimmungen des Gesetzes gemäß erlangen.

Fremdengesetz vom 3. Oktober 1894.

Art. 1.

Als Ausländer werden folgende Personen betrachtet:

1. alle von ausländischen Eltern außerhalb Nicaraguas geborenen Personen;

2. alle außerhalb Nicaraguas von einem ausländischen Vater und einer nicaraguanischen Mutter geborenen Personen, solange sie nicht die nicaraguanische Staatsangehörigkeit erwirkt haben;

3. diejenigen Personen, die in Nicaragua von nicht daselbst wohnhaften Ausländern oder von einem Ausländer und einer Nicaraguanerin geboren sind, bis sie die nicaraguanische Staatsangehörigkeit erlangt haben;

4. die außerhalb Nicaraguas von auswärts naturalisierten Eltern geborenen;

5. die an Ausländer verehelichten Nicaraguanerinnen.

Art. 2.

Eine Nicaraguanerin von Geburt, welche Witwe wird und sich stets in der Republik aufgehalten hat oder dorthin zurückkehrt, erlangt die nicaraguanische Staatsangehörigkeit wieder.

Eine Nicaraguanerin, die nach den Heimatgesetzen ihres Ehemannes dessen Staatsangehörigkeit nicht erwirbt, bewahrt ihre angestammte Staatsangehörigkeit.

Der Wechsel der Staatsangehörigkeit von seiten des Ehemannes erstreckt sich auch auf die Ehefrau und die minderjährigen Kinder, solange sie in dem Staate, wo der Ehemann bzw. Vater wohnt, sich aufhalten.

Art. 31.

Die Naturalisation eines Fremden wird unwirksam, wenn der Naturalisierte während fünf Jahren in seinem Heimatland Wohnung nimmt, es sei denn, daß er von der nicaraguanischen Regierung hierzu Erlaubnis erhalten hat.

Art. 32.

Auswärts naturalisierte Nicaraguaner werden nur, solange sie in der Republik wohnen, als Nicaraguaner betrachtet.

Freundschafts-, Handels-, Schiffahrts- und Konsularvertrag zwischen dem Deutschen Reich und der Republik Nicaragua vom 4. Februar 1896.

(RGBl. 1897 S. 171 ff.)

Art. 10.

§ 1. Die beiden Hohen kontrahierenden Teile, von dem Wunsche beseelt, etwaige Schwierigkeiten in betreff der Nationalität zu vermeiden, kommen dahin überein, daß als Nicaraguaner in Deutschland und als Deutsche in Nicaragua diejenigen anzusehen sind, welche, nachdem sie sich in die Staaten des anderen Teiles begeben haben, um daselbst zu leben, sich die Nationalität ihres Heimatlandes in Gemäßheit der Gesetze desselben bewahrt haben.

§ 2. Außerdem sind sie übereingekommen, daß die in Deutschland geborenen ehelichen Kinder eines nicaraguanischen Vaters als Nicaraguaner, die in Nicaragua geborenen ehelichen Kinder eines Deutschen als Deutsche gelten sollen.

§ 3. Dessenungeachtet müssen die Söhne, sobald sie nach den vaterländischen Gesetzen die Großjährigkeit erlangen, durch seitens der im Lande beglaubigten diplomatischen Agenten legalisierte Urkunden, vor der hierzu von der betreffenden Regierung bestimmten Behörde nachweisen, daß sie die auf den Militärdienst ihrer Nation bezüglichen Gesetze genau erfüllt haben oder zu erfüllen im Begriffe stehen.

Im Falle, daß sie dieser Bestimmung innerhalb der zwölf auf den Tag der Erlangung der Großjährigkeit folgenden Monate nicht nachkommen sollten, können sie als Bürger des Landes ihrer Geburt angesehen werden.

4. Die Nachkommen derjenigen Individuen, welche die Nationalität ihres Vaters auf Grund des § 3 bewahrt haben, können als Bürger desjenigen Landes betrachtet werden, in welchem sie geboren sind.

Niederlande.

Gesetz vom 12. Dezember 1892, betreffend die Niederländische Staatsangehörigkeit und die Landesansässigkeit mit den durch die Novellen vom 8. Juli 1907, 10. Februar und 15. Juli 1910 geschaffenen Änderungen.

Art. 1.

Niederländer durch Geburt sind:

a) das eheliche, legitimierte oder vom Vater anerkannte natürliche Kind, dessen Vater zur Zeit der Geburt die niederländische Staatsangehörigkeit besitzt;

b) das eheliche Kind eines Niederländers, welcher innerhalb des Zeitraums von dreihundert Tagen vor der Geburt des Kindes gestorben ist;

c) das allein von der Mutter anerkannte natürliche Kind, dessen Mutter zur Zeit der Geburt die niederländische Staatsangehörigkeit besitzt;

d) das weder vom Vater noch von der Mutter anerkannte natürliche Kind, welches im Königreich geboren ist.

Art. 2.

Niederländer sind auch:

a) das Kind landeseingesessener Eltern — ob Vater, ob Mutter nach der im Art. 1 gemachten Unterscheidung —, die selbst von einer im Lande wohnenden Mutter geboren sind, solange nicht festgestellt ist, daß das Kind als Ausländer einem anderen Lande angehört;

b) das im Königreich ausgesetzte oder dort zurückgelassene Kind, solange über dessen Herkunft als eheliches, legitimiertes oder anerkanntes Kind nichts erwiesen ist.

Art. 3.

Die Niederländische Staatsangehörigkeit durch Naturalisation wird erworben durch Verleihung.

Für jede Naturalisation sind an die Staatskasse 100 Gulden zu entrichten. Bei dem Gesuche um Naturalisation obliegt dem Antragsteller der Nachweis darüber:

1. daß er volljährig im Sinne des niederländischen Gesetzes ist;
2. daß er die niederländische Staatsangehörigkeit verloren, oder daß er während der letzten fünf Jahre seinen Wohnsitz oder seinen Hauptaufenthalt im Königreich oder in den Kolonien oder überseeischen Besitzungen des Königreichs gehabt hat;
3. daß er bei einem der Stempelsteuereinnehmer die Summe von 100 Gulden hinterlegt hat.

Wenn der Antragsteller einem anderen Lande angehört, kann von ihm der Nachweis darüber erfordert werden, daß die Gesetzgebung seines Heimatlandes seiner Naturalisation kein Hindernis in den Weg legt.

Wird die Naturalisation nicht gewährt, so wird dem Gesuchsteller das hinterlegte Geld zurückerstattet.

Art. 3bis.

Die in vorstehendem Artikel erwähnte Summe ist nicht zu entrichten für die Naturalisation desjenigen, der nach Art. 7, 55 die niederländische Staatsangehörigkeit verloren hat. Bei Stellung des Antrags auf Naturalisation genügt die Vorlegung des Beweises, daß der Antragsteller die niederländische Staatsangehörigkeit besessen hat.

Die Bestimmung des ersten Absatzes findet keine Anwendung auf denjenigen, der schon einmal zufolge dieser Bestimmung kostenfrei naturalisiert worden ist, sowie ferner nicht auf denjenigen, der nach dem Verlust der niederländischen Staatsangehörigkeit irgend eine Handlung begangen hat, wodurch er, als Niederländer, seine Staatsangehörigkeit verloren haben würde.

Art. 4.

Die Staatsangehörigkeit kann auch aus Gründen öffentlichen Interesses*) verliehen werden; dann findet der Art. 3 keine Anwendung. — Die Verleihungsurkunde bestimmt in jedem einzelnen Falle die Bedingungen der Naturalisation.

---

*) Durch den Dienst in der Niederländisch-indischen Armee allein wird die niederländische Staatsangehörigkeit nicht erworben. (Amtl. Mitteilung.)

Art. 5.

Die Frau folgt, während des Bestehens der Ehe, der Staatsangehörigkeit ihres Ehemannes.

Ein Gesuch um Naturalisation kann von einer verheirateten Frau nicht gestellt werden.

Die Naturalisation, welche dem Ehemann erteilt wird, erstreckt sich von Rechts wegen auch auf seine Ehefrau.

Nach Auflösung der Ehe kommen die Art. 8 oder 9 zur Anwendung.

Art. 6.

Das eheliche oder legitimierte Kind eines als Niederländer naturalisierten Vaters, welches vor dessen Naturalisation geboren ist, ebenso das durch seinen als Niederländer naturalisierten Vater anerkannte natürliche Kind, welches vor des Vaters Naturalisation geboren ist, wird als mitnaturalisiert betrachtet und behält die niederländische Staatsangehörigkeit, solange es nicht innerhalb eines Jahres nach erlangter Großjährigkeit (im Sinne des niederländischen Gesetzes) dem Bürgermeister oder dem Vorsteher der Ortsverwaltung seines letzten Wohnsitzes im Königreich, oder in dessen Kolonien oder überseeischen Besitzungen, oder dem niederländischen Gesandten oder Konsulatsbeamten seines Wohnorts den Willen zu erkennen gibt, nicht länger in die Naturalisation mit einbegriffen zu sein.

Dasselbe gilt von dem ehelichen oder legitimierten Kinde, wenn die Mutter als Witwe naturalisiert worden ist, und von dem natürlichen Kinde, das allein durch die Mutter anerkannt worden und vor deren Naturalisation geboren ist.

Art. 7.

Die niederländische Staatsangehörigkeit geht verloren:

1. durch Naturalisation in einem anderen Lande, oder, bei Minderjährigen dadurch, daß Vater oder Mutter derselben nach den in Art. 1 gemachten Unterscheidungen, die Staatsangehörigkeit in einem anderen Lande erwerben;

2. durch die Verehelichung einer Niederländerin mit einem Manne, der kein Niederländer ist;

3. durch freiwillige Erwerbung einer fremden Staatsangehörigkeit;

4. durch Eintritt in fremden Kriegs- oder Staatsdienst ohne Kgl. Ermächtigung;

5. insoweit es Niederländer betrifft, die außerhalb des Reiches und seiner Kolonien oder Besitzungen in anderen Weltteilen geboren sind, dadurch, daß sie, — ausgenommen in dienstlicher Stellung — 10 Jahre ununterbrochen außerhalb des Reiches und seiner Kolonien oder Besitzungen

in anderen Weltteilen wohnhaft sind, es sei denn, daß der Abwesende vor Ablauf dieser Frist entweder dem Bürgermeister oder dem Ortsvorstand seines letzten Wohnsitzes im Reiche oder in seinen Kolonien oder Besitzungen in anderen Weltteilen oder dem niederländischen Gesandten oder einem niederländischen Konsularbeamten in dem Lande, wo er wohnt, davon Kenntnis gibt, daß er Niederländer zu bleiben wünscht.

Von dem Tage, an welchem diese Anzeige eingeht, fängt die 10jährige Frist von neuem an.

Für die Minderjährigen fängt die 10jährige Frist an mit dem Tage der Großjährigkeit im Sinne des niederländischen Gesetzes.

Art. 8.

Die Frau, welche infolge ihrer Ehe die niederländische Staatsangehörigkeit verloren hat, erhält dieselbe durch die Auflösung der Ehe wieder zurück, wenn sie binnen Jahresfrist ihren Willen, die niederländische Staatsangehörigkeit zurückzugewinnen, dem Bürgermeister oder Vorsteher der Ortsverwaltung ihres Wohnsitzes im Königreich, in den Kolonien oder überseeischen Besitzungen, dem niederländischen Gesandten oder Konsulatsbeamten im Orte ihres Aufenthalts zu erkennen gibt.

Art. 9.

Die Frau, die infolge ihrer Ehe die niederländische Staatsangehörigkeit erlangt hat, behält dieselbe nach Auflösung der Ehe, wenn sie nicht binnen Jahresfrist ihren Willen, die niederländische Staatsangehörigkeit nicht länger zu behalten, dem Bürgermeister oder dem Vorsteher der Ortsverwaltung ihres letzten Wohnsitzes im Königreich, in den Kolonien oder überseeischen Besitzungen, oder dem niederländischen Gesandten oder Kosulatsbeamten ihres Aufenthaltsortes zu erkennen gibt.

Art. 10.

Das eheliche, legitimierte oder anerkannte natürliche Kind eines Niederländers, welches vor der Naturalisation des Vaters im Ausland geboren ist — was für das Kind den Mitverlust der niederländischen Staatsangehörigkeit bedeutete — erhält letztere zurück, wenn es, nach Erreichung der Volljährigkeit im Sinne des niederländischen Gesetzes, binnen Jahresfrist seinen Willen, die niederländische Staatsangehörigkeit zurückzugewinnen, dem Bürgermeister oder dem Vorsteher der Ortsverwaltung seines Wohnsitzes im Königreich, den Kolonien, den überseeischen Besitzungen, oder dem niederländischen Gesandten oder Konsulatsbeamten seines Aufenthaltsortes zu erkennen gibt.

Dasselbe gilt für das eheliche oder legitimierte Kind, wenn die Mutter als Witwe sich in einem anderen Lande hat naturalisieren lassen, und für das natürliche Kind, wenn es von der in einem anderen Lande naturalisierten Mutter allein anerkannt worden ist.

Art. 11.

Einmal im Jahre veröffentlicht der Justizminister im Staatsanzeiger (Staatscourant) die auf Grund des gegenwärtigen Gesetzes im Ausland erfolgten Anmeldungen.

Art. 12.

Alle, die nach Vorschrift dieses Gesetzes nicht die Eigenschaft von Niederländern besitzen, sind Ausländer.

Art. 13.

Landeseingesessene sind diejenigen, welche ihren Wohnsitz im Königreich haben und ihn während 18 vorangehender Monate im Königreich oder in den Kolonien oder überseeischen Besitzungen innegehabt haben.

Art. 14.

Die Landesansässigkeit hört auf durch Verlegung des Wohnsitzes außerhalb des Königreichs.

Art. 15.

Ein Minderjähriger im Sinne des niederländischen Gesetzes, dessen Vater oder Vormund Landeseingesessener ist, wird gleichfalls als solcher angesehen. Als Volljähriger behält er seine Eigenschaft als Landeseingesessener, wenn er festen Wohnsitz im Reiche nimmt.

Art. 16.

Die Vorschriften über Landesansässigkeit, welche in besonderen Gesetzen vorkommen, gelten ausschließlich für die in diesen Gesetzen behandelten Materien.

Übergangsbestimmung.

Abgesehen von den Personen, die in Niederländisch-Indien nach dem Gesetze vom 2. September 1854 (Staatsblatt Nr. 129) als Eingeborene und als diesen gleichgestellt betrachtet werden, sind Niederländer im Sinne des Gesetzes alle diejenigen, welche bei Inkrafttreten dieses Gesetzes die niederländische Staatsangehörigkeit besitzen, und zwar so lange, bis sie die niederländische Staatsangehörigkeit nach diesem Gesetz verlieren. Für diejenigen, welche ihren Wohnsitz außerhalb des Königreichs oder der Kolonien oder der überseeischen Besitzungen haben, beginnt die in Art. 7 Ziffer 5 angegebene zehnjährige Frist mit dem Inkrafttreten dieses Gesetzes.

Wer bei Inkrafttreten des Gesetzes im Reiche von dort nicht ansässigen Eltern geboren und noch nicht 24 Jahre alt ist, erhält die Staatsangehörigkeit als Niederländer dadurch, daß er seine Absicht, im Reiche wohnen zu bleiben, dem Bürgermeister seines Wohnsitzes, binnen Jahresfrist nach diesem Zeitpunkt, oder, falls er im Sinn des niederländischen Gesetzes noch minderjährig ist, binnen Jahresfrist nach erreichter Volljährigkeit zu erkennen gibt.

Hinsichtlich der Ausländer, die zu dem Zeitpunkte, mit welchem das Gesetz in Kraft tritt, dem Art. 8 des Gesetzbuches für bürgerliches Recht genügt haben, bleibt, insoweit das bürgerliche Recht und Art. 19 des durch Gesetz vom 6. April 1875 abgeänderten Gesetzes vom 13. August 1849 zur Anwendung kommen, die Gleichstellung mit den Niederländern bestehen, solange sie ihren Wohnsitz im Reiche beibehalten.

Schlußbestimmung.

Vorbehaltlich der in der vorstehenden Übergangsbestimmung enthaltenen Vorschrift verfallen mit dem Inkrafttreten des gegenwärtigen Gesetzes Art. 5 bis 12 Titel 2 I. Buch, des Gesetzbuchs für das bürgerliche Recht, und die Gesetze vom 28. Juli 1850 (Staatsblatt Nr. 44) und 3. Mai 1851 (Staatsblatt Nr. 46) ebenso wie das Gesetz vom 21. Dezember 1850 (Staatsblatt Nr. 75).

. . . .

Dieses Gesetz tritt mit dem 1. Juli 1893 in Kraft.

Übergangsbestimmung aus dem Gesetz vom 15. Juli 1910.

Diejenigen, welche im Reiche und in seinen Kolonien oder Besitzungen in anderen Weltteilen geboren, die niederländische Staatsangehörigkeit verloren haben auf Grund der Vorschrift des Art. 7 Ziff. 5 des Gesetzes vom 12. Dezember 1892 (Staatsblatt Nr. 268), wie es ungeändert lautete,*) erlangen ihre niederländische Staatsangehörigkeit zurück, an dem Tage des Inkrafttreten dieses Gesetzes, ausgenommen, wenn sie zu diesem Zeitpunkt einem anderen Lande angehören.

Der vorhergehende Abschnitt ist nicht anwendbar auf verheiratete Frauen.

Die Wiedererlangung der niederländischen Staatsangehörigkeit, erwähnt im ersten Absatz dieser Übergangsbestimmung, hat sowohl für die

*) Nämlich: Durch zehnjährigen ununterbrochenen Aufenthalt außerhalb des Königreichs, der Kolonien oder überseeischen Besitzungen — Abwesenheit im öffentlichen Dienste ausgenommen —, insofern nicht der Abwesende vor Ablauf dieser Frist dem Bürgermeister oder dem Vorsteher der Ortsverwaltung an seinem letzten Wohnsitze im Königreich, in den Kolonien oder überseeischen Besitzungen, oder dem niederländischen Gesandten oder Konsulatsbeamten im Lande seines Aufenthalts Kenntnis davon gibt, daß er Niederländer bleiben will.

Die zehnjährige Frist beginnt von dem Tage, an welchem die Kundgabe dieses Willens erfolgt ist.

Bei Minderjährigen beginnt die zehnjährige Frist vom Tage ihrer Großjährigkeit im Sinne des niederländischen Gesetzes.

betreffende Person als für deren Frau und Kinder die gleiche Folge wie eine Naturalisation auf Grund von Art. 3 des vorerwähnten Gesetzes vom 12. Dezember 1892.

Niederländische Kolonien.

In ihnen gilt im allgemeinen das Recht des Mutterlandes. Außerdem ist für sie ergangen das am 1. März 1910 im Staatsblatt Nr. 55 veröffentlichte

Gesetz vom 10. Februar 1910, betreffend Regelung der niederländischen Staatsangehörigkeit für die Einwohner von Niederländisch-Indien.

Wir Wilhelmina usw.

Art. 1.

Auch wenn sie auf Grund des Gesetzes, betreffend die niederländische Staatsangehörigkeit und das Bürgerrecht, keine Niederländer sind, gelten als niederländische Untertanen:

1. Die, welche in Niederländisch-Indien von Eltern geboren sind, die daselbst ihren Wohnsitz haben, oder insofern der Vater nicht bekannt ist, von einer Mutter, die daselbst ihren Wohnsitz hat;

2. die, welche in Niederländisch-Indien geboren sind, deren Eltern unbekannt sind;

3. die Ehefrau oder nicht wieder verheiratete Witwe eines unter 1 oder 2 genannten Untertanen;

4. die außerhalb Niederländisch-Indien geborenen unverheirateten Kinder eines in diesem Artikel erwähnten Untertanen, solange sie noch nicht 18 Jahre alt sind;

5. die außerhalb Niederländisch-Indien von Eltern, die auf Grund dieses Artikels Untertanen sind, geborenen Kinder, wenn sie nach ihrer Verheiratung oder nach zurückgelegtem 18. Lebensjahr im Königreich ihren Wohnsitz haben oder sich daselbst niederlassen, sowie ihre Frau und unverheirateten Kinder, die noch keine 18 Jahre alt sind, wenn sie sich mit im Königreiche niederlassen.

Art. 2.

Die im Art. 1 erwähnte niederländische Staatsangehörigkeit geht verloren:

1. durch Naturalisation in einem fremden Lande. Dieser Verlust erstreckt sich zugleich auch auf die Ehefrau und auf die Kinder, die noch nicht 18 Jahre alt sind;

2. durch Verheiratung mit einem Manne, der nicht unter Art. 1, 1, 2 oder 5 fällt;

3. wenn ein Niederländer ohne Erlaubnis des Generalgouverneurs von Niederländisch-Indien sich in fremde Kriegs- und Staatsdienste begibt;

4. wenn ein Niederländer, der sich in einem fremden Lande aufhält, es unterläßt, sich innerhalb 3 Monaten nach seiner Ankunft bei einem niederländischen Konsularbeamten in diesem Lande zu melden und bei andauerndem Aufenthalt es unterläßt, diese Anmeldung innerhalb der ersten 3 Monate jeden Kalenderjahrs zu wiederholen.

Die Anmeldung durch den Ehemann oder Vater für seine Frau oder Kinder und durch die Witwe für ihre Kinder gilt als deren eigene Anmeldung.

Der, welcher gemäß der Bestimmung unter 4. die niederländische Staatsangehörigkeit verloren hat, und danach nicht mehr in die unter 1, 2 oder 3 erwähnte Lage kommt, erlangt diese durch Niederlassung in Niederländisch-Indien wieder.

Art. 3.

Dieses Gesetz ist auch verbindlich für die Kolonien und Besitzungen in anderen Weltteilen.

Norwegen.

Gesetz über das norwegische Staatsbürgerrecht vom 21. April 1888.

§ 1.

Das norwegische Staatsbürgerrecht wird durch Geburt erworben von einem ehelichen Kinde, wenn dessen Vater oder Mutter zur Zeit der Geburt das norwegische Staatsbürgerrecht besitzt, von einem unehelichen, wenn das gleiche in bezug auf die Mutter der Fall ist. Ein hier im Reiche gefundenes Kind wird als von einem norwegischen Staatsbürger geboren angesehen, wenn vor seinem zurückgelegten 18. Lebensjahre seine Eltern nicht ermittelt werden oder über deren Staatsangehörigkeit nichts festzustellen ist.

§ 2.

Durch eigene Handlung wird das norwegische Staatsbürgerrecht erworben:

a) durch Verheiratung einer fremden Frau mit einem norwegischen Staatsbürger;

b) durch Begründung eines festen Wohnsitzes in Norwegen, falls der Hierhergezogene zufolge § 92 a, b oder d der Verfassung das norwegische Indigenat besitzt; dies gilt jedoch nicht von einem geborenen Norweger, welcher auf Grund einer Anstellung im Dienste eines fremden Staates sich hier im Lande dauernd niederläßt, ebensowenig von einer Frau, welche zwar norwegisches Indigenat besitzt, aber mit einem Bürger eines fremden Staates verheiratet ist;

c) durch die Annahme einer Bestallung als Beamter oder durch feste Anstellung seitens des Königs oder eines Regierungsdepartements im Dienste des norwegischen Staates.*)

Bezüglich der Schweden und Norwegen gemeinsamen Ämter und Anstellungen im öffentlichen Dienste findet diese Bestimmung lediglich Anwendung auf Personen, die im Besitze des norwegischen Indigenats sind und von dem Untertanenverhältnis, in welchem sie zu einem fremden Staate stehen sollten, sich lossagen.

§ 3.

Das norwegische Staatsbürgerrecht kann auch mit Bewilligung des Königs oder seines Bevollmächtigten anderen Bewohnern des Landes erteilt werden. Eine solche Bewilligung ist jedoch im allgemeinen nur demjenigen zu erteilen, welcher

a) während dreier aufeinander folgenden Jahre seinen festen Wohnsitz hier im Lande gehabt hat;

b) Heimatrecht in einem norwegischen Armenwesendistrikt erworben hat, oder auf eine solche Weise, welche den Umständen gemäß als genügend angesehen wird, beweist oder Bürgschaft dafür leistet, daß er und seine Familie dem öffentlichen Armenwesen nicht zur Last fallen werden, bis er das Heimatrecht erworben haben würde, falls das Staatsbürgerrecht ihm nicht erteilt worden wäre;

c) volljährig ist;

d) sich in keinem der Fälle befindet, welche nach §§ 52 a und 53 a des Grundgesetzes Suspension oder Verlust des Stimmrechts zur Folge haben.

Derjenige, welcher auf Grund dieser Bestimmungen norwegischer Staatsbürger zu werden wünscht, hat einen bezüglichen Antrag durch die betreffende Behörde seines Wohnsitzes einzureichen, unter Beifügung einer Erklärung darüber, wo er während seines Aufenthalts im Lande gewohnt hat, in welchem anderen Staate er Bürgerrecht besitzt, und schließlich darüber, daß er, die Genehmigung seines Gesuches vorausgesetzt, aus jedem Untertanenverhältnis zu dem fremden Staate austritt. Falls er nach der Gesetzgebung des letzteren der Genehmigung der Regierung oder einer anderen Behörde zu einem solchen Austritt

*) Dieser Satz ist infolge der Auflösung der Union mit Schweden als aufgehoben zu betrachten.

bedarf, ist vom Antragsteller nachzuweisen, daß er diese Genehmigung erhalten hat.

Wird das Gesuch genehmigt, so erhält der Antragsteller nach einem vom König zu bestimmenden Formular einen Staatsbürgerbrief.

Ein so erteilter Staatsbürgerbrief tritt erst in Kraft, wenn derjenige, dem derselbe erteilt ist, den im § 51 des Grundgesetzes vorgeschriebenen Eid geleistet hat. Der Richter, welcher den Eid abnimmt, macht einen Vermerk über die erfolgte Eidesleistung auf dem Staatsbürgerbrief.

Verwitwete oder unverheiratete weibliche Personen können das Staatsbürgerrecht auf die hier vorgeschriebene Weise erwerben, wobei jedoch die Eidesleistung unterbleibt.

§ 4.

Das auf Grund der §§ 2 und 3 des gegenwärtigen Gesetzes erworbene Staatsbürgerrecht erstreckt sich auch auf die Ehefrau des Erwerbers, sowie auf seine oder ihre unmündigen Kinder, welche bei den Eltern wohnen oder deren Unterhalt von ihnen bestritten wird.

§ 5.

Jeder eingewanderte Ausländer, welcher, ohne in die im § 51 des Grundgesetzes vorgeschriebene Einwohnerliste eingetragen zu sein, doch das Staatsbürgerrecht bei Inkrafttreten dieses Gesetzes bereits erworben zu haben glaubt, muß, um dies Recht geltend machen zu können, innerhalb eines Jahres nach dem genannten Zeitpunkt bei der Oberbehörde einen Antrag auf Erteilung eines Staatsbürgerbriefes stellen.

Für Personen, welche bei Inkrafttreten dieses Gesetzes noch nicht volljährig sind, wird die Frist behufs Einreichung des Gesuches vom Eintreten der Volljährigkeit an gerechnet.

Findet die Oberbehörde das Gesuch begründet und erfüllt der Antragsteller die im § 3a und b des gegenwärtigen Gesetzes gestellten Bedingungen, so wird der Staatsbürgerbrief für ihn ausgefertigt; derselbe dient als vollgültiger Beweis für sein Staatsbürgerrecht. Wird das Gesuch abgeschlagen, so wird dadurch der Antragsteller nicht derjenigen Rechte beraubt, welche ihm nach Lage der jetzigen Gesetzgebung zustehen.

§ 6.

Das norwegische Staatsbürgerrecht geht verloren durch:

a) Erwerbung der Staatsangehörigkeit in einem fremden Staate;

b) Verlassen des Landes für immer. Doch kann der norwegische Bürger, der zufolge des § 92a, b oder d des Grundgesetzes das Indigenat hat, sein Staatsbürgerrecht erhalten, wenn er innerhalb eines Jahres nach Verlassen des Landes oder nach dem Tage des Inkrafttretens des gegenwärtigen Gesetzes vor dem norwegischen Konsul seines Wohnsitzes erklärt, daß er fort dauernd norwegischer Staatsbürger zu bleiben wünscht.

Die Erklärung gilt für einen Zeitraum von zehn Jahren und kann vor Ablauf derselben für einen gleichen Zeitraum erneuert werden.

Wer auf Grund einer Anstellung im norwegischen Staatsdienst oder in dem Norwegen und Schweden*) gemeinsamen öffentlichen Dienst nach einem anderen Lande verzieht, behält sein norwegisches Staatsbürgerrecht. In allen Fällen, in welchen der Ausgewanderte ein solches Recht behält, bleibt dasselbe Recht auch seiner Ehefrau, sowie seinen oder ihren minderjährigen Kindern, welche bei den Eltern wohnen oder deren Unterhalt von denselben bestritten wird, erhalten.

§ 7.

Diejenigen, welche zufolge des § 92a, b oder d des Grundgesetzes das norwegische Indigenat besitzen, sind jederzeit berechtigt, sich im Lande dauernd niederzulassen. Sie behalten das ihnen durch das Armengesetz vom 6. Juni 1863 (für die Städte § 16, für die Landbezirke § 17) erteilte Heimatrecht.

Norwegische Staatsbürger sind berechtigt, sich im Lande aufzuhalten, ausgenommen in den Fällen, wo sie auf Grund des Gesetzes vom 11. September 1818 an Schweden ausgeliefert werden können. § 1 des Gesetzes vom 17. Juni 1886, betreffend Veränderungen in und Zusätze zu der Gesetzgebung über das Armenwesen, wird für norwegische Staatsbürger außer Kraft gesetzt, während § 2 desselben Gesetzes hinsichtlich solcher norwegischer Staatsbürger, welche ausgewandert sind und kein norwegisches Indigenat besitzen, seine Geltung behält.

Norwegische Staatsbürger sind norwegische Untertanen. Die durch § 12 des Gesetzes vom 12. Mai 1866, betreffend die Wehrpflicht, den eingewanderten Ausländern bedingungsweise zuerkannte Befreiung vom Militärdienst wird denselben vorbehalten, selbst wenn sie norwegische Staatsbürger geworden sind.

§ 8.

Diejenigen Bewohner des Landes, welche nicht das norwegische Staatsbürgerrecht besitzen, sind auch keine norwegischen Untertanen. Hinsichtlich ihrer Rechtsstellung bleibt indessen auch ferner alles das in Geltung, was in anderen Gesetzen als in dem gegenwärtigen und im Grundgesetz über norwegische Untertanen, Inländer, Norweger, Landesbewohner oder norwegische Bürger gesagt ist, doch so, daß eingewanderte

*) Vgl. Anm. S. 507.

Ausländer in denselben Fällen wie bisher der Landesverweisung unterworfen sind. Das Gesetz vom 4. August 1845, betreffend die Wählbarkeit zu gewissen kommunalen Ämtern, sowie das im vorigen Paragraphen genannte Gesetz vom 17. Juni 1886 bleiben auch ferner auf dieselben anwendbar.

§ 9.

Ohne Genehmigung von seiten des Königs oder des dazu von ihm Bevollmächtigten kann künftighin fester Grundbesitz hier im Reiche mit voller Rechtsgültigkeit nur erworben werden von norwegischen oder schwedischen Staatsbürgern oder Korporationen, Stiftungen oder anonymen Gesellschaften, deren Direktionen in Norwegen oder Schweden ihren Sitz haben und ausschließlich aus norwegischen oder schwedischen Staatsbürgern bestehen. Auch bezüglich des dinglichen Nutzungsrechts am Grund und Boden gelten die gleichen Bestimmungen.

Ausnahmen von den Bestimmungen dieses Paragraphen können in bezug auf Mutung und andere rechtliche Verhältnisse, welche das dingliche Nutzungsrecht betreffen und für die Dauer von höchstens zehn Jahren abgeschlossen werden, vom Könige festgesetzt werden.

Der Zutritt zur Mutung, Vermessung und Frist bei Gruben auf Grund des den Bergwerksbetrieb betreffenden Gesetzes vom 14. Juli 1842 steht wie bisher jedem offen, was ebenfalls in bezug auf das Recht des Muters nach § 18 desselben Gesetzes und dem Gesetze vom 17. Februar 1866 Geltung hat. Ferner sollen die kraft des Gesetzes vom 16. Juli 1845 anerkannten Gemeinden, welche der Staatskirche nicht angehören, unbehindert von den Bestimmungen dieses Paragraphen auch künftighin Grund und Boden zur Errichtung von Kirchen, Schulen, Pfarrhäusern und Friedhöfen erwerben können.

§ 10.

Ein schwedischer Staatsbürger, der künftighin festen Grundbesitz in Norwegen oder ein solches dingliches Nutzungsrecht, das infolge § 9 demselben gleichgestellt ist, erwirbt, soll, falls hier im Lande er nicht ansässig ist, verpflichtet sein, an dem Orte, wo sein Besitztum liegt, einen Bevollmächtigten zu halten, welcher ermächtigt ist, ihn während seiner Abwesenheit vor Gericht und anderen obrigkeitlichen Behörden, in solchen Sachen, welche das Besitztum oder das dingliche Nutzungsrecht betreffen, zu vertreten.

Auch hat dies Geltung für Korporationen, Stiftungen oder anonyme Gesellschaften, deren Direktionen Sitz in Schweden haben, und die ein derartiges Besitztum oder das dingliche Nutzungsrecht erwerben.

Name und Wohnung des Bevollmächtigten sind gerichtlich bekanntzumachen und einzutragen.

Werden vorstehende Bestimmungen nicht befolgt, so kann der Unterrichter desjenigen Distrikts, in welchem das Besitztum liegt, auf Verlangen irgend eines dabei Interessierten mit bindender Kraft für den Besitzer oder Nutznießer einen solchen Bevollmächtigten ernennen.

Die in diesem Paragraphen festgesetzten Bestimmungen sollen auch zur Anwendung gelangen, wenn ein Ausländer zufolge der nach § 9 eingeholten Genehmigung im Lande festen Grundbesitz oder das dingliche Nutzungsrecht eines solchen Besitztums erworben hat.

§ 11.

Sofern irgend welche Übereinkunft mit der in § 9 getroffenen Übereinstimmung nicht im Einklange stehen sollte, kann deren Vollziehung nicht verlangt werden, wenn nicht eine derartige, in obigem Paragraphen erwähnte Genehmigung späterhin erfolgt.

§ 12.

Wird die gerichtliche Eintragung eines Dokuments verlangt, welches eine Erwerbung betrifft, wozu nach § 9 der Ausländer der Genehmigung bedarf und kann diese letztere nicht nachgewiesen werden, so soll der Gerichtsschreiber, sofern er im Zweifel darüber ist, inwieweit die Erwerbung mit dem genannten Paragraphen in Widerspruch stehen sollte, dies speziell vermerken und die betreffende Oberbehörde davon in Kenntnis setzen.

§ 13.

Ist ein gegen § 9 streitendes Rechtsgeschäft durch gerichtliche Eintragung der Rechtstitelurkunde vollzogen oder hat der Käufer oder Muter den Besitz des Eigentums oder die Ausübung der Gerechtsame angetreten, so hat die Oberbehörde eine Frist festzusetzen, innerhalb welcher das Verhältnis gesetzlich zu ordnen ist, sei es durch Erwerbung der im Paragraphen erwähnten Genehmigung oder durch freiwillige Lösung des Rechtsgeschäfts oder auch durch Verkauf des Gegenstandes an jemand, der zur Erwerbung desselben berechtigt ist. Die Frist ist mindestens auf 6 Monate oder höchstens 3 Jahre festzusetzen. Die Verordnung der Oberbehörde ist gerichtlich einzutragen und zu veröffentlichen.

§ 14.

Wird die Frist nicht eingehalten, so soll das Besitztum oder das dingliche Nutzungsrecht auf Befehl der Oberbehörde ohne schiedsrichterliche Vorverhandlung oder gerichtliche Frist mittels Zwangsversteigerung verkauft werden. Der Verkauf erfolgt mit bindender Kraft für den Eigentümer oder Besitzer, seinen Rechtsvorgänger, ihre Kreditoren und Konkursmassen, sowie für diejenigen, welche ein Pfand auf das

Besitztum haben. Der Verkauf geschieht für Rechnung des Eigentümers oder Besitzers, und zwar derart, daß demselben von der mittels Versteigerung erzielten Kaufsumme nichts ausgezahlt wird, bis sein Rechtsvorgänger die für das Besitztum oder das dingliche Nutzungsrecht ausbedungene Vergütung erhalten hat. Wird dieselbe nicht vollständig gedeckt, so steht ihm persönlicher Anspruch gegen seinen Schuldner zu.

§ 15.

Die in §§ 13 und 14 gegebenen Vorschriften kommen auch zur Anwendung, wenn eine anonyme Gesellschaft, die in Schweden oder Norwegen ihren Sitz hat und festen Grundbesitz in Norwegen oder dingliches Nutzungsrecht besitzt, zu dessen Erwerbung der Ausländer zufolge § 9 der Genehmigung bedarf, ihren Sitz nach dem Lande einer fremden Macht verlegt oder in ihre Direktion jemanden aufnimmt, der weder norwegisches noch schwedisches Staatsbürgerrecht besitzt.

§ 16.

Geht das Besitztum oder das dingliche Nutzungsrecht durch Erbschaft auf eine Person über, welche zur Erwerbung desselben nicht berechtigt ist und die in § 9 vorgeschriebene Genehmigung aus besonderen Gründen nicht erlangen kann, so sollen die in §§ 13 und 14 gemachten Vorschriften gleichfalls zur Geltung kommen, sofern dieselben ihrer Natur gemäß auf den betreffenden Fall anwendbar sind.

Gehört das Besitztum oder das dingliche Nutzungsrecht einer weiblichen Person, die norwegisches oder schwedisches Staatsbürgerrecht besitzt oder die in § 9 vorgeschriebene Genehmigung behufs Erwerb des Gegenstandes erlangt hat, so verbleibt dasselbe ihr Sondereigentum, wenn sie sich mit jemand verheiratet, der ein solches Staatsbürgerrecht nicht besitzt und eine derartige Genehmigung nicht erlangt hat.

§ 17.

Mit dem Ausdruck „fester Wohnsitz hier im Lande" soll im vorliegenden Gesetze ein solcher Aufenthalt bezeichnet werden, welcher von einer beabsichtigten dauernden Niederlassung hier im Lande zeugt.

§ 18.

Vorliegendes Gesetz, welches sogleich in Kraft tritt, findet keine Anwendung auf solche Fälle, in welchen dessen Bestimmungen mit bereits bestehenden Verträgen in Widerspruch stehen sollten.

Gegeben auf dem Schlosse zu Stockholm am 21. April 1888.

(L. S.) Gustav.

Österreich.

Das geltende Recht über den Erwerb und den Verlust der Staatsangehörigkeit ist nicht in einem einheitlichen Gesetz zusammengefaßt; es muß vielmehr aus den nach Art und Zeit verschiedensten Rechtsquellen zusammengestellt werden. In folgendem werden die Grundlagen angegeben:

Die österreichische Staatsangehörigkeit wird erworben:

1. durch Geburt von ehelichen Kindern eines Österreichers (§ 28 ABGB.), von unehelichen Kindern einer Österreicherin (Erl. d. Min. d. J. v. 6. Okt. 1850); bei in Österreich aufgefundenen Findelkindern wird die österreichische Staatsangehörigkeit vermutet;

2. durch Legitimation seitens eines Österreichers;

3. durch Verehelichung mit einem Österreicher (Hof-Kanzleidekrete vom 23. Februar 1833 und 10. Juni 1835);

4. durch Eintritt in ein öffentliches Amt (ABGB. § 29); doch müssen grundsätzlich Ausländer, die ein öffentliches Amt bekleiden wollen, bereits vorher ihre Aufnahme in das Bürgerrecht erwirkt haben (Art. 3 d. Staats-GrundGes. vom 21. Dezember 1867);

5. auf Antrag durch Naturalisation (§§ 29, 30 ABGB.), deren Voraussetzungen sind: Dispositionsfähigkeit, Unbescholtenheit (H. K. D. vom 12. April 1816; Erl. d. M. d. J. vom 31. Juli 1851), Zusicherung des Heimatsrechtes in einer österreichischen Gemeinde (geregelt durch Heimatgesetz vom 3. Dezember 1863 in der Fassung der Novelle vom 5. Dezember 1896; vgl. Erl. d. Min. d. J. vom 30. August 1850 und 19. Dezember 1851). Dazu muß noch kommen

a) entweder der Nachweis der ökonomischen Selbständigkeit (§ 30 ABGB., H. K. D. vom 12. April 1816) oder

b) 10jähriger ununterbrochener Wohnsitz in Österreich (§ 29 ABGB.; H. K. D. vom 1. März 1833).

Im Falle zu a) und bei Frauen und Unmündigen (H. K. D. vom 31. März 1831 und 30. August 1824) wird die Naturalisation perfekt mit der Fassung des Aufnahmebeschlusses durch die naturalisierende Behörde, im übrigen durch die Leistung des Bürgereides und Aushändigung einer Beglaubigungsurkunde hierüber.

Die Naturalisation erstreckt sich auch auf Ehefrau und minderjährige Kinder des Naturalisierten (§§ 92, 146, 156 ABGB.; H. K. D. vom 17. Dezember 1817, 31. März 1831 und 30. August 1832).

Die österreichische Staatsangehörigkeit geht verloren:

1. durch Verehelichung einer Österreicherin mit einem Nichtösterreicher (§ 19 des Auswanderungspatentes vom 24. März 1832);

2. durch Legitimation seitens eines nichtösterreichischen Vaters;

3. durch Ausspruch der Behörde, wenn Bürger, die sich im Ausland aufhalten, einer militärischen Einberufung nicht Folge leisten (§ 7e des AuswPat., § 45 des Wehrges. vom 11. April 1889);

4. auf Antrag durch Aushändigung einer Auswanderungsbewilligung, die die Entlassung ausspricht, und tatsächliche Verlegung des Wohnsitzes außerhalb Österreichs (Art. 4 des Staatsgrundges. vom 21. Dezember 1867, § 9 des AuswPat. Erl. d. M. d. J. vom 19. März 1868 und 12. Dezember 1888, des Min. f. Landesvert. vom 3. August 1880 und 14. September 1883);

5. für Nichtwehrpflichtige durch Auswanderung in der Absicht, nicht mehr zu dauerndem Aufenthalt zurückzukehren. Diese Absicht wird vermutet:

a) bei Annahme einer ausländischen Staatsangehörigkeit oder ausländischen Zivil- oder Militärstellung ohne Bewilligung der österreichischen Behörde;

b) bei Eintritt in ein ausländisches religiöses Institut;

c) bei 5jährigem ununterbrochenen Aufenthalt im Ausland, wenn dieser Aufenthalt nicht zum Zweck einer handelsgewerblichen, landwirtschaftlichen oder industriellen Niederlassung erfolgt;

d) durch 10jährigen ununterbrochenen Aufenthalt im Ausland auch bei Vorhandensein der vorbezeichneten Zwecke (§§ 6 und 7 des AuswPat.). Die Anwendbarkeit der unter b bis d genannten Verlustgründe ist neuerdings von der Judikatur bestritten, vgl. Gumplowicz, Österreichisches Staatsrecht 1907, S. 255, Ulbrich desgl. 1909, S. 180 ff. Ein Erlaß des Justizmin. vom 13. August 1884 (s. Cahn, 3. Aufl. S. 510) lautet:

„In Österreich besteht kein Gesetz, demzufolge die österreichische Staatsbürgerschaft bloß durch den Aufenthalt im Auslande, wenn derselbe auch mit der Wohnsitznahme im Auslande verbunden sein und auch noch solange dauern sollte, verloren ginge."

In den Fällen zu 3 bis 5 verliert die Staatsangehörigkeit mit dem Ehemann die Ehefrau, mit dem Vater bzw. der unehelichen Mutter die minderjährigen Töchter sowie die unter 14 Jahr alten Söhne.

Bosnien und Herzegowina.

Für die Frage, nach welchen Bestimmungen sich seit der Annexion Bosniens und der Herzegowina die Landesangehörigkeit der Personen regelt, die diesen Ländern angehören, ist in erster Linie das Landesstatut für Bosnien und die Herzegowina maßgebend.

Der § 3 dieses Statutes besagt:

„Bosnisch-Herzegowinische Landesangehörige sind diejenigen, welche diese Eigenschaft erworben haben oder künftighin erwerben:

1. durch eheliche Geburt von landesangehörigen Eltern oder durch uneheliche Geburt von einer landesangehörigen Mutter;
2. durch Legitimierung seitens eines landesangehörigen Vaters;
3. durch Verheiratung mit einem landesangehörigen Gatten;
4. durch definitive Anstellung eines österreichischen oder ungarischen Staatsangehörigen im öffentlichen Dienste in Bosnien und in der Herzegowina;
5. durch ausdrückliche Verleihung seitens der zuständigen Stelle."

Die von einem Ehemann erworbene Eigenschaft eines bosnisch-herzegowinischen Landesangehörigen erstreckt sich auf dessen Ehegattin, sowie auf seine minderjährigen ehelichen Kinder.

Als bosnisch-herzegowinische Landesangehörige werden, solange ihre anderweitige Zugehörigkeit nicht nachgewiesen ist, angesehen:

1. alle, die in Bosnien und der Herzegowina geboren sind;
2. die in Bosnien und der Herzegowina aufgefundenen und erzogenen Findlinge.

§ 4 des obengenannten Statuts lautet: „In Ansehung der Modalitäten der Erwerbung und des Verlustes der Eigenschaft eines bosnisch-herzegowinischen Landesangehörigen gelten die jetzt bestehenden Vorschriften, insolange sie nicht durch andere gesetzliche Normen ergänzt oder ersetzt werden."

Diese Vorschriften, die zur Zeit der Proklamierung des Landesstatutes bestanden, sind in dem Erlasse des k. und k. gemeinsamen Finanzministeriums in Angelegenheiten Bosniens und der Herzegowina an die bosnisch-herzegowinische Landesregierung in Serajewo vom 11. Juli 1896, Zahl 7568/N. H., festgestellt und den bosnisch-herzegowinischen Unterbehörden als interne Amtsinstruktion mitgeteilt worden.

Nach den Bestimmungen dieses Erlasses können Fremde die Landesangehörigkeit in Bosnien und in der Herzegowina nur durch spezielle behördliche Bewilligung erlangen, welche über Antrag der bosnisch-herzegowinischen Landesregierung fallweise vom k. u. k. gemeinsamen Finanzministerium in Angelegenheiten Bosniens und der Herzegowina erteilt wird. Zu diesem Zwecke hat der Bewerber in seinem Ansuchen der Landesregierung den Nachweis zu erbringen, daß ihm die Aufnahme in den Verband einer bosnisch-herzegowinischen Gemeinde zugesichert ist.

Wo organisierte Gemeinden bestehen, hat die Zusicherung der Aufnahme in eine Ortsgemeinde seitens der Gemeindevertretung, sonst aber die Bewilligung zur Niederlassung durch die politischen Behörden zu erfolgen.

Die bosnisch-herzegowinische Landesangehörigkeit wird jenen Fremden zugestanden, welche die Entlassung aus ihrem früheren Staatsverband oder den Nachweis über den nach ihren heimatlichen Gesetzen gültig vorgenommenen Austritt aus demselben beibringen, und so viel Vermögen oder eine solche Erwerbsquelle besitzen, daß sie sich und ihre Familie davon erhalten können, endlich deren sittliches und politisches Verhalten ein tadelloses ist.

Ob aber und in welchen Fällen von dem Nachweise der Entlassung bzw. des Austritts aus dem früheren Staatsverband abgesehen werden kann, entscheidet das k. u. k. gemeinsame Finanzministerium in Angelegenheiten Bosniens und der Herzegowina.

Nicht eigenberechtigte Bewerber können unter den sonstigen Bedingungen die Landesangehörigkeit durch ihre gesetzlichen Vertreter erwirken.

Bezüglich der Verleihung der bosnisch-herzegowinischen Landesangehörigkeit erhielt die bosnisch-herzegowinische Landesregierung in Serajewo mit dem Erlasse des k. u. k. gemeinsamen Finanzministeriums in Angelegenheiten Bosniens und der Herzegowina vom 29. Mai 1905, Zahl 4012/B. H., die Ermächtigung, in allen Fällen ohne Rücksicht auf die bisherige Staatsangehörigkeit der Petenten, über Gesuche der Indigenatswerber im eigenen Wirkungskreise zu entscheiden, wenn:

1. der Ansiedlungswerber seinen Wohnsitz volle 10 Jahre ununterbrochen in Bosnien und in der Herzegowina gehabt hat;

2. wenn er eines Verbrechens oder auf Gewinnsucht basierenden Vergehens wegen nicht abgestraft worden ist;

3. sein politisches und sittliches Verhalten unbedenklich ist;

4. seine Erwerbsfähigkeit außer Zweifel steht und seine Entlassung aus dem bisherigen Staatsverbande nachgewiesen ist.

Weitere normative Bestimmungen über die bosnisch-herzegowinische Landesangehörigkeit, durch die namentlich die Frage der Erwerbung und des Verlustes eine definitive Regelung erfahren soll, sollen erst geschaffen werden.

Was die Frage der amtlichen Bezeichnung jener Personen anbelangt, die Bosnien und der Herzegowina angehören, so ist in der Benennung „bosnisch-herzegowinische Landesangehörige" durch die Annektierung dieser Landesteile eine Änderung nicht eingetreten und sind daher Angehörige Bosniens und der Herzegowina nach wie vor als „bosnisch-herzegowinische Landesangehörige" zu bezeichnen.

Paraguay.

Verfassung vom 18. November 1870.

Art. 35.

Paraguayanische Staatsangehörige sind:

1. die auf paraguayanischem Gebiet geborenen Personen;

2. die Kinder eines paraguayanischen Vaters oder einer paraguayanischen Mutter, zufolge der bloßen Tatsache ihrer Niederlassung in Paraguay;

3. die im Auslande geborenen Kinder paraguayanischer Eltern, falls deren Vater im aktiven Dienst der Republik steht. Diese sind paraguayanische Staatsangehörige auch betreffs derjenigen Wirkungen, hinsichtlich welcher die Grundgesetze oder andere Erlasse die Geburt auf paraguayanischem Boden verlangen;

4. die naturalisierten Ausländer genießen alle politischen und privaten Rechte, welche die auf paraguayanischem Boden Geborenen genießen und können jedes beliebige Amt bekleiden mit Ausnahme desjenigen des Präsidenten und Vizepräsidenten der Republik, eines Ministers, Abgeordneten und Senators;

5. diejenigen, welche durch die besondere Vergünstigung des Kongresses naturalisiert worden sind.

Art. 36.

Um in Paraguay naturalisiert zu werden, genügt es, daß der Ausländer zwei Jahre ununterbrochen im Lande gewohnt hat, etwas Immobilien oder Betriebskapital besitzt oder Wissenschaft, Kunst oder Industrie betreibt. Die zweijährige Frist kann verkürzt werden, wenn der Ausländer eine Paraguayanerin geheiratet oder dem Freistaate Dienste geleistet hat.

Art. 40.

Die Staatsbürgerschaft geht verloren:

1. wegen betrüglichen Bankrotts;

2. bei Annahme eines Amtes, einer Auszeichnung oder Pension von einem ausländischen Staate ohne Erlaubnis des Kongresses.

Art. 41.

Diejenigen, welche aus einem der im vorhergehenden Artikel erwähnten Gründe die Eigenschaft eines Staatsbürgers verloren haben, können durch den Kongreß ihre Renaturalisation erlangen.

Persien.

Gesetz über die persische Staatsangehörigkeit.

Veröffentlicht im persischen Staatsanzeiger vom 7. August 1894.

Art. 1.

Jeder, der auf persischem Boden geboren ist, gilt als persischer Untertan, es sei denn, daß zur Zeit seiner Geburt beide Eltern oder der Vater Ausländer gewesen sind. In diesem Falle wird auch der Neugeborene als Ausländer angesehen.

Art. 2.

Die in Persien geborenen Kinder von Ausländern besitzen, wenn sie das Alter der Mannbarkeit erreicht haben (15 Jahre), das Recht, um Verleihung der persischen Staatsangehörigkeit nachzusuchen. Ihrem Gesuche wird entsprochen werden.

Art. 3.

Jeder Ausländer, der die persische Staatsangehörigkeit erlangen will, muß:

1. das Alter der Mannbarkeit erreicht,
2. sich fünf Jahre lang ununterbrochen auf persischem Gebiete aufgehalten haben; doch darf er
3. in seinem Heimatstaate nicht wegen eines Verbrechens oder wegen Desertion verurteilt worden und
4. kein Deserteur sein.

Das Gesuch um Naturalisation wird der zuständigen Behörde übersandt, welche die Genehmigung zur Erlangung der persischen Staatsangehörigkeit erteilt.

Art. 4.

Diejenigen Ausländer, die die vorerwähnte Bedingung des Aufenthalts in Persien nicht erfüllt haben und um Verleihung der persischen Staatsangehörigkeit nachsuchen, werden ausnahmsweise in den persischen Untertanenverband aufgenommen, wenn die Regierung sich über die Würdigkeit der Petenten vergewissert hat.

Art. 5.

Diejenigen Personen, die entweder aus der persischen Staatsangehörigkeit ausgeschieden sind, oder deren Vater die persische Staatsangehörigkeit gewechselt hat und die wieder Perser werden wollen, werden ohne Berücksichtigung der oben erwähnten Bedingungen auf ihr bloßes Gesuch hin wieder aufgenommen.

Art. 6.

Wenn ein Perser eine Ausländerin zur Frau hat, so tritt diese in den persischen Untertanenverband ein. Will die Frau nach der Scheidung oder dem Tode ihres Mannes ihre ursprüngliche Staatsangehörigkeit wieder erwerben, so steht es ihr frei.

Art. 7.

Einer Ausländerin, welche mit einem Ausländer verheiratet ist, kann die persische Staatsangehörigkeit nicht verliehen werden, es sei denn, daß sie gleichzeitig mit ihrem Manne darum nachsucht und die vorerwähnten Naturalisationsbedingungen bei beiden zutreffen.

Art. 8.

Derjenige Perser, der im Auslande irgend eine andere Staatsangehörigkeit erwerben will, darf

1. von keinem persischen Gerichtshofe je wegen eines Verbrechens verurteilt worden sein, sich nicht in Untersuchung befinden oder einer solchen sich durch die Flucht entzogen haben;
2. nicht desertiert sein;
3. nicht verschuldet sein oder sich seinen Schuldverbindlichkeiten durch den Wechsel der Staatsangehörigkeit entziehen wollen.

In allen diesen Fällen wird der Wechsel der Staatsangehörigkeit nicht genehmigt. Wenn ein solcher Perser nach Persien zurückkehrt, wird er auch fürderhin als Perser angesehen.

Art. 9.

Der Wechsel der persischen Staatsangehörigkeit ist, wenn auch die obenerwähnten Bedingungen erfüllt sind, von der Erlaubnis und dem erlauchten Willen des Schah abhängig. Wenn ein Perser ohne diese Erlaubnis im Auslande eine andere Staatsangehörigkeit erwirbt, so ist ihm das Betreten des persischen Gebiets verwehrt, und er muß, wenn er in Persien Besitzungen hat, seine Beziehungen zu diesen aufgeben.

Art. 10.

Der Wechsel der Staatsangehörigkeit des Vaters hat für die Kinder, welchen Alters sie auch sein mögen, einen solchen nicht zur Folge, es sei denn, daß die kleinen oder großen Kinder nach Erreichung des Alters der Mannbarkeit die mehrerwähnten Bedingungen genau erfüllen und beachten. Die Kinder jedoch, die nach dem Wechsel der Staatsangehörigkeit ihres Vaters geboren werden, folgen natürlich der neuen Staatsangehörigkeit ihres Vaters.

Art. 11.

Diejenigen Perserinnen, die mit einem Ausländer verheiratet sind, gehören dem persischen Untertanenverbande nicht mehr an. Nach der

Scheidung oder dem Tode ihres Mannes brauchen sie indes nur ein Gesuch und eine bezügliche Darstellung des Sachverhalts der persischen Regierung zu überreichen, um ihre erste Staatsangehörigkeit wieder zu erlangen. Wenn sie jedoch in der Folge endgültig auf die persische Staatsangehörigkeit verzichten wollen, müssen sie die in diesem Gesetze enthaltenen Bedingungen erfüllen.

Art. 12.

Diejenigen Perserinnen, die infolge ihrer Verheiratung mit einem Ausländer aus dem persischen Untertanenverbande ausscheiden, können, wie die anderen Ausländer, Dörfer und Immobilien in Persien nicht besitzen und sind von den Privilegien der persischen Staatsangehörigkeit, mit Ausnahme der ihnen in Verträgen besonders zugesicherten, ausgeschlossen.

Art. 13.

Diejenigen, welche in allem als Perser anzusehen sind, aber behaupten, auch im Besitze einer ausländischen Staatsangehörigkeit zu sein, müssen diese angebliche Staatsangehörigkeit, sei es nun die ursprüngliche oder eine später erworbene, nachweisen, und gelten als Perser, so lange sie den Nachweis für ihre Behauptung nicht erbracht haben.

Art. 14.

Diejenigen, die vom Auslande nach Persien kommen und während ihres Aufenthalts daselbst ihre Staatsangehörigkeit verheimlichen, sich in jeder Hinsicht als Perser ansehen lassen und in Persien ein Besitztum erworben haben, was ein besonderes Privileg der persischen Staatsangehörigen ist, gelten als Perser und können nicht mehr das Recht in Anspruch nehmen, ausländische Staatsangehörige zu sein.

Art. 15.

Bezüglich der Länder, mit denen besondere Auswanderungsverträge bestehen, sind natürlich die in diesen enthaltenen Bestimmungen maßgebend.

Peru.

Verfassung vom 10. November 1860.

Art. 33.

Die Peruaner besitzen diese Eigenschaft durch Geburt oder Naturalisation.

Art. 34.

Peruaner durch Geburt sind:

1. die im Gebiet der Republik Geborenen;
2. die von einem peruanischen Vater oder einer peruanischen Mutter

im Auslande geborenen Kinder, die im Bürgerverzeichnis eingetragen sind, und zwar entweder während ihrer Minderjährigkeit auf Antrag ihrer Eltern oder nach ihrer Volljährigkeit oder Emanzipation auf ihren eigenen Antrag;

3. die Eingeborenen des spanischen Amerika und die Spanier, die zur Zeit der Erklärung und Beschwörung der Unabhängigkeit sich in Peru aufhielten und auch später dort ihren Wohnsitz behalten haben.

Art. 35.

Peruaner durch Naturalisation sind:

Ausländer, die das 21. Lebensjahr überschritten haben, in Peru wohnen, Handel, Industrie oder Gewerbe betreiben und ihren Namen in der gesetzmäßig vorgeschriebenen Weise in das Bürgerregister eintragen lassen.

Art. 41.

Die Rechte eines Staatsbürgers gehen verloren:

a) durch ein den Verlust aussprechendes gerichtliches Urteil;
b) durch gerichtlich erklärten betrüglichen Bankrott;
c) durch Erwerb der Staatsangehörigkeit im Ausland;
d) durch Annahme eines ausländischen Amts, Titels oder Ordens ohne Erlaubnis des Kongresses;
e) durch Ablegung eines Mönchsgelübdes; bei dessen Zurücknahme wird die Staatsangehörigkeit jedoch wiedererworben;
f) durch Sklavenhandel.

Portugal.

Bürgerliches Gesetzbuch vom 1. Juli 1867.

Art. 18.

Portugiesische Bürger sind:

1. die in Portugal geborenen Kinder portugiesischer Eltern und die unehelichen Kinder portugiesischer Mütter;

2. die in Portugal geborenen Kinder eines ausländischen Vaters welcher daselbst nicht im Dienste seines Landes steht — es sei denn, daß diese Kinder, falls sie volljährig oder emanzipiert sind, entweder selbst oder im Falle ihrer Minderjährigkeit durch ihre Eltern oder Vormünder erklären, keine portugiesischen Bürger sein zu wollen;

3. die Kinder eines portugiesischen Vaters, selbst wenn dieser aus Portugal ausgewiesen sein sollte, sowie die unehelichen Kinder einer portugiesischen Mutter, obschon im Ausland geboren, sofern sie ihren Wohnsitz im Königreich nehmen, oder entweder selbst, falls sie volljährig

oder emanzipiert sind, oder im Falle ihrer Minderjährigkeit durch ihre Eltern oder Vormünder erklären, Portugiesen sein zu wollen;

4. die in Portugal geborenen Personen solcher Eltern, welche unbekannt sind oder deren Nationalität unbekannt ist;

5. die naturalisierten Ausländer, welcher Religion sie auch angehören mögen;

6. die Ausländerin, die sich mit einem portugiesischen Bürger verehelicht.

§ 1. Die in Ziffer 2 verlangte Erklärung ist von der betreffenden Person vor der Munizipalbehörde ihres Domizils abzugeben und die in Ziffer 3 geforderte vor den örtlichen portugiesischen Konsularagenten oder vor der zuständigen ausländischen Behörde.

§ 2. Der Minderjährige, welcher volljährig geworden oder emanzipiert worden ist, kann mittels einer neuen, vor der Munizipalbehörde seines Wohnortes abzugebenden Erklärung die während seiner Minderjährigkeit durch seinen Vater oder Vormund gemäß Ziffer 2 abgegebene Erklärung widerrufen.

Art. 22.

Die portugiesische Staatsangehörigkeit verliert:

1. wer sich im Ausland naturalisieren läßt; doch kann der Betreffende die Staatsangehörigkeit zurückerwerben, wenn er in das Königreich zurückkehrt und seine Absicht, sich daselbst niederzulassen, durch eine Erklärung vor der Munizipalität seines Wohnorts kundgibt;

2. wer ohne Erlaubnis der Regierung von einer fremden Regierung ein öffentliches Amt, eine Auszeichnung, Pension oder einen Orden annimmt; doch kann der Betreffende durch eine besondere Vergünstigung der Regierung das verlorene Bürgerrecht wiedererwerben;

3. wer durch gerichtliches Urteil aus dem Staatsgebiet ausgewiesen ist, solange die Wirkungen des Urteils dauern;

4. die Portugiesin, die sich mit einem Ausländer verehelicht, es sei denn, daß sie durch ihre Heirat das Bürgerrecht des Gatten nicht erwirbt. Dieselbe kann jedoch nach Auflösung der Ehe ihr früheres portugiesisches Bürgerrecht wiedererwerben, wenn sie die im zweiten Satz der Ziffer 1 dieses Artikels vorgeschriebenen Bedingungen erfüllt.

§ 1. Die Naturalisation im Ausland eines mit einer Portugiesin verheirateten Portugiesen zieht für die Frau den Verlust ihres portugiesischen Bürgerrechts nicht nach sich, es sei denn, daß sie erklärt, dem Staatsbürgerrecht ihres Gatten folgen zu wollen.

§ 2. Desgleichen zieht die Naturalisation eines Portugiesen im Ausland, auch wenn derselbe mit einer Ausländerin verheiratet ist, für die vor der Naturalisation geborenen minderjährigen Kinder desselben den Verlust ihrer Eigenschaft als portugiesische Bürger nicht nach sich, es sei denn, daß dieselben, nachdem sie volljährig geworden oder emanzipiert worden sind, erklären, der Staatsangehörigkeit ihres Vaters folgen zu wollen.

Art. 23.

Diejenigen, welche nach den Bestimmungen des vorhergehenden Artikels die Eigenschaft portugiesischer Bürger wiedererwerben, können erst vom Tage der Wiedererwerbung an in den Genuß der daraus folgenden Rechte eintreten.

Gesetz über den Erwerb der Staatsangehörigkeit vom 2. Dezember 1910.

(Diario do Governo Nr. 50 vom 3. Dezember 1910.)

Die Provisorische Regierung der Portugiesischen Republik tut zu wissen, daß im Namen der Republik das Folgende mit Gesetzkraft dekretiert worden ist:

Art. 1.

Die Regierung kann eine Naturalisationsurkunde denjenigen Fremden gewähren, die eine solche bei der Camara Municipal ihres Wohnorts beantragen, und die folgenden Bedingungen erfüllen:

1. die volljährig sind oder für volljährig angesehen werden, und zwar sowohl nach portugiesischem Rechte, als nach dem ihres Heimatlandes;

2. die durch ihre Arbeit sich Einkünfte zu beschaffen vermögen, oder die sonstige Mittel zu ihrem Lebensunterhalte besitzen;

3. die mindestens drei Jahre im portugiesischen Gebiete gewohnt haben;

4. die nicht strafrechtlich verfolgt werden;

5. die ihrer Militärpflicht in ihrem Heimatlande genügt haben.

§ 1. Das Gesuch, auf welches sich dieser Artikel bezieht, bedarf der öffentlichen Beglaubigung.

§ 2. Die Bedingung Nr. 3 braucht nicht von Deszendenten portugiesischer Abstammung verlangt zu werden, die sich im Lande niederlassen, und sie kann ganz oder teilweise dem Fremden erlassen werden, der mit einer portugiesischen Frau verheiratet ist, sowie demjenigen, welcher der Nation einen hervorragenden Dienst geleistet hat, oder berufen ist, einen zu leisten, dessen Nützlichkeit jene Befreiung rechtfertigt.

§ 3. Die Bedingung Nr. 4 wird bewiesen durch eine Bescheinigung des Heimatlandes des Ausländers, der danach strebt, sich als portugiesischer Bürger zu naturalisieren, und durch eine Bescheinigung aus dem Strafregister in Portugal, wenn sein Aufenthalt im portugiesischen Gebiete weniger als 15 Jahre betragen hat; wenn er längere Zeit betragen hat, so soll das letztere Zeugnis genügen.

§ 4. Außer den erwähnten Urkunden können nur solche verlangt werden, die etwa durch Vertrag oder Abkommen zwischen der portugiesischen Nation und dem Lande desjenigen, der sich naturalisieren lassen will, vorgeschrieben sind.

§ 5. Die in Portugal ausgestellten Urkunden sollen den Vorschriften des Stempelgesetzes nicht unterworfen sein, und die Regierung soll sie ganz erlassen können, wobei sie durch Berichte der zuständigen Ämter, Behörden oder Beamten ersetzt werden sollen.

Art. 2.

Der portugiesische Bürger, der etwa auch als Staatsangehöriger eines anderen Landes angesehen wird, kann, solange er in diesem wohnt, die Eigenschaft als portugiesischer Bürger nicht anrufen.

Art. 3.

Der naturalisierte Ausländer soll keine öffentlichen Funktionen irgend welcher Art ausüben können, noch die Funktionen als Leiter oder Aufsichtsrat einer Gesellschaft oder einer anderen Einheit, die durch Vertrag vom Staate abhängt oder von diesem Subsidien erhält, solange nicht mindestens 5 Jahre nach dem Datum seiner Naturalisierung verflossen sind.

Einziger Zusatzparagraph.

Während der gleichen Frist wird der naturalisierte Ausländer hinsichtlich des Erwerbs und des Besitzes von Mobilien den gleichen Einschränkungen unterworfen bleiben, die für Ausländer bestehen.

Art. 4.

Die Naturalisationsurkunden sollen nur dann ihre Wirkung hervorbringen, wenn sie binnen einer Frist von 6 Monaten, vom Tage ihrer Erteilung an gerechnet, im Archiv der Camara Municipal des Kreises registriert werden, in dem der Ausländer seinen Wohnsitz errichtet.

Art. 5.

Zu jeder Naturalisationsurkunde soll als Gebühr für Gnadenerlasse, zahlbar durch den Ausländer, der sich naturalisieren lassen will, eine Stempelmarke zum Satze von 20 $ 000 Reis verwendet werden, die im Ministerium des Innern aufgeklebt und kassiert wird.

Einziger Zusatzparagraph.

Diese Stempelgebühr wird erlassen, wenn die Naturalisation demjenigen gewährt wird, welcher der Nation einen hervorragenden Dienst geleistet hat oder berufen ist, einen solchen zu leisten.

Art. 6.

Die entgegenstehende Gesetzgebung wird aufgehoben.

Gegeben im Regierungspalais der Republik, am 2. Dezember 1910.

(gez. von sämtlichen Ministern.)

Rumänien.

Verfassung vom $\frac{\text{30. Juni}}{\text{12. Juli}}$ 1866, modifiziert in den Jahren 1879 und 1884.

Art. 7.

Der Unterschied in der Religion und Konfession bildet in Rumänien kein Hindernis für den Erwerb und die Ausübung der bürgerlichen und politischen Rechte.

§ 1. Jeder Ausländer, ohne Unterschied der Religion und ob derselbe unter fremdem Schutze steht oder nicht, kann unter folgenden Bedingungen die Naturalisation erwerben:

a) derselbe hat an die Regierung ein Naturalisationsgesuch zu richten, in welchem die Höhe des von ihm besessenen Kapitals, sein Stand oder Gewerbe und die Absicht, seinen Wohnsitz in Rumänien aufschlagen zu wollen, anzugeben ist;

b) nach Einreichung dieses Gesuchs hat derselbe zehn Jahre im Lande zu wohnen und durch seine Handlungen nachzuweisen, daß er dem letzteren nützlich ist.

§ 2. Von der zehnjährigen Frist kann Abstand genommen werden für diejenigen:

a) welche sich dem Lande durch Einführung von Industrien, Erfindungen, durch besondere Talente, Handels- oder Gewerbeniederlassungen nützlich erwiesen haben;

b) welche von im Lande ansässigen Eltern in Rumänien geboren sind und die, ebenso wie ihre Eltern, niemals unter fremdem Schutze gestanden haben.

§ 3. Die Naturalisation kann nur durch Gesetz verliehen werden und ist persönlich.

§ 4. Ein besonderes Gesetz wird die Voraussetzungen bestimmen, unter welchen Ausländer sich in Rumänien niederlassen können.

§ 5 Nur Rumänen und solche Personen, welche als Rumänen naturalisiert sind, können Grundeigentum in Rumänien erwerben.

Die bisher erworbenen Rechte werden gewährleistet. Die bestehenden internationalen Verträge bleiben mit allen ihren Bestimmungen in Kraft.

Art. 8.

Die Naturalisation wird durch die gesetzgebende Gewalt verliehen. Nur die Naturalisation stellt den Ausländer hinsichtlich der Ausübung der politischen Rechte den Rumänen gleich.

Art. 9.

Jeder Rumäne, aus welchem Lande und welches sein Geburtsort sei, kann, sobald er sich nachweisbar fremden Schutzes begeben hat, ohne weiteres durch einen Beschluß der gesetzgebenden Behörde die Ausübung der politischen Rechte erlangen.

Art. 30.

Kein Rumäne kann in fremden Staatsdienst treten, ohne dadurch seine Staatsangehörigkeit zu verlieren, es sei denn, mit Genehmigung der Regierung.

Bürgerliches Gesetzbuch von 1864.

Art. 8.

Die in Rumänien geborenen und bis zu ihrer Volljährigkeit daselbst auferzogenen Personen, welche niemals unter fremdem Schutz gestanden haben, können binnen Jahresfrist nach erreichter Volljährigkeit die rumänische Staatsangehörigkeit in Anspruch nehmen. Diejenigen, welche sich in der vorerwähnten Lage befinden und vor dem Erlaß dieses Gesetzbuches volljährig geworden sind, können binnen Jahresfrist, von der Veröffentlichung dieses Gesetzbuchs an gerechnet, die rumänische Staatsangehörigkeit beanspruchen.

Kinder unbekannter Eltern, welche auf rumänischem Boden gefunden werden, sind Rumänen.

Art. 9.

Personen, welche dem christlichen Bekenntnis nicht angehören, können die rumänische Staatsangehörigkeit nur erlangen, wenn sie die in Art. 16*) dieses Gesetzbuches vorgeschriebenen Bedingungen erfüllen.

Art. 10.

Die im Ausland geborenen Kinder rumänischer Eltern sind Rumänen.

Das im Ausland geborene Kind eines Rumänen, welches im Zeitpunkt der Geburt die rumänische Staatsangehörigkeit verloren hatte, kann die Eigenschaft eines Rumänen jederzeit dadurch erlangen, daß es die in Art. 18 vorgeschriebenen Förmlichkeiten erfüllt.

---

*) Dieser ist durch Artikel 7 der Verfassung ersetzt.

Art. 11.

Ausländer sind in Rumänien derselben bürgerlichen Rechte teilhaftig wie die Rumänen, mit Ausnahme derjenigen Fälle, in denen das Gesetz etwas anderes bestimmt.

Art. 12.

Die Ausländerin, welche einen Rumänen heiratet, wird als Rumänin angesehen.

Art. 17.

Die rumänische Staatsangehörigkeit geht verloren:

a) durch Naturalisation im Auslande;
b) durch Annahme einer öffentlichen Stellung bei einer ausländischen Macht ohne Erlaubnis der rumänischen Regierung;
c) durch den Eintritt, wenn auch auf noch so kurze Zeit, unter den Schutzverband einer fremden Macht.

Art. 18.

Der Rumäne, welcher die rumänische Staatsangehörigkeit verloren hat, kann dieselbe wiedererlangen, wenn er mit Erlaubnis der rumänischen Regierung nach Rumänien zurückkehrt und erklärt, sich im Lande niederlassen und auf alle mit rumänischen Gesetzen im Widerspruch stehenden Vorrechte verzichten zu wollen.

Art. 19.

Die Rumänin, welche einen Ausländer heiratet, folgt der Staatsangehörigkeit ihres Gatten. Wenn sie Witwe wird, so erlangt sie die Eigenschaft als Rumänin zurück.

Art. 20.

Der Rumäne, welcher ohne Erlaubnis seiner Regierung in fremden Militärdienst tritt, oder sich einer fremden militärischen Körperschaft anschließt, verliert seine Eigenschaft als Rumäne.

Derselbe kann nur mit Erlaubnis der Regierung nach Rumänien zurückkehren. Die Eigenschaft eines Rumänen kann er nur nach Vorschrift des Art. 18 wiedererlangen, ohne aber dadurch von den Strafen befreit zu werden, mit denen das Strafgesetz diejenigen Rumänen bedroht, welche gegen ihr Vaterland die Waffe tragen.

Rußland.

Gesetzbuch des Russischen Reiches, St. Petersburg 1899.

Kapitel III.

836.

Zur Aufnahme eines Ausländers in die russische Untertanenschaft ist die vorherige Niederlassung desselben innerhalb der Grenzen des Reichs erforderlich.

839.

Nach Ablauf einer fünfjährigen Niederlassung in Rußland kann sich der Ausländer um seine Aufnahme in die russische Untertanenschaft bewerben. Die Fälle der Abkürzung dieser allgemeinen Frist sind unten in den Art. 848, 850 bis 852 angegeben.

Anm. Die Verträge, welche mit anderen Regierungen über den in diesem Artikel angegebenen Gegenstand abgeschlossen sind, bleiben in Kraft.

840.

Verheiratete Ausländerinnen werden für sich allein, ohne ihre Ehegatten, nicht zur Aufnahme in die russische Untertanenschaft zugelassen.

841.

Die Annahme der russischen Untertanenschaft bleibt immer eine persönliche für denjenigen, der ihrer teilhaftig geworden ist — Ausnahmen hiervon sind im Art. 855 festgestellt — und erstreckt sich nicht auf die vorher geborenen Kinder, mögen sie voll- oder minderjährig sein. Die nach dem Eintritt in die Untertanenschaft geborenen Kinder werden als russische Untertanen anerkannt.

842.

Das Gesuch um Aufnahme wird dem Minister des Innern eingereicht und muß den Nachweis enthalten:

a) an welchen Orten der Bittsteller während der Zeit seiner Niederlassung in Rußland gelebt, womit er sich beschäftigt hat und welche Zeugnisse er über seine Lebensweise besitzt;
b) zu welchem Stande und zu welcher Gemeinde er sich einschreiben zu lassen wünscht oder berechtigt ist;
c) in welcher Stadt er den Eid zu leisten wünscht;
d) falls er um die Zuerkennung der abgekürzten Frist bittet, die Gründe, auf welche er diese Bitte stützt.

843.

Dem Gesuche um die Aufnahme sind beizufügen:

1. die Standesakten des Bittstellers (von russischen Agenten beglaubigt),
2. der Niederlassungsnachweis in Rußland.

844.

Von den gemäß den Gesetzen ihres Vaterlandes militärpflichtigen Ausländern männlichen Geschlechts ist außer den im vorigen Artikel angegebenen Dokumenten noch ein Zeugnis desjenigen Staates beizufügen, mit dem ein Kartell betreffend Auslieferung von Personen, welche der Konskription unterstehen, abgeschlossen wurde; dasselbe muß bezeugen, daß der um Entlassung aus seiner Untertanenschaft Nachsuchende seiner Militärpflicht genügt hat, oder von derselben befreit wurde.

845.

Dem Minister des Innern steht die Gewährung oder Ablehnung der Aufnahme frei.

846.

Die Aufnahme erfolgt durch Leistung des Untertaneneids. — Eidesfassung.

848.

Zugunsten der Ausländer, welche Rußland besondere Dienste geleistet haben, oder welche durch ihre außerordentlichen Talente, durch besondere wissenschaftliche Kenntnisse usw. sich auszeichnen, als auch solcher, welche große Kapitalien in gemeinnützigen russischen Unternehmungen eingelegt haben, kann die zur Aufnahme in die Untertanenschaft nötige Niederlassungsfrist mit Erlaubnis des Ministers des Innern abgekürzt werden. In allen übrigen Hinsichten gelten die allgemeinen Regeln auch für diese Ausländer.

850.

Die in Rußland von Ausländern geborenen Kinder, welche in Rußland erzogen sind, oder, im Auslande geboren, in Rußland studiert oder eine Sekundärschule besucht haben, können binnen Jahresfrist nach erlangter Großjährigkeit für die russische Untertanenschaft optieren.

Diejenigen, welche diesen Termin nicht unbenützt haben vorbeigehen lassen, werden zur Eidesleistung von der örtlichen Gouvernementsverwaltung zugelassen, welche zugleich Anordnung trifft, um sie demjenigen Stande zuzuteilen, auf den sie ein Anrecht haben. Diejenigen der genannten Kinder von Ausländern, welche ihrem Bildungsgrade gemäß ein Recht auf eine Stellung in der Zivilverwaltung erworben haben, können auf Verlangen in dieselbe, auf Grund des Dienstreglements durch Verfügung der Regierung, aufgenommen werden, ohne daß sie russische Untertanen werden müssen. In allen Fällen der Ableistung des Untertanen- oder Diensteides sind jedoch unbedingt die im Art. 844 angeführten Zeugnisse derjenigen Regierungen, in denen eine Kartellkonvention besteht, erforderlich. Endlich können diejenigen der angeführten Kinder von Ausländern, welche in der oben angegebenen Frist weder den Untertaneneid geleistet, noch in den Dienst sich haben aufnehmen lassen, späterhin in die Untertanenschaft nur durch Erfüllung aller in diesem Kapitel für die übrigen Ausländer festgestellten allgemeinen Regeln aufgenommen werden.

851.

Die im vorigen Artikel angegebene Ordnung gilt auch für volljährige Kinder von Ausländern, deren Aufnahme in die Untertanenschaft auf Grund der Art. 836—848 erfolgt ist. Sie können entweder gleichzeitig mit ihren Eltern oder während der Dauer eines Jahres seit dem Eintritte der letzteren in die Untertanenschaft in dieselbe aufgenommen werden, sobald sie die in den Art. 843 und 844 angeführten Dokumente, abzüglich eines Niederlassungsscheines beigebracht haben.

852.

Ausländer, welche sich im russischen Zivildienste befinden, wie auch Geistliche fremder Konfessionen, die auf Anordnung des Ministers des Innern auf einen Posten nach Rußland berufen worden sind, können falls sie dies verlangen, zu der Ableistung des Untertaneneides zu jeder Zeit und ohne jegliche Frist, mit Erlaubnis ihrer unmittelbaren Vorgesetzten an den Orten ihrer Dienstverrichtung zugelassen werden. Die Eidesformel, nach welcher der Ausländer in diesem Falle den Eid geleistet hat, wird in zwei Exemplaren ausgefertigt und von allen dabei Anwesenden unterzeichnet, sodann wird eines dieser Exemplare dem örtlichen Gouverneur übergeben und das zweite bei den Akten desjenigen Ressorts oder derjenigen Ortschaft, wo die Zeremonie der Eidesleistung geschehen ist, aufbewahrt.

853.

Eine mit einem Ausländer verehelichte Russin kann nach dem Tod ihres Ehemannes oder nach Ehescheidung die russische Untertanenschaft wieder erlangen (vgl. § 6 d. G. Anm. 3).

854.

Die Kinder einer russischen Untertanin, welche mit einem Ausländer verheiratet war, dann aber Witwe wurde oder von ihrem Manne geschieden ist, unterliegen mit Bezug auf den Eintritt in die russische Untertanenschaft den Wirkungen des Art. 850.

855.

Ausländerinnen erlangen durch die Ehe mit einem Russen die russische Staatsangehörigkeit und behalten sie auch nach der Auflösung der Ehe.

856.

Für Kolonisten sind besondere Aufnahmegesetze vorbehalten.

857.

Naturalisierte Ausländer erlangen die Rechte und Pflichten der Eingeborenen.

Der Austritt aus der russischen Untertanenschaft ist gesetzlich nicht geregelt. Die Entlassung erfolgt mit kaiserlicher Genehmigung als außerordentliche Maßregel.

Personen männlichen Geschlechts, welche über 15 Jahre alt sind, können nur nach Ableistung der Wehrpflicht oder nach erfolgter Freilosung vom aktiven Dienst aus der russischen Untertanenschaft entlassen werden.

Gesetzliche Bestimmungen über den Verlust der russischen Staatsangehörigkeit waren gegen Anfang dieses Jahrhunderts von dem Staatsrat vorbereitet, sind aber bis jetzt noch zu keinem Abschluß gelangt. Es besteht nur der Art. 325 des Strafgesetzbuchs, nach welchem jede eigenmächtige Entfernung aus dem Lande und jeder nicht autorisierte Eintritt in den Untertanenverband oder Dienst eines fremden Staates als ein Bruch des dem Staatsoberhaupt geleisteten Eides der Treue betrachtet und mit dem Verlust der bürgerlichen und politischen Rechte und dauernder Verbannung aus Rußland bestraft wird.

Großfürstentum Finnland.

Der Rechtszustand beruht auf dem allgemeinen Gesetz von 1734 sowie den Verordnungen vom 20. September 1831, 21. August 1832, 1. März 1858 und 28. März 1858.

Die Staatsangehörigkeit wird erworben: durch eheliche Geburt von einem finnischen Vater oder uneheliche von einer finnischen Mutter, gleichviel ob sie im Inland oder Ausland erfolgt; durch Ehe mit einem Finnen; durch Legitimation, die nicht nur durch nachfolgende Ehe erfolgt, sondern schon, wenn der natürliche Vater mit der Mutter des Kindes verlobt war und ein Verlobter während Bestehens des Verlöbnisses gestorben ist; endlich durch Naturalisation.

Wer um die Naturalisation in Finnland nachsucht, hat nachzuweisen:

a) daß er christlicher Religion, unbescholtenen Rufes und mündig ist;

b) daß er wenigstens drei Jahre im Lande sich aufgehalten hat;

c) daß er sich ernähren kann.

Frühere finnische Untertanen, die in den finnischen Staatsverband wieder aufgenommen werden wollen, bedürfen nicht der dreijährigen Niederlassungsfrist, auch kann dieselbe für russische Untertanen und in Rußland etablierte Ausländer unter gewissen Bedingungen erlassen werden.

Endlich muß der Antragsteller nachweisen, daß er aus seiner bisherigen Staatsangehörigkeit entlassen ist oder sie durch die Naturalisation in Finnland verliert. Die Entschließung über die Naturalisation erfolgte früher durch den Generalgouverneur, gemeinsam mit dem Senat (Vfg. v. 8. April 1904), neuerdings ist sie vom Kaiser durch den Ministerrat zu erwirken (Vfg. v. 7. Februar 1910).

Als naturalisierter finnischer Untertan gilt der Ausländer nach finnischem Rechte erst nach Ableistung des Untertaneneides.

Wähler und wählbar zum finnischen Landtag ist der Naturalisierte erst nach dreijähriger Einschreibung in dem Steuerregister.

Das finnische Staatsbürgerrecht geht verloren:

a) durch Verehelichung einer Finnin mit einem Ausländer;
b) durch Legitimation seitens eines ausländischen Vaters;
c) durch Erwerbung einer ausländischen Staatsangehörigkeit;
d) durch Entlassung, die von der Auswanderung ins Ausland gefolgt ist.

Durch Auswanderung verliert auch die Ehefrau des Ausgewanderten die finnische Staatsangehörigkeit, nicht aber die Kinder, falls sie im Lande verbleiben. Die Auswanderung nach Rußland wird nicht als eine Auswanderung nach dem Auslande angesehen (vgl. Dr. Rafael Erich, Das Staatsrecht des Großfürstentums Finnland, 1912, S. 20 ff.).

San Salvador.

Verfassung vom 13. August 1886.

Art. 41.

Salvadorener wird man durch Geburt oder Naturalisation.

Art. 42.

Salvadorener durch Geburt sind:

1. die in Salvador geborenen Personen mit Ausnahme der Kinder nicht naturalisierter Ausländer;

2. die in Salvador geborenen ehelichen Kinder eines Ausländers und einer Salvadorenerin, sofern sie nicht innerhalb eines Jahres, nachdem sie volljährig geworden sind, durch eine Erklärung vor dem zuständigen Gouverneur für die Staatsangehörigkeit des Vaters optieren; ferner die ehelichen Kinder eines Salvadoreners und einer Ausländerin, sowie die in Salvador geborenen unehelichen Kinder einer Salvadorenerin und eines Ausländers;

3. die im Ausland geborenen ehelichen Kinder eines Salvadoreners und die unehelichen Kinder einer Salvadorenerin, sofern sie nicht in ihrem Geburtsstaat die Naturalisation erworben haben;

4. die Abkömmlinge von Kindern ausländischer Eltern und diejenigen von Kindern eines Ausländers und einer Salvadorenerin, falls die Kinder und deren Nachkommen in Salvador geboren sind.

Art. 43.

Salvadorener durch Naturalisation sind:

Diejenigen, welche in Gemäßheit früherer Gesetze diese Eigenschaft erworben haben, und diejenigen, welche sie in Zukunft nach den hier aufgeführten Bestimmungen erlangen werden, und zwar:

1. die Spanisch-Amerikaner, die zur Erlangung der Naturalisation dem betreffenden Departementsstatthalter mit dem Antrage ein Zeugnis über gutes Betragen einzureichen haben;

2. die Ausländer, die außer dem Zeugnis über guten Leumund noch den Nachweis über zweijährigen Aufenthalt im Lande vorzulegen haben;

3. diejenigen, die von dem gesetzgebenden Körper die Naturalisationsurkunde erlangen;

4. diejenigen, welche auf die in Art. 48 der Verf. vorgesehene Weise naturalisiert werden.

Art. 48.

Durch die Annahme eines öffentlichen besoldeten Amts, außer im Lehramt oder in der Miliz, verzichtet der Ausländer auf seine Staatsangehörigkeit und wird Salvadorener.

Art. 51.

Bürger sind: alle Salvadorener nach vollendetem 18. Lebensjahre, sowie die Verehelichten und diejenigen, die einen wissenschaftlichen Grad erlangt, auch wenn sie noch nicht dieses Alter erreicht haben.

Art. 53.

Das Staatsbürgerrecht geht verloren für diejenigen:

1. welche zu einer den Verlust der Staatsangehörigkeit mit sich bringenden Strafe verurteilt sind;

2. welche wegen eines schweren Vergehens verurteilt sind;

3. welche sich im Auslande naturalisieren lassen;

4. welche, in der Republik wohnhaft, von einem anderen Staate ohne Erlaubnis der gesetzgebenden Macht ein Amt annehmen;

5. welche ihre Stimme bei den Wahlen verkaufen;

6. u. 7. welche durch öffentliche Handlungen oder Proklamationen oder als Beamte durch Mißbrauch ihrer Amtsgewalt die Wahlfreiheit beeinträchtigen.

Fremdenrecht vom 29. September 1886.

Erstes Kapitel.

Von den Salvadorenern und den Fremden.

Art. 1.

Es sind Salvadorener durch Geburt oder durch Naturalisierung die in den Art. 42, 43 und 44 der Verfassung des Freistaates aufgeführten Personen.

Art. 2.

Es sind Fremde:

1. die außerhalb des Staatsgebietes Geborenen, welche Untertanen von fremden Regierungen sind und sich in Salvador nicht haben naturalisieren lassen;

2. die Kinder eines fremden Vaters oder einer fremden Mutter und eines unbekannten Vaters, wenn sie im Staatsgebiete geboren sind, bis sie das Alter erreichen, in welchem sie gemäß dem Gesetze der Heimat des Vaters oder der betreffenden Mutter großjährig werden. Nach Ablauf des folgenden Jahres werden sie, wenn sie nicht vor dem Gouverneur des Departements ihres Aufenthaltsortes erklären, die Nationalität ihrer Eltern beibehalten zu wollen, als Salvadorener betrachtet werden;

3. die Salvadorenerin, welche ein Ehebündnis mit einem Ausländer eingeht, behält auch während der Witwenzeit die Eigenschaft der Fremden bei. Nach Auflösung der Ehe kann die Salvadorenerin von Geburt ihre Nationalität wiedererlangen, vorausgesetzt, daß dieselbe außer der Niederlassung im Freistaate vor dem betreffenden Verwaltungsbeamten ihren Entschluß kundgibt, jene Nationalität von neuem zu gewinnen.

Die Salvadorenerin, welche durch die Ehe die Nationalität ihres Gatten laut den Landesgesetzen des letzteren nicht erlangt, behält die ihrige bei.

Der Wechsel der Nationalität des Ehegatten nach dem Ehebündnis zieht den Wechsel derselben Nationalität für die Frau und die minderjährigen, der väterlichen Gewalt unterworfenen Kinder nach sich, für den Fall, daß sie in dem Lande der Naturalisierung des betreffenden Gatten oder Vaters wohnen, mit Ausschluß der im vorhergehenden Abschnitte festgesetzten Ausnahme;

4. die Salvadorener, welche in einem anderen Lande naturalisiert werden und in demselben ihren Wohnsitz nehmen;

5. diejenigen, welche offiziell ausländischen Regierungen in irgend einem politischen, verwaltungsrichterlichen oder diplomatischen Amte dienen, ohne die nach dem Art. 53 Nr. 4 der Verfassung erforderliche Genehmigung der gesetzgebenden Gewalt erhalten zu haben.

Art. 3.

Behufs Bestimmung des Geburtsortes für die in den früheren Artikeln vorgesehenen Fälle wird bestimmt, daß die einheimischen Schiffe, ohne irgend einen Unterschied, einen Teil des Nationalgebietes bilden und daß die an Bord derselben Geborenen, als innerhalb des Freistaates geboren betrachtet werden sollen.

Art. 4.

Infolge des Rechtes der Exterritorialität, welches die diplomatischen Agenten genießen, können für die Wirkung dieses Gesetzes die Kinder der Minister und Angestellten der Gesandtschaften des Freistaates niemals als außerhalb des Landes geboren erachtet werden.

Art. 5.

Die Staatsangehörigkeit der juristischen Personen oder Gesamtheiten wird durch das Gesetz, welches ihre Bildung gestattet, geregelt; infolgedessen sind alle diejenigen, welche gemäß der Gesetze des Freistaates gegründet werden, salvadorenisch, vorausgesetzt, daß sie außerdem in demselben ihren gesetzlichen Wohnsitz haben.

Die ausländischen juristischen Personen genießen in Salvador diejenigen Rechte, welche die Gesetze des Landes ihres Wohnsitzes gewähren, unter dem Vorbehalt, daß dieselben nicht den Gesetzen der Nation zuwiderlaufen.

Zweites Kapitel.

Über den Verlust und den Erwerb der Staatsangehörigkeit.

Art. 6.

Der Freistaat nimmt demgemäß die Untertanen oder Bürger von anderen Staaten auf und naturalisiert dieselben nach Maßgabe der verfassungsmäßigen Vorschriften und derjenigen des vorstehenden Gesetzes.

Art. 7.

Die Verzichtleistung und die darauf folgende, im Auslande erhaltene Naturalisierung entheben den Verbrecher der Auslieferung, der Verurteilung und der Strafe nicht, welchen er nach den Verträgen, den internationalen Gebräuchen und den Landesgesetzen unterworfen ist.

Art. 8.

Die in Salvador Naturalisierten haben, auch wenn sie sich im Auslande befinden, auf denselben Schutz seitens der Regierung Anspruch, wie die in Salvador Geborenen, sowohl, wenn es sich um ihre Personen, als auch, wenn es sich um ihr Eigentum handelt.

Dies verhindert nicht, daß sie, wenn sie in das Land ihrer Geburt zurückkehren, den Verbindlichkeiten, welche sie vor der Naturalisierung eingegangen sind, laut den Gesetzen jenes Landes unterworfen bleiben.

Art. 9.

(Betrifft den Schutz der Salvadorener im Ausland.)

Art. 10.

Die Naturalisierung eines Ausländers wird durch den Aufenthalt in dem Lande seiner Geburt während zweier Jahre aufgehoben, wenn derselbe nicht in Ausübung eines amtlichen Auftrages der salvadorenischen Regierung oder mit Erlaubnis derselben stattgefunden hat.

Art. 11.

Jeder Ausländer, welcher die im Art. 43 der Verfassung vorgeschriebenen Förmlichkeiten erfüllt, kann im Freistaate naturalisiert werden, indem er die Eingabe schriftlich macht und in derselben die Verzichtleistung und die Zusicherung beifügt, von der der folgende Artikel dieses Gesetzes handelt.

Art. 12.

Jede Naturalisierung schließt die Verzichtleistung auf jedes Abhängigkeitsverhältnis, auf den Gehorsam, und die Treue gegen jede ausländische Regierung und namentlich gegen diejenige ein, deren Untertan der Naturalisierte gewesen ist; ferner den Verzicht auf jeden, den Gesetzen und Behörden Salvadors fremden Schutz, und auf jedes Recht, welches die Verträge oder das Völkerrecht den Ausländern gewähren und außerdem die Zusicherung der Anhänglichkeit, des Gehorsams und der Unterwerfung unter die Gesetze und Obrigkeiten des Freistaates.

An die Untertanen oder Bürger der im Kriegszustand mit dem Freistaate befindlichen Nationen wird das Bürgerrecht nicht erteilt.

Art. 15.

Die Naturalisationspapiere oder -urkunden werden unentgeltlich ausgefertigt, und es dürfen hierfür keinerlei Gebühren berechnet werden, sei es als Kosten, Register, Stempel oder unter irgend einer anderen Bezeichnung.

Art. 16.

Da der Naturalisierungsakt ein rein persönlicher ist, so kann der darauf Anspruch Machende nur durch eine besondere und ausreichende Vollmacht vertreten sein, wenn die Naturalisierung sich nicht in Anwendung der bestehenden Gesetze vollzieht; aber in keinem Falle kann diese Vollmacht das Fehlen des wirklichen Wohnsitzes des Fremden in dem Freistaat ersetzen.

Art. 18.

Der Nationalitätswechsel hat keine rückwirkende Kraft. Die Erwerbung und Wiedereinsetzung in die Rechte eines Salvadoreners wird erst von dem auf die Ausstellung der Naturalisationsurkunde folgenden Tage ab wirksam.

Art. 19.

Die Kolonisten, welche für eigene Rechnung oder für diejenige von Gesellschaften oder Privatunternehmungen ins Land kommen, sowie die Einwanderer jeder Art können jeder einzelne je nach der Sachlage den verfassungsmäßigen Vorschriften entsprechend naturalisiert werden.

Die bis heute angesiedelten Kolonisten bleiben ebenfalls den besagten Vorschriften in allem unterworfen, was nicht ihren kontraktlich erworbenen Rechten widerspricht.

Art. 20.

Der naturalisierte Ausländer wird salvadorenischer Bürger sein, sobald er die durch den Art. 51 der Verfassung verlangten Bedingungen vereinigt, und er wird in seinen Rechten und Verpflichtungen mit den Salvadorenern gleichgestellt; aber er darf nicht diejenigen Ämter und Anstellungen bekleiden, welche nach der Verfassung die Nationalität von Geburt an erfordern.

Viertes Kapitel.

Rechte und Pflichten der Fremden.

Art. 44.

Die Fremden sind vom Militärdienst ausgenommen, aber die domizilierten sind jederzeit den Gemeindeanstellungen unterworfen, mit welchen weder obrigkeitliche noch richterliche, noch beratende Stimme verbunden ist, sie müssen den Dienst der bewaffneten Polizei leisten, wenn es sich um die Sicherheit des Eigentums, oder die Aufrechterhaltung der Ordnung des Wohnortes handelt, in welchem sie angesessen sind.

Schweden.

Gesetz, betreffend Erwerb und Verlust der Staatsangehörigkeit.

Gegeben im Schloß zu Stockholm am 1. Oktober 1894.

(Mit den durch das Gesetz vom 7. Mai 1909 geschaffenen Änderungen.)

Wir Oskar von Gottes Gnaden usw. usw. usw. tun zu wissen, daß wir in Übereinstimmung mit dem Reichstage für gut befunden haben, in Gnaden zu bestimmen und zu verordnen, was folgt:

§ 1.

Die schwedische Staatsangehörigkeit wird durch Geburt erworben von ehelichen Kindern, deren Vater die schwedische Staatsangehörigkeit besitzt.

§ 2.

Ein Ausländer oder eine unverheiratete Ausländerin, welche im Reiche geboren sind und hier bis zum erreichten 22. Lebensjahre ununterbrochen ihren Wohnsitz gehabt haben, werden schwedische Staatsangehörige, sofern nicht der Ausländer oder die Ausländerin im Verlaufe des letzten Jahres bei dem kgl. Gouverneur der Provinz mittels einer schriftlich abgegebenen Erklärung auf das Recht der schwedischen Staatsangehörigkeit verzichtet und dabei gleichzeitig glaubwürdig nachgewiesen haben, daß sie in einem anderen Lande die Staatsangehörigkeit besitzen.

Dieses Recht auf den Verzicht tritt nicht für denjenigen ein, welcher von einem Ausländer geboren ist, der selbst von diesem Rechte Gebrauch gemacht hat.

Wenn die schwedische Staatsangehörigkeit auf Grund dieses Paragraphen von einem Ausländer erworben wird, so kommt dieses Recht auch seiner Ehefrau und seinen Kindern zu.

§ 3.

Eine Ausländerin, welche sich mit einem schwedischen Staatsangehörigen verheiratet, erwirbt durch diese Verheiratung die schwedische Staatsangehörigkeit.

Haben die Ehegatten vor der Verheiratung Kinder miteinander, so werden die Kinder, sofern sie noch in unmündigem Alter stehen, gleichfalls schwedische Untertanen.

§ 4.

Die schwedische Staatsangehörigkeit wird ferner durch Naturalisation in der Weise und unter den Bedingungen erworben, welche durch ein besonderes Gesetz geregelt sind.

Die Naturalisation eines Ausländers schließt zugleich, wenn dabei nicht anderweitige Bestimmungen getroffen werden, auch für seine Ehefrau und seine unmündigen ehelichen Kinder die schwedische Staatsangehörigkeit ein.

§ 5.

Die schwedische Staatsangehörigkeit geht verloren durch den Erwerb der Staatsangehörigkeit in einem anderen Lande.

Wünscht jemand, um die Staatsangehörigkeit im Auslande zu erwerben, von seinen staatsbürgerlichen Pflichten gegen Schweden entbunden zu werden, so hat er zu diesem Zwecke ein Gesuch an den König zu richten. Wird das Gesuch genehmigt, so soll dabei als Bedingung gelten, daß der Gesuchsteller innerhalb einer festgesetzten gewissen Zeit die Staatsangehörigkeit in einem anderen Lande erworben hat.

§ 6.

Eine Schwedin, welche sich mit einem Manne verheiratet, der die schwedische Staatsangehörigkeit nicht besitzt, verliert durch die Verheiratung die schwedische Staatsangehörigkeit.

Haben die Eheleute vor der Ehe Kinder miteinander, und sind dieselben zu der Zeit, wo die Eltern die Ehe miteinander eingehen, noch unmündig, so verlieren diese Kinder gleichfalls die schwedische Staatsangehörigkeit. Haben dieselben zu dem besagten Zeitpunkte das Alter der Mündigkeit erreicht, so behalten sie ihre schwedische Staatsangehörigkeit.

§ 7.

Hat ein Schwede oder eine unverheiratete Schwedin nach dem vollendeten 21. Lebensjahre oder eine Witwe nach Auflösung der Ehe zehn Jahre lang ununterbrochen ihren Wohnsitz im Auslande gehabt, so geht ihnen die Staatsangehörigkeit verloren, wenn nicht der Aufenthalt im Auslande durch einen öffentlichen Auftrag für die vereinigten Reiche oder für Schweden veranlaßt ist, oder wenn sie sich nicht vor Ablauf der genannten Zeit bei einer schwedischen Gesandtschaft oder einem schwedischen Konsulate, oder, wenn die Betreffenden in Norwegen ansässig sind, bei dem schwedischen Justizdepartement, in Übereinstimmung mit den vom König hierüber erlassenen näheren Bestimmungen, schriftlich erklärt haben, ihre Staatsangehörigkeit beibehalten zu wollen. Eine solche Erklärung ist, um fortdauernd Gültigkeit zu haben, vor Ablauf des zehnten Jahres zu erneuern. Dieselbe kann, wenn sie gesetzliche Wirkung haben soll, nur von demjenigen abgegeben werden, welcher selbst vom Reich in das Ausland verzogen ist, sowie von seinen Nachkommen im ersten Gliede und von der Witwe einer solchen Person, wie sie soeben bezeichnet ist.

Der Verlust der Staatsangehörigkeit, welcher nach diesem Paragraphen für einen Schweden eintritt, führt auch den Verlust derselben für seine Ehefrau und seine unmündigen ehelichen Kinder mit sich, sofern sie nicht im Reiche zurückbleiben.

Der König kann durch Übereinkommen mit fremden Staaten die Anwendung der in diesem Paragraphen enthaltenen Bestimmungen einschränken oder aufheben, soweit sie das Verhältnis zu einem solchen Staat angeht.

§ 8.

Wer infolge der Bestimmungen des § 7 die schwedische Staatsangehörigkeit verloren hat und nicht Staatsangehöriger eines anderen

Landes geworden ist, kann die Staatsangehörigkeit wieder erwerben, wenn er seinen Wohnsitz im Reiche nimmt, oder auch, wenn der König die Wiedererwerbung seiner Staatsangehörigkeit außerhalb des Reiches genehmigt.

Hat der König ein Übereinkommen mit einem fremden Staate getroffen, wonach der, welcher schwedischer Staatsangehöriger gewesen ist und die Staatsangehörigkeit in dem fremden Lande erworben hat, so angesehen werden soll, als habe er des letzteren Rechtes entsagt, nachdem er sich von neuem hier im Lande niedergelassen und eine gewisse Zeit aufgehalten hat, und jemand auf Grund dessen seine ausländische Staatsangehörigkeit verliert, so erwirbt er gleichzeitig seine schwedische Staatsangehörigkeit wieder.

Wird in Gemäßheit der vorstehenden Bestimmungen dieses Paragraphen die Staatsangehörigkeit von einem Manne wieder erworben, so kommt dieselbe auch seiner Ehefrau und seinen unmündigen ehelichen Kindern zu, wenn nicht in dem in Absatz 2 erwähnten Falle diese weder zu der Zeit, wo der Mann die Staatsangehörigkeit wieder erwirbt, hier im Lande wohnhaft sind, noch mit ihm die Staatsangehörigkeit in dem fremden Lande verlieren.

§ 9.

Uneheliche Kinder, deren Mutter schwedische Staatsangehörige ist, erwerben durch Geburt die schwedische Staatsangehörigkeit. Sie folgen, was die Frage der Staatsangehörigkeit anbetrifft, der Mutter; ebenso in den übrigen Fällen, wo nach den Bestimmungen dieses Gesetzes eheliche Kinder dem Vater folgen. Verändert sich der Stand der Mutter hinsichtlich ihrer Staatsangehörigkeit durch Verheiratung mit einem anderen Manne als dem Vater, so tritt hierdurch eine Änderung in dem Rechte der Staatsangehörigkeit, welches ihren unehelichen Kindern vorher zustand, nicht ein.

§ 10.

Kinder, welche hier im Reiche angetroffen werden, ohne daß sich eine Auskunft über ihre Staatsangehörigkeit gewinnen läßt, sind, bis anderes festgestellt ist, als schwedische Staatsangehörige anzusehen.

Übergangsbestimmungen.

Dieses Gesetz tritt am 1. Januar 1895 in Kraft; die im § 2 erlassenen Bestimmungen kommen auch bezüglich der vor der genannten Zeit geborenen Ausländer in Anwendung, insoweit dieselben dann das 21. Lebensjahr noch nicht erreicht haben.

Hiernach haben sich alle, welche dies angeht, gehorsam zu richten.

Zu mehrerer Gewißheit haben Wir dies eigenhändig unterschrieben und mit Unserem königl. Siegel bestätigen lassen.

Schloß zu Stockholm, am 1. Oktober 1894.

(L. S.) gez. Oskar.
ggez. Aug. Östergren.

Übergangsbestimmung aus dem Gesetz vom 7. Mai 1909.

Frühere schwedische Staatsangehörige, welche dann hier im Lande wohnhaft sind, und auf Grund des Übereinkommens, auf welches Absatz 2 des § 8 sich bezieht, ihre ausländische Staatsangehörigkeit verloren haben, treten mit Inkraftsetzung dieses Gesetzes wieder in Besitz der schwedischen Staatsangehörigkeit. Erwirbt auf diese Weise ein Mann die schwedische Staatsangehörigkeit wieder, so kommt dieselbe auch seiner Ehefrau und seinen unmündigen ehelichen Kindern zu, sofern sie bei Inkrafttreten des Gesetzes hier im Lande wohnhaft sind oder mit dem Manne die Staatsangehörigkeit in dem fremden Lande verloren haben. Uneheliche Kinder folgen hinsichtlich der Staatsangehörigkeit der Mutter in dem Falle, wo auf Grund der Bestimmung des vorstehenden Punktes eheliche Kinder dem Vater folgen.

Schweiz.

Bundesgesetz betreffend die Erwerbung des Schweizerbürgerrechtes und den Verzicht auf dasselbe.

Vom 25. Juni 1903, in Kraft getreten 1. Januar 1904.

Die Bundesversammlung der schweizerischen Eidgenossenschaft, in Ausführung des Art. 44 der Bundesverfassung nach Einsicht einer Botschaft des Bundesrates vom 20. März 1901, beschließt:

I. Von der Erwerbung des Schweizerbürgerrechtes.

Art. 1.

Wenn ein Ausländer das Schweizerbürgerrecht zu erlangen wünscht, so hat er beim Bundesrat die Bewilligung zur Erwerbung eines Gemeinde- und Kantons-Bürgerrechts nachzusuchen.

Im Falle, daß einem Ausländer das Bürgerrecht schenkungsweise erteilt werden will, ist die Bewilligung dazu durch die betreffende Kantonsregierung bei dem Bundesrate ebenfalls nachzusuchen.

Art. 2.

Die Bewilligung wird nur an solche Bewerber erteilt, welche sich über einen der Einreichung ihres Gesuches unmittelbar vorangehenden zweijährigen ordentlichen Wohnsitz in der Schweiz ausweisen.

Der Bundesrat prüft auch die Beziehungen des Bewerbers zu dem bisherigen Heimatstaate, sowie dessen sonstige persönliche und Familienverhältnisse. Er kann die Bewilligung verweigern, wenn diese Beziehungen oder diese Verhältnisse so beschaffen sind, daß aus der Einbürgerung des Gesuchstellers der Eidgenossenschaft Nachteile erwachsen würden.

Art. 3.

Die Aufnahme in das Bürgerrecht erstreckt sich auf die Ehefrau und die Kinder des Gesuchstellers, wenn sie nach dem Rechte der Heimat unter seiner ehemännlichen oder elterlichen Gewalt stehen und in der Bewilligung des Bundesrates nicht ausdrücklich Ausnahmen gemacht werden.

Art. 4.

Jede Erteilung des Gemeinde- und Kantonsbürgerrechts an Ausländer ohne die vorherige Bewilligung des Bundesrates ist ungültig.

Hinwieder ist das Schweizerbürgerrecht erst dann erworben, wenn zu jener Bewilligung des Bundesrates die Erwerbung eines Gemeinde- und Kantonsbürgerrechts gemäß den Bestimmungen der betreffenden Kantonalgesetzgebung hinzugekommen ist.

Die bundesrätliche Bewilligung erlischt, wenn deren Inhaber nicht binnen drei Jahren, vom Datum der Ausstellung an, ein Gemeinde- und Kantonsbürgerrecht erworben hat.

Art. 5.

Die Kantone sind berechtigt, auf dem Wege der Gesetzgebung zu bestimmen, daß die im Kanton geborenen Kinder von im Kanton wohnenden Ausländern von Gesetzes wegen, und ohne daß eine Bewilligung des Bundesrates erforderlich wäre, Kantons- und damit Schweizerbürger sind:

a) wenn die Mutter schweizerischer Herkunft ist; oder

b) wenn die Eltern zur Zeit der Geburt des Kindes wenigstens fünf Jahre ununterbrochen im Kanton gewohnt haben.

Die Kantone sollen das Recht der Option vorbehalten.

Art. 6.

Personen, welche neben dem schweizerischen Bürgerrecht dasjenige eines fremden Staates besitzen, haben diesem Staate gegenüber, solange sie darin wohnen, keinen Anspruch auf die Rechte und den Schutz eines Schweizerbürgers.

II. Vom Verzichte auf das Schweizerbürgerrecht.

Art. 7.

Ein Schweizerbürger kann auf sein Bürgerrecht verzichten, insofern er

a) in der Schweiz keinen Wohnsitz mehr hat;

b) nach den Gesetzen des Landes, in welchem er wohnt, handlungsfähig ist;

c) das Bürgerrecht eines anderen Staates — für sich, seine Ehefrau und seine Kinder — im Sinne des letzten Absatzes von Art. 9 bereits erworben hat oder dasselbe ihm zugesichert ist.

Art. 8.

Die Verzichterklärung ist im Begleit der erforderlichen Ausweise schriftlich der Kantonsregierung einzureichen und von dieser der Behörde der Heimatgemeinde für sich und zu Händen etwa weiterer Beteiligter mit Festsetzung einer Einspruchsfrist von längstens vier Wochen zur Kenntnis zu bringen.

Streitigkeiten über die Zulässigkeit eines Verzichts auf das Schweizerbürgerrecht werden vom Bundesgerichte nach dem im Bundesgesetze über die Organisation der Bundesrechtspflege vom 22. März 1893 für staatsrechtliche Entscheidungen vorgeschriebenen Verfahren beurteilt.

Art. 9.

Sind die im Art. 7 genannten Bedingungen erfüllt, und liegt eine Einsprache nicht vor oder ist dieselbe abgewiesen, so spricht die Behörde, welche hierzu nach den kantonalen Gesetzen befugt ist, die Entlassung aus dem Kantons- und Gemeindebürgerrecht aus.

Die Entlassung, welche auch den Verlust des Schweizerbürgerrechtes in sich schließt, erfolgt mit der Zustellung der Entlassungsurkunde an den Verzichtenden.

Sie erstreckt sich auf die Ehefrau und die Kinder, insofern dieselben unter der ehemännlichen oder elterlichen Gewalt des Entlassenen stehen und nicht ausdrückliche Ausnahmen gemacht werden.

III. Wiederaufnahme in das Schweizerbürgerrecht.

Art. 10.

Der Bundesrat kann, nach Anhörung des Heimatkantons, die unentgeltliche Wiederaufnahme folgender Personen in ihr früheres Gemeinde- und Kantonsbürgerrecht verfügen, wenn dieselben in der Schweiz Wohnsitz haben:

a) der Witwe und der von Tisch und Bett getrennten oder geschiedenen Ehefrau eines Schweizerbürgers, welcher auf sein Bürgerrecht verzichtet hat, sowie derjenigen Kinder desselben, welche zur Zeit der Entlassung unter elterlicher Gewalt waren, vorausgesetzt, daß die Witwe und die getrennte oder geschiedene Ehefrau binnen zehn Jahren nach Auflösung oder Trennung der Ehe, die Kinder binnen der gleichen Frist nach zurückgelegtem zwanzigsten Altersjahr darum einkommen;

b) der Witwe und der von Tisch und Bett getrennten oder geschiedenen Ehefrau, welche durch ihre Heirat das Schweizerbürgerrecht verloren hat, sofern sie binnen zehn Jahren nach Auflösung oder Trennung der Ehe ihre Wiedereinbürgerung verlangt;

c) solcher Personen, welche durch besondere Verhältnisse genötigt wurden, auf das Schweizerbürgerrecht zu verzichten, sofern sie binnen zehn Jahren nach ihrer Rückkehr in die Schweiz ein solches Gesuch stellen. Mit der Mutter oder den Eltern werden in den Fällen a, b und c auch die nach dem Rechte des Staates, dem sie angehören, noch minderjährigen oder bevormundeten Kinder aufgenommen, wenn die Mutter die elterliche Gewalt über ihre Kinder besitzt oder der ihnen bestellte Vormund sich damit einverstanden erklärt und nicht ausdrückliche Ausnahmen gemacht werden.

IV. Kanzleigebühren.

Art. 11.

Für die Ausfertigung der Bewilligung zur Erwerbung eines Gemeinde- und Kantonsbürgerrechts erhebt die Bundeskanzlei eine Gebühr von 20 Fr.

Diese Gebühr ist zu erlassen:

a) bei Wiederaufnahme in das schweizerische Bürgerrecht;

b) wenn der Bewerber in der Schweiz geboren ist und wenigstens zehn Jahre in der Schweiz gewohnt hat;

c) wenn eine Kantonsregierung die Bewilligung für einen Ausländer nachsucht, dem das Bürgerrecht schenkungsweise erteilt werden soll (Art. 1 Abs. 2).

V. Nichtigerklärung.

Art. 12.

Der Bundesrat kann die einem Ausländer erteilte Bewilligung zur Erwerbung eines Gemeinde- und Kantonsbürgerrechtes während fünf Jahren seit der Kantonsbürgerrechtserwerbung für nichtig erklären, wenn es sich herausstellt, daß die im Gesetz für die Erteilung dieser Bewilligung aufgestellten Bedingungen nicht erfüllt waren.

Die Nichtigerklärung der Bewilligung hat die Aufhebung des auf Grund derselben verliehenen Gemeinde- und Kantonsbürgerrechts zur Folge.

Der Bundesrat kann die nach Art. 5 erteilte Einbürgerung jederzeit nichtig erklären, wenn sie auf betrügerische Weise erlangt worden ist. Das gleiche Recht bleibt den Kantonen vorbehalten.

VI. Schlußbestimmungen.

Art. 13.

Den in Art. 10b genannten Personen wird eine Frist von zwei Jahren gewährt, um ihr Gesuch für Wiedereinbürgerung zu erreichen, wenn die im erwähnten Artikel vorgesehene zehnjährige Frist im Zeitpunkte des Inkrafttretens dieses Gesetzes bereits verflossen war.

Art. 14.

Die in Gemäßheit des Art. 5 erlassenen kantonalen Gesetzesbestimmungen bedürfen, bevor sie in Kraft treten, der Genehmigung des Bundesrates.

Art. 15.

Das Bundesgesetz vom 3. Juli 1876, betreffend die Erteilung des Schweizerbürgerrechtes und den Verzicht auf dasselbe, sowie alle mit dem vorliegenden Gesetze im Widerspruch stehenden Bestimmungen der Gesetzgebung des Bundes und der Kantone sind aufgehoben.

Art. 16.

Der Bundesrat wird beauftragt, auf Grundlage der Bestimmungen des Bundesgesetzes vom 17. Juni 1874, betreffend Volksabstimmung über Bundesgesetze und Bundesbeschlüsse, die Bekanntmachung dieses Gesetzes zu veranstalten und den Beginn der Wirksamkeit desselben festzusetzen.

Anleitung zur Erlangung der im Bundesgesetz vom 25. Juli 1903 betreffend die Erwerbung des Schweizerbürgerrechts und den Verzicht auf dasselbe vorgesehenen bundesrätlichen Bewilligung.

(Bundesratsbeschluß vom 30. Dezember 1903/28 Juli 1905.)

I. Einbürgerung.

§ 1.

Gesuch.

Der Ausländer, welcher das Schweizerbürgerrecht zu erlangen wünscht, hat beim Bundesrat die Bewilligung zur Erwerbung eines Kantons- und Gemeindebürgerrechts nachzusuchen.

Das auf ungestempeltem Papierbogen einzureichende Gesuch muß folgende Angaben enthalten:

a) den Namen und Vornamen des Bewerbers, seinen Beruf Zeit und Ort seiner Geburt, seine Staatsangehörigkeit, die Namen seiner Eltern, seinen Wohnort und seine genaue Adresse, Ort und Zeitdauer seines Aufenthalts in der Schweiz;

b) den Familienstand, d. h. Aufschluß darüber geben, ob er ledig, verheiratet, Witwer, geschieden oder von Tisch und Bett getrennt sei, und ob und wie viele Kinder er habe.

Wenn der Bewerber verheiratet ist, so sind Namen und Vornamen, Tag und Ort der Geburt und Heimatsort der Ehefrau anzugeben.

Sind Kinder vorhanden, so muß deren Name, Geburtstag und Geburtsort angegeben werden.

Die Eingabe soll ferner darüber Aufschluß geben, ob die Ehefrau und die Kinder in gemeinsamer Haushaltung mit dem Bewerber leben.

§ 2.

Belege. Identität und Zivilstand des Bewerbers und seiner Familie.

Dem Gesuche sind ein Leumundszeugnis und die nötigen Ausweise über die gemäß § 1 gemachten Angaben beizulegen, nämlich:

a) ein Paß, ein Heimatschein oder ein ähnlicher von einer kompetenten Behörde ausgestellter Ausweis über die Staatsangehörigkeit des Bewerbers;

b) der Geburtsschein des Bewerbers und gegebenenfalls der Geburtsschein der Ehefrau, der Eheschein, der Totenschein des verstorbenen Ehegatten, sowie die Geburtsscheine der Kinder.

An Stelle der unter lit. b aufgezählten Schriftstücke kann ein von der zuständigen Behörde ausgestelltes Familienbüchlein oder Familienschein eingereicht werden, sofern darin die nötigen gehörig beglaubigten Angaben enthalten sind;

c) eine beglaubigte Ausfertigung des ergangenen Urteils, wenn der Bewerber geschieden oder von Tisch und Bett getrennt ist.

§ 3.

Minderjährige.

Minderjährige haben eine gehörig beglaubigte Zustimmungserklärung ihres Vormunds oder derjenigen Person vorzulegen, unter deren elterlicher Gewalt sie stehen. Rührt diese Erklärung von einer andern Person her als dem Vater, so muß ein Ausweis darüber beigebracht werden, daß der Unterzeichner der Erklärung zur Abgabe befugt ist (Bestallungsurkunde usw.)

Minderjährige, welche volljährig erklärt worden sind, müssen eine beglaubigte Ausfertigung der Jahrgebungsurkunde vorlegen.

Die persönliche Handlungsfähigkeit der Ausländer richtet sich nach dem Recht des Staates, dem sie angehören.

Das Alter der Großjährigkeit beginnt nach zurückgelegtem
16. Jahre in der Türkei (für die Mohammedaner);
21. Jahre in Frankreich, Deutschland, Großbritannien, Italien, Rußland, den Vereinigten Staaten Amerikas, Rumänien, Portugal, Schweden, Belgien, Luxemburg, Griechenland, Brasilien, der Türkei (für Nichtmohammedaner usw.);
22. Jahre in der Argentinischen Republik;
23. Jahre in den Niederlanden;
24. Jahre in Österreich-Ungarn, Norwegen und Dänemark;
25. Jahre in Spanien, Bolivien, Chile und Salvador.

§ 4.

Wohnsitz.

Der Bewerber muß sich über einen zweijährigen ordentlichen Wohnsitz in der Schweiz ausweisen (Art. 2 Abs. 1 des Gesetzes), d. h. eine oder mehrere Bescheinigungen der kantonalen oder Gemeindebehörden vorlegen, aus welchen hervorgeht, daß er während den zwei seinem Gesuche unmittelbar vorhergehenden Jahren in der Schweiz gewohnt hat.

Wenn der Bewerber im Laufe der letzten zwei Jahre sich ins Ausland begeben hat, so sind in der Wohnsitzbescheinigung die Gründe und die Dauer der Abwesenheit anzugeben.

§ 5.

Beziehungen des Bewerbers zu seinem Heimatstaat.

Nach Art. 2 Abs. 2 des Bundesgesetzes vom 25. Juni 1903 kann der Bundesrat die Bewilligung zur Erwerbung des Schweizerbürgerrechts verweigern, wenn die Beziehungen des Bewerbers zum Heimatstaate so beschaffen sind, daß aus dieser Einbürgerung der Eidgenossenschaft Nachteile erwachsen würden.

Der Umstand, daß der Bewerber noch dem aktiven Militärdienst in seiner Heimat unterworfen ist, bildet an sich kein Hindernis, ihm die Bewilligung zur Einbürgerung in die Schweiz zu erteilen. Der Bundesrat behält sich indessen vor, jeden einzelnen Fall zu prüfen und je nach Umständen die Bewilligung zu erteilen oder zu verweigern.

Im allgemeinen wird darauf aufmerksam gemacht, daß Ausländer, welche sich in der Schweiz einbürgern lassen, ohne aus ihrem Staatsverbande entlassen worden zu sein, dem Militärdienst in ihrer Heimat unterworfen bleiben, obwohl sie Schweizer geworden sind und als solche den Militärdienst in der Schweiz leisten müssen. Diese Personen laufen Gefahr, wenn sie in ihre ursprüngliche Heimat zurückkehren, verhaftet, bestraft und zum Militärdienst herangezogen zu werden.

Für diese Folgen sind sie allein verantwortlich; der Bundesrat kann sie hiergegen nicht schützen.

Es ist ferner zu beachten:

. . . .

Der Elsaß-Lothringer, welcher ein fremdes Bürgerrecht erwirbt, darf nicht mehr in Elsaß-Lothringen bleibenden Aufenthalt nehmen; er wird des Landes verwiesen. Der Bundesrat kann sich in diesem Falle nicht zu seinen Gunsten verwenden.

. . . .

II. Wiedereinbürgerung.

Übersetzungen.

§ 6.

Diejenigen Personen, welche, gestützt auf Art. 10 des Gesetzes, ihre Wiederaufnahme in das Schweizerbürgerrecht verlangen, müssen die in §§ 1, 2 und 3 vorgesehenen Schriftstücke und eine Bescheinigung der zuständigen Behörde ihres Wohnortes darüber vorlegen, daß sie ihren ordentlichen Wohnsitz in der Schweiz haben.*) Ebenso müssen sie einen Ausweis über das Bürgerrecht, das sie oder ihre Eltern früher in der Schweiz besessen haben, beibringen.

§ 7.

Jedes in einer andern als der deutschen, französischen oder italienischen Sprache abgefaßte Aktenstück muß mit einer amtlichen Übersetzung einer jener drei Landessprachen versehen sein.

§ 8 (Art. 11 des Gesetzes).

Für die Ausfertigung der Bewilligung zur Erwerbung eines Gemeinde- und Kantonsbürgerrechts erhebt die Bundeskanzlei eine Gebühr von Fr. 20.

Diese Gebühr ist zu erlassen:

a) bei Wiederaufnahme in das schweizerische Bürgerrecht;

b) wenn der Bewerber in der Schweiz geboren ist und wenigstens zehn Jahre in der Schweiz gewohnt hat;

c) wenn eine Kantonsregierung die Bewilligung für einen Ausländer nachsucht, dem das Bürgerrecht schenkungsweise erteilt werden soll (Art. 1 Abs. 2).

---

*) Diese Personen haben sich nur darüber auszuweisen, daß sie ihren Wohnsitz in der Schweiz haben; es ist nicht erforderlich, daß dieser Wohnsitz sich im früheren Heimatkanton befinde und seit zwei Jahren dauere. Es empfiehlt sich immerhin, in der Eingabe genau anzugeben, wo und wie lange sie seit ihrer Geburt in der Schweiz gewohnt haben, weil der Bundesrat bei seinem Entscheid auf die Dauer des Wohnsitzes in der Schweiz Gewicht legt.

Schweizerisches Zivilgesetzbuch.

Vom 10. Dezember 1907, in Kraft seit dem 1. Januar 1912.

Art. 22.

Die Heimat einer Person bestimmt sich nach ihrem Bürgerrecht.

Das Bürgerrecht wird durch das öffentliche Recht bestimmt.

Wenn einer Person das Bürgerrecht an mehreren Orten zusteht, so ist für ihre Heimatangehörigkeit der Ort entscheidend, wo sie zugleich ihren Wohnsitz hat oder zuletzt gehabt hat, und mangels eines solchen Wohnsitzes der Ort, dessen Bürgerrecht von ihr oder ihren Vorfahren zuletzt erworben worden ist.

Art. 133.

Wird eine Ehe für ungültig erklärt, so gelten die Kinder gleichwohl als ehelich, ohne Rücksicht auf den guten oder bösen Glauben ihrer Eltern . . .

Art. 134.

Wird eine Ehe für ungültig erklärt, so behält die Ehefrau, die sich bei der Trauung in gutem Glauben befunden hat, den durch den Abschluß der Ehe erworbenen Personenstand . . .

Art. 149.

Ist die Ehe geschieden, so behält die Ehefrau ihren Personenstand . . .

Art. 161.

Die Ehefrau erhält den Familiennamen und das Bürgerrecht des Ehemanns . . .

Art. 258.

Wenn die Eltern eines außerehelichen Kindes einander heiraten, so wird dieses von Gesetzes wegen ehelich.

Art. 260.

Wenn die Eltern eines Kindes sich die Ehe versprochen haben und die Trauung durch den Tod oder den Eintritt der Eheunfähigkeit des einen Verlobten unmöglich geworden ist, so hat auf Begehren des anderen Verlobten oder des Kindes der Richter die Ehelicherklärung auszusprechen.

Ist das Kind mündig, so kann das Gesuch von dem Verlobten nur mit Zustimmung des Kindes gestellt werden.

Nach dem Tode des Kindes können seine Nachkommen die Ehelicherklärung verlangen.

Art. 270.

Die ehelichen Kinder erhalten den Familiennamen und das Bürgerrecht ihres Vaters.

Art. 323.

Mit Standesfolge wird auf Begehren des Klägers das (scil. uneheliche) Kind dem Beklagten zugesprochen, wenn dieser der Mutter die Ehe versprochen oder sich mit der Beiwohnung an ihr eines Verbrechens schuldig gemacht oder die ihm über sie zustehende Gewalt mißbraucht hat.

Gegenüber einem Ehemann ist die Zusprechung mit Standesfolge ausgeschlossen, wenn er zur Zeit der Beiwohnung schon verheiratet war.

Art. 324.

Bleibt das (scil. uneheliche) Kind der Mutter, so erhält es ihren angestammten Familiennamen und ihre Heimatangehörigkeit ...

Art. 325.

Wird das (scil. uneheliche) Kind freiwillig anerkannt oder wird es dem Vater mit Standesfolge zugesprochen, so erhält es den Familiennamen und die Heimatangehörigkeit des Vaters.

Art. 330.

Findelkinder werden von der Gemeinde unterhalten, in der sie eingebürgert sind.

Anmerkung: Die Einbürgerung der Findelkinder findet nach den kantonalen Ausführungsgesetzen zum Zivilgesetzbuch wohl durchwegs in der Gemeinde statt, in der sie gefunden werden (so Kommentar von Egger, Zürich 1911, Anm. 3 zu Art. 22).

Art. 422.

Die Zustimmung der Aufsichtsbehörde wird, nachdem die Beschlußfassung der Vormundschaftsbehörde vorausgegangen ist, gefordert für den Erwerb eines Bürgerrechts oder Verzicht auf ein solches ...

Über die weiteren kantonalen Vorschriften, betreffend das Schweizer. Bürgerrecht, vergleiche die offizielle Sammlung der kantonalen Gesetze und Verordnungen über die Einbürgerung usw., Bern 1904; hierzu ist später nur noch gekommen für den Kanton Tessin: Legge del Gr. Cons. del Cantone del Ticino sulla naturalizzazione cantonale ticinese vom 19. November 1907 (off. Ges.-Samml. 34, 1908, S. 51 f.).

Serbien.

Bürgerliches Gesetzbuch.

Art. 44.

..... Der Ausländer kann nur nach siebenjährigem Aufenthalt in Serbien und unter Vorlage eines Zeugnisses, daß er sich während dieser Zeit untadelhaft betragen und den Gesetzen gemäß gelebt hat, die serbische Staatsangehörigkeit erlangen. Eine Abkürzung dieser Frist kann auf Grund eines gemeinsam mit dem Staatsrat erlassenen königlichen Dekrets erfolgen.

Art. 48.

Eine Ausländerin, welche einen Serben heiratet, erwirbt dadurch die Staatsangehörigkeit ihres Gatten, vorausgesetzt, daß ihr Heimatstaat der Serbin, welche einen Bürger desselben heiratet, die gleichen Rechte gewährt. Ebenso verliert eine Serbin, welche einen Ausländer heiratet, ihre serbische Staatsangehörigkeit, falls der betreffende auswärtige Heimatstaat des Ehemannes an die Verheiratung einer Staatsangehörigen mit einem Serben den Verlust der Staatsangehörigkeit für dieselbe knüpft.

Dekret vom 20. Januar 1860.

Ausländer, welche sieben Jahre untadelhaft unter dem Schutz der Gesetze in Serbien gelebt haben, können als Bürger aufgenommen und zu dem Bürgereid zugelassen werden, ohne daß sie von ihrer Regierung einer besonderen Ermächtigung zum Verzicht auf ihre angestammte Staatsangehörigkeit bedürfen. Die Erteilung der serbischen Staatsangehörigkeit kann aus triftigen Gründen verweigert werden.

Die serbische Staatsangehörigkeit geht verloren durch Erwerb einer fremden Staatsangehörigkeit, sofern der Auswandernde zuvor den Nachweis erbracht hat, daß er in den fremden Staat als Bürger aufgenommen wird, und daß er seinen Verpflichtungen gegen den Staat, seine Familiengenossenschaft und gegen Privatpersonen nachgekommen ist. (Amtl. Mitt.)

Staatsverfassung vom 5. Juni 1903.

Art. 29.

Jedem serbischen Bürger steht es frei, aus dem serbischen Staatsverband auszutreten, nachdem er seiner Verpflichtung zum Militärdienst und seinen anderen Pflichten gegenüber dem Staate oder Privaten genügt hat.

Siam.

In der siamesischen offiziellen Zeitung vom 30. März 1913 erschienen zwei Verordnungen. Die erste, vom 22. März, definiert die Stellung eines siamesischen Untertanen. Notwendig wurde die Definition durch das Naturalisationsgesetz, nach dem es möglich ist, die siamesische

Nationalität zu erwerben. Als siamesische Untertanen werden angesehen alle von einem Siamesen erzeugten Abkömmlinge, gleichviel, wo geboren, ferner die von einer siamesischen Mutter geborenen Abkömmlinge, deren Vater aber nicht bekannt ist; Personen, die in Siam geboren sind (d. h. wohl, die nach Gesetz nicht als zu einer anderen Nation gehörig anerkannt sind); alle Frauen, die, obwohl nicht von Geburt Siamesen, eine Ehe mit einem siamesischen Untertan nach Gesetz eingehen, und schließlich alle, die durch Naturalisation die Rechte eines siamesischen Untertanen erworben haben. Die einmal erworbene siamesische Nationalität hört mit der Verheiratung einer Siamesin mit einem Fremden auf, doch kann die siamesische Nationalität nach dem Tode des Mannes wiedererworben werden. Außerdem kann die siamesische Nationalität durch besondere Erlaubnis aufgegeben werden. Falls diese Erlaubnis erteilt wird, so erstreckt sie sich auf die Frau und auf die Kinder (vgl. Frankfurter in den „Blättern für vergl. Rechtsw. und Volkswirtsch." 1913, S. 129 ff.).

Spanien.

Bürgerliches Gesetzbuch von 1888, in Kraft seit 24. Juli 1889.

Art. 17.

Spanier sind:

1. die auf spanischem Gebiet geborenen Personen;

2. die Kinder eines spanischen Vaters oder einer spanischen Mutter, auch wenn sie außerhalb Spaniens geboren sind;

3. die Ausländer, welche eine Naturalisationsurkunde erworben haben;

4. diejenigen, welche ohne eine Naturalisationsurkunde erhalten zu haben, das Ortsbürgerrecht in irgend einer Ortschaft der Monarchie erworben haben.

Art. 18.

Kinder haben, solange sie unter väterlicher Gewalt stehen, die Staatsangehörigkeit der Eltern.

Damit die von ausländischen Eltern auf spanischem Gebiet geborenen Kinder das Vorrecht des Art. 17 Abs. 1 genießen können, ist es unbedingt notwendig, daß ihre Eltern auf die in Art. 19 erwähnte Art und Weise und vor den dort bezeichneten Behörden bekunden, daß sie im Namen ihrer Kinder für die spanische Staatsangehörigkeit optieren und auf jede andere Staatsangehörigkeit verzichten.

Art. 19.

Die Kinder eines Ausländers, die auf spanischem Gebiet geboren sind, müssen innerhalb des auf die Volljährigkeit oder Emanzipation folgenden Jahres sich erklären, ob sie auf die ihnen durch Art. 17 gewährte spanische Staatsangehörigkeit Anspruch machen wollen.

Diejenigen, welche sich im Königreich befinden, haben diese Erklärung vor dem Beamten des Zivilstandsregisters ihres Wohnortes, diejenigen, welche sich im Ausland aufhalten, vor einem konsularischen oder diplomatischen Agenten der spanischen Regierung abzugeben; endlich haben diejenigen, welche sich in einem Lande befinden, in welchem die Regierung keinen Vertreter hat, die Erklärung dem spanischen Staatsminister zu übermitteln.

Art. 20.

Die spanische Staatsangehörigkeit geht verloren durch Naturalisation in einem auswärtigen Staat, Annahme eines von einer fremden Regierung erteilten Amtes oder durch Eintritt in den Heeresdienst einer fremden Macht ohne Erlaubnis des Königs.

Art. 21.

Der Spanier, der seine Staatsangehörigkeit durch Naturalisation in einem auswärtigen Staat verloren hat, kann dieselbe wieder erlangen, indem er nach Spanien zurückkehrt, seinen dahingehenden Wunsch vor dem Standesbeamten des erwählten Domizils — zum Zweck einer entsprechenden Eintragung — erklärt und auf den Schutz der Fahne seines Adoptivstaates verzichtet.

Art. 22.

Die Ehefrau folgt dem Stande und der Staatsangehörigkeit ihres Gatten.

Die mit einem Ausländer verheiratete Spanierin kann nach Auflösung der Ehe die spanische Staatsangehörigkeit zurückerwerben, wenn sie die im vorhergehenden Artikel erwähnten Bedingungen erfüllt.

Art. 23.

Der Spanier, der seine Staatsangehörigkeit durch Annahme eines Amtes von seiten einer fremden Regierung oder durch Eintritt in den Heeresdienst einer fremden Macht ohne Erlaubnis des Königs verloren hat, kann dieselbe erst nach vorheriger Rehabilitierung durch den König wiedererlangen.

Art. 24.

Das im Ausland geborene Kind eines spanischen Vaters oder einer spanischen Mutter, das seine spanische Staatsangehörigkeit dadurch verloren hat, daß seine Eltern sie verloren haben, kann dieselbe ebenfalls durch Erfüllung der in Art. 19 vorgeschriebenen Bedingungen wiedererlangen.

Art. 25.

Damit die Ausländer, welche eine Naturalisationsurkunde erlangt oder das Ortsbürgerrecht in irgend einer Ortschaft der Monarchie erworben haben, in den Genuß der spanischen Staatsangehörigkeit gelangen können, haben sie vorher auf ihre frühere Staatsangehörigkeit zu verzichten, auf die Verfassung der Monarchie zu schwören und sich als Spanier in das Zivilstandsregister einschreiben zu lassen.

Art. 26.

Spanier, welche ihren Wohnsitz in einen auswärtigen Staat verlegen, wo sie schon durch die bloße Tatsache der Niederlassung als Eingeborene angesehen werden, müssen, um ihre spanische Staatsangehörigkeit zu bewahren, ihren dahingehenden Wunsch vor einem diplomatischen oder konsularischen Agenten Spaniens erklären, welcher dieselben nebst ihrer etwaigen Ehefrau und Kindern in das Register der ansässigen Spanier einträgt.

Art. 27.

Ausländer genießen in Spanien die Rechte, welche die Zivilgesetze den Spaniern gewähren, vorbehaltlich der Bestimmungen in Art. 2 der Staatsverfassung oder derjenigen internationaler Verträge.

Art. 28.

Gesetzlich anerkannte Körperschaften, Stiftungen und Vereine, die in Spanien ihren Sitz haben, besitzen das spanische Staatsbürgerrecht, insoweit sie nach den Bestimmungen dieses Gesetzbuches juristische Personen sind.

Gesellschaften, die im Ausland ihren Sitz haben, genießen in Spanien diejenige Berücksichtigung und Rechtsstellung, die ihnen nach den Verträgen und Sondergesetzen eingeräumt ist.

Türkei.

Loi sur la nationalité ottomane.

Art. 1.

Tout individu né d'un père ottoman et d'une mère ottomane, ou seulement d'un père ottoman, est sujet ottoman.

Art. 2.

Tout individu né sur le territoire ottoman de parents étrangers peut, dans les trois années qui suivront sa majorité, revendiquer la qualité de sujet ottoman.

Art. 3.

Tout étranger majeur qui a résidé durant cinq années consécutives dans l'Empire ottoman peut obtenir la nationalité ottomane en adressant directement ou par intermédiaire sa demande au ministre des affaires étrangères.

Art. 4.

Le gouvernement impérial pourra accorder extraordinairement la nationalité ottomane à l'étranger qui, sans remplir les conditions de l'article précédent, serait jugé digne de cette faveur exceptionelle.

Art. 5.

Le sujet ottoman qui a acquis une nationalité étrangère avec l'autorisation du gouvernement impérial est considéré et traité comme sujet étranger; si, au contraire, il s'est naturalisé étranger sans l'autorisation préalable du gouvernement impérial, sa naturalisation sera considéré comme nulle et non avenue, et il continuera à être considéré et traité en tous points comme sujet ottoman.

Aucun sujet ottoman ne pourra, dans tous les cas, se naturaliser étranger qu'après avoir obtenu un acte d'autorisation délivré en vertu d'un iradé impérial.

Art. 6.

Néanmois le gouvernement impérial pourra prononcer la perte de la qualité de sujet ottoman contre tout sujet ottoman qui se sera naturalisé à l'étranger ou qui aura accepté des fonctions militaires près d'un gouvernement étranger sans l'autorisation de son souverain.

Dans ce cas la perte de la qualité de sujet ottoman entraînera de plein droit l'interdiction, pour celui qui l'aura encourue, de rentrer dans l'empire ottoman.

Art. 7.

La femme ottomane qui a épousé un étranger peut, si elle devient veuve, recouvrer sa qualité de sujette ottomane, en faisant la déclaration dans les trois années qui suivront le décès de son mari. Cette disposition n'est toutefois applicable qu'à sa personne; ses propriétés sont soumises aux lois et règlements généraux qui les régissent.

Art. 8.

L'enfant même mineur d'un sujet ottoman qui s'est naturalisé étranger ou qui a perdu sa nationalité ne suit pas la condition de son père et reste sujet ottoman. L'enfant même mineur d'un étranger qui s'est naturalisé Ottoman ne suit pas la condition de son père et reste étranger.

Art. 9.

Tout individu habitant le territoire ottoman est reputé sujet ottoman et traité comme tel, jusqu'à ce que sa qualité d'étranger ait été régulièrement constatée.

Sublime Porte $\frac{\text{le 6 cheval 1285.}}{\text{19 janvier 1869.}}$

Décret du 29 juin 1900 sur l'indigénat égyptien.

Art. 1.

Dans l'application de la loi électorale du 1 mai 1883 sont de plein droit considérés comme Egyptiens les individus compris dans les catégories suivantes: 1. tous ceux établis en Egypte avant le 1 janvier 1848 (1254 de l'Hégire) et qui y ont conservé leur domicile; 2. les sujets ottomans nés en Egypte de parents y domiciliés, lorsque ces sujets ottomans y ont eux-mêmes conservé leur domicile; 3. les sujets ottomans, nés et domiciliés en Egypte qui auront obtempéré à la loi militaire égyptienne, soit en faisant le service militaire, soit en payant la taxe de remplacement; 4. les enfants nés en Egypte de père et mère inconnus. Sont exceptés des dispositions qui précèdent tous ceux qui seraient sujets ou protégés d'une puissance étrangère.

. . . .

Ungarn.

Gesetzartikel vom Jahre 1879 über den Erwerb und Verlust der ungarischen Staatsbürgerschaft.

(Sanktioniert am 20. Dezember 1879. Kundgemacht in beiden Häusern des Reichstages am 24. Dezember 1879.)

§ 1.

In sämtlichen Ländern der ungarischen Krone ist die Staatsbürgerschaft eine und dieselbe.

§ 2.

Die ungarische Staatsbürgerschaft wird nur in der folgenden Weise erworben:

1. durch Abstammung,
2. durch Legitimierung,
3. durch Ehe,
4. durch Naturalisierung.

§ 3.

Abstammung.

Durch Abstammung erwerben die legitimen Kinder des ungarischen Staatsbürgers und die illegitimen Kinder einer ungarischen Staatsbürgerin die ungarische Staatsbürgerschaft, in beiden Fällen auch dann, wenn der Geburtsort sich im Auslande befindet.

§ 4.

Legitimierung.

Durch Legitimierung erwerben die ungarische Staatsbürgerschaft die von einer Ausländerin geborenen illegitimen Kinder eines ungarischen Staatsbürgers.

§ 5.

Ehe.

Durch Ehe erwirbt die ungarische Staatsbürgerschaft jene Ausländerin, die einen ungarischen Staatsbürger heiratet.

§ 6.

Naturalisierung.

Durch Naturalisierung erwirbt die ungarische Staatsbürgerschaft jener Ausländer, der von einer der im § 11 genannten Behörde ein Naturalisationsdokument oder im Sinne des § 17 von Sr. Majestät ein Naturalisationsdiplom erhält und den ungarischen Staatsbürgereid oder Angelobung leistet.

§ 7.

Die durch einen in den Staatsverband aufgenommenen Mann erworbene ungarische Staatsbürgerschaft erstreckt sich auf dessen Gattin und unter dessen väterlicher Gewalt stehende minorenne Kinder.

§ 8.

Über den Erwerb der ungarischen Staatsbürgerschaft durch Naturalisierung kann ein Naturalisationsdiplom nur jener Ausländer erlangen, welcher:

1. die Fähigkeit zur Vornahme rechtlicher Handlungen besitzt, oder wenn den diesbezüglichen Mangel die Einwilligung seines gesetzlichen Stellvertreters ersetzt;
2. in den Verband irgend einer inländischen Gemeinde aufgenommen ist, bzw. dessen Aufnahme durch die Gemeinde in Aussicht gestellt wird;
3. seit fünf Jahren ununterbrochen im Lande wohnt;
4. unbescholtenen Vorlebens ist;
5. so viel Vermögen oder eine solche Erwerbsquelle besitzt, wovon er nach den Verhältnissen seines Wohnortes sich und seine Familie erhalten kann;
6. seit fünf Jahren in die Liste der Steuerzahler aufgenommen ist.

Bei der Naturalisierung eines Ausländers, welchen nach unseren Gesetzen ein ungarischer Staatsbürger adoptierte, können die Bedingungen der Punkte 3, 5, 6 dieses Paragraphen erlassen werden, wenn der Adoptierende die Bedingungen der §§ 5 und 6 erfüllt.

§ 9.

Behufs Verleihung der ungarischen Staatsbürgerschaft ist das gehörig instruierte Gesuch an den ersten Beamten (Vizegespan, Bürgermeister) jenes Munizipiums, bzw. in der Militärgrenze an jenes Bezirksamt oder an jenen Stadtmagistrat zu richten, in dessen Gebiet bzw. Bezirk der Gesuchsteller wohnhaft ist.

§ 10.

Die im § 9 bezeichnete Behörde prüft das Gesuch samt Beilagen, weist eventuell den Gesuchsteller zur Ergänzung der fehlenden notwendigen Dokumente an und erbittet in jenem Falle, wenn gegen Form oder Inhalt dieser Dokumente ein Bedenken auftaucht, von den betreffenden Behörden Aufklärung, und unterbreitet die Akten in Begleitung eines motivierten Gutachtens dem Minister des Innern, bzw. dem kroatisch-slawonisch-dalmatinischen Banus oder der Landesbehörde der Militärgrenze.

§ 11.

In Angelegenheit der im Sinne der §§ 8, 9 und 10 zu bewerkstelligenden Aufnahme in den Staatsverband entscheidet hinsichtlich jener, die auf dem Gebiete Ungarns und Fiumes wohnen: der Minister des Innern, hinsichtlich jener, die auf dem Gebiete Kroatiens-Slawoniens wohnen, der kroatisch-slawonisch-dalmatische Banus, bzw. die Militärgrenz-Landesbehörde, und in dem Falle, wenn dem Verlangen Folge geleistet wird, wird für den Betreffenden ein Naturalisationsdokument ausgestellt; jedoch ist jeder einzelne Fall behufs Evidenzhaltung dem Ministerpräsidenten zur Kenntnis zu bringen.

§ 12.

Im Naturalisationsdokument ist deutlich zu erklären, daß der Betreffende unter die ungarischen Staatsbürger aufgenommen wurde und im Falle des § 7 sollen auch die Namen der Frau und jener Kinder desselben erwähnt werden, auf welche sich die Naturalisierung erstreckt.

§ 13.

Nachdem das Naturalisationsdokument der die Vorlage vertretenden Behörde zugeteilt worden ist, verständigt diese die im § 9 bezeichnete Behörde, welche den Gesuchsteller unter Festsetzung des Tages für die Ablegung des Staatsbürgereides (Gelöbnisses) informiert.

Der Eid ist vor dem ersten Beamten des Munizipiums, in der Militärgrenze vor dem Bezirkschef, bzw. vor dem Bürgermeister oder den Stellvertretern derselben abzulegen.

§ 14.

Der Inhalt des Staatsbürgereides (Gelöbnisses) ist folgender:

„Ich N. N. schwöre (gelobe) bei Gott, daß ich Sr. k. und k. Majestät dem apostolischen Könige Ungarns und der Verfassung der Länder der ungarischen Krone treu sein werde und verspreche, daß ich meine Pflichten als ungarischer Staatsbürger treu erfüllen werde."

§ 15.

Über die Ablegung des Eides (Gelöbnisses) ist ein Protokoll aufzunehmen, das der Eidleistende (Gelobende) unterschreibt. Der Tag der Ablegung des Eides (Gelöbnisses) ist mit der Unterschrift desjenigen, vor dem die Ablegung geschah, auf das Naturalisationsdokument zu verzeichnen und dieses Dokument dem in den Staatsverband Aufgenommenen zu übergeben.

Der in den Staatsverband aufgenommene ist von diesem Tage an ungarischer Staatsbürger, kann aber — den im § 17 vorgesehenen Fall ausgenommen — erst zehn Jahre nach der Aufnahme in den Staatsverband Mitglied der Legislative werden.

§ 16.

Wenn derjenige, für den das Naturalisationsdiplom ausgestellt, und der zur Leistung des Eides (Angelöbnisses) vorgeladen wurde, binnen einem Jahre, vom Tage der Vorladung gerechnet, zur Leistung des Eides (Angelöbnisses) nicht erscheint und denselben (dasselbe) nicht leistet, verliert das Naturalisationsdiplom seine Gültigkeit, und ist jener Behörde, welche es ausgestellt, samt dem Attest über die Einhändigung der Vorladung zu unterbreiten.

§ 17.

Das Ministerium kann bei Sr. Majestät die Verleihung des Staatsbürgerrechts an jene Ausländer in Vorschlag bringen, die sich um die Länder der ungarischen Krone außerordentliche und hervorragende Verdienste erworben und entweder im Inlande wohnen oder erklären, daß sie sich hier niederlassen werden, wenn sie auch die in den Punkten 2, 3 und 6 des § 8 aufgezählten Erfordernisse nicht besitzen.

Wenn derjenige, der in solcher Weise das Staatsbürgerrecht erlangt hat, noch nicht um die Aufnahme in den Verband einer inländischen Gemeinde angesucht hat, wird seine Zuständigkeitsgemeinde vorläufig Budapest sein.

Auch auf diejenigen, die mit königlichem Dokumente die Staatsbürgerschaft erlangten, sind die Bestimmungen der obigen §§ 12, 13, 14, 15 und 16 anzuwenden.

§ 18.

Der Ausländer erlangt durch die Naturalisierung nicht den ungarischen Adel.

§ 19.

Solange nicht ihre fremde Nationalität bewiesen wird, sind als ungarische Staatsbürger zu betrachten:

1. diejenigen, die auf dem Gebiete der Länder der ungarischen Krone geboren wurden;
2. diejenigen, die auf diesem Gebiete als Findlinge gefunden und erzogen werden oder aufgezogen wurden.

§ 20.

Von dem Verluste der ungarischen Staatsbürgerschaft.

Die ungarische Staatsbürgerschaft hört auf:

1. durch Entlassung,
2. durch behördlichen Beschluß,
3. durch Abwesenheit,
4. durch Legitimierung, und
5. durch Ehe.

§ 21.

Entlassung.

Betreffs der Entlassung geschieht in Friedenszeiten hinsichtlich solcher, die zum Verbande der auf dem Gebiete Ungarns und Fiumes befindlichen Gemeinden gehören, vom Minister des Innern, hinsichtlich solcher aber, die zum Verbande der auf dem Gebiete von Kroatien-Slawonien befindlichen Gemeinden gehören, vom Banus von Kroatien-Slawonien-Dalmatien resp. von der Militärgrenz-Landesverwaltung die Beschlußfassung.

In diesem Beschlusse soll, wenn dem Gesuche Raum gegeben wird, ausgesprochen werden, daß der Betreffende aus dem Verbande des ungarischen Staates entlassen wird. Solche Beschlüsse sind der notwendigen Evidenzhaltung wegen dem Ministerpräsidenten zur Kenntnis zu bringen.

§ 22.

Individuen, welche unter der Verpflichtung der Dienstleistung in der Linie (Marine) in der Reserve oder Ersatzreserve stehen, können nur in dem Falle aus dem Verbande des ungarischen Staates entlassen werden, wenn sie vom gemeinsamen Kriegsminister, Honvéds aber nur dann, wenn sie vom Landesverteidigungsminister ein Dokument über ihre Entlassung aus dem Verbande der Wehrkraft erhalten haben.

Individuen, welche der oben erwähnten Wehrpflicht nicht unterliegen, derselben aber nicht definitiv enthoben sind, können, wenn sie ihr 17. Lebensjahr schon beschlossen haben, nur in dem Falle aus dem Verbande des ungarischen Staates entlassen werden, wenn sie mit einem

Zeugnis der betreffenden Jurisdiktion nachweisen, daß sie nicht aus dem Grunde, um sich der Wehrpflicht zu entziehen, um ihre Entlassung nachsuchen.

§ 23.

Ausnahmen von den im § 22 enthaltenen Vorschriften sind auf Grund der Reziprozität bezüglich solcher statthaft, denen die Erlangung der österreichischen Staatsbürgerschaft in Aussicht gestellt wurde.

Diese sind aus dem ungarischen Staatsverbande zu entlassen, wenn sie nachweisen, daß sie alle in Punkt 1, 2 und 3 des § 24 aufgezählten Eigenschaften besitzen.

§ 24.

Die Entlassung aus dem Verbande des ungarischen Staates kann zur Friedenszeit aus anderen als den im § 22 enthaltenen Gründen demjenigen nicht verweigert werden, der nachweist:

1. daß er zu Rechtshandlungen befähigt ist, oder daß seinem Ansuchen sein Vater resp. sein Vormund oder Kurator in vormundschaftsbehördlich approbierter Weise seine Zustimmung gibt;
2. daß er mit keiner staatlichen oder kommunalen Steuer im Rückstande ist;
3. daß er auf dem Gebiete der Länder der ungarischen Krone nicht unter strafgerichtlicher Untersuchung steht oder ein strafgerichtliches Urteil gegen ihn gefällt worden, das noch nicht vollzogen wurde.

§ 25.

In Kriegszeiten entscheidet hinsichtlich der Entlassung aus dem ungarischen Staatsverbande in jedem einzelnen Falle auf Vortrag des Ministeriums Se. Majestät.

§ 26.

Die Entlassung erstreckt sich auf die Gattin des entlassenen Mannes, und insofern im Sinne des § 22 keine Ausnahme Platz greift, auf dessen unter väterlicher Gewalt stehende minorenne Kinder, wenn dieselben mit dem Vater resp. Gatten zusammen auswandern.

§ 27.

Das gehörig instruierte Gesuch um Entlassung aus dem ungarischen Staatsverbande ist bei dem ersten Beamten (Vizegespan, Bürgermeister) jener Jurisdiktion resp. in der Militärgrenze bei jenem Bezirksamte oder städtischen Magistrat einzureichen, auf deren oder dessen Gebiete resp. in deren oder dessen Bezirke der Gesuchsteller die Gemeindezuständigkeit besitzt.

Diese Behörde beobachtet hinsichtlich des Gesuchs das im § 10 bestimmte Verfahren.

§ 28.

In der Entlassungsurkunde ist deutlich auszusprechen, daß der Betreffende aus dem Verbande des ungarischen Staates entlassen wird und in dem im § 26 vorgesehenen Falle sind auch die Namen der Gattin und derjenigen Kinder des Entlassenen zu erwähnen, auf welche die Entlassung sich erstreckt.

§ 29.

Die Entlassungsurkunde zieht vom Tage der Einhändigung den Verlust der ungarischen Staatsbürgerschaft nach sich.

Doch wird die Entlassung ungültig, wenn vor der Erlangung der Entlassungsurkunde bis zur Auswanderung hinsichtlich des Entlassenen eines der in den Punkten 2 und 3 des § 24 umschriebenen Hindernisse eintritt, oder auch sonst, wenn der Entlassene binnen einem Jahre nach Behändigung der Entlassungsurkunde nicht auswandert.

§ 30.

Die im § 11 genannten Behörden können bezüglich solcher ungarischer Staatsbürger, welche auf dem unter ihrer Verwaltung stehenden Gebiete Gemeindezuständigkeit besitzen, und welche ohne ihre Erlaubnis in den Dienst eines anderen Staates traten, den Verlust der Staatsbürgerschaft aussprechen, wenn diese nach erfolgter Aufforderung innerhalb der festgesetzten Zeit diesen Dienst nicht verlassen.

Die in diesem Paragraphen erwähnten Beschlüsse sind der nötigen Evidenzhaltung wegen von Fall zu Fall dem Ministerpräsidenten zur Kenntnis zu bringen.

§ 31.

Abwesenheit.

Derjenige ungarische Staatsbürger, der ohne Auftrag der ungarischen Regierung oder der österreichisch-ungarischen gemeinsamen Minister durch zehn Jahre ununterbrochen außerhalb der Grenzen des Gebiets der ungarischen Krone sich aufhält, verliert dadurch die ungarische Staatsbürgerschaft.

Die Zeit der Abwesenheit ist von jenem Tage an zu rechnen, an welchem der Betreffende die Grenze des Gebiets der ungarischen Krone verließ, ohne daß er die Bewahrung der ungarischen Staatsbürgerschaft der im § 9 bezeichneten kompetenten Behörde angezeigt hätte, oder wenn er sich mit Reisepaß entfernte, an dem Tage, wo der Paß abläuft.

Die Kontinuität der Abwesenheit wird unterbrochen, wenn der Abwesende die Bewahrung seiner ungarischen Staatsbürgerschaft der obgenannten kompetenten Behörde anzeigte oder sich einen neuen Paß verschaffte oder von irgend einem österreichisch-ungarischen Konsulat eine Aufenthaltskarte erhält oder in die Matrikel einer österreichisch-ungarischen Konsulargemeinde eingetragen wird.

§ 32.

Der auf solche Weise erfolgte Verlust der ungarischen Staatsbürgerschaft erstreckt sich auf die mit ihrem abwesenden Gatten zusammenlebende Gattin und dessen bei ihm befindlichen unter väterlicher Gewalt stehenden minorennen Kinder.

§ 33.

Legitimierung.

Die ungarische Staatsbürgerschaft verlieren diejenigen Kinder, welche im Sinne der Gesetze des Vaterlandes ihres natürlichen Vaters ausländischer Nationalität legitimiert wurden, ausgenommen, wenn sie durch diese Legitimierung die Staatsbürgerschaft ihres Vaters nicht erlangt haben und auch nach ihrer Legitimierung auf dem Gebiete der Länder der ungarischen Krone wohnen.

§ 34.

Heirat.

Ihre ungarische Staatsbürgerschaft verliert diejenige Frau, welche mit einem nichtungarischen Staatsbürger sich verehelicht.

§ 35.

Ihre ungarische Staatsbürgerschaft verliert diejenige ausländische Frau nicht, welche mit einem ungarischen Staatsbürger sich verehelichend, Witwe wird, von ihrem Manne gerichtlich geschieden wurde, oder wenn deren Ehe aufgelöst wurde.

§ 36.

Derjenige ungarische Staatsbürger, der zugleich Bürger eines anderen Staates, ist solange als ungarischer Staatsbürger zu betrachten, bis er nicht seine ungarische Staatsbürgerschaft verloren hat.

§ 37.

Zurückerlangung der Staatsbürgerschaft.

Ihre Staatsbürgerschaft erlangt jene Frau, die sich mit einem Ausländer verehelicht hat, dadurch zurück, wenn ihre Ehe vom kompetenten Gericht für ungültig erklärt wird.

§ 38.

Wiederaufnahme in den Staatsverband.

Auf diejenigen, welche die ungarische Staatsbürgerschaft verloren haben und um die Wiederaufnahme unter die ungarischen Staatsbürger einkommen, sind die obigen von der Aufnahme in den Staatsverband handelnden Bestimmungen anzuwenden, insofern die folgenden Paragraphen keine Ausnahme schaffen.

§ 39.

Wer durch Entlassung oder Abwesenheit die ungarische Staatsbürgerschaft verloren und eine andere Staatsbürgerschaft nicht erworben hat, kann auch dann unter die ungarischen Staatsbürger wieder aufgenommen werden, wenn er nicht auf das Ländergebiet der ungarischen Krone zu dauerndem Aufenthalt zurückkehrte.

Im letzteren Falle erlangt der wieder in den Staatsverband Aufgenommene seine frühere Gemeindezuständigkeit zurück.

§ 40.

Wer durch Entlassung oder Abwesenheit seine ungarische Staatsbürgerschaft verloren hat und auf das Ländergebiet der ungarischen Krone zurückgekehrt ist, in den Verband irgend einer inländischen Gemeinde aufgenommen wird bzw. wenn diese Aufnahme in Aussicht gestellt ist, kann infolge seines Gesuchs unter die ungarischen Staatsbürger wieder aufgenommen werden.

§ 41.

Jene Frau, die zufolge Entlassung, Abwesenheit ihres Gatten oder ihrer mit einem Ausländer eingegangenen Ehe ihre ungarische Staatsbürgerschaft verloren hat, kann, wenn sie von ihrem Gatten gerichtlich geschieden, ihre Ehe aufgelöst wurde, oder wenn sie Witwe wird und in den Verband einer Gemeinde auf dem Ländergebiet der ungarischen Krone aufgenommen oder ihr diese Aufnahme in Aussicht gestellt wird — auf Grund ihres Ansuchens wieder unter die ungarischen Staatsbürger aufgenommen werden.

§ 42.

Wer durch die Entlassung oder Abwesenheit seines legitimen Vaters als Minderjähriger seine ungarische Staatsbürgerschaft verloren hat, kann nach dem Tode seines Vaters oder nachdem er im Sinne der Gesetze seines neuen Vaterlandes seine Großjährigkeit erreicht hat und nachdem er in beiden Fällen in den Verband einer Gemeinde auf dem Ländergebiet der ungarischen Krone aufgenommen bzw. ihm diese Aufnahme in Aussicht gestellt wurde, auf Grund seines Ansuchens, zu welchem, wenn er minderjährig, die Zustimmung seines Vormundes erforderlich ist, unter die ungarischen Staatsbürger aufgenommen werden.

§ 43.

Das Gesuch um Wiederaufnahme in den Staatsverband ist in den Fällen der §§ 38, 39, 40, 41, 42 bei jener im § 9 bezeichneten Behörde einzureichen, zu deren Gebiete jene Gemeinde gehört, in deren Verband der Betreffende aufgenommen wird bzw. diese Aufnahme ihm in Aussicht gestellt wird.

§ 44.

Auf die Wiedererlangung der Staatsbürgerschaft erstreckt sich nicht jene Verfügung des § 15, daß der Betreffende erst nach Verlauf von zehn Jahren Mitglied der Legislative werden kann, ausgenommen, wenn die ungarische Staatsbürgerschaft durch Naturalisierung (§ 6) erlangt wurde und seit Erlangung derselben 10 Jahre nicht verflossen sind.

§ 45.

Schlußbestimmungen.

Die Munizipien resp. in der Militärgrenze die Bezirksämter und die Stadtmagistrate sind verpflichtet, über Verleihungen des Staatsbürgertums und über die Entlassung aus dem Staatsverbande besondere Verzeichnisse in je zwei Exemplaren zu führen.

I. Die Rubriken des über die Verleihungen des Staatsbürgertums zu führenden Verzeichnisse sind:

1. die am ersten Tage des Jahres beginnende laufende Zahl;
2. Name, Alter, Beschäftigung des in den Staatsverband Aufgenommenen resp. Wiederaufgenommenen;
3. das frühere Vaterland und die Zuständigkeitsgemeinde des Aufgenommenen;
4. Name und Alter der Familienglieder, auf welche sich die Aufnahme in den Staatsverband erstreckt;
5. Datum und Zahl des Dokuments über die Aufnahme in den Staatsverband;
6. Anmerkung, in welcher bezüglich der Wiederaufgenommenen zu verzeichnen ist, auf welche Weise sie ihre frühere Staatsbürgerschaft verloren haben.

II. Das über die Entlassungen zu führende Verzeichnis ist mit ähnlichen Rubriken zu versehen, mit dem Unterschiede, daß in der 6. Rubrik ersichtlich zu machen ist, wodurch der aus dem Staatsverbande Entlassene das ungarische Staatsbürgerrecht erworben hat.

Ein Exemplar dieser Verzeichnisse ist zu Ende jedes Jahres der betreffenden in den §§ 11 und 21 genannten Behörde vorzulegen.

§ 46.

Außer den normalen, für die Verleihung des Staatsbürgerrechts und die Auswanderung zu entrichtenden Gebühren ist für die Aufnahme unter die ungarischen Staatsbürger und für die Entlassung aus dem ungarischen Staatsverbande keinerlei Gebühr oder Taxe zu erlegen.

§ 47.

Ausnahmen von diesem Gesetze sind jenen Staaten gegenüber zulässig, mit welchen in dieser Beziehung Verträge geschlossen wurden, insofern solche Verträge vom gegenwärtigen Gesetze abweichende Verfügungen enthalten.

§ 48.

Alle mit gegenwärtigem Gesetze in Widerspruch stehenden Gesetze und Verordnungen werden außer Kraft gesetzt. Durch gegenwärtiges Gesetz wird das Staatsbürgerrecht jener nicht berührt, die bis zum Inslebentreten dieses Gesetzes die Aufnahme erlangten.

Als ungarische Staatsbürger sind auch jene zu betrachten, die auf dem Gebiete der Länder der ungarischen Krone bis zum Tage des Inslebentretens dieses Gesetzes wenigstens seit fünf Jahren ohne Unterbrechung, wenn auch an verschiedenen Orten wohnten, und in einer inländischen Gemeinde in die Liste der Steuerzahler aufgenommen sind, wenn sie nicht binnen einem, vom Inslebentreten dieses Gesetzes gerechneten Jahre vor jener Jurisdiktion resp. in der Militärgrenze vor jenem Bezirksamt oder Stadtmagistrat, auf deren Gebiet, resp. dessen Bezirk ihr letzter Wohnort ist, nachweisen, daß sie ihre fremde Staatsbürgerschaft beibehalten haben.

Die für die Zeit der Abwesenheit im § 31 festgesetzten 10 Jahre sind bezüglich jener, welche vor dem Inslebentreten des gegenwärtigen Gesetzes sich vom Gebiete der Länder der ungarischen Krone entfernten, vom Tage des Inslebentretens des gegenwärtigen Gesetzes zu rechnen.

§ 49.

Die auf die kroatisch-slawonische Militärgrenze und auf die Militärgrenz-Landesbehörde bezüglichen besonderen Bestimmungen des gegenwärtigen Gesetzes sind nur provisorische, deren Wirksamkeit nur so lange währt, bis die Militärgrenze mit Kroatien-Slawonien auch administrativ vereinigt wird.

§ 50.

Mit der Ausführung dieses Gesetzes werden das Ministerium bzw. der Minister des Innern, der Banus von Kroatien-Slawonien-Dalmatien und die Militärgrenz-Landesbehörde betraut.

Uruguay.

Verfassung vom 13. Juli 1830.

Art. 6.

Staatsangehörige von Uruguay sind es entweder durch Geburt oder durch Gesetz.

Art. 7.

Staatsangehörige durch Geburt sind alle freien Personen, die irgendwo im Gebiete des Staates geboren sind.

Art. 8.

Staatsangehörige durch Gesetz sind:

Ausländer, die Väter von eingeborenen Staatsangehörigen sind und bereits vor Erlaß der Verfassung ihren Wohnsitz im Lande hatten.

Die von einem im Lande geborenen Vater oder von einer im Lande geborenen Mutter auswärts geborenen Kinder, sobald sie nach Uruguay zurückkehren.

Ausländer, die als Offiziere in der nationalen Armee oder Marine gedient haben oder später dienen.

Ausländer ohne Kinder oder mit ausländischen Kindern, die aber mit einer Uruguayanerin verehelicht sind und die einen wissenschaftlichen, künstlerischen oder gewerblichen Beruf ausüben, oder ein Geschäft betreiben oder Immobilien besitzen und in dem Staat bei Erlaß der Verfassung ihren Aufenthalt gehabt haben.

Mit Ausländerinnen verheiratete Ausländer, die eine der vorerwähnten Qualifikationen besitzen und drei Jahre im Staate niedergelassen sind.

Unverheiratete Ausländer im Besitze einer dieser Qualifikationen, die mindestens vier Jahre im Lande ansässig sind.

Diejenigen, welche aus besonderer Gnade ihrer ausgezeichneten Verdienste wegen von der gesetzgebenden Versammlung dazu ernannt worden sind.

Art. 12.

Die Staatsbürgerschaft geht verloren:

1. infolge der Verurteilung zu einer infamierenden Strafe;
2. wegen betrüglichen Bankrotts;
3. durch Erwerb der Naturalisation im Auslande;
4. bei Annahme eines Amts, Titels oder einer Auszeichnung von einem ausländischen Staate ohne Erlaubnis der gesetzgebenden Versammlung.

In jedem dieser vier Fälle kann jedoch die Wiedererlangung des Bürgerrechts nachgesucht und gewährt werden.

Gesetz vom 13. Juli 1874 (Ley reglementaria).

Art. 1.

Ausländer, welche als Offiziere im Heer der Republik gekämpft haben oder kämpfen, sind nach Art. 8 der Verfassung vor dem Gesetz Bürger.

Art. 2.

Um ihre Rechte als Staatsbürger auszuüben, müssen sie die Tatsache ihres Dienstes als Offiziere im Heere der Republik durch ihre Militärpapiere feststellen lassen. Diese sind der Regierungskanzlei vorzulegen, wo alsdann ihr Name in das Verzeichnis der gesetzlichen Bürger eingetragen wird.

Art. 3.

Gesetzliche Bürger nach Vorschrift des Art. 8 der Verfassung sind auch die Kinder eines eingeborenen Vaters oder einer eingeborenen Mutter von dem Augenblick an, da sie sich im Inland niederlassen.

Art. 4.

Zum Nachweis des im vorigen Artikel erwähnten Umstandes ist der Regierungskanzlei der Geburtsschein des Vaters oder der Mutter vorzulegen. Daselbst wird der Name der betr. Person vermerkt, und so deren Eigenschaft als gesetzliche Bürger nachgewiesen.

Art. 7.

Die anderen Ausländer, auf die sich Art. 8 der Verfassung bezieht, und die für das Staatsbürgerrecht zu optieren wünschen, haben sich an den Richter ihres Wohnsitzes zu wenden mit den Begehren, vor dem Fiscal oder mangels eines solchen vor dem Prokurador Fiscal zu dem Nachweis zugelassen zu werden, daß sie eine der in Art. 8 der Verfassung geforderten Eigenschaften besitzen.

Art. 8.

Nachdem der Richter das Begehren kurz und summarisch zusammengefaßt hat, erklärt er, ob der Antragsteller die Voraussetzungen erfüllt, die er behauptet, und eröffnet durch seine Entscheidung etwaige Rechtsmittel.

Art. 9.

Ist die Entscheidung, durch welche dem Antragsteller eine der in Art. 8 der Verfassung vorgesehenen Bedingungen zuerkannt wird, in Rechtskraft erwachsen, so wird er dem betreffenden Ministerium überwiesen, um in das Verzeichnis der gesetzlichen Bürger eingetragen zu werden.

Art. 11.

Die Schriftstücke, welche zum Erwerb der Bürgerbriefe erforderlich sind, sollen keine Kosten verursachen.

Art. 13.

Sobald die gesetzlichen Bürger eingetragen sind, wird ihnen der Bürgerbrief ausgefertigt.

Venezuela.

Verfassung vom 12. Juni 1893.

Art. 5.

Die venezuelanische Staatsangehörigkeit wird entweder durch Abstammung oder durch Naturalisation erworben.

a) Durch Abstammung sind Venezuelaner:

1. alle, die im Staatsgebiet von Venezuela geboren sind, auch wenn sie von Vätern stammen, die nicht die venezuelanische Staatsangehörigkeit besitzen;
2. die im Ausland geborenen Kinder von Venezuelanern, wenn sie nach ihrer Rückkehr nach Venezuela eine diesbezügliche Erklärung vor den staatlichen Behörden abgeben;
3. die im Auslande geborenen Kinder von Mitgliedern der diplomatischen Missionen in Venezuela.

b) Durch Naturalisation erwerben die venezuelanische Staatsangehörigkeit:

1. die im Auslande geborenen Kinder von naturalisierten venezuelanischen Eltern, sofern sie nach ihrer Rückkehr nach Venezuela bei den staatlichen Behörden ihre Naturalisation beantragen;
2. alle in den spanisch-amerikanischen Republiken oder auf den spanischen Antillen Geborenen, wenn sie in Venezuela festen Wohnsitz nehmen und ihre Naturalisation beantragen;
3. alle Ausländer, denen die Naturalisation bewilligt wird.

Dekret betreffend die Naturalisation vom 13. Juni 1865.

Art. 1.

Naturalisationsurkunden können die Ausländer erlangen, die darum nachsuchen, falls sie im Lande niedergelassen sind.

Art. 2.

Der Ausländer, der eine Naturalisationsurkunde zu erwerben wünscht, muß sich mit seinem Gesuch unmittelbar oder durch den Präsidenten des Staates, in dem er wohnt, an die vollziehende Staatsbehörde wenden und unter Angabe seines Ursprungslandes und Berufes seinen Willen bekunden, sich naturalisieren zu lassen, mit dem gleichzeitigen Versprechen, der Verfassung und den Gesetzen des Staates gehorchen zu wollen, nebst der Angabe etwaiger weiterer Gründe die der Bewerber vorbringen will.

Art. 3.

Die vollziehende Staatsbehörde fertigt nach Einsicht des Gesuches die Naturalisationsurkunde aus.

Art. 4.

Sind die Naturalisationsurkunden ausgefertigt und auf dem Ministerium der Auswärtigen Angelegenheiten eingetragen, so werden sie in der Presse veröffentlicht.

Art. 5.

Die bisher nach den Gesetzen Columbias und Venezuelas naturalisierten Personen bleiben im Genuß ihrer gesetzlichen Rechte ohne neuer Naturalisationsurkunden zu bedürfen.

Vereinigte Staaten von Nordamerika.

Revised Statutes of the United States.

Titel 25.

Vom Bürgerrecht.

Sektion 1992.

Alle in den Vereinigten Staaten geborenen Personen, die nicht Untertanen eines fremden Staates sind, gelten mit Ausschluß der nicht besteuerten Indianer als Bürger der Vereinigten Staaten.

Sektion 1993.

Alle Kinder, die außerhalb der Grenzen und der Jurisdiktion der Vereinigten Staaten geboren sind, oder geboren werden, deren Väter bei ihrer Geburt Bürger sind, gelten als Bürger der Vereinigten Staaten. Doch geht das Bürgerrecht nicht auf solche Kinder über, deren Väter nie in den Vereinigten Staaten gewohnt haben.

Sektion 1994.

Die Frau, die einen Bürger der Vereinigten Staaten heiratet und selbst rechtsverbindlich naturalisiert werden könnte, ist als Bürgerin der Vereinigten Staaten zu betrachten.

Sektion 1995.

Wer in dem ehemaligen Territorium von Oregon geboren ist, und am 18. Mai 1872 der Jurisdiktion der Vereinigten Staaten unterstellt war, ist Bürger, als wäre er anderswo in den Vereinigten Staaten geboren.

Sektion 1996.

Wer aus dem Heeres- oder Marinedienst desertiert und nicht wieder dahin zurückkehrt, ... verwirkt sein Bürgerrecht und seine Befugnis Bürger zu werden, und solche Deserteure sollen für immer als unfähig gelten, eine von den Vereinigten Staaten bezahlte Stellung zu erhalten, ein Vertrauensamt zu bekleiden oder die Rechte eines Bürgers auszuüben.

Sektion 1998.

Wer aus dem Heeres- oder Marinedienst der Vereinigten Staaten desertiert, oder wer nach rechtmäßiger Anwerbung sich der Jurisdiktion des Bezirks entzieht, in welchem die Anwerbung stattgefunden hat, oder sich aus den Vereinigten Staaten wegbegibt, in der Absicht, sich der gesetzmäßig angeordneten Aushebung für den Militär- oder Marinedienst zu entziehen, ist den in Sektion 1996 erwähnten Strafen und Bußen verfallen.

Sektion 1999.

Da die Entlassung aus der Staatsangehörigkeit bei allen Völkern gilt und als natürliches Recht unentbehrlich ist für den Genuß von Leben und Freiheit und dem Streben nach Glück, in Erwägung, daß die Regierung der Vereinigten Staaten in Anerkennung dieses Rechts die Auswanderer aller Staaten in freiester Weise aufgenommen und ihnen das Bürgerrecht verliehen hat, in fernerer Erwägung, daß behauptet wird, solche Bürger Amerikas seien samt ihren Nachkommen Untertanen fremder Staaten und deren Regierungen Treue schuldig, in endlicher Erwägung, daß die Aufrechterhaltung des öffentlichen Friedens eine sofortige endgültige Zurückweisung dieser beanspruchten Treuepflicht gegenüber dem Ausland fordert: so wird jede Erklärung, Anweisung, Meinung, Aufforderung, Entscheidung, die die Entlassung versagt, beschränkt, beeinträchtigt oder in Frage stellt, von welcher Behörde in den Vereinigten Staaten sie auch ausgehen mag, als unvereinbar erklärt mit den grundlegenden Rechten dieses Staates.

Sektion 2166.

Jeder Ausländer im Alter von 21 Jahren und darüber, der sich in das ordentliche Heer der Vereinigten Staaten oder als Freiwilliger hat einreihen lassen, und einen ehrenvollen Abschied erhalten hat, ist auf seinen Antrag hin in den Vereinigten Staaten zu naturalisieren, ohne jede vorgängige Erklärung seiner Naturalisationsabsicht. Man soll von ihm nicht den Nachweis eines längeren als einjährigen Aufenthalts in den Vereinigten Staaten vor seinem Aufnahmeantrage verlangen, und der Gerichtshof, der über die Aufnahme zu entscheiden hat, soll außer dem vom Gesetz vorgeschriebenen Aufenthaltsnachweis und dem Nachweis seines guten Leumunds es bei dem Nachweis eines ehrenvollen Abschiedes aus dem Heeresdienst der Vereinigten Staaten bewenden lassen.

Sektion 2169.

Die Bestimmungen dieses Titels sollen auf freie, fremde Personen weißer Rasse, auf Fremde afrikanischer Geburt und Personen afrikanischer Abstammung Anwendung finden.

Sektion 2170.

Kein Ausländer soll als Bürger aufgenommen werden, der nicht unmittelbar vor seiner Aufnahme während 5 Jahren ununterbrochen in den Vereinigten Staaten gewohnt hat.

Sektion 2171.

Kein Ausländer, der Angehöriger, Bürger oder Untertan eines Landes, Staates oder Herrschers ist, mit dem die Vereinigten Staaten im Zeitpunkt seiner Bewerbung im Kriege stehen, soll als Bürger der Vereinigten Staaten zugelassen werden.

Sektion 2172.

Die Kinder von Personen, welche in Anwendung eines Gesetzes der Vereinigten Staaten regelmäßig naturalisiert worden sind, oder die vor Erlaß irgend eines Gesetzes über diesen Gegenstand durch die gesetzgebenden Behörden der Vereinigten Staaten Bürger irgend eines der Staaten nach dessen Gesetzen geworden sind, sollen, wenn sie im Zeitpunkt der Naturalisation ihrer Eltern noch nicht 21 Jahr alt waren und in den Vereinigten Staaten wohnen, als Bürger der Vereinigten Staaten angesehen werden, und die Kinder von Personen, die Bürger der Vereinigten Staaten sind oder waren, sollen, obschon außerhalb der Grenzen und der Jurisdiktion der Vereinigten Staaten geboren, als ihr Bürger angesehen werden. Doch soll keine Person, die vormals von irgend einem Staat verbannt worden ...... ist, als Bürger zugelassen werden, es sei denn mit Zustimmung des Staates, in dem diese Person verbannt wurde.

Sektion 2174.

Jeder Seemann fremder Staatsangehörigkeit, welcher vor einem zuständigen Gericht seine Absicht erklärt, Bürger der Vereinigten Staaten werden zu wollen, und der nach dieser Erklärung während drei Jahren an Bord eines Handelsschiffs der Vereinigten Staaten gedient hat, kann auf seinen Antrag an ein zuständiges Gericht und auf die Vorweisung eines Zeugnisses über seine Entlassung und gute Aufführung während jener Zeit, in Verbindung mit einem Zeugnis über die Erklärung seiner Naturalisationsabsicht als Bürger der Vereinigten Staaten aufgenommen werden. Jeder Seemann fremder Staatsangehörigkeit soll, nachdem er seine Absicht, Bürger der Vereinigten Staaten werden zu wollen, erklärt und die erwähnte dreijährige Dienstzeit beendet hat, als Bürger der Vereinigten Staaten gelten, soweit es sich um die Bemannung und den Dienst an Bord irgend eines Handelsschiffes der Vereinigten Staaten handelt, trotz gegenteiliger Bestimmungen irgend welcher Art in irgend welchen Bestimmungen des Kongresses. Doch soll ein Seemann in dieser Lage, nachdem er seine Absicht erklärt hat, Bürger werden zu wollen, in allen Fällen, in denen ein amerikanischer Bürger schutzberechtigt ist, als solcher angesehen werden.

Gesetz vom 26. Juli 1894.

Jeder Ausländer im Alter von 21 Jahren und darüber, der für die Kriegs- oder Handelsmarine der Vereinigten Staaten angeworben ist, und dort 5 aufeinanderfolgende Jahre gedient hat, und einen ehrenvollen Abschied erhalten hat, ist auf seinen Antrag in den Vereinigten Staaten zu naturalisieren, ohne jede vorgängige Erklärung seiner Naturalisationsabsicht. Dem ihn naturalisierenden Gerichtshof soll zum Nachweis seines guten Leumundes der Nachweis seines Dienstes in der Kriegs- oder Handelsmarine und seines ehrenvollen Abschiedes genügen.

Gesetz vom 29. Juni 1906 mit den Abänderungen der Novellen vom 4. März 1909 und 25. Juni 1910.

(In Kraft seit 27. September 1906.)

Senat und Repräsentantenhaus der Vereinigten Staaten von Nordamerika, im Kongreß versammelt, erlassen nachfolgendes Gesetz:

Sektion 1.

Die Bezeichnung des Einwanderungsbureaus im Handels- und Industriedepartement wird hiermit abgeändert in die Bezeichnung „Einwanderungs- und Naturalisationsbureau". Dieses Bureau steht unter Leitung und Kontrolle des Sekretärs für Handel und Industrie, und ist künftig mit allen die Naturalisation von Ausländern betreffenden Angelegenheiten betraut. Die Aufgabe des erwähnten Bureaus besteht darin, zum Gebrauch für die verschiedenen Einwanderungsstellen auf dem Gebiet der Vereinigten Staaten Kontrollen zu führen, in welche die Einwanderungskommissäre von der Annahme dieses Gesetzes an hinsichtlich jedes einzelnen Ausländers, der in den Vereinigten Staaten ankommt, die Eintragung des Namens, Alters und Berufes, der näheren Personalien (Größe, Gesichtsfarbe, Farbe des Haares und der Augen), des Geburts- und letzten Wohnortes, des voraussichtlichen Wohnortes in den Vereinigten Staaten, des Datums der Ankunft und — wenn der fragliche Ausländer in einem Seehafen gelandet ist — die Eintragung des Namens des betreffenden Schiffes, auf dem er gekommen ist, veranlassen sollen. Die erwähnten Einwanderungskommissäre sind auch verpflichtet, jenem Ausländer über diese Eintragung ein alle Einzelheiten derselben enthaltendes Zeugnis ausstellen zu lassen.*)

Sektion 2.

(Betrifft Unterbringung des Beamtenpersonals zur Ausführung dieses Gesetzes.)

Sektion 3.

Die Kompetenz, Ausländer als Bürger der Vereinigten Staaten zu naturalisieren, wird hiermit folgenden Gerichtshöfen ausschließlich übertragen:

Den Unions-Bezirks- und Distriktsgerichten, welche zurzeit bestehen oder vom Kongreß in der Folge in irgend einem Staat eingesetzt werden, den Unionsdistriktgerichten für die Territorien Arizona, Neu-Mexiko, Oklahama, Havaï und Alaska, dem obersten Gerichtshof des Distrikts von Columbia und den Unionsgerichten des Indian Territory; ferner allen „courts of record“ in allen Staaten und Territorien, welche zurzeit bestehen oder künftig geschaffen werden, sofern sie mit Siegel und Gerichtsschreiber versehen sind und in Streitigkeiten „at law and equity“ oder „law and equity“ durch keinen bestimmten Streitwert begrenzte Jurisdiktion besitzen.

Die Jurisdiktion in Naturalisationsangelegenheiten erstreckt sich für alle soeben erwähnten Gerichte der Staaten, Territorien und des Bundes nur auf die im bezüglichen Gerichtsdistrikt jedes Gerichts wohnenden Ausländer . . . . .

Sektion 4.

Ein Ausländer kann nur auf nachfolgende Weise Bürger der Vereinigten Staaten werden:

1. Er muß wenigstens zwei Jahre vor seiner Zulassung, und nachdem er das 18. Lebensjahr erreicht hat, vor dem Gerichtsschreiber eines in diesem Gesetz mit der Naturalisation von Ausländern betrauten Gerichtes, oder vor einem bevollmächtigten Stellvertreter desselben in dem Distrikt, in welchem er wohnt, eidlich erklären, daß er bona fide die Absicht habe, Bürger der Vereinigten Staaten zu werden und für immer jeder Untertanenschaft und Treuepflicht gegenüber irgend welchem fremden Fürsten, Machthaber, Staat oder Souverän, besonders gegenüber demjenigen Fürsten, Staat oder Souverän, dessen Bürger oder Untertan er augen-

*) In Übung seit dem 29. Juni 1911.

blicklich sein mag, zu entsagen gedenke. In dieser Erklärung ist Name, Alter, Beschäftigung und nähere persönliche Beschreibung, sowie der Geburtsort, der bisherige ausländische Wohnort nebst Untertanenschaft, das Datum der Ankunft, der Name des etwaigen Schiffes, auf welchem der Bewerber nach den Vereinigten Staaten kam, und der gegenwärtige Wohnort in den Vereinigten Staaten anzugeben, mit der Maßgabe jedoch, daß derjenige Ausländer, welcher in Übereinstimmung mit dem zur Zeit der Erklärung geltenden Recht seine Absicht, Bürger der Vereinigten Staaten zu werden, kundgetan hat, nicht gehalten ist, diese Erklärung zu wiederholen, ferner mit folgender Maßgabe: Falls jemand unter dem bestehenden Recht befugt und geeignet ist, Bürger der Vereinigten Staaten zu werden, falls er vor dem 1. Mai 1910 bereits 5 Jahr lang seinen dauernden Wohnsitz in den Vereinigten Staaten gehabt hat, falls er auf Grund von falschen Auskünften über sein Bürgerrecht oder die Erfordernisse des Bürgerrechtsgesetzes gehandelt hat in der Meinung Bürger zu sein oder zu werden und auf Grund dieser unrichtigen Angaben in gutem Glauben Rechte eines Bürgers oder Bürgerrechtsbewerbers ausgeübt oder dessen Pflichten erfüllt hat, falls er diese Tatsachen einem zur Ausgabe von Naturalisationsurkunden an Fremde berechtigten Gerichtshof nachweist und falls der Gerichtshof feststellt, daß der Betreffende während eines Zeitraums von mehr als 5 Jahren das Recht hatte, auf eigenen Antrag naturalisiert zu werden, so soll der Gerichtshof ihm eine endgültige Naturalisationsurkunde ausstellen, und zwar ohne den Beweis zu fordern, daß der Betreffende vorher eine Erklärung seiner Naturalisationsabsicht abgegeben hat; in allen übrigen Beziehungen muß er den gesetzlichen Vorschriften über die Erteilung von endgültigen Naturalisationsurkunden an Fremde nachkommen.

2. Nicht weniger als zwei Jahre und nicht mehr als sieben Jahre, nachdem der Ausländer die Erklärung, Bürger werden zu wollen, abgegeben hat, muß er ein schriftliches, eigenhändig unterzeichnetes und gehörig beglaubigtes Gesuch in zwei Exemplaren einreichen, in welchem sein voller Name, Aufenthaltsort (wenn möglich mit Straße und Nummer), sein Beruf, und, wenn möglich, das Datum und der Ort seiner Geburt, der Ort, von welchem er auswanderte, das Datum und der Ort seiner Ankunft in den Vereinigten Staaten, und, wenn er in einem Seehafen landete, der Name des Schiffes, auf welchem er ankam, die Ankunftszeit und der Sitz und Name des Gerichts, bei welchem er seine Absicht, Bürger der Vereinigten Staaten zu werden, erklärte, anzugeben sind. Falls der Bewerber verheiratet ist, hat er den Namen seiner Frau und womöglich ihr Geburtsland und ihren Wohnort zur Zeit der Einreichung des Gesuchs anzugeben. Sofern Kinder vorhanden sind, muß auch Name, Ort und Datum der Geburt und Wohnort eines jeden, im Zeit-

punkt der Einreichung des Gesuches lebenden Kindes angegeben werden: mit der Maßgabe jedoch, daß der Ausländer, wenn er die Erklärung vor dem Erlaß dieses Gesetzes abgegeben hat, nicht gehalten sein soll, das Gesuch eigenhändig zu unterzeichnen.

In dem Gesuche muß der Bewerber angeben, daß er kein Gottesleugner oder Gegner einer organisierten Regierung ist, und kein Mitglied oder Anhänger irgend einer Organisation oder Körperschaft, die eine Ableugnung und Auflehnung gegen die staatliche Ordnung lehrt, daß er kein Polygamist ist, noch Anhänger der Polygamie, daß es ferner seine Absicht ist, Bürger der Vereinigten Staaten zu werden und unbedingt und für immer jeder Untertanenschaft und Treue gegenüber irgend welchem fremden Fürsten, Machthaber, Staat oder Souverän zu entsagen, besonders gegenüber demjenigen Fürsten usw., dessen Bürger oder Untertan er im Augenblick der Einreichung des Gesuchs ist, und daß er dauernd in den Vereinigten Staaten zu wohnen beabsichtigt. Auch muß der Bewerber mitteilen, ob ihm die Aufnahme als Bürger in die Vereinigten Staaten verweigert worden ist, und wenn dies der Fall, die Gründe dieser Verweigerung, sowie durch welchen Gerichtshof, und daß die Ursachen zu jener Abweisung inzwischen beseitigt sind; überhaupt ist jede Tatsache anzugeben, welche für eine Naturalisation wesentlich ist und bei der endlichen Verhandlung über sein Gesuch bewiesen werden muß. Das Gesuch muß durch die eidlichen Aussagen von wenigstens zwei glaubwürdigen Zeugen, welche Bürger der Vereinigten Staaten sind, bestätigt werden. Diese Zeugen haben festzustellen, daß ihnen der Bewerber persönlich bekannt sei, daß er unmittelbar vor Einreichung des Gesuchs mindestens fünf Jahre ununterbrochen in den Vereinigten Staaten und mindestens ein Jahr in dem Staate, Territorium oder Distrikt gewohnt habe, in welchem das Gesuch eingereicht ist, und daß nach ihrer persönlichen Kenntnis der Bewerber ein Mann von gutem sittlichen Charakter ist, der ihrer Meinung nach geeignet ist, als Bürger in die Vereinigten Staaten aufgenommen zu werden.

Bei der Einreichung des Gesuches ist dem Gerichtsschreiber des betreffenden Gerichts, falls der Bewerber nach Erlaß dieses Gesetzes in den Vereinigten Staaten ankommt, auch ein Zeugnis des Handels- und Industriedepartements einzureichen, in welchem Datum, Ort und Art seiner Ankunft in den Vereinigten Staaten angegeben sind, ferner die „declaration of intention" des Bewerbers, und soll diese declaration und jenes Zeugnis dem Gesuch beigeheftet und zu einem Bestandteil desselben gemacht werden.*)

3. Bevor der Bewerber zum Bürgerrecht zugelassen wird, muß

*) In Übung seit dem 29. Juni 1911.

er in öffentlicher Gerichtssitzung eidlich erklären, daß er die Verfassung der Vereinigten Staaten stützen und verteidigen will gegen alle Feinde im In- und Ausland, und daß er den Vereinigten Staaten Treu und Gehorsam halten will. Gänzlich und für immer entsagt er und schwört er ab jeder Untertanenschaft und Treue gegen irgend einen fremden Fürsten, Machthaber, Staat oder Obrigkeit, besonders gegen denjenigen Fürsten, Machthaber usw., dessen Bürger oder Untertan er bisher gewesen ist.

4. Nach dem Inhalt des Abs. 4 soll der Bewerber eine gleiche Erklärung über vorherige Niederlassung, seinen Leumund usw. abgeben, wie dies in Abs. 2 von seinen Zeugen, deren er mindestens zwei zu stellen hat, verlangt wird.

5. (Der Ausländer muß jedem Titel und Adelsstand, den er besitzt, vor öffentlichem Gericht entsagen.)

6. Stirbt der Ausländer nach Einreichung seiner Erklärung, Bürger der Vereinigten Staaten werden zu wollen, ehe er definitiv naturalisiert ist, so können seine Witwe und seine minderjährigen Kinder naturalisiert werden ohne weitere Erklärung.

Sektion 5.

(Der Schreiber des Gerichtshofs bringt in seiner Amtsstube eine Bekanntmachung des Gesuchs an, enthaltend Namen, Geburt, Wohnort, Datum der Ankunft des Ausländers in den Vereinigten Staaten und Datum der Behandlung des Gesuchs vor Gericht.)

Sektion 6.

(Der Gerichtshof kann das Gesuch erst neunzig Tage nach der Bekanntmachung erledigen, und kein Ausländer darf innerhalb dreißig Tagen vor einer allgemeinen Wahl in dem betreffenden Bezirk naturalisiert werden.)

Sektion 7.

(Kein Gegner einer organisierten Regierung, Mitglied oder Anhänger irgend einer Organisation oder Körperschaft, die eine Ableugnung und Auflehnung gegen die staatliche Ordnung lehrt und niemand, der die Pflicht, Notwendigkeit oder Ersprießlichkeit eines gesetzwidrigen Angriffs oder die Tötung von Beamten der Regierung der Vereinigten Staaten oder einer anderen organisierten Regierung befürwortet oder lehrt, sowie kein Polygamist kann in den Vereinigten Staaten naturalisiert werden.)

Sektion 8.

(Kein Ausländer kann naturalisiert werden, der nicht der englischen Sprache mächtig ist, es sei denn, daß er aus physischen Gründen dazu unfähig ist, oder daß er vor dem Erlaß dieses Gesetzes seine Absicht erklärt hat, Bürger der Vereinigten Staaten zu werden, gemäß dem zur Zeit seiner Erklärung geltenden Recht, oder endlich, daß er seine Absicht erklärt, Bürger zu werden und von den den Vereinigten Staaten gehörenden öffentlichen Ländereien Grundstücke erwirbt und dabei den hinsichtlich dieser Erwerbungen geltenden Vorschriften nachkommt.)

Sektion 9

(betrifft nur die Protokollierung des Gesuches und dessen Annahme von der zuständigen Gerichtsbehörde).

Sektion 10.

Hat der Bewerber nicht fünf Jahre ununterbrochen und unmittelbar vor der Einreichung seines Gesuches in einem Staate, Territorium oder Distrikt gewohnt, so kann er sowohl in seinem Gesuche als bei der mündlichen Verhandlung durch zwei Zeugen die Dauer seines Aufenthalts im Staate feststellen, vorausgesetzt, daß sie mehr als ein Jahr beträgt. Der übrigbleibende Teil des nach dem Gesetze nachzuweisenden fünfjährigen Aufenthalts in den Vereinigten Staaten kann nach Benachrichtigung des Einwanderungs- und Naturalisationsbureaus und des „United States Attorney", welchem der Wohndistrikt des betreffenden Zeugen untersteht, durch die Aussage von weiteren zwei oder mehr Zeugen, die Bürger der Vereinigten Staaten sind, nachgewiesen werden.

Sektion 11.

(Die Gesuche müssen im öffentlichen Gerichtshof vor einem Richter verhandelt werden. Die Regierung kann durch ihre Beamten vertreten sein und die Zeugen ins Kreuzverhör nehmen, sowie gegen das Gesuch Einspruch erheben.)

Sektion 12, 13 u. 14

(betreffen Anweisungen an die Gerichtsbehörden bezüglich der Naturalisationsgesuche und deren Annahme).

Sektionen 15 u. 18, sowie die Sektionen 74, 75, 77

des Gesetzes vom 4. März 1909, die an Stelle der früheren Sektionen 16, 17 und 19 dieses Gesetzes getreten sind, betreffen das Verfahren bei Nichtigkeitserklärung der durch Betrug erworbenen Bürgerbriefe, sowie die Bestrafung derjenigen, die sich solcher Fälschung schuldig gemacht oder bei derselben mitgeholfen haben.

Sektion 20 bis 23

(betreffen die Bestrafung von Beamten, die sich einer Fälschung von Naturalisationsurkunden schuldig gemacht beziehungsweise im Naturalisationsverfahren eingenommene Gelder unterschlagen oder zu hohe Gebühren eingezogen haben).

Sektion 24

(bestimmt, daß niemand für Vergehen, die sich nach den Bestimmungen dieses Gesetzes ergeben, bestraft werden darf, wenn nicht innerhalb 5 Jahren eine förmliche Anklage oder Anzeige gegen ihn erstattet wird).

Sektion 25.

Für die Verfolgung aller Vergehen gegen die Naturalisationsgesetze der Vereinigten Staaten, welche vor dem Inkrafttreten dieses Gesetzes begangen sind, bleiben die bestehenden Naturalisationsgesetze in Kraft.

Sektion 26.

Die Sektionen 2165, 2167 und 2173 der Revised Statutes der Vereinigten Staaten von Amerika und Sektion 39 des Kapitels 1012 der Statutes at Large der Vereinigten Staaten von Amerika des Jahres 1903, sowie alle Gesetze oder Teile von Gesetzen, welche den Bestimmungen dieses Gesetzes widersprechen, werden hiermit aufgehoben.

Sektion 27

(enthält die Schemata der für die Erwerbung der Naturalisation beizubringenden Papiere, sowie ein Formular der Naturalisationsurkunde).

Sektion 28.

Der Sekretär des Handels- und Industriedepartements wird ermächtigt, zur gehörigen Ausübung der verschiedenen Bestimmungen dieses Gesetzes, die nötigen Verordnungen und Reglements zu erlassen. Beglaubigte Abschriften von allen Papieren, Dokumenten, Bürgerbriefen und Gerichtsprotokollen, welche nach Vorschrift dieses Gesetzes gebraucht, eingereicht, registriert oder aufbewahrt werden müssen, sind als Beweismittel gleich wie die Originale in allen Gerichtsverhandlungen gemäß diesem Gesetz und in allen Fällen zuzulassen, in denen ihre Originale zuzulassen wären.

Sektion 29.

Zur Ausführung der Vorschriften dieses Gesetzes wird aus solchen Geldern des Staatsschatzes der Vereinigten Staaten, die nicht bereits zu anderen Zwecken bestimmt sind, eine Summe von hunderttausend Dollars bewilligt. Diese Anweisung ist für die in diesem Gesetz erwähnten Zwecke bis zum 30. Juni 1907 vollständig auszuzahlen, und es sollen die Bestimmungen der Sektion 3679 der Revised Statutes der Vereinigten Staaten auf diese Anweisung nicht Anwendung finden.

Sektion 30.

Bei der Einbürgerung von Nichtbürgern, welche den Vereinigten Staaten dauernde Untertanenpflicht schulden und sich in jedem Staate oder organischen Territorium der Vereinigten Staaten niederlassen dürfen, haben alle anwendbaren Bestimmungen der Naturalisationsgesetze der Vereinigten Staaten Anwendung zu finden, jedoch mit folgenden Einschränkungen: Der Bewerber braucht auf seine Untertanenpflicht, die er einem auswärtigen Staate schuldet, nicht zu verzichten; die Erklärung seiner Absicht, Bürger der Vereinigten Staaten zu werden, muß mindestens zwei Jahre vor seiner Einbürgerung eingereicht werden und die Niederlassung im Bereich der Rechtsprechung der Vereinigten Staaten soll dank solcher dauernden Untertanenpflicht als Niederlassung in den Vereinigten Staaten, im Sinne der fünf Jahrs-Niederlassungsklausel des geltenden Rechts angesehen werden.

Sektion 31.

Dieses Gesetz tritt neunzig Tage nach dem Datum seiner Annahme in Kraft: mit der Bedingung jedoch, daß die Sektionen 1, 2, 28 und 29 sogleich nach seiner Annahme in Kraft treten.

Hierzu sind Ausführungsbestimmungen „Naturalization-Regulations" ergangen, deren letzte hier bekannte Fassung vom 11. November 1911 stammt.

Gesetz vom 29. Juni 1906.

Sektion 1.

Naturalisationsurkunden, welche nach dem am 3. März 1903 genehmigten Gesetz ausgestellt worden sind, und welche nicht angeben, daß die dieselben ausstellenden Gerichte den Erfordernissen der Sektion neunundreißig des erwähnten Gesetzes genügt haben, die aber im übrigen gesetzmäßig ausgestellt sind, werden hiermit als ebenso rechtskräftig erklärt, als wenn sie der genannten Sektion genügt hätten: vorausgesetzt jedoch, daß in solchen Fällen Gesuche um neue Naturalisationsurkunden eingereicht werden, und falls diese nach Erfüllung der Bedingungen des erwähnten Gesetzes von 1903 bewilligt werden, so sollen sie rückwirkende Kraft haben in dem Sinne, daß das Bürgerrecht als am Datum der mangelhaften Einbürgerungsurkunde erworben gelten soll.

Sektion 2.

Alle die Naturalisation betreffenden Gerichtsprotokolle, alle declarations of intention und alle Naturalisationsurkunden, welche bei oder von dem Kriminalgericht von Cook County, Illinois, aufgenommen, registriert oder ausgestellt worden sind, sollen in jeder Beziehung als von einem Gericht aufgenommen, registriert oder ausgestellt gelten, welches für die Naturalisation von Ausländern zuständig, jedoch sollen dieselben durch dieses Gesetz weiterhin nicht gesetzlich bestätigt werden.

Genehmigt, den 29. Juni 1906.

Gesetz vom 2. März 1907, s. 2.

Bei naturalisierten Bürgern wird durch zweijährigen Aufenthalt in ihrem ursprünglichen Heimatstaat oder fünfjährigen Aufenthalt in einem anderen fremden Staate die Vermutung geschaffen, daß sie aufgehört haben, amerikanische Bürger zu sein. Diese Vermutung kann durch den Nachweis von Tatsachen entkräftet werden, aus denen der Wille erhellt, sich nicht von den Vereinigten Staaten loszusagen. Eingeborene Bürger verlieren den amerikanischen Schutz, wenn sie sich dauernd und mit dem Willen, sich von der Heimat loszusagen, im Ausland niederlassen. Läßt sich ein amerikanischer Bürger in einem fremden Staat naturalisieren, so wird dies als Verzicht auf das amerikanische Bürgerrecht angesehen.

Nachtrag.

Indo-Chine.

(Cochinchine, Annam, Tonkin, Cambodge, Laos).

Décret du 26 mai 1913.

(Journal officiel de la Rép. franç. du 5 juin 1913.)

Art. 1. Peuvent obtenir la qualité de citoyen français, après l'âge de vingt et un ans accomplis et après avoir justifié qu'ils savent écrire et parler la langue française:

1. Les indigènes d'Indo-Chine, sujets ou protégés français, qui, pendant dix ans, ont avec mérite et dévoûmment servi la France soit dans ses armées de terre et de mer soit dans les fonctions ou emplois civils rétribués sur les fonds de l'Etat français, d'un des budgets de l'Indo-Chine ou d'un budget d'une colonie ou protectorat français;

2. Ceux qui, pendant le même temps, ont en Indo-Chine, en France ou dans une autre colonie ou protectorat français, rendu dans le commerce, l'industrie ou l'agriculture des services aux intérêts de la France;

3. Les indigènes, sujets ou protégés français décorés de la Legion d'honneur ou ceux qui ont rendu à la France des services exceptionnels. Ils peuvent dans ce cas, être dispensés de justifier de la connaissance de la langue française;

4. Ceux qui, ayant obtenu un brevet de l'enseignement primaire supérieur ou professionnel ou un diplôme de l'enseignement secondaire, ont rendu, pendant cinq ans, des services importants aux intérêts de la France;

5. Ceux qui ont obtenu, soit le diplôme de docteur ou licencié ès lettres, ès sciences, de docteur en médecine, en droit, de pharmacien de 1. classe, ou le titre d'interne des hôpitaux, nommé au concours dans une ville ou il existe une faculté de médecine; soit le diplôme délivré par l'école centrale des arts et manufacture, soit le diplôme supérieur délivré aux élèves externes par l'école des ponts et chaussés, l'école supérieure des mines, etc. etc. (Folgt eine erschöpfende Aufzählung aller staatlichen Gelehrten-, Ingenieur-, Kunst-, Gewerbe- und Handelsschulen.)

6. Ceux qui, patronnés, recueillis ou élevés pendant les cinq années qui précèdent leur majorité par les familles françaises ou par des sociétés de protection françaises reconnues d'utilité publique, ont obtenu un brevet de l'enseignement primaire supérieur ou professionel ou un diplôme de l'enseignement secondaire.

7. Ceux qui ont épousé, dans les formes prévenues par le code civil, une Française en cas d'éxistence d'enfant issu de ce mariage.

Art. 2. La demande formulée en vue d'obtenir soit la naturalisation, si elle émane d'un indigène protégé français soit l'admission à la jouissance des droits de citoyen français, si elle émane d'un indigène sujet français, à laquelle sont joints l'acte de naissance du requérant et un extrait du casier judiciaire, est présenté au maire ou à l'administrateur, chef de province, dans le ressort duquel est domicilié l'intéressé. Le maire ou le chef de province procède à une enquête sur les antécédents, la situation, la moralité du requérant et sur la connaissance de la langue française; il en consigne les résultats sur un procès verbal. Le réquérant doit, dans sa demande, faire choix d'un nom patronique.

Art. 3. Si le demandeur est sous les drapeaux, la demande est adressée au chef de corps qui la transmet au général, commandant supérieur des troupes, chargé, de diriger l'enquête et d'émettre son avis.

Art. 4. Le dossier, constitué pour chaque demande, est communiqué au gouverneur de la Cochinchine ou aux résidents supérieurs qui donnent leur avis, en conseil privé ou de protectorat.

La demande est ensuite transmise au gouverneur général qui

l'adresse, avec son avis motivé, au ministre des Colonies. Il est statué par décret sur la proposition collective du ministre des Colonies et du garde des sceaux, ministre de la Justice.

Art. 5. La naturalisation française ou l'admission à la jouissance des droits de citoyen français est un bénéfice individuel que ne s'étend pas de plein droit au conjoint ni à la descendance de l'intéressé. L'indigène qui l'obtient est régi par les lois civiles et politiques applicables aux Français.

La femme mariée à un indigène qui sollicite la qualité de citoyen français peut, si elle le demande, obtenir la qualité de française sans autres conditions par le décret que confère cette qualité à son mari.

Art. 6. Toutefois, contrairement aux dispositions de l'article précédent, se trouvent définitivement placés sous le régime des lois civiles et politiques applicables aux Français, le conjoint et les enfants mineurs de l'indigène naturalisé français ou admis à la jouissance des droits de citoyens français né lui-même d'une indigène ayant obtenu la qualité de citoyenne française.

Art. 7. Les actes de l'état civil, dont la production est exigée par le présent décret, devrons êtres accompagnés de leur traduction, s'ils sont en langue étrangère.

Si les intéressés sont dans l'impossibilité de se procurer les actes de l'état civil visés au paragraphe précédent, ces actes, seront supplées par un acte de notoriété délivré dans la forme prescrite par l'art. 71 du Code civil.

Art. 8. Aucun droit de sceau ne sera perçu pour la naturalisation ou l'admission à la jouissance des droits de citoyen français des indigènes de l'Indo-Chine.

Art. 9. Sont abrogées toutes les dispositions contraires à celles de la présente loi.

Zu Anlage Nr. 17 u. 31.

Bekanntmachung des Ministers des Innern

vom 12. März 1914 (Ministerialblatt f. d. i. V. Nr. 4 S. 134—137) betreffend

Verzeichnis derjenigen Behörden, die befugt sind:

1. Staatsangehörigkeitsausweise und Heimatscheine zu erteilen,
2. Aufnahme-, Einbürgerungs- und Entlassungsurkunden auszufertigen,
3. die Genehmigung zur Beibehaltung der Staatsangehörigkeit (§ 25 Abs. 2) zu erteilen.

Lfde. Nr.	Staat	Behörden, die befugt sind: Staatsangehörigkeitsausweise und Heimatscheine auszufertigen.	Aufnahme-, Einbürgerungs- und Entlassungs-Urkunden auszufertigen.	die Genehmigung zur Beibehaltung der Staatsangehörigkeit (§ 25 Abs. 2) zu erteilen.
1	2	3	4	5
1	Königreich Preußen	Die Königlichen Regierungspräsidenten; für Berlin der Königliche Polizeipräsident.	Wie in Spalte 3.	Wie in Spalte 3.
2	Königreich Bayern	Die Königlichen Bezirksämter und die Magistrate der unmittelbaren Städte*; für München die Königliche Polizeidirektion.	Die Königlichen Kreisregierungen, Kammern des Innern.	Das Königliche Staatsministerium des Innern.
3	Königreich Sachsen	Die Königlichen Kreishauptmannschaften Bautzen, Chemnitz, Dresden, Leipzig, Zwickau.	Wie in Spalte 3.	Das Königliche Ministerium des Innern.

4	Königreich Württemberg	Die Königliche Stadtdirektion Stuttgart und die Königlichen Oberämter.	Die Königlichen Kreisregierungen.	Das Königliche Ministerium des Innern.
5	Großherzogtum Baden	Die Großherzoglichen Bezirksämter.	Wie in Spalte 3.	Wie in Spalte 3.
6	Großherzogtum Hessen	Die Großherzoglichen Kreisämter.	Wie in Spalte 3.	Wie in Spalte 3.
7	Großherzogtum Mecklenburg-Schwerin	Das Großherzogliche Ministerium des Innern in Schwerin.	Wie in Spalte 3.	Wie in Spalte 3.
8	Großherzogtum Sachsen	Die Großherzoglichen Bezirksdirektoren.	Wie in Spalte 3.	Das Großherzogliche Staatsministerium, Depart. d. Innern.
9	Großherzogtum Mecklenburg-Strelitz	Das Großherzogliche Ministerium — Abteilung des Innern — in Neustrelitz.	Wie in Spalte 3.	Wie in Spalte 3.
10	Großherzogtum Oldenburg	1. Für das Herzogtum Oldenburg: die Großherzoglichen Ämter und die Stadtmagistrate der Städte I. Klasse**;	Für das Herzogtum Oldenburg: das Großherzogl. Minister. d. Innern.	Das Großherzogliche Ministerium des Innern

*) Den Königlichen Kreisregierungen sind zurzeit außer München unmittelbar untergeordnet folgende Städte: Amberg, Ansbach, Aschaffenburg, Augsburg, Bad Kissingen, Bamberg, Bayreuth, Deggendorf, Dillingen, Dinkelsbühl, Donauwörth, Eichstädt, Erlangen, Forchheim, Freising, Fürth, Günzburg, Hof, Ingolstadt, Kaufbeuren, Kempten, Kitzingen, Kulmbach, Landau (Pfalz), Landsberg, Landshut, Lindau, Memmingen, Neuburg, Neumarkt i. O., Neuulm, Nördlingen, Nürnberg, Passau, Regensburg, Rosenheim, Rothenburg o. T., Schwabach, Schweinfurt, Straubing, Traunstein, Weißenburg i. B., Würzburg.

**) Das sind zurzeit die Städte Oldenburg, Varel, Jever und Delmenhorst.

Lfde. Nr.	Staat	Behörden, die befugt sind: Staatsangehörigkeitsausweise und Heimatscheine auszufertigen.	Aufnahme-, Einbürgerungs- und Entlassungs-Urkunden auszufertigen.	die Genehmigung zur Beibehaltung der Staatsangehörigkeit (§ 25 Abs. 2) zu erteilen.
1	2	3	4	5
		2. für das Fürstentum Lübeck: die Großherzogliche Regierung in Eutin und der Stadtmagistrat daselbst; 3. für das Fürstentum Birkenfeld: die Großherzogliche Regierung in Birkenfeld.	2. für das Fürstentum Lübeck: die Großherzogl. Regierung i. Eutin. 3. für das Fürstentum Birkenfeld: die Großherzogl. Regierung i. Birkenfeld.	
11	Herzogtum Braunschweig	Die Herzoglichen Kreisdirektionen und die Herzogliche Polizeidirektion in Braunschweig.	Wie in Spalte 3.	Das Herzogliche Staatsministerium, Abt. des Innern.
12	Herzogtum Sachsen-Meiningen	Das Herzogliche Staatsministerium — Abteilung des Innern — in Meiningen.	Wie in Spalte 3.	Wie in Spalte 3.
13	Herzogtum Sachsen-Altenburg	a) Für Staatsangehörigkeits-Ausweise: die Herzoglichen Landratsämter und die Stadträte; b) für Heimatscheine: das Herzogliche Ministerium — Abteilung des Innern — in Altenburg.	Das Herzogliche Ministerium, Abteilung d. Innern in Altenburg.	Das Herzogliche Gesamtministerium in Altenburg.

14	Herzogtum Sachsen-Coburg und Gotha	Die Herzoglichen Landratsämter in Gotha, Ohrdruf, Waltershausen und Coburg, die Stadträte zu Gotha, Ohrdruf, Waltershausen und Königsberg i. Franken; die Magistrate zu Coburg, Neustadt (Herzogtum Coburg) und Rodach.	Das Herzogliche Staatsministerium in Gotha oder in Coburg.	Das Herzogliche Staatsministerium in Gotha.
15	Herzogt. Anhalt	Die Herzogliche Regierung, Abteilung des Innern in Dessau, die mit der Ausfertigung der Staatsangehörigkeitsausweise die Herzoglichen Kreisdirektionen und die Polizeiverwaltungen zu Dessau, Zerbst, Cöthen und Bernburg beauftragen kann. Die Anerkennung der Staatsangehörigkeit gegenüber auswärtigen Behörden erfolgt lediglich durch die Herzogliche Regierung, Abteilung des Innern.	Die Herzogliche Regierung, Abteilung des Innern, in Dessau.	Wie in Spalte 4.
16	Fürstentum Schwarzburg-Sondershausen	Für die Kreise der Ober- und Unterherrschaft: die Fürstlichen Landräte. Für die Städte Sondershausen und Arnstadt: die Magistrate.	Wie in Spalte 3.	Wie in Spalte 3.
17	Fürstentum Schwarzburg-Rudolstadt	Die Fürstlichen Landratsämter.	Wie in Spalte 3.	Wie in Spalte 3.

Lfde. Nr.	Staat	Behörden, die befugt sind: Staatsangehörigkeitsausweise und Heimatscheine auszufertigen.	Aufnahme-, Einbürgerungs- und Entlassungs-Urkunden auszufertigen.	die Genehmigung zur Beibehaltung der Staatsangehörigkeit (§ 25 Abs. 2) zu erteilen.
1	2	3	4	5
18	Fürstentümer Waldeck und Pyrmont	Die Fürstlichen Kreisämter.	Der Landesdirektor.	Wie in Spalte 4.
19	Fürstentum Reuß älterer Linie	Die Fürstliche Landesregierung in Greiz.	Wie in Spalte 3.	Wie in Spalte 3.
20	Fürstentum Reuß jüngerer Linie	Die Fürstlichen Landratsämter, der Stadtrat in Gera, der Stadtgemeindevorstand in Schleiz.	Das Fürstliche Ministerium, Abteilung für das Innere in Gera für die Fälle der §§ 8, 12, 13, im übrigen die Fürstlichen Landratsämter.	Das Fürstliche Ministerium, Abteilung für das Innere, in Gera.
21	Fürstentum Schaumburg-Lippe	Das Fürstliche Ministerium in Bückeburg.	Wie in Spalte 3.	Wie in Spalte 3.

22	Fürstentum Lippe	Die Fürstliche Regierung in Detmold.	Wie in Spalte 3.	Wie in Spalte 3.
23	Freie und Hansestadt Lübeck	Das Polizeiamt in Lübeck.	Das Stadt- und Landamt.	Wie in Spalte 4.
24	Freie und Hansestadt Bremen	1. Für die Stadt Bremen und das Landgebiet: die Polizeidirektion in Bremen; 2. für die Hafenstädte Bremerhaven und Vegesack: die Ämter in Bremerhaven und Vegesack.	Wie in Spalte 3.	Die Polizeikommission d. Senats.
25	Freie und Hansestadt Hamburg	1. Für die Stadt Hamburg: die Polizeibehörde in Hamburg; 2. für das Landgebiet: die Landherrschaften der Geestlande, Marschlande und für Bergedorf; 3. für das Amt Ritzebüttel: der Amtsverwalter in Ritzebüttel.	Die Aufsichtsbehörde für die Standesämter zu Hamburg; für das Amt Ritzebüttel: der Amtsanwalt in Ritzebüttel.	Wie in Spalte 4.
26	Elsaß-Lothringen	Die Kaiserlichen Bezirkspräsidenten.	Wie in Spalte 3.	Wie in Spalte 3.

Berlin, den 12. März 1914.

Der Minister des Innern.
Im Auftrage: v. Jarotzky.

Reichsgesetz über die Erwerbung und den Verlust der Reichs- und Staatsangehörigkeit vom 1. Juni 1870.

(RGBl. S. 355.)

§ 1. Die Reichsangehörigkeit wird durch die Staatsangehörigkeit in einem Bundesstaate erworben und erlischt mit deren Verlust.

§ 2. Die Staatsangehörigkeit in einem Bundesstaate wird fortan nur begründet:

1. durch Abstammung (§ 3),
2. durch Legitimation (§ 4),
3. durch Verheiratung (§ 5),
4. für einen Deutschen durch Aufnahme und } (§§ 6 u. ff.).
5. für einen Ausländer durch Naturalisation } (§§ 6 u. ff.).

Die Adoption hat für sich allein diese Wirkung nicht.

§ 3. Durch die Geburt, auch wenn diese im Auslande erfolgt, erwerben eheliche Kinder eines Deutschen die Staatsangehörigkeit des Vaters, uneheliche Kinder einer Deutschen die Staatsangehörigkeit der Mutter.

§ 4. Ist der Vater eines unehelichen Kindes ein Deutscher und besitzt die Mutter nicht die Staatsangehörigkeit des Vaters, so erwirbt das Kind durch eine den gesetzlichen Bestimmungen gemäß erfolgte Legitimation die Staatsangehörigkeit des Vaters.

§ 5. Die Verheiratung mit einem Deutschen begründet für die Ehefrau die Staatsangehörigkeit des Mannes.

§ 6. Die Aufnahme, sowie die Naturalisation (§ 2 Nr. 4 und 5) erfolgt durch eine von der höheren Verwaltungsbehörde ausgefertigte Urkunde.

§ 7. Die Aufnahmeurkunde wird jedem Angehörigen eines anderen Bundesstaates erteilt, welcher um dieselbe nachsucht und nachweist, daß er in dem Bundesstaate, in welchem er die Aufnahme nachsucht, sich niedergelassen habe, sofern kein Grund vorliegt, welcher nach den §§ 2 bis 5 des Gesetzes über die Freizügigkeit vom 1. November 1867 (Bundesgesetzbl. S. 55) die Abweisung eines Neuanziehenden oder die Versagung der Fortsetzung des Aufenthalts rechtfertigt.

§ 8. Die Naturalisationsurkunde darf Ausländern nur dann erteilt werden, wenn sie

1. nach den Gesetzen ihrer bisherigen Heimat dispositionsfähig sind, es sei denn, daß der Mangel der Dispositionsfähigkeit durch die Zustimmung des Vaters, des Vormundes oder Kurators des Aufzunehmenden ergänzt wird;
2. einen unbescholtenen Lebenswandel geführt haben;
3. an dem Orte, wo sie sich niederlassen wollen, eine eigene Wohnung oder ein Unterkommen finden;
4. an diesem Orte nach den daselbst bestehenden Verhältnissen sich und ihre Angehörigen zu ernähren imstande sind.

Vor Erteilung der Naturalisationsurkunde hat die höhere Verwaltungsbehörde die Gemeinde, beziehungsweise den Armenverband desjenigen Orts, wo der Aufzunehmende sich niederlassen will, in Beziehung auf die Erfordernisse unter Nr. 2, 3 und 4 mit ihrer Erklärung zu hören.

§ 9. Eine von der Regierung oder von einer Zentral- oder höheren Verwaltungsbehörde eines Bundesstaates vollzogene oder bestätigte Bestallung für einen in den unmittelbaren oder mittelbaren Staatsdienst oder in den Kirchen-, Schul- oder Kommunaldienst aufgenommenen Ausländer oder Angehörigen eines anderen Bundesstaates vertritt die Stelle der Naturalisationsurkunde, beziehungsweise Aufnahmeurkunde, sofern nicht ein entgegenstehender Vorbehalt in der Bestallung ausgedrückt wird.

Ist die Anstellung eines Ausländers im Reichsdienst erfolgt, so erwirbt der Angestellte die Staatsangehörigkeit in demjenigen Bundesstaate, in welchem er seinen dienstlichen Wohnsitz hat.

§ 10. Die Naturalisationsurkunde, beziehungsweise Aufnahmeurkunde, begründet mit dem Zeitpunkte der Aushändigung alle mit der Staatsangehörigkeit verbundenen Rechte und Pflichten.

§ 11. Die Verleihung der Staatsangehörigkeit erstreckt sich, insofern nicht dabei eine Ausnahme gemacht wird, zugleich auf die Ehefrau und auf diejenigen minderjährigen Kinder, deren gesetzliche Vertretung dem Aufgenommenen oder Naturalisierten kraft elterlicher Gewalt zusteht. Ausgenommen sind Töchter, die verheiratet sind, oder verheiratet gewesen sind.

§ 12. Der Wohnsitz innerhalb eines Bundesstaates begründet für sich allein die Staatsangehörigkeit nicht.

§ 13. Die Staatsangehörigkeit geht fortan nur verloren:

1. durch Entlassung auf Antrag (§§ 14 ff.);

2. durch Ausspruch der Behörde (§§ 20 und 22);
3. durch zehnjährigen Aufenthalt im Auslande (§ 21);
4. bei unehelichen Kindern durch eine den gesetzlichen Bestimmungen gemäß erfolgte Legitimation, wenn der Vater einem anderen Staate angehört als die Mutter;
5. bei einer Deutschen durch Verheiratung mit dem Angehörigen eines anderen Bundesstaates oder mit einem Ausländer.

§ 14. Die Entlassung wird durch eine von der höheren Verwaltungsbehörde des Heimatsstaates ausgefertigte Entlassungsurkunde erteilt.

§ 14a. Die Entlassung eines Staatsangehörigen, der unter elterlicher Gewalt oder Vormundschaft steht, kann von dem gesetzlichen Vertreter nur mit Genehmigung des Vormundschaftsgerichts beantragt werden.

Die Genehmigung des Vormundschaftsgerichts ist nicht erforderlich, wenn der Vater oder die Mutter die Entlassung für sich und zugleich kraft elterlicher Gewalt für ein Kind beantragt. Erstreckt sich der Wirkungskreis eines der Mutter bestellten Beistandes auf die Sorge für die Person des Kindes, so bedarf die Mutter in einem solchen Falle der Genehmigung des Beistandes zu dem Antrag auf Entlassung des Kindes.

§ 15. Die Entlassung wird jedem Staatsangehörigen erteilt, welcher nachweist, daß er in einem anderen Bundesstaate die Staatsangehörigkeit erworben hat.

In Ermangelung dieses Nachweises darf sie nicht erteilt werden:
1. Wehrpflichtigen, welche sich in dem Alter vom vollendeten siebenzehnten bis zum vollendeten fünfundzwanzigsten Lebensjahre befinden, bevor sie ein Zeugnis der Kreisersatzkommission darüber beigebracht haben, daß sie die Entlassung nicht bloß in der Absicht nachsuchen, um sich der Dienstpflicht im stehenden Heere oder in der Flotte zu entziehen;
2. Militärpersonen, welche zum stehenden Heere oder zur Flotte gehören, Offizieren des Beurlaubtenstandes und Beamten, bevor sie aus dem Dienste entlassen sind;
3. den zur Reserve des stehenden Heeres und zur Landwehr, sowie den zur Reserve der Flotte und zur Seewehr gehörigen und nicht als Offiziere angestellten Personen, nachdem sie zum aktiven Dienste einberufen worden sind.

§ 16. Dieser Paragraph ist durch das Gesetz vom 22. April 1871, betr. die Einführung norddeutscher Gesetze in Bayern (RGBl. S. 89) für das ganze Reich aufgehoben.

§ 17. Aus anderen als aus den im § 15 bezeichneten Gründen darf in Friedenszeiten die Entlassung nicht verweigert werden. Für die

Zeit eines Krieges oder einer Kriegsgefahr bleibt dem Bundespräsidium der Erlaß besonderer Anordnung vorbehalten.

§ 18. Die Entlassungsurkunde bewirkt mit dem Zeitpunkte der Aushändigung den Verlust der Staatsangehörigkeit.

Die Entlassung wird unwirksam, wenn der Entlassene nicht binnen sechs Monaten vom Tage der Aushändigung der Entlassungsurkunde an seinen Wohnsitz außerhalb des Reichsgebiets verlegt oder die Staatsangehörigkeit in einem anderen Bundesstaate erwirbt.

§ 19. Die Entlassung erstreckt sich, insofern nicht dabei eine Ausnahme gemacht wird, zugleich auf die Ehefrau und auf diejenigen Kinder, deren gesetzliche Vertretung dem Entlassenen kraft elterlicher Gewalt zusteht.

Diese Vorschrift findet keine Anwendung auf Töchter, die verheiratet sind oder verheiratet gewesen sind, sowie auf Kinder, die unter der elterlichen Gewalt der Mutter stehen, falls die Mutter zu dem Antrag auf Entlassung der Kinder nach § 14a Abs. 2 Satz 2 der Genehmigung des Beistandes bedarf.

§ 20. Deutsche, welche sich im Auslande aufhalten, können ihrer Staatsangehörigkeit durch einen Beschluß der Zentralbehörde ihres Heimatsstaates verlustig erklärt werden, wenn sie im Falle eines Krieges oder einer Kriegsgefahr einer durch das Bundespräsidium für das ganze Reichsgebiet anzuordnenden ausdrücklichen Aufforderung zur Rückkehr binnen der darin bestimmten Frist keine Folge leisten.

§ 21. Deutsche, welche das Reichsgebiet verlassen, und sich zehn Jahre lang ununterbrochen im Auslande aufhalten, verlieren dadurch ihre Staatsangehörigkeit. Die vorbezeichnete Frist wird von dem Zeitpunkte des Austritts aus dem Reichsgebiete oder, wenn der Austretende sich im Besitz eines Reisepapieres oder Heimatsscheines befindet, von dem Zeitpunkte des Ablaufs dieser Papiere an gerechnet. Sie wird unterbrochen durch die Eintragung in die Matrikel eines Reichskonsulats. Ihr Lauf beginnt von neuem mit dem auf die Löschung in der Matrikel folgenden Tage.

Der hiernach eingetretene Verlust der Staatsangehörigkeit erstreckt sich zugleich auf die Ehefrau und auf diejenigen Kinder, deren gesetzliche Vertretung den Ausgetretenen kraft elterlicher Gewalt zusteht, soweit sich die Ehefrau oder die Kinder bei dem Ausgetretenen befinden. Ausgenommen sind Töchter, die verheiratet sind oder verheiratet gewesen sind.

Für Deutsche, welche sich in einem Staate des Auslandes mindestens fünf Jahre lang ununterbrochen aufhalten und in demselben zugleich die Staatsangehörigkeit erwerben, kann durch Staatsvertrag die zehnjährige Frist bis auf eine fünfjährige vermindert werden, ohne Unterschied, ob die Beteiligten sich im Besitze eines Reisepapieres oder Heimatsscheines befinden oder nicht.

Deutschen, welche ihre Staatsangehörigkeit durch zehnjährigen Aufenthalt im Auslande verloren und keine andere Staatsangehörigkeit erworben haben, kann die Staatsangehörigkeit in dem früheren Heimatsstaate wieder verliehen werden, auch ohne daß sie sich dort niederlassen.

Deutsche, welche ihre Staatsangehörigkeit durch zehnjährigen Aufenthalt im Auslande verloren haben und demnächst in das Reichsgebiet zurückkehren, erwerben die Staatsangehörigkeit in demjenigen Bundesstaate, in welchem sie sich niedergelassen haben, durch eine von der höheren Verwaltungsbehörde ausgefertigte Aufnahmeurkunde, welche auf Nachsuchen ihnen erteilt werden muß.

§ 22. Tritt ein Deutscher ohne Erlaubnis seiner Regierung in fremde Staatsdienste, so kann die Zentralbehörde seines Heimatsstaates denselben durch Beschluß seiner Staatsangehörigkeit verlustig erklären, wenn er einer ausdrücklichen Aufforderung zum Austritte binnen der darin bestimmten Frist keine Folge leistet.

§ 23. Wenn ein Deutscher mit Erlaubnis seiner Regierung bei einer fremden Macht dient, so verbleibt ihm seine Staatsangehörigkeit.

§ 24. Die Erteilung von Aufnahmeurkunden und in den Fällen des § 15 Absatz 1 von Entlassungsurkunden erfolgt kostenfrei.

Für die Erteilung von Entlassungsurkunden in anderen als den im § 15 Absatz 1 bezeichneten Fällen darf an Stempelabgaben und Ausfertigungsgebühren zusammen nicht mehr als höchstens ein Taler erhoben werden.

§ 25. Für die beim Erlasse dieses Gesetzes im Auslande sich aufhaltenden Angehörigen derjenigen Bundesstaaten, nach deren Gesetzen die Staatsangehörigkeit durch einen zehnjährigen oder längeren Aufenthalt im Auslande verloren ging, wird der Lauf dieser Frist durch dieses Gesetz nicht unterbrochen.

Für die Angehörigen der übrigen Bundesstaaten beginnt der Lauf der im § 21 bestimmten Frist mit dem Tage der Wirksamkeit dieses Gesetzes.

§ 26. Alle diesem Gesetze zuwiderlaufenden Vorschriften werden aufgehoben.

§ 27. Dieses Gesetz tritt am 1. Januar 1871 in Kraft.

Alphabetisches Register.

Die Zahlen bedeuten die Seite; wo erforderlich, wird der Seitenzahl die Nummer der Anmerkung beigefügt, z. B. 158 A. 3. Anl. bedeutet Anlage des Anhangs, II bedeutet Teil II Ausländische Gesetzgebung.

A

B

K

L

S

Kolibri 360 GmbH
Ferdinand-Jühlke-Straße 7
99095 Erfurt, Deutschland
produktsicherheit@kolibri360.de